V&R unipress

Christina Ruta

Begriffskonflikte in der internationalen Politik

Zur Logik der Kontroverse zwischen den USA und der Islamischen Republik Iran

V&R unipress

FSC
www.fsc.org
MIX
Papier aus verantwortungsvollen Quellen
FSC® C003147

Bibliografische Information der Deutschen Nationalbibliothek

Die Deutsche Nationalbibliothek verzeichnet diese Publikation in der Deutschen Nationalbibliografie; detaillierte bibliografische Daten sind im Internet über http://dnb.d-nb.de abrufbar.

ISBN 978-3-89971-896-6

Printed in Germany.
Druck und Bindung: CPI Buch Bücher.de GmbH, Birkach

Gedruckt auf alterungsbeständigem Papier.

Inhalt

1. Einleitung

1.1 Fragestellung, Ziel und Methode

Bei einem Streit widersprechen sich zwei Dialogpartner bezüglich eines Gegenstandes, d. h., sie stimmen bezüglich des zur Diskussion stehenden Gegenstandes in irgendeiner Hinsicht *nicht überein*. Damit sie ihren Streit *rational* austragen können, müssen sie bezüglich des Gegenstandes gleichzeitig allerdings auch in vielen Hinsichten *übereinstimmen*. Widerspruch und Streit setzen eine gewisse Einigkeit voraus. Dies wird sofort klar, betrachten wir ein Beispiel:

Ich erkläre meiner kalifornischen Freundin, die in Deutschland lebt, dass die -15 Grad Celsius und der hohe Schnee, der auf den Straßen und Bürgersteigen liegt, mir zu schaffen machen, während sie mir entgegnet, dass sie es sehr genießt, einmal einen »richtigen Winter« zu haben. Meine Freundin und ich stimmen hinsichtlich unserer Beurteilung der Kälte und des Schnees nicht überein, wir sind uns aber darüber einig, dass es draußen kalt ist und viel Schnee liegt. Würde sie dagegen bereits bestreiten, dass draußen Schnee liegt und / oder behaupten, dass sie -15 Grad Celsius als warm empfindet, könnten wir nicht mehr einfach über die Vorzüge und Nachteile des Schnees und der Kälte diskutieren. Wir müssten uns zunächst über unsere offensichtlich unterschiedlichen Wirklichkeitsauffassungen verständigen, wobei man vielleicht geneigt wäre, jemandem, der behauptet, es liege kein Schnee draußen, während man klar und deutlich den Schnee sieht, von vornherein Rationalität abzusprechen und die Unterhaltung gleich zu beenden.

Wenn wir im Alltag mit unseren Mitmenschen kommunizieren, machen wir allerdings gewöhnlich die Erfahrung, dass wir uns auf dieselbe Wirklichkeit beziehen wie unsere Mitmenschen, und, insofern wir unsere Eindrücke verbalisieren, dieselbe Sprache wie diese sprechen. Meine Freundin wird tatsächlich wohl nicht bestreiten, dass die Straßen und die Bürgersteige von Schneemassen bedeckt sind und es mit -15 Grad Celsius sehr kalt ist. Vielleicht gibt sie die Temperatur noch in Fahrenheit an oder redet anstatt von »Bürgersteigen« von »Gehwegen«, spricht also in diesem Sinne eine etwas andere Sprache als ich. Wir können die Temperatur aber gemeinsam von Fahrenheit in Celsius umrechnen und uns, sollte ihr der deutsche Ausdruck »Bürgersteig« noch nie begegnet sein, darüber verständigen, dass wir uns mit den Ausdrücken »Gehweg« und »Bürgersteig« auf denselben Gegenstand beziehen. Wir können uns also *über* unsere Verständigungsschwierigkeiten verständigen und sie aus der Welt schaffen. Ihre Sprache ist, so könnte man es ausdrücken, in die meine übersetzbar.

Hin und wieder, zum Beispiel bei Reisen in andere Kulturkreise, werden wir vielleicht mit Menschen in Kontakt kommen, die bei uns den Eindruck erwecken, als bezögen sie sich auf eine andere Wirklichkeit. Diese Menschen vertreten, so könnten wir dann sagen, *ein anderes Weltbild* als wir selbst und sprechen, insofern sich ihr Weltbild in der Sprache manifestiert, *eine andere Sprache* – die sich vielleicht nicht so einfach in unsere Sprache übersetzen lässt. Die Unterschiede können sowohl die soziale Wirklichkeit (Werte und Normen) als auch die physikalische Wirklichkeit betreffen.[1] Benjamin Lee Whorf hat bekanntlich darauf hingewiesen, dass Inuits nach verschiedenen Schneearten differenzieren und demnach auch unterschiedliche Begriffe für die verschiedenen Arten von Schnee besitzen.[2] Mit einem Inuit könnte ich wahrscheinlich nicht so einfach über die Vorzüge und Nachteile des Schnees diskutieren. Vielleicht stellt aus Sicht eines Inuit die Schneeart X weniger Probleme dar als die Schneeart Y, sodass er meine Beschwerde nur hinsichtlich der Schneeart Y teilen könnte. Wenn ich von »Schnee« redete, er aber nur von einer ganz bestimmten Art von »Schnee«, die ich gegebenenfalls als solche gar nicht erkennen kann, würden wir aneinander vorbeireden. Sollten wir uns unserer perzeptiv-sprachlichen Differenzen bewusst sein, könnten wir versuchen, uns *über* diese Differenzen zu verständigen, also zu *meta*kommunizieren, und Übersetzungen vorzunehmen. Inwieweit wäre jedoch eine Übersetzung möglich? Übersetzte ich alle Ausdrücke des Inuit einfach mit »Schnee«, ginge bei der Übersetzung etwas von der Bedeutung der Inuit-Begriffe verloren. Übersetzte ich die Ausdrücke mit deutschen Umschreibungen, wie »wässriger Schnee«, »zu eisartiger Masse zusammengedrückter Schnee« usw., könnte ich aber auch nicht sicher sein, ob diese Ausdrücke tatsächlich den Begriffen der Inuit-Sprache korrespondieren, solange ich die Denk- und Redeweise nicht ganz genau kenne. Nun, in jedem Fall ist es offensichtlich schwieriger, sich mit dem Inuit über Schnee zu unterhalten als mit meiner Freundin in Deutschland.

Während in der Unterredung mit dem Inuit wahrscheinlich relativ wenig Konfliktpotential enthalten wäre, gibt es viele Fälle, in denen sich Menschen, die

---

1 Der Begriff des *Weltbildes* wird im Folgenden in einem sehr weiten Sinne für verschiedene Arten von Überzeugungs-, Werte- und Glaubenssystemen vertreten, wie insbesondere auch für Ideologien und Religionen. Im Laufe der Arbeit wird deutlich, dass Weltbilder auch die Wahrnehmung bestimmen und Ontologien konstituieren können.

2 Vgl. Whorf (1963): 15.

unterschiedliche Weltbilder vertreten – sei es im kulturellen, politischen, wirtschaftlichen, religiösen usw. Sinne –, im Konflikt miteinander befinden. Beispiele dafür gibt es viele: Kommunisten stritten mit Kapitalisten, Abtreibungsbefürworter mit der katholischen Kirche, Greenpeace mit BP, Alice Schwarzer mit Verona Pooth und – aktuell von besonderer Brisanz – Teile der islamischen Welt mit Vertretern westlich-liberaler Ideen. Sie alle streiten *unter anderem, weil* sie konkurrierende Weltbilder und, damit zusammenhängend, unterschiedliche Interessen vertreten. Gerade *weil* sie konkurrierende Weltbilder und damit oft auch unterschiedliche Sprachsysteme vertreten, stellt sich andererseits aber auch die Frage: *Inwieweit kann eine solche Kontroverse überhaupt rational ausgetragen werden?* Die Frage nach der *Rationalität* bzw. der *Logik* einer Kontroverse zwischen Vertretern unterschiedlicher Weltbilder ist die Frage, die uns in dieser Arbeit beschäftigen wird.

Es wurde behauptet, dass zwei Dialogpartner eine Kontroverse nur dann rational austragen können, wenn zwischen ihnen eine *grundsätzliche* Einigkeit besteht. Es ist schwierig, sich mit jemandem über die Vorzüge und Nachteile von Schnee zu streiten, der bereits ein anderes Verständnis von Schnee hat als man selbst. Es werden sich dann *Begriffskonflikte* ergeben. Mit »Begriffskonflikten« sind alle *Verständigungsschwierigkeiten* gemeint, die *logisch-semantischer* Natur sind, und denen eine *unterschiedliche Wirklichkeitsauffassung* – sei es in Bezug auf die soziale oder physikalische Wirklichkeit – *und Sprachverwendung* zu Grunde liegt.[3]

Bei Kontroversen, die durch Begriffskonflikte gekennzeichnet sind, stehen sich nicht einfach die Antworten »ja« und »nein« auf ein und dieselbe Streitfrage gegenüber, sondern es besteht bereits Uneinigkeit über die Formulierung der Streitfrage, über die angemessene Art und Weise der Darstellung der Positionen, die Strukturierung von Kommunikationsabläufen und/oder über die Interpretation und Verwendung der in der Kontroverse vorkommenden Ausdrücke. Begriffskonflikte können verschiedene Formen annehmen und unterschiedliche Folgen haben. In einigen Fällen wird der abweichende Sprachgebrauch des jeweils Anderen bei der Darstellung der eigenen Position einfach nicht in Rechnung gestellt, gerade weil der Gegner auf Grund seiner Ansichten und seines Sprachgebrauchs gar nicht ernst genommen wird, er als »Verrückter« gilt. Manchmal werden die Begriffe des Anderen bewusst verdrängt oder im Sinne der eigenen Sprache uminterpretiert. Eine Partei formuliert dann ihre Position

3 Den Ausdruck »Begriffskonflikte« habe ich dem Buch *Begriffskonflikte in Sprache, Logik und Metaphysik* von Ulrich Pardey und dem Buch *Begriffskonflikte* von Gilbert Ryle entlehnt. Ich verwende ihn aber in einer anderen Bedeutung als Ryle und einige der hier thematisierten Begriffskonflikte sind auch etwas anderer Natur als die von Pardey thematisierten Begriffskonflikte. Auch bei der im Folgenden gegebenen Definition orientiere ich mich stark an Pardeys Definition von »Begriffskonflikten«, wie er sie in dem Vorwort zu seinem Buch gibt.

»p« in ihrer Sprache S_A, wird aber durch die andere Partei in deren Sprache S_B kritisiert. Die Begriffskonflikte können auch explizit ausgetragen und die Sprache des Anderen angegriffen werden. So vertreten die beiden Konfliktparteien in der Kontroverse, um die es im Folgenden gehen wird, beispielsweise einen unterschiedlichen Demokratiebegriff und beginnen, sich um die Gültigkeit ihres jeweiligen Demokratiebegriffs zu streiten. Der Angriff auf die Sprache des Gegners kann schließlich in der Forderung zur Übernahme der eigenen Sprache enden. Diese Forderung läuft offenbar auf die Forderung, das eigene Weltbild zu übernehmen, hinaus, »denn mit der Wahl der Sprache sind bereits manche inhaltlichen Fragen entschieden«[4]. Einen Streit um die Gültigkeit einer von zwei Sprachen müsste man allerdings in einer neutralen dritten Sprache austragen. Ist es den beiden Konfliktparteien jedoch möglich, ihren Streit in einer neutralen Sprache auszutragen, oder formulieren sie die Argumente für die Gültigkeit der eigenen Sprache stets *in* ihrer jeweiligen Sprache und geraten somit in Begründungszirkel? Schließlich kann es auch vorkommen, dass die Konfliktparteien versuchen, dem Gegner ihre Sprache und ihr Weltbild aufzuzwingen, was, wie noch zu zeigen ist, zu Paradoxien führen kann.

Alle Begriffskonflikte gehen letztendlich darauf zurück, dass die soziale und physikalische Wirklichkeit Spielraum für unterschiedliche Interpretationen und alternative Darstellungen lässt und auch die Sprache selbst nichts Feststehendes und Unwandelbares ist, sondern gleichlautende Ausdrücke in unterschiedlicher Bedeutung gebraucht und unterschiedliche Ausdrücke auf dieselben Gegenstände bezogen werden können. Begriffskonflikte können dazu führen, dass den Dialogpartnern keine vollständige Gegenüberstellung ihrer Standpunkte gelingt, sie stets »ein Stück weit« aneinander vorbeireden.[5]

Ein aktuelles und aus westlicher Perspektive brisantes Beispiel für einen Konflikt zwischen Vertretern unterschiedlicher Weltbilder ist die Kontroverse zwischen der *Islamischen Republik Iran* (IRI) und den *Vereinigten Staaten von Amerika* (USA), die vom Iran als Protagonist der westlichen Staaten allgemein wahrgenommen werden. In dieser Kontroverse stehen sich Vertreter *westlich-liberaler* Ideen und Vertreter *islamistischer* Ideen gegenüber. Außerdem steht die Kontroverse im größeren Zusammenhang der teilweise schwierig verlaufenden Kommunikation zwischen Teilen des *westlichen Kulturkreises* und Teilen der *islamischen Welt.* Gleichzeitig handelt es sich bei der Kontroverse USA – Iran um eine *politische* Kontroverse zwischen zwei Nationalstaaten mit ihren unterschiedlichen *nationalen* Interessen. Demnach stellt sich insbesondere auch die Frage, inwieweit mögliche, sich aus den weltanschaulichen Differenzen der

4 Pardey (2006): 12.
5 Vgl. auch Pardey (2006): 11 – 14.

beiden Staaten ergebende Begriffskonflikte die Beilegung politischer Differenzen behindern. Diese Frage könnte sich zukünftig auch in Bezug auf andere Staaten der islamischen Welt stellen, sollten hier islamistische Kräfte im Zuge der aktuell zu beobachtenden Demokratisierungsbewegungen an die Macht kommen.

In dieser Arbeit wird es also darum gehen, die Kommunikationsabläufe in der genannten Kontroverse zu analysieren und die in logisch-semantischer Hinsicht problematischen Kommunikationsstrukturen offen zu legen. Damit wird eine politisch-ideologische Kontroverse mit einer sprachphilosophischen Fragestellung konfrontiert und auch mit Analyseinstrumenten aus der analytischen Philosophie, insbesondere der logischen Sprachanalyse, bearbeitet. Ziel dieser Arbeit ist es einerseits, diesen politischen Zusammenhang um eine Fragestellung / Dimension zu erweitern und Instrumentarien, die in der Philosophie, vor allem in der Sprachphilosophie, der Logik und der Wissenschaftstheorie, entwickelt und ausführlich diskutiert wurden, auf diesen fachfremden Zusammenhang zu übertragen und dort fruchtbar zu machen. Andererseits besteht auch das philosophische Interesse, die theoretischen Instrumentarien auf ihre Anwendbarkeit und Relevanz in praxisnahen Zusammenhängen hin zu überprüfen und gegebenenfalls weiterzuentwickeln.

Meine Arbeit wird konkret aus der Analyse der öffentlichen Kommunikation zwischen den Vertretern beider Seiten bestehen. Bei den meisten Beiträgen handelt es sich um Reden. In einigen Fällen ziehe ich auch Interviews und Pressekonferenzen sowie eine Korrespondenz zwischen dem iranischen Staatspräsidenten Mahmud Ahmadinedschad und dem ehemaligen US-Präsidenten George W. Bush heran.

Bei den Reden, die Gegenstand dieser Arbeit sind, handelt es sich hauptsächlich um Reden vor der UN-Generalversammlung. Andere Reden wurden zu anderen Anlässen gehalten, einige von ihnen vor nationalem Publikum bzw. vor Publikum der eigenen Seite in der Kontroverse, also in Bezug auf die USA zum Beispiel vor Vertretern europäischer Staaten. Im Zeitalter der Massenmedien und insbesondere Anfang des 21. Jahrhunderts, wo politische Reden auch für jede Person zu jeder Zeit im Internet zugänglich sind, kommuniziert die Regierung immer gleichzeitig nach außen und nach innen, zur eigenen Seite und zur gegnerischen Seite.[6] Ebenso wie Reden im internationalen Umfeld also immer auch das nationale Publikum adressieren, sind nationale Reden bzw.

6 Vgl. das Konzept der *kommunikativen Transparenz* bei Borovskoy »Russland als problematischer Kommunikationspartner des Westens? Die Selbstdarstellung des russischen Staates in Reden von Präsident Putin 2000 – 2006«, in Tenscher / Viehrig (2007): 167 – 70 sowie den *Zwei-Ebenen-Ansatz* bei Putnam »Diplomacy and Domestic Politics. The Logic of Two-Level-Games«, in *International Organization* (1988): 427 – 60.

Reden, die vor der eigenen Seite in einem Konflikt gehalten werden, auch für die Auseinandersetzung mit dem politischen Gegner im internationalen Umfeld relevant – solange sie eben massenmedial vermittelt sind. Das zeigt sich insbesondere auch daran, dass es sich bei der Rede Ahmadinedschads, die im Westen für besonders viel Aufsehen gesorgt hat und seither stets herangezogen wird, um die Forderung nach Beendigung des iranischen Atomprogramms zu begründen, um eine Rede handelt, die Ahmadinedschad auf der Konferenz »Welt ohne Zionismus« in Teheran vor Publikum gehalten hat, das der eigenen Seite angehört.

Bei der Analyse der Kommunikationsstrukturen bin ich auf vier bzw. fünf recht unterschiedliche Arten von Problemen gestoßen, die in jeweils einem Kapitel diskutiert werden und die sich aus der Relativität der Problem- und Ursachendefinition, der Lösungsdefinition, der normativen Einordnung der Herausforderungen und der damit verbundenen relativen Sprachverwendung ergeben:[7]

A.) Das Interpunktionsproblem
B.) Paradoxe Kommunikation
 B_1: Paradoxe Mitteilungen und ihre Folgen
 B_2: Die Doppelbindung
C.) Begründungszirkel auf Grund von weltanschaulicher Polysemie
D.) Verständigungsschwierigkeiten, die sich aus dem koreferentiellen Gebrauch unterschiedlicher Ausdrücke ergeben.

Nach einer kurzen Einführung in den Untersuchungsgegenstand im weiteren Verlauf dieser Einleitung wird im folgenden, zweiten Kapitel dargestellt, welche politischen Herausforderungen die beiden Konfliktparteien als solche nennen,

---

7 In der Kommunikationswissenschaft arbeitet man mit dem Konzept des »*Framing*«. Mit Framing wird die Konstruktion eines Bezugsrahmens verstanden, in welchen politische Ereignisse und Themen eingebettet werden, sodass sie vom Adressaten in einer bestimmten Weise wahrgenommen und bewertet werden. Eine bestimmte Interpretation der Ereignisse und Themen wird dabei insbesondere durch Selektion, Hervorhebung bestimmter Facetten von Themen oder Ereignissen und Attribuierungen dieser nahegelegt. In Zeiten des Krieges oder auch zur Vorbereitung von Kriegen sind »*substantielle Frames*« besonders relevant in der Öffentlichkeitsarbeit. Dies sind Frames, welche folgende Charakteristika aufweisen:
»– Sie definieren Ereignisse bzw. Zustände als *problematisch*.
– Sie zeigen die *Ursachen* für diese Ereignisse bzw. Zustände.
– Sie übermitteln *moralische Wertungen zur Einordnung* selbiger.
– Sie unterstützen *Lösungen* und Verbesserungen, die die zuvor definierten Probleme beheben könnten.«
(Kutz »Öffentlichkeitsarbeit im Kosovo- und Irakkrieg. Strukturen, Strategien und rhetorische Muster«, in Tenscher / Viehrig 2007: 153; Hervorh. von C. R.; vgl. Entmann 2004: 5 und Kutz »Öffentlichkeitsarbeit im Kosovo- und Irakkrieg. Strukturen, Strategien und rhetorische Muster«, in Tenscher / Viehrig 2007: 152 – 53.)

und insbesondere, welche Ursachen sie für diese angeben. Bei der Angabe der Ursachen ergibt sich das *Interpunktionsproblem* als Problem der *unterschiedlichen Strukturierung von Interaktionsverläufen.* Beide Seiten definieren den jeweiligen politischen Gegner als den Aggressoren, sich selbst dagegen als die Partei, die »nur« reagiert. Insbesondere wird auch der Streit um das iranische Atomprogramm in den Kontext dieses Problems gestellt. In diesem Zusammenhang stellt sich auch das Problem sehr diffuser Täter- und Opferdefinitionen und der Vermengung unterschiedlicher Akteure. Diese Vermengung hat schließlich auch negative Folgen für die Definition angemessener Lösungen der Streitpunkte.

Im dritten und vierten Kapitel geht es um *paradoxe Kommunikation.* Die Kontrahenten nennen als den Grund für die (vermeintlichen) Aggressionen des jeweiligen Gegners dessen Weltbild. Als die längerfristige Lösung der Probleme definieren beide Konfliktparteien dann die Übernahme des Weltbildes, das sie sich selbst zuschreiben, durch den Gegner. Bei der Lösungsdefinition geraten sie in *Paradoxien.* Dabei werde ich an Watzlawick et al. anknüpfen, die die Problematik von Paradoxien, die zunächst nur in formalen Zusammenhängen, vor allem in der Logik, eine Rolle spielten, auf das Gebiet der zwischenmenschlichen Kommunikation übertrugen und fruchtbar machten. Ihre Ergebnisse möchte ich nun meinerseits auf zwischenstaatliche Kommunikation übertragen. Das dritte Kapitel beschäftigt sich mit *paradoxen Aufforderungen und Ankündigungen* sowie ihren Folgen. Im vierten Kapitel werde ich schließlich die *Beziehungsstruktur* zwischen den USA und dem Iran in die Analyse miteinbeziehen, in welcher die paradoxen Mitteilungen gegeben werden. Insbesondere werde ich auf die amerikanische Argumentation eingehen, in der iranische Versuche, diese Beziehungsstruktur zu thematisieren, *blockiert* werden. Für die iranische Führung wird eine *doppelbindende* Situation, als eine besonders schwerwiegende Art einer pragmatischen Paradoxie, konstatiert.

Im fünften Kapitel geht es vor allem um *semantische* Probleme. Es kommt zu einem explizit ausgetragenen Paradigmenstreit, bei dem beide Parteien versuchen, ihr Weltbild als das gültige auszuzeichnen. Der Versuch scheitert vor allem auf Grund der *Paradigmenabhängigkeit und Relativität der Sprache* der Kontrahenten bzw. der *weltanschaulichen Polysemie* ihrer zentralen Ausdrücke. Als Folge der sprachlichen Relativität geraten die Kontrahenten beim Versuch, ihr Paradigma als das gültige auszuweisen, in *Begründungszirkel.*

Das sechste Kapitel behandelt Probleme, die sich daraus ergeben, dass sich die beiden Kontrahenten mit unterschiedlichen Ausdrücken auf denselben Gegenstand beziehen, d. h., es wird um Probleme der *Bezugnahme* und des (vermeintlich) *koreferentiellen* Gebrauchs von Ausdrücken, vor allem von *singulären Termini*, gehen. Diese haben in der Kontroverse USA – Iran meist nicht nur eine referentielle, sondern auch eine attributive und in einigen Fällen auch eine ontologiekonstituierende Funktion und werden durch die beiden Kontrahenten insbesondere in intensionalen Kontexten füreinander substituiert. Es ergibt sich zwischen den beiden Konfliktparteien die Schwierigkeit, dass Partei A ihre Position »p« in ihrer Sprache S_A *darstellt*, diese Position von Partei B aber in ihrer Sprache S_B *kritisiert wird*. In diesem Zusammenhang werden einige philosophische Standpunkte bezüglich der Semantik von Eigennamen kritisch hinterfragt.

Abschließend werden in einem Fazit die Ergebnisse dieser Arbeit zusammengefasst, wobei die Frage diskutiert wird, wie die Begriffskonflikte, die sich in der Kommunikation zwischen den USA und dem Iran ergeben, vermieden werden könnten.

1.2 Gegenstand der Arbeit

Worum geht es in der Kontroverse USA – Iran und warum sollte die Kontroverse idealer Weise rational ausgetragen werden?

Der zentrale Streitpunkt der Kontroverse ist seit Herbst 2003 das iranische Atomprogramm, das aus Sicht vieler westlicher Beobachter zur Herstellung von Nuklearwaffen dienen könnte, mit denen die iranische Führung wiederum die regionale Stabilität und insbesondere die Sicherheit Israels bedrohen könnte. Andere Streitpunkte, die schon länger die Diskussionen bestimmen, betreffen die Haltung des Iran hinsichtlich des Staates Israel und des israelisch-palästinensischen Konflikts, die iranische Unterstützung der palästinensischen Hamas und der libanesischen Hizbullah sowie die Menschenrechtslage im Iran. Diese Streitpunkte hängen eng miteinander zusammen. Insbesondere werden sie, wie gesagt, im Rahmen einer Beziehung ausgetragen, die durch *ideologische* Differenzen und in einem umstrittenen Ausmaß auch durch *kulturelle* Differenzen geprägt ist. Die USA stehen in der Tradition des Liberalismus, der Iran vertritt islamistische[8] Ideen.

8 In Bezug auf die Begriffe »Islam« und »Islamismus« ist Folgendes anzumerken: Innerhalb des *Islam* gibt es, wie in anderen Religionen auch, fundamentalistische Strömungen (*islamischer Fundamentalismus*), die einige Aspekte der modernen Gesellschaft ablehnen, eine ideale Vergangenheit beschwören und sich im Besitz der absoluten Wahrheit betrachten, was mit der Verteufelung anderer Weltbilder einhergeht. Als »*Islamismus*« bezeichnet man »die *politische Richtung* des islamischen Fundamentalismus, in dem es um die Errichtung eines islamischen Systems, also eines *islamischen Staates* geht. Das bedeutet aber nicht unbedingt, dass die Verfechter dieses Zieles selber die Leitung dieses islamischen Staates anstreben. [...] Genauso wenig wie man von *einem* Islam sprechen kann, kann man von *einer* Erscheinungsform des Islamismus reden.« (Wentker »Fundamentalismus und Islamismus – Definition und Abgrenzung«, in Feichtinger / Wentker 2008: 37; Hervorh. von C. R.) Stephan Rosiny definiert den Islamismus als »all jene von Muslimen getragenen Bewegungen und Denkweisen [...], die

> Der Islamismus mit seiner expliziten Verbindung von Politik und Religion und einem der liberalen amerikanischen Tradition widersprechenden und weithin als unvereinbar mit Demokratie geltenden Politik- und Staatsverständnis ist seit der islamischen Revolution im Iran eine Herausforderung für die amerikanische Außenpolitik. Ein die regionale Ordnung bedrohender, den arabisch-israelischen Friedensprozeß ablehnender, den Terrorismus unterstützender und nach Nuklearwaffen strebender islamischer Staat – dieser Albtraum amerikanischer Außenpolitiker schien im Iran Realität geworden zu sein. Die Erfahrung mit dem Iran *bestimmte die Wahrnehmung islamistischer Bewegungen.*[9]

Die beiden Konfliktparteien selbst definieren ihre unterschiedlichen Streitpunkte sogar als direkten Ausdruck ihrer weltanschaulichen Differenzen, und George W. Bush erklärte schließlich den Iran, neben al-Qaida, zur größten Bedrohung Amerikas, wobei beide Akteure nur als unterschiedliche Stränge desselben ideologischen Phänomens betrachtet werden.[10]

Nun muss man bezüglich solch pauschaler Aussagen, denen ein essentialistisches Begriffsverständnis zu Grunde liegt, d.h., bei denen von gegebenen »Wesenheiten« mit feststehenden, unveränderlichen Merkmalen bzw. von einer »wahren« Natur der Sache, ausgegangen wird, sehr vorsichtig sein. Weder gibt es *den* Islamismus, vielmehr handelt es sich hier um einen Sammel- und Oberbegriff, unter dem sehr heterogene Strömungen innerhalb des (politischen) Islam zusammengefasst sind. Noch repräsentiert der Iran das Phänomen des Islamismus in einer besonders typischen Weise. Tatsächlich stellt die Islamische Republik Iran innerhalb der ohnehin sehr heterogenen islamistischen Strömungen eigentlich eher eine Ausnahmeerscheinung dar, insofern islamistische Strömungen in den meisten Staaten (noch) Oppositionsbewegungen sind und in der Tradition der sunnitischen Konfession stehen. Andererseits greift die Regierung der Islamischen Republik Iran in ihrer Auseinandersetzung mit dem Westen viele Argumente auf, die auch von anderen Islamisten vertreten werden, und gibt sich stets als Fürsprecher von Gruppierungen, wie der palästinensischen Hamas und der libanesischen Hizbullah. Sicherlich repräsentiert sie *eine* Form des Islamismus.

Dasselbe gilt auch für *den* Liberalismus. Die USA stellen sich selbst als *den* Repräsentanten *des* Liberalismus dar, wobei das amerikanische Selbstver-

›den Islam‹ als primäre Bezugsgröße ihres Weltbildes und als ganzheitliche Antwort und Lösung auf die Herausforderungen der Gegenwart ansehen.« Schließlich konstatiert er: »Dieser holistische Anspruch geht meist mit einer fundamentalen Kritik der bestehenden Verhältnisse und der von Nichtmuslimen dominierten Weltpolitik einher.« (Rosiny »›Der Islam ist die Lösung‹ – Zum Verhältnis von Ideologie und Religion im Islamismus«, in Feichtinger / Wentker 2008: 63 und 61.)

9 Rudolf »Die ›Strategie der Freiheit‹ im Nahen und Mittleren Osten. Rhetorik und Realität amerikanischer Politik«, in *SWP-Aktuell* (2003): 2; Hervorh. von C. R.

10 Vgl. dazu die im Laufe der Arbeit angeführten Textstellen.

ständnis eng mit der Gründungsgeschichte der USA zusammenhängt. Dennoch gilt, dass liberale Ideen, auch innerhalb westlicher Gesellschaften, unterschiedlich stark vertreten und unterschiedlich interpretiert wurden. Die USA vertreten beispielsweise einen sehr militanten Liberalismus, der in Europa so nicht zu finden ist.[11] Man sollte sich bewusst machen, dass der Begriff »liberal« ein unscharfer und vor allem relativer Begriff ist.[12] (Für die Leser, denen die Inhalte des Liberalismus und / oder die Art und Weise, wie die iranische Interpretation des Islam in der IRI institutionalisiert wurde, nicht genügend bekannt sind, befindet sich im Anhang ein kurzer Überblick über den ideologischen Kontext der Kontroverse. Dort werden die Grundgedanken des Liberalismus und die Rolle, die sie bei der Staatsgründung der USA gespielt haben, sowie das politische System der IRI näher beschrieben.)

Insbesondere auf Grund der unterschiedlichen ideologischen Ausrichtung der USA und der IRI ist die Beziehung zwischen den beiden Staaten seit der Staatsgründung der IRI 1979 im Zuge der Islamischen Revolution, bei welcher der von den USA unterstützte, westlich ausgerichtete Schah gestürzt und eine spezifische Interpretation des Islam (konkret: des Zwölfer-Schiismus) als Staatsreligion bzw. -ideologie institutionalisiert wurde, belastet.[13] Während der Amtszeit des Staatspräsidenten Muhammad Khatamis (1997 – 2005), die im Iran als »Reformära« gilt, schienen sich der Iran und die USA etwas anzunähern, bis zum Wahlsieg *George W. Bushs*, der im Zuge des Kampfes gegen den islamisti-

11 Vgl. Müller »The Antinomy of Democratic Peace«, in *International Politics* (2004): 507 – 10.

12 Vgl. auch Dieckmann (1975): 63 – 66. Der Ausdruck »Liberale« wird hier also nicht im parteipolitischen Sinne, sondern in einer weiteren Bedeutung, für alle Menschen, die liberale Konzepte vertreten, verwendet. Er umfasst insbesondere auch Menschen in der Region des Nahen und Mitteleren Ostens, die liberale Konzepte vertreten und sich in der Opposition befinden, insofern es dort kaum authentische liberale Parteien im westlichen Sinne gibt. Bezüglich der »Liberalen« in der Region lehne ich mich damit an die Definition von Ulrich Vogt an, der den Ausdruck »Liberale« in Bezug auf die Region komplementär zu den Ausdrücken »Reformer« und »Demokraten« verwendet und als Demokraten »vor allem Individuen […] [versteht], die sich außerhalb der herrschenden Eliten situieren und sich vom Islamismus, arabischem Nationalismus und den verschiedenen, noch existierenden Spielarten kommunistischer Residuen abgrenzen. […] Komplementäre Begriffe sind ›Reformer‹ oder ›Liberale‹, für die Demokratisierung ohne begleitende marktwirtschaftliche Reformen nicht denkbar wäre und für die andererseits Modernisierung als quasi übergeordneter Begriff zugleich auch effektive Demokratisierung durchsetzen müßte.« (Vogt »Die Demokratisierungsdebatte«, in Faath 2004: 284.)

13 Während der Islamischen Revolution wurde unter anderem auch die amerikanische Botschaft in Teheran durch iranische Demonstranten besetzt und die Mitarbeiter als Geiseln genommen. Revolutionsführer Khomeini hat schließlich, während der ersten Jahre des Bestehens der IRI, mit seinen antiwestlichen und antiisraelischen Äußerungen weiter zur Verschlechterung der Beziehung beigetragen. Nicht zuletzt auf Grund der Angst, die neue iranische Regierung könnte die Islamische Revolution in die Nachbarländer exportieren, unterstützten die USA schließlich Saddam Hussein bei seinem Krieg gegen Iran (1980 – 1988).

schen Terrorismus den Iran Anfang 2002 zunächst auf die »Achse des Bösen«[14] setzte und ihn schließlich neben al-Qaida als Amerikas Hauptfeind definierte. Im Sommer 2005 trat dann der konservative iranische Staatspräsident *Mahmud Ahmadinedschad* sein Amt an, der durch seinen antiliberalen Kurs und seinen konfrontativen Stil gegenüber dem Westen und Israel mittlerweile bekannt ist.[15] Ahmadinedschad hat insbesondere das iranische Nuklearprogramm weiter vorangetrieben und in diesem Zusammenhang diverse Beschlüsse des Weltsicherheitsrates missachtet. Während die Regierungen der arabischen Staaten Irans nukleare Ambitionen recht kritisch beäugen, stößt die konfrontative Haltung Ahmadinedschads gegenüber dem Westen innerhalb der Bevölkerung der arabischen Welt auf Sympathie, »nicht wenige sehen in der westlichen Iranpolitik Vorboten eines neuen Kreuzzuges, zumindest jedoch eine diskriminierende westliche Politik gegenüber muslimischen Staaten«[16]. Der scharfe Ton Ahmadinedschads gegenüber den USA änderte sich auch mit dem Amtsantritt des neuen US-Präsidenten Barack Obama nicht, der der islamischen Welt gegenüber explizit einen neuen Kurs im Vergleich zu seinem Amtsvorgänger ankündigte.[17]

Die Tatsache, dass die Amtszeit Obamas noch nicht abgeschlossen ist und sich nur vorläufige Ergebnisse konstatieren lassen würden, sowie die Tatsache, dass sich die Beziehungen zwischen den USA und dem Iran insbesondere während der gemeinsamen Amtszeit von US-Präsident Bush und dem iranischen Präsidenten Ahmadinedschad verschlechtert haben – Olivier Roy spricht gar davon, dass der Amtsantritt Ahmadinedschads mit seiner »gezielte[n] Entscheidung für die Provokation [...] eine neue Etappe auf dem Weg, der den Iran in einen Konflikt mit dem Westen führt, [markiert]«[18] –, machen diesen Zeitraum als Gegenstand der Untersuchung besonders interessant. Bei dieser Arbeit wird es sich demnach um eine retrospektive Analyse handeln, in der es konkret um die Kontroverse zwischen den USA und dem Iran in dem Zeitraum zwischen dem Amtsantritt des iranischen Präsidenten Mahmud Ahmadined-

14 Bush, 29.01.2002, State of the Union Address, Washington D. C.

15 Ahmadinedschad gehört dem Lager der Prinzipalisten oder Fundamentalisten an, die sich selbst zum Teil mit den amerikanischen Neokonservativen, denen Bush nahe steht, vergleichen. Wenn es um außen- und sicherheitspolitische Fragen geht, bietet es sich nach Volker Perthes an, Ahmadinedschad zu den Islamo-Nationalisten zu zählen. Den Islamo-Nationalisten stellt Perthes die Realisten einerseits und die Globalisierer andererseits gegenüber. Im Iran gibt es keine politischen Parteien im westlichen oder amerikanischen Sinne, sondern es werden eher Fraktionen und politische Netzwerke gebildet, deren Anhänger häufig wechseln, die aber trotz aller Unterschiede, »alle auf dem Boden der Grundordnung der Islamischen Republik [stehen]. Das heißt, sie stehen grundsätzlich loyal zum Regime, auch wenn sie es verändern oder reformieren wollen.« (Perthes 2008: 49.)

16 Perthes (2008): 9.

17 Vgl. Perthes (2008): 7 – 10, 21 – 32, 48 – 89.

18 Roy (2008): 144.

schad Mitte 2005 und dem Ende der Amtszeit des US-Präsidenten George W. Bush Anfang 2009 geht.

1.3 Relevanz der Arbeit

Gerade weil viele westliche Beobachter die Islamische Republik Iran einfach als staatliche Verkörperung des islamischen Fundamentalismus wahrnehmen, steht, wie Volker Perthes es ausdrückt, »anders als bei Diskussionen über andere Länder [...] bei Debatten über Iran und seine Rolle in den internationalen Beziehungen immer die Frage nach der Rationalität dieses Staates und seiner Führung im Vordergrund«[19].

Ich möchte in meiner Arbeit der Frage nachgehen, wie rational die Kontroverse *als Ganze* abläuft und inwieweit Begriffskonflikte die Kommunikation zwischen den beiden Staaten – auf öffentlicher Ebene – bestimmen. Ich möchte dagegen nicht behaupten, dass die iranische Argumentation für sich genommen irrationaler oder rationaler ist als die amerikanische Argumentation. Im Gegenteil soll versucht werden, eine *möglichst neutrale Perspektive* einzunehmen, indem relativ viel Raum für die Darstellung der jeweiligen Positionen gelassen und die Positionen in den Begrifflichkeiten der jeweiligen Konfliktpartei selbst dargestellt werden. Dabei wird sich, so denke ich, zeigen, dass die iranische Argumentation in sich nicht weniger kohärent, konsistent und klar ist als die amerikanische Argumentation und einige iranische Argumente auch aus westlicher Sicht durchaus nachvollziehbar sind – sowie umgekehrt einige amerikanische Argumente aus Sicht einiger westlicher Beobachter extrem erscheinen mögen. Damit komme ich auf eine Herausforderung dieser Arbeit zu sprechen.

Es handelt sich hierbei um eine Arbeit einer Autorin, die selbst in westlichliberaler Tradition und damit in der weltanschaulichen Tradition steht, als deren Protagonist sich eine der beiden Konfliktparteien beschreibt. Demnach muss in dieser Arbeit auch Raum für eine kritische Selbstreflexion gelassen und die Frage diskutiert werden, inwiefern die Darstellung der Kontroverse *tatsächlich neutral* ist. Diese Frage betrifft nicht nur die normative Ebene, sondern gerade auch die deskriptive Ebene. Diese beiden Ebenen sind nämlich in der Kontroverse oft nicht klar zu trennen, wobei das »Verschwimmen« der Ebenen in der Kontroverse zwischen den USA und dem Iran auch Auswirkungen auf die Möglichkeit hat, diese Kontroverse »aus einer Vogelperspektive« darzustellen. Die einleitenden Sätze zum Thema, dies wird im Verlauf dieser Arbeit deutlich werden, sind nicht völlig neutral formuliert. Außerdem ist die Frage nach der Rationalität oder der Logik einer Kontroverse bereits eine sehr »westliche«

19 Perthes (2008): 60.

Fragestellung, insofern die westliche Philosophie sich über Jahrtausende durch den starken Glauben an und die Betonung der *ratio* bzw. des *logos*, also der Vernunft des Menschen, auszeichnete.

Diese Feststellung leitet auch zu einer weiteren Frage über. In der Politik geht es vor allem um Persuasion, also Überzeugung bzw. Überredung. Wäre die Diagnose, dass die Kommunikation völlig irrational abläuft, überhaupt so gravierend? Inwieweit besteht in der Politik überhaupt der Anspruch auf Rationalität?

Nun, einerseits geht es politischen Akteuren darum, ihre politischen Interessen gegenüber dem politischen Gegner durchzusetzen. Iran übt großen Einfluss in der Region des Nahen und Mittleren Ostens und insbesondere auch im Irak nach Saddam Hussein aus und spielt eine wichtige Rolle im Nahostkonflikt. Aktuell bedroht Iran die westlichen Interessen unter anderem durch die Unterstützung verschiedener islamistischer Gruppierungen, von denen einige im Westen als Terrororganisationen gelten. Würde Iran seine Position dadurch weiter stärken, dass es Atommacht würde, könnte dies die zukünftige Gestalt der Region des Nahen und Mittleren Ostens, die für die USA sowohl in militärischer als auch in wirtschaftlicher Hinsicht, insbesondere auf Grund der großen Öl- und Gasreserven, interessant ist, zu westlichen Ungunsten beeinflussen. (Iran selbst verfügt, nach Saudi-Arabien und Russland, über die zweitgrößten Öl- und Gasvorkommen.) Außerdem würde ein mit Atomwaffen bewaffneter Iran als Bedrohung in der Region wahrgenommen, sodass es zu einer Weiterverbreitung von Atomwaffen und zu einem Wettrüsten in der ohnehin sehr instabilen Region kommen könnte.

Da fraglich ist, ob eine militärische Auseinandersetzung nicht letztendlich auch den USA selbst schaden würde, sollte von amerikanischer Seite ein Interesse bestehen, sich mit dem politischen Gegner zu verständigen, um die bestehenden Konflikte verbal beizulegen, auch und gerade auf öffentlicher Ebene.[20] Erstens beeinflussen die öffentlichen Behauptungen einer Regierung die Verhandlungen, die unter Ausschluss der Öffentlichkeit geführt werden, wie uns in jüngerer Vergangenheit die Diskussion um WikiLeaks vor Augen führte. Zweitens greift der Iran zum Teil Argumente auf, die in der islamischen Welt, welche die öffentliche Kommunikation der USA sehr interessiert verfolgt und ihre Schlüsse daraus zieht, vertreten werden.

> Iran ist zwar in vielerlei Hinsicht eigen, aber es ist regional nicht isoliert. [...] Trotz der unterschiedlichen Konfession ist Iran [...] ein zentraler Teil und ein wichtiger Akteur in der islamischen Welt. Eine militärische Auseinandersetzung zwischen den USA

20 Mit Verständigung ist hier Kommunikation gemeint, die zur friedlichen Beilegung der bestehenden Konflikte bzw. zum Interessenausgleich führt und nicht ein Bemühen um gegenseitiges Verstehen im Sinne der Verschmelzung der Horizonte.

(oder einer westlichen Koalition) und Iran oder zwischen Israel und Iran würde die in vielen muslimischen Gesellschaften ohnehin verbreiteten antiwestlichen Einstellungen weiter stärken. Eine friedliche und konstruktive Beilegung der Konflikte könnte dagegen das Misstrauen zwischen westlichen und muslimischen Gesellschaften verringern und möglicherweise sogar zum Beispiel für die Beziehungen zwischen westlich-liberalen Staaten und solchen werden, in denen islamische oder islamistische Parteien regieren.[21]

Eine Entspannung der Beziehungen zwischen den USA und dem Iran würde wahrscheinlich zu einer Liberalisierung und Öffnung Irans führen, während eine aggressive Rhetorik gegenüber Iran die antiliberalen Kräfte in ihrer Position stärken könnte.

Für die iranische Führung, deren Überleben von einer Verständigung mit den militärisch überlegenen USA abhängen könnte, sind die Beziehungen zu den USA generell das wichtigste außenpolitische Thema. Da ein großer Teil der iranischen Bevölkerung und auch der politischen Elite eine Annäherung an die USA wünscht, läge eine Verständigung mit den USA wohl auch im persönlichen Interesse Ahmadinedschads, insofern sie ihm große Zustimmung einbrächte.[22]

Gleichzeitig geht es der Regierung auch immer darum, ihre Politik gegenüber der eigenen Seite zu legitimieren. Dies betrifft einerseits die verbündeten Staaten, welche die jeweilige Politik mittragen sollen, andererseits aber auch die eigene Bevölkerung, die die Politik nicht nur mittragen, sondern die Regierung auch, zumindest in Demokratien, wiederwählen soll. Wie erwähnt, kommuniziert die Regierung im Zeitalter der Massenmedien immer gleichzeitig nach

21 Perthes (2008): 10.

22 Vgl. Perthes (2008): 7–19, 41, 60–88, 129–31. Manchmal werden in der Literatur Interessenverfolgung und Ideologie bzw. ideologische Rhetorik einander gegenübergestellt und als separate Bereiche aufgefasst. Tatsächlich ist die Wirklichkeit aber komplexer. So macht es einerseits Sinn, zwischen Interessen und Ideologie und damit zwischen Konflikten, die vor allem auf konkurrierende Interessen zurückgehen, und ideologischen Konflikten zu unterscheiden. Andererseits besteht jedoch zwischen (nationalen, wirtschaftlichen usw.) Interessen und Ideologie ein enger Zusammenhang, aber dies ist kein einfacher. So kann eine Ideologie zum Ausdruck bestimmter gesellschaftlicher Interessen dienen – in diesem Sinne haben Teile der Arbeiterklasse vielleicht den Sozialismus als Ausdruck ihrer Interessen verstanden. Gleichzeitig kann eine Ideologie aber natürlich auch Interessen konstituieren oder wahre Interessen, vor allem Machtansprüche, verdunkeln. Terry Eagleton bezweifelt, dass es überhaupt unveränderliche Merkmale von Ideologie und damit von ideologischer Kommunikation gibt, und schlägt vor, eher nach »Familienähnlichkeiten« der Bedeutungen der Ausdrücke im Sinne Wittgensteins zu suchen als nach einer Essenz dieses Phänomens. (Vgl. Eagleton 2000: 253–56.) In dieser Arbeit wird unter »Ideologie« »die einer bestimmten gesellschaftlichen Gruppierung oder einer bestimmten Gesellschaftsordnung zugrundeliegenden Wertvorstellungen und Denkmuster verstanden [...]. Will man das Verhältnis von Ideologie und Politik charakterisieren, dann kann man konstatieren, dass politische Wirklichkeit immer auch ideologisch vermittelte Wirklichkeit ist. [...] Wenn sich [...] politisches Handeln in Sprache vollzieht, dann ist Sprache auch der Ort, in dem sich Ideologien manifestieren.« (Girnth 2002: 3.)

außen und nach innen. Auf der einen Seite kann dieses Ziel sicherlich zum Teil durch propagandistische Mittel, mit denen vor allem an die Emotionen der Hörer appelliert wird, erreicht werden. Auf der anderen Seite besteht aber die Zuhörerschaft nicht nur aus naiven, leichtgläubigen und völlig uninformierten Individuen, die nicht in der Lage sind, sich ein eigenes Bild von der politischen Lage zu machen. Kritische Bürger werden sich nicht so einfach und ausschließlich mit Hilfe propagandistischer Methoden manipulieren lassen und die Politik ihrer Regierung nur mittragen, solange diese rationale Argumente für ihre Politik anbringen kann.

Die Argumente, die dem Hörer und vor allem dem politischen Gegner gegenüber vorgebracht werden, dürfen also, will man das Ziel, seine Politik zu legitimieren und durchzusetzen, erreichen, nicht völlig irrational sein.

Andererseits muss man sich bewusst machen, dass die Regierung, gerade weil sie zur selben Zeit verschiedene Empfängerkreise adressiert, auch immer unterschiedliche, vielleicht sogar widersprüchliche Interessen berücksichtigen muss. Die Reden haben nie nur die Funktion, die eigene Position der gegnerischen Position gegenüberzustellen und die gegnerische Position zu modifizieren, sondern sie haben auch immer eine integrative Funktion und sollen die eigene Seite in ihrer Position bestätigen.[23]

23 Vgl. auch Dieckmann (1975): 19, 85 – 101, 117 – 20.

2. Das Interpunktionsproblem

2.1 Die Ursachen der politischen Herausforderungen – Eine gegensätzliche Einschätzung

Die politischen Herausforderungen der internationalen Gemeinschaft, welche die USA und der Iran nennen, sind auf den ersten Blick die gleichen. So definieren beide Seiten Armut und, etwas eingeschränkter, Krankheit und Bildungsmangel bzw. Analphabetismus als Probleme der internationalen Gemeinschaft. Insbesondere definieren sowohl die USA als auch der Iran *Gewalt*, vor allem in Form von *Terrorismus* und *Staatsterrorismus*, als Herausforderung für den internationalen Frieden und die internationale Sicherheit. Beiden Seiten zufolge muss man verhindern, dass Terroristen und ihre Unterstützer über Massenvernichtungswaffen verfügen. Das Hauptkrisengebiet ist für beide Parteien der *Nahe und Mittlere Osten.*[24] Als Konflikte in der Region thematisieren beide Seiten vor allem den israelisch-palästinensischen Konflikt und die Kämpfe im Irak und in Afghanistan im Rahmen des »War on Terror« sowie den Konflikt zwischen der israelischen Regierung und der libanesischen Hizbullah 2006. Außerdem ist für beide Parteien der Konflikt um das iranische Atomprogramm eines der zentralen Themen.

Eine unterschiedliche Einschätzung erfolgt allerdings hinsichtlich der Fragen, was die Ursache der genannten Herausforderungen und wer der Aggressor in den genannten Konflikten ist sowie dementsprechend auch, wie eine Lösung der Situation aussieht.

---

24 In den englischen Versionen der untersuchten Reden ist von »Middle East« die Rede, wobei der englische Ausdruck »Middle East« nicht extensionsgleich mit dem deutschen Ausdruck »Mittlerer Osten« ist, sondern die Gebiete umfasst, die im Deutschen meist als »Naher und Mittlerer Osten« bezeichnet werden. Da der Ausdruck auch in der untersuchten Kontroverse selbst zur Bezugnahme auf ein recht weites Gebiet angewandt wird, wird er im Folgenden mit »Naher und Mittlerer Osten« übersetzt werden.

2.1.1 Die USA: (Islamische) Extremisten als Aggressoren

Die instabile Lage der Region des Nahen und Mittleren Ostens geht den USA zufolge auf die *internen* Bedingungen der Region zurück. Die Region zeichne sich nämlich vor allem durch ein spezifisches Merkmal aus, und zwar die starke Präsenz von *(islamischen) Extremisten.*

Unter dem Ausdruck »Extremisten« werden verschiedene Akteure zusammengefasst. Zum einen werden unter diesem Term *Anhänger radikal-islamischer bzw. terroristischer Organisationen oder Netzwerke*, wie vor allem von al-Qaida, der (libanesischen) Hizbullah und der (palästinensischen) Hamas, subsummiert. Diese planten und verübten Terroranschläge[25] und seien damit direkt für die Gewalt in der Region und somit auch für die schlechte wirtschaftliche Lage verantwortlich. Hier wird bereits deutlich, dass die USA in den meisten Fällen konkret *islamische* Extremisten meinen, wenn sie von »Extremisten« reden. Vor allem machen die USA stets auf zwei Konflikte und ihre Hauptverantwortlichen aufmerksam:

> To the people of Lebanon: […] you have been tested by the *fighting that began with Hezbollah's*[26] *unprovoked attacks on Israel.* […] The world must also stand up for peace in the Holy Land. […] *Israeli citizens have endured brutal acts of terrorism* and constant fear of attack since the birth of their nation. […] And the world has sent a clear message to the *leaders of Hamas:* […] *Abandon terror* […] and work for peace.[27]

Zum anderen werden unter den Begriff der Extremisten *autokratische Regime*[28] gefasst, von denen die USA behaupten, dass sie *Terror unterstützen.*

25 Insofern wird in Bezug auf diese Akteure auch oft von »Terroristen« gesprochen. Der Status der Hizbullah ist tatsächlich allerdings umstritten. Während die USA sie als Terrororganisation einstufen, wird sie von der EU nicht explizit als Terrororganisation definiert, wenngleich auch hier von »terroristischen Aktivitäten der Hizbullah« gesprochen wird. (Vgl. den Beschluss des EU-Parlamentes vom 10.03.2005.)

26 Die Umschrift arabischer oder persischer Namen ist im Englischen etwas anders als im Deutschen. Auch innerhalb der deutschen Sprache gibt es manchmal mehrere Möglichkeiten arabische oder persische Laute wiederzugeben. Es kann daher sein, dass die Umschrift, die andere angeführte Autoren wählen, von der Umschrift, die ich gewählt habe, abweicht.

27 Bush, 19.09.2006, Rede vor der UN-Generalversammlung, New York; Hervorh. von C. R.

28 Unter einer *autokratischen Herrschaftsform* versteht man in Abgrenzung zu einer demokratischen Herrschaftsform »eine nicht durch Wahlen legitimierte Machtkonzentration in den Händen weniger (oder gar einzelner) […], die zudem kaum kontrolliert wird«. (Lauth »Regimetypen: Totalitarismus – Autoritarismus – Demokratie«, in ders. 2002: 114.) Innerhalb der autokratischen Herrschaft differenziert man zwischen *autoritären* und *totalitären* Regimen. Verschiedene Autoren haben unterschiedliche relevante Merkmale eines totalitären Regimes (in Abgrenzung zu einem autoritären Regime) hervorgehoben. Einigkeit besteht vor allem darin, dass, im Gegensatz zu autoritären Staaten, in totalitären Staaten die Ideologie von zentraler Bedeutung ist. Dies schlägt sich insbesondere in dem Anspruch der Herrschenden nieder, nicht nur den politischen Bereich, sondern auch alle anderen gesellschaftlich-öffentlichen Bereiche sowie den privaten Bereich gemäß der Ideologie umfassend prägen zu wollen. Da dieser Anspruch eine umfassende Kontrolle aller Akteure nach sich

Diese Regime sind den USA zufolge Extremisten, die es bereits an die Macht geschafft haben oder hatten. In der Region werden vor allem das Regime Saddam Husseins im Irak, die syrische Führung und die iranische Führung genannt. Doch auch die Taliban in Afghanistan, welche die USA nie als Regierung anerkannt hatten, sowie die palästinensische Hamas, die bei den Wahlen zum palästinensischen Legislativrat 2006 die Mehrheit erringen konnte und 2007 die Macht im Gaza-Streifen übernommen hat, werden im Kontext dieser Regime thematisiert.[29]

Da es sich den USA zufolge hierbei um Extremisten handelt, die es an die Macht geschafft haben, komme den genannten Regimen eine besondere Rolle zu. Sie böten den Terroristen Schutzräume, leisteten ihnen materielle oder logistische Unterstützung und verbreiteten in einigen Fällen selbst Propaganda, wobei immer wieder betont wird: »After September the 11th I laid out a clear doctrine: America makes no distinction between those who commit acts of terror, and those that harbor and support them, because they're equally

---

zieht, sind totalitäre Staaten besonders repressive Staaten. Autoritäre Regime werden (insbesondere hinsichtlich der Kategorien Grad des politischen Pluralismus, Grad der staatlich gelenkten politischen Mobilisierung und des Charakters der Legitimation) zwischen totalitären und demokratischen Herrschaftsformen lokalisiert. Eine einflussreiche Definition stammt von Juan J. Linz der autoritäre Regime als solche Regime definiert, »die einen begrenzten, nicht verantwortlichen politischen Pluralismus haben; die keine ausgearbeitete und leitende Ideologie, dafür aber ausgeprägte Mentalitäten besitzen und in denen keine extensive oder intensive politische Mobilisierung, von einigen Momenten in ihrer Entwicklung abgesehen, stattfindet und in denen ein Führer oder manchmal eine kleine Gruppe die Macht innerhalb formal kaum definierter, aber tatsächlich recht vorhersagbarer Grenzen ausübt«. (Linz 2000: 129, zit. n. Lauth: »Regimetypen: Totalitarismus – Autoritarismus – Demokratie«, in ders. 2002: 116.) Lauth selbst versucht die unterschiedlichen Kriterien zu bündeln, indem er drei abstrakte Dimensionen (politische Freiheit, politische Gleichheit und politische und rechtliche Kontrolle) nennt, anhand derer er Staaten in die Herrschaftsformen Demokratie, Autoritarismus und Totalitarismus einordnet:

Kategorie	Totalitäres Regime	Autoritäres Regime	Demokratisches Regime
Politische Freiheit	Nicht gegeben	Partiell gegeben	Gegeben
Politische Gleichheit	Nicht gegeben	Partiell gegeben	Gegeben
Politische und rechtliche Kontrolle	Nicht gegeben	Partiell gegeben	Gegeben

(Tabelle: Lauth: »Regimetypen: Totalitarismus – Autoritarismus – Demokratie«, in ders. 2002: 117; vgl. Lauth: »Regimetypen: Totalitarismus – Autoritarismus – Demokratie«, in ders. 2002: 114–118.)

29 Zur politikwissenschaftlichen Klassifizierung der genannten Staaten vgl. u.a. Kamrava (2005): 283–330.

guilty of murder.«[30] Die USA sprechen hier auch von »Schurkenstaaten«, »gesetzlosen Regimen« oder »staatlichen Sponsoren von Terror«.

Außerdem sorgten diese Regime als autokratische Regime dafür, dass Extremismus und Terrorismus auch weiter existierten, indem sie nämlich ihr Volk unterdrückten und tyrannisierten und durch eine schlechte Wirtschafts- und Finanzpolitik, vor allem durch Korruption bzw. dadurch, dass sie sich selbst bereicherten anstatt in die Bildung der Menschen zu investieren, für Armut, Hunger, Krankheit und Analphabetismus verantwortlich seien. Tyrannei und Armut führten wiederum zu Verbitterung und machten die Menschen empfänglich für Extremismus. Die amerikanische Sicht der Situation im Nahen und Mittleren Osten stellen die USA anschaulich dar:

> For decades, millions of men and women in the region have been trapped in oppression and hopelessness. And these conditions left a generation disillusioned, and made this region a breeding ground for extremism. Imagine what it's like to be a young person living in a country that is not moving toward reform. You're 21 years old, and while your peers in other parts of the world are casting their ballots for the first time, you are powerless to change the course of your government. While your peers in other parts of the world have received educations that prepare them for the opportunities of a global economy, you have been fed propaganda and conspiracy theories that blame others for your country's shortcomings. And everywhere you turn, you hear extremists who tell you that you can escape your misery and regain your dignity through violence and terror and martyrdom. For many across the broader Middle East, this is the dismal choice presented every day.[31]

Dieser indirekten Unterstützung des Terrorismus bezichtigen die USA alle autokratischen Staaten der Region, nicht nur die »staatlichen Sponsoren von Terror«. Allerdings verschwimmt diese Unterscheidung zwischen »herkömmlichen« autokratischen Staaten und autokratischen Staaten, die der direkten Unterstützung von Terror bezichtigt werden (»staatlichen Sponsoren von Terror«) in der amerikanischen Argumentation. Das heißt, es wird oft impliziert, dass alle autokratischen Staaten auch direkt Terror unterstützen und damit zu den »extremistischen Staatsregimen« zu zählen sind. Denn erstens wird stets behauptet: »Regimes that terrorize their own people will not hesitate to support terror abroad.«[32] Zweitens vermeiden es die USA auf autokratisch regierte Staaten der Region, die nicht der direkten Unterstützung des Terrors bezichtigt werden, explizit mit Termen wie »autoritäre bzw. totalitäre Staaten« oder »Diktaturen« zu referieren.

Insofern also »extremistische Gruppierungen« Terror verbreiteten und »ex-

30 Bush, 05.09.2006, President Bush Discusses Global War on Terror, Washington D. C.
31 Bush, 19.09.2006, Rede vor der UN-Generalversammlung, New York.
32 Bush, 21.02.2005, President Discusses American and European Alliance in Belgium, Brüssel.

tremistische Regime« Terror unterstützten und Extremismus nährten, seien also sie bzw. ihre Politik die *Ursache der Instabilität der Region.* Es werden auch zwei Hauptverantwortliche der Instabilität der Region ausgemacht:

> One *cause of instability* is the extremists supported and embodied by *the regime that sits in Tehran. Iran* is today the world's leading state sponsor of terror. [...] The other *major cause of instability* is the extremists embodied by *al Qaeda and its affiliates.*[33]

Doch, so wird weiter argumentiert, die »Extremisten« stellten nicht nur eine Gefahr für den Frieden und die Sicherheit der Region des Nahen und Mittleren Ostens selbst dar.

> We've learned from history that dangers in other parts of the world – such as Europe and Asia – *directly affect our security here at home.* On September the 11th, 2001, we learned that there's another region of the world that *directly threatens the security of the American people* – and that is the Middle East. [...] The cradle of civilization became the home of the suicide bomber. And resentments that *began on the streets of the Middle East* are *now* killing innocent people in train stations and airplanes and office buildings *around the world.*[34]

Da die instabile Situation des Nahen und Mittleren Ostens globale Auswirkungen habe, wie Amerika besonders am 11. September 2001 zu spüren bekommen habe, müsse man schließlich *reagieren* und in der Region intervenieren: »America *did not seek* this global struggle, but we're answering history's call with confidence and a clear strategy.«[35]

Während die Taliban in Afghanistan und Saddam Hussein im Irak nun nicht mehr an der Macht seien, gäbe es insbesondere ein Regime, von dem immer noch eine starke Gefährdung für die Region, die Welt und vor allem für Israel ausgehe:

> Iran is today the world's leading state sponsor of terror. It sends hundreds of millions of dollars to extremists around the world – while its own people face repression and economic hardship at home. It undermines Lebanese hopes for peace by arming and aiding the terrorist group Hezbollah. It subverts the hopes for peace in other parts of the region by funding terrorist groups like Hamas and the Palestine Islamic Jihad. It sends arms to the Taliban in Afghanistan and Shia militants in Iraq. It seeks to intimidate its neighbors with ballistic missiles and bellicose rhetoric. And finally, it defies the United Nations and destabilizes the region by refusing to be open and transparent

33 Bush, 13.01.2008, President Bush Discusses Importance of Freedom in the Middle East, Abu Dhabi; Hervorh. von C. R.

34 Bush, 28.08.2007, President Bush Addresses the 89th Annual National Convention of the American Legion, Reno, USA; Hervorh. von C. R.

35 Bush, 05.09.2006, President Bush Discusses Global War on Terror, Washington D. C.; Hervorh. von C. R.

> about its nuclear programs and ambitions. Iran's actions threaten the security of nations everywhere.[36]

Bei den vielen negativen Aspekten der iranischen Politik werden immer wieder zwei Aspekte besonders betont. Erstens: »[…] the Iranian regime has clear aims: They want to drive America out of the region, to *destroy Israel*, and to dominate the broader Middle East. To achieve these aims, they are *funding and arming terrorist groups* [vor allem Hamas und Hizbullah][37] […].«[38] Zweitens: »Iran's active pursuit of technology that could lead to *nuclear weapons* threatens to put a region already known for instability and violence under the shadow of a nuclear holocaust.«[39]

Aus diesen Gründen müsse man insbesondere auf die Gefahr, die von dem iranischen Regime ausgehe, *reagieren* und Iran durch Wirtschaftssanktionen und andere Maßnahmen daran hindern, seine Pläne zu verwirklichen: »We must send a clear message to the rulers of outlaw regimes that sponsor terror and pursue weapons of mass murder: You will not be allowed to threaten the peace and stability of the world.«[40]

Und an Israel richten die USA folgende Worte: »To the people of Israel: […] The United States will always *stand with Israel in the face of terrorism.* And we will support you as you *work to ensure the security of your people* – and bring peace and reconciliation to the Holy Land.«[41]

2.1.2 Der Iran: Der Westen als Aggressor

Aus iranischer Sicht stellt sich die Situation anders dar:

> Terrorism and WMDs [weapons of mass destruction] are two major threats before the international community. The Islamic Republic of Iran, as one of the *main victims of terrorism and chemical weapons*, fully appreciates the difficulties that lie ahead in the road to combat these menaces. Today, the most serious challenge is that *the culprits* are *arrogating to themselves the role of the prosecutor.*[42]

---

36 Bush, 13.01.2008, President Bush Discusses Importance of Freedom in the Middle East, Abu Dhabi.

37 Alle Kommentare innerhalb von Zitaten stammen, wenn nicht anders gekennzeichnet, von mir.

38 Bush, 05.09.2006, President Bush Discusses Global War on Terror, Washington D. C.; Hervorh. von C. R.

39 Bush, 28.08.2007, President Bush Addresses the 89th Annual National Convention of the American Legion, Reno, USA; Hervorh. von C. R.

40 Bush, 14.09.2005, Rede auf dem UN-Weltgipfel, New York.

41 Bush, 13.01.2008, Discusses Importance of Freedom in the Middle East, Abu Dhabi; Hervorh. von C. R.

42 Ahmadinedschad, 17.09.2005, Rede vor der UN-Generalversammlung, New York; Hervorh.

Die amerikanische Darstellung der globalen Lage im Allgemeinen und der Lage im Nahen und Mittleren Osten im Besonderen ist aus iranischer Sicht demnach eine krasse Entstellung der Tatsachen. Die USA, selbst Atommacht, seien nämlich diejenigen, die aufrüsteten und Terror verbreiteten, andere »Terrorregime« unter anderem dadurch unterstützten, dass sie diese mit Massenvernichtungswaffen ausstatteten, Nuklearwaffen testeten und sogar selbst schon zwei Mal eingesetzt hätten, um den Rest der Welt zu unterwerfen und ihre militärische und wirtschaftliche Macht noch weiter auszubauen. Auf Grund der natürlichen Ressourcen des Nahen und Mittleren Ostens hätten es die USA bzw. der Westen, als dessen Protagonist die USA verstanden werden, vor allem auf diese Region abgesehen. Demnach stellt die iranische Führung die Situation der Region auch anders dar:

> By *causing* war and conflict, some are fast expanding their domination, accumulating greater wealth and usurping all the resources, while others endure the *resulting* poverty, suffering and misery. Some seek to rule the world relying on weapons and threats, while others live in perpetual insecurity and danger. Some occupy the homeland of others, thousands of kilometers away from their borders, interfere in their affairs and control their oil and other resources and strategic routes, while others are bombarded daily in their own homes; their children murdered in the streets and alleys of their own country and their homes reduced to rubble.[43]

Die aktuellsten Beispiele für diese Politik seien die Besatzung des Irak und Afghanistans.

Während die USA die westlichen Interventionen im Nahen und Mittleren Osten also als Reaktion auf die instabile Lage der Region und die Gewalt, die von der Region ausginge, darstellen, war dem Iran zufolge der Nahe und Mittlere Osten eine an sich stabile, sichere, friedliche und wohlhabende Region, bis der Westen sie besetzte, ihre Ressourcen plünderte und die Bevölkerung terrorisierte. Damit habe der Westen erst Armut und Gewalt in die Region gebracht, während die westliche Bevölkerung in Wohlstand und Frieden lebe. Die instabile Lage der Region des Nahen und Mittleren Ostens sei demnach *extern*, durch die *Interventionen des Westens, verursacht.*

---

von C. R. Bei den Reden, Interviews usw. des Iran handelt es sich um offizielle Übersetzungen des Persischen ins Englische, wie sie beispielsweise vom Übersetzungsdienst der UNO selbst durchgeführt wurden. Da es allerdings bei allen Übersetzungen immer gewisse Interpretationsspielräume gibt und sich somit Abweichungen vom Original ergeben können, ist die amerikanische Seite, die hier in der Muttersprache zu Wort kommt, in dieser Hinsicht sicherlich bevorteilt. Allerdings geht es in dieser Arbeit um die Frage nach den Verständigungsmöglichkeiten zweier Akteure, die sich selbst ebenfalls auf Übersetzungen der Aussagen des jeweiligen Gegners stützen müssen, in einem Umfeld, in dem das Englische im Gegensatz zum Persischen nun einmal die gängige lingua franca und eine der Arbeitssprachen der UNO darstellt.

43 Ahmadinedschad, 19.09.2006, Rede vor der UN-Generalversammlung, New York; Hervorh. von C. R.

Die durch die aggressive und diskriminierende Politik des Westens verursachte instabile Lage der Region sowie auch anderer Weltregionen – denn der Westen interveniere schließlich auch in allen anderen Weltregionen – sei dem Westen schließlich selbst zum Verhängnis geworden:

> Unfortunately, the world is rife with discrimination and poverty. Discrimination *produces hatred, war and terrorism.* They all share the common root of lack of spirituality coupled with injustice. […] If some, relying on their superior military and economic might, attempt to expand their rights and privileges, they will be performing *a great disservice to the cause of peace* and in fact will *fuel the arms race and spread insecurity, fear and deception.* If global trends continue to serve the interests of small influential groups, even the interests of the citizens of powerful countries will be jeopardized — as was seen in the recent crises and the even natural disaster such as the recent tragic hurricane.[44]

Doch der Westen erzeuge und verübe nicht nur Terror, sondern unterstütze auch gezielt den Terrorismus anderer Regime: »Saddam Taliban regimes [sic] were both the products of foreign powers. The people of Afghanistan and Iraq know very well who supported these two regimes.«[45]

Dass der Westen jetzt ausgerechnet diejenigen Regime gestürzt habe, die er vorher noch unterstützt hätte, zeige deutlich, dass es ihm erstens tatsächlich nicht um die Bekämpfung von Terror ginge, sondern allein um die Durchsetzung westlicher Interessen, und zweitens, dass der Westen seine (späteren) Feinde *selbst gezüchtet habe.* In diesem Zusammenhang wird darauf hingewiesen, dass vor allem Iran zu den Hauptopfern von westlich unterstütztem Terror und dem Einsatz von Massenvernichtungswaffen gehört, insofern die USA Saddam Hussein mit chemischen Waffen ausgerüstet hatten, die dieser bei seiner Invasion des Iran einsetzte, und schließlich insofern sie das Regime des Schahs im vorrevolutionären Iran installiert und unterstützt hatten.[46]

Außerdem wird ebenfalls auf die Rolle der Propaganda aufmerksam gemacht und behauptet:

> Attempts by the enemies of Islam to sow the seeds of disunity in the ranks of Muslim nations have a long record in history. Fomenting sectarian and ethnic differences among Muslims and among their governments by political devices and false insinuations were the policy tools of the past, today and future of those who hold malice towards us. Unfortunately, a huge part of the global media is managed by the enemies of

---

44 Ahmadinedschad, 17.09.2005, Rede vor der UN-Generalversammlung, New York; Hervorh. von C. R.

45 Ahmadinedschad, 17.09.2005, Rede vor der UN-Generalversammlung, New York. Die USA hatten, wie gesagt, Saddam Hussein insbesondere im irakisch-iranischen Krieg (1980 – 1988) und die Taliban in Afghanistan gegen die Invasion der sowjetischen Truppen in Afghanistan (1979 – 1989) unterstützt.

46 Vgl. u. a. Ahmadinedschad, 17.09.2005, Rede vor der UN-Generalversammlung, New York.

> Islam. This media attempt to suggest and say over and over that there are antagonistic differences among us. They have been, regrettably, successful to some extend.[47]

Der Iran definiert damit die USA und die anderen westlichen Staaten als die *Aggressoren* und als die Urheber der politischen Herausforderungen. Da der Westen durch seine aggressive und diskriminierende Politik den Hass auf Amerika und den Westen selbst erzeugt und die Regime, die er nun der Unterstützung des Terrorismus bezichtige, zuvor selbst unterstützt habe, seien also die Ereignisse des 11. September 2001 – wenn die amerikanische Version dieser Ereignisse überhaupt stimmen sollte, woran starker Zweifel angemeldet wird –[48] die *Folge* der amerikanischen bzw. westlichen Politik der letzten Jahrzehnte.

Bei seinen Versuchen, die Region zu beherrschen, sei dem Westen schließlich ein zentraler Schachzug gelungen:

> *This occupying country* [gemeint ist Israel] is in fact *a front* of the World of Arrogance [gemeint ist der Westen] *in the heart of the Islamic world.* They have in fact built *a bastion from which they can expand their rule to the entire Islamic world...* This means that the current war in Palestine is the front line of the Islamic world against the World of Arrogance, and will determine the fate of Palestine for centuries to come. Today the Palestinian nation stands against the hegemonic system as the representative of the Islamic Ummah.[49]

Der Iran differenziert hier also nicht eindeutig zwischen der Politik des Staates Israel und der Politik der USA bzw. der westlichen Industrienationen. Israel wird als »Front« und »Bastion des Westens« – in anderen Übersetzungen ist von der »Militärbasis« oder dem »Brückenkopf« des Westens die Rede – zur Ausweitung des westlichen Einflussbereiches in der gesamten islamischen Welt definiert.

Insbesondere in Bezug auf den israelisch-palästinensischen Konflikt wirft der Iran dem Westen eine stark verzerrte Darstellung der Tatsachen vor:

---

47 Ahmadinedschad, 07.12.2005, Rede auf dem Gipfel der OIC, Mekka.

48 Vgl.: »After September 11, a particular radical group was accused of terrorist activities – although it was never explained how such huge intelligence gathering and security organizations failed to prevent such an extensive and well planned operation. Why powers that, not so long ago, were supporting the activities of such groups in Afghanistan — and thus portraying themselves as supporters of human rights and the Afghan people — have over night turned into their most fierce critic? Are we to believe that their benefactors, i. e. the very same hegemonic powers have lost control?« (Ahmadinedschad, 17.09.2005, Rede vor der UN-Generalversammlung, New York.)

49 Ahmadinedschad, 26.10.2005, Rede auf der Konferenz »Welt ohne Zionismus«, Teheran; Hervorh. von C. R. Es gibt verschiedene deutsche und englische Übersetzungen dieser Rede, die sich in ihrem genauen Wortlaut leicht voneinander unterscheiden. Dies ist deshalb von Bedeutung, da sich in Bezug auf eine Textstelle in dieser Rede ein Streit um den genauen Wortlaut der persischen Originalversion entfacht hat. Darauf wird an entsprechender Stelle noch näher eingegangen werden. Ich greife in Bezug auf diese Rede auf die am stärksten beachteten englischen Übersetzungen zurück, wie sie in der *New York Times* und durch das *Middle East Media Research Institute (MEMRI)* veröffentlicht wurden.

> People around the world are fully aware of what is happening in the *occupied Palestine*. Women and children are being murdered and adolescents taken prisoner. Houses are being demolished and farms burnt down. Yet, when the people of Palestine *resist* these conditions, *they are accused of terrorism*. At the same time, the *occupier*, which does not abide by any principles and *terror is part of its pronounced and routine policy* enjoys the support of the previously mentioned governments. Let me be blunter. *State terrorism is being supported by those who claim to fight terrorism.*[50]

Das palästinensische Volk leiste also nur *Widerstand* gegen den Terror des »Besatzer-Regimes«, d. h., die Palästinenser *reagierten* nur auf die Aggressionen der Besatzer, und zwar im Namen der gesamten islamischen Welt. Auch Iran unterstütze die Palästinenser bei ihrem Widerstand gegen das »Besatzer-Regime«, denn »Recognition of this regime has no justification both in our Sharia or rules of international law. How can we recognize a regime that has gained strength *by aggression and occupation?*«[51]

Da das »Besatzer-Regime« als »westliche Bastion« zur Beherrschung der gesamten islamischen Welt fungiere, stelle es nicht nur eine Gefährdung für die Palästinenser dar, sondern bedrohe die gesamte Region, wie vor allem ein Fall aus der jüngeren Vergangenheit demonstriere:

> For thirty-three long days, *the Lebanese* lived under the barrage of fire and bombs and close to 1.5 million of them were displaced; meanwhile some members of the Security Council practically chose a path that provided ample opportunity for *the aggressor* [*Israel*] to achieve its objectives militarily. We witnessed that the Security Council of the United Nations was practically incapacitated by certain powers to even call for a ceasefire. The Security Council sat idly by for so many days, witnessing the *cruel scenes of atrocities against the Lebanese* while tragedies such as Qana were persistently repeated.[52]

Auch in Bezug auf den Konflikt zwischen der libanesischen Hizbullah und der israelischen Regierung 2006 erfolgt also eine, im Vergleich zur amerikanischen Argumentation, gegensätzliche Einschätzung hinsichtlich der Frage, wer der Aggressor ist und den Konflikt begonnen hat.

Während die USA vor allem al-Qaida und die iranische Führung als die *Hauptquellen der Instabilität der Region* definieren, definiert der Iran das »Besatzer-Regime«, als die »Bastion des Westens« im Nahen Osten zur Unterwerfung der islamischen Welt, als eine solche:

---

50 Ahmadinedschad, 17. 09. 2005, Rede vor der UN-Generalversammlung, New York; Hervorh. von C. R.

51 Ahmadinedschad, 07. 12. 2005, Rede auf dem Gipfel der OIC, Mekka; Hervorh. von C. R.

52 Ahmadinedschad, 19. 09. 2006, Rede vor der UN-Generalversammlung, New York; Hervorh. von C. R.

> Regrettably, from its inception, that regime has been a *constant source of threat and insecurity in the Middle East region*, waging war and spilling blood and impeding the progress of regional countries, and has also been used by some powers as an instrument of division, coercion, and pressure on the people of the region.[53]

Aus diesem Grund könnten die Palästinenser auch weiterhin mit der uneingeschränkten *Unterstützung ihres Widerstandes* von iranischer Seite aus rechnen, bis das gesamte Land wieder ihnen gehöre:

> The Islamic Republic of Iran, while fully *respecting the resistance* of the oppressed people of Palestine and *expressing its all-out support for it*, submits its humane solution based on a free referendum in Palestine for determining and establishing the type of state in the *entire* Palestinian lands to the distinguished Secretary General of the UN.[54]

Da der Westen unter anderem mittels des »Besatzer-Regimes« derjenige sei, der Terror verbreite und die Welt mit Nuklearwaffen bedrohe, sei klar, dass der amerikanische Kampf gegen Terror und Massenvernichtungswaffen nur eine Farce ist. Insbesondere in Bezug auf den Streit um das iranische Atomprogramm wirft der Iran den USA eine falsche Darstellung der Tatsachen vor:

> Those hegemonic powers, who consider scientific and technological progress of independent and free nations as a challenge to their monopoly on these important instruments of power and who do not want to see such achievements in other countries, have *misrepresented* Iran's healthy and fully safeguarded *technological endeavors* in the nuclear field *as pursuit of nuclear weapons*. This is nothing but a propaganda ploy.[55]

Tatsächlich diene das iranische Atomprogramm also dem wissenschaftlichen und technologischen Fortschritt des Landes. Trotz der Tatsache, dass Iran, wie jede andere Nation, ein Recht auf die Herstellung von Atomenergie zu zivilen Zwecken habe und alle Aktivitäten in Bezug auf das iranische Atomenergieprogramm unter der Aufsicht der Internationalen Atomenergiebehörde (IAEA) stattfänden, versuche der Westen das iranische Atomprogramm zu behindern und setze die Internationale Atomenergiebehörde unter Druck. *Daher* sei man zufolgendem Schluss gekommen:

> After three years of negotiations and attempts to build confidence, the Iranian nation came to the firm belief that the main concern of these powers is not the possible deviation of Iran's nuclear activities, but is to *prevent its scientific progress under this pretext*. And, if this trend continues there will be no possibility for Iran to enjoy its rights, not even in the next 20 years. *Therefore*, Iran decided to pursue the issue through

53 Ahmadinedschad, 19.09.2006, Rede vor der UN-Generalversammlung, New York; Hervorh. von C. R.

54 Ahmadinedschad, 23.09.2008, Rede vor der UN-Generalversammlung, New York; Hervorh. von C. R.

55 Ahmadinedschad, 17.09.2005, Rede vor der UN-Generalversammlung, New York; Hervorh. von C. R.

> its appropriate legal path, one that runs through the IAEA, and to *disregard unlawful and political impositions by the arrogant powers.*[56]

Sowohl die USA als auch der Iran beschuldigen also den jeweiligen Gegner bzw. die Seite, die dieser unterstützt, Terror zu unterstützen oder zu verüben, die Welt mit dem Einsatz von Massenvernichtungswaffen zu bedrohen, die Region des Nahen und Mittleren Ostens zu destabilisieren und schließlich den Frieden und die Sicherheit der ganzen Welt zu gefährden. Man selbst bzw. die Seite, die man selbst unterstütze, reagiere dagegen nur auf diese Aggressionen bzw. leiste Widerstand.

2.2 Das Interpunktionsproblem nach Watzlawick et al.

In der Kontroverse zwischen den USA und dem Iran stellt sich das *Interpunktionsproblem*, das Paul Watzlawick, Janet H. Beavin und Don D. Jackson in ihrem Buch *Menschliche Kommunikation. Formen, Störungen, Paradoxien*[57] als Ursache für viele Konflikte in zwischenmenschlichen Beziehungen diskutieren. Beim Interpunktionsproblem geht es umgangssprachlich formuliert um die Frage: Was war eher da, das Huhn oder das Ei?

Watzlawick et al. beschäftigen sich mit der Strukturierung von Interaktionsabläufen durch die Teilnehmer der Interaktion und stellen fest, dass diese *dieselbe Interaktion* oft *unterschiedlich strukturieren*, d.h., Ereignisabläufe innerhalb der Interaktion unterschiedlich ordnen. Vor allem unterscheidet sich oft ihre Bewertung dessen, was Ursache bzw. Aktion – oder im schlimmsten Fall Aggression – und was Wirkung bzw. Reaktion ist.

Für Watzlawick et al. ist die Annahme grundlegend, dass zwischenmenschliche Beziehungen sowie auch zwischenstaatliche Beziehungen als *Systeme mit Rückkopplung* angesehen werden müssen. Im Gegensatz zu linearen, progressiven Kausalketten, in denen Ereignis a Ereignis b verursacht, Ereignis b dann Ereignis c verursacht und Ereignis c schließlich Ereignis d verursacht usw., sind Systeme mit Rückkopplung *kreisförmig*, da d auf a *zurückwirkt*. Rückkopplungen können positiv oder negativ sein, je nachdem ob sie zum Gleichgewicht des Systems (negative Rückkopplung) oder zum Verlust des Gleichgewichts, d.h. zu Veränderungen (positive Rückkopplung), führen. Zwischenmenschliche Bezie-

---

56 Ahmadinedschad, 25.09.2007, Rede vor der UN-Generalversammlung, New York; Hervorh. von C. R.; Insofern der Westen das iranische Atomprogramm für den wissenschaftlichen und technologischen Fortschritt des Landes blockiere, gleichzeitig aber selbst über Atomwaffen verfüge und sie verbreite, spricht die iranische Führung von dem »Versuch der Errichtung eines nuklearen Apartheit-Regimes«.

57 Das Buch war 1967 unter dem Titel *Pragmatics of Human Communication. A Study of Interactional Patterns, Pathologies, and Paradoxes* zum ersten Mal erschienen.

hungen können nun insofern als Rückkopplungskreise angesehen werden, als in ihnen das Verhalten jeder einzelnen Person das Verhalten jeder anderen Person *bedingt*, gleichzeitig aber auch von dem Verhalten aller Personen *bedingt wird.*

Der Logik linearer, progressiver Kausalketten zufolge findet Ereignis a vor Ereignis b statt. Daher macht es in solchen Systemen Sinn von Anfang und Ende, Ursache und Wirkung, Aktion / Aggression und Reaktion / Folge zu sprechen. Rückkopplungs*kreise* haben dagegen weder einen Anfang noch ein Ende. In derartigen Systemen muss man eine Logik, nach welcher das Ereignis a vor Ereignis b stattfindet und daher b bedingt, aufgeben, denn genauso könnte man behaupten, dass Ereignis b Ereignis a vorausgeht und damit bedingt,

> je nachdem, wo man willkürlich die Kontinuität des Kreises bricht und diesen Punkt ›Anfang‹ oder ›Ursache‹ nennt. Aber eben diese Logik wird [...] in menschlichen Beziehungen immer dann angewandt, wenn sowohl Person *A* als auch Person *B* behaupten, nur auf das Verhalten des anderen *zu reagieren*, ohne einzusehen, daß sie *mit dieser Reaktion* den anderen *genauso beeinflussen wie er sie.*[58]

In anderen Worten: Während in einer Interaktion, verstanden als Mitteilungsaustausch zwischen Kommunikationsteilnehmern, jede Mitteilung *sowohl Reiz als auch Reaktion* ist, legen die Teilnehmer der Interaktion dieser oft eine Struktur zu Grunde, die jener der linearen Kausalketten gleicht. Sie ordnen die Ereignisabläufe innerhalb der Interaktion so, dass a *nur Reiz* und b *nur Reaktion* ist, und lassen dabei außer Acht, dass b auf a zurückwirkt. Dem externen Beobachter der Interaktion mag die Kreisförmigkeit der Interaktion bewusst sein, den Teilnehmern dagegen oft nicht.

Bei der Untersuchung der Strukturierung von Kommunikationsabläufen durch die Teilnehmer knüpfen Watzlawick et. al an die Untersuchungen aus der Psychologie von Gregory Bateson und Don D. Jackson[59] an, die in Anlehnung an Benjamin Lee Whorf[60] den Begriff der *Interpunktion von Ereignisfolgen* geprägt haben. Während die Reiz-Reaktionspsychologie ihre Aufmerksamkeit auf sehr kurze wechselseitige Verhaltensketten beschränkt, in denen ein Ereignis, z. B. das Füttern eines Versuchstiers durch den Versuchsleiter, als Reiz, ein weiteres Füttern als Verstärkung und das Verhalten des Versuchstiers zwischen diesen beiden Ereignissen, z. B. das Drücken eines Hebels, als Reaktion verstanden wird, untersuchen Bateson und Jackson längere Verhaltensketten, bei denen jedes Ereignis zugleich Reiz, Reaktion und Verstärkung ist.

---

58 Watzlawick et al. (2007): 48; Hervorh. von C. R.

59 Vgl. Bateson / Jackson »Some Varieties of Pathogenic Organization«, in McK. Rioch (1964): 270 – 83.

60 Vgl. Whorf (1963).

> Ein bestimmtes Verhalten von *A* ist insofern ein Reiz, als ihm ein bestimmtes Verhalten von *B* folgt und diesem wiederum ein bestimmtes Verhalten von *A*. Doch *A*'s Verhalten ist insofern auch eine Reaktion, als es zwischen zwei Verhaltensformen von *B* eingebettet ist. Ähnlich ist das Verhalten von *A* außerdem auch eine Verstärkung, da es auf ein Verhalten von *B* folgt. [...] Wenn wir die üblichen Lernexperimente in dieser Sicht betrachten, so bemerken wir sofort, daß ihre Wiederholungen zu einer Differenzierung der Beziehung zwischen den beiden daran teilnehmenden Organismen führen – dem Versuchsleiter und seinem Subjekt. Der Versuchsablauf wird so interpunktiert, daß es immer der Versuchsleiter zu sein scheint, der den ›Reiz‹ und die ›Verstärkung‹ liefert, während die ›Reaktionen‹ vom Versuchstier kommen. Diese Worte sind hier absichtlich in Anführungszeichen gesetzt, da *die Definition der Rollen in Wirklichkeit nur durch die Bereitwilligkeit der Teilnehmer entsteht, diese Interpunktionsform anzunehmen.* [...] Die Versuchsratte, die sagt: ›Ich habe meinen Versuchsleiter so abgerichtet, daß er jedesmal, wenn ich den Heben drücke, mir zu fressen gibt‹, weigerte sich, die Interpunktion anzunehmen, die der Versuchsleiter ihr aufzuzwingen versuchte. Dennoch trifft es zu, daß in langen Verhaltensketten die daran beteiligten Organismen – besonders, wenn es sich um Personen handelt – den Ablauf so *zu interpunktieren pflegen*, daß es tatsächlich aussieht, als habe *der eine oder der andere die Initiative*, als sei er dominant, abhängig oder dergleichen. Mit anderen Worten, *sie stellen zwischen sich Beziehungsstrukturen her* (über die sie Übereinstimmung erreichen oder auch nicht), und diese Strukturen sind *praktisch Regeln für wechselseitige Verhaltensverstärkungen.*[61]

Die Frage nach übereinstimmender oder abweichender Interpunktion von Ereignissen stellt sich also nur in Interaktionen, die über einen etwas längeren Zeitraum geführt werden und in denen sich Wiederholungen ergeben. Schließlich bestimmt die Interpunktion von Ereignissen durch die Teilnehmer der Interaktion das Wesen ihrer Beziehung, indem sie die offensichtlich relativen Rollen der Interaktionsteilnehmer innerhalb ihrer Beziehungen festlegt und das Verhalten der Interaktionsteilnehmer organisiert.

Diskrepanzen bei der Interpunktion der Ereignisabläufe durch die Teilnehmer der Interaktion und vor allem *widersprüchliche* Annahmen hinsichtlich dessen, was Ursache und Wirkung oder Aktion / Aggression und Reaktion / Folge ist, führen zur unterschiedlichen Definitionen ihrer jeweiligen Rollen mit dem jeweils angemessenen Verhalten und sind daher nach Watzlawick et al. die Wurzeln vieler Konflikte. Als Beispiel führen sie ein verbreitetes Problem in einer Ehe an:

> Ein oft zu beobachtendes Eheproblem besteht z. B. darin, daß der Mann eine im wesentlichen passiv-zurückgezogene Haltung an den Tag legt, während seine Frau zu übertriebenem Nörgeln neigt. Im gemeinsamen Interview beschreibt der Mann seine Haltung typischerweise als einzig mögliche *Verteidigung gegen* ihr Nörgeln, während

61 Bateson / Jackson »Some Varieties of Pathogenic Organization«, in McK. Rioch (1964): 273, zit. n. Watzlawick et al. (2007): 57; Hervorh. von C. R.

> dies für sie eine krasse und absichtliche Entstellung dessen ist, was in ihrer Ehe ›wirklich‹ vorgeht: daß nämlich der einzige *Grund für* ihre Kritik seine Absonderung von ihr ist. Im wesentlichen erweisen sich ihre Streitereien als monotones Hin und Her der gegenseitigen Vorwürfe und Selbstverteidigungen: ›Ich meide dich, weil du nörgelst‹ und ›Ich nörgle, weil du mich meidest‹.[62]

Die Eheleute interpunktieren die Ereignisabfolge unterschiedlich. Der Ehemann nimmt das Nörgeln der Ehefrau als *Grund* für sein passives Verhalten und als *Ursache* für ihren Ehekonflikt wahr. Die Ehefrau definiert dagegen ihr Nörgeln nur als *Reaktion* auf die passive Haltung ihres Ehemannes. In derartigen Ereignisabfolgen wird es irgendwann einen Anfang gegeben haben. Irgendwann hat der Mann angefangen, sich zurückzuziehen, oder die Frau hat begonnen, zu nörgeln. Dieser Anfang ist den Parteien aber meist nicht mehr in Erinnerung, sodass sie die Ereignisse willkürlich interpunktieren und zwar so, dass der jeweils Andere »angefangen hat«.[63] Außerdem spielt der eigentliche Auslöser des Konflikts irgendwann auch gar keine Rolle mehr. Sobald derartige Kommunikationsstrukturen einmal zustande gekommen sind, führen sie nämlich ein Eigenleben, gegen das die beteiligten Akteure fast machtlos sind. Der Ehemann meidet die Ehefrau, weil sie nörgelt, und die Ehefrau nörgelt, weil der Ehemann sie meidet. Es ergibt sich ein *Teufelskreis.* Haben die beteiligten Akteure erst einmal eine bestimmte Ordnung in die Interaktion »hineingelesen«, wirkt diese unterstellte Ordnung bezüglich zukünftiger Ereignisse selektierend und selbstbestätigend. Jedes zukünftige Ereignis erscheint einfach nur als weiterer Beweis für das Fehlverhalten oder die Aggressivität des Anderen und dafür, dass man sich selbst in der »Opferrolle« befindet und gegebenenfalls reagieren sollte.

Watzlawick et al. machen darauf aufmerksam, dass internationale Beziehungen oft dieselbe Struktur aufweisen und verweisen auf Arbeiten von C. E. M. Joad zum Wettrüsten zwischen Großmächten:

> [...] wenn, wie behauptet wird, die Vorbereitung auf den Krieg das beste Mittel zur Erhaltung des Friedens ist, so ist es keineswegs klar, weshalb dann alle Nationen im Rüsten anderer Nationen eine Bedrohung des Friedens sehen. Aber eben dies sehen sie darin, und infolgedessen fühlen sie sich veranlaßt, durch eigene Aufrüstung jene Rüstungen zu übertreffen, durch die sie sich bedroht fühlen. [...] Diese Aufrüstung bedeutet umgekehrt eine Bedrohung für Nation *A*, deren angeblich defensive Rüs-

62 Watzlawick et al. (2007): 58; Hervorh. im Orig.

63 Manchmal gehen derartige Konflikte auch auf eine höhere Gewalt zurück: »*A* schreibt *B* einen Brief, in dem er ein gemeinsames Unternehmen vorschlägt und *B* zur Teilnahme einlädt. *B* sagt zu, doch sein Brief geht bei der Zustellung verloren. Nach einiger Zeit des Wartens kommt *A* zu dem Schluß, daß *B* seine Einladung ignoriert, und beschließt, *B* nun seinerseits zu ignorieren. *B* dagegen fühlt sich gekränkt, daß *A* seine Zusage ignoriert, und beschließt, mit *A* keine Verbindung mehr aufzunehmen. Von diesem Punkt an wird ihr stillschweigender Zwist so lange andauern, bis sie nachforschen, was aus ihren beiden Briefen wurde [...].« (Watzlawick et al. 2007: 92.)

> tungen sie ursprünglich auslösten, und dient nun Nation *A* zum Vorwand, sich zum Schutz gegen diese Bedrohung noch stärker zu bewaffnen. Diese zusätzlichen Aufrüstungen aber werden von den Nachbarstaaten ihrerseits als Bedrohung aufgefasst usw.[64]

Auch hier gilt wieder, dass es irgendwann einmal einen Anfang gegeben hat, d. h., eine Nation hat angefangen, aufzurüsten. Doch unabhängig davon, wer der Auslöser war, verselbstständigt sich der Konflikt: Nation A rüstet auf, weil sie sich durch die Aufrüstung von Nation B bedroht fühlt, und Nation B rüstet auf, weil sie sich durch die Aufrüstung von A bedroht fühlt usw. Es ergibt sich wieder der spezifische Teufelskreis.

Schließlich verweisen Watzlawick et al. naheliegenderweise auf das Wettrüsten zwischen der Sowjetunion und den USA während des Kalten Krieges, und in ihrem Buch *Lösungen. Zur Theorie und Praxis menschlichen Wandels* führen Paul Watzlawick, John H. Weakland und Richard Fisch auch den Konflikt zwischen Israel und den arabischen Staaten an, ohne ihren Gedanken jedoch näher auszuführen.[65]

In all diesen Fällen durchschauen die Beteiligten nicht – oder wollen nicht durchschauen –, dass das Verhalten beider Parteien sowohl Aktion / Aggression als auch Reaktion ist und interpunktieren die Interaktion so, dass der Andere der Aggressor ist, während sie selbst nur reagieren. Die verschiedenen Interpunktionen der Ereignisse durch die Teilnehmer der Interaktion führen also in diesem Sinne zu verschiedenen Wahrnehmungen bzw. Beschreibungen der Wirklichkeit und vor allem der Verteilung der Rollen zwischen ihnen (Aggressor – Opfer) und damit zu Konflikten.[66] Dennoch legen die Beteiligten die Prämisse zu Grunde, dass es nur »eine Wirklichkeit« gibt, und dass sie so beschaffen ist, wie sie selbst sie wahrnehmen und beschreiben. Wenn dann die Realitätsbeschreibung des Anderen von der eigenen abweicht, und das muss sie ja, wenn der Andere die Ereignisse anders interpunktiert, dann kann es nur zwei mögliche Gründe dafür geben: Entweder der Andere ist verrückt oder er ist bösartig und verdreht absichtlich die Tatsachen, um Vorwände für seine Aggressionen anführen zu können.[67]

64 Joad (1939): 69, zit. n. Watzlawick et al. (2007): 59.

65 Vgl. Watzlawick et al. (2005): 36. Das Buch war 1974 unter dem Titel *Change. Principles of Problem Formation and Problem Resolution* zum ersten Mal erschienen.

66 In diesem Sinne behauptet Watzlawick, dass »das verschiedene Ordnen (Interpunktieren) von Ereignisabläufen im eigentlichen Sinne des Wortes verschiedene Wirklichkeiten erzeugt«. (Watzlawick 2010: 73.)

67 Vgl. Watzlawick et al. (2005): 32 – 59; Watzlawick et al. (2007): 31 – 33, 47 – 48, 57 – 61, 92 – 96; Watzlawick (2010): 73 – 74, 83 – 84.

2.3 Das Interpunktionsproblem zwischen den USA und dem Iran

Genau diese Struktur des von Watzlawick et al. beschriebenen Interpunktionsproblems liegt auch dem Meinungsaustausch zwischen den USA und dem Iran zu Grunde.

Der Iran argumentiert, dass der *Westen* durch seinen Interventionismus die Instabilität der Region des Nahen und Mittleren Ostens *verursacht* hat. (»By *causing* war and conflict, some are fast expanding their domination [...].«[68]) Als die aktuellsten Beispiele dafür werden die amerikanischen Interventionen in Afghanistan und im Irak genannt.

Den USA zufolge sind die amerikanischen Interventionen in Afghanistan und im Irak dagegen *Reaktionen auf* die seit Jahrzehnten vorherrschenden instabilen Verhältnisse der Region. Sie greifen das Argument, nach dem ihre Interventionen in der Region die Region destabilisiert hätten, auch auf und erwidern:

> This argument rests on a *false assumption, that the Middle East was stable to begin with.* The reality is that the stability we thought we saw in the Middle East was a mirage. *For decades*, millions of men and women in the region have been trapped in oppression and hopelessness. And these conditions left a generation disillusioned, and made this region a breeding ground for extremism.[69]

Die Instabilität der Region sei intern und insbesondere durch die »*Extremisten*« verursacht worden. (»One *cause of instability* is the extremists supported and embodied by the regime that sits in Tehran. [...] The other *major cause of instability* is the extremists embodied by al Qaeda and its affiliates.«[70])

Auf Grund der Tatsache, dass die Instabilität der Region schließlich auch zur Gefahr für die Welt und vor allem für Amerika geworden sei, intervenierten die USA nun in der Region. (»America *did not seek* this global struggle [...].«[71])

Diese amerikanische Beschreibung der Situation oder der Wirklichkeit wird nun durch den Iran als böswillige Verdrehung der Tatsachen dargestellt, wobei auch »Beweise« dafür angebracht werden, dass die iranische Beschreibung der Wirklichkeit die »richtige« ist:

> They use various *pretexts* to *occupy* sovereign states and *cause* insecurity and division, and then use the prevailing situation as an *excuse* to continue their occupation. [...] Iraq was occupied *under the pretext* of overthrowing a dictator and the existence of weapons of mass destruction. The Iraqi dictator who had been supported by the same

68 Ahmadinedschad, 19.09.2006, Rede vor der UN-Generalversammlung, New York; Hervorh. von C. R.

69 Bush, 19.09.2006, Rede vor der UN-Generalversammlung, New York, Hervorh. von C. R.

70 Bush, 13.01.2008, President Bush Discusses Importance of Freedom in the Middle East, Abu Dhabi; Hervorh. von C. R.

71 Bush, 05.09.2006, President Bush Discusses Global War on Terror, Washington D. C.; Hervorh. von C. R.

occupiers was disposed of, and no weapons of mass destruction were discovered, *but the occupation continues under different excuses.*[72]

Tatsächlich verhielte es sich genau umgekehrt. Die aggressive amerikanische Politik bzw. der westliche Interventionismus sei überhaupt erst der *Grund für* den Hass der Region und der ganzen Welt auf Amerika bzw. den Westen und damit für mögliche Gewaltakte gegen Amerika, wobei, wie gesagt, stark bezweifelt wird, dass die amerikanische Darstellung der Ereignisse des 11. September 2001 überhaupt korrekt ist. Insbesondere der Irakkrieg wird als *Grund* dafür angeführt, dass der globale Hass auf die amerikanische Regierung auf ein noch nie dagewesenes Maß angestiegen sei. Ahmadinedschad schreibt in seinem Brief an Bush:

> The question here is ›what has the hundreds of billions of dollars, spent every year to pay for the Iraqi campaign, *produced* for the citizens?‹ […] If billions of dollars spent on security, military campaigns and troop movement were instead spent on investment and assistance for poor countries, promotion of health, combating different diseases […] [etc.] […] [where] would the world be today? Would not your government, and people be justifiably proud? Would not your administration's political and economic standing have been stronger? And I am most sorry to say, would there have been *an ever increasing global hatred of the American governments?*[73]

Die USA weisen schließlich in ähnlicher Weise die iranische Beschreibung der Wirklichkeit als böswillige Verdrehung der Tatsachen zurück und bringen einen »Gegenbeweis« dafür an, dass der Gegner die Situation falsch darstellt und Ursache und Wirkung verwechselt:

> Some have also argued that extremism has been strengthened by the actions of our Coalition in Iraq – claiming that our presence in that country has somehow caused or triggered the rage of radicals. I would remind them that *we were not in Iraq on September the 11th, 2001 – and al Qaeda attacked us anyway.* […] The hatred of the radicals existed *before Iraq was an issue*, and it will exist *after Iraq is no longer an excuse.*[74]

An dieser Stelle sind zwei wichtige Aspekte in der Kontroverse zu beobachten. Erstens gehen die beiden Konfliktparteien bei ihrer Argumentation auf der Zeitachse immer weiter zurück. Zweitens gestehen sie den im Zusammenhang ihrer Kontroverse erwähnten Ereignissen nicht dasselbe Maß an Relevanz zu. Zunächst ging es um die Interventionen in Afghanistan (ab *Oktober 2001*) und vor allem im Irak (ab *2003*). Den Irakkrieg definiert vor allem der Iran als relevantes Ereignis und führt ihn als das aktuellste Exempel für die westlichen Aggressionen an. Nun argumentieren die USA jedoch, dass sie nicht der Ag-

72 Ahmadinedschad, 25.09.2007, Rede vor der UN-Generalversammlung, New York; Hervorh. von C. R.

73 Ahmadinedschad, Mai 2006, Brief an Bush; Hervorh. von C. R.

74 Bush, 28.10.2005, President Discusses War on Terror, Norfolk, USA; Hervorh. von C. R.

gressor in dem Konflikt sein könnten und ihre Interventionen im Irak offensichtlich eine Reaktion auf die Aggressionen der (islamischen) Extremisten im amerikanischen Sinne sein müssen, insofern al-Qaida die USA am *11. September 2001* attackiert habe, also *vor* dem amerikanischen Einmarsch in den Irak. Damit könnten nicht die amerikanischen Interventionen im Irak den Hass der »Extremisten« auf Amerika ausgelöst haben, sondern der Hass der »Extremisten« auf Amerika müsse schon *vorher* existiert haben. Die USA definieren hier also vor allem den 11. September 2001 als relevantes Ereignis und Auslöser ihrer Reaktion.

Die Extremisten im amerikanischen Sinne, wie die iranische Führung, sprechen aber dem 11. September 2001 diese herausragende Relevanz für den Konflikt mit dem Westen ab, denn der Westen habe ihnen zufolge schon lange *vor* dem 11. September 2001 die Region attackiert. Darüber hinaus werden auch starke Zweifel an der Richtigkeit der amerikanischen Darstellung der Ereignisse dieses Tages anmeldet. Bei dem »Beweis« dafür, dass der Westen der Aggressor ist, und bei der Begründung ihres Hasses auf den Westens, gehen die islamischen Extremisten im amerikanischen Sinne nämlich noch etwas weiter zurück in die Vergangenheit und bringen einen weiteren Akteur mit ins Spiel, und zwar Israel, das als die »westliche Bastion zur Ausweitung des Einflussbereiches des Westens in der islamischen Welt« definiert wird:

> The *roots* of the Palestinian problem *go back to the Second World War. Under the pretext* of protecting some of the survivors of that War, *the land of Palestine was occupied through war, aggression and the displacement of millions of its inhabitants*; it was placed under the control of some of the War survivors, bringing even larger population groups from elsewhere in the world, who had not been even affected by the Second World War; [...] This is a great tragedy with hardly a precedent in history. [...] *The pretexts* for the creation of the regime occupying Al-Qods Al-Sharif [das ist der arabische Name für die Stadt Jerusalem] are so weak that its proponents want to silence any voice trying to merely speak about them, as they are concerned that shedding light on the facts would undermine the *raison d'être* of this regime, as it has. [...] But these are *sheer facts and not myth.* History has unfolded before our eyes.[75]

Was für die amerikanische Führung also der 11. September 2001 ist, ist für die iranische Führung die »Errichtung des terrorisierenden Besatzer-Regimes« durch den Westen *nach dem Zweiten Weltkrieg.* Dieses Ereignis liefert ihnen *das* Beispiel für die westlichen Aggressionen schlechthin und *die* Begründung ihrer aktuellen Außen- und Sicherheitspolitik.

Umgekehrt sprechen die USA den Aktionen, die von israelischer Seite ausgehen, eine herausragende Relevanz für ihren Konflikt mit den »(islamischen)

75 Ahmadinedschad, 19.09.2006, Rede vor der UN-Generalversammlung, New York; Hervorh. von C. R.

Extremisten« ab und behaupten: »Over the years these extremists have used a *litany of excuses for violence – the Israeli presence on the West Bank*, or the U. S. presence in Saudi Arabia, the defeat of the Taliban, or the Crusades of a thousand years ago.«[76]

Die Gründung des Staates Israel wird durch die USA tatsächlich sehr selten überhaupt als Ereignis erwähnt. Wenn die USA sie allerdings erwähnen, benutzen sie Begriffe, die Israel als passiven Akteur darstellen. Beispielsweise reden sie von der »Geburt des Staates Israel«. Im Gegensatz zu Ausdrücken wie der »Gründung Israels« bringt der Ausdruck »Geburt des Staates Israel« außerdem zum Ausdruck, dass es sich um einen natürlichen und unumstritten positiven Vorgang handelt.

Was für den einen Kontrahenten also *der* Beweis für die Richtigkeit seiner Wirklichkeitsbeschreibung und eine historische *Tatsache* ist, ist für den anderen Kontrahenten stets nur ein *Vorwand* des Gegners von vielen zur Rechtfertigung seiner Gewalt. Sowohl der Iran als auch die USA werfen dem jeweiligen Gegner vor, dass dieser die Tatsachen verdrehe, und unterstellen ihm Unglaubwürdigkeit und Böswilligkeit. Der iranischen Führung, vor allem Ahmadinedschad, wird zudem oft Verrücktheit oder Irrationalität unterstellt. Dass sich die Lage für den Kontrahenten tatsächlich so darstellen könnte, wie er behauptet, wird nicht in Erwägung gezogen. Es wird, in den Worten Watzlawicks et al. formuliert, von beiden Konfliktparteien *eine* Wirklichkeit unterstellt, und zwar die Wirklichkeit, so wie man selbst sie beschreibt.

Schließlich wird auch der Teufelskreis sehr deutlich. Die iranische Führung definiert die Errichtung des »Besatzer-Regimes« als *den Akt westlicher Aggressionen* und schließlich das »Besatzer-Regime« selbst als *den Aggressoren* schlechthin. Das »Besatzer-Regime« als die »westliche Bastion« zur Beherrschung der gesamten islamischen Welt, terrorisiere nicht nur die Palästinenser, sondern greife auch andere Staaten der Region, wie den Libanon, an. (»[...] the land of Palestine was occupied *through war, aggression and the displacement of millions of its inhabitants.* [...] Regrettably, from its inception, that regime has been a *constant source of threat and insecurity in the Middle East region* [...]. [...] For thirty-three long days, the Lebanese lived under the barrage of fire and bombs [...]; meanwhile some members of the Security Council practically chose a path that provided ample opportunity for *the aggressor* [...].«[77]) In Bezug auf den Krieg zwischen der libanesischen Hizbullah und der israelischen Regierung scheint zu gelten, dass die einmal unterstellte Definition der Rollen (Aggressor –

76 Bush, 11.11.2005, President Commemorates Veterans Day, Discusses War on Terror, Tobyhanna, USA; Hervorh. von C. R.

77 Ahmadinedschad, 19.09.2006, Rede vor der UN-Generalversammlung, New York; Hervorh. von C. R.

Opfer) selbstbestätigend wirkt: Israel war schon immer der Aggressor und muss es nun auch in diesem Konflikt sein.

Demnach wird jede Maßnahme gegen das »Besatzer-Regime« nicht als Terror, sondern als *Widerstand* gegen die Besatzung und den Terror dieses Regimes, d.h. als *Reaktion*, definiert (»Yet, when the people of Palestine *resist* these conditions, they are accused of terrorism«[78]). Da das »Besatzer-Regime« sogar als die Quelle der Instabilität der Region definiert wird, ist ein Vorgehen gegen das Regime aus iranischer Perspektive nicht nur erlaubt, sondern sogar geboten. *Daher*, so die Argumentation, müsse auch der Iran *reagieren* und vor allem das palästinensische Volk, das ja im Namen der gesamten islamischen Welt kämpfe, bei seinem *Widerstand* unterstützen. (»The Islamic Republic of Iran, while fully respecting the *resistance* of the oppressed people of Palestine and expressing its *all-out support* for it [...].«[79])

In seinen berühmt gewordenen Worten auf der Konferenz »Welt ohne Zionismus« 2005 deutet Ahmadinedschad an, wie weit der Widerstand gegen das »Besatzer-Regime« gehen könnte:

> Many who are disappointed in the struggle between the Islamic world and the infidels have tried to spread the blame. They say it is not possible to have a world without the United States and Zionism. But you know that this is a *possible goal and slogan.* [...] Our dear Imam said that *the occupying regime must be wiped off the map and this was a very wise statement.* [...] Our dear Imam targeted the heart of the world oppressor in his struggle, meaning the occupying regime. I have no doubt that the new wave that has started in Palestine, and we witness it in the Islamic world too, will *eliminate this disgraceful stain from the Islamic world.* [...] I hope the Palestinian people will remain alert and aware in the same way that they have continued their struggle in the past ten years. If we get through this brief period successfully, the path of *eliminating the occupying regime* will be easy and down-hill.[80]

78 Ahmadinedschad, 17.09.2005, Rede vor der UN-Generalversammlung, New York; Hervorh. von C. R.

79 Ahmadinedschad, 23.09.2008, Rede vor der UN-Generalversammlung, New York; Hervorh. von C. R.

80 Ahmadinedschad, 26.10.2005, Rede auf der Konferenz »Welt ohne Zionismus«, Teheran; Hervorh. von C. R. Die verbalen Attacken gegen Israel müssen nach Meinung einiger Autoren insbesondere vor dem Hintergrund der Beziehungen zwischen Iran und der übrigen islamischen Welt verstanden werden. Iran will die Führung in Bezug auf die antiisraelische Front übernehmen, um bei den anderen Staaten der Region zu punkten. (Vgl. u.a. Posch »Islam und Revolution in Iran oder Schiismus als Politik«, in Feichtinger/Wentker 2008: 120.) Perthes vertritt die Meinung, dass Ahmadinedschad versucht, sich mit seiner konfrontativen Haltung (nicht nur gegenüber Israel) »bei der Bevölkerung als starker Führer gegen feindliche Mächte zu präsentieren [...]. [...] Wahrscheinlich hat sein konfrontativer, unnachgiebiger Kurs aber noch einen anderen Hintergrund: Nämlich, dass er fest von dem überzeugt ist, was er öffentlich vertritt.« (Perthes 2008: 52.)

Insofern den USA zufolge Israel tatsächlich nicht den Aggressoren und Grund der Instabilität der Region darstellt, ist aus amerikanischer Sicht der »palästinensische Widerstand« gegen das »Besatzer-Regime« *Terror* gegen Israel, auf den wiederum Israel mit amerikanischer Unterstützung *reagieren* müsse. (»Israeli citizens have endured *brutal acts of terrorism* and constant fear of attack since the birth of their nation.«[81] → »The United States will always *stand with Israel in the face of terrorism.* And we will support you as you work to *ensure the security of your people* [...].«[82])

Wenn der Iran dann der palästinensischen Seite uneingeschränkte Unterstützung bei ihrem »Widerstand gegen die Besatzer« zusichert, ist für die USA klar: »Iran funds *terrorist groups* like Hamas and the Palestinian Islamic Jihad, which murder the innocent, and *target Israel*, and *destabilize the Palestinian territories.*«[83] Dasselbe gilt für die iranische Unterstützung der libanesischen Hizbullah in ihrem Konflikt mit Israel: »It [das iranische Regime] [...] undermines Lebanese hopes for peace by arming and aiding the *terrorist group* Hezbollah.«[84]

Diese Unterstützung ist dann wiederum ein *Grund dafür*, Iran als eine der Haupt*quellen* der Probleme der Region zu definieren, woraus dann wiederum für die USA eine bestimmte *Reaktion* folgt. (»Iran has long been a *source of trouble* in the region. It is the world's *leading state sponsor of terrorism.* [...] And *that is why* the United States is rallying friends and allies around the world to isolate the regime, to impose economic sanctions.«[85])

Vor allem ist die iranische »Unterstützung des Widerstandes gegen das Besatzer-Regime« sowohl in den palästinensischen Gebieten als auch im Libanon einer der *Gründe dafür*, dass man um jeden Preis gegen das iranische Atomprogramm vorgehen müsse. In einer Pressekonferenz erklärt Bush:

> The Iranians have defied international organizations in an attempt to enrich uranium – and, we believe, because they want to have a nuclear weapon. And I believe this challenge is one of the most significant challenges we face – ›we‹, the free world, face. There's *a lot of reasons why. One*, just as an example, you really don't want a regime *that funds terrorist organizations* like Hezbollah to have a nuclear weapon as a part of their capacity to create the conditions, for example, of diplomatic blackmail. *Secondly*, the current leader of Iran has – I can't remember exactly his words, but the sum of them

81 Bush, 19.09.2006, Rede vor der UN-Generalversammlung, New York; Hervorh. von C. R.

82 Bush, 13.01.2008, Discusses Importance of Freedom in the Middle East, Abu Dhabi; Hervorh. von C. R.

83 Bush, 28.08.2007, President Bush Addresses the 89th Annual National Convention of the American Legion, Reno, USA; Hervorh. von C. R.

84 Bush, 13.01.2008, President Bush Discusses Importance of Freedom in the Middle East, Abu Dhabi; Hervorh. von C. R.

85 Bush, 28.08.2007, President Bush Addresses the 89th Annual National Convention of the American Legion, Reno, USA; Hervorh. von C. R.

were that the *destruction of one of our allies was important to them* – that would be *Israel.*[86]

Hier verweist Bush auf die oben angeführten Worte Ahmadinedschads auf der Konferenz »Welt ohne Zionismus«. Diese Worte Ahmadinedschads sind vor allem deshalb so bekannt geworden, da sie im Westen, wie Bush demonstriert, als *die* iranische Kriegserklärung an Israel gelesen werden, und der Westen seine Forderung, Iran mit aller Kraft an der Schließung des atomaren Brennstoffkreislaufes zu hindern, demnach vor allem mit diesen Worten *begründet.*[87]

An dieser Stelle lässt sich Folgendes festhalten: Der Streit um das iranische Atomprogramm ist zugleich eine *Folge*, als auch *Teil* des Interpunktionsproblems. Betrachten wir zunächst, inwiefern der Atomstreit Folge des Interpunktionsproblems ist.

Der Iran als Mitglied der Internationalen Atomenergiebehörde (IAEA) wäre unter den Bedingungen, dass das Atomprogramm zivilen Zwecken diente und die iranische Führung mit der Behörde kooperierte, im Recht. Der Iran hätte nicht nur das Recht auf die Anreicherung von Uran, sondern auch auf Assistenz durch die IAEA. Doch selbst, wenn das iranische Atomprogramm, wie vermutet werden kann, der Herstellung von Atomwaffen diente, würde Iran nichts fordern, was Amerika und Israel nicht auch besäßen. Es ist stark davon auszugehen, dass Iran nukleare Waffen vor allem zum Machtausgleich in der Region und zur Abschreckung möglicher Militärschläge durch die USA oder Israel besitzen möchte, also der in den internationalen Beziehungen recht verbreiteten Doktrin der »Balance of Power« folgt. Ein Angriff auf Israel, also ein Erstschlag, ist insofern recht unwahrscheinlich, dass er einem Selbstmord gleichkäme, denn

86 Bush, 20.04.2007, President Bush Visits East Grand Rapids, Discusses Global War on Terror, East Grand Rapids, USA; Hervorh. von C. R.

87 Ahmadinedschad hat später behauptet, dass er nicht dafür plädiert habe, aktiv für die Vernichtung des »Besatzer-Regimes« zu sorgen, sondern nur, dass ein illegitimes Regime, wie das der »Zionisten«, sich eines Tages von selbst auflösen würde. (Vgl. u. a. das Interview Ahmadinedschads vom 20. September 2007 mit CBS.) In diesem Zusammenhang wurde auch kritisiert, dass es sich bei der entscheidenden Textstelle »das Besatzer-Regime müsse *von der Landkarte getilgt werden*« (Übersetzung Reuters) oder »*ausgerottet werden*« (Übersetzung DPA), und vor allem bei der englischen Version »that the occupying regime *must be wiped off the map*«, die Grundlage der deutschen Übersetzungen war, um falsche Übersetzungen aus dem Persischen handele. Tatsächlich hieße es weniger martialisch »dieses Besatzer-Regime muss von den Seiten der Geschichte (wörtlich: Zeiten) verschwinden« bzw. »dieses Besatzer-Regime muss Geschichte werden« und dürfe nicht als Aufforderung zum Vernichtungskrieg gegen Israel, sondern zur Beendigung der Besatzung verstanden werden. (Vgl. Katajun Amirpur »Der iranische Schlüsselsatz«, in der *Süddeutschen Zeitung* vom 15./16. März 2008 und auf Sueddeutsche.de: http://www.sueddeutsche.de/kultur/umstrittenes-zitat-von-ahmadinedschad-der-iranische-schluesselsatz-1.287333.) Die englische Übersetzung stützt sich auf die persische Originalversion, wie sie die »Nachrichtenagentur der Iranischen Studenten« (Iranian Students News Agency – ISNA) auf ihrer Internetseite veröffentlich hatte.

Iran muss mit einem israelischen und/oder amerikanischen Gegenschlag rechnen. Zwar hat sich der Iran als Unterzeichner des nuklearen Nichtverbreitungsvertrags (Atomwaffensperrvertrag) dazu verpflichtet, keine Atomwaffen zu entwickeln, zu erwerben oder die Verfügung darüber zu erlagen. Würde Iran in den Besitz nuklearer Waffen gelangen, würde dies also die Glaubwürdigkeit des Atomwaffensperrvertrages unterminieren und das Nichtverbreitungsregime erheblich beeinträchtigen.[88] Doch Amerika unter Bush kann ganz offensichtlich weder glaubwürdig gegen Atomwaffen eintreten noch anderen Staaten die Nichtbeachtung internationaler Verträge oder eine mangelnde Zusammenarbeit mit internationalen Organisationen vorwerfen – worauf der Iran auch stets hinweist:

> Ironically, those who have actually used nuclear weapons, continue to produce, stockpile and extensively test such weapons, have used depleted uranium bombs and bullets against tens and perhaps hundreds of thousands of Iraqis, Kuwaitis, and even their own soldiers and those of their allies, afflicting them with incurable diseases, blatantly violate their obligations under the NPT [Treaty on the Non-Proliferation of Nuclear Weapons], have refrained from signing the CTBT [Comprehensive Test Ban Treaty] and have armed the Zionist occupation regime with WMDs [weapons of mass destruction], are not only refusing to remedy their past deeds, but in clear breech of the NPT, are trying to prevent other countries from acquiring the technology to produce peaceful nuclear energy.[89]

Soweit ist die iranische Sicht nachvollziehbar.

Aus amerikanischer Sicht geht es aber nicht einfach darum, dass die Führung *irgendeines* Staates Uran anreichert und nicht mit der IAEA kooperiert, sondern es geht darum, dass der *weltweit führende Unterstützer von Terrorismus*, der akut *Israel* als einen westlichen Verbündeten (sowie auch amerikanische Truppen in der Region) *bedroht*, Uran ohne ausreichende Kontrolle der IAEA anreichert. Auf diesen bedeutenden Unterschied verweist Condoleezza Rice in ihrer Rede vor der UN-Generalversammlung 2005 sehr deutlich:

> It [the Security Council] must be able to deal with great challenges like nuclear proliferation, *especially when countries like Iran* threaten the effectiveness of the global non-proliferation regime. Questions about Iran's nuclear activities remain unanswered, despite repeated efforts by the IAEA. After agreeing to negotiate with Europe, Iran has unilaterally walked away from the talks and restarted its nuclear programs. *All of this from a leading state sponsor of terrorism*, which threatens to destroy the fragile opportunity for peace that now exists in the Middle East.[90]

---

88 Vgl. u.a. Amirpur: »Der ›Schurkenstaat‹ Iran und die Greater Middle East Initiative«, in *ORIENT* (2005): 254–59; Perthes (2008): 10–13, 107–118; Roy (2008): 139–40.

89 Ahmadinedschad, 17.09.2005, Rede vor der UN-Generalversammlung, New York.

90 Rice, 17.09.2005, Rede vor der UN-Generalversammlung, New York; Hervorh. von C. R. Eine

Ob man einem Atomprogramm eines Staates A etwas entspannter gegenübersteht oder aber ein solches mit aller Macht verhindern will, hängt stark davon ab, ob man diesen Staat A als »Terrorstaat« definiert, der gegebenenfalls Atomwaffen auch an militante islamistische Gruppierungen weitergeben könnte und Drohungen gegen verbündete Staaten ausgesprochen hat, oder eben nicht.[91] Diese Drohungen hat Staat A, aus eigener Perspektive, allerdings nur ausgesprochen, da er sich selbst *bedroht fühlt*. In diesem Sinne ist der Atomstreit also Folge des Interpunktionsproblems und der unterschiedlichen Definitionen des Iran als Aggressor oder Opfer einerseits und Israels als Aggressor oder Opfer andererseits.

Schließlich wird der Atomstreit aber auch zum Teil des Interpunktionsproblems. Wenn der Iran als der Aggressor gilt, dann gibt es, zumindest aus amerikanischer Sicht, nur eine mögliche *Reaktion* auf ein solches Atomprogramm: »In Iran, the free world shares a common goal: For the sake of peace, the Iranian regime must end its support for terrorism, and *must not develop nuclear weapons*. [...] In safeguarding the security of free nations, *no option can be taken permanently off the table.*«[92]

Diese »Reaktion« der Amerikaner ist dann aber aus Perspektive der iranischen Führung, die Israel bzw. den Westen als Aggressoren und sich selbst als eines der Hauptopfer dieser Staaten definiert, einfach ein weiterer »Beweis« für den ungerechtfertigten Interventionismus des Westens in die Angelegenheiten souveräner Staaten und für die Unterdrückung dieser Staaten, kurz: für die westlichen *Aggressionen:*

> The nuclear issue of Iran is a *clear example* of how such mechanisms perform and the prevailing thoughts behind them. [...] For about 5 years, some of the aforementioned powers have, by *exerting heavy pressure* on the IAEA, attempted to *prevent the Iranian nation from exercising its rights.* They have *derailed Iran's nuclear issue from its legal tracks*, and have politicized the atmosphere to *impose their wishes* through taking advantage of all their potentials. [...] In the last two years, abusing the Security Council, the arrogant powers have *repeatedly accused Iran and even made military threats and imposed illegal sanctions against it.*[93]

weitere zentrale Befürchtung auf westlicher Seite ist, dass Iran ein nukleares Aufrüsten in der ohnehin sehr instabilen Region starten könnte.

91 Die Definition eines Staates als »Terrorstaat« hängt allerdings wieder stark davon ab, ob dieser Staat zu den Verbündeten gezählt wird oder nicht. Auf die Extension des Begriffes des Terrorismus in der Kontroverse USA – Iran wird im sechsten Kapitel näher eingegangen.

92 Bush 21.02.2005, President Discusses American and European Alliance in Belgium, Brüssel; Hervorh. von C. R.

93 Ahmadinedschad, 25.09.2007, Rede vor der UN-Generalversammlung, New York; Hervorh. von C. R.

Schließlich kann es auch von iranischer Seite nur eine mögliche *Reaktion* auf die erneute Aggression des Westens geben:

> Indeed, they are not against weapons, but they oppose other nations progress, and tend to monopolize technologies and to use those monopolies in order to impose their will on other nations. But it is very natural that the great Iranian people, with their trust in God, and with determination and steadfastness and with the support of its friends, will *resist the bullying* and has defended and will continue to *defend its rights.*[94]

Wieder wird also die eigene Politik als »Widerstand« gegen die Aggressionen des Westens und als »Verteidigung der Rechte«, d. h. als »Reaktion«, definiert, was sich aus Sicht des Westens selbst wiederum als mangelnde Kooperation und erneute *Aggression* darstellt. In diesem Sinne wird dann der Atomstreit selbst wieder Teil des Interpunktionsproblems.

Der Teufelskreis ergibt sich also daraus, dass Partei A sich gezwungen fühlt, auf die Aggressionen von Partei B zu reagieren, wobei Partei B diese »Reaktion« als erneute Aggression von Partei A auffasst, auf die sie nun wieder reagieren muss usw.

Der Atomstreit macht sehr deutlich, dass jede Aktion der einen Konfliktpartei die möglichen Handlungsoptionen der anderen Konfliktpartei immer weiter einschränkt. Sowohl die USA als auch der Iran würden sich vielleicht im Atomstreit kompromissbereiter zeigen können, wäre dieser aus ihrer Sicht nicht nur eine von zahlreichen Aggressionen des Gegners und müsste man nicht mit immer neuen Aggressionen von dessen Seite rechnen.

2.4 Zur Komplexität des Interpunktionsproblems zwischen den USA und dem Iran

Das, was den Streit zwischen den USA und dem Iran von den von Watzlawick et al. angeführten Beispielen – dem Streit zwischen Ehemann und Ehefrau und dem Rüstungswettlauf zwischen Nation A und Nation B – unterscheidet, gleichzeitig den Teufelskreis von Reaktion und Gegenreaktion aber besonders verfestigt, ist die *Komplexität* dieses Streits.

Bei dem Ehestreit und dem Rüstungswettlauf zwischen Nation A und Nation B geht es jeweils um *einen* Konflikt zwischen *zwei* Akteuren, wobei zwischen beiden Akteuren klar ist, *welche* Handlungen noch Teil ihres Streits sind. Der Ehemann zieht sich zurück, weil die Ehefrau nörgelt, während diese nörgelt, weil der Ehemann sich zurückzieht. Nation A rüstet auf, weil Nation B aufrüstet und

94 Ahmadinedschad, 23.09.2008, Rede vor der UN-Generalversammlung, New York; Hervorh. von C. R.

vice versa. In Bezug auf den Streit zwischen dem Iran und den USA werden dagegen nicht nur die Handlungen des jeweiligen Kontrahenten, also des Iran einerseits und der USA andererseits, sondern auch die Handlungen *Dritter* zur Begründung der jeweiligen Politik gegenüber dem Gegner (sowie auch Vierter) herangezogen, wobei keine Einigkeit darüber besteht, *in welchem Maße* die Handlungen und historischen Ereignisse überhaupt von Relevanz für *ihre* Kontroverse sind. Insgesamt lassen sich mindestens *fünf* Konflikte unterscheiden, die in der Kontroverse eine Rolle spielen: Die Kriege in Afghanistan und im Irak im Rahmen des »War on Terror«, der israelisch-palästinensische Konflikt, der Konflikt zwischen der libanesischen Hizbullah und der israelischen Regierung 2006 und der Streit um das iranische Atomprogramm.

2.4.1 Gründe für die Diffusion des Konflikts

Die USA begründen den Sturz der *Taliban in Afghanistan* und des *Regimes Saddam Husseins im Irak* sowie mögliche Maßnahmen gegen andere extremistische Regime in ihrem Sinne, wie insbesondere die *iranische Führung*, vor allem mit den Terroranschlägen vom *11. September 2001* in Amerika, die aber *al-Qaida* begangen haben. Dies ist bemerkenswert, da schließlich nicht die iranische Führung oder iranische Staatsbürger als die Verantwortlichen der Anschläge definiert werden, sondern mit al-Qaida ein dritter Akteur, der noch dazu ein Kontrahent des Iran selbst ist, und von dem sich die iranische Führung zumindest offiziell distanziert. Die Ereignisse des 11. September 2001 dienen den USA als größerer Begründungszusammenhang für ihre Haltung in Bezug auf den Iran und insbesondere auf das iranische Atomprogramm. Als unmittelbarer und konkreter Grund für Maßnahmen gegen den Iran sowie für die Dringlichkeit und die Härte dieser Maßnahmen werden dann die iranischen Drohungen gegen *Israel* sowie die iranische Unterstützung der (palästinensischen) *Hamas* und der (libanesischen) *Hizbullah* bei ihrem Terror gegen Israel genannt. Damit werden noch einmal drei weitere Akteure als in den Konflikt zwischen den USA und dem Iran involviert definiert.

Von Bedeutung für die Diffusion des Konflikts, insbesondere für die diffuse Täteridentifizierung, ist in Bezug auf die amerikanische Seite der *transnationale* Charakter des islamistisch motivierten Terrorismus. Auf diesen Charakter berufen sich die USA stets, um ihre Interventionen in den verschiedenen Staaten, die zumindest auf den ersten Blick gar nichts mit den Anschlägen vom 11. September 2001 zu tun haben, zu rechtfertigen. Die USA sprechen hier von einer »neuen Ära der Gefahren«: »The events of September the 11th, 2001 demonstrated the threats of a new era. I say ›new‹ because we found that oceans which separate[d] us from [...] different continents no longer separate us from danger.«[95]

Hätte am 11. September Staat A Staat B angegriffen, wäre klarer, wer genau der Aggressor ist und zur Rechenschaft gezogen werden muss. Der Zirkel von Aggression und Reaktion, wenn er sich ergeben hätte, würde sich hauptsächlich auf diese beiden Staaten sowie gegebenenfalls jene Staaten, die Staat A oder Staat B in ihrer Haltung unterstützten, reduzieren.

Auch in Bezug auf den transnationalen Terrorismus spielt ja die Unterstützung durch Staaten eine Rolle. Jedoch machen die USA nicht nur Staaten für den Terrorismus mitverantwortlich, die den Terrorismus der amerikanischen Auffassung nach direkt, also finanziell, logistisch usw., unterstützen. Sie machen letztendlich sogar alle autokratischen Staaten der Region für den Terrorismus mitverantwortlich, indem sie behaupten, dass diese Staaten eine politische und sozioökonomische Atmosphäre schaffen, die Extremismus und Terrorismus hervorbringt und nährt. Da dies zwar eine indirekte, aber besonders nachhaltige Förderung des Terrors sei, müsse man insbesondere auch in Bezug auf diese Staaten intervenieren.

Mit dieser Begründung lassen sich dann offenbar Maßnahmen gegen sehr viele Regierungen rechtfertigen, auch wenn sie keine militanten Gruppierungen finanzieren und/oder gar nichts mit *islamischem* Extremismus zu tun haben, solange sie nur *autokratisch im Sinne der USA* sind. Genauso verfahren die USA auch, denn auch die Staaten Weißrussland, Kuba, Venezuela und vor allem Nordkorea werden immer wieder im Kontext des »War on Terror« thematisiert und dadurch in Verbindung mit (islamistischem) Terrorismus gebracht.[96] Autokratische Staaten der Region, die die USA als Verbündete betrachten, wie vor allem Saudi-Arabien – 15 der 19 Terroristen des 11. September 2001 hatten saudi-arabische Wurzeln – werden dagegen an keiner Stelle in einen direkten Zusammenhang mit dem islamistischen Terrorismus gebracht.

Auf der anderen Seite berufen sich die USA auf den transnationalen Charakter des Terrorismus, wenn es um die Mobilisierung der *eigenen* Seite geht, wobei stets stark polarisiert wird. Letztendlich betrachten die USA ihren »War on Terror« dann auch explizit als einen *globalen Kampf*, wobei sich alle Menschen dieser Erde auf eine der beiden Seiten verorten müssten:

> Last week, America and the world marked the fifth anniversary of the attacks that filled another September morning with death and suffering. On that terrible day, extremists killed nearly 3,000 innocent people, *including citizens of dozens of nations* represented right here in this chamber. Since then, the enemies of humanity have continued their

95 Bush, 06.03.2008, President Bush Commemorates Fifth Anniversary of U. S. Department of Homeland Security, Washington D. C.

96 Vgl. u. a. Bush, 25.09.2007, Rede vor der UN-Generalversammlung, New York.

> campaign of murder. Al Qaeda and those inspired by its extremist ideology have attacked *more than two dozen nations*. And recently a different group of extremists deliberately provoked a terrible conflict in Lebanon. At the start of the 21st century, it is clear that *the world* is engaged in a great ideological struggle, between *extremists* who use terror as a weapon to create fear, and *moderate* people who work for peace. [...] And the nations gathered in this chamber *must make a choice*, as well: Will we support the moderates and reformers who are working for change across the Middle East – or will we yield the future to the terrorists and extremists? America has made its choice: We will stand with the moderates and reformers.[97]

Doch es gibt noch andere Gründe für die diffuse Definition des Aggressors sowie auch desjenigen, der reagieren müsse. Dies gilt insbesondere für die iranische Argumentation, die dem 11. September 2001 schließlich eine herausragende Relevanz für den Konflikt mit dem Westen abspricht und diesen Tag schon gar nicht als Ausdruck einer »neuen Ära transnationaler Gefahren« definiert, denn der Westen interveniere schließlich seit vielen Jahrzehnten in der Region.

Die iranische Führung generalisiert zunächst insofern, als Amerika selten allein für bestimmte Aggressionen verantwortlich gemacht wird, sondern *der Westen* allgemein. Schließlich begründet die iranische Führung ihre Haltung gegenüber dem Westen unter anderem mit der westlichen Besatzung *Afghanistans* und des *Irak*, insbesondere aber mit der Gründung des Staates *Israel* – oder in der iranischen Sprache ausgedrückt: mit der »Errichtung des Besatzer-Regimes in Palästina« – *nach dem Zweiten Weltkrieg* sowie der Politik Israels seitdem. Dabei wird allerdings nicht nur auf die westliche Unterstützung Israels und die Rolle, die der Westen bei der Errichtung des Staates gespielt hat, hingewiesen, sondern es findet an vielen Stellen eine *Gleichsetzung* der Akteure statt. Dem Iran zufolge ist das »Besatzer-Regime« schließlich kein vom Westen eindeutig unterscheidbarer Akteur, sondern die »Bastion des Westens« in der Region zur Beherrschung der gesamten islamischen Welt. Hier wird also zwischen der israelischen und der amerikanischen bzw. westlichen Politik teilweise *gar nicht mehr differenziert* und alle Aggressionen, die von Israel ausgehen, als Beispiele für westliche Aggressionen herangezogen.

Ahmadinedschad hängt in Bezug auf Israel einer *Verschwörungstheorie* an:

> The dignity, integrity and rights of the American and European people are being played with by a small but deceitful number of people called Zionists. Although they are a miniscule minority, they have been dominating an important portion of the financial and monetary centers as well as the political decision-making centers of some European countries and the US in a deceitful, complex and furtive manner.[98]

---

97 Bush, 19.09.2006, Rede vor der UN-Generalversammlung, New York; Hervorh. von C. R.

98 Ahmadinedschad, 23.09.2008, Rede vor der UN-Generalversammlung, New York. Im Zentrum dieser Verschwörungstheorie stehen die *Protokolle der Weisen von Zion*, die angeblich beweisen sollen, dass ein jüdischer Geheimbund, die Weisen von Zion, die Übernahme der

Dass *Iran* nun die Palästinenser bei ihrem Widerstand unterstützen müsse, wird insbesondere damit begründet, dass Israel eine Gefahr für die *gesamte* Region darstelle, insofern Israel auch gegen andere Staaten der Region, wie beispielsweise den *Libanon*, Kriege anzettle. Allerdings weitet der Iran die Definition der Staaten, die reagieren müssten, noch stärker aus, und zwar auf die *gesamte islamische Welt.* (»Therefore the struggle in Palestine today is the major front of the *struggle of the Islamic world* with the world oppressor [...]. The Palestinian nation *represents the Islamic nation* against a system of oppression, and thank God, the Palestinian nation adopted Islamic behavior in an Islamic environment in their struggle and so we have witnessed their progress and success.«[99]) Die islamische Nation bzw. die Ummah umfasst nicht nur Nachbarstaaten, sondern *alle Muslime.* Der Iran vertritt *panislamische* Ideen und propagiert Loyalität unter allen Muslimen:

> Unfortunately, some Islamic countries suffer from consequences of military interventions and policies of superpowers. Muslim Ummah are parts of a single body and when one part is at pains, the rest cannot remain at rest. Regrettably, these aggressions and interventions continue to take place.[100]

2.4.2 Historische Kontextualisierung der aktuellen Konflikte – Von Kolonialmächten, Nazi-Deutschland und dem Kalten Krieg

Es wurde gezeigt, dass der Streit zwischen den USA und dem Iran sehr komplex ist, in dem Sinne, dass eigentlich fünf verschiedene Konflikte eine Rolle spielen und dritte Akteure als in den Streit involviert beschrieben werden. Soweit bestand zwischen den USA und dem Iran weitgehend Einigkeit bezüglich der Frage, *welche* Konflikte und Akteure für *ihren* Konflikt von Bedeutung sind, wenngleich die Kontrahenten einigen im Zusammenhang ihrer Kontroverse erwähnten Ereignissen ein unterschiedliches Maß an Bedeutung für ihre Kontroverse zusprechen. Im Folgenden soll ein bislang noch nicht erwähnter Aspekt thematisiert werden, der die Komplexität der Auseinandersetzung noch einmal

---

Weltherrschaft plane. Obwohl die Protokolle als Fälschung entlarvt sind, wird sich auch heute noch zum vermeintlichen Beweis der jüdischen Weltverschwörung auf sie berufen. Ahmadinedschad ist als Anhänger einer solchen Verschwörungstheorie auch kein Einzelfall, d. h., Verschwörungstheorien sind ein relativ verbreitetes Phänomen in der Region des Nahen und Mittleren Ostens. (Vgl. u. a. Vogt »Die Demokratisierungsdebatte«, in Faath 2004: 289.)

99 Ahmadinedschad, 26.10.2005, Rede auf der Konferenz »Welt ohne Zionismus«, Teheran; Hervorh. von C. R.

100 Ahmadinedschad, 07.12.2005, Rede auf dem Gipfel der OIC, Mekka. Generell gilt, dass Muslime traditionell weniger in territorialen oder nationalen und stärker in religiösen Kategorien (Muslime und Ungläubige) denken. (Vgl. Lewis 2003: 13–17.)

ansteigen lässt und einerseits zu einer Verstärkung des Interpunktionsproblems führt, andererseits aber auch ein neues, über das Interpunktionsproblem hinausgehendes Problem aufwirft. Die beiden Kontrahenten nehmen nämlich jeweils noch eine *umfassendere historische Kontextualisierung* der thematisierten Ereignisse und Konflikte vor.

Betrachten wir zunächst die iranische Argumentation:

> We need to examine the true origins of the issue of Palestine: is it a fight between a group of Muslims and non-Jews? Is it a fight between Judaism and other religions? Is it the fight of one country with another country? Is it the fight of one country with the Arab world? Is it a fight over the land of Palestine? I guess the answer to all these questions is ›no‹. The establishment of the occupying regime of Qods [...] was a major move by the *world oppressor* [...] *against the Islamic world.* The situation has changed in this *historical struggle.* Sometimes the Muslims have won and moved forward and the world oppressor was forced to withdraw. Unfortunately, the Islamic world has been withdrawing *in the past 300 years.* I do not want to examine the reasons for this, but only to review the history. The Islamic world lost its last defenses *in the past 100 years* and the world oppressor established the occupying regime. Therefore the struggle in Palestine today is the *major front* of the struggle of the *Islamic world* with the *world oppressor* and its fate will decide the destiny of the struggles *of the past several hundred years.* Those who are sitting in closed rooms cannot decide for the Islamic nation and cannot allow this *historical enemy* to exist in the heart of the Islamic world.[101]

Der Westen wird also als »historischer Feind« definiert; er versuche schon *seit Jahrhunderten* die gesamte islamische Welt zu unterdrücken. Hier werden nun historische Ereignisse, die Jahrhunderte zurück liegen, als Begründung für die iranische Haltung in Bezug auf die aktuellen Konflikte herangezogen. Dabei wird unter anderem auf die Kreuzzüge gegen die islamische Welt angespielt. Vor allem wird aber immer wieder auf den westlichen *Kolonialismus* und *Imperialismus* angespielt. So werden die westlichen Industrienationen auch meist mit Kennzeichnungen wie »westliche Hegemonialmächte«, »westliche (Groß)Mächte« und »Weltunterdrücker« versehen und ihnen werden stets imperiale Absichten bzw. die Absicht, die Strukturen der Kolonialära wiederherzustellen, unterstellt. Demnach seien die thematisierten aktuellen Konflikte als Konflikte zwischen dem Westen und der islamischen Welt nur aktuelle Beispiele des Kampfes der islamischen Welt gegen den westlichen Kolonialismus und Imperialismus der Vergangenheit, wobei der »Kampf in Palästina« eben die zentrale Front dieses Kampfes darstelle.

Mit einer solchen historischen Kontextualisierung der aktuellen Konflikte steigt ihre Komplexität noch einmal stark an. Da der Westen schließlich nicht nur in der Region, sondern auch in vielen anderen Erdteilen Kolonien hatte

101 Ahmadinedschad, 26. 10. 2005, Rede auf der Konferenz »Welt ohne Zionismus«, Teheran; Hervorh. von C. R.

und / oder interveniert hat, handelt es sich dem Iran zufolge bei den angeführten Konflikten letztendlich auch um Teile eines *globalen Konflikts:*

> I have also talked about unjust systems governing the world; pressures exerted by some powers seeking to trample the rights of other nations, oppression imposed on the *majority of the global community*, especially on the people of Iraq, Palestine, Lebanon, *Africa, Latin America, and Asia.* [...] In Africa, efforts are made to *reestablish the relationships of the colonial era.* [...] In Latin America, people find their security, national interests and cultures to be seriously endangered by the menacing shadow of alien domineering governments, and even by the embassies of some empires. [...] A *universal resistance* against the acquisitiveness, aggression and selfishness of the bullying powers is being formed.[102]

Doch auch die diffuse Täterdefinition durch die USA wird schließlich mit Hilfe einer historischen Kontextualisierung der aktuellen Konflikte gerechtfertigt. Allerdings ist der historische Rahmen, in den die USA die thematisierten Konflikte einordnen, ein völlig anderer als der Rahmen, in den der Iran dieselben Konflikte einordnet:

> In the early 1900 s, an exiled lawyer in Europe published a pamphlet called ›What Is To Be Done?‹ – in which he laid out his plan to launch a communist revolution in Russia. The world did not heed *Lenin's* words, and paid a terrible price. The *Soviet Empire* he established killed tens of millions, and brought the world to the brink of thermonuclear war. In the 1920 s, a failed Austrian painter published a book in which he explained his intention to build an Aryan super-state in Germany and take revenge on Europe and eradicate the Jews. The world ignored *Hitler's* words, and paid a terrible price. His *Nazi regime* killed millions in the gas chambers, and set the world aflame in war, before it was finally defeated at a terrible cost in lives. *Bin Laden* and his terrorist allies have made their intentions as clear as Lenin and Hitler before them. The question is: Will we listen? [...] In the 20th century, free nations confronted and defeated *Nazi Germany.* During the Cold War, we confronted *Soviet communism*, and today Europe is whole, free and at peace. And *now*, freedom is *once again contending with the forces of darkness and tyranny.* This time, the battle is unfolding in a new region – the *broader Middle East.* This time, we're not waiting for our enemies to gather in strength. This time, we're confronting them before they gain the capacity to inflict unspeakable damage on the world, and we're confronting their hateful ideology before it fully takes root.[103]

Im Gegensatz zum Iran, der die historische Böswilligkeit des Westens mit Verweis auf dessen *eigene*, also die europäische, Geschichte verdeutlichen will, bringen die USA mit ihrer historischen Rahmung des »War on Terror« noch einmal völlig *andere* Akteure mit ins Spiel: Hitler und die Nationalsozialisten

102 Ahmadinedschad, 23.09.2008, Rede vor der UN-Generalversammlung, New York; Hervorh. von C. R.

103 Bush, 05.09.2006, President Discusses Global War on Terror, Washington D. C.; Hervorh. von C. R.

sowie Lenin und die sowjetischen Kommunisten. Die Identifizierung von Bin Ladin und dem islamistisch motivierten Terrorismus mit Deutschland unter Hitler einerseits sowie mit Lenin und der kommunistischen Sowjetunion andererseits wird vor allem im nächsten Kapitel noch thematisiert werden. Allerdings soll an dieser Stelle schon einmal darauf hingewiesen werden, dass den USA diese Identifizierung unter anderem als Rechtfertigung dazu dient, den Kampf gegen al-Qaida und den transnationalen Terrorismus auf (sämtliche) andere Akteure und insbesondere auch auf Staaten auszuweiten. Die Argumentation ist die folgende: Zwar handele es sich bei dem Kampf gegen al-Qaida und den islamistisch motivierten Terrorismus in Bezug auf die *Operationsweise* des Gegners um eine »neue Ära«, die »Ära transnationaler Gefahren«. *Inhaltlich* sei der Kampf gegen den islamistisch motivierten Terrorismus aber nur ein moderner Ausdruck eines historischen Kampfes, denn all diese Akteure vereine ihr *totalitäres Weltbild* und *alle* Akteure, die ein solches Weltbild vertreten und verbreiten möchten, müssten bekämpft werden. Insbesondere rechtfertigen die USA auch die Vielzahl der unterschiedlichen Akteure, die sie aktuell als »Täter« definieren, und die nicht direkt etwas mit den Terroristen vom 11. September 2001 zu tun haben, mit dem Verweis darauf, dass all diese unterschiedlichen Akteure ihr totalitäres bzw. repressives Weltbild eine.

Sowohl die USA als auch der Iran definieren demnach die aktuellen Konflikte nur als Teile eines umfassenderen historischen Konflikts. Während der Iran die thematisierten Konflikte jedoch als aktuelle Exempel des Kampfes der unterdrückten islamischen Welt (sowie auch der Völker Afrikas, Lateinamerikas und Asiens) gegen den »Imperialismus der westlichen Großmächte« und ihren »Versuch, die Strukturen der Kolonialära neu zu errichten«, definiert, definieren die USA diese Konflikte als modernen Ausdruck des Kampfes der »moderaten und demokratischen Welt gegen Extremismus und Totalitarismus«, wie man ihn schon im 20. Jahrhundert gegen Nazi-Deutschland und die kommunistische Sowjetunion geführt habe.

Für keine der beiden Konfliktparteien geht es also bei den fünf thematisierten Konflikten um einzelne, voneinander unabhängige Konflikte, mal zwischen diesen Völkern, mal zwischen jenen, mal um dieses Streitobjekt, mal um jenes. Sowohl der Iran als auch die USA ordnen die einzelnen politischen Herausforderungen und Konflikte in der Region des Nahen und Mittleren Ostens in einen größeren historischen Zusammenhang ein und bringen sie auf einen gemeinsamen Nenner. Damit reduzieren beide Konfliktparteien die komplexe Wirklichkeit jeweils auf einen einfachen globalen Antagonismus: Demokratische gegen totalitäre Welt einerseits und unterdrückte Völker gegen den imperialen Westen andererseits.

Eine so weitreichende historische und räumliche Kontextualisierung der Kontroverse, wie die USA und der Iran sie vornehmen, intensiviert das Interpunktionsproblem als Problem der unterschiedlichen Strukturierung von Ereignissen. Wie Watzlawick et al. ausführen, haben Konflikte natürlich einen historischen Anfangspunkt. Nur haben die Teilnehmer der Interaktion diesen meist schon vergessen. Daher interpunktieren die Interaktionsteilnehmer den Anfangspunkt ihres Konflikts willkürlich, jedoch so, dass der jeweils Andere die Ursache des Konflikts ist, während man selbst nur reagiert. In einem so großen historischen und damit auch räumlichen Rahmen, wie die USA und der Iran ihn aufspannen, kann aber von einem Anfangspunkt oder einer Ursache der Problemlagen und Konflikte gar keine Rede mehr sein. Eine eindeutige Identifizierung des Auslösers eines Konflikts und damit des Schuldigen ist fast unmöglich, wenn man einen Konflikt als so lange andauernd versteht und alle Nationen auf einer der beiden Seiten in den Konflikt involviert sieht sowie die Wahrscheinlichkeit sinkt, dass die am Konflikt beteiligten Parteien dasselbe Ereignis als Ursprung des Konflikts definieren werden. Vor allem verstärkt eine solche historische Kontextualisierung den Teufelskreiseffekt und macht die Situation immer festgefahrener, da beide Parteien in lang andauernden und universellen Konflikten immer mehr Beispiele finden können, welche die Aggressivität und Gefährlichkeit des Anderen sowie das eigene Leiden bestätigen und welche sie schließlich zur Legitimierung ihrer eigenen Reaktion heranziehen können. Beide Konfliktparteien positionieren sich ja auf der Seite, die sich ihrer Meinung nach historisch als die »richtige« Seite herausgestellt hat, denn sie wollen mit dem Bezug zur Geschichte ihre Position und damit ihre Handlungen legitimieren und die Menschen bzw. die anderen Staaten zur Unterstützung ihrer Politik mobilisieren. Während der Iran mit dem Bezug zur Geschichte vor allem die historische Böswilligkeit des Westens und die historische Opferrolle der islamischen Welt aufzeigen möchte, ziehen die USA die Vergleiche mit der Vergangenheit hinzu, um die Rolle Amerikas als Befreier und Retter zu demonstrieren. Für beide gilt: Wer schon in der Vergangenheit auf der Seite stand, die sich im Rückblick als die »falsche« erwiesen hat, der muss auch jetzt im Unrecht sein, und wer schon immer auf der »richtigen« Seite stand, der muss auch jetzt Recht haben. Wenn der Gegner erst einmal als jemand diffamiert ist, der dafür bekannt geworden ist, dass er die ganze Welt an den Rand des Abgrunds geführt hat, dann scheint auch jede Art der »Reaktion« gerechtfertigt, falle sie noch so heftig aus.

Die historische Einordnung der aktuellen Konflikte macht die Situation allerdings noch in einer anderen Hinsicht festgefahrener, denn die USA und der Iran strukturieren nicht nur die Ereignisse innerhalb *desselben* historischen Kontextes auf unterschiedliche Weise, sondern sie ordnen die aktuellen Konflikte in völlig *unterschiedliche* historische Kontexte ein.

In gewisser Weise ergibt sich damit eine Schwierigkeit, die über das Interpunktionsproblem hinausgeht. Beim Interpunktionsproblem geht es darum, dass zwei Kommunikationsteilnehmer dieselben Ereignisse unterschiedlich strukturieren und auf diese Weise zu unterschiedlichen Ergebnissen bezüglich der Ursache eines Konflikts und der Definition des Aggressors gelangen. Es geht aber immer noch um dieselben Ereignisse und Problemlagen. Bezieht man den historischen Kontext, den die USA und der Iran aufspannen, in die Analyse mit ein, so zeigt sich jedoch, dass nicht einmal Einigkeit darüber besteht, welche historischen Ereignisse noch Teil *ihres* Konflikts sind und welche *Art von Konflikt* sie überhaupt austragen. Während der Iran offensichtlich den europäischen Kolonialismus ab dem 15. Jahrhundert als Teil der Kontroverse betrachtet, definieren die USA als einen solchen den Nationalsozialismus in Deutschland und den Kommunismus in der ehemaligen Sowjetunion. Da sie diese historischen Sachverhalte als den größeren Rahmen ihrer Kontroverse verstehen und demnach die aktuellen Konflikte als modernen Ausdruck ganz unterschiedlicher historischer Konflikte definieren, kämpfen die beiden Konfliktparteien in gewisser Hinsicht völlig verschiedene Schlachten. Während der Iran im Atomstreit einen Befreiungskampf gegen den westlichen Imperialismus kämpft, bestreiten die USA in demselben Atomstreit einen Kampf gegen die islamische und moderne Version des Totalitarismus des 20. Jahrhunderts.

2.5 Die Lösungsdefinitionen als mögliche Fehllösungen

Zum Abschluss dieses Kapitels sollen auf der Grundlage der Lösungsdefinitionen, welche die beiden Seiten für ihren Streit anbieten, einige Gedanken bezüglich des weiteren Verlaufs dieses Streits formuliert werden. Dabei wird ausdrücklich nicht der Anspruch erhoben, Prognosen über die Zukunft des Konflikts zu wagen. Es geht darum, ein *mögliches* Szenario für den Fall aufzuzeigen, dass die beiden Konfliktparteien an der politischen Lösung, die sie formulieren, tatsächlich festhalten.

Insbesondere im Hinblick auf den Nahostkonflikt lässt sich sagen, dass er gegenüber einer Lösung bislang resistent gewesen ist, und auch der Atomstreit dauert nun schon einige Jahre an. Betrachtet man schließlich, was die USA und der Iran jeweils als zukünftige Lösungen der Konflikte definieren, so scheint sich eine tatsächliche Lösung auch weiterhin nicht abzuzeichnen.

Der Teufelskreis, so wurde gezeigt, ergibt sich daraus, dass sich Partei A gezwungen fühlt, auf die Aggressionen von Partei B zu reagieren, wobei Partei B diese »Reaktion« als erneute Aggression von Partei A auffasst, auf die sie nun wieder reagieren muss usw. Um eine Lösung herbeizuführen, müssten die beiden Parteien aufhören, auf die vermeintlichen Aggressionen des Gegners zu reagieren. Aber genau das haben die beiden Akteure nicht vor. Dagegen fordern beide Seiten, dass allein der jeweilige Gegner seine vermeintlichen Aggressionen einstellen, d.h. seine Politik ändern soll, während man selbst an seiner bisherigen Politik jedoch festhalten werde.

Als längerfristige Lösung des Nahostkonflikts, welchen sowohl die USA als auch der Iran als Bedingung für die Lösung der anderen Streitpunkte sehen, definieren die USA: »We're determined to see *two democratic states*, Israel and Palestine, living side by side in peace and security.«[104] Um eine solche Zwei-Staaten-Lösung zu erzielen, müssten aber zunächst bestimmte Bedingungen geschaffen werden. So führen sie weiter aus:

> The Palestinian people deserve a government that is representative, honest and peaceful. The people of Israel need an *end to terror* and a reliable, steadfast partner for peace. And the world must not rest until there is a just and lasting resolution of this conflict. All the parties have responsibilities to meet. Arab states must end incitement in their own media, *cut off public and private funding for terrorism*, *stop their support for extremist education*, and *establish normal relations with Israel.*[105]

Aus der Sicht des Gegners ist es aber offensichtlich sehr schwer, Terror oder die Unterstützung von Terror einzustellen, wenn man sich gar nicht als derjenige sieht, der Terror verübt oder unterstützt. Hier wäre eine neutrale Formulierung oder eventuell sogar eine Formulierung, die der gegnerischen Haltung entgegen käme (»Widerstand«), sicherlich zweckdienlicher. Eine weitere Schwierigkeit besteht wohl darin, dass diejenigen, die Terror unterstützen, insbesondere dann »auf stur stellen« und weiter »Widerstand leisten« werden, wenn ausgerechnet derjenige, der aus ihrer Sicht *der* Aggressor schlechthin ist, eine solche Aufforderung ausspricht.

Vor allem ist diese Lösung aber deshalb schwer zu erzielen, da der Iran, als eine der treibenden Kräfte in diesem Konflikt, bekanntlich nicht nur eine andere zukünftige Lösung, sondern eine den westlichen Vorstellungen zuwiderlaufende Lösung des Problems formuliert:

> We *cannot compromise* over the issue of Palestine. Is it possible to create a new front in the heart of an old front [?] This would be a defeat and *whoever accepts the legitimacy of this regime* [...] *has in fact, signed the defeat of the Islamic world.* Our dear Imam targeted the heart of the world oppressor in his struggle, meaning the occupying regime. I have no doubt that the new wave that has started in Palestine, and we witness it in the Islamic world too, *will eliminate this disgraceful stain from the Islamic world.* But we must be aware of tricks. For over 50 years the world oppressor tried to give

104 Bush, 21.02.2005, President Discusses American and European Alliance in Belgium, Brüssel; Hervorh. von C. R.

105 Bush, 21.02.2005, President Discusses American and European Alliance in Belgium, Brüssel; Hervorh. von C. R.

> legitimacy to the occupying regime and it has taken measures in this direction to stabilize it. About 27 or 28 years ago they took a major step and unfortunately one of the leading countries made a mistake *which we hope will correct it.* [an apparent reference to the peace treaty between Egypt and Israel, New York Times]. [...] The issue of Palestine is not over at all. It will be over the day a Palestinian government, which belongs to the Palestinian people, comes to power; the day that all refugees return to their homes; a democratic government elected by the people comes to power. Of course those who have come from far away to plunder this land *have no right to choose for this nation.* I hope the Palestinian people *will remain alert and aware in the same way that they have continued their struggle in the past ten years.* [...] I warn all leaders of the Islamic world that they should be aware of this trick. *Anyone who recognizes this regime because of the pressure of the World oppressor, or because of naiveté or selfishness, will be eternally disgraced and will burn in the fury of the Islamic nations.*[106]

Diese »Lösung« widerspricht aber nicht nur der amerikanischen Lösungsdefinition, sondern es scheint sich hierbei auch für die iranische Führung selbst um eine *Fehllösung* zu handeln, die der Logik »*mehr desselben*« folgt. Eine Fehllösung ist nach Watzlawick et al. eine vermeintliche Lösung, die nicht nur das Problem nicht löst, sondern es noch intensiviert oder in einigen Fällen erst das Problem schafft, d.h., aus einem Scheinproblem ein tatsächliches Problem macht, oder noch mehr Probleme schafft, als ursprünglich gelöst werden sollten.

Die Existenz des »Besatzer-Regimes« wird als das Problem betrachtet. Die Lösung des Problems soll durch Herbeiführung des *Gegenteils* erzielt werden, d.h., man muss gegen die israelische Besatzung Widerstand leisten. Da der Widerstand bislang nicht erfolgreich genug war, müssen im Sinne der Logik »*mehr desselben*« stärkere Geschütze aufgefahren werden: Es müssen stärkere Drohungen gegen Israel ausgesprochen werden, andere Staaten müssen gegen Israel mobilisiert werden usw. Man ist erst zufrieden, wenn Israel verschwunden ist und das gesamte Territorium wieder den Palästinensern gehört, den Israelis wird jedes Mitspracherecht in Bezug auf die Zukunft des Territoriums abgesprochen. Um eine Fehllösung scheint es sich insofern zu handeln, dass diese vermeintliche Lösung nicht nur nicht zum Ziel zu führen scheint, sondern das *Problem noch intensiviert.* In Bezug auf die israelische oder westliche Seite ist dies offensichtlich, denn »mehr Widerstand« ist aus israelischer oder westlicher Sicht »mehr Terror« und damit »mehr« des Problems. Es sieht aber danach aus, dass diese vermeintliche Lösung auch im Hinblick auf die iranische Position nicht nur nicht zum Ziel führen, sondern ihr Problem intensivieren wird, denn die israelische Führung wird sich wohl nicht von den stärkeren Drohungen oder mehr Terror beeindrucken lassen und den Staat Israel tatsächlich auflösen. Diese Lösung ist also »utopisch« in dem Sinne, dass sie nicht erreicht werden kann –

106 Ahmadinedschad, 26.10.2005, Rede auf der Konferenz »Welt ohne Zionismus«, Teheran; Hervorh. von C. R.

und aus westlicher Sicht natürlich auch nicht erreicht werden soll. Stattdessen ist es wahrscheinlich, dass die israelische Führung die Haltung einnehmen wird: Jetzt erst recht! Vor allem könnten die USA jede weitere iranische Progaganda gegen Israel als weiteren Beweis für die Gefährlichkeit der iranischen Führung bewerten und immer stärkere Sanktionen gegenüber Iran fordern. Damit könnte sich Iran noch mehr die Chance auf die Akzeptanz des iranischen Atomprogramms, das für den Iran schließlich die Grundlage eines Machtausgleichs mit Israel und dem Westen wäre, verbauen. Insofern ist anzunehmen, dass diese vermeintliche Lösungsdefinition des Iran tatsächlich auch für den Iran selbst nicht nur keine Lösung darstellt, sondern das iranische Problem verstärkt.

Eine ähnliche Fehllösung scheinen aber auch die USA zu formulieren:

> Some suggest that these men would pose less of a threat if we'd only leave them alone. Yet their leaders make clear that no concession could ever satisfy their ambitions. Bringing the terrorists to justice *does not create terrorism – it's the best way to protect our people.* […] The terrorists believe *time is on their side*, so they made *waiting out* civilized nations part of their strategy. We must not allow them to succeed. […] We must *continue working to deny the terrorists refuge anywhere in the world*, including ungoverned spaces. We must remain vigilant against proliferation – by fully implementing the terms of Security Council Resolution 1540, and *enforcing sanctions against North Korea and Iran.* We *must not relent* until our people are safe from this threat to civilization.[107]

Auch hier soll die Lösung durch die Einführung des Gegenteils dessen erzielt werden, was als das Problem definiert wird: Als das Problem wird der islamistisch motivierte Terrorismus, die Unterstützung von Terrorismus durch einige Staaten sowie Proliferation definiert. Insbesondere besteht auf amerikanischer Seite die Sorge, dass Staaten, die über Massenvernichtungswaffen verfügen, diese an Terroristen weitergeben könnten. Als Lösung wird die weitere Jagd auf Terroristen und weitere Sanktionen gegen Staaten definiert, die Terrorismus – in welcher Weise auch immer – unterstützen und nach Massenvernichtungswaffen streben. Auch die amerikanische Lösungsdefinition folgt der Logik »mehr desselben«. Während der Gegner nämlich die Politik ändern bzw. den Terror einstellen soll, müsse man selbst an seiner Politik *festhalten*, d.h., *weitere* Interventionen in anderen Erdteilen zur (angeblichen) Jagd auf Terroristen durchführen und vor allem *weitere* Sanktionen gegen Iran durchsetzen. Aus iranischer Sicht definieren die USA damit nicht nur keine Lösung, sondern »mehr« des Problems, denn umgekehrt fordert der Iran natürlich: »American

---

107 Bush, 23.09.2008, Rede vor der UN Generalversammlung, New York; Hervorh. von C. R.

empire in the world is reaching the end of its road, and its next rulers must *limit their interference to their own borders.*«[108]

Letztendlich ist es aber möglich, dass die USA mit dieser Haltung auch ihr eigenes Ziel verfehlen werden. Nimmt man die Argumentation des politischen Gegners einmal ernst, so sind ja die westlichen Einmischungen in die Belange der Region gerade das Problem und der Grund für den Hass auf den Westen sowie für den Widerstand oder Terror gegen den Westen. Jeder weitere amerikanische Versuch, »den Terroristen Zufluchtsorte auf der ganzen Welt zu verweigern«, könnte durch den Iran als weiterer Beweis des ungerechtfertigten Interventionismus Amerikas und der Besatzung anderer Länder bewertet werden, was den Iran zu »noch mehr Widerstand« gegen den Westen oder Israel als »westliche Bastion« im Nahen Osten veranlassen könnte. Ebenso könnten auch die anderen Staaten, in denen die USA weiter Terroristen jagen möchten, reagieren. Insbesondere ist wohl auch nicht zu erwarten, dass der Iran Zugeständnisse bezüglich seines Atomprogramms machen wird. Wenn die USA so deutlich sagen, dass sie weiter in anderen Ländern intervenieren werden, dann wird es dem Iran wahrscheinlich umso mehr ein Anliegen sein, sich gegen amerikanische Angriffe verteidigen zu können bzw. amerikanische Angriffe abzuschrecken, d.h. Atommacht zu werden. Es ist also möglich, dass diese vermeintliche amerikanische Lösungsdefinition auch für die USA nicht nur nicht zur Lösung führt, sondern das *Problem intensiviert.*[109]

Einfach nicht mehr zu reagieren und den Teufelskreis zu durchbrechen ist offensichtlich nicht nur deshalb schwierig, da man den jeweils Anderen als Aggressoren betrachtet, sondern auch weil man befürchtet, dass man dem Gegner einen Vorteil dadurch verschafft, dass man selbst nicht mehr reagiert. Diese Befürchtung kommt in dem Bush-Zitat stark zum Ausdruck. In dieser Hinsicht stehen die beiden Akteure vor dem *Gefangenendilemma.*

Das Gefangenendilemma ist ein Nicht-Nullsummenspiel, bei dem Kooperation nicht nur möglich, sondern sogar rational ist. Es stellt sich aber das *Problem des Vertrauens.* Es gibt verschiedene Versionen des Gefangenendilemmas. Im Folgenden werde ich mich an der Darstellung des Gefangenendilemmas durch R. M. Sainsbury orientieren.

Zwei Personen, A und B, sitzen wegen Drogenhandels in Untersuchungshaft in getrennten Zellen und erfahren durch ihre Anwälte von den folgenden Verfügungen der Staatsanwaltschaft:

108 Ahmadinedschad, 23.09.2008, Rede vor der UN-Generalversammlung, NewYork; Hervorh. von C. R.

109 Zu dieser Art von Fehllösung vgl. Watzlawick et al. (2005): 32 – 59, 69.

1. Wenn keiner der beiden Personen aussagt, wird die Anklage wegen Drogenhandels aus Mangel an Beweisen fallengelassen. Beide würden allerdings wegen Waffenbesitzes angeklagt und voraussichtlich eine einjährige Haftstrafe verbüßen müssen.
2. Gestehen dagegen beide Personen, werden sie beide eine fünfjährige Haftstrafe wegen Drogenhandels absitzen müssen.
3. Gesteht nur einer von ihnen, während der Andere nicht aussagt, wird der Geständige als Kronzeuge freigelassen, der Schweigende bekommt dagegen eine Haftstrafe von zehn Jahren.
4. Beiden Personen wird gesagt, dass der Andere dieselben Informationen erhalten hat wie er selbst.

Die beiden Personen stehen damit vor folgenden vier Optionen (die Zahlen beziehen sich auf die Haftstrafen in Jahren):

	A gesteht	A gesteht nicht
B gesteht	5,5	0,10
B gesteht nicht	10,0	1,1

Vorausgesetzt, dass die beiden Personen nach der geringsten Strafe streben, wäre es für sie am besten, wenn sie selbst geständig wären, während der jeweils Andere kein Geständnis ablegte. Dann müssten sie selbst nicht ins Gefängnis. Beide müssen aber davon ausgehen, dass der jeweils Andere den gleichen Gedankengang hat. Würden jedoch beide gestehen, müssten sie jeweils für fünf Jahre ins Gefängnis. Das wäre für beide Akteure nicht die beste Lösung. Unter den gegebenen Umständen wäre es also das Rationalste, zu »kooperieren«, sodass beide schweigen und für nur jeweils ein Jahr ins Gefängnis müssten. Doch es stellt sich das Problem des Vertrauens. Es könnte nämlich passieren, dass man selbst schweigt, während der Andere doch gesteht, um einer Haftstrafe ganz zu entgehen. Dies wäre für den Schweigenden das schlechteste aller Szenarien, denn er müsste zehn Jahre in Haft. Also sollte er doch gestehen. Wenn aber beide gestehen würden, dann müssten beide für fünf Jahre ins Gefängnis usw.

Das Dilemma stellt sich, da beide nicht wissen, wie der Andere denkt und demnach handeln wird. Selbst wenn sie miteinander kommunizieren könnten, könnten sie nicht sicher sein, dass sich der jeweils Andere vor Gericht tatsächlich so verhält, wie es vereinbart war. Wie sich der Andere tatsächlich verhält und inwiefern man ihm vertrauen kann, hängt stark davon ab, für wie vertrauenswürdig er einen selbst hält.[110]

In Bezug auf die Kontroverse USA – IRI stellt sich das Gefangenen-Dilemma

110 Vgl. Sainsbury (2010): 163–74 sowie auch Watzlawick (2010): 103–13; zum Gefangenendilemma in der internationalen Politik siehe auch Keohane (1984).

insofern, als es für beide Parteien in der gegebenen Situation am rationalsten wäre, mit dem Gegner zu kooperieren. In diesem Fall heißt das, dass beide Seiten ihre vermeintlichen Reaktionen einstellen müssen, was natürlich schon auf Grund der Komplexität des Konflikts schwierig sein dürfte. Es stellt sich aber vor allem das Problem mangelnden Vertrauens. Beide Seiten müssten befürchten, dass der jeweilige Gegner sich nicht an die Abmachung, nicht mehr zu reagieren, hält, um sich so einen militärischen Vorteil im Konflikt zu verschaffen. Das wäre aus Perspektive desjenigen, der sich tatsächlich an die Abmachung hält, das schlechteste Szenario. Daher wird stattdessen gefordert, dass der Gegner, der als Aggressor betrachtet wird, Zugeständnisse machen soll, was dieser aber wahrscheinlich schon deshalb ablehnen wird, weil es der Gegner von ihm fordert. Wenn man dann noch deutlich macht, dass man selbst aber an seiner Politik festhalten werde – und genau das machen die beiden –, schafft man vermutlich die Voraussetzung dafür, dass der Gegner gerade keine Zugeständnisse macht, denn dies käme aus Sicht des Gegners einer Niederlage gleich.

Behalten die beiden Konfliktparteien jedoch ihre Haltung bei, ist es möglich, dass sich an ihrem Konflikt nicht nur nichts ändert, sondern dass er sich gegebenenfalls noch intensivieren wird, denn die Reaktion von Partei A auf die Aggression von Partei B könnte immer heftiger ausfallen, sodass dann Partei B ebenfalls immer heftiger reagiert.

3. Paradoxe Kommunikation I: Paradoxe Mitteilungen und ihre Folgen

3.1 Weltanschauliche Kontextualisierung der Konflikte

3.1.1 Der amerikanische »Kampf der Ideologien«

Es wurde im letzten Kapitel angekündigt, dass die historische Kontextualisierung, welche die USA vornehmen, noch einmal thematisiert werden würde, denn sie spielt für die amerikanische Argumentation eine wichtige Rolle. Im Gegensatz zum Iran nehmen die USA mit der historischen Kontextualisierung der aktuellen Ereignisse nämlich insbesondere auch eine *weltanschauliche* Einordnung dieser Ereignisse vor:

> I appreciate the opportunity, in this great hall, to speak to the peoples of Europe. For more than 60 years, our nations stood together to face great challenges of history. Together, we opposed *totalitarian ideologies* with our might and with our patience. Together, we united this continent with our *democratic values.* And together we mark, year by year, the *anniversaries of freedom* – from D-Day, to the liberation of death camps, to the victories of conscience in 1989. Our transatlantic alliance frustrated the plans of *dictators*, served the highest ideals of humanity, and set a violent century on a new and better course. [...] Yet, our relationship is founded on *more than nostalgia.* [...] In the long run, we cannot live in peace and safety if the Middle East continues to produce *ideologies of murder*, and *terrorists* who seek the deadliest weapons.[111]

Indem der »War on Terror« immer wieder mit dem Kampf gegen den deutschen Nationalsozialismus und den sowjetischen Kommunismus in Verbindung gebracht wird, soll vor allem etwas über die Art des Konfliktes zum Ausdruck gebracht werden:

> America is engaged in *a great ideological struggle* – fighting *Islamic extremists* across the globe. [...] We fought when turmoil in Europe threatened to shroud the world in darkness. America sent its military to fight two bitter and bloody conflicts – we did what we had to do to get the job done. We fought when powers in Asia attacked our

111 Bush, 21.02.2005, President Discusses American and European Alliance in Belgium, Brüssel; Hervorh. von C. R.

> country and our allies. [...] And we responded when radicals and extremists attacked our homeland in *the first ideological war of the 21st century.*[112]

Bei den Anhängern radikal-islamischer bzw. terroristischer Organisationen oder Netzwerke handele es sich also nicht nur um Verrückte oder um »gewöhnliche« Verbrecher, die aus dem Affekt heraus handeln oder partikuläre Ziele verfolgen, sondern im Hintergrund stehe eine *bestimmte politische Ideologie*, welche die Gewalttaten motiviert:

> Yet while the killers choose their victims indiscriminately, their attacks serve *a clear and focused ideology – a set of beliefs and goals* that are evil, but not insane. Some call this evil *Islamic radicalism*; others, *militant Jihadism*; and still others, *Islamo-fascism*. [...] Yet these operatives, fighting on scattered battlefields, share *a similar ideology and vision for our world.*[113]

Wie in dem Zitat deutlich wird, verwenden die USA unterschiedliche Begriffe wie »islamischer Radikalismus / Extremismus«, »militanter Dschihadismus«, »Islamo-Faschismus« usw. wie Synonyme und damit sehr ungenau. Insbesondere werden die Begriffe »islamischer Radikalismus« oder »islamischer Extremismus« nicht als die Sammel- oder Oberbegriffe verschiedener ideologischer Strömungen verwendet, die sie eigentlich sind. Stattdessen ist meist von *der einen* »Ideologie des islamischen Extremismus / Radikalismus« die Rede und es wird stets betont, dass zwar die konkreten Akteure – als Akteure genannt werden vor allem die Hamas, die Hizbullah und al-Qaida –, ihre Organisationsform und die Schauplätze ihrer Gewalttaten variierten, das Weltbild dieser unterschiedlichen Akteure aber ausgesprochen ähnlich sei.

Auf die spezifischen Glaubensinhalte der »Ideologie des islamischen Extremismus« wird nicht näher eingegangen, im Gegenteil werden stets die Gemeinsamkeiten zwischen dem »islamischen Extremismus« einerseits und dem Nationalsozialismus und dem Kommunismus andererseits thematisiert. Als das zentrale Merkmal der »Ideologie des islamischen Extremismus«, das diese Ideologie mit dem Nationalsozialismus und dem Kommunismus gemeinsam habe, wird ihr *gewalttätiger* und vor allem *totalitärer Charakter* genannt. Die »Extremisten« lehnten Freiheit und Demokratie ab.[114]

***

112 Bush, 28.08.2007, President Bush Addresses the 89th Annual National Convention of the American Legion, Reno, USA; Hervorh. von C. R.

113 Bush, 28.10.2005, President Discusses War on Terror, Norfolk, USA; Hervorh. von C. R.

114 Beim Vergleich der drei Ideologien werden meist nicht die Merkmale der Ideologien, sondern Merkmale einer autokratischen Herrschaftsform genannt. (Vgl. u.a. Bush, 11.11.2005, President Commemorates Veterans Day, Discusses War on Terror, Tobyhanna, USA.) Eine tatsächliche Auseinandersetzung mit den Inhalten islamistischer Ideologien würde natürlich auch zu einer Differenzierung zwischen dem Islamismus einerseits und dem Nationalsozialismus und dem Kommunismus andererseits führen. So stützt sich der Islamismus beispielsweise auf ein religiöses Glaubensbekenntnis und ist stark metaphysisch geprägt, während dem (sowjetischen) Kommunismus der Marxsche Materialismus zu Grunde liegt und Religion gerade abgelehnt wird.

Da die USA selbst nicht zwischen verschiedenen Phänomenen innerhalb des politischen Islam differenzieren, ist es sinnvoll, kurz diejenigen Merkmale zu nennen, die islamistische Ideologien tatsächlich teilen, und schließlich innerhalb islamistischer Ideologien zu differenzieren.

Sibylle Wentker nennt in Anlehnung an Hrair R. Dekmejian einige Grundprinzipien islamistischer Ideologien. Zu ihnen gehören

(a) die Betrachtung des Islam als allumfassendes System, das alle Lebensbereiche regelt, was insbesondere die Ablehnung der Trennung von Staat und Religion beinhaltet;
(b) die Berufung auf den Koran als Niederschrift der göttlichen Offenbarung und auf die Sunna, d. h. die Traditionen des Propheten Muhammads, als die Fundamente des Islam; alle Gesetze sollen aus Koran und Sunna abgeleitet werden;
(c) die Überzeugung, dass die politischen Herrscher ihre Legitimation allein auf Basis der Scharia beziehen sollen; der Herrscher soll ein vorbildhafter Muslim sein und als Vorbild gelten der Prophet Muhammad und die ersten vier Kalifen;
(d) die Rückkehr zur Lebensweise der ersten Muslime, d. h., die Ausrichtung der Lebensweise nach den Prinzipien des Propheten und seiner Gefährten;
(e) die Verpflichtung der Verbreitung des Islam mit dem Ziel der Herstellung einer universalen Ummah (Gemeinschaft der Gläubigen);
(f) dies kann mittels des Dschihad geschehen. Dschihad kann einerseits das »Bemühen« des Einzelnen um ein gottgefälliges Leben bedeuten, andererseits kann es auch die Konfrontation mit denjenigen oder gar den Kampf gegen diejenigen bedeuten, die das muslimische Weltbild nicht teilen;
(g) das Streben nach sozialer Gerechtigkeit (z. B. Solidarabgabe).

Der Islamismus ist insbesondere als eine Oppositionsbewegung gegen die autokratischen Regimen sowie auch gegen das staatsnahe theologische Establishment zu verstehen.

Im Gegensatz zu dem, was die amerikanische Argumentation suggeriert, lässt sich innerhalb des Islamismus zwischen extremen und moderaten Vertretern unterscheiden, und nicht alle Islamisten greifen bei ihrer Opposition zu militärischen oder terroristischen Mitteln.

Reinhard Schulze differenziert zwischen *integrationalistischen* Gruppen, die versuchen, ihre politischen Ziele, die Islamisierung der bestehenden Institutionen, im Rahmen des politischen Systems durchzusetzen, und *isolationistischen* Gruppen, die eine Beteiligung am bestehenden politischen System ablehnen und unbedingt eine andere politische Ordnung des Staates, also neue, islamische Institutionen, anstreben. Es gibt natürlich islamistische Strömungen, die eine Mischform darstellen und z. B. sowohl als politische Partei an Wahlen teilnehmen als auch einen militärischen Flügel unterhalten, der zu terroristischen Maßnahmen als Mittel greift.

Eine noch junge Erscheinung sind die *Dschihadisten*, wie insbesondere al-Qaida. Sie sind eine Minderheit und von islamistischen Gruppierungen, wie etwa der Hamas und der Hizbullah, zu unterscheiden. So agieren die Hamas und die Hizbullah regional, ihnen geht es neben der Islamisierung der Gesellschaft vor allem um den Kampf gegen Israel, das als Besatzungsmacht betrachtet wird. Die Hamas unterhält neben dem militärischen Arm auch einen politischen Flügel. Sie hat mit Erfolg an Kommunalwahlen 2004/2005 teilgenommen und, wie schon erwähnt, 2006 die Wahlen zum palästinensischen Legislativrat gewonnen. Die Hizbullah beteiligt sich schon lange am politischen Leben im Libanon, sie sitzt im Parlament und hat sozialstaatliche Aufgaben übernommen. Es ist umstritten, ob sie als Terrororganisation oder als politische Partei, die der Umstände wegen über eine bewaffnete Miliz verfügt, einzustufen ist. Auf Grund ihrer unnachgiebigen Haltung gegenüber Israel und ihrer zahlreichen sozialen Aktivitäten haben sowohl die Hamas als auch die Hizbullah einen starken Rückhalt in der palästinensischen und libanesischen Bevölkerung.[115]

Die Dschihadisten sind, im Gegensatz dazu, ein entterritorialisiertes Netzwerk und agieren transnational und relativ losgelöst von Problemen der Region des Nahen und Mittleren Ostens. Olivier Roy verweist insbesondere darauf, dass man al-Qaida gerade nicht, wie die USA dies im weiteren Verlauf ihrer Argumentation noch tun werden, als politische Organisation verstehen sollte, der es vor allem darum ginge, ein bestimmtes Gebiet zu erobern und zu beherrschen.

> Das Schlachtfeld von Al Qaida sieht anders aus als das einer konventionellen Armee [...]. Im Gegensatz zu den nationalen Befreiungsbewegungen des 20. Jahrhunderts hat Al Qaida auch keine politische Antwort parat. [...] [Die] Guerilleros der Vergangenheit verfolgten ein Gesellschaftsprojekt, was bei den Dschihadisten vollkommen fehlt. Al Qaida kennt kein verheißungsvolles Morgen, und in diesem Punkt gibt es Querverbindungen zu den Selbstmordattentaten: Man stirbt für sich selbst, nicht für ein gemeinsames Projekt.[116]

Dagegen geht es al-Qaida, zumindest heutzutage, vor allem um das Kräftemessen mit dem Westen, insbesondere den USA. Dabei setzt al-Qaida vor allem auf Symbolik und Öffentlichkeitswirksamkeit. Sie will Schrecken verbreiten. Walter Posch spricht in diesem Zusammenhang vom »Dschihad als Selbst-

115 Vgl. Dekmejian (1985): 41–51 und Schulze (2003): 138 ff, nach Wentker »Fundamentalismus und Islamismus – Definition und Abgrenzung«, in Feichtinger/Wentker (2008): 33–44; zur Hamas vgl. Stiglechner »Die palästinensische Hamas«, in Feichtinger/Wentker (2008): 123–41; zur Hizbullah vgl. Wentker »Die libanesische Hizbullah«, in Feichtinger/Wentker (2008): 143–59.

116 Roy (2008): 179; vgl. Roy (2008): 58–73, 161–80.

zweck«[117]. Schließlich nutzt sie bereits existierende Konflikte, um sie als Teil des Dschihad gegen den Westen zu interpretieren.

In Bezug auf die Vermischung der sehr unterschiedlichen Formen und Akteure im Zusammenhang des Islamismus argumentiert Stephan Rosiny:

> Obwohl sie numerisch nur eine Minderheit unter Islamisten bilden, prägen diese global agierenden, terroristischen Jihadisten nachhaltig das aktuelle negative Bild islamischer Bewegungen. Dazu trägt aber auch bei, dass besonders die USA und Israel aus politischen Motiven deren negatives Image auf andere Bewegungen ausweiten und beispielsweise Hamas und Hizbollah zusammen mit al-Qa'ida zum ›islamischen Terrorismus‹ oder ›Islamo-Faschismus‹ verschmelzen. Solche Pauschalisierung hat den ›Krieg gegen den Terrorismus‹ im Nahen Osten als ein ideologisches Konstrukt unglaubwürdig gemacht, da Hamas und Hizbollah selbst bei gemäßigten Muslimen als legitime Widerstandsbewegungen gegen die israelische Besatzung gelten.[118]

Die amerikanische Argumentation, in der Hamas, Hizbullah und al-Qaida unter den Term »islamische Extremisten« subsummiert und als ein homogener Akteur behandelt werden, entspricht damit nicht den Tatsachen und ist irreführend. Mit dieser Feststellung gelangen wir nun auch zurück zur amerikanischen Darstellung des »islamischen Extremismus«.

***

Die USA nennen schließlich zwei Hauptstränge des »islamischen Extremismus« – ohne jedoch auf inhaltliche Unterschiede zwischen diesen Strängen einzugehen – und identifizieren die jeweiligen Hauptvertreter: »The violent Islamic radicalism that inspires them has two main strains. One is *Sunni extremism*, embodied by *al Qaida* and its terrorist allies. [...] The other strain of radicalism in the Middle East is *Shia extremism*, supported and embodied by *the regime that sits in Tehran.*«[119]

Mit der iranischen Führung wird hier also auch ein *staatlicher Akteur* als Akteur genannt, dessen aggressive Politik nach außen (Unterstützung von Terror) sowie auch nach innen (Gewaltherrschaft / Unterdrückung des Volkes) durch »die Ideologie des islamischen Extremismus« motiviert sei. Eine ähnliche ideologische Motivation für Gewaltherrschaft und Unterstützung von Terror konstatieren die USA insbesondere auch im Falle des Taliban-Regimes.

Den USA zufolge versuchten die »islamischen Extremisten« an die Macht zu kommen und ihre Ideologie, die sich schließlich durch ihren gewalttätigen Charakter und die Ablehnung von Freiheit und Demokratie auszeichne, in

117 Posch »Al-Qaida: Versuch einer Annäherung« in Feichtinger / Wentker (2008): 168.

118 Rosiny »›Der Islam ist die Lösung‹ – Zum Verhältnis von Ideologie und Religion im Islamismus«, in Feichtinger / Wentker (2008): 73.

119 Bush, 28.08.2007, President Bush Addresses the 89th Annual National Convention of the American Legion, Reno, USA; Hervorh. von C. R.

einem entsprechenden Staat zu institutionalisieren. In Analogie zu den sowjetischen Kommunisten und den deutschen Nationalsozialisten werden den »islamischen Extremisten« schließlich imperiale Absichten bescheinigt. Die USA stellen die Motive und Absichten, welche sie den »islamischen Extremisten« zuschreiben, stets sehr ausführlich dar:

> These al Qaeda terrorists and those who share their ideology are violent Sunni extremists. They're driven by a radical and perverted vision of Islam that rejects tolerance, crushes all dissent, and justifies the murder of innocent men, women and children in the pursuit of political power. They hope to establish a violent political utopia across the Middle East, which they call a ›Caliphate‹ – where all would be ruled according to their hateful ideology. […] This caliphate would be a totalitarian Islamic empire encompassing all current and former Muslim lands, stretching from Europe to North Africa, the Middle East, and Southeast Asia. […] We know what this radical empire would look like in practice, because we saw how the radicals imposed their ideology on the people of Afghanistan. Under the rule of the Taliban and al Qaeda, Afghanistan was a totalitarian nightmare – a land where women were imprisoned in their homes, men were beaten for missing prayer meetings, girls could not go to school, and children were forbidden the smallest pleasures like flying kites. Religious police roamed the streets, beating and detaining civilians for perceived offenses. Women were publicly whipped. Summary executions were held in Kabul's soccer stadium in front of cheering mobs. And Afghanistan was turned into a launching pad for horrific attacks against America and other parts of the civilized world – including many Muslim nations. […] This Shia strain of Islamic radicalism is just as dangerous, and just as hostile to America, and just as determined to establish its brand of hegemony across the broader Middle East. And the Shia extremists have achieved something that al Qaeda has so far failed to do: In 1979, they took control of a major power, the nation of Iran, subjugating its proud people to a regime of tyranny, and using that nation's resources to fund the spread of terror and pursue their radical agenda.[120]

Die USA belassen es demnach nicht dabei, nur die Ursache der aktuellen Probleme, und zwar die Aggressionen des Gegners zu definieren. Darüber hinaus nennen sie auch den (angeblichen) *Grund* bzw. die (angebliche) *Motivation* des Gegners für seine Aggressionen, und zwar eine bestimmte Ideologie, die sie den »islamischen Extremismus« nennen und deren spezifisches Merkmal ihr totalitärer und gewalttätiger Charakter sei.

Wenn aber das, was die Aggressionen des Gegners motiviert, eine bestimmte politische Ideologie ist und diese als das gemeinsame Band und einheitsstiftende Element einer Vielzahl unterschiedlicher Akteure fungiert, dann ist für die USA auch klar, dass nicht nur bestimmte Akteure und ihre Handlungen das Problem darstellen. Stattdessen gelte: »The murderous *ideology* of the Islamic radicals is

120 Bush, 05.09.2006, President Discusses Global War on Terror, Washington D. C. Diese amerikanische Darstellung der Motive al-Qaidas steht damit in einem gewissen Spannungsverhältnis zu den Ausführungen Roys bezüglich der Absichten al-Qaidas.

the great challenge of our new century.«[121] Die amerikanische Problemdefinition richtet sich demnach nicht nur gegen die Terroristen als Akteure und die Politik der (angeblich) Terror unterstützenden »extremistischen Staatsregime«, sondern vor allem gegen das *Weltbild*, das dem Gegner zugeschrieben wird. Insbesondere dieses Weltbild gelte es zu bekämpfen: »Confronting our enemies is essential, and so civilized nations will continue to take the fight to the terrorists. Yet we know that this war *will not be won by force of arms alone*. We must defeat the terrorists on the battlefield, and we must also *defeat them in the battle of ideas*.«[122] Während der Sieg auf dem Schlachtfeld, also die Festnahme oder Tötung der Terroristen als Akteure und die Vereitelung von Anschlägen, nur eine kurzfristige Lösung darstelle, sei der Sieg im »battle of ideas« die *längerfristige* Lösung, also die Lösung, die den Kern des Problems treffe.

Allerdings haben die USA nicht nur dem »islamischen Extremismus«, sondern allen *»radikalen«* und *»repressiven« Ideologien* bzw. *»Ideologien des Hasses und der Unterdrückung«*, wie die USA Überzeugungen nennen, die im Gegensatz zu liberal-demokratischen Überzeugungen stehen, den Kampf angesagt.[123] Die USA identifizieren nämlich nicht nur die Terroristen und Staatsführungen, die ihnen zufolge dem *»islamischen* Extremismus« nahestehen – bei ihnen handelt es sich um eine Minderheit –, sondern *alle autokratisch herrschenden Regime* der Region als Akteure der Gegenseite im »Kampf der Ideologie«. Wie die »islamischen Extremisten« lehnten schließlich auch sie Freiheit und Demokratie ab und unterdrückten ihr Volk. Außerdem unterstellen die USA allen autokratisch regierenden Staatsführungen eine hohe Gewaltbereitschaft. »Islamische Extremisten« und autokratische Herrscher werden als *»Brüder im Geiste«* dargestellt, denn sie eine ihr totalitäres oder doch zumindest repressives Weltbild.[124]

Doch die USA zeigen ja bekanntlich noch einen anderen Zusammenhang zwischen der Autokratie in der Region und dem »islamischen Extremismus« auf, und dieser Zusammenhang ist besonders ausschlaggebend dafür, dass sie den

---

121 Bush, 11.11.2005, President Commemorates Veterans Day, Discusses War on Terror, Tobyhanna, USA; Hervorh. von C. R.

122 Bush, 14.09.2005, Rede auf dem UN-Weltgipfel, New York; Hervorh. von C. R.

123 Die USA scheinen konkret neben dem Islamismus vor allem den arabischen Nationalismus vor Augen zu haben.

124 Vgl.: »And yet this fight we have joined is also the *current expression* of an *ancient struggle* – between those who put their faith in *dictators*, and those who put their faith in the *people*. Throughout history, tyrants and would-be tyrants have always claimed that murder is justified to serve their grand vision – and they end up alienating decent people across the globe. Tyrants and would-be tyrants have always claimed that regimented societies are strong and pure – until those societies collapse in corruption and decay. And tyrants and would-be tyrants have always claimed that free men and women are weak and decadent – until the day that free men and women defeat them.« (Bush, 28.10.2005, President Discusses War on Terror, Norfolk, USA; Hervorh. von C. R.)

Kampf gegen den islamistisch motivierten Terrorismus vor allem als Kampf gegen Autokratie definieren:

> Yet the hope and prosperity that transformed other parts of the world in the 20th century has bypassed too many in the Middle East. For too long, *the world was content to ignore forms of government in this region* – in the name of stability. *The result was* that a generation of young people grew up with little hope to improve their lives, and many fell under the sway of violent Islamic extremism. The terrorist movement multiplied in strength, and bitterness that had simmered for years boiled into violence across the world.[125]

Die USA machen ja vor allem die *politischen Verhältnisse der Region* und die als deren Folge verstandenen *wirtschaftlichen* Verhältnisse – die USA reden hier von »Diktatur und Stagnation« – dafür verantwortlich, dass sich viele Menschen dort »repressiven« und »radikalen« Ideologien, wie insbesondere dem »islamischen Extremismus«, verschrieben hätten und zu Terroristen geworden seien. Daher gelte:

> *In the long run*, we cannot live in peace and safety if the Middle East *continues to produce* ideologies of murder, and terrorists who seek the deadliest weapons. Regimes that terrorize their own people will not hesitate to support terror abroad. A status quo of tyranny and hopelessness in the Middle East – *the false stability of dictatorship and stagnation* – can only *lead to deeper resentment* in a troubled region, and *further tragedy* in free nations.[126]

Die USA schildern hier offensichtlich einen Kreislauf von Autokratie, den Ideologien der Region, wie vor allem dem »islamischen Extremismus«, und Terrorismus. So verstehen sie einerseits die politischen und auch wirtschaftlichen Verhältnisse der Region als durch »repressive« und »radikale« Ideologien bedingt, andererseits reproduzierten Autokratie und Stagnation schließlich »repressive« und »radikale« Ideologien und bedingten insbesondere den »islamischen Extremismus«.[127] Hätten sich die Menschen dann erst einmal »repressiven« und »radikalen« Ideologien, wie insbesondere dem »islamischen Extremismus«, verschrieben, würden sie selbst nach Macht streben und versuchen, diese Ideologien in entsprechenden Staaten zu institutionalisieren.

Um also das Problem des islamistisch motivierten Terrorismus, das schließlich den USA zum Verhängnis geworden ist, *langfristig* zu bekämpfen, müsse man diesen Teufelskreis durchbrechen. Wie soll das geschehen?

---

125 Bush, 28.08.2007, President Bush Addresses the 89th Annual National Convention of the American Legion, Reno, USA; Hervorh. von C. R.

126 Bush, 21.02.2005, President Discusses American and European Alliance in Belgium, Brüssel; Hervorh. von C. R.

127 Die USA weisen allerdings darauf hin, dass nicht nur ein Zuviel an Staatlichkeit, also Autokratie, sondern auch ein Defizit an Staatlichkeit, also »gescheiterte Staaten«, wie man sie vor allem in Afrika finden würde, Extremismus und Terrorismus fördere.

> In the short-term, we're using all elements of American power to protect the American people by taking the fight to the enemy. *In the long-term*, we are *advancing freedom and liberty as the alternative* to the ideologies of hatred and repression. We seek *a Middle East of secure democratic states* that are at peace with one another, that are *participating in the global markets*, and that are partners in this fight against the extremists and radicals.[128]

Man müsse also die autokratischen Verhältnisse der Region verändern und damit alle »repressiven« und »radikalen« Ideologien bekämpfen, indem man die eigene Gegenideologie, die »Vision der Freiheit«, wie Bush den *Liberalismus* meist nennt, und seine Institutionalisierung in einer *marktwirtschaftlichen Demokratie* verbreite. Der Liberalismus wird dabei ausdrücklich nicht als ein Spezifikum der westlichen Kultur, sondern als ein kulturübergreifendes und universell gültiges Konzept verstanden:

> While confronting a present threat, we have accepted the long-term challenge of spreading hope and liberty and prosperity as the great alternatives to terror. [...] This strategy is not American strategy, or European strategy, or Western strategy. Spreading liberty for the sake of peace is the cause of all mankind. This approach not only reduces a danger to free peoples; it honors the dignity of all peoples, by placing human rights and human freedom at the center of our agenda. And our alliance has the ability, and the duty, to tip the balance of history in favor of freedom. America holds these values because of ideals long held on this continent. We proudly stand in the tradition of the Magna Carta, the Declaration of the Rights of Man, and the North Atlantic Treaty. The signers of that Treaty pledged ›To safeguard the freedom, common heritage, and civilization of their peoples, founded on the principles of democracy, individual liberty, and the rule of law.‹ In this new century, the United States and Europe reaffirm that commitment, and renew our great alliance of freedom.[129]

Wenn aber die USA »repressive« und »radikale« Ideologien, wie insbesondere den »islamischen Extremismus«, und damit den islamistisch motivierten Terrorismus langfristig dadurch bekämpfen wollen, dass sie ihre eigene Ideologie (den Liberalismus) mit ihren spezifischen Verfahrensweisen (marktwirtschaftliche Demokratie) in der Region verbreiten wollen, dann gehen sie nicht nur in Bezug auf die Problemdefinition, sondern vor allem in Bezug auf die Lösungsdefinition über die reine Handlungsebene hinaus und zielen auf die *Gedankenwelt* des politischen Gegners. Es reiche nicht, dass die Terroristen getötet würden oder die »extremistischen Staatsregime« die Förderung des Terrorismus einstellten, sondern die Region des Nahen und Mittleren Ostens solle das *liberale Weltbild* mit seinen spezifischen Verfahrensweisen *übernehmen.*

---

128 Bush, 28.08.2007, President Bush Addresses the 89th Annual National Convention of the American Legion, Reno, USA; Hervorh. von C. R.

129 Bush, 21.02.2005, President Discusses American and European Alliance in Belgium, Brüssel.

Wie für den Kampf gegen den deutschen Nationalsozialismus und den Kampf gegen den sowjetischen Kommunismus im 20. Jahrhundert gelte für den »Krieg gegen den Terror« im 21. Jahrhundert demnach, dass nicht nur Menschen oder Staaten Krieg gegeneinander führten, sondern dass sich politische Ideologien und damit *Weltbilder* mit ihren spezifischen Werten, Normen, Überzeugungen und Verfahrensweisen im Kampf gegenüber stünden. »At its *core*, the struggle against extremists is a *battle of ideas.*«[130]

3.1.2 Der iranische Kampf gegen die westliche Ungläubigkeit

Im Gegensatz zu den USA stellt die historische Kontextualisierung der aktuellen Konflikte durch den Iran noch keine so eindeutige weltanschauliche Einordnung der Ereignisse dar. Doch auch der Iran gibt einen *Grund* für die nun seit Jahrhunderten anhaltende »imperiale Politik« der »westlichen Großmächte« an. Dieser Grund wird – in Analogie zum amerikanischen »Kern des Problems« – als eine von zwei »*Wurzeln* der Herausforderungen«, und zwar als die wichtigere von beiden, definiert (auf die zweite Wurzel wird im weiteren Verlauf der Arbeit noch eingegangen):

> Now the important and decisive question concerns the roots and causes of these challenges. A scientific and careful analysis shows that the *root of the present situation* lies in two fundamental factors. [...] Again, there is no doubt that the second and more important factor is some *big powers' disregard of morals, divine values, the teachings of prophets and instructions by the Almighty God* [...]. Unfortunately they have *put themselves in the position of God!* They are in servitude to their own whims, and they desire to have everything for themselves. For them, human dignity and the lives, properties, and territories of others are no longer respected. Humanity has had a deep wound on its tired body *caused by impious powers for centuries.* [...] Is it not high time for these powers *to return from the path of arrogance and obedience to Satan to the path of faith in God?*[131]

Der Iran bescheinigt dem Westen ein *Weltbild*, das durch *Ungläubigkeit* bzw. *Gottlosigkeit* gekennzeichnet ist. Da die westlichen Großmächte nicht oder nicht genug an Gott glaubten und sich demnach nicht an dessen durch die Propheten verkündeten Lehren und Gebote hielten, sondern sich stattdessen selbst an die Stelle Gottes gestellt hätten, zeichnete sich ihr Denken und Handeln durch Moral- und Wertelosigkeit aus. Dass man sein Handeln auch dann an Werten ausrichten und moralisch handeln kann, wenn man sich nicht (hinreichend) zu

130 Bush, 23.09.2008, Rede vor der UN-Generalversammlung, New York; Hervorh. von C. R.
131 Ahmadinedschad, 25.09.2007, Rede vor der UN-Generalversammlung, New York; Hervorh. von C. R.

Gott und seinen Geboten bekennt, kann sich der Iran nicht vorstellen. Der Iran versteht Gott als die einzige Quelle von Werten und Moral, d.h., Werte und Moral werden als ausschließlich religiös begründet verstanden. So nennt der Iran auch stets die *mangelnde Werteorientierung* und den *Materialismus* als charakteristische Kennzeichen des »gottlosen Weltbildes« des Westens:

> *Ignoring noble values* and the promotion of deception and lies. Some powers *sacrifice all human values* including honesty, purity and trust for the advancement of their goals. [...] They openly *abandon morality and noble values* in their relations with others [...] They sacrifice all the good things and the sublime in life for their own greed. [...] Today, the problems that people around the world face are mainly rooted in the *disregard of human values and ethics* [...]. I officially declare that the age of [...] *materialistic thoughts* based on arrogance and domination is well over now.[132]

In Bezug auf das durch Ungläubigkeit und Materialismus gekennzeichnete Weltbild des Westens spricht der Iran oft von einem »Mangel an Spiritualität«. Als der Wert, an dem es der Politik der »westlichen Großmächte« am stärksten mangele, wird stets die *Gerechtigkeit* genannt.[133] Auf Grund ihrer völligen Missachtung von Werten, wie vor allem der Gerechtigkeit, und der alleinigen Fokussierung ihrer Politik auf die Verfolgung materieller Interessen zur Befriedigung ihrer Konsum- und Profitgier, versuchten die »westlichen Großmächte« also, ihre ohnehin schon große wirtschaftliche und militärische Macht auf Kosten des Rests der Welt weiter auszubauen, indem sie andere Länder besetzten, deren Ressourcen plünderten und einheimische Völker unterdrückten und terrorisierten.[134]

Das »gottlose und materialistische Weltbild« der »westlichen Großmächte« – und nicht etwa das Christentum! – wird schließlich als *kulturelles* Phänomen des Westens definiert. Da der Westen neben der Konsolidierung und dem Ausbau seiner militärischen und wirtschaftlichen Macht auch die kulturelle Hegemonie anstrebe, attackiere er insbesondere »einheimische« *Kulturen*, die sich über das Bekenntnis zu einem Gott, den *Monotheismus*, definierten:

> Culture is the manifestation of identity and the key to the survival of nations and the foundation for their interaction with others. In an organized movement, *indigenous cultures that are messengers of monotheism*, love and fraternity are being subjected to

---

132 Ahmadinedschad, 25.09.2007, Rede vor der UN-Generalversammlung, New York; Hervorh. von C. R.

133 Vgl.: »All these problems emanate from the fact that *justice* and *spirituality* are missing in the way powerful governments conduct their affairs with other nations.« (Ahmadinedschad, 17.09.2005, Rede vor der UN-Generalversammlung, New York; Hervorh. von C. R.)

134 Da die »westlichen Großmächte« tatsächlich zwar keine werteorientierte Politik verfolgten, dennoch stets bestimmte Werte und entsprechende Praktiken in Bezug auf andere Staaten propagierten, ist einer der zentralen iranischen Vorwürfe gegenüber dem Westen der Vorwurf der Doppelmoral.

> broad and destructive aggressions. National customs and values are humiliated and the self-esteem and character of nations are ridiculed and defamed. The purpose is *to promote blind emulations, consumerism, skepticism toward God and human values*, and the plundering of the peoples' wealth by big powers.[135]

Als Teil und Fürsprecher einer solchen *Kultur*, die sich über das *Bekenntnis zu einem Gott* definiert, versteht Ahmadinedschad insbesondere die Islamische Republik Iran selbst. Auf dem Gipfel der »Organisation of The Islamic Conference« (OIC) 2005 führt Ahmadinedschad aus:

> Today *Muslim Ummah* look toward great and historical hopes, expectations and opportunities, but also stand facing challenges and threats. By having better insight of these challenges and opportunities, we can overcome the hurdles, and with the grace of the *Almighty* pave the way for the advancement of our nations and the *Islamic Ummah* by bringing our hearts closer together and by our greater solidarity. [...] *Inspired by the Islamic teachings, Muslim Ummah has always put its hope and trust in God* [...]. *This culture* is a great moral capital and means to move towards the pinnacles of morality and dignity of *Muslims. Muslims have a good and perfection-seeking religious identity.* Their *cultural background* is a solid foundation on which they will be able to tread on the path to advancement and perfection without wavering and deviation.[136]

Der Iran verortet sich weltanschaulich also in der Tradition der *islamischen Kultur* stehend, deren identitätsstiftendes Merkmal das Bekenntnis zu einem Gott, der *Monotheismus*, sei.[137] Der Iran vertritt, wie schon erwähnt, panislamische Ideen und betont die Gemeinsamkeiten des Iran mit den anderen islamischen Ländern. Er setzt sich gerade nicht von den arabischen und sunnitisch geprägten Staaten ab, indem er beispielsweise die persischen Wurzeln des Iran und den Einfluss des Schiitentums hervorhöbe.

Ahmadinedschad setzt allerdings bei der Definition des iranischen Weltbildes etwas unterschiedliche Akzente, je nachdem, ob er in erster Linie vor islamischem Publikum oder vor nicht ausschließlich islamischem Publikum spricht. Während er den Iran vor islamischem Publikum konkret in die Tradition des *Islam* stellt, stellt er ihn vor nicht ausschließlich islamischem Publikum etwas allgemeiner in die Tradition des *Monotheismus*, zu welchem neben dem Islam auch das Christentum und das Judentum zählen. Als das gegnerische Weltbild und damit als die »Wurzel der Probleme« definiert er schließlich auch nicht das

135 Ahmadinedschad, 25.09.2007, Rede vor der UN-Generalversammlung, New York; Hervorh. von C. R.

136 Ahmadinedschad, 07.12.2005, Rede auf dem Gipfel der OIC, Mekka; Hervorh. von C. R.

137 Der Glaube an einen Gott gehört neben dem Glauben an die göttliche Offenbarung durch den Propheten Muhammad und die Niederschrift der Offenbarung im Koran zu den drei Grundprinzipien des Islam. Der Vorwurf des Polytheismus gehört zu den schlimmsten Vorwürfen, die man einem Muslim gegenüber äußern kann. (Vgl. Wentker »Grundfragen des Islam«, in Feichtinger/Wentker 2008: 18, 23.)

Christentum oder das Judentum, sondern das angeblich atheistische bzw. durch Ungläubigkeit gekennzeichnete Weltbild des Westens, und die Ungläubigkeit und nicht das Christentum wird schließlich als das Charakteristikum des westlichen Kulturkreises genannt. Christentum und auch Judentum werden an keiner Stelle dem Islam gegenübergestellt oder kritisiert, sondern stets mit dem Islam unter den Begriff der »monotheistischen Religionen« subsummiert und positiv bewertet.

Dem Iran zufolge handelt es sich bei dem Konflikt zwischen dem Westen und der islamischen Welt allgemein und den USA und dem Iran im Besonderen also um einen *Kulturkonflikt.* Damit definiert auch der Iran die thematisierten Konflikte zwischen dem Iran bzw. der islamischen Welt einerseits und den USA bzw. dem Westen andererseits (Atomstreit, Kriege im Rahmen des »War on Terror« usw.) nicht einfach als Konflikte zwischen Staaten oder sonstigen Akteuren, sondern als Kampf zwischen verschiedenen kulturell begründeten *Weltbildern*, und zwar zwischen einem »gottlosen« und einem monotheistischen Weltbild.

Auch der Iran belässt es also nicht dabei, als die Ursache der von ihm definierten Herausforderungen die aggressive Politik des Gegners zu nennen, sondern auch er nennt den (angeblichen) *Grund* des Gegners für diese Politik, und zwar dessen »gottloses und materialistisches Weltbild«. Dieses Weltbild wird als das *eigentliche* Problem betrachtet: »The *greatest challenge* of our age is the *gradual spiritual depravation* of human beings brought about by the *distancing of the prevailing order from morality and unity of monotheism.*«[138] Demnach richtet sich auch die iranische Problemdefinition nicht nur gegen bestimmte Akteure und deren Handlungen, sondern vor allem gegen das *Weltbild*, das dem Gegner zugeschrieben wird, und damit gegen dessen Gedanken- und Glaubenswelt.

Und – wiederum in Analogie zur amerikanischen Argumentation – gilt: Wenn das »gottlose Weltbild« des Gegners das eigentliche Problem ist, dann kann es auch für den Iran nur eine *nachhaltige* Lösung, die an der Wurzel des Problems ansetzt, geben: »The *only sustainable way* to the betterment of mankind is the *return to the teachings of the divine prophets, monotheism*, respect for the dignity of humans and the flow of love and affection in all relationships, ties and regulations, and *to reform the present structures on this basis.*«[139]

Wenn der Iran als die einzige nachhaltige Lösung die Rückkehr zum Monotheismus, also zum Glauben an einen Gott oder Bekenntnis zu einem Gott, und schließlich die Befolgung von dessen durch die Propheten übermittelten Lehren

138 Ahmadinedschad, 14.09.2005, Rede auf dem UN-Weltgipfel, New York; Hervorh. von C. R.
139 Ahmadinedschad, 25.09.2007, Rede vor der UN-Generalversammlung, New York; Hervorh. von C. R.

definiert, dann bedeutet dies, dass dem Iran zufolge der Gegner sein »gottloses Weltbild« aufgeben und *zum Monotheismus konvertieren* soll. Es reicht dem Iran damit nicht, dass der Gegner seine Politik, also sein Verhalten ändert, sondern das, was geändert werden müsse, um eine nachhaltige Lösung der Probleme zu erzielen, sei dessen *Weltbild* selbst. Damit geht auch der Iran bei der Lösungsdefinition über die reine Handlungsebene hinaus und zielt vor allem auf die *Gedanken- und Glaubenswelt* des Gegners.

Sowohl die USA als auch der Iran definieren also das Weltbild, das sie dem jeweiligen Gegner zuschreiben, als den Grund für dessen Aggressionen und damit als das eigentliche Problem sowie die Übernahme des Weltbildes, das sie sich selbst zuschreiben, als längerfristige oder nachhaltige Lösung, als Lösung, die den Kern oder die Wurzel des Problems trifft. Bei dieser Lösungsdefinition geraten sowohl die USA als auch der Iran in Paradoxien. Bevor ich zeige, inwiefern sich die beiden Konfliktparteien bei ihrer Lösungsdefinition in Paradoxien verstricken, werde ich zunächst klären, was Paradoxien genau sind und welche Art von Paradoxien es gibt.

3.2 Logische, semantische und pragmatische Paradoxien

3.2.1 Was versteht man unter einer »Paradoxie«?

In der Umgangssprache wird der Begriff der Paradoxie meist in einer sehr weiten Bedeutung gebraucht, um etwas Absurdes, den Erwartungen Widersprechendes und insbesondere etwas sich selbst Widersprechendes zu bezeichnen. »Alle Charakterisierungen des Paradoxen enthalten als Kern den Bezug auf einen Widerspruch im weitesten Sinn – sei es im Gewand des Unsinns oder des Widersinns.«[140]

In der Wissenschaft hat man es mit Paradoxien oft in formalen Systemen in der Mathematik und in der Logik zu tun, wo Paradoxien »Antinomien« genannt werden und wo von einer besonders engen Definition ausgegangen wird. Unter einer Antinomie versteht man dort einen *logischen Widerspruch*, der aus scheinbar wahren Prämissen mit Hilfe von scheinbar gültigen Ableitungsregeln abgeleitet ist und meist in Form von »p genau dann, wenn nicht p« oder »p und nicht p« ausgedrückt wird. Da eine Antinomie aus scheinbar wahren Prämissen mit Hilfe scheinbar gültiger Ableitungsregeln abgeleitet ist, ist sie ein Widerspruch, der dennoch *beweisbar* zu sein scheint. Damit ist sie ein Satz, der

140 Rheinwald (1988): 9.

scheinbar zugleich wahr ist, weil er aus scheinbar wahren Sätzen scheinbar korrekt abgeleitet ist, und falsch ist, weil er ein kontradiktorischer Satz ist.[141]

Allerdings wird auch in der Wissenschaft, vor allem mit Blick auf Paradoxien außerhalb formaler Systeme, nicht immer von einer derart engen Definition ausgegangen. R. M. Sainsbury versteht unter einer »Paradoxie«: »Eine scheinbar unannehmbare Schlussfolgerung, die durch einen scheinbar annehmbaren Gedankengang aus scheinbar annehmbaren Prämissen abgeleitet ist.«[142] Paradoxien lösen häufig ein Gefühl der Überraschung und der Verwirrung aus.

Wenn die Rede davon ist, dass eine Paradoxie ein *scheinbar beweisbarer Widerspruch* ist, so gilt: Der Schein muss trügen, denn es ist unmöglich, aus *wahren* Prämissen durch *korrekte* Ableitung zu einer *falschen*, da widersprüchlichen, Schlussfolgerung zu gelangen. Entweder muss also mindestens eine der Prämissen falsch sein, oder es ist ein Fehler bei der Ableitung unterlaufen, oder aber die Schlussfolgerung ist tatsächlich gar nicht widersprüchlich. Dies kann sich nach einer eingehenden Analyse der Paradoxie zeigen. Die Angabe der Ursache der Paradoxie, also des Fehlers in den Prämissen oder der Ableitung, ist der erste Schritt in Richtung der Lösung der Paradoxie. Schließlich muss eine Strategie formuliert werden, mit der die Paradoxie zukünftig vermieden werden kann. Meist gibt es verschiedene Lösungen für eine Paradoxie.[143]

Je nachdem, wie offensichtlich die Fehler in den Prämissen oder die Schwächen bei der Ableitung sind, und je nachdem wie unannehmbar die Schlussfolgerung tatsächlich ist, lassen sich Paradoxien nach Graden differenzieren. Aussagen, die nur im ersten Augenblick wie Paradoxien aussehen, bei denen sich aber schon recht schnell zeigt, wo die Fehler und Schwächen liegen, oder dass der Schlusssatz tatsächlich gar nicht widersprüchlich ist, nennt man *Pseudoparadoxien.* Die Unterscheidung zwischen Paradoxien und Pseudoparadoxien ist keine absolute. Ob ein Satz als Paradoxie oder Pseudoparadoxie gilt, ist abhängig von *subjektiven Momenten* und dem Kenntnisstand einer Gesellschaft und Epoche. Was für den Einen nämlich als intuitiv akzeptabler Schluss erscheint, kann für den Anderen ein offensichtlicher Fehlschluss sein, und schließlich gibt es Fälle, in denen Prämissen, an denen einmal kaum jemand hätte zweifeln wollen, heute als offensichtlich falsch gelten – man denke an das geozentrische Weltbild, das bis Mitte des letzten Jahrtausends als wissenschaftliche Wahrheit galt. Letztendlich können sich auch unsere heute eindeutig als wahr anerkannten Prämissen eines Tages als falsch erweisen. Willard v. O.

141 Diese Definition orientiert sich an der Definition einer Antinomie in Braun / Radermacher (1978): 46.

142 Sainsbury (2010): 11.

143 So gibt es auch zu den im weiteren Verlauf dieser Arbeit erörterten Lösungsvorschlägen von Russell und Tarski Alternativen!

Quine[144] hat darauf aufmerksam macht, dass in der Geschichte kurz nach einem Paradigmenwechsel das neue Paradigma oft als Paradoxie betrachtet wurde, und dass insbesondere auch das Kopernikanische Weltbild zunächst als paradox galt – etwas, was uns im fünften Kapitel noch beschäftigen wird.[145]

3.2.2 Logische und semantische Paradoxien

Wie schon angedeutet, unterscheidet man üblicher Weise zwischen Paradoxien, die in formalen Systemen auftreten und bei deren Ableitung nur logische oder gegebenenfalls auch elementare mengentheoretische Prinzipien benutzt werden, und Paradoxien, bei denen das nicht der Fall ist. Außerhalb formaler Systeme hat man es meist mit Paradoxien zu tun, die semantische Prädikate, wie »wahr«, »definiert«, »bezeichnen« usw. beinhalten.[146] Demnach differenziert man in wissenschaftlichen Zusammenhängen vor allem zwischen *logischen Paradoxien* einerseits und *semantischen Paradoxien* andererseits.[147] Im Folgenden soll für beide Arten von Paradoxien die jeweils wohl bedeutendste kurz vorgestellt werden, da im weiteren Verlauf dieser Arbeit auf einige Gedanken und Begrifflichkeiten, die im Zusammenhang der Analyse dieser Paradoxien formuliert wurden, zurückgegriffen werden wird.

1. *Die Russellsche Paradoxie*

Die wohl bedeutendste logische Paradoxie ist die *Paradoxie der Klasse R als Klasse aller Klassen, die sich nicht selbst als Element enthalten*, von Bertrand Russell.[148]

---

144 Vgl. Quine »Paradox«, in *Scientific American* (1962): 88

145 Vgl. Braun / Radermacher (1978): 46; Rheinwald (1988): 9–14; Sainsbury (2010): 11–12; Watzlawick et al. (2007): 172–73.

146 Im primären Sinne wird ein Prädikat semantisch genannt, wenn es eine Beziehung zwischen einem sprachlichen Ausdruck und dem Gegenstand ausdrückt, auf den sich der Ausdruck bezieht. In einem abgeleiteten Sinn werden Prädikate als semantisch bezeichnet, wenn sie mit Hilfe eines Prädikats definiert werden, das im primären Sinne semantisch ist. (Vgl. Tarski »Die semantische Konzeption der Wahrheit und die Grundlagen der Semantik«, in Skirbekk 1977: 145–46 sowie Künne »Wahrheit«, in Martens / Schnädelbach 1998: 147–48.)

147 Da der Ausdruck »Antinomie« insbesondere in der Logik und Mathematik verwendet wird und man es dort vor allem mit logischen Paradoxien zu tun hat, wird er meist nur zur Bezeichnung logischer Paradoxien verwendet, wenngleich man ihn auch auf semantische Paradoxien angewendet vorfinden kann. Zu den semantischen Paradoxien zählen insbesondere die Lügner-Paradoxie sowie die Paradoxien von Berry, Dixon, König, Richard und Grelling, zu den logischen Paradoxien die Paradoxien von Russell, Burali-Forti, Cantor und Mirimanoff.

148 Eine Menge oder Klasse ist nach Georg Cantor »jede Zusammenfassung *M* von bestimmten wohlunterschiedenen Objekten *m* unserer Anschauung oder unseres Denkens (welche die

Zunächst bilden wir die Klasse aller Klassen, die sich selbst als Element enthalten und nennen sie die Klasse E. Die Klasse E ist relativ unproblematisch. Schließlich bilden wir die *Klasse aller Klassen, die sich nicht selbst als Element enthalten*, und nennen sie *Klasse R*. Fragen wir nun danach, ob sich die Klasse R selbst als Element enthält oder nicht, stoßen wir auf die Paradoxie. Es gibt zwei Möglichkeiten:

1. Die Klasse R enthält sich selbst als Element

oder

2. Die Klasse R enthält sich nicht selbst als Element.

Betrachten wir zunächst den ersten Fall: Die Klasse R *enthält* sich selbst als Element. In diesem Fall muss die Klasse R, als Klasse aller Klassen, die sich *nicht* selbst als Element enthalten, die Bedingung erfüllen, sich *nicht* selbst als Element zu enthalten. Wenn also die Klasse R (als Klasse aller Klassen, die sich *nicht* selbst als Element enthalten) sich selbst als Element *enthält*, enthält sie sich *nicht* selbst als Element (denn sie ist ja Element der Klasse aller Klassen, die sich *nicht* selbst als Element enthalten).

Betrachten wir den zweiten Fall: Die Klasse R enthält sich *nicht* selbst als Element. In diesem Fall muss die Klasse R, als Klasse aller Klassen, die sich *nicht* selbst als Element enthalten, die Bedingung erfüllen, sich selbst als Element zu *enthalten*. Wenn sich die Klasse R (als Klasse aller Klassen, die sich *nicht* selbst als Element enthalten) also *nicht* selbst als Element enthält, *enthält* sie sich selbst als Element (denn sie ist ja dann Element der Klasse aller Klassen, die sich selbst als Element *enthalten*).

Zusammengefasst gelangen wir zu folgendem paradoxen Resultat:

Die Klasse R *enthält sich* genau dann selbst als Element, wenn sie *sich nicht* selbst als Element *enthält* und umgekehrt.[149]

Elemente von *M* genannt werden) zu einem Ganzen«. (Cantor »Beiträge zur Begründung der transfiniten Mengenlehre, I«, in *Mathematische Annalen* 1895: 481, zit. n. Rheinwald 1988: 15.)

149 Es wurde gesagt, dass sich Abstufungen zwischen Paradoxien vornehmen lassen, je nachdem wie offenkundig falsch die Prämissen oder die Ableitung sind, und je nachdem wie unannehmbar die Schlussfolgerung ist. In diesem Sinne handelt es sich bei der Russellschen Paradoxie um eine sehr ernstzunehmende Paradoxie. Sie löste in der Mathematik eine Grundlagenkrise aus. Als Prämisse wurde insbesondere die Gültigkeit des Komprehensionsprinzips (wenn E eine Eigenschaft ist, so gibt es eine Menge / Klasse genau der x, welche die Eigenschaft E aufweisen) vorausgesetzt und bei der Ableitung wurde sich der Regeln der klassischen Logik bedient. Weder die Prämisse noch die Ableitung scheinen fehlerhaft zu sein. Dennoch ist die Schlussfolgerung widersprüchlich und damit unannehmbar.

Russell selbst hat eine Lösung dieser Paradoxie vorgeschlagen, wobei er meinte, dass diese Lösung auch auf andere Paradoxien, die eine ähnliche Struktur aufwiesen, wie insbesondere die *Paradoxie des Lügners*, anwendbar sei. Auf die Analyse Russells greifen insbesondere auch Watzlawick et al. bei der Diskussion der pragmatischen Paradoxien zurück, um die es im Folgenden gehen wird.

Die Ursache von Paradoxien nach Art der Paradoxie der Klasse R liegt nach Russell in einer Art *Zirkelschluss*, der in vielen Fällen in Form von *Selbstbezüglichkeit* auftritt. Es geht immer darum, dass die problematische Entität – sei es nun eine Klasse, eine Aussage usw. – auf eine Gesamtheit Bezug nimmt, zu der sie selbst gehört. Die Klasse R als Klasse aller Klassen, die sich nicht selbst als Element enthalten, nimmt auf eine Gesamtheit Bezug, und zwar auf *alle* Klassen, zu der sie selbst gehört, denn sie ist ja *selbst* eine Klasse.

Um derartige Zirkelschlüsse zu verhindern, formulieren Bertrand Russell und Alfred N. Whitehead in den *Principia Mathematica* verschiedene Versionen eines Prinzips, das sie das *Zirkelschlussprinzip* (Vicious Circle Principle) nennen. Es besagt Folgendes: *Was immer eine Gesamtheit umfasst, darf nicht Teil dieser Gesamtheit sein.*[150]

Das Zirkelschlussprinzip ist ein negatives Prinzip, es verbietet eine bestimmte Redeweise. Nun muss es noch um ein positives Prinzip ergänzt werden, das

---

Nachdem Russell seine Paradoxie abgeleitet hatte, sah man sich zunächst vor folgende zwei Alternativen gestellt. Entweder man musste das Komprehensionsprinzip oder die Regeln der klassischen Logik aufgeben, sodass die Paradoxie nicht mehr konstruierbar sein würde. Dies hätte allerdings schwerwiegende Konsequenzen für die Mathematik gehabt, denn die Mathematik basiert auf Axiomen, zu denen das Komprehensionsprinzip zählt, und bedient sich der Schlussregeln der klassischen Logik, um aus diesen Axiomen neue Aussagen abzuleiten. Oder man erkannte das Komprehensionsprinzip und die Regeln der klassischen Logik weiterhin an, sodass die Paradoxie auch weiterhin konstruierbar sein würde. Dann aber würde das Prinzip »es falso quodlibet sequitur« (»aus einem falschen Satz folgt jeder beliebige Satz«) greifen. Wenn der Satz der Form »p genau dann, wenn nicht p« (dies ist die Struktur der Paradoxie: R enthält sich genau dann als Element, wenn R sich nicht als Element enthält) wahr ist, so ist auch jeder andere Satz »q« und seine Negation »nicht q« wahr, denn beide Aussagen folgen gleichermaßen aus dem Satz »p genau dann, wenn nicht p«. Bliebe in einem System, das wie die Mathematik axiomatisch aufgebaut ist, die Russellsche Paradoxie konstruierbar, dann wären alle anderen Sätze des Systems gleichermaßen wahr und nicht wahr, d. h., es ließe sich nicht mehr zwischen wahren und falschen Sätzen unterscheiden.

150 »Whatever involves all of a collection must not be one of the collection.« Andere Formulierungen dieses Prinzips sind folgende: »[...] given any set of objects such that, if we suppose the set to have a total, it will contain members which presuppose this total, then such a set cannot have a total. By saying that the set has ›no total‹, we mean, primarily, that no significant statement can be made about ›all its members‹.« Oder: »If, provided a certain collection had a total, it would have members only definable in terms of that total, then the said collection has no total.« (Alle Zitate: Russell / Whitehead 1910 – 13: 37, zit n. Rheinwald 1988: 24; Hervorh. weggel.) Diese Formulierungen sind recht vage und es wurde bezweifelt, dass diese drei Prinzipien tatsächlich äquivalent sind.

vorschreibt, wie man schließlich zu reden hat. Dies soll die von Russell formulierte *Logische Typentheorie* leisten. In der Logischen Typentheorie unterscheidet man *logische Typen* bzw. *Stufen verschiedener Abstraktionsgrade:* Man geht von irgendeinem Bereich von Dingen aus. Diese Dinge sind vom logischen Typ 0. Bildet man nun die Klasse dieser Dinge, abstrahiert man von den Dingen, stellt sich sozusagen eine logische Stufe höher. Daher entsprechen die Klassen der Dinge dem logischen Typ 1. Bildet man nun Klassen der Klassen der Dinge, welche dem logischen Typ 1 angehören, abstrahiert man noch weiter, steigt noch eine logische Stufe höher. Daher gehören die Klassen der Klassen des Typ 1 dem logisch höheren Typ 2 an, und so weiter. Nach oben ist die Typentheorie offen.

Generell lässt sich also sagen, dass Klassen einem höheren logischen Typ angehören, als die Objekte, also ihre Elemente, und damit Klassen von Klassen wiederum einem höheren logischen Typ als die Klassen der Objekte. Wenn die Objekte also vom logischen Typ n sind, so sind die Klassen dieser Objekte vom logischen Typ n+1, die Klassen der Klassen der Objekte vom logischen Typ n+2 und so weiter.

Aus der Hierarchisierung logischer Typen werden bestimmte Bedingungen abgeleitet, die ein sinnvoller Satz erfüllen muss, bevor man sich fragen kann, ob dieser Satz wahr oder falsch ist. Erfüllt er sie nicht, gilt er weder als wahr noch als falsch, sondern einfach als logisch sinnlos: Jede Klasse gehört einem bestimmten logischen Typ an und kann sich nur auf andere Klassen beziehen, die einem logischen Typ angehören, der um 1 kleiner ist. So kann man nicht mehr einfach von »der Klasse aller Klassen« reden, sondern muss von »der Klasse aller Klassen des Typs n reden«, wobei diese Klasse dann dem Typ n+1 angehören muss. In der Typentheorie sind Aussagen der Form »x ist nicht Element von y« nur dann wahr oder falsch, wenn der logische Typ von x als Element um 1 kleiner ist, als der von y als der Klasse. Eine Aussage der Form »x enthält y nicht als Element«, wie »die Klasse aller Klassen, die sich nicht selbst als Element enthalten, enthält sich nicht selbst als Element«, in der die Unterscheidung der logischen Typen in Hinblick auf Element und Klassen nicht eingehalten wird, ist weder wahr noch falsch, sondern logisch sinnlos.[151]

151 Die Typentheorie hält damit zur Lösung der Paradoxie an den Gesetzen der klassischen Logik, als Ableitungsregeln, fest, modifiziert aber eine der Prämissen, auf welchen die Paradoxie basiert, und zwar das Komprehensionsprinzip. Nach dem Komprehensionsprinzip gilt: Wenn E eine Eigenschaft ist, so gibt es eine Menge bzw. Klasse genau der x, die die Eigenschaft haben. Die Eigenschaft, sich selbst nicht als Element zu enthalten, definiert aber der Typentheorie zufolge keine Klasse. Nicht jede Eigenschaft definiert damit eine Klasse, wie im Komprehensionsprinzip angenommen. Vgl. Braun / Rademacher (1978): 46; Rheinwald (1988): 14–18, 23–26; Sainsbury (2010): 235–37, 258–60.

2. Die Paradoxie des Lügners

Russell meinte, dass seine Paradoxie von derselben Art wie eine andere, semantische Paradoxie sei, und dass seine Diagnose und sein Lösungsvorschlag sich insbesondere auch auf diese Paradoxie anwenden ließen: *Die Paradoxie des Lügners.*

Bei der Paradoxie des Lügners handelt es sich um die wohl älteste bekannte semantische Paradoxie. Sie ist für die Entwicklung der Wahrheitstheorien in der Philosophie von großer Bedeutung gewesen. Eine Version der Paradoxie des Lügners lautet wie folgt:

Man betrachte den Satz in der mit (Z) gekennzeichneten Zeile:

(Z) Der Satz in der Zeile (Z) ist nicht wahr.

Um die Paradoxie abzuleiten, legen wir in Anlehnung an die Wahrheitskonvention Alfred Tarskis folgende Äquivalenz zu Grunde

(W) X ist wahr genau dann, wenn p.

Bei (W) handelt es sich um ein Aussageschema. Indem man »p« durch eine Aussage und »X« durch einen Namen für diese Aussage ersetzt, erhält man schließlich eine Aussage.

Fragt man sich nun, ob Satz (Z) wahr ist oder nicht, gelangt man zu folgender Äquivalenz:

(1) »Der Satz in Zeile (Z) ist nicht wahr« ist wahr genau dann, wenn der Satz in Zeile (Z) nicht wahr ist.

Betrachten wir noch einmal den Satz in Zeile (Z), so stellen wir fest, dass gilt:

(2) Der Satz in Zeile (Z) = »Der Satz in Zeile (Z) ist nicht wahr«.

Wir können nun den Subjekt-Term des Nachsatzes in Satz (1) durch die rechte Seite des Identitätssatzes (2) ersetzen und erhalten die widersprüchliche Konklusion:

»Der Satz in Zeile (Z) ist nicht wahr« ist *wahr* genau dann, wenn »Der Satz in Zeile (Z) ist nicht wahr« *nicht wahr* ist.[152]

152 Vgl. Künne »Wahrheit«, in Martens / Schnädelbach (1998): 155 – 56; Tarski »Die semantische Konzeption der Wahrheit und die Grundlagen der Semantik«, in Skirbekk (1977): 149 – 50.

Es gibt verschiedene Versionen der Lügner-Paradoxie. Eine der bekanntesten ist die Paradoxie, die man aus der Aussage des Kreters Epimenides ableiten kann, der behauptet »Alle Kreter sind Lügner«. Unterstellt man, dass dies die einzige Aussage ist, die ein Kreter jemals geäußert hat, und fragt man sich, ob Epimenides mit dieser Behauptung gelogen hat oder nicht, so handelt man sich die paradoxe Aussage ein, nach der Epimenides gelogen hat, wenn er die Wahrheit gesagt hat, und nach welcher er die Wahrheit gesagt hat, wenn er gelogen hat. Eine andere Version der Lügner-Paradoxie ist aus der Behauptung »Ich lüge jetzt« ableitbar.

Auch bei der Lügner-Paradoxie handelt es sich nach Russell um Sätze, bei denen irgendwelche Entitäten auf eine Gesamtheit Bezug nehmen, zu der sie selbst gehören. Die Aussage des Epimenides »alle Kreter sind Lügner« bezieht sich auf eine Gesamtheit, nämlich auf *alle* Aussagen, die ein Kreter jemals geäußert hat, zu der auch *sie selbst* gehört, denn sie selbst ist ebenfalls eine Aussage eines Kreters. Im Falle des Satzes in Zeile (Z) ist die Gesamtheit, über die der Satz eine Aussage macht, sehr klein, nämlich nur er selbst, dennoch weist auch er diesen spezifischen Selbstbezug auf. Daher sind diese Sätze weder wahr noch falsch, sondern logisch sinnlos.[153]

In Anlehnung an Russell hat Alfred Tarski schließlich eine Diagnose und Lösung speziell für semantische Paradoxien und insbesondere für die Paradoxie des Lügners formuliert. Tarski konstatiert, dass semantische Paradoxien dann entstehen, wenn *in* einer Sprache S, Aussagen *über* diese Sprache S gemacht werden. Dies ist vor allem dann möglich, wenn die Sprache S neben Ausdrücken (»Bochum«), auch Namen dieser Ausdrücke (»»Bochum««)[154] sowie semantische Prädikate, wie »wahr« und »definiert«, beinhaltet, die sich auf die Aus-

153 Vgl. Rheinwald (1988): 18–20, 23–26. Sainsbury zeigt allerdings, dass sich die Paradoxie des Lügners auch konstruieren lässt, ohne einen Satz zu benutzen, der sich auf sich selbst bezieht. Er schlägt vor, bei der Angabe der Ursache, anstatt von »Selbstbezüglichkeit«, allgemeiner von »zirkulärem Bezug« oder, noch besser, von »Zirkularität« zu sprechen: »(A) (Von α am Montag gesagt:) Alles, was β am Dienstag sagen wird, ist wahr.
(B) (Von β am Dienstag gesagt:) Nichts von dem, was α am Montag gesagt hat, ist wahr. Wenn α und β nichts anderes als (A) bzw. (B) am Montag bzw. Dienstag gesagt haben, dann haben wir eine Paradoxie im Wesentlichen von der Art des Lügners. Angenommen, (B) ist wahr; dann ist (A) nicht wahr und β wird am Dienstag nichts Wahres sagen. Da β nur (B) sagt, ist (B) nicht wahr. Wenn (B) also wahr ist, dann ist es nicht wahr. Angenommen, (B) ist nicht wahr; dann hat α am Montag etwas Wahres gesagt. Da α nur (A) gesagt hat, ist (A) wahr, d.h., alles, was β am Dienstag sagen wird, ist wahr. Das schließt (B) ein, folglich ist (B) wahr. Wenn (B) also wahr ist, dann ist es nicht wahr.« (Sainsbury 2010: 259.)

154 Tarskis Beispiel lautet: In der Äquivalenz (S) »Die Aussage ›Schnee ist weiß‹ ist wahr genau dann, wenn Schnee weiß ist« kommt der Ausdruck »Schnee ist weiß« auf der linken Seite in Anführungszeichen vor und fungiert als Name der Aussage. Auf der rechten Seite befindet sich die Aussage selbst, ohne Anführungszeichen. Der mittelalterlichen logischen Terminologie zufolge kommen die Wörter »Schnee ist weiß« auf der linken Seite als *suppositio materialis* und auf der rechten Seite als *suppositio formalis* vor.

drücke dieser Sprache selbst beziehen. Eine solche Sprache ist nach Tarski *semantisch geschlossen.* Tarski definiert damit eine Art *Selbstbezüglichkeit der Sprache* als Ursache semantischer Paradoxien. Um Paradoxien zu vermeiden, darf daher keine semantisch geschlossene Sprache mehr verwendet werden, sondern es müssen *zwei Sprachen* unterschieden werden: *Objekt- und Metasprache.* Die Objektsprache ist die Sprache S_O, *über* die gesprochen wird. Sie enthält nur Ausdrücke, nicht jedoch auch die Namen dieser Ausdrücke. Außerdem enthält sie keine semantischen Prädikate, die sich auf die Ausdrücke dieser Sprache S_O beziehen. Die Metasprache ist die Sprache S_M, *in welcher* über die Objektsprache, also die Sprache S_O, gesprochen wird, und die neben den Ausdrücken der Objektsprache auch die Namen der Ausdrücke der Objektsprache und semantische Prädikate enthalten kann, welche sich auf Aussagen der Objektsprache beziehen. Die Metasprache ist demnach reichhaltiger als die Objektsprache, sie enthält die Objektsprache als Teil.

Tarski nimmt damit eine Hierarchisierung der Sprache vor. Ein Satz wie der Lügner berücksichtigt diese Sprachhierarchie nicht. Er sagt etwas *über sich selbst* aus, d.h., er ist in einer Sprache formuliert, in der Ausdrücke und Namen für diese Ausdrücke sowie semantische Prädikate, die sich auf die Ausdrücke beziehen, koexistieren. Daher ist er nach Tarski logisch sinnlos. Unterscheidet man zwischen Objekt- und Metasprache, ist die Paradoxie des Lügners nicht mehr konstruierbar.[155]

3.2.3 Pragmatische Paradoxien

Watzlawick et al. haben festgestellt, dass manchmal menschliche Kommunikation Strukturen aufweist, welche denen der logischen und semantischen Paradoxien ähneln, wobei sie stets darauf verweisen, dass sich derartige Strukturen auch in zwischenstaatlichen Beziehungen wiederfinden könnten – was sie allerdings nicht näher untersuchen. Demnach fügen sie der Differenzierung der Paradoxien nach logischen und semantischen Paradoxien noch eine dritte Kategorie hinzu, für die sie den Ausdruck *pragmatische Paradoxien* prägen. Bei der Diskussion der pragmatischen Paradoxien knüpfen sie an die Gedanken und Begrifflichkeiten Russells und Tarskis an.[156]

155 Eine andere Möglichkeit, Antinomien zu vermeiden, bestünde nach Tarski in der Verwerfung der Gesetze der Logik, unter Beibehaltung der semantischen Geschlossenheit der Sprache, was allerdings wesentlich schwerwiegendere Konsequenzen hätte als keine semantisch geschlossene Sprache mehr zu verwenden. Vgl. Tarski »Die semantische Konzeption der Wahrheit und die Grundlagen der Semantik«, in Skirbekk (1977): 143–45, 149–55.

156 Watzlawick et al. führen viele Beispiele aus ihrer klinischen Praxis als pragmatische Pa-

Die Grunddidee Watzlawicks et al., die Strukturen, die für logische und semantische Paradoxien ausgemacht wurden, auf zwischenmenschliche Kommunikation anzuwenden, ist sicherlich gut, und kann, wie ich im Folgenden zeigen werde, auch für die Kontroverse USA – Iran fruchtbar gemacht werden. Allerdings weist das Unternehmen Watzlawicks et al. hinsichtlich der Präzision bei der Darstellung der Struktur der Paradoxien einige Mängel auf. Daher werde ich bei der folgenden Darstellung der Thesen Watzlawicks et al. auch den Versuch ihrer Präzisierung unternehmen.

Schon bei der Angabe dessen, was sie unter einer »pragmatischen Paradoxie« verstehen, sind Watzlawick et al. nicht eindeutig.[157] Manchmal bezeichnen sie schon in einem weiteren Sinne bestimmte *Mitteilungen* als paradox, wobei auch hier stets die Beziehungsstruktur, in der die Mitteilung eingebettet ist, eine Rolle spielt. Manchmal bezeichnen sie erst eine *bestimmte Beziehungsstruktur selbst*, in der eine paradoxe Handlungsaufforderung gegeben wird, und welcher der Empfänger der Mitteilung nicht »entfliehen kann«, indem er beispielsweise metakommuniziert, als pragmatische Paradoxie: *Die Doppelbindung*. In diesem Kapitel soll es zunächst nur um die paradoxen Mitteilungen, also die paradoxe Kommunikation im weiteren Sinne, gehen. Im nächsten Kapitel werde ich dann die Doppelbindung als pragmatische Paradoxie im engeren Sinne diskutieren.

Als eine *paradoxe Mitteilung* definieren Watzlawick et al. eine Mitteilung, »die a) etwas aussagt, b) etwas über ihre eigene Aussage aussagt und c) so zusammengesetzt ist, daß diese beiden Aussagen einander negieren bzw. unvereinbar sind«[158]. Paradoxe Mitteilungen sind nach Watzlawick et al. also *in sich widersprüchliche* und damit logisch sinnlose Mitteilungen. Sie sind selbstbezüglich,

---

radoxien an. Insbesondere schildern sie auch einen praktischen und amüsanten Fall, der eine Analogie zu Paradoxie des Lügners aufweist: »Während der Besprechung der sexuellen Schwierigkeiten eines Ehepaars und ihrer individuellen Einstellung gegenüber verschiedenen Formen sexuellen Verhaltens ergab sich, daß der Mann moralisch sehr unter seiner Masturbation litt. Er sagte, daß das abweisende Verhalten seiner Frau ihn oft zum Masturbieren zwinge, daß ihn aber, ›um ganz aufrichtig zu sein‹, die Abnormalität und die Sündhaftigkeit dieses Verhaltens sehr bedrücke (er war katholisch und hielt Masturbation für eine Todsünde). Der Therapeut antwortete ihm, er könne zur Frage der Sündhaftigkeit nicht Stellung nehmen; was aber die Abnormalität betreffe, so bewiesen zahlreiche Umfragen, daß die Angaben der Katholiken auf eine geringere Häufigkeit von Masturbation deuteten als die der Durchschnittsbevölkerung. Der Mann erwiderte darauf verächtlich: ›Katholiken lügen immer über Sex.‹« (Watzlawick et al. 2007: 183.)

157 Die Definitionen, die Watzlawick et al. für pragmatische Paradoxien geben, sind stets sehr allgemein gehalten. So definieren sie pragmatische Paradoxien als Paradoxien, die »in zwischenmenschlichen Situationen auftreten und Verhalten beeinflussen«. (Watzlawick et al. 2007: 173.) Oft ist auch von pragmatischen Wirkungen von Paradoxien die Rede, wobei Probleme gemeint sind, »die dann entstehen, wenn die Struktur der Kommunikation im wesentlichen jener der klassischen Paradoxien in der Formallogik entspricht«. (Watzlawick et al. 2005: 85.)

158 Watzlawick et al. (2007): 196.

d. h., sie sagen etwas *über sich selbst* aus, und sind somit Beispiele der von Russell konstatierten Zirkelschlüsse. Mit Tarski kann man sagen, dass sie in einer semantisch geschlossenen Sprache, in der nicht zwischen Objekt- und Metasprache unterschieden wird, formuliert sind.

Die scheinbare Beweisbarkeit des Widerspruchs, die als Kriterium gefordert wurde, um von einer »Paradoxie« zu sprechen, scheinen Watzlawick et al. darin zu sehen, dass paradoxe Mitteilungen in zwischenmenschlicher Kommunikation tatsächlich vorkommen und von Bedeutung für das Verhalten sind. Dies wird vor allem bei ihrer Diskussion der Paradoxie des Dorfbarbiers deutlich, der alle und nur diejenigen Männer rasiert, die sich nicht selbst rasieren, und der sich genau dann selbst rasiert, wenn er sich nicht selbst rasiert. Diese Paradoxie wird üblicher Weise als Pseudoparadoxie charakterisiert, insofern die Prämisse, dass es einen solchen Barbier geben kann, als falsch gilt:

> Und wiederum beweist exakte Deduktion, daß es keinen solchen Barbier geben kann; trotzdem aber fühlen wir uns nicht überzeugt und fragen uns: Warum nicht? [...] Während die Paradoxie vom Barbier fast immer in der eben erwähnten Form dargestellt wird, besteht zumindest eine etwas abweichende Version. Es ist die von Reichenbach[159] verwendete, in der, anscheinend ohne besonderen Grund, der Barbier ein Soldat ist, dem vom Hauptmann befohlen wird, alle Soldaten der Kompanie zu rasieren, die sich nicht selbst rasieren, aber keine anderen. [...] [Die Geschichte] liefert jedenfalls ein Beispiel par excellence für eine pragmatische Paradoxie. Denn es besteht letztlich kein Grund, weshalb ein solcher Befehl, ungeachtet seiner *logischen* Absurdität, nicht tatsächlich gegeben werden kann. [...] Während also vom rein logischen Gesichtspunkt der Befehl des Hauptmanns sinnlos ist und es den Barbier angeblich nicht geben kann, sehen die Dinge im wirklichen Leben ganz anders aus.[160]

Oft werden paradoxe Mitteilungen als Lösungen für ein Problem formuliert. Hier besteht die scheinbare Beweisbarkeit auch darin, dass die Lösungsdefinition auf vernünftigen Überlegungen beruht, also in diesem Sinne aus gültigen Prämissen mit gültigen Schlussregeln abgeleitet wurde, und trotzdem das Problem nicht nur nicht löst, sondern es sogar noch intensiviert.

Im Zusammenhang der Doppelbindung, der pragmatischen Paradoxie im engeren Sinne, definieren Watzlawick et al. paradoxe Situationen im Gegensatz zu »nur« widersprüchlichen Situationen als solche Situationen, in denen der Adressat der paradoxen Mitteilung nicht zwischen zwei sich ausschließenden Handlungsalternativen wählen kann, sondern die Wahl selbst nicht mehr möglich ist. Der Hauptmann gibt dem Soldaten einen Befehl, den dieser befolgen soll, den er aber nicht befolgen darf, um ihn zu befolgen. Der Soldat kann den

159 Vgl. Reichenbach (1947).
160 Watzlawick et al. (2007): 178; Hervorh. im Orig.

Befehl nicht befolgen, da er logisch sinnlos ist, er muss ihn jedoch befolgen, da er sonst bestraft würde.

Watzlawick et al. gliedern die pragmatischen Paradoxien in paradoxe Handlungsaufforderungen und paradoxe Voraussagen / Ankündigungen, wobei die paradoxen Voraussagen / Ankündigungen nur eine untergeordnete Rolle spielen.

1. Paradoxe Voraussagen / Ankündigungen:

Watzlawick et al. geben folgendes Beispiel einer paradoxen Voraussage / Ankündigung:

> Ein Ehepaar sucht psychotherapeutische Hilfe, da beide unter der übermäßigen Eifersucht der Frau leiden. Der Gatte erweist sich als ein übertrieben starrer, moralistischer Mann, der sehr stolz auf seinen asketischen Lebensstil ist und darauf, daß ›ich niemals in meinem Leben irgend jemandem Grund gegeben habe, an meinem Wort zu zweifeln‹. [...] Seine Frau, die aus einem ganz anderen Milieu stammt, hat sich in die inferiore Komplementärposition gefügt, jedoch mit einer Ausnahme: Sie ist nicht willens, auf ihren Cocktail vor dem Abendessen zu verzichten – eine Gewohnheit, die für ihn als Antialkoholiker widerlich ist und seit Beginn ihrer Ehe den Anlaß für viele Streitereien lieferte. Vor etwa zwei Jahren drohte er ihr in einer Aufwallung von Zorn: ›Wenn du dieses Laster nicht aufgibst, lege ich mir auch eines zu‹ und ließ durchblicken, daß er damit Affären mit anderen Frauen meinte. Doch die Wirkung blieb aus, und einige Monate später entschloß sich der Mann, ihr ihre Cocktails um des häuslichen Friedens willen offiziell zu gestatten. An diesem Punkt nun brach ihre Eifersucht aus, deren Grund war und weiterhin ist: Er ist absolut vertrauenswürdig; daher muss er seine Drohung wahrmachen und untreu (also vertrauensunwürdig) sein. Genau wie sie, ist auch er hilflos im Netz seiner paradoxen Voraussage gefangen, da er letztlich keine Möglichkeit hat, ihr überzeugend zu versichern, daß seine Drohung impulsiv war und nicht ernst genommen werden sollte.[161]

Machen wir uns die Struktur der Handlungsankündigung klar.[162] Es geht um einen Mann, der Wert darauf legt, immer absolut vertrauenswürdig zu sein, d. h.,

161 Watzlawick et al. (2007): 207.

162 Watzlawick et al. analysieren die Paradoxie recht knapp wie folgt:
»In der Sicht seiner Frau besagt sie [die Drohung des Ehemannes]:
1. Ich bin absolut vertrauenswürdig.
2. Ich werde dich nun durch Vertrauensunwürdigkeit (Untreue, Täuschung) strafen.
3. Ich werde also vertrauenswürdig bleiben, indem ich vertrauensunwürdig bin, denn wenn ich jetzt nicht dein Vertrauen in meine eheliche Treue zerstöre, wäre ich nicht mehr vertrauenswürdig.
Vom semantischen Standpunkt ergibt sich die Paradoxie aus den beiden verschiedenen Bedeutungen von ›vertrauenswürdig‹. In (1) wird das Wort in der Metasprache verwendet und bezieht sich dort auf die gemeinsame Eigenschaft *aller* seiner Handlungen, Versprechungen und Haltungen. In (2) gehört das Wort der Objektsprache an und bezieht sich auf eheliche Treue.« (Watzlawick et al. 2007: 208; Hervorh. im Orig.)

immer zu seinem Wort zu stehen, und der infolgedessen das volle Vertrauen seiner Ehefrau genießt. Dieser Mann macht nun – wenn auch nicht wörtlich, so doch sinngemäß – seiner Frau gegenüber eine Ankündigung, nach der er vertrauensunwürdig werden wird: Er wird in Bezug auf den ehelichen Treueschwur sein Wort brechen und die Trinkerei seiner Frau damit strafen, dass sie ihm nicht mehr vertrauen können wird. Aus Sicht der Frau, die ihrem Ehemann voll vertraut, stellt sich nun die Situation wie folgt dar. Weil der Ehemann Wert darauf legt, auch weiterhin ein vertrauenswürdiger Mann zu bleiben, der stets zu seinem Wort steht, wird er insbesondere auch in Bezug auf diese Handlungsankündigung, nach der er hinsichtlich des ehelichen Treueschwurs sein Wort brechen und vertrauensunwürdig werden wird, zu seinem Wort stehen und vertrauenswürdig bleiben. Er wird also hinsichtlich des ehelichen Treueschwurs sein Wort brechen und vertrauensunwürdig werden. Sie kann ihm nun nicht mehr vertrauen. Kurz: Der Ehemann gibt seiner Frau zu verstehen, dass er *vertrauenswürdig bleibt*, indem er *vertrauensunwürdig wird.* Weil die Ehefrau ihm voll *vertraut*, kann sie ihm nun *nicht mehr vertrauen.*

Die Paradoxie der Ankündigung des Ehemanns ergibt sich nach Watzlawick et al. aus der Selbstbezüglichkeit der Ankündigung. Sie enthält nämlich zwei implizite Mitteilungen, die einander widersprechen. Der Ehemann formuliert sinngemäß die (objektsprachliche) Ankündigung a) »Ich werde vertrauensunwürdig werden«, bzw. »Du wirst mir nicht mehr vertrauen können«. Schließlich handelt es sich bei dieser Ankündigung um die Ankündigung eines Mannes, der Wert darauf legt, *in Bezug auf alle* Ankündigungen vertrauenswürdig zu sein, und damit insbesondere auch *in Bezug auf diese* Ankündigung, nach der er vertrauensunwürdig werden wird. Damit teilt der Ehemann, indem er die Ankündigung formuliert, auch implizit etwas *über diese Ankündigung selbst mit*, nämlich b) »Ich werde vertrauenswürdig bleiben«, bzw. »Du wirst mir vertrauen können.« Bei b) handelt es sich um eine metasprachliche Mitteilung, d. h., um eine Mitteilung über eine Mitteilung, und zwar über die Mitteilung a). In diesem Sinne weist die Ankündigung die von Russell konstatierte Selbstbezüglichkeit auf.Die metasprachliche Mitteilung b), nach der der Ehemann vertrauenswürdig bleibt, negiert die objektsprachliche Mitteilung a), nach der der Ehemann vertrauensunwürdig wird, sodass die Handlungsankündigung in sich widersprüchlich ist.

Watzlawick et al. heben bei der Darstellung der Paradoxie sehr auf die Eifersucht der Ehefrau als Konsequenz der Ankündigung ab, was dazu führt, dass die Widersprüchlichkeit der Voraussage / Ankündigung, vertrauenswürdig zu bleiben, indem man vertrauensunwürdig wird, nicht ganz deutlich wird. Wenn es nur um die Eifersucht der Ehefrau geht, dann bezieht sich nämlich der Begriff der Vertrauenswürdigkeit auf verschiedene Arten von Vertrauen, und zwar einerseits auf das Gefühl, dass der Partner keine Affären mit anderen Frauen hat (vs. die geschilderte Eifersucht), und andererseits auf das Gefühl, dass der Partner zu seinem Wort steht und man sich auf ihn verlassen kann. Watzlawick et al. schildern hier nur die erste Form von Misstrauen, die Eifersucht. Damit ergibt sich aber noch kein Widerspruch. So kann es ja sein, dass die Ehefrau, wie Watzlawick et al. schildern, eifersüchtig ist, und ihrem Mann in der Hinsicht nicht mehr vertraut, dass er ihr im sexuellen Sinne treu bleiben wird, in der Hinsicht ihrem Mann aber weiterhin vertraut, dass er verlässlich zu seinem Wort steht. Der Mann kann also insofern vertrauenswürdig bleiben, dass er verlässlich zu seinem Wort steht, aber insofern vertrauensunwürdig werden, dass er Affären mit anderen Frauen beginnt.

Der Widerspruch ergibt sich erst, wenn man sich verdeutlicht, dass die Ehefrau nicht nur Grund zur Eifersucht hat, sondern sich nun auch auf das Wort ihres Mannes nicht mehr verlassen kann. Der Ehemann kann nämlich nur in diesem Sinne vertrauenswürdig bleiben, indem er vertrauensunwürdig wird, dass er nur dann sein Wort hinsichtlich der Ankündigung, sein Wort in Bezug auf den ehelichen Treueschwur zu brechen, halten kann, wenn er sein Wort hinsichtlich des ehelichen Treueschwurs bricht. Oder er entscheidet sich dafür – was er schließlich auch tut –, sein Wort bezüglich des ehelichen Treueschwurs zu halten, dann aber muss er in Bezug auf die Ankündigung, sein Wort in Bezug auf den ehelichen Treueschwur zu brechen, sein Wort brechen. Für welche der beiden Optionen sich der Ehemann auch entscheidet, er wird nun immer sein Wort brechen. Nach dieser Ankündigung hat seine Frau also nicht nur Grund zur Eifersucht, sondern sie wird ihm auch nicht mehr in dem Sinne vertrauen können, dass ihr Mann zu seinem Wort steht, d.h., sie wird sich nicht mehr auf ihn verlassen können.

2. *Paradoxe Handlungsaufforderungen*

Die zweite Art paradoxer Mitteilungen, die Watzlawick et al. diskutieren, sind die paradoxen Handlungsaufforderungen. Den Begriff der paradoxen Handlungsaufforderung gebrauchen Watzlawick et al. ebenfalls sehr vage zur Bezeichnung sehr unterschiedlicher Arten von Paradoxien.

Als die häufigste Form paradoxer Handlungsaufforderungen identifizieren Watzlawick et al. die sogenannten *»Sei spontan!«-Paradoxien.* Dabei handelt es sich nach Watzlawick et al. um Aufforderungen zu »einem Verhalten, das sich seinem Wesen nach nur spontan ergeben kann, dessen Spontaneität (und damit die Möglichkeit seines Eintretens) aber eben durch sein Gefordertwerden unmöglich gemacht wird«[163]. Daher nennen sie den Prototypen dieser Art von Paradoxien »Sei spontan!«

Diese Definition ist sicherlich erklärungsbedürftig. Außerdem handelt es sich

163 Watzlawick et al. (2005): 86.

bei den Handlungsaufforderungen, die unter den Begriff der »Sei spontan!«-Paradoxien subsummiert werden, um eigentlich sehr verschiedene Typen von Forderungen, welche die gegebene Definition nicht alle im gleichen Maße trifft. Insbesondere geht es nämlich meist gerade nicht um Aufforderungen zu einem bestimmten *Verhalten* oder um *Handlungs*aufforderungen. Die Paradoxie ergibt sich dagegen gerade daraus, dass der Sender der Aufforderung es nicht dabei belässt, den Empfänger »nur« zu einem bestimmten Handeln oder Verhalten aufzufordern, sondern darüber hinaus fordert, dass dieser aus einem bestimmten *Grund* oder einer bestimmten *Motivation* heraus handeln soll, bestimmte *Gefühle* haben soll oder bestimmte *Überzeugungen, Wertvorstellungen, Glaubensinhalte*, ja ein bestimmtes *Weltbild*, verinnerlichen soll.

Vor allem ist der Begriff der »Spontaneität« erläuterungsbedürftig. Den Begriff »spontan« verwenden Watzlawick et al. meist weniger im Sinne von »unmittelbar« oder »kurzfristig«, in dem er in der Umgangssprache meist verwendet wird, sondern vor allem im Sinne von »von selbst«, »selbstveranlasst«, »aus eigenem Antrieb heraus« oder »freiwillig«.[164]

Demnach geht es bei den »Sei spontan!«-Paradoxien also vor allem darum, dass von jemandem etwas *gefordert* wird, das sich jedoch ausschließlich *von selbst, selbstveranlasst* oder *freiwillig* ergeben kann. Durch den (Sprech-)Akt der *Forderung* nimmt man dem Empfänger der Forderung aber gerade die Möglichkeit, selbstveranlasst und freiwillig zu agieren bzw. macht es unmöglich, das sich etwas von selbst ergibt. Mit derartigen Forderungen versetzt man den Empfänger der Forderung also in die Lage, dass er, um der Forderung nachzukommen, *selbstveranlasst* und *freiwillig* zu agieren, gerade nicht selbstveranlasst und freiwillig agieren darf, da er ja einer (*von außen* ihm auferlegten) Forderung nachkommen und *gehorsam* sein *soll.*

Ihre Thesen illustrieren Watzlawick et al. anhand vieler Beispiele.[165] In ihrem Buch *Lösungen* diskutieren Watzlawick et al. zunächst das Beispiel einer Mutter, die eine »antiautoritäre« Erziehung befürwortet und von ihrem Kind fordert, dass dieses seine Hausaufgaben nicht nur macht, weil es sie *machen muss*, sondern dass es sie darüber hinaus auch *machen will!* Einen analogen Fall stellt das Beispiel einer Ehefrau dar, die von ihrem Ehemann fordert, dass er ihr hin und wieder Blumen schenkt, aber nicht, weil sie es von ihm *verlangt*, sondern

164 So stellt sich beispielsweise ein Gefühl wie Liebe – nicht zu verwechseln mit dem Verliebtsein – in den meisten Fällen wohl nicht spontan im Sinne von »unmittelbar« ein, sondern entwickelt sich über einen Zeitraum hinweg. Dennoch handelt es sich sicherlich um ein Gefühl, dass sich in dem Sinne spontan ergibt, als dass es sich »von selbst« entwickeln muss und nicht eingefordert werden kann.

165 Wie erwähnt subsummieren Watzlawlick et al. sehr unterschiedliche Forderungen ungeordnet unter den Begriff der »Sei spontan!«-Paradoxien. Daher werde ich im Folgenden auch den Versuch einer Systematisierung dieser Forderungen unternehmen.

weil er es *von sich aus machen will!* Diesen Fall schildert Watzlawick in seinem Buch *Wie wirklich ist die Wirklichkeit?*.

Hier wird jeweils ein bestimmtes Verhalten verlangt, gleichzeitig aber gefordert, dass das Verhalten nicht deswegen erfolgen soll, weil man es verlangt, sondern dass der Andere es von sich aus, aus freien Stücken machen soll. Der Andere *soll* also etwas machen *wollen*. Es wird zugleich *Gehorsam* und *Freiwilligkeit* gefordert. Das Kind und der Ehemann sollen einer ihnen *von außen* auferlegten *Forderung* nachkommen und *gehorsam* sein, gleichzeitig aber das geforderte Verhalten nicht an den Tag legen, weil es gefordert wird, sondern sie sollen es *aus eigenem Antrieb heraus* und *freiwillig* an den Tag legen. Die Forderung ist in sich widersprüchlich.

Forderungen der Art »Sei spontan!« weisen die von Russell und Tarski konstatierte Selbstbezüglichkeit auf. Es wird dem Empfänger der Forderung einerseits mitgeteilt a) »Agiere selbstveranlasst und freiwillig!« (Objektebene). Andererseits wird der Sprechakt der Forderung vollzogen. Grundsätzlich gilt für *alle* Forderungen, dass sie Gehorsam verlangen. Insbesondere gilt dies auch für *diese* Forderung, mit der Selbstveranlassung und Freiwilligkeit verlangt wird. Indem also der Sprechakt der Forderung vollzogen wird, wird auch etwas *über* diese Mitteilung a) selbst mitgeteilt und zwar b) »Komme der (von außen her auferlegten) Forderung nach und sei gehorsam!« (Metaebene). Die Mitteilung b) steht im Widerspruch zur Mitteilung a). In diesem Sinne *negiert* der *Sprechakt der Forderung* also den *Inhalt der Forderung*, d. h. die ausgedrückte *Proposition* oder das *Geforderte*. Geforderte Freiwilligkeit und von außen her auferlegte Selbstveranlassung sind Widersprüche in sich.

Watzlawick et al. bedienen sich hier implizit Gedanken, die in der *Sprechakttheorie* formuliert worden sind: In der Sprechakttheorie wird betont, dass man mit sprachlichen Äußerungen nicht nur Propositionen ausdrückt, sondern auch Handlungen vollzieht.[166] In den Begriffen der Sprechakttheorie ergeben sich die hier diskutierten »Sei spontan!«-Paradoxien dann daraus, dass der vollzogene Sprechakt oder die vollzogene Sprechhandlung (die Forderung) im Widerspruch zu der ausgedrückten Proposition (dem Geforderten) steht. Watzlawick et al. selbst gebrauchen den Begriff des Sprechaktes allerdings an keiner Stelle. Wahrscheinlich waren sie zum Zeitpunkt des Erscheinens der Originalausgabe von *Menschliche Kommunikation. Formen. Störungen, Paradoxien* 1967 mit der Sprechakttheorie noch nicht vertraut. John L. Austins Vorlesungsreihe *How to do Things with Words* aus den 1950er Jahren war erst 1962 posthum veröffentlicht worden, John R. Searles *Speech Acts* erst 1969 und damit nach Erscheinen von *Menschliche Kommunikation*.

Allerdings ist der Begriff des *Sprech*aktes auch nicht immer treffend und muss

166 Zur Sprechakttheorie vgl. Austin (2002) und Searle (1983).

für die Analyse einiger Fälle von »Sei spontan!«-Paradoxien erweitert werden. Eine »Sei spontan!«-Paradoxie kann sich nämlich auch stellen, wenn Person A Person B gegenüber nicht explizit eine Forderung formuliert, sondern beispielsweise sagt: »Ich an Deiner Stelle würde mich über das Geschenk sehr freuen«, gleichzeitig aber auf der non-verbalen oder para-verbalen Ebene zum Ausdruck bringt, dass dieser Satz als Forderung zu verstehen ist, in diesem Fall als Forderung, Freude zu empfinden. So könnte es sich bei Person A um eine Mutter handeln, die diesen Satz ihrem Kind gegenüber äußert und durch ihren Tonfall und ihre Mimik deutlich macht, dass das Kind diesen Satz als Aufforderung zum Empfinden von Freude zu verstehen hat und mit Liebesentzug bestraft wird, sollte das Kind es nicht schaffen, Freude zu empfinden. Um also alle Formen von »Sei spontan!«-Paradoxien mit Hilfe der Begriffe des Sprechaktes oder der Sprechhandlung erklären zu können, muss man die Begriffe in einer sehr weiten Bedeutung gebrauchen und betonen, dass oft erst durch den para-verbalen oder non-verbalen Kontext (oft durch die die Sprache begleitende Handlungen) deutlich wird, welcher Sprechakt mit dem Äußern bestimmter Worte vollzogen wird. Heute ist auch der Ausdruck des »performativen Selbstwiderspruchs« für derartige Paradoxien geläufig.

Schließlich nehmen Watzlawick et al., anknüpfend an Russell und Tarski, eine Unterscheidung logischer Ebenen vor, d. h., sie verstehen den (Sprech-)Akt der Forderung als auf einer höheren logischen Ebene liegend als die ausgedrückte Proposition. Derjenige, der eine paradoxe Aufforderung gemäß der Struktur »Sei spontan!« formuliert, verletzt nach Watzlawick et al. nämlich damit das Prinzip der Logischen Typentheorie im Sinne Russells.

> Die Struktur jeder ›Sei spontan!‹-Paradoxie [...] ist stets dieselbe. Sie besteht in der Einführung einer Regel, wonach Verhalten nicht regelgebunden, sondern spontan [freiwillig, selbstveranlasst, von selbst] sein soll. Dies bedeutet, daß die Befolgung einer (von außen auferlegten) Regel unerwünschtes Verhalten ist, da dieses Verhalten frei von innen her veranlaßt sein sollte. Doch diese *grundsätzliche Regel*, die sich auf *alle Regeln (also auf die Klasse aller Regeln) bezieht*, ist natürlich *selbst eine Regel und daher rückbezüglich ein Element ihrer selbst*. Sowohl Epimenides, als auch die Mutter, verletzen so das zentrale Axiom der Logischen Typenlehre, wonach das, was sich auf die *Klasse* (Menge) bezieht, nicht *Teil der Klasse* sein darf.[167]

Die Hierarchisierung, die Watzlawick et al. offenbar zwischen dem (Sprech-)Akt und der ausgedrückten Proposition vornehmen, lässt sich insbesondere auch so verstehen, dass *alle* Forderungen (die Klasse der Forderungen) Gehorsam verlangen. Insbesondere verlangt auch *diese spezifische* Forderung (als Element der Klasse der Forderungen), nach der jemand freiwillig und selbstveranlasst agieren soll, Gehorsam. Damit wird durch den Sprechakt der Forderung implizit

167 Watzlawick et al. (2005): 88; Hervorh. von C. R.

etwas *über* den Inhalt der Forderung ausgesagt, das eben dem Inhalt widerspricht. Außerdem ist der Inhalt einer Mitteilung meist das unmittelbar Wahrnehmbare und »Greifbare« der Mitteilung. Dass der (Sprech-)Akt der Forderung, der Drohung usw. vollzogen wird, wird oft erst durch den Kontext und damit auf den zweiten Blick, zeitlich nachgeordnet, rückbezüglich deutlich.[168]

Die Freiwilligkeit oder Selbstveranlassung muss nicht, wie es in den beiden Beispielen der Fall war, *explizit* gefordert werden. In vielen Fällen, die Watzlawick et al. als »Sei spontan!«-Paradoxien ausweisen, wird von jemandem etwas gefordert, das sich aber – das jedenfalls behaupten Watzlawick et al. – ausschließlich von selbst *ergeben kann* und in einem Kontext von Unfreiwilligkeit eben *nicht ergibt*, wie bestimmte Gefühle zu haben, bestimmte Überzeugungen, Wertvorstellungen oder einen bestimmten Glauben zu verinnerlichen. Die (von außen auferlegte) Forderung macht es dem Empfänger dann unmöglich, dass sich die Gefühle, die Überzeugungen, die Wertvorstellungen oder der Glaube *von selbst* einstellen und damit, dass sie sich *überhaupt* einstellen. In diesen Fällen wird also *implizit* Spontaneität (im dargelegten Sinne) gefordert. Nicht alle Beispiele, die Watzlawick et al. für diese Art einer »Sei spontan!«-Paradoxie geben, sind jedoch gleichermaßen einleuchtend.

In einem Fall fordert beispielsweise eine Frau von ihrem Mann: »Du solltest mich lieben.« In einem anderen Fall fordert eine Ehefrau und Mutter von ihrem Ehemann: »Es sollte dir ein Vergnügen machen, mit den Kindern zu spielen – wie anderen Vätern.«[169]

In beiden Fällen wird von jemandem gefordert, ein bestimmtes positives Gefühl zu haben, und zwar Liebe oder Vergnügen zu spüren. Watzlawick et al. scheinen die Situation nun wie folgt zu verstehen. Liebe und Vergnügen sowie viele andere positive Gefühle sind Spontanphänomene, in dem Sinne, dass sie sich *ausschließlich von selbst* einstellen können (nicht unbedingt in dem Sinne, dass sie sich ad hoc einstellen). Durch das Gefordertwerden können sie sich *nicht mehr von selbst* und damit *gar nicht mehr* einstellen. Hier liegt folgender Gedanke zu Grunde: Damit sich Gefühle wie Liebe und Vergnügen (von selbst) einstellen, bedarf es einer Atmosphäre, die *frei von Druck und Zwang ist*, d.h., bei Liebe und Vergnügen handelt es sich um Gefühle, die man nicht nur nicht erzwingen kann, sondern die sich *unter Druck gerade nicht einstellen können.*

168 Von Bedeutung ist auch, dass sich derartige »Sei spontan!«-Paradoxien oft im Rahmen hierarchischer Beziehungsstrukturen stellen. Es wird dann eine Mitteilung gegeben, in der explizit Freiwilligkeit in Bezug auf eine bestimmte Handlung propagiert wird. Diese Mitteilung wird aber *innerhalb des größeren Rahmens* einer Beziehung formuliert, die Freiwilligkeit nicht gestattet. Damit ist die Mitteilung, in der Freiwilligkeit in Bezug auf eine bestimmte Handlung propagiert wird, Element der Klasse aller Mitteilungen, bezüglich derer Freiwilligkeit gerade nicht gestattet ist.

169 Beide Zitate: Watzlawick et al. (2007): 184.

Indem man nun den Sprechakt der Forderung vollzieht, d.h., von jemandem fordert, Liebe und Vergnügen oder andere positive Gefühle zu spüren, übt man aber Druck auf die betreffende Person aus und macht es ihr auf diese Weise gerade unmöglich, dass sich die Gefühle von selbst einstellen: »Spontaneität gedeiht in Freiheit und erstickt unter Zwang.«[170]

In diesem Sinne kann man sich nach Watzlawick et al. übrigens auch selbst in eine »Sei spontan!«- Paradoxie versetzen, indem man sich in einer schlaflosen Nacht immer wieder selbst dazu auffordert, (wieder) einzuschlafen. Da Schlaf aber eben ein Spontanphänomen ist, das unter Druck gerade nicht herbeiführbar ist, das also gerade nicht erzwungen werden kann, macht man es sich auf diese Weise unmöglich, seiner eigenen Handlungsaufforderung nachzukommen und tatsächlich (wieder) einzuschlafen.

In Bezug auf einige Phänomene, die Watzlawick et al. als »Spontanphänomene« charakterisieren, sind die Thesen Watzlawicks, so pauschal formuliert, sicherlich zu radikal. Insbesondere führen die Forderungen der angeführten Art nicht *per se* zu Paradoxien der Art »Sei spontan!« Viel hängt von den *Rahmenbedingungen* der Forderungen und *subjektiven Momenten* ab.

Betrachten wir als Beispiel die Forderung der Frau an ihren Mann, er solle Vergnügen empfinden, wenn er mit seinen Kindern spielt. Man könnte sich vorstellen, dass der Mann die Forderung seiner Frau eher als guten Rat denn als Befehl versteht, und sich fortab bemüht, tatsächlich Vergnügen zu empfinden, wenn er mit den Kindern spielt. Dann würde er sich zwar selbst, wie im Falle des Schlaflosen, unter Druck setzen, und es wäre *wahrscheinlich*, dass er gerade dann kein Vergnügen beim Spiel mit seinen Kindern empfinden kann. Dies ist aber ein *non sequitur.* Der Vater könnte sich so lange einreden, Vergnügen zu empfinden, bis er es tatsächlich empfindet. Unter bestimmten Bedingungen ist Autosuggestion möglich. Autogenes Training beruht beispielsweise auf der Möglichkeit, bestimmte Gefühle dadurch hervorrufen zu können, dass man sie sich einredet. Welches sind also die Bedingungen?

Es kommt wohl einerseits auf die grundsätzliche *Bereitschaft* des Vaters an, seine Einstellung gegenüber dem Spielen mit den Kindern zu ändern. Vor allem kommt es aber wohl darauf an, wie der Vater die Forderung der Mutter auffasst (ob als gutgemeinten Rat oder als Befehl), und wie stark er *tatsächlich Druck oder Zwang empfindet* bzw. wie stark er *sich selbst unter Druck setzt.* Hier wird also sehr deutlich, dass es von subjektiven Momenten abhängt, ob sich etwas als Paradoxie darstellt oder nicht! Bei demjenigen, der autogenes Training betreibt, ist eine starke Bereitschaft, bei sich selbst bestimmte Gefühle oder Empfindungen hervorzurufen, vorhanden. Schließlich geht es beim autogenen Training insbesondere darum, sich frei von Druck und Zwang zu machen, d.h., sich zu

170 Watzlawick et al. (2007): 185.

entspannen. Dies ist die Voraussetzung dafür, auch andere Empfindungen, wie beispielweise ein Wärmeempfinden, hervorrufen zu können. Im Falle des Vaters hängt der Druck, den er durch die Forderung der Frau empfindet oder den er sich selbst macht, wohl stark von der *Beziehung* des Paares ab. Auf die Bedeutung der Beziehungsstruktur zwischen dem Sender und dem Empfänger der Forderung machen auch Watzlawick et al. aufmerksam. Ihnen zufolge stellen sich Paradoxien vor allem in sehr engen (»lebenswichtigen«) und insbesondere in asymmetrischen, hierarchischen Beziehungen ein, worauf an anderer Stelle noch eingegangen werden wird.

Dennoch soll zu der etwas vorsichtigeren Formulierung gegriffen werden und behauptet werden, dass das Eintreten bestimmter Gefühle, wie Vergnügen, umso *unwahrscheinlicher* wird, je mehr Zwang oder Druck auf den Empfänger ausgeübt wird, und vor allem je mehr Zwang oder Druck der Empfänger *empfindet*, nicht aber, dass das Eintreten derartiger Gefühle unter Druck grundsätzlich unmöglich ist, d.h., dass derartige Gefühle grundsätzlich nicht erzwungen werden können.

Schließlich weisen Watzlawick et al. darauf hin, dass Ideologien anfällig für diese Art der Paradoxien sind, und dass sich derartige Paradoxien vor allem dann ergeben, wenn versucht wird, jemanden zur Übernahme einer bestimmten *Ideologie*, oder allgemein, zur Übernahme eines bestimmten *Überzeugungs-, Werte- und Glaubenssystems* zu bewegen:

> Diktaturen erzeugen fast unweigerlich analoge Paradoxien. Sie geben sich nicht mit der Befolgung verhältnismäßig vernünftiger Gesetze zufrieden [...]; sie versuchen vielmehr, auch die *Gedanken*, *Ansichten* und *Wertbilder* ihrer Staatsbürger zu ändern und zu ›verbessern‹. Oberflächlicher Gehorsam oder Lippenbekenntnisse sind nicht nur nicht genug; sie gelten vielmehr als eine besonders heimtückische Form passiven Widerstandes, und selbst jenes Schweigen, das unter Hitler die ›innere Emigration‹ hieß, wird folgerichtig als Ausdruck von Staatsfeindlichkeit aufgefaßt. Auch genügt es nicht, sich passiv dem Zwang zu unterwerfen, man muß das Erzwungene von sich aus aktiv begrüßen. Man darf das phantastische Geständnis nicht einfach unterschreiben, um dem Alptraum der Verhöre ein Ende zu setzen, man muß das Geständnis auch wirklich glauben und wahre Reue zeigen [...]. Aber diese Methoden führen nie zu den gewünschten Ergebnissen [...]. Es wäre aber ein Fehler, zu glauben, daß ähnliche Paradoxien unter einer weniger totalitären Regierungsform nicht entstehen können und in diesem Sinne ist der Unterschied zwischen einer repressiven und einer permissiven Gesellschaft leider nur relativ und nicht absolut. Keine Gesellschaft kann es sich leisten, sich nicht gegen Abweichungen zu verteidigen und keine *Sinnesänderungen* derer zu versuchen, die ihre Ordnung und Regeln in Frage stellen.[171]

171 Watzlawick et al. (2005): 90; Hervorh. von C. R. In Bezug auf die »Sei spontan!«-Paradoxien, die sich in Demokratien stellen können, diskutieren Watzlawick et al. insbesondere auch »totale Institutionen« nach Erving Goffmann. (Vgl. Goffmann 1961.) Es geht dabei um Einrichtungen wie Gefängnisse, Jugendheime, psychiatrische Anstalten usw. Ob der Insasse

Die hier dargestellte Situation weist eine gewisse Analogie zu der Situation zwischen dem Iran und den USA auf. In beiden Fällen geht es darum, dass jemand nicht einfach sein Verhalten oder seine Politik ändert soll, sondern man will dessen *Überzeugungen, Wertvorstellungen* oder *Glaubensinhalte,* ja dessen *Weltbild* selbst, bekämpfen oder verändern.

Watzlawick et al. explizieren nicht, inwiefern genau sich in der dargestellten Situation ihnen zufolge eine »Sei spontan!«-Paradoxie einstellt. Offensichtlich verstehen sie aber die Änderung von Überzeugungen, Wertvorstellungen oder Glaubensinhalten als Spontanphänomene, also als Phänomene, die sich von selbst, aus eigenem Antrieb heraus und freiwillig einstellen müssen, und sich genau dann nicht einstellen, wenn sie durch Zweite eingefordert und erzwungen werden. In dem hier angeführten Beispiel reden Watzlawick et al. allerdings sehr allgemein von »Methoden«, mit denen die Übernahme einer Ideologie bewirkt werden soll, und implizieren, dass der Forderung zur Übernahme der Ideologie mit Zwangsmitteln, wie z. B. Folter, Nachdruck verliehen wird. Hier wird deutlich, dass sich für Watzlawick et al. »Sei spontan!«-Paradoxien also grundsätzlich dann stellen, wenn jemand versucht, etwas *mittels Zwang zu erzielen, was mittels Zwang jedoch unmöglich gemacht wird.*

Die These, dass es sich bei der Änderung einer Ideologie, oder allgemeiner, eines Weltbildes, um ein Spontanphänomen handelt, das sich genau dann nicht einstellt, wenn es durch Zweite eingefordert und erzwungen wird, ist jedoch, zumindest so pauschal formuliert, erläuterungsbedürftig. Tatsächlich gibt es ja viele Gegenbeispiele, in denen eine Änderung des Weltbildes durch Forderungen seitens Zweiter und durch äußeren Zwang erreicht werden konnte. Man denke an die Missionierungen ganzer Länder oder Erdteile, wie beispielsweise die Christianisierung Lateinamerikas oder im Kleinen auch an die Gehirnwäsche von Sekten. Auch an dieser Stelle müssen die Thesen Watzlawicks et al. also präzisiert werden.

Den entscheidenden Unterschied scheint es wiederum zu machen, inwieweit der potentielle Konvertit die Forderung, ein bestimmtes Weltbild zu übernehmen, *überhaupt als Forderung erlebt* und die angestrebte Konversion als *erzwungen empfindet,* was wesentlich von seiner *Beziehung* zu dem Zwang-Ausübenden und dessen *Methoden* abhängt. Den Usurpator im Folterkeller totalitärer Staaten wird der Gefangene wohl eindeutig als Feind empfinden, dessen Versuche, die Übernahme der Staatsideologie zu bewirken, als offensichtliche Zwangsmaßnahmen. Sein Bekenntnis zur Staatsideologie wird demnach wahr-

aus der jeweiligen Institution entlassen wird, hängt nämlich auch oder in einigen Fällen ausschließlich davon ab, ob der Insasse »tatsächlich einsichtig« ist oder sich sein geistiger oder seelischer Zustand »tatsächlich gebessert« hat, d. h., diese Institutionen setzen alle, wenn auch in einem unterschiedlichen Maße, auf eine Änderung der »Gedanken-, Geistes- und Gefühlswelt« der Insassen.

scheinlich ein Lippenbekenntnis bleiben. Sektengurus beispielsweise gehen aber anders vor. Sie bauen zunächst eine *Vertrauensbeziehung* zu dem zu Konvertierenden auf und zeigen sich als ernstzunehmende, glaubwürdige und kompetente Ansprechpartner. Oft suchen sie sich ja gerade Menschen, die in irgendeiner Form in einer Lebenskrise stecken und nahezu auf der Suche nach einer Vertrauensperson sind. Erfolgreiche Gehirnwäsche scheint also nur funktionieren zu können, wenn der zu Konvertierende dem Sektenguru oder dem Missionar ein Minimum an Vertrauen entgegen bringt und ihn als echte Kapazität auf dem entsprechenden Gebiet empfindet. Schließlich muss die Gehirnwäsche *subtil* sein oder die Argumente für die Konversion *überzeugend* erscheinen. Außerdem scheint es förderlich zu sein, wenn eine gewisse *Grundbereitschaft* zur Konversion bei dem zu Konvertierenden besteht. Er darf dem neuen Weltbild zumindest nicht völlig ablehnend gegenüberstehen.

Dennoch gilt, dass die *Änderung* eines bereits vorhandenen Weltbildes immer schwierig ist. Wir werden im fünften Kapitel sehen, dass eine Veränderung des Weltbildes kaum allein durch Argumente bewirkt werden kann! Daher setzen totalitäre Staaten und Institutionen stets bereits bei Kindern an, deren Weltbild noch nicht fertig ausgebildet ist, und versuchen, sie *von vornherein* im Sinne der Staatsideologie zu prägen – man denke an die Hitlerjugend im Dritten Reich oder die FDJ in der DDR. Die Strategie, jemanden *von vornherein* zur Übernahme einer bestimmten Ideologie zu bewegen oder vielmehr *von vornherein* von der Übernahme einer bestimmten Ideologie abzuhalten, verfolgen jedoch auch liberale Demokratien, wie insbesondere die Argumentation der USA noch deutlich machen wird! Insofern scheint die Schwierigkeit der Missionierung nur für die erste Generation zu bestehen. Sobald diese einen bestimmten Glauben übernommen hat, gibt sie ihn – man könnte vielleicht sagen: fast automatisch – an ihre Kinder weiter.

Machen wir uns nach der Diskussion dieser Beispiele nun noch einmal die Struktur der pragmatischen Paradoxien der Art »Sei spontan!« klar. Grundsätzlich geht es bei allen behandelten Paradoxien der Art »Sei spontan!« entweder darum, dass explizit Selbstveranlassung und Freiwilligkeit von jemandem gefordert werden, aber dadurch, dass der (Sprech-)Akt der Forderung (seitens Zweiter) vollzogen wird, Selbstveranlassung und Freiwilligkeit gerade negiert werden und dem Empfänger der Forderung die Möglichkeit genommen wird, selbstveranlasst und freiwillig zu handeln. Oder es wird etwas von jemandem gefordert, dass sich nur von selbst ergeben kann und zumindest *das Gefühl von* Selbstveranlassung, Freiwilligkeit oder Zwanglosigkeit voraussetzt (z. B. ein bestimmtes Gefühl zu haben, ein bestimmtes Überzeugungs-, Werte- oder Glaubenssystem zu übernehmen usw.) Indem aber der (Sprech-) Akt der Forderung vollzogen und damit Zwang ausübt und Gehorsam verlangt wird, wird das Gefühl von Selbstveranlassung, Freiwilligkeit oder Zwanglosigkeit gerade negiert und dem Empfänger der Forderung die Möglichkeit genommen, mit dem Gefühl von Selbstveranlassung und Freiwilligkeit zu »handeln«. Dasjenige, was sich von selbst einstellen soll, kann sich dann nicht einstellen, *weil* es sich einstellen *soll.* Der (Sprech-)Akt der Forderung selbst (oder des Befehls) macht es also – unter der Voraussetzung, dass die Forderung als solche empfunden wird – unmöglich oder zumindest schwierig, der Forderung nachzukommen, d.h., das, was gefordert wird (Inhalt der Forderung), kann deshalb nicht oder kaum eintreten, weil es gefordert wird (Sprechakt der Forderung).

Bevor es nun konkret um die Paradoxien in der Kontroverse USA – Iran gehen wird, soll noch abschließend darauf hingewiesen werden, dass es nach Watzlawick et al. auch Fälle gibt, in denen sich derjenige, der eine Forderung der Art »Sei spontan!« formuliert, der Paradoxie seines Unternehmens bewusst ist, und dementsprechend versucht, die Paradoxie oder ihre Folgen zu umgehen. Einen solchen Fall werden wir auch in der Argumentation der USA wiederfinden. Ein Versuch, die Paradoxie oder ihre Konsequenzen zu vermeiden, führt jedoch nicht selten zu weiteren Paradoxien. Watzlawick et al. bringen das Beispiel der Verfolgung der zum Christentum konvertierten Japaner durch die japanische Obrigkeit um 1616 an. Die japanische Obrigkeit ließ den zum Christentum Übergetretenen die Möglichkeit, das Todesurteil zu umgehen, indem sie dem Christentum abschworen und zum Buddhismus und Shintoismus übertraten. Hier geht es also um die Konversion von einer religiösen Überzeugung zu einer anderen religiösen Überzeugung. Den Japanern war klar, dass die Änderung des Glaubens mittels Zwang ein paradoxes Unternehmen war, und sie durch die herkömmlichen Methoden wie Überredung und Zwang vielleicht nur ein Lippenbekenntnis erzielen konnten, ohne sich aber sicher sein zu können, dass sich auch wirklich der *Glaube* der Apostaten verändert hatte. Daher entschieden sie, dass die Abtrünnigen einen Schwur über ihre Bekehrung ablegen mussten, wobei der Schwur auf diejenigen Instanzen abgelegt werden sollte, welche von tatsächlich bindender Autorität für die zu Bekehrenden waren, und zwar auf den christlichen Gott und weitere christlichen Instanzen. Die Abtrünnigen mussten beim Abschwur des christlichen Glaubens ihre »Gründe« für den Abschwur in einer vorgegebenen Formel wiederholen und »Im Namen des Vaters, des Sohnes und des Heiligen Geistes, der heiligen Maria und aller Engel« schwören »und wenn ich diesen Eid breche, so möge ich die Gnade Gottes auf ewig verlieren und in den elenden Zustand Judas Iskariots stürzen«[172]. Mit dieser Methode des Abschwurs erzeugte die japanische Obrigkeit jedoch erneut eine Paradoxie: Die Abtrünnigen sollten nämlich gerade *dem Gott abschwören*, auf den sie sich *bei ihrem Abschwur beriefen.* Indem sie also ihrem Glauben, wie gefordert, *abschworen, bestätigten* sie ihren Glauben. Mit der Auferlegung dieses Abschwur-

172 Sansom (1950): 176, zit. n. Watzlawick et al. (2007): 187.

Rituals verbannten die Japaner nicht nur den christlichen Gott und andere christlichen Instanzen nicht, sondern stellten sie sogar symbolisch über ihre eigenen.[173]

> Mit anderen Worten, es handelte sich um eine Aussage *innerhalb* eines klar umrissenen Bezugsrahmens (der christlichen Glaubenslehre), die etwas *über* diesen Bezugsrahmen und daher über sich selbst aussagte, nämlich den Rahmen und damit den Schwur selbst negierte. Die beiden Worte *innerhalb* und *über* verdienen hier besondere Beachtung. Angenommen, *C* sei die Gesamtheit aller Aussagen, die innerhalb des Rahmens der christlichen Glaubenslehre gemacht werden können. Eine Aussage über *C* ist dann eine Meta-Aussage, also eine Aussage in der Metasprache über eine Aussage in der Objektsprache. Damit erweist sich, daß der Schwur sowohl ein Element von *C* ist, da er die Dreifaltigkeit anruft, gleichzeitig aber auch eine Meta-Aussage, die *C* verneint. Dies aber führt in die inzwischen wohlbekannte logische Sackgasse. Keine Aussage, die innerhalb eines Bezugssystems gemacht wird, kann gleichzeitig sozusagen aus diesem System heraustreten und sich selbst negieren.[174]

3.3 Paradoxe Forderungen und Ankündigungen in der Kontroverse USA – Iran

3.3.1 »Sei spontan!« – Irans paradoxe Aufforderung zur Konversion zum Monotheismus

Weder den USA noch dem Iran genügt es, dass der Gegner seine aggressive Politik unterlässt oder bestimmte Akteure, insbesondere die Terroristen, aus dem Verkehr gezogen werden, sondern beide Seiten haben dem Weltbild, das der jeweilige Gegner ihnen zufolge verkörpert, selbst den Kampf angesagt. Beide Parteien definieren daher als langfristige oder nachhaltige Lösung, dass der jeweilige Gegner dasjenige Weltbild, das sie sich jeweils selbst zuschreiben, übernimmt. Dabei geraten beide Kontrahenten in Paradoxien, allerdings in etwas anderer Hinsicht. Betrachten wir zunächst die Argumentation des Iran.

Der Iran *droht* dem angeblich ungläubigen Gegner beispielsweise vor der UN-Generalversammlung 2008:

> And now a few words with the expansionist governments ruling global relations. Be aware that living with obedience to God and carrying out His orders, compassion for people and striving for the fulfillment of justice is to your advantage too. I invite you to return to the path of God, the Prophets and to the path of the people of the world and to the truth and justice. The only route to salvation is a divine straight path. Otherwise,

173 Vgl. Watzlawick et al. (2005): 84 – 96; Watzlawick et al. (2007): 171 – 209; Watzlawick (2010): 30 – 38.

174 Watzlawick et al. (2007): 187; Hervorh. im Orig.

> God's hand of power will emerge from the sleeve of oppressed nations and will make your life difficult, and will put an end to your hegemony.[175]

Hier spricht Ahmadinedschad ganz eindeutig eine *Forderung*, ja eine *Drohung* aus, und zwar fordert er die angeblich ungläubigen westlichen Führungen und damit insbesondere auch die angeblich ungläubige amerikanische Führung zum Gehorsam gegenüber Gott und dem Ausführen der göttlichen Befehle auf, was offenbar den Glauben an (einen) Gott voraussetzt. Damit fordert die iranische Führung vom Gegner, dass dieser seinem »gottlosen Weltbild« eine Absage erteilen und zum Monotheismus konvertieren soll. Eine solche Konversion stellt aber als *Änderung des Weltbildes* ähnlich der geschilderten Konversion von einer religiösen Überzeugung (dem Christentum) zu einer anderen (dem Buddhismus oder Shintoismus) ein *Spontanphänomen* im Sinne Watzlawicks et al. dar, d.h. ein Phänomen, das sich nur mit dem Gefühl von Selbstveranlassung, Freiwilligkeit und Zwanglosigkeit einstellen kann. Ein Lippenbekenntnis reicht der iranischen Führung offenbar nicht, sondern der Gegner soll den Monotheismus tatsächlich verinnerlichen, sodass dieser sich endlich an die Lehren Gottes hält und seine aggressive Politik beendet.

Die Thesen Watzlawicks et al. habe ich dahingehend eingeschränkt, als dass ich darauf aufmerksam gemacht habe, dass unter gewissen Bedingungen eine Änderung des Überzeugungs-, Werte- und Glaubenssystems auch durch äußeren Zwang herbeigeführt werden kann. Als Beispiele für erzwungene Übernahmen religiöser Überzeugungen dienten »erfolgreiche« Missionierungen verschiedener Völker. Ich habe behauptet, dass eine erzwungene Konversion wahrscheinlich vor allem dann möglich ist, wenn der potentielle Konvertit die Forderung und den Zwang nicht als solche empfindet, weil er dem Gegenüber vertraut oder ihn auf dem jeweiligen Gebiet für kompetent hält, die Methoden, mit denen die Konversion erzielt werden soll, subtil sind und er dem neuen Weltbild nicht grundsätzlich ablehnend gegenübersteht.

All dies ist hier nicht der Fall. Die amerikanische Führung definiert die iranische Führung neben al-Qaida als den zentralen politischen Gegner, dem man nicht vertrauen kann. Das wurde vor allem im letzten Kapitel deutlich. Darüber hinaus spricht sie der iranischen Führung in Bezug auf das Thema »religiöse Überzeugungen« jede Kompetenz ab, wie sich vor allem im fünften Kapitel zeigen wird. Auch greift der Iran hier nicht zu subtilen Mitteln, um die Konversion des Gegners zu erreichen, sondern spricht ihm gegenüber eindeutige Forderungen, ja Drohungen aus, für den Fall, dass der Gegner den »göttlichen Pfad« nicht bald einschlagen sollte.[176]

---

175 Ahmadinedschad, 23.09.2008, Rede vor der UN-Generalversammlung, New York.

176 Es ist allerdings nicht sehr effektiv, einem angeblich ungläubigen Menschen mit der Rache Gottes zu drohen, wie an anderer Stelle noch ausführlicher diskutiert wird!

In Bezug auf den letzten Punkt, die grundsätzliche Bereitschaft, das neue Weltbild zu übernehmen, stellt sich die Situation etwas komplizierter dar. Während der Iran das Weltbild des Westens und insbesondere auch das Weltbild der amerikanischen Führung nämlich als ein »gottloses Weltbild« identifiziert und die Übernahme eines monotheistischen Weltbildes fordert, beschreibt sich die amerikanische Führung unter Bush selbst keineswegs als ungläubig oder gottlos, sondern betont im Gegenteil immer wieder ihre Nähe zum christlichen Glauben! Umgekehrt spricht sie der iranischen Führung ab, ein religiöses Weltbild, konkret den Islam, zu vertreten. Das, was die iranische Führung als Monotheismus oder konkret als Islam und damit als religiöses Glaubensbekenntnis ausgibt, stellt sich für die USA selbst als »totalitäre Ideologie des islamischen Extremismus« dar. Und umgekehrt stellt sich das, was die iranische Führung als »gottloses und materialistisches Weltbild« des Westens identifiziert, für die amerikanische Führung als liberales Weltbild dar. Die beiden Konfliktparteien sind sich also gar nicht einig darüber, wie dasjenige Weltbild, das der jeweilige Gegner vertritt, zu *bezeichnen* ist. Auf diese Tatsache und die Schwierigkeiten, die sich daraus ergeben, werde ich im fünften Kapitel ausführlich eingehen. An dieser Stelle soll nur festgehalten werden: Es besteht keine Einigkeit darüber, wie die Weltbilder, die sich im Kampf gegenüberstehen, zu *bezeichnen* sind. *Dass* sich zwei *konkurrierende* Weltbilder im Konflikt miteinander befinden, darüber besteht zwischen den USA und dem Iran allerdings sehr wohl Einigkeit. Und dem Weltbild, zu dessen Übernahme der Iran die amerikanische Führung auffordert, und das der Iran als »Monotheismus« und damit als religiöses Glaubensbekenntnis, die USA dagegen als »totalitäre Ideologie des islamischen Extremismus« definieren, stehen die USA sehr ablehnend gegenüber.

Insofern weist die iranische Forderung an den politischen Gegner, dieser solle sein »gottloses« bzw. liberales Weltbild ablegen und den Monotheismus bzw. den »islamischen Extremismus« verinnerlichen, die Struktur einer *»Sei spontan!«-Paradoxie* auf. Die iranische Führung fordert den politischen Gegner zu etwas auf, das das Gefühl von Freiwilligkeit, Selbstveranlassung und Zwanglosigkeit voraussetzt: Die Übernahme und Verinnerlichung einer religiösen Überzeugung bzw. einer bestimmten politischen Ideologie, je nach Standpunkt. In diesem Sinne fordert die iranische Führung also implizit: »Sei spontan!« Indem sie aber als politischer Gegner der USA sehr offensichtlich den (Sprech-)Akt der Forderung, ja der Drohung vollzieht, Gehorsam verlangt, und ganz offenbar versucht, die Konversion zu erzwingen, nimmt sie der amerikanischen Führung gerade die Möglichkeit, mit dem Gefühl von Freiwilligkeit, innerer Veranlassung und Zwanglosigkeit zu agieren.[177]

177 Um Missverständnissen vorzubeugen, soll darauf aufmerksam gemacht werden, dass die

Die Paradoxie der iranischen Forderung ergibt sich auf Grund der Selbstbezüglichkeit der Forderung. Durch Forderungen, wie die oben angeführte, teilt die iranische Führung der amerikanischen Führung einerseits (implizit) mit a) »Konvertiere und agiere mit dem Gefühl von Freiwilligkeit, Selbstveranlassung und Zwanglosigkeit!« (Objektebene). Andererseits teilt sie ihr, indem sie als politischer Gegner den Sprechakt der Forderung, ja der Drohung vollzieht, etwas *über* diese Mitteilung a) selbst mit und zwar b) »Komme der (vom Gegner auferlegten) Forderung nach, sei gehorsam und agiere gerade nicht mit dem Gefühl von Freiwilligkeit, Selbstveranlassung und Zwanglosigkeit!« (Metaebene). Die Mitteilung b) negiert die Mitteilung a). Die Forderung ist in sich widersprüchlich.

Watzlawick et al. machen darauf aufmerksam, dass totalitäre Staaten – und als einen solchen definieren die USA die Islamische Republik Iran – fast immer diese Art von Paradoxien erzeugen. Sie fordern nämlich von ihren Bürgern nicht nur, dass diese ein bestimmtes Verhalten an den Tag legen oder unterlassen sollen, indem sie sich an die Gesetze halten, sondern sie wollen darüber hinaus auch auf die Gedankenwelt der Bürger Einfluss nehmen. Auf diesen Umstand macht auch Bush aufmerksam: »Like the ideology of communism, our new enemy pursues totalitarian aims. [...] They seek to end dissent in every form, to control every aspect of life, *to rule the soul itself.*«[178] Bei dem Versuch der Einflussnahme auf die Gedankenwelt beschränkt sich die iranische Führung offensichtlich nicht nur auf die eigenen Bürger.

Doch auch die USA, als selbsternannte Verfechter der »Vision der Freiheit«, haben schließlich allen Überzeugungs-, Werte- und Glaubenssystemen, die im Gegensatz zum liberal-demokratischen Überzeugungs- und Wertesystem stehen, wie vor allem dem »islamischen Extremismus«, den Kampf angesagt. Alle »repressiven« und »radikalen« Ideologien sollen durch die Verbreitung der eigenen alternativen Ideologie, der »Vision der Freiheit«, wie Bush den Liberalismus meist nennt, eingedämmt werden. Auch die USA definieren also die Übernahme des eigenen Weltbildes als die langfristige oder nachhaltige Lösung. Wie im Falle des Iran reicht den USA kein bloßes Lippenbekenntnis, sondern die Menschen des Nahen und Mittleren Ostens sollen den Liberalismus tatsächlich verinnerlichen, sodass Gewalt und Terror, die den USA zufolge durch die vorherrschenden Ideologien der Region und insbesondere den »islamischen Ex-

iranische Führung von der amerikanischen Führung einerseits Gehorsam gegenüber Gott fordert, andererseits aber auch Gehorsam gegenüber ihrer Forderung, und diese letzte Form des Gehorsams ist hier gemeint. Ansonsten wiese die Forderung nämlich keine innere Widersprüchlichkeit auf!

178 Bush, 11.11.2005, President Commemorates Veterans Day, Discusses War on Terror, Tobyhanna, USA; Hervorh. von C. R.

tremismus« motiviert sind, ein Ende nehmen. Damit verstricken sich die USA in eine ähnliche »Sei-spontan!«-Paradoxie wie der Iran, denn die Verinnerlichung einer bestimmten Ideologie ist ein Spontanphänomen, das sich nur mit dem Gefühl von Selbstveranlassung, Freiwilligkeit und Zwanglosigkeit ergeben kann. Doch die USA scheinen sich der Paradoxie ihres Unternehmens bewusst zu sein und argumentieren viel differenzierter als der Iran.

3.3.2 Amerikas paradoxe Handlungsankündigung: Die »Zwangsliberalisierung« einer Region

Im Gegensatz zum Iran ist der Adressat der amerikanischen Handlungsaufforderung gar nicht in erster Linie der Gegner selbst, sondern vor allem die eigene Seite. Diese solle handeln und den Kreislauf von »repressiven« und »radikalen« Ideologien, autokratischer Herrschaft und Terror durchbrechen. Dass die USA sich selbst als den hauptsächlich handelnden Akteur setzen, welcher diese »langfristige Lösung« herbeiführen soll, betonen die USA immer wieder:

> Instead of only passing resolutions decrying terrorist attacks after they occur, we must cooperate more closely to keep terrorist attacks from happening in the first place. Instead of treating all forms of government as equally tolerable, *we* must *actively challenge* the conditions of tyranny and despair that allow terror and extremism to thrive. […] Extending the reach of political freedom is essential to prevailing in the great struggle of our time – but it is not enough. […] Overcoming hopelessness requires addressing its causes – poverty, disease, and ignorance. Challenging these conditions is in the interest of every nation in this chamber. And *democracies* are *particularly well-positioned to carry out this work.* Because *we* have *experience* responding to the needs of our own people, *we're natural partners* in helping other nations respond to the needs of theirs. Together, we must commit our resources and efforts to advancing education and health and prosperity.[179]

Aus der Perspektive des Gegners oder, allgemeiner formuliert, der Region des Nahen und Mittleren Ostens, formulieren die USA damit in erster Linie eine Handlungs*ankündigung* oder Handlungs*voraussage:* »Wir, der Westen, werden Euch, der Region des Nahen und Mittleren Ostens, marktwirtschaftliche Demokratie bringen!«

Nun verweisen die USA allerdings immer wieder auf den *Automatismus*, der mit ihren politischen und wirtschaftlichen Liberalisierungsmaßnahmen in der Region ihnen zufolge in Gang gesetzt würde, wobei sie zum »Beweis« ihrer Thesen stets die Erfahrungen im Kampf gegen den Nationalsozialismus und den Kommunismus heranziehen.

179 Bush, 23.09.2008, Rede vor der UN-Generalversammlung, New York; Hervorh. von C. R.

Zunächst weisen sie darauf hin, dass Regierungen demokratischer Staaten, die ihr eigenes Volk nicht terrorisieren, sich höchstwahrscheinlich auch »automatisch« friedlich anderen Staaten gegenüber verhalten und insbesondere keinen transnationalen Terrorismus mehr fördern, denn es gelte: »History shows that [...] when governments respect the rights of their people, they're more likely to respect the rights of their neighbors.«[180]

Die USA gehen hier vom *Theorem des demokratischen Friedens* aus. Dies wird an vielen Stellen der Argumentation sehr deutlich.[181] Das Theorem des demokratischen Friedens basiert auf der Beobachtung, dass Demokratien auffällig selten Kriege gegeneinander führen. Liberale Ansätze zum demokratischen Frieden gehen davon aus, dass insbesondere das politische System und die politische Kultur eines Staates eine wichtige Rolle in Bezug auf die Gewaltbereitschaft von Staaten im internationalen Umfeld spielen. Regierungen demokratischer Staaten müssen demzufolge im Gegensatz zu Führungen autokratischer Staaten einerseits mehr Rücksicht auf die Interessen einer Vielzahl von Akteuren innerhalb der politischen Elite nehmen, andererseits sind sie den Bürgern gegenüber rechenschaftspflichtig. Kriege sind unter anderem auf Grund der Gefahr für das Leben der Soldaten und der hohen Kosten eher unpopulär, gleichzeitig steht nicht fest, ob die Regierungen durch einen Sieg tatsächlich profitieren, d.h. wiedergewählt, werden. Insofern verursachen Kriege hohe Kosten und gehen für die Regierungen mit hohen Risiken einher, ohne dass aber ihr Nutzen gesichert wäre. Schließlich wird der Faktor der politischen Kultur hervorgehoben und auf diesen zielen die USA in ihrer Argumentation sehr stark. Die politische Kultur demokratischer Gesellschaften zeichnet sich diesen Ansätzen zufolge, im Gegensatz zur politischen Kultur autokratischer Staaten, durch den Respekt vor dem Individuum, seinem Leben und seinem Besitz aus. Demokratien sind Rechtsstaaten und setzen auf friedliche Mittel zur Lösung politischer Konflikte. Gewalt als Mittel zur politischen Konfliktlösung wird abgelehnt. Eine gewaltfreie Politik wird von den Bürgern demnach auch in Bezug auf den Umgang ihrer Regierung mit anderen Staaten erwartet.[182]

---

180 Bush, 23.09.2008, Rede auf der UN-Generalversammlung, New York.

181 Vgl. u.a.: »Across the Middle East – from the Palestinian Territories, to Lebanon, to Iraq, to Iran – I believe that the advance of freedom *within* nations will build the peace *among* nations. And one reason for this belief is the experience of Europe. [...] America supports Europe's democratic unity for the same reason we support the spread of democracy in the Middle East – because *freedom leads to peace.* And America supports a strong Europe because we need a strong partner in the hard work of advancing freedom in the world.« (Bush, 21.02.2005, President Discusses American and European Alliance in Belgium, Brüssel; Hervorh. von C. R.)

182 Vgl. Hasenclever »Liberale Ansätze zum ›demokratischen Frieden‹«, in Schieder / Spindler (2006): 213–27; Hasenclever bezieht sich hier vor allem auf Czempiel (1986) und Czempiel »Kants Theorem. Oder: Warum sind die Demokratien (noch immer) nicht friedlich?«, in

Schließlich wird davon ausgegangen, dass Demokratien eine besonders hohe Bereitschaft an den Tag legen, mit anderen Demokratien bezüglich der Lösung internationaler Herausforderungen zu kooperieren, und zu diesem Zweck internationale Institutionen etablieren, was die Sicherheitsbeziehungen zwischen den Demokratien wiederum stabilisiert. Auch diesen Aspekt führen die USA an, indem sie stets auf Europa und die EU referieren.

Zusammenfassend hat es den USA zufolge, die schließlich stark im Sinne des Theorems des demokratischen Friedens argumentieren, letztlich nur Vorteile für die eigene Sicherheit, Demokratie im Nahen und Mittleren Osten zu fördern.[183]

Allerdings machen die USA noch auf eine weitere Folge der Demokratisierung der Region aufmerksam. So heben sie stets hervor, dass sie mit der Demokratisierung der Region und der Etablierung global eingebundener Marktwirtschaften diejenigen *Bedingungen schüfen*, unter denen sich Menschen »repressiven« und »radikalen« Ideologien, wie insbesondere dem »islamischen Extremismus«, *zukünftig von selbst*, *automatisch* und *von vornherein* nicht mehr

---

Zeitschrift für Internationale Beziehungen (1996) sowie auf Russett/Oneal (2001); vgl. hierzu auch Kant »Zum ewigen Frieden. Ein philosophischer Entwurf«, in ders. (1977): 191–251.

183 Allerdings zeigen sich Demokratien insbesondere im Umgang mit anderen Demokratien friedlich, während sie sich im Umgang mit Autokratien wesentlich aggressiver verhalten. Dieser Sachverhalt wird unter anderem mit dem Misstrauen, das die demokratischen Staaten den Autokratien entgegenbringen, erklärt. Autokratische Staaten, in denen der Machterhalt der politischen Elite nicht von dem Erfolg oder Misserfolg ihrer Politik abhängt, und in denen eine Kultur der Gewalt und der Unterdrückung im Inneren vorherrscht, werden als unfähig und unwillig betrachtet, politische Konflikte mit anderen Staaten auf friedlichem Wege zu lösen. Daher werden sie als Bedrohung wahrgenommen, gegen die man sich, notfalls präventiv, zur Wehr setzen muss. Da die Demokratien in Bezug auf andere Demokratien um die interessen- und kulturbedingte Zurückhaltung in Bezug auf kriegerische Aktivitäten wissen, fühlen sie sich weniger bedroht und verhalten sich friedlicher. Andere Erklärungen gehen davon aus, dass der Friede zwischen Demokratien eher ein »Abschreckungsfriede« ist – Kriege gegen andere Demokratien gelten als langwierig, riskant und verlustreich – oder dass die vorhandenen Demokratien keine vollkommenen sind und daher in kriegerische Auseinandersetzungen geraten – de facto wird die Politik auch in Demokratien eher von wenigen Interessengruppen bestimmt.
Neuere Ansätze berücksichtigen vor allem die interdemokratischen Beziehungen. Neben der Tendenz von Demokratien zur Errichtung internationaler Institutionen, werden noch andere Aspekte thematisiert. So wird hervorgehoben, dass Demokratien auf Grund ihrer Wesensverwandtschaft eine gemeinsame Identität ausbilden, die sich gewaltmindernd auswirkt (Sympathie, Wertschätzung und Vertrauen), gleichzeitig aber in Bezug auf die Autokratien eher ausgrenzende Wirkung hat (Freund-Feind-Unterscheidung). (Vgl. Hasenclever »Liberale Ansätze zum ›demokratischen Frieden‹«, in Schieder/Spindler 2006: 227–38.)

verschrieben: »History shows that when citizens have a voice in choosing their own leaders, they are less likely to search for meaning in radical ideologies.«[184]

Die USA geben ja eine *monokausale Erklärung* dafür, dass Menschen für »radikale« und »repressive« Ideologien, wie den »islamischen Extremismus«, empfänglich sind, indem sie allein die genannten politischen und sozioökonomischen Bedingungen als Ursache definieren. Insofern müsse man »nur« diese Bedingungen ändern, d.h., die Region demokratisieren und global eingebundene Marktwirtschaften errichten – welche dann als Garant für wirtschaftlichen Aufschwung beschrieben werden –, und die Menschen verschrieben sich zukünftig höchstwahrscheinlich von selbst, automatisch und von vornherein erst gar nicht derartigen Ideologien. Da sie hoffnungsvoller und weniger verbittert seien, seien sie *gar nicht erst empfänglich* für radikale Propaganda und damit für die Übernahme derartiger Ideologien. Indem man also die Region demokratisiere und wirtschaftlich liberalisiere, trockne man den Nährboden aus, auf den die »islamischen Extremisten« mit ihrer Propaganda säen könnten. Langfristig käme den Terroristen auf diese Weise das Rekrutierungspotential abhanden. Dieser angebliche Automatismus wird immer wieder beschrieben:

> See, *the only way* the terrorists can recruit operatives and suicide bombers is by feeding on the hopelessness of societies mired in despair. And by bringing freedom to these societies, we replace hatred with hope, and this will help us to marginalize the extremists and *eliminate the conditions that feed radicalism*, and make the American people more secure. The lessons of the past have taught us that *liberty is transformative.*[185]

Der amerikanischen Argumentation scheint der Gedanke zu Grunde zu liegen, dass sich eine »Sei spontan!«-Paradoxie in Bezug auf die Menschen im Nahen und Mittleren Osten deshalb nicht stellt, weil sie unter den genannten politischen und wirtschaftlichen Bedingungen höchstwahrscheinlich *selbstveranlasst* und *freiwillig* agierten, d.h., »radikale« und »repressive« Ideologien *von selbst* ablehnten. Insbesondere sind die Liberalisierungsmaßnahmen *präventiv* zu verstehen. Nicht erst der »überzeugte islamische Extremist« soll seiner Überzeugung abschwören, sondern die Menschen sollen in Zukunft *von vornherein* davon abgehalten werden, sich derartigen Ideologien überhaupt zu verschreiben. Demnach stelle sich eine »Sei spontan«-Paradoxie also vor allem deshalb nicht, da man niemanden zu einer *Änderung* des Weltbildes zwingen müsse.[186]

---

184 Bush, 23.09.2008, Rede auf der UN-Generalversammlung, New York.

185 Bush, 01.11.2007, President Bush Discusses Global War On Terror, Washington D. C.; Hervorh. von C. R.

186 Die *monokausale* Erklärung, welche die USA für *den* »islamischen Extremismus« geben, ist äußerst zweifelhaft. Verschiedene Autoren betonen, dass sich der Islamismus unter anderem in Auseinandersetzung mit dem *europäischen Kolonialismus* und der »*Verwestlichung*« islamischer Gesellschaften entwickelt hat, was schließlich auch die antikolonialistische und

Diese monokausale Erklärung ist zunächst hinsichtlich eines bestimmten Faktums unbefriedigend und wirft vor allem im Rahmen der amerikanischen Argumentation selbst Fragen auf, denn die USA machen selbst auf dieses Faktum aufmerksam: »Some of these groups are made up of *›homegrown‹ terrorists*, militant extremists who were born and educated in *Western nations*, were indoctrinated by radical Islamists or attracted to their ideology, and joined the violent extremist cause.«[187] Wenn *allein* ein Mangel an Demokratie und wirtschaftliche Stagnation als die Bedingungen, welche die Region des Nahen und Mittleren Ostens aufweisen, die Bedingungen sind, unter denen sich Menschen dem »islamischen Extremismus« verschreiben, warum gibt es dann die sogenannten »homegrown terrorists«, also die Terroristen, die in westlichen Industriestaaten aufwachsen, obwohl diese Staaten den USA zufolge die Vorbilder marktwirtschaftlicher Demokratien darstellten? Wenn auch Menschen, die in demokratischen und marktwirtschaftlichen Verhältnissen aufwachsen, von »islamischen Extremisten« indoktriniert und vom »islamischen Extremismus« angezogen werden können, dann können die politischen und sozioökonomischen Bedingungen des Nahen und Mittleren Ostens nicht die *einzige* Ursache dafür sein, dass sich Menschen dem »islamischen Extremismus« verschreiben. Daraus folgt, dass die Demokratisierung und wirtschaftliche Liberalisierung der Region nicht die *einzige* längerfristige Lösung des Problems des islamistisch motivierten Terrorismus darstellen, wie die USA nahelegen.

Vor allem haben die USA aber dadurch, dass sie darauf verweisen, dass in marktwirtschaftlichen und demokratischen Verhältnissen die Menschen sehr wahrscheinlich von selbst, automatisch und von vornherein »repressive« und »radikale« Ideologien, wie den »islamischen Extremismus«, ablehnen würden, die »Sei spontan!«-Paradoxie noch nicht beseitigt.

Demokratisierung und die Etablierung einer global eingebundenen Marktwirtschaft als die Maßnahmen, mit denen bewirkt werden soll, dass sich die

---

antiwestliche Stoßrichtung des Islamismus bzw. des islamische Extremismus erklären kann. In Bezug auf das Weiterleben islamistischer Gedanken, die Anfang des 20. Jahrhunderts formuliert wurden – als Vordenker gelten insbesondere Hasan al-Banna, al-Mawdudi und Sayyid Qutb –, wird meist auf die Identitätskrise und die Entfremdungserfahrungen verwiesen, die neben der Verwestlichung der Gesellschaft, schließlich mit dem Abschaffen des Khalifats durch Kemal Attatürk, mit der politische Legitimitätskrise und der Misswirtschaft der politischen Elite, der hohen Arbeitslosigkeit und dem starken sozialen Gefälle sowie mit militärischem Versagen, insbesondere im Hinblick auf die Kriege gegen Israel, begründet werden. (Vgl. u.a. Rosiny »›Der Islam ist die Lösung‹ – Zum Verhältnis von Ideologie und Religion im Islamismus«, in Feichtinger/Wentker 2008: 69–71; Wentker »Historische Entwicklung des Islamismus«, in Feichtinger/Wentker 2008: 45–59.) Diese Befunde sprechen nicht für eine monokausale Erklärung des Phänomens des Islamismus oder des islamischen Extremismus, wie die USA sie geben.

187 Bush, 05.09.2006, President Bush Discusses Global War on Terror, Washington D. C.; Hervorh. von C. R.

Menschen der Region »radikalen« und »repressiven« Ideologien, wie dem »islamischen Extremismus«, zukünftig erst gar nicht verschreiben, sind ja bereits die *Implementierung bzw. Institutionalisierung* des als Gegenideologie zu »repressiven« und »radikalen« Ideologien im Allgemeinen und zum »islamischen Extremismus« im Besonderen definierten *Liberalismus.* Zentraler Wert des Liberalismus ist die individuelle *Freiheit*, zentrale Norm der Schutz und die Gewährleistung dieser in einer marktwirtschaftlichen *Demokratie.* Ist eine liberale Gesellschaft erst etabliert, stellen sich den USA zufolge die genannten Probleme nicht mehr. Nun muss diese liberale Gesellschaft in der Region des Nahen und Mittleren Ostens allerdings erst einmal etabliert werden, denn die Region ist ja den USA zufolge offensichtlich *als Ganze nicht liberal* – obwohl es natürlich auch innerhalb der Gesellschaften im Nahen und Mittleren Osten Liberale und Reformer gibt. Und hier stellt sich immer noch die Paradoxie. Offensichtlich haben sich liberale Überzeugungen und Wertvorstellungen noch nicht bei allen Menschen durchgesetzt, sonst wären nicht Autokratien die vorherrschende Herrschaftsform in der Region und der Islamismus – sei es in moderater oder extremistischer Form – wäre eben nicht so verbreitet.

Die USA haben einfach die paradoxe Forderung der Art »Sei spontan!« in eine paradoxe Ankündigung oder Voraussage umformuliert. Indem sie sich nämlich selbst als den Akteur definieren, der eine Region, die offenbar als Ganze nicht liberal ist, liberalisieren wird, kündigen sie der Region gegenüber letztendlich doch an, dass sie den »battle of ideas« dadurch gewinnen werden, dass *sie* der Region ihre *Ideologie* mit ihren spezifischen gesellschaftlichen *Verfahrensweisen aufzwingen*, die Region »*zwangsliberalisieren*«, werden. Diese Ankündigung weist immer noch eine Struktur auf, die der Struktur der »Sei spontan!«-Paradoxien sehr ähnlich ist, insofern angekündigt wird, dass etwas, was sich eigentlich nur *mit dem Gefühl von Selbstveranlassung, Freiwilligkeit und Zwanglosigkeit* ergeben kann, die Verinnerlichung einer Ideologie und die Begrüßung bestimmter gesellschaftlicher Verfahrensweisen, *von außen aufgezwungen* werden soll.

Die amerikanische Ankündigung der Liberalisierung der Region des Nahen und Mittleren Ostens ist allerdings wesentlich komplexer als die iranische Forderung der Art »Sei spontan!«. Es geht hier nicht nur um die Konversion des unmittelbaren politischen Gegners, sondern um die Liberalisierung einer ganzen Region, und damit um sehr viele unterschiedliche Staaten und Menschen, wobei die Liberalisierung sowohl die Änderung gesellschaftlicher Institutionen und Verfahrensweisen als auch ihrer ideellen Grundlagen umfasst.

Doch die USA schildern noch differenzierter, wie sie sich den Prozess der Liberalisierung vorstellen und welche Maßnahmen sie genau ergreifen möchten. Dabei scheinen sie sich der Tatsache bewusst zu sein, dass sie mit dem Hinweis darauf, dass die Menschen der Region in einer bereits etablierten liberalen Gesellschaft »repressive« und »radikale« Ideologien, wie den »islamischen Extremismus«, von sich aus ablehnen, die Paradoxie noch nicht beseitigt haben. So zeigen sie sich nämlich sehr bemüht, zu erklären, warum sich die »Sei spontan!«-Paradoxie bezüglich ihrer Liberalisierungsmission nicht stelle.

Zunächst behaupten sie ausdrücklich selbst: »*Lasting, successful* reform in the broader Middle East *will not be imposed from the outside*; *it must be chosen from within.*«[188] Wie passt aber diese Aussage zu ihrer Handlungsankündigung, nach der *sie* eine Region, die als Ganze nicht liberal bzw. demokratisch ist, liberalisieren bzw. demokratisieren werden?

Ich habe im Zusammenhang »erfolgreicher« Missionierungen schon einige Bedingungen genannt, unter denen sich für den Empfänger einer Mitteilung der Art »Sei spontan!« die Paradoxie wahrscheinlich nicht stellt, da er den Zwang nicht als solchen empfindet. Dies, so habe ich behauptet, sei insbesondere dann der Fall, wenn

(a) der Empfänger der Mitteilung dem Weltbild, das es zu übernehmen gilt – und im Falle politischer Ideologien wohl auch den der Ideologie korrespondierenden gesellschaftlichen Verfahrensweisen –, *nicht grundsätzlich ablehnend* gegenüber steht,
(b) die *Mittel oder Maßnahmen*, mit denen die Übernahme des neuen Weltbildes erreicht werden soll, *subtil* sind, und
(c) er eine besondere *Vertrauensbeziehung* zu dem Sender der Mitteilung unterhält.

Die Aspekte (a) und (b) werden hier auch von den USA thematisiert. Punkt (c) thematisieren die USA dagegen nicht, was für die USA negative Folgen hat, wie sich noch herausstellen wird.

(a) Die grundsätzliche Bereitschaft der regionalen Bevölkerung zu liberalen Reformen

Die USA setzen ausdrücklich und in erster Linie auf eine freiwillige Liberalisierung der Region von innen und definieren sich zunächst nur in der Rolle desjenigen, der die Reformprozesse in der Region *anregen* und *unterstützen* soll.

Dabei unterscheiden sie zwischen den autokratischen Regimen und der Bevölkerung der Region und behaupten, dass es sich bei der überwiegenden Mehrheit der Bevölkerung der Region im Grunde um *moderate Menschen* handelt, die sich eigentlich nach Freiheit, Demokratie und Frieden sehnen. Zu den »eigentlich moderaten Menschen« werden auch die vielen desillusionierten

188 Bush, 21.02.2005, President Discusses American and European Alliance in Belgium, Brüssel; Hervorh. von C. R.

Menschen gezählt, welche den Terroristen als Rekrutierungsbasis dienten. Bei diesen Menschen müsse keine Änderung des Weltbildes herbeigeführt werden, sondern man müsse ihnen nur die liberale Alternative aufzeigen und ihnen somit eine Wahlmöglichkeit geben. Hätten sie die Wahl, würden sie den Liberalismus sofort begrüßen und den »islamischen Extremismus« sofort ablehnen:

> We are standing with those who *yearn for the liberty* – who yearn for liberty in the Middle East, because we understand that *the desire for freedom is universal,* written by the Almighty into the hearts *of every man, woman and child on this Earth.* We are standing with those who yearn for liberty in the Middle East, because we know that the terrorists fear freedom even more than they fear our firepower. They know that *given a choice, no one will choose to live under their dark ideology of violence and death.*[189]

Hier wird auch der Grund dafür angegeben, dass Menschen, welche die Wahl haben, sofort den Liberalismus wählten und »repressive« und »radikale« Ideologien ablehnten: Der Wunsch nach Freiheit, als der zentrale Wert des Liberalismus, sei nämlich universell und kulturübergreifend. Die Prämisse der Universalität des Wunsches nach Freiheit, aus welcher den USA zufolge auch der universelle Wunsch nach Liberalismus und marktwirtschaftlicher Demokratie folgt, ist eine der zentralen Prämissen in der amerikanischen Argumentation.[190]

Einige der »moderaten Menschen« begrüßten den Liberalismus sogar bereits ausdrücklich und versuchten selbst, liberale Reformen durchzusetzen. Sie werden von den USA als die »*Reformer*« bezeichnet. Diese gelte es insbesondere zu ermutigen und zu unterstützen.

Allerdings werden die Reformer, die sich schließlich in der Opposition befinden, gegen den Willen der autokratischen Machthaber nur schwer liberale Reformen durchsetzen können, eben weil es sich um autokratische Staaten

189 Bush, 01.11.2007, President Bush Discusses Global War On Terror, Washington D. C.; Hervorh. von C. R.; Vgl. auch: »We've got to be confident in the transformative powers of liberty, recognizing that *deep in everybody's soul is the desire to be free.* [...] If you believe this is an ideological struggle like I do, then it's paramount to *help people realize a different ideology* than that of the enemy. And that's what you're seeing unfold.« (Bush, 31.01.2008, President Bush Discusses Global War on Terror, Las Vegas; Hervorh. von C. R.)

190 Allerdings führt sie im Rahmen der amerikanischen Argumentation zu Widersprüchen, denn, wenn der Wunsch nach Freiheit universell ist, warum teilen ihn dann die islamischen Extremisten im amerikanischen Sinne nicht? Hierbei handelt es sich doch auch nicht nur um machtbesessene Menschen, die andere unterdrücken wollen, selbst aber Freiheit und andere Privilegien genießen, sondern um Menschen, die tatsächlich aus einer Ideologie heraus handeln. Einige dieser Akteure opfern sich schließlich im Namen dieser Ideologie sogar selbst. Wenn nur der Wunsch nach Macht und nicht eine bestimmte Ideologie die eigentliche Triebfeder der »islamischen Extremisten« wäre, müsste man auch nicht vor allem die Ideologie bekämpfen. Bei dem Schluss von der Prämisse des universellen Wunsches nach Freiheit auf die Universalität des Wunsches nach Liberalismus und marktwirtschaftlicher Demokratie handelt es sich zudem um einen Fehlschluss, wie im fünften Kapitel noch gezeigt werden wird.

handelt. Wie wollen die USA nun aber mit den autokratischen Regimen, die ja liberale Werte und Überzeugungen nicht teilen, und auch mit den weniger liberalen Teilen der Bevölkerung, die es ja offensichtlich auch gibt, umgehen?

In Bezug auf die *autokratischen Regime* und die *weniger liberalen Bevölkerungsteile* der Region setzen die USA recht eindeutig auf ein Umdenken:

> Lasting, successful reform in the broader Middle East will not be imposed from the outside; it must be chosen from within. *Governments must choose to* fight corruption, *abandon old habits of control, protect the rights of conscience and the rights of minorities.* Governments must invest in the health and education of their people, and take responsibility for solving problems instead of simply blaming others. *Citizens must choose* to hold their governments accountable.[191]

Die USA sprechen sich hier ausdrücklich sowohl in Bezug auf die Bürger als auch in Bezug auf die Regierungen für Selbstveranlassung und Freiwilligkeit aus. Die Voraussetzung dafür, dass die Regierungen und Bürger die liberalen Reformen aber »innerlich beschließen« bzw. »selbst wählen«, ist, dass sie die Grundgedanken des Liberalismus schon begrüßen. Das tun die autokratischen Regime in der Region und einige Teile der Bevölkerung der amerikanischen Argumentation zufolge offenbar noch nicht, sodass die USA hier implizit doch eine Änderung des Überzeugungs- und Wertesystems einfordern. Die USA zeigen sich allerdings optimistisch, dass sich eine solche Änderung auch letztendlich ergeben wird. So führen sie weiter aus:

> The path isn't always easy, as any free people can testify – yet there's reason for confidence. *Ultimately,* men and women who seek the success of their nation *will reject an ideology of oppression, anger, and fear.* Ultimately, men and women *will embrace participation and progress* [...]. Our challenge is to encourage this progress by taking up the duties of great democracies. We must be on the side of democratic reformers, we must encourage democratic movements, and support democratic transitions in practical ways.[192]

Insgesamt halten die USA die *Grundbereitschaft* der meisten Menschen der Region hinsichtlich liberaler Reformen also für *sehr hoch* und zeigen sich selbst in Bezug auf die autokratischen Regime sehr zuversichtlich.

(b) Wahl der Mittel / Maßnahmen der Liberalisierung

In Bezug auf die Anregung der Region zu liberaler Reformen aus eigenem Antrieb heraus setzen die USA nun konkret auf verschiedene Maßnahmen. Insbesondere setzen sie auf die Herausbildung einer Zivilgesellschaft und die

191 Bush, 21.02.2005, President Discusses American and European Alliance in Belgium, Brüssel; Hervorh. von C. R.

192 Bush, 21.02.2005, President Discusses American and European Alliance in Belgium, Brüssel; Hervorh. von C. R.

Förderung von »good governance« durch Maßnahmen wie Bildungsförderung, vor allem von Mädchen und Frauen, wirtschaftliche Hilfe bei der Neugründung von Unternehmen und politische Unterstützung von unabhängigen Medien, Forschungsinstituten usw. Den autokratischen Regimen wollen sie beispielsweise durch die Aussicht auf den Abbau amerikanischer Handelsbarrieren für Exporte aus der Region einen Anreiz für politische Öffnung schaffen.[193]

Vor allem verweisen sie jedoch stets auf die Schlüsselrolle des *Irak*. Hätten sie nämlich im Irak mit ihrer Liberalisierungsmission Erfolg, würde dies die anderen Staaten der Region dazu anregen, aus eigenem Antrieb heraus liberale Reformen durchzuführen. So solle den Bevölkerungen der anderen Staaten insbesondere mit einem demokratischen Irak »im Herzen der Region« eine Alternative und Wahlmöglichkeit vor Augen gehalten werden. Auf diese Weise sollen sie dazu ermutigt werden, politische Freiheit auch für sich zu beanspruchen, und es soll die Verhandlungsposition der liberalen Opposition bezüglich möglicher Reformen gegenüber den autokratischen Regimen gestärkt werden. Ein freier Irak wird damit als Katalysator für die Liberalisierung der gesamten Region betrachtet:

> The United Nations and its member states must continue to stand by the Iraqi people as they complete the journey to a fully constitutional government. And when Iraqis complete their journey, their success *will inspire others* to claim their freedom, the Middle East will grow in peace and hope and liberty, and all of us will live in a safer world. The advance of freedom and security is the calling of our time.[194]

Die Anregung und Ermutigung zu liberalen Reformen soll also, so die Argumentation, durch eher *indirekte* Maßnahmen, wie Bildungsförderung, sowie insbesondere durch *Modellwirkung* eines freien Irak geschehen.

Haben die USA die »Sei spontan!«-Paradoxie mit dem Hinweis auf die hohe Grundbereitschaft der Region zu liberalen Reformen und den Verweis auf ihre vermeintlich indirekten Maßnahmen zur Anregung dieser Reformen vermieden? Die Antwort lautet: Nein.

Zunächst ist zu der amerikanischen These der sehr hohen Grundbereitschaft

193 Vgl. u. a. Bush 14.09.2005, Rede auf dem UN-Weltgipfel, New York.

194 Bush 14.09.2005, Rede auf dem UN-Weltgipfel, New York; Hervorh. von C. R.; zu der amerikanischen Strategie der »Befreiung des Nahen und Mittleren Ostens« vgl. auch Peter Rudolf »Die ›Strategie der Freiheit‹ im Nahen und Mittleren Osten. Rhetorik und Realität amerikanischer Politik«, in *SWP-Aktuell* (2003): 1–8. Rudolf weist darauf hin, dass, nachdem die ursprüngliche Legitimation des Irakkrieges, der Kampf gegen die Verbreitung von Massenvernichtungswaffen, fragwürdig geworden war, die USA die eigentlich nachrangige Begründung für den Irakkrieg, die »Befreiung des Irak«, als das »wichtigste Etappenziel« bei der weltweiten Demokratisierung, zur vorrangigen Begründung gemacht haben.

der Bevölkerung zu liberalen Reformen Folgendes anzumerken. Die Aussagen, nach welchen der überwiegende Großteil der Bevölkerung im Nahen und Mittleren Osten bereits sehr liberal eingestellt ist, steht in einem gewissen Spannungsverhältnis zu anderen amerikanischen Aussagen, nach denen nicht nur eine ganze Generation desillusionierter Menschen den Nährboden des »islamischen Extremismus« bildet, sondern sich große Teile dieser Generation bereits dem »islamischen Extremismus« ausdrücklich verschrieben haben. In der Schilderung der Situation der Region, die im zweiten Kapitel angeführt wurde, behaupten die USA sogar: »And *everywhere you turn, you hear extremists* who tell you that you can escape your misery and regain your dignity through violence and terror and martyrdom.«[195] Aber selbst wenn derartige Aussagen übertrieben sind, gibt es offensichtlich Bevölkerungsteile, die liberale Werte nicht ausdrücklich teilen. Der von den USA so verteufelte Islamismus ist, wie gesagt, in den meisten Staaten (noch) nicht die Ideologie der politischen Herrscher, sondern ein Phänomen desjenigen Akteurs, den die USA unter dem Begriff des Volkes oder der Bürger subsummieren. Demnach »reicht« es auch nicht, wie die USA grundsätzlich selbst sagen, die Regime zu stürzen, und »schon hat man eine liberale Gesellschaft«. Im Gegenteil stehen die USA gerade vor dem Dilemma, dass eine Demokratisierung der Länder der Region vielleicht tatsächlich erst die Islamisten an die Macht bringen könnte. Auch in Bezug auf die moderaten Islamisten, die sich für demokratische Reformen aussprechen, die aber in der amerikanischen Argumentation nicht vorkommen, da hier Islamisten immer auch Extremisten sind, ist sicher zweifelhaft, ob sie tatsächlich Demokratie wollen oder demokratische Reformen als Mittel zum Zweck betrachten, um an die Macht zu kommen, und sie, sobald sie einmal an der Macht sind, wieder abschaffen. In jedem Fall würde eine Demokratie nach dem Verständnis von Islamisten, deren erklärtes Ziel die Islamisierung der politischen Institutionen ist, wohl nicht einer *westlich-liberalen* Demokratie entsprechen – und eine solche fordern die USA ein.

Insbesondere gilt jedoch in Bezug auf die Wahl der Mittel, dass der Irak, der zum Modell für eine freiwillige und selbstveranlasste Liberalisierung anderer Staaten werden sollte, gerade *das* Paradebeispiel für eine gewaltsame und erzwungene Demokratisierung von außen ist. Für die *autokratischen Regime* der Region kann der gewaltsame Sturz eines autokratischen Regimes nichts anderes als eine offene Gewaltandrohung bedeuten. Das Damoklesschwert eines gewaltsamen Regimesturzes durch die Amerikaner hängt insbesondere auch über dem Haupt der iranischen Führung, der gegenüber deutlich gemacht wird, dass man Militärschläge nicht ausschließe, sollte die iranische Führung den amerikanischen Forderungen nicht nachkommen. Zu diesen *Forderungen* gehört auch

195 Bush, 19.09.2006, Rede vor der UN-Generalversammlung, New York; Hervorh. von C. R.

die folgende: »We also look for Iran to finally deliver on promised reform. The time has arrived for the Iranian regime to listen to the Iranian people, and respect their rights, and join in the movement toward liberty that is taking place all around them.«[196]

Doch mit der Invasion des Irak, mit dem die USA den Menschen der Region eigentlich eine Alternative vor Augen führen und damit eine Wahlmöglichkeit schaffen wollten, haben die USA schließlich auch der *regionalen Bevölkerung* gezeigt, dass sie gar keine Wahl im eigentlichen Sinne des Wortes hat. Die USA haben im Irak nicht nur das autoritäre Regime Saddam Husseins mittels eines Militärschlages und damit mittels offensichtlicher Zwangsmaßnahmen beseitigt, sondern auch maßgeblich beim Wiederaufbau der Länder – westlichen Vorstellungen entsprechend – mitgewirkt.

In Bezug auf die regionale Bevölkerung, und insbesondere in Bezug auf die irakische und afghanische Bevölkerung, versuchen die USA allerdings den offenen Widerspruch zwischen der amerikanischen Aussage, nach der liberale Reformen mit nachhaltigem Erfolg nicht von außen aufgezwungen werden dürfen, und dem de facto von außen aufgezwungenen Charakter der Reformen aufzulösen. Dass die liberalen Reformen im Irak und in Afghanistan gerade *auf Grund* der Tatsache, dass sie von außen und militärisch erzwungen wurden, vielleicht nicht den gewünschten nachhaltigen Erfolg haben, gestehen sich die USA nämlich offiziell nicht ein. Stattdessen behaupten sie: »Over the past seven years, Afghanistan and Iraq have been transformed from regimes that actively sponsor terror to democracies that fight terror.«[197] Zwar gestehen sie ein, dass es sich um noch »junge« und »unvollkommene« Demokratien handelt, aber man sei auf dem besten Wege die Demokratien zu konsolidieren und schließlich sei Amerika auch nicht »über Nacht« zur konsolidierten Demokratie geworden. Die USA geben stattdessen eine Begründung dafür, dass ihre Liberalisierungsmaßnahmen, insbesondere auch im Irak und in Afghanistan, nicht als aufgezwungen betrachtet werden könnten – und sich demnach die Paradoxie in Bezug auf die Bevölkerung nicht stelle oder gestellt hätte.[198] Die USA vollziehen hier folgenden Schluss:

I. Prämisse: (Prämisse des universellen Wunsches nach Freiheit und Demokratie): Die meisten Menschen der Region, und insbesondere

196 Bush, 21.02.2005, President Discusses American and European Alliance in Belgium, Brüssel. Allerdings dürfte für die Entscheidung über einen Militärschlag wohl die Frage, wie sich die iranische Führung in Bezug auf das Atomprogramm verhält, ausschlaggebender sein als die Frage, inwieweit sie liberale Reformen durchführt.

197 Bush, 23.09.2008, Rede vor der UN-Generalversammlung, New York.

198 Vgl. u.a. die Ausführungen zum Irak und zu Afghanistan in Bush, 31.01.2008, President Bush Discusses Global War on Terror, Las Vegas.

auch die irakische und die afghanische Bevölkerung, wünschen sich eine liberale marktwirtschaftliche Demokratie.

II. Prämisse: Wir, die USA, bringen der Region eine liberale marktwirtschaftliche Demokratie.

Konklusion: Wir handeln dem Wunsch der regionalen Bevölkerung gemäß, also empfindet der Großteil der Bevölkerung unsere Liberalisierungsmaßnahmen, insbesondere im Irak und in Afghanistan, nicht als aufgezwungen, sondern im Gegenteil als Befreiung.

Sicherlich sind die Prämissen selbst, zumindest in dieser Formulierung, anfechtbar. Gehen wir einmal davon aus, dass die Prämissen korrekt sind. Dennoch handelt es sich bei dem Schluss um einen Fehlschluss. Daraus, dass sich viele Menschen in der Region eine *liberale marktwirtschaftliche Demokratie* wünschen, *folgt nicht*, dass die USA dem Wunsch dieser Menschen entsprechend handeln, wenn *sie*, also *die USA* oder *der Westen*, der Region die liberale marktwirtschaftliche Demokratie bringen, und dies noch dazu *mit Waffengewalt* tun. Die Mehrheit der Menschen der Region, auch Menschen, die liberale Reformen begrüßen, lehnen nämlich amerikanische Einmischungen in die Belange ihrer Region und insbesondere Militärinterventionen ausdrücklich ab.

Jochen Müller, der ein recht positives Bild von der Bereitschaft der regionalen Bevölkerung im Hinblick auf Reformen zeichnet, fasst die Diskussion der amerikanischen Liberalisierungsmission in den arabischen Medien wie folgt zusammen:

> Dabei besteht über die Notwendigkeit von Reformen weitgehende Einigkeit – zivilgesellschaftliche Organisationen und Intellektuelle setzen sich dafür ebenso ein wie die nationalistische und die moderate islamische Opposition. Selbst die meisten Regierungen geloben Bereitschaft zur Veränderung. Streit entzündet sich daher vor allem bezüglich der Geschwindigkeit der Umsetzung von Reformen sowie *an der Frage, welche Rolle der politische, ökonomische oder gar militärische Druck von außen dabei spielen dürfe.* Vor dem Hintergrund eines weitgehend ungebrochenen arabischen Einheits- und Zusammengehörigkeitsgefühls wiederholt sich hier die Konstellation aus der Zeit der ausgehenden europäischen Kolonialherrschaft in der Region: *Die Befreiung von der äußeren Fremdherrschaft – heute werden meist Israel und die USA in der Rolle der Kolonialmächte wahrgenommen – wird von vielen Arabern als Voraussetzung dafür gesehen, um mit inneren Reformen überhaupt erst beginnen zu können. Vor allem den USA wird vorgeworfen, im Namen von Demokratie und Menschenrechten bloße Macht- und Interessenpolitik zu betreiben.*[199]

199 Müller »›Wen von uns quält nicht der Schmerz‹. Innerarabische Diskussion um gesellschaftliche Veränderungen«, in MEMRI (The Middle East Media Research Institute): *Aus arabischen Medien. Gesellschaftskritische Stimmen im Nahen und Mittleren Osten* (2005): 5; Hervorh. von C. R.

Schließlich gibt es auch Menschen, die sich nicht nur eine liberale Demokratie wünschen, sondern auch auf die Notwendigkeit eines Drucks von außen, also durch die Amerikaner, hinweisen. Viele von ihnen lehnen dennoch die amerikanischen Mittel, vor allem militärische Interventionen, ab. Bei diesen Menschen handelt es sich zudem um eine Minderheit und nicht um *die* Menschen der Region, wie die USA glauben machen möchten.

(c) Das gestörte Vertrauensverhältnis zwischen den USA und den Menschen der Region

Es wurde im Zusammenhang »erfolgreicher« Gehirnwäsche durch Sektengurus auf die Bedeutung des Vertrauensverhältnisses zwischen dem Sektenguru und dem potentiellen Konvertiten aufmerksam gemacht. Ein solches Vertrauensverhältnis ist jedoch zwischen den USA und den meisten Menschen der Region gerade nicht gegeben. Im Gegenteil scheinen die USA sogar von großen Teilen der regionalen Bevölkerung, insbesondere auch von denen, die den amerikanischen Wunsch nach liberalen Reformen grundsätzlich teilen, mit *Misstrauen*, teilweise *Feindseligkeit* betrachtet zu werden. Die USA haben bei weiten Teilen der Bevölkerung der Region den Ruf der »Imperial-Macht«, der es allein darum geht, anderen Staaten ihre Agenden aufzuzwingen, um ihre ökonomischen oder machtpolitischen Interessen durchzusetzen, wozu ihnen jedes Mittel recht ist. Die »Demokratisierung« des Irak hat dann einmal mehr dieses Bild Amerikas bestätigt. Vor allem haben die USA ein starkes *Glaubwürdigkeitsproblem*, wenn es um das Thema »Demokratie« geht, insofern sie in der Vergangenheit oft genug autokratische Regime – unter anderem das Regime Saddam Husseins sowie die Taliban – unterstützt haben, wenn es amerikanischen Interessen zu Gute kam. Dies wird ihnen nicht nur von islamischen Extremisten im amerikanischen Sinne, wie der iranischen Führung, sondern auch oder gerade von moderaten Menschen in der Region vorgeworfen.[200]

Dass zentrale Problem der Amerikaner, das dazu führt, dass ihre Liberalisierungsversuche wohl bei großen Teilen der regionalen Bevölkerung als aufgezwungen erlebt werden, selbst wenn diese liberale Reformen eigentlich begrüßen, scheint also in dem *gestörten Vertrauensverhältnis* und damit in der *Beziehungsstruktur* zwischen den USA und der Region zu bestehen. Genau diese thematisieren die USA aber nicht.

Mit ihrer Argumentation lösen die USA die Paradoxie ihrer Missionierungspolitik also nicht auf, sondern verstricken sich immer weiter in paradoxe Handlungsankündigungen. Zwar propagieren die USA nun explizit Selbstveranlassung und Freiwilligkeit in Bezug auf die Liberalisierung der Region und

200 Vgl. Vogt »Die Demokratisierungsdebatte«, in Faath (2004): 271 – 94.

definieren sich nur als der Akteur, der die Region in erster Linie dazu anregen und dabei unterstützen soll, liberale Reformen »aus eigenem Antrieb heraus« durchzuführen, was sie wiederum insbesondere mittels eines freien und demokratischen Irak als Modell erreichen wollen. Allerdings steht immer noch fest, dass *sie*, als in der Region nicht sonderlich geschätzter Akteur, die Region im sicherheitspolitischen Interesse Amerikas zu liberalen Reformen anregen werden. Gerade im Irak haben sie zu sehr offensichtlichen *Zwangs*maßnahmen, und zwar zu *militärischen* Mitteln, gegriffen und deutlich gemacht, dass sie notfalls auch Staaten *gegen den Willen* der betroffenen Staaten sowie der gesamten internationalen Gemeinschaft »liberalisieren«. Die Tatsache, dass *die USA* die Region zu den Reformen anregen wollen und schließlich die Art und Weise, *wie* sie zu den Reformen anregen wollen, nämlich insbesondere mittels des Irak, der gerade als *das* Modell einer *erzwungenen »Demokratiesierung« von außen* fungiert, stehen im krassen *Widerspruch* zum Inhalt der amerikanischen Mitteilung, nach der liberale Reformen *selbstveranlasst und freiwillig* durchgeführt werden sollen.

Die amerikanische Argumentation weist nun eine starke Analogie zu der paradoxen Mitteilung der Ehefrau auf, die von ihrem Ehemann fordert, ihr Blumen zu schenken, aber nicht, weil sie es fordert, sondern weil er es machen will. Wie die Ehefrau möchten die USA ein bestimmtes Verhalten bzw. eine Verhaltensänderung bei den Menschen und vor allem den autokratischen Regimen in der Region erreichen: Es sollen liberale Reformen durchgeführt werden. Wie die Ehefrau sind sie sich der Tatsache bewusst, dass sie mit äußerem Zwang nicht den gewünschten Effekt erzielen werden: Liberale Reformen haben nur anhaltenden Erfolg, wenn sie selbstveranlasst und freiwillig durchgeführt werden. Daher möchten sie neben den Reformen auch erreichen, dass die Region die Reformen selbstveranlasst und freiwillig durchführt. Da die Region offenbar nicht ganz von selbst und völlig freiwillig Reformen durchführt, sehen sich die USA letztendlich doch dazu gezwungen, der Selbstveranlassung und Freiwilligkeit »nachzuhelfen«: Sie wollen die Region insbesondere durch einen demokratischen Irak als Modell dazu veranlassen, liberale Reformen freiwillig und aus eigenem Antrieb heraus durchzuführen. Indem sich die USA als Akteur setzen, der die Region im Zuge seiner sicherheitspolitischen Agenda zu liberalen Reformen veranlassen wird, und sie letztendlich doch Zwang ausüben bzw. Zwangsmaßnahmen androhen, kann in der Region aber niemand mehr freiwillig und selbstveranlasst agieren. Natürlich können die Regime der Region auch nach der amerikanischen Handlungsankündigung und insbesondere auch nach dem Irakkrieg ihre Politik immer noch ändern und die Bürger können noch versuchen, liberale Reformen durchzusetzen, genauso wie der Ehemann der Ehefrau auch nach der Forderung noch Blumen schenken kann. Sie können es aber nicht mehr im vollen Sinne des Wortes aus eigenem Antrieb heraus, selbstveranlasst und freiwillig tun. Genau dies müssten sie den USA zufolge jedoch tun, damit die Reformen *anhaltenden Erfolg* haben, so wie der Ehefrau zufolge der Ehemann die Blumen aus eigenem Antrieb heraus und freiwillig schenken müsste, damit sie den gewünschten Effekt haben.

In Bezug auf die autokratischen Regime und die weniger liberalen Menschen heißt das, dass sie ihre Einstellungen wohl gerade nicht ändern werden und liberale Reformen freiwillig und damit nachhaltig durchführen, wenn sie von den USA erzwungen werden. Die USA nehmen aber auch den Menschen, die liberalen Reformen eigentlich offen gegenüberstehen, die Möglichkeit, selbstveranlasst und freiwillig zu agieren. Auf Grund der bestehenden Beziehungsstruktur ist es sehr wahrscheinlich, dass viele Menschen, die sich eigentlich liberale Reformen wünschen, sie dennoch als aufgezwungen empfinden, wenn ausgerechnet die USA sie initiieren wollen oder einfordern. Es könnte dann passieren, dass die USA mit den Maßnahmen, mit denen sie die Menschen zu liberalen Reformen anregen wollen, diese gerade davon abhalten, liberale Reformen einzufordern und zu unterstützen. Dies wäre dann der Fall, wenn die Menschen einfach nicht auf Anordnung und im Interesse der als imperial empfunden USA agieren wollen und/oder befürchten, dass es den USA nur vordergründig um die Liberalisierung der Region geht, sie aber tatsächlich andere Ziele verfolgen. In dieser Hinsicht wäre es dann für die USA fatal, dass sie der Region die Möglichkeit, selbstveranlasst und freiwillig zu handeln, genommen haben.

In der Ankündigung schwingt jedoch noch eine weitere Paradoxie mit, die das amerikanische Glaubwürdigkeitsproblem in Bezug auf die Demokratisierungsabsichten verschärfen könnte. Beim Liberalismus als der Ideologie, die von außen aufgezwungen werden soll, handelt es sich schließlich um diejenige Ideologie, deren *zentraler Wert die Freiheit*, im Sinne von *Selbstbestimmtheit* ist, während die Ideologien, die bekämpft werden sollen, sich den USA zufolge vor allem durch *Ablehnung dieser Freiheit, Zwang, Repression* und ihren *totalitären* Charakter auszeichnen. Die Ideologie der Freiheit und Selbstbestimmtheit »fördern« die USA nun aber gerade, indem sie *Zwang ausüben* und damit in Bezug auf die Region *Freiheit und Selbstbestimmtheit negieren.* Und umgekehrt bekämpfen sie »repressive« Ideologien, und insbesondere die »totalitäre Ideologie des islamischen Extremismus« dadurch, dass sie sich selbst *repressiver und totalitärer Methoden* bedienen, dem Aufzwingen einer Ideologie und den der Ideologie entsprechenden Institutionen und Verfahrensweisen. Sinngemäß formulieren die USA damit die paradoxe Handlungsankündigung, nach der sie der Region den Liberalismus, als Ideologie der Freiheit, bringen, indem sie der

Region Freiheit nehmen.[201] Diese Handlungsankündigung weist eine starke Analogie zu den Christen auf, die den Befehl der japanischen Obrigkeit ausführend dem Christentum abschworen, indem sie sich auf christliche Instanzen beriefen. In beiden Fällen wird, um etwas zu bekämpfen, genau das bejaht und gefördert, was eigentlich negiert und bekämpft werden soll (repressive bzw. totalitäre Ideologien und Methoden einerseits und das Christentum andererseits) und genau das verneint, was eigentlich bejaht und gefördert werden soll (der Liberalismus als Ideologie der Freiheit einerseits und der Buddhismus bzw. der Shintoismus andererseits). Insofern lässt sich auch Watzlawicks et al. Analyse der Paradoxie des Abschwurs der Christen gut auf die Liberalisierungsankündigung der USA übertragen:

> Mit anderen Worten, es handelte sich um eine Aussage *innerhalb* eines klar umrissenen Bezugsrahmens ([…] [des Liberalismus]), die etwas *über* diesen Bezugsrahmen und daher über sich selbst aussagte, nämlich den Rahmen und damit den […] [Liberalismus] selbst negierte. Die beiden Worte *innerhalb* und *über* verdienen hier besondere Beachtung. Angenommen, *C* sei die Gesamtheit aller Aussagen, die innerhalb des Rahmens […] [des Liberalismus] gemacht werden können. Eine Aussage über *C* ist dann eine Meta-Aussage, also eine Aussage in der Metasprache über eine Aussage in der Objektsprache. Damit erweist sich, daß […] [die Ankündigung, dass die USA die Region ›zwangsliberalisieren‹] sowohl ein Element von *C* ist, da […] [Freiheit und Selbstbestimmtheit propagiert werden], gleichzeitig aber auch eine Meta-Aussage, die *C* verneint. Dies aber führt in die inzwischen wohlbekannte logische Sackgasse. Keine Aussage, die innerhalb eines Bezugsystems gemacht wird, kann gleichzeitig sozusagen aus diesem System heraustreten und sich selbst negieren.[202]

Watzlawick et al. geht es vor allem um die pragmatischen Konsequenzen der paradoxen Kommunikation. Werfen wir also im Folgenden einen Blick auf die Konsequenzen der dargestellten paradoxen Ankündigungen und Forderungen.

201 In diesem Zusammenhang sei auch auf die *Antinomie des demokratischen Friedens* verwiesen und zwar auf die Tatsache, dass »dieser Staatsverfassung [der Demokratie] sowohl ein Imperativ zu rücksichtsvollem Außenverhalten als auch zur nachdrücklichen Verbreitung der eigenen Staatsform im internationalen System innewohnt. Beide Imperative gründen in den als universell anerkannten Menschenrechten. Demnach kommt allen Männern, Frauen und Kindern ein Recht auf ein Leben in Würde zu, und das bedeutet, dass sie *prima facie* einen unbedingten Anspruch auf Schutz vor Krieg *und* vor staatlicher Repression haben. Durch die zivile Verbreitung der Demokratie als Staatsform können nach Überzeugung vieler Liberaler meistens beide Ziele erreicht werden. Es sind aber auch Situationen vorstellbar, in denen zu diskutieren ist, ob eine Mission *mit* dem Schwert zulässig, wenn nicht gar gefordert ist.« (Hasenclever »Liberale Ansätze zum ›demokratischen Frieden‹«, in Schieder / Spindler 2006: 230; Hervorh. im Orig.; Hasenclever bezieht sich hier auf Müller »The Antinomy of Democratic Peace«, in *International Politics* 2004.) Hier geht es also vor allem um die dem Liberalismus inhärenten widersprüchlichen Imperative zur (notfalls) *militärischen Verbreitung* von Demokratie einerseits und zu *friedvollem Verhalten* in den internationalen Beziehungen andererseits.

202 Watzlawick et al. (2007): 187; Hervorh. im Orig.

3.4 Die Konsequenzen der Paradoxien in der Kontroverse USA – Iran

3.4.1 Paradoxe Forderungen und Ankündigungen als Fehllösungen

Anhand der angeführten Beispiele paradoxer Kommunikation bei Watzlawick et al. wurden einige dieser Konsequenzen schon dargestellt, wobei es allerdings vor allem um die Konsequenzen ging, welche die paradoxen Mitteilungen auf die Empfänger der Mitteilungen haben. So ging es beispielsweise um die Ehefrau, die als Folge der paradoxen Ankündigung ihres Ehemannes, vertrauenswürdig zu bleiben, indem er vertrauensunwürdig werden würde, maßlos eifersüchtig ist und ihrem Ehemann nicht mehr vertrauen kann. Ein anderes Beispiel war der Ehemann, der dazu aufgefordert wird, seiner Frau aus eigenem Antrieb heraus und freiwillig Blumen zu schenken, der nach dieser Aufforderung jedoch nicht mehr aus eigenem Antrieb heraus und freiwillig handeln kann.

Von Interesse in unserem Zusammenhang sind allerdings insbesondere die Konsequenzen, welche die paradoxen Mitteilungen in Bezug auf denjenigen haben, der sie formuliert, also in Bezug auf den Sender der Mitteilungen. In den Forderungen und Ankündigungen, die Watzlawick et al. betrachten, geht es, wie in der Kontroverse USA – Iran, jeweils darum, dass derjenige, der die paradoxe Forderung und Ankündigung formuliert, ein bestimmtes *Problem* (oder Scheinproblem) *lösen* will und damit ein bestimmtes *Ziel* vor Augen hat. Um dieses Ziel zu erreichen und das Problem zu lösen, wird als *Mittel* schließlich eine Forderungen oder Ankündigung formuliert. So empfindet die Ehefrau es beispielsweise als Problem, dass ihr Ehemann ihr nie von sich aus Blumen als Zeichen seiner Liebe und Wertschätzung schenkt. Dieses Problem möchte sie mittels ihrer Forderung lösen, er solle ihr Blumen schenken, aber nicht, weil sie es fordert, sondern weil er es machen will. Der Ehemann empfindet den abendlichen Cocktail der Ehefrau als Problem in ihrer Ehe. Mit seiner Ankündigung, seine Ehefrau mit einer anderen Frau zu betrügen, möchte er erreichen, dass die Ehefrau ihr Trinkverhalten ändert, und damit das Problem lösen.

Allerdings erreicht der Ehemann mit seiner Ankündigung nicht nur nicht, dass die Ehefrau auf ihren abendlichen Cocktail verzichtet, und löst damit das wohl eher als eheliches Scheinproblem einzustufende Problem nicht. Stattdessen *schafft* er sich mit der paradoxen Handlungsankündigung erst *ein wirkliches Eheproblem*, nämlich die maßlose Eifersucht und das Misstrauen der Ehefrau. Und vielleicht wäre sich der Ehemann eines Tages der Liebe und Wertschätzung, die er seiner Frau gegenüber empfindet, erneut bewusst geworden und hätte ihr von sich aus Blumen geschenkt. Nachdem die Ehefrau aber genau dies von ihm fordert, kann er ihr nicht mehr von sich aus Blumen schenken. Genau dies müsste er aber nach Meinung der Ehefrau tun, um ihr Problem zu lösen. Die Ehefrau hat mit ihrem vermeintlichen Lösungsversuch also nicht nur ihr Problem nicht gelöst, sondern *die Lösung erst unmöglich gemacht.*

In diesem Sinne handelt es sich bei den paradoxen Ankündigung und Forderungen um *Fehllösungen*, wie sie uns in etwas anderer Form schon im zweiten Kapitel begegnet sind. Sie lösen nicht nur das zu lösende Problem nicht, sondern *intensivieren* das Problem sogar noch, machen das zu lösende Problem gar erst *unlösbar* oder *erzeugen* ein noch schlimmeres Problem als das ursprünglich zu lösende. Insofern die Lösung des Problems das Ziel und die paradoxe Forderung / Ankündigung das Mittel ist, mit dem das Ziel erreicht werden soll, kann man auch sagen, dass das Mittel nicht nur nicht zielführend ist, sondern dass der Sender es sich mit der Wahl der Forderung als Mittel unmöglich gemacht hat, sein Ziel zu erreichen. Die Wirkungen der paradoxen Forderungen sind dann auch in dem Sinne paradox, dass sie im Widerspruch zu den beabsichtigten Wirkungen der Forderung stehen.

Betrachten wir die im Zusammenhang der Kontroverse USA – Iran besonders interessante »Sei spontan!«-Paradoxie, die sich nach Watzlawick et al. daraus ergibt, dass jemand dazu aufgefordert wird, eine bestimmte Ideologie zu verinnerlichen. Totalitäre Staaten möchten, dass die Bürger die Staatsideologie verinnerlichen, um sie zu mobilisieren, dem Regime gegenüber gefügig zu machen und dem Problem einer möglichen Revolution entgegenzutreten. Vielleicht wird der eine oder andere Bürger die Staatsideologie auch tatsächlich eines Tages verinnerlichen. Er kann sie aber sicherlich dann nicht tatsächlich verinnerlichen, wenn er beim Verhör durch die Polizei zur Verinnerlichung der Staatsideologie gezwungen wird. In diesem Sinne macht also der Versuch, ein Problem oder Scheinproblem zu lösen, die Lösung erst unmöglich. Doch Watzlawick et al. schildern die Situation noch etwas drastischer. So wird ihnen zufolge der Bürger des totalitären Staates die ihm im Verhör aufgezwungene Ideologie nicht nur nicht tatsächlich verinnerlichen können, sondern er wird sie nach dem Verhör wahrscheinlich *erst recht ablehnen.* (Dies wiederum erhöht die Wahrscheinlichkeit, dass er sich eines Tages gegen das Regime auflehnen wird.)[203]

203 Vgl. Watzlawick et al. (2005): 20 – 59, 84 – 96; Watzlawick et al. (2007): 207 – 08; Watzlawick (2010): 30 – 31.

3.4.2 Die Folgen der amerikanischen »Zwangsliberalisierungsmission«

Nun haben die Amerikaner einige Jahre versucht, ihre Ankündigung in die Tat umzusetzen und durch die Liberalisierung der Region – insbesondere mittels der »Modellwirkung« eines »freien Iraks« – die Ideologien der Region, Autokratie und Terror zu bekämpfen. Rückblickend lässt sich also die Frage stellen, ob sich der amerikanische Lösungsversuch als Erfolg herausgestellt hat. Ist die Region als Folge der amerikanischen Interventionen unter Bush also demokratischer (und marktwirtschaftlicher) geworden, gab es anschließend mehr Menschen dort, die mit liberalen Ideen anstatt mit »repressiven Ideologien« sympathisierten als vor der Liberalisierungsmission, konnte der Terrorismus eingedämmt werden oder wurde die Region zumindest sicherer?

Volker Perthes zieht 2007 bezüglich der amerikanischen Politik in der Region des Nahen und Mittleren Ostens unter Bush folgende Bilanz:

> Es [das historische Ansehen von Präsident Bush] wird mit dem Irak-Krieg verbunden bleiben, der die Region des Nahen und Mittleren Ostens zwar erschüttert, sie aber *weder sicherer noch demokratischer* gemacht hat. Die Entwicklungen im Irak haben *eher den autoritären Herrschern Auftrieb gegeben.* Im Irak selbst dominiert der Wunsch nach Herstellung eines effektiven, *notfalls auch autoritären Staates*; in Ländern wie Syrien oder Saudi-Arabien ist es mit Blick auf die Verhältnisse im Irak *sehr viel leichter geworden, Forderungen nach politischer Liberalisierung abzuwehren.*[204]

Und über die iranische Führung, die es schließlich als einer der beiden politischen Hauptgegner der Amerikaner insbesondere zu schwächen galt, äußert er sich wie folgt:

> Je weniger jedoch die amerikanische Politik im Irak der auftretenden Schwierigkeiten Herr wurde, desto mehr nahm die Sorge um regionale Stabilität *und gleichzeitig das Selbstbewusstsein der regionalen Herrscher zu.* Das zeigt sich vor allem im *Iran – dem Staat, der wohl am ehesten und ohne eigenes Zutun als Gewinner des Irak-Krieges gelten kann:* Mit Saddam Hussein war der jahrzehntelange Konkurrent um Hegemonie am Golf gestürzt; iranischer Einfluss wuchs, vor allem im Süden des Irak und in Bagdad.[205]

Olivier Roy verweist schließlich darauf, dass nach den amerikanischen Liberalisierungsbemühungen nicht nur im Irak dem Iran nahestehende Schiiten an Einfluss gewonnen haben, sondern dass auch das Selbstbewusstsein der vom Iran unterstützen Hizbullah im Libanon, als einer der Akteure, die die USA als *die* Verkörperung des »islamischen Extremismus« schlechthin definieren,

---

204 Perthes »Vier Jahre nach Saddam Hussein. War das Scheitern des Irak-Krieges vorhersehbar? Eine retrospektive Analyse der wissenschaftlichen Prognosen zum Irak – und ein Ausblick«, in *Internationale Politik* (2007): 120; Hervorh. von C. R.

205 Perthes »Vier Jahre nach Saddam Hussein«, in *Internationale Politik* (2007): 114; Hervorh. von C. R.

stärker wurde. Die Hizbullah demonstrierte nun ganz offen ihren Machtanspruch. Auch die Hamas stieg zur dominierenden politischen Kraft der Palästinenser auf und der Atomstreit eskalierte weiter. Doch der Irakkrieg spielte nach Roy auch al-Qaida, dem zweiten Hauptkontrahenten und eigentlichen Auslöser des amerikanischen »Krieges gegen den Terror« in die Hände. So erreichte die amerikanische Armee die Grenzen ihrer Interventionsfähigkeit, in der muslimischen Welt traten neue Konfliktlinien auf und in Afghanistan kehrten schließlich die Taliban zurück – während Usama Bin Ladin bis 2011 offenbar relativ unbehelligt in Pakistan lebte und seit 2001 weitere Terroranschläge stattgefunden haben.[206]

Mit Blick auf diese Bilanz lässt sich wohl die Diagnose wagen, dass es sich bei dem amerikanischen »Zwangsliberalisierungsunternehmen« unter Bush um eine Fehllösung handelte. Die amerikanischen Liberalisierungsversuche hatten die Region nicht nur nicht liberaler gemacht, sondern Liberalisierungsentwicklungen eher aufgehalten. Bei der irakischen Bevölkerung selbst herrschte der Wunsch nach einem effektiven, notfalls auch autokratischen Staat vor, gerade *weil* ethnisch und konfessionell bedingte Gewalt und Terrorismus nicht nur nicht abgenommen, sondern *stetig zugenommen hatten.* Gewalt und Terror sollten aber durch die amerikanische Liberalisierungsmission letztendlich bekämpft werden.

Perthes gibt in Bezug auf das Scheitern der Liberalisierung des Irak eine differenzierte Darstellung der Fehler in der amerikanischen Strategie im Irak, weist aber auch auf grundsätzliche Denkfehler der Bush-Administration hin, die ihm zufolge vor allem daraus resultieren, dass »Entscheidungsträger in den USA sich mit Blick auf den Irak eher *von ideologisch geprägtem Wunschdenken leiten ließen*«[207] als von den Fakten. Dabei thematisiert er die amerikanische Prämisse des universellen Wunsches nach Freiheit und Demokratie sowie den Fehlschluss, aus dem Wunsch nach Freiheit und Demokratie würde auch der Wunsch folgen, dass die USA der Region Freiheit und Demokratie bringen sollten.

> Wer den politischen und sozialen Gegebenheiten des Irak *die notwendige Aufmerksamkeit widmete*, musste jedenfalls *bezweifeln*, dass der politische Willen einer Supermacht genügen würde, um den Irak und die gesamte Region durch eine militärische Intervention in die Demokratie zu katapultieren.[208] […] Zwar haben auch amerikanische Kriegsbefürworter aus Politik und Gesellschaft heftige Kritik an den Fehlern der Besatzungspolitik geübt. Meist stellten sie dabei aber keinen Zusammenhang zu der Hybris her, mit der der Krieg gerechtfertigt worden war. Dazu […][gehört] die bei einer

206 Vgl. Roy (2008): 9–11; auch Perthes (2008): 62–63.

207 Perthes »Vier Jahre nach Saddam Hussein«, in *Internationale Politik* (2007): 112; Hervorh. von C. R.

208 Perthes »Vier Jahre nach Saddam Hussein«, in *Internationale Politik* (2007): 112; Hervorh. von C. R.

> Reihe der politisch Verantwortlichen *fest verwurzelte Überzeugung, dass die irakische Gesellschaft nur darauf warte, von den Amerikanern befreit und zur Demokratie geführt zu werden.* Die Fehler des in der Irak-Politik führenden Pentagons entsprachen dieser Geisteshaltung: zu wenig Truppen [...] und zu wenig Sensibilität im Umgang mit der irakischen Gesellschaft.[209]

Hinsichtlich des Scheiterns der amerikanischen Politik im Irak resümiert Roy in offensichtlicher Übereinstimmung zu Perthes:

> Häufig rühren diese Fehler von *ideologischen Vorurteilen* her: Die Streitkräfte waren nicht auf einen langen Kampf gegen Guerillatruppen vorbereitet, weil nach herrschender Lehre die Hauptgefahr vom Regime Saddam Husseins ausging, dem Tyrannen, der mittels einer mächtigen Armee über ein Volk herrschte, *das nur den einen Wunsch hatte, dass von außen ein Befreier kommen möge.* Dieser Sichtweise entsprechend musste man intensiv und punktuell eine massive Feuerkraft entfalten, um einen Feind auszuschalten, der zu einer Bedrohung des Weltfriedens erklärt wurde. Anschließend [...] bräuchte man sich nur zurückzuziehen, denn *das irakische Volk, voller Freude und Dankbarkeit gegenüber den Amerikanern ob seiner Befreiung, würde auf der Stelle sein eigenes Schicksal in die Hand nehmen und eine rechtsstaatliche Demokratie errichten, die alle Nachbarn vor Neid erblassen ließe.*[210]

Die »ideologisch gefärbte Sicht auf die internationalen Beziehungen« der Bush-Regierung und insbesondere ihre Prämisse der Universalität des Wunsches nach liberaler Demokratie sowie der, aus amerikanischer Sicht, daraus folgenden Notwendigkeit diese notfalls militärisch zu verbreiten, sieht Roy auch noch in anderer Hinsicht als die Ursache des Scheiterns der amerikanischen Außen- und Sicherheitspolitik an. Sie führte nämlich dazu, dass die USA als Reaktion auf die Anschläge vom 11. September 2001 einen *globalen* Kampf gegen Terror *und Autokratie* konzipierten, vor allem einen *staatlichen* Akteur als Verantwortlichen suchten und die Interventionen im *Irak* zur tragenden Säule in diesem Kampf machten.[211]

In Bezug auf den Wiederaufbau des Irak und der Errichtung einer Demokratie macht Perthes auf weitere Widersprüchlichkeiten des amerikanischen Liberalisierungsunternehmens aufmerksam:

> Tatsächlich haben die Amerikaner sich ernsthaft bemüht, politische Prozesse und den Aufbau irakischer Institutionen zu fördern. [...] Der politische Wiederaufbauprozess leidet jedoch an *Widersprüchlichkeiten* auf amerikanischer wie auf irakischer Seite. Der amerikanische Wunsch nach souveräner Demokratie im Irak wurde durch zu starke Kontrollansprüche der Bush-Regierung konterkariert. Mitglieder des Nationalen Sicherheitsrats in Washington ließen etwa während der Beratungen über eine irakische

209 Perthes »Vier Jahre nach Saddam Hussein«, in *Internationale Politik* (2007): 114; Hervorh. von C. R.

210 Roy (2008): 57; Hervorh. von C. R.

211 Vgl. Roy (2008): 11–12, 25, 36.

> Verfassung in Bagdad vernehmen, dass man den Verfassungsprozess natürlich den Irakern überlasse – Paragraphen, die auf der Scharia basieren, werde man jedoch nicht akzeptieren. Die Amerikaner machten auch deutlich, wen sie sich als Regierungschef wünschten, sorgten für die Ablösung des ihnen zu unentschiedenen Premiers Ibrahim Dschaafari und nahmen erheblichen Einfluss auf den Prozess der Regierungsbildung unter Nuri al-Maliki.[212]

In Bezug auf andere Länder der Region hatten die amerikanischen Liberalisierungsversuche unter Bush nicht nur nicht den gewünschten Effekt und regten die Führungen der Staaten zu liberalen Reformen aus eigenem Antrieb heraus an. Im Gegenteil führten sie dazu, dass die Regime die Forderungen nach Liberalisierung leichter abwehren konnten. Autokratische Regime, vor allem der politische Hauptgegner Iran, wurden nicht nur nicht geschwächt, sondern sogar gestärkt. Die iranische Führung ging gar als eigentlicher Gewinner der amerikanischen Liberalisierungsversuche hervor.[213]

Vom psychologischen Standpunkt aus betrachtet gilt für die iranische Führung, als autokratisches Regime *und* Verkörperung des islamischen Extremismus im amerikanischen Sinne, dass sie ihre (nicht-liberalen) Überzeugungen und Wertvorstellungen offensichtlich nicht abgelegt hat, sondern im Gegenteil in ihren Überzeugungen und Wertvorstellungen sowie in ihrer Politik noch bestärkt wurde, wie die Argumentation der iranischen Führung Jahre nach Beginn der amerikanischen Liberalisierungsmission verdeutlicht.[214]

Ulrich Vogt konstatiert, dass sich innerhalb der arabischen Gesellschaften als Konsequenz der amerikanischen Interventionen zwei Lager von Menschen bildeten. Das eine Lager bestand aus denen, die das Ereignis des Sturzes des Regimes Saddam Husseins zum Anlass für Selbstkritik und für tiefgreifende Reformen nahmen. Das andere Lager bestand aus Menschen, für die die Invasion des Irak »nur eine weitere Niederlage und Demütigung darstellt und damit auf die Notwendigkeit hinweist, *gegen jegliche externe Intervention oder Demo-*

212 Perthes »Vier Jahre nach Saddam Hussein«, in *Internationale Politik* (2007): 115; Hervorh. von C. R. Perthes konstatiert, dass der Irak insofern demokratischer (und in dem Sinne freier) geworden ist, als die Amerikaner das Regime Saddam Husseins beseitigt und demokratische Institutionen errichtet hätten. Allerdings fehlten nun wesentliche Elemente von Staatlichkeit, vor allem könne der Staat nun nicht mehr effektiv Sicherheit gewährleisten. Kollektive Güter, wie Sicherheit und Wohlfahrt, würden nun, wenn überhaupt, von Stammesführern und konfessionellen Milizen bereitgestellt, was deren Rolle stärke.

213 Vgl. Perthes »Vier Jahre nach Saddam Hussein«, in *Internationale Politik* (2007): 112–120.

214 Viele der betrachteten Zitate, in denen Ahmadinedschad das westliche Weltbild für die aggressive Politik des Westens verantwortlich macht und die Übernahme des eigenen Weltbildes als Lösung propagiert, stammen von Reden aus den Jahren 2007 oder 2008, also Jahren nach Beginn der amerikanischen Liberalisierungsmission.

kratieforderungen den Widerstand zu verstärken«[215]. Das erstgenannte Lager, die Liberalen, Demokraten und Reformer, befand sich nach Vogt in der Minderheit.

Der amerikanische Liberalisierungsversuch schien allerdings auch die Liberalen, Demokraten und Reformer in der Region, als die hauptsächlichen Träger einer Liberalisierung von innen und aus eigenem Antrieb heraus, nicht nur nicht gestärkt, sondern im Gegenteil geschwächt zu haben.

> Der Druck der USA auf die arabischen Staatsführungen nach dem 11. September 2001 und erst recht nach dem Irakkrieg hat die Träger demokratischer Positionen in eine *Zwickmühle* gebracht. Die aggressive US-Politik gegenüber Syrien z. B., so der syrische Analyst Murhaf Jouejati, *schwäche die demokratischen Reformer.* Da sie Menschenrechte und demokratische Prinzipien als universelle Werte vertreten und das westliche kulturelle Modell als mittlerweile allgemeingültiges annehmen, sind sie für arabisch-nationalistische Gegner ›*Knechte des US-Imperialismus und des Westens*‹. Zudem erscheint vielen arabischen Intellektuellen – ganz abgesehen vermutlich von der Mehrheit der Bevölkerungen – das amerikanische missionarische Verhalten nur als fadenscheiniger *Vorwand* für die ›hidden agenda‹ von globaler Hegemonie, Zugriff auf das irakische Öl und vor allem die strategische Unterstützung Israels. *Die Monopolisierung demokratischer Werte durch die als undemokratisch empfundene Bush-Administration hat die Reformer noch angreifbarer gemacht. Sie werden zu ›Vaterlandsverrätern‹*: ›[...] liberal slogans have become expressions of Americanisation and the trashing of basic national interests.‹[216] [...] Eine *offene* Unterstützung aus dem Ausland – erst recht durch die USA – würde den Gegnern der Demokraten *Beweise für deren angebliche ›Hörigkeit‹ gegenüber dem Westen liefern.*[217]

Die amerikanischen Ankündigungen brachten damit auch die Liberalen der Region in eine schwierige Lage, für die sich eine »Sei spontan!«-Paradoxie der amerikanischen Argumentation zufolge eigentlich nicht stellen durfte. Diese Zustandsbeschreibung scheint eine direkte Konsequenz aus der Tatsache zu sein, dass, nachdem die USA einmal die Liberalisierung der Region als ihr Ziel verkündet hatten, das sie notfalls auch militärisch erreichen würden, niemand in der Region mehr wirklich selbstveranlasst und freiwillig handeln konnte, sondern immer *auch* auf amerikanische Veranlassung und dem amerikanischen Willen gemäß handelte. Allerdings stellte die Situation in gewisser Weise eine Erweiterung des Modells einer Paradoxie nach Watzlawick et al. dar. Es waren nämlich nicht nur zwei, sondern drei Akteure involviert. Die schwierige Lage der

---

215 Vogt »Die Demokratisierungsdebatte«, in Faath (2004): 274; Hervorh. von C. R. Das letztgenannte Lager bestand nach Vogt aus Nasseristen, Islamisten, Radikalen und Nationalisten. Es gab auch Akteure in diesem Lager, die sich für Reformen aussprachen, dies aber vor allem mit dem Ziel einer besseren Verteidigung der Nation gegenüber der äußeren, westlichen Herausforderung taten und nicht weil sie wirklich liberale Ideen teilten.

216 Vogt zitiert hier den islamistisch orientierten ägyptischen Publizisten Fahmi Howeidy, wie er nach *al-Ahram Weekly*, Kairo, 27.11 – 03.12.2003 zitiert wurde.

217 Vogt »Die Demokratisierungsdebatte«, in Faath (2004): 285; Hervorh. von C. R.

Liberalen in Folge der paradoxen Ankündigung der *USA* ergabt sich daraus, dass sie *gegenüber den weniger liberalen Akteuren* der Region nun nicht nur die liberalen Reformen, sondern darüber hinaus auch die Tatsache rechtfertigen mussten, dass sie (auch) auf amerikanische Veranlassung und dem amerikanischen Willen gemäß handelten. Hier spielte also nicht nur die Beziehung zwischen den USA, als Sender der paradoxen Mitteilung, und der Gruppe der Liberalen, als einer der Empfänger der paradoxen Mitteilung, sondern auch die Beziehung zwischen der Gruppe der Liberalen und der Gruppe der Nicht-Liberalen eine Rolle.

Schließlich gab es einen sehr großen Teil der Bevölkerung der Region, den Vogt »die arabische Straße« nennt, und den in der amerikanischen Argumentation die »moderaten Menschen« darstellen, die, vor die Wahl gestellt, sofort den Liberalismus wählten. Die Einstellung dieser Menschen in Anbetracht der amerikanischen Liberalisierungsmission beschreibt Vogt wie folgt:

> Man kann davon ausgehen, dass beträchtliche Teile der Bevölkerung arabischer Staaten – persönliche Erfahrungen und nicht-repräsentative Gespräche ›in den Straßen‹ arabischer Städte legen diese Vermutung nahe – zwar mehr Demokratie und Gerechtigkeit wünschen, aber die USA nicht als Verbündete, geschweige denn als Lehrmeister akzeptieren wollen. Vor dem Hintergrund eines wie auch immer gearteten Verständnisses von ›arabischer Ehre‹ ist es in diesem Kontext durchaus möglich, trotz expliziter oder impliziter Verurteilung z. B. Saddam Husains diesen in der Aura eines nationalen Helden zu sehen: als wenigstens einer, der gegen die äußeren Feinde Haupt und Stimme erhob.[218]

Hier wird sehr deutlich, dass in Bezug auf die amerikanische Liberalisierungsmission weniger das Problem darin bestand, dass große Teile der Bevölkerung liberale Reformen in der Sache strikt ablehnten. Das Problem bestand vor allem in dem *Zwangs*charakter der amerikanischen Liberalisierungsmission, der sich vor allem daraus ergab, dass *die USA derjenige Akteur* waren, der die Reformen forderte und sie durchsetzen wollte. Die *Beziehungsstruktur* war das eigentliche Problem. Insofern bestand die Gefahr, dass auch Menschen der Region, die vielleicht nicht gerade zu den Reformern gehörten, die aber den liberalen Konzepten nicht grundsätzlich ablehnend gegenüberstanden, sie schließlich dennoch ablehnten und mit den autokratischen Regimen sympathisierten, *weil die USA* den Kampf gegen den »islamischen Extremismus« und gegen Autokratie durch die Verbreitung liberaler Konzepte angekündigt hatten.

Auf diese Menschen hatte nach Vogt die liberal-demokratische Opposition nur beschränkten Einfluss. Viele Debatten der liberal-demokratischen Opposition gingen an ihnen vorbei, vor allem, wenn sie »komplexe Botschaften gegen

218 Vogt »Die Demokratisierungsdebatte«, in Faath (2004): 289.

Krieg und Diktatur zugleich beinhalten«[219]. Hier wird neben dem mangelnden Vertrauen in der Beziehung zwischen den USA und den Menschen der Region noch auf einen weiteren Aspekt verwiesen, und zwar die Wahl des *Mittels* zur Liberalisierung, und zwar der Waffengewalt. Die amerikanische Liberalisierung wurde von vielen Menschen der Region nicht mit positiven Dingen, sondern mit Krieg in Verbindung gebracht. Es mag sein, dass die Menschen, die liberalen Reformen nun gerade deswegen ablehnten, weil sie mit Gewalt durchgesetzt werden sollten und sie Gewalt ablehnten, und nicht, weil sie die Ideen des Liberalismus ablehnten.[220]

Gewaltanwendung als »Lösung« scheint also nicht nur, wie im Kontext des Interpunktionsproblems gezeigt, in dem Sinne eine Fehllösung zu sein, dass sie Gegengewalt produziert und einen Teufelskreis erzeugt, sondern auch in dem Sinne, dass man, sobald man als Aggressor gilt, weder Vertrauen entgegengebracht bekommt, noch auf offene Ohren für seine Konzepte stößt, sollten diese auch noch so gut sein.

Dies gilt wohl auch für den politischen Gegner der USA, die »islamischen Extremisten«. In diesem Zusammenhang ist es nämlich sehr interessant, einen Blick auf einen Auslöser tatsächlicher liberaler Reformen in der Region zu werfen. In Marokko und Saudi Arabien wurden liberale Reformen nämlich gerade nicht durch amerikanische und damit externe Liberalisierungsbemühungen zum Zwecke der Terrorismusbekämpfung ausgelöst, sondern durch die islamistisch motivierten Terroranschläge selbst, die in Riad am 12. Mai 2003 und in Casablanca am 16. Mai 2003 verübt wurden!

> Die Anschläge [...] lösten nicht nur in den betroffenen Staaten Besorgnis aus: Die Urheber der Terroranschläge waren nämlich keineswegs ausländische Agenten, sondern Landsleute; der Terror folglich kein perfider Import, sondern Produkt hausgemachter Probleme. Der Schock, der durch die marokkanische Gesellschaft lief, führte nicht nur zu eindrucksvollen Demonstrationen gegen den Terror, sondern auch dazu, dass die islamistische *Partei für Gerechtigkeit und Entwicklung* wegen ihrer ideologischen Nähe zu den Attentätern unter starken Rechtfertigungszwang geriet. Zudem konnte ein gesellschaftlicher Minimalkonsens für mehr Reformen entstehen, der es König Mohammed VI. ermöglichte, die langjährige Debatte um die Reform des Personenstandsgesetzes gegen den Widerstand der Islamisten und Konservativen durchzusetzen. Die saudische Führung musste feststellen, dass der staatstragende Wahabismus nicht nur optimalen Nährboden für das Qa'ida-Netzwerk und seine Operationen im Ausland abgegeben hatte, sondern auch die Fundamente des Regimes selbst attackierte. Am 13. Oktober 2003 kündigte die saudische Führung erstmals Kommunalwahlen an. Mitte Oktober fand eine Menschenrechtskonferenz im Königreich statt – und es kam sogar zu Demonstrationen. [...] Ohne das bestehende System

219 Vogt »Die Demokratisierungsdebatte«, in Faath (2004): 290.
220 Vgl. Vogt »Die Demokratisierungsdebatte«, in Faath (2004): 273–94.

> grundsätzlich infrage zu stellen, plädierten sie [die saudischen Reformkräfte] für behutsame Reformen innerhalb der Grenzen (der Monarchie) und vor allem für stärkere politische Partizipation, Anerkennung der Menschenrechte, und der bürgerlichen Freiheiten. Diese Reformer distanzieren sich von den Befürwortern eines Umsturzes.[221]

Peter Rudolf resümiert, dass die USA seit Beginn des 20. Jahrhunderts 18 Mal versucht haben, einem Staat (militärisch) eine Demokratie aufzuzwingen, Afghanistan mit eingeschlossen. Jedoch ist es ihnen in nur fünf Fällen gelungen, eine stabile Demokratie zu errichten, wobei sich drei Staaten (Deutschland, Japan und Italien) in der industrialisierten Welt und zwei Staaten (Panama und Grenada) in Lateinamerika befanden.[222] Meist sind Transformationen von autokratischen zu demokratischen Systemen durch einen Zusammenbruch des Regimes in Folge eines Legitimations- und Machtverlustes zustande gekommen.[223] So scheint es sich schließlich auch in Bezug auf die aktuell zu beobachtende Demokratisierungsbewegung in der islamischen Welt zu verhalten. Bemerkenswert ist hier der Zeitpunkt des Ausbruchs der Proteste gegen die autokratischen Herrscher. Die Proteste begannen nämlich nicht, nachdem die amerikanische Regierung die Liberalisierung der Region eingefordert hatte, sondern zwei Jahre nach dem mit dem Amtsantritt Barack Obamas erfolgten *Paradigmenwechsels* in der amerikanischen Außenpolitik, d. h. nach der *Beendigung* der »Zwangsliberalisierungspolitik«.

Im Kontext der amerikanischen Liberalisierungsmission des Nahen und Mittleren Ostens als Fehllösung des Problems des transnationalen Terrorismus soll noch kurz auf einen bereits angesprochenen Aspekt aufmerksam gemacht werden, und zwar auf die sogenannten »*homegrown terrorists*«. Diese spielen in der amerikanischen Argumentation eine sehr untergeordnete Rolle, erklären die USA doch den undemokratischen und wirtschaftlich stagnierenden *Nahen und*

221 Vogt »Die Demokratisierungsdebatte«, in Faath (2004): 279.

222 Auf die Beispiele Deutschland und Japan verweisen die USA stets, wenn es um Kritik am amerikanischen »Zwangsliberalisierungsunternehmen« geht. (Vgl. zum Beispiel Bush, 19.09.2006, Rede vor der UN-Generalversammlung.) Diese Beispiele sind aber insofern nicht überzeugend, als hier andere Voraussetzungen gegeben waren als in der Region des Nahen und Mittleren Ostens: Erfahrungen mit halbwegs demokratischen Traditionen, keine wirtschaftliche Struktur von Rentierstaaten (also Wohlstand vor allem auf Grund der Rohöl-Vorkommen und nicht nur auf Grund von Leistung/produktivem Faktoreneinsatz) und, bis auf Japan, meist mehr oder weniger starker Einfluss der europäischen Ideengeschichte und Kultur, unter anderem schwächere Rolle der Religion in der Politik usw.

223 Vgl. Rudolf »Die ›Strategie der Freiheit‹ im Nahen und Mittleren Osten. Rhetorik und Realität amerikanischer Politik«, in *SWP-Aktuell* (2003): 5–7. In einem Interview mit der *TAZ* vom 30.05.2006 weist Rudolf allerdings darauf hin, dass die amerikanische Demokratisierungs- und Liberalisierungsmission den Diskurs in der Region verändert hat und auch international neue Debatten über Möglichkeiten angestoßen hat, wie man autokratische Systeme öffnen kann. Dies könne als Erfolg gewertet werden.

Mittleren Osten zur Krisenregion, in welcher Extremismus und Terrorismus gedeihen, welche sich dann gegen den Westen richten.

Auch wenn die USA alle islamistischen Gruppierungen über einen Kamm scheren und einen globalen ideologischen Kampf konzipiert haben, der sich gegen alle Formen des Islamismus richtet, ist dieser Kampf doch insbesondere als Reaktion auf die Anschläge des 11. September 2001 zu verstehen, in denen die USA von *al-Qaida* angegriffen wurden. Die eigentliche Bedrohung für den Westen geht von den Dschihadisten aus, die transnational agieren und vor allem dem Westen den Kampf angesagt haben. Nun möchten die USA das Problem des *transnationalen* Terrorismus dadurch nachhaltig lösen und der Gefahr, die für Amerika vor allem von Dschihadisten wie *al-Qaida* ausgeht, dadurch begegnen, dass sie mit der *Liberalisierung des Nahen und Mittleren Ostens* den Nährboden des Extremismus austrocknen und den Terroristen langfristig das Rekrutierungspotential entziehen. Olivier Roy macht jedoch auf folgende Tatsache aufmerksam:

> Die geografische Verteilung der Rekruten von Al Qaida ist nicht deckungsgleich mit den Konfliktregionen im Mittleren Osten, denn bei Al Qaida findet man vorwiegend junge *europäische Muslime* der zweiten Generation und Konvertiten, aber weder Palästinenser noch Afghanen und sehr wenige Menschen aus dem Mittleren Osten.[224]

Insbesondere hatten auch die Attentäter des 11. September 2001 in den USA sowie die Terroristen, die im Juni 2007 Bomben in öffentlichen Verkehrsmitteln in London zündeten, eine regelrechte internationale Laufbahn hinter sich. Fast alle Terroristen hatten den Islam *im Westen* wiederentdeckt, wo sie gut integriert waren und einen durch und durch westlichen Lebenswandel führten.[225]

> Im Umfeld von Al Qaida [...] finden wir Menschen aus allen sozialen und wirtschaftlichen Schichten. Es handelt sich bei ihnen keineswegs zwangsläufig um verbitterte junge Arbeitslose und Opfer von Rassismus, wie das Beispiel der Londoner Ärzte, die zu Terroristen wurden, zeigt. Viele stammen auch aus gemischten Ehen [...]. [...] Wie wir gesehen haben, sind sehr wenige Araber aus dem Mittleren Osten in der international operierenden, zweiten Generation der Al-Qaida-Kämpfer vertreten. [...] Marokkaner und Pakistanis, die in der zweiten Generation in Europa leben, sind überrepräsentiert [...]. Interessant ist insbesondere die Zahl derjenigen, die aus Ostafrika stammen [...], ebenso die Zahl der Konvertiten [...]. Kurzum, die Landkarte der Rekrutierungen von Al Qaida ist ganz und gar nicht deckungsgleich mit den Krisenregionen des Mittleren Ostens.[226]

---

224 Roy (2008): 62; Hervorh. von C. R.

225 Vgl. Roy (2008): 161–80.

226 Roy (2008): 165. Die erste Generation bestand zwar vorwiegend aus Arabern, allerdings eher aus gebildeten und wohlhabenden Menschen.

Mit dieser Tatsachenbeschreibung wird erstens die *mono*kausale Erklärung der USA dafür, dass sich Menschen radikalen Ideologien verschreiben fragwürdig. Zweitens erscheint auch der amerikanische Lösungsversuch der Liberalisierung des Nahen und Mittleren Ostens für das Problem des *transnationalen* Terrorismus, der den USA am 11. September 2001 zum Verhängnis geworden ist, insofern als Fehllösung, als ein Problem hauptsächlich *an einer Stelle zu lösen versucht wird, wo es nicht zu lösen ist.* Stattdessen haben sich die USA mit ihrer Liberalisierungsmission im Irak als vermeintlich wichtigstes Etappenziel zur nachhaltigen Lösung des Problems des transnationalen Terrorismus sehr viele zusätzliche Probleme geschaffen. Auch hat sich die Beziehung zum Iran in Folge des amerikanischen »War on Terror« verschlechtert, obwohl es sich bei al-Qaida eigentlich um einen gemeinsamen Gegner des Westens und des Iran handelt und der Kampf gegen al-Qaida eigentlich ein Ansatzpunkt für Kooperation hätte sein können.

3.4.3 Die Folgen der iranischen »Zwangsislamisierungsmission«

Werfen wir nun noch einen kurzen Blick auf die iranische Forderung, die amerikanische Führung solle sich von ihrem »gottlosen Weltbild« abwenden und zum Monotheismus konvertieren, mit welcher der Iran erreichen möchte, dass sich die amerikanische Führung zukünftig an die Gebote Gottes hält und ihre ungerechte und aggressive Politik beendet.

In Bezug auf die iranische Forderung wurde konstatiert, dass auch hier wohl grundsätzlich gilt: Je mehr man versucht, jemanden im Sinne eines bestimmten religiösen Glaubensbekenntnisses »zwangszubekehren«, desto weniger wahrscheinlich wird es, dass diese Person das religiöse Glaubensbekenntnis eines Tages tatsächlich verinnerlicht, und desto wahrscheinlicher wird es wohl auch, dass sie das aufgezwungene Glaubensbekenntnis gerade ablehnen wird. Nun fehlen der iranischen Führung aber im Gegensatz zu der amerikanischen Führung die *militärischen und wirtschaftlichen Mittel*, um ihre Forderung durchsetzen zu können und die amerikanische Führung, oder allgemein die westlichen Führungen und deren Volk, »zwangszubekehren«. Auf diesen Aspekt werde ich im nächsten Kapitel ausführlicher eingehen. Festzuhalten bleibt, dass die iranische Führung nicht über die Mittel verfügt, um ihre Forderung der Art »Sei spontan!« durchsetzen zu können oder zumindest glaubhaft drohen zu können. Daher bleibt die paradoxe Forderung des Iran für die USA relativ folgenlos.

Dort jedoch, wo die iranische Führung über derartige Mittel verfügt und die »Lösung« des religiösen »Zwangsbekenntnisses« tatsächlich praktiziert hat, und zwar innerhalb der eigenen Staatsgrenzen, scheint sie tatsächlich zum Gegenteil dessen geführt zu haben, was erreicht werden sollte:

> 26 Jahre, nachdem der Schah das Land verlassen hat, 26 Jahre, nachdem Ernst gemacht wurde mit der islamistischen Devise ›der Islam ist die Lösung‹, könnte die Entfremdung zwischen dem Volk und seinen konservativen Herrschern nicht größer sein. Viele wenden sich *nicht nur vom System ab, sondern auch von der Religion.* ›Wenn das der reine mohammedanische Islam ist, dann lieber nicht.‹ Das hört man immer wieder. Wissenschaftliche Untersuchungen haben ergeben, dass weite Teile der iranischen Bevölkerung inzwischen *nicht nur säkularer, sondern auch areligiöser eingestellt sind als andere Bevölkerungen der islamischen Welt.* Heute verrichten mehr Menschen in der laizistischen Türkei ihre Pflichtgebete als im angeblichen Gottesstaat Iran. Im Jahr 26 nach der Islamischen Revolution hat Iran möglicherweise die am stärksten säkularisierte Bevölkerung des Nahen Ostens.[227]

Und schließlich ist noch ein Punkt anzumerken. Wir haben gesehen, dass eine antiamerikanische Haltung bei vielen Menschen der Region recht verbreitet ist und die Mehrheit der Menschen amerikanische Interventionen in der Region ablehnt. Für die iranische Bevölkerung, die zudem von Seiten ihrer Führung in besonders hohem Maße antiamerikanischer Propaganda ausgesetzt ist, konstatiert Katajun Amirpur jedoch:

> Im Sommer 2003 wurde man in Iran mit der erstaunlichen Haltung konfrontiert, dass viele eine Intervention der Amerikaner in Iran *befürworteten.* [...] Die iranische Bevölkerung ist inzwischen ohndies *die amerikafreundlichste der islamischen Welt – allein schon um damit gegen die Haltung der konservativen Herrschenden zu opponieren.* [...] *Trotz und wahrscheinlich gerade wegen* des verordneten Anti-Zionismus wirkt sich nicht einmal – wie in anderen Ländern der islamischen Welt – die Israel-Politik der amerikanischen Regierung negativ auf das Amerika-Bild der Jugend aus. Zu spontanen Demonstrationen gegen die Israelis oder zu einem Boykott amerikanischer Waren durch die Bevölkerung – wie in anderen islamischen Ländern geschehen – würde es in Iran nicht kommen. [...] Diese aufgeschlossene Haltung gegenüber einer amerikanischen Intervention muss erstaunen. Man erinnere sich: im Jahr 1978/79 fand in Iran eine Revolution statt. Einer ihrer Pfeiler war die Kritik an der Iranpolitik der USA. [...] und auch danach taten die Vereinigten Staaten alles, um mit ihren Aktivitäten weiterhin als identitätsstiftendes Feindbild zu fungieren. [...] Doch die überraschend unkritische Haltung gegenüber der amerikanischen Politik, auf die man häufig trifft, zeugt weniger von einer wirklichen Akzeptanz oder auch nur Kenntnis der US-Politik im Nahen Osten. Sie belegt nur, dass die Menschen müde sind. Müde und

227 Amirpur »Der ›Schurkenstaat‹ Iran und die Greater Middle East Initiative«, in *ORIENT* (2005): 265; Hervorh. von C. R. In einem Interview mit K. Amirpur vom 12. November 2004 bringt der iranische Philosoph Abdolkarim Sorusch diesen Sachverhalt wie folgt auf den Punkt: »Die islamische Religion war im iranischen Volk so tief verwurzelt, dass nur eine islamische Revolution diese Wurzeln ausreißen konnte.« (Sorusch, zit. n. Amirpur »Der ›Schurkenstaat‹ Iran und die Greater Middle East Initiative«, in *ORIENT* 2005: 265.)

> ratlos: Bei einer vom iranischen Innenministerium durchgeführten Umfrage erklärten 90 % der Befragten, sie seien mit ihrem Staat unzufrieden.[228]

Hier stoßen wir auf dasselbe Phänomen, auf das wir zuvor schon bezüglich der amerikanischen Politik gestoßen sind. Ähnlich der amerikanischen Führung, die durch ihre Außen- und Sicherheitspolitik den politischen Hauptgegner Iran nicht nur nicht schwächen konnte, sondern ihn sogar noch gestärkt hat, konnte die iranische Führung mit ihrer Innenpolitik ihren politischen Hauptgegner, den es mittels Propaganda eigentlich zu schwächen galt, nicht nur nicht schwächen, sondern hat ihn eher noch gestärkt.

Allerdings weist Amirpur darauf hin, dass sich mit dem Scheitern der Amerikaner im Irak die Haltung der Iraner hinsichtlich einer Demokratisierung von außen geändert hatte. Der »Mossadegh-Komplex« kam langsam bei der iranischen Bevölkerung wieder hoch und es bestand die Gefahr, dass die iranische Bevölkerung sich doch hinter ihre ungeliebte Regierung stellte, falls die Amerikaner zu starken Druck auf sie ausübten.[229]

Die Fehllösung, die in diesem Kapitel beschrieben wurde, kommt insbesondere dadurch zustande, dass Veränderungen von Überzeugungen, Werten oder Glaubensinhalten mittels Methoden (Drohungen und Zwang) versucht werden, mit denen man aber höchstens *Verhaltens*änderung bewirken kann. Angewendet auf Überzeugungs-, Werte- und Glaubenssystemen führen sie zu Paradoxien.[230] Darauf, dass man niemanden dazu zwingen kann, aus bestimmten Gründen zu handeln, sondern dass sich die Gründe für ihr Handeln nur die handelnde Person selbst setzen kann, wies übrigens schon Immanuel Kant in seiner *Metaphysik der Sitten* vor mehr als 200 Jahren (1797/98) hin:

> Es gibt nämlich keine andere Bestimmung der Willkür, die durch ihren Begriff schon dazu geeignet wäre, von der Willkür anderer selbst physisch nicht gezwungen werden zu können, als nur die zu einem Zwecke. Ein anderer kann mich zwar zwingen, etwas zu tun, was nicht mein Zweck (sondern nur Mittel zum Zweck eines anderen) ist, aber nicht dazu, daß ich es mir zum Zweck mache, und doch kann ich keinen Zweck haben, ohne ihn mir zu machen. Das letztere ist ein Widerspruch mit sich selbst; ein Akt der Freiheit, der doch zugleich nicht frei ist. – Aber sich selbst einen Zweck zu setzen, der zugleich Pflicht ist, ist kein Widerspruch; weil ich da mich selbst zwinge, welches mit der Freiheit gar wohl zusammen besteht.[231]

---

228 Amirpur »Der ›Schurkenstaat‹ Iran und die Greater Middle East Initiative«, in *ORIENT* (2005): 252; Hervorh. von C. R.

229 Vgl. Amirpur »Der ›Schurkenstaat‹ Iran und die Greater Middle East Initiative«, in *ORIENT* (2005): 251–71.

230 Vgl. Watzlawick et al. (2005): 19–47, 58–59, 85–96; Watzlawick et al. (2007): 184–90.

231 Kant (1977): 510; vgl. auch Kant (1977): 323–26, 347, 508–22.

4. Paradoxe Kommunikation II: Die Doppelbindung

4.1 Die Struktur der Doppelbindung nach Watzlawick et al.

Es wurde ein Aspekt angesprochen, der für die pragmatischen Konsequenzen paradoxer Kommunikation von großer Bedeutung ist, und zwar *der Faktor Macht*. Die USA können notfalls in die von ihnen als »autokratisch« oder gar »extremistisch« definierten Staaten des Nahen und Mittleren Ostens, wie vor allem Irak und Iran, einmarschieren, um die Regierungen abzusetzen und die Gesellschaften »zwangszuliberalisieren«. Umgekehrt können die vom Iran als »unterdrückte islamische Welt« definierten Staaten der Region, wie Iran selbst, nicht in die USA oder die verbündeten westlichen Staaten einmarschieren, um die Führungen und die Gesellschaften zum Islam oder zum Monotheismus »zwangszubekehren«. Insofern muss es der Iran dem politischen Gegner gegenüber bei Forderungen belassen, während die USA darüber hinaus auch Handlungsankündigungen formulieren können.

Die Beziehungs- und Machtstruktur thematisieren auch Watzlawick et al. im Zusammenhang der paradoxen Kommunikation. Sie konstatieren, dass paradoxe Mitteilungen insbesondere dann pathologische Wirkungen haben können, wenn sie in einer dauerhaften und »lebenswichtigen« Beziehung zwischen dem Sender und dem Empfänger der Mitteilung gegeben werden, aus der sich der Empfänger der paradoxen Mitteilungen nicht zurückziehen kann – denn die Beziehung ist ja »lebenswichtig« für ihn –, und über die er nicht erfolgreich metakommunizieren[232] kann, da eine solche Metakommunikation z.B. als ungehorsam aufgefasst und sanktioniert würde. Watzlawick et al. knüpfen damit an die Arbeiten von Gregory Bateson, Jay Haley, Don D. Jackson und John H. Weakland an, die für diese Beziehungs- und Kommunikationsstruktur den Begriff der *Doppelbindung* prägten und feststellten, dass ein dauerhaftes Gefan-

232 Metakommunizieren = über die (paradoxe) Kommunikation selbst kommunizieren; nicht erfolgreich = der Empfänger der paradoxen Mitteilung möchte durch die Metakommunikation der paradoxen Situation entkommen, schafft dies aber nicht.

gensein in einer Doppelbindung (z.B. während der gesamten Kindheit) zu schizophrenem Verhalten führen kann.[233] Die Doppelbindung, das wurde bereits oben erwähnt, stellt für Watzlawick et al. eine *pragmatische Paradoxie im engeren Sinne* dar.

Auch die Folgen der paradoxen Ankündigungen der USA sind im Vergleich zu den Folgen der iranischen Forderung gegenüber dem Westen deshalb so schwerwiegend, da sie, im Gegensatz zur iranischen Forderung, in einer Beziehungsstruktur formuliert werden, die alle Merkmale einer Doppelbindung aufweist. Betrachten wir also die Merkmale der Doppelbindung etwas näher.

Eine Doppelbindung weist *drei Merkmale* auf.

Erstens besteht eine Art *physische, materielle oder emotionale Abhängigkeitsbeziehung* zwischen dem Sender und dem Empfänger der Mitteilung. Die Abhängigkeit kann einseitig oder wechselseitig sein, sie muss aber mindestens für den Empfänger der Mitteilung bestehen. In den meisten Fällen der Doppelbindungen, die Watzlawick et al. diskutieren, besteht eine *asymmetrische* Beziehung zu Gunsten des Senders der Mitteilung (z.B. Mutter-Kind-Beziehungen).[234] Oft befindet sich der Sender in einer tatsächlichen Machtposition gegenüber dem Empfänger der Mitteilung (z.B. die japanische Obrigkeit gegenüber ihren Gefangenen, den japanischen Christen).

In dieser Beziehung wird zweitens eine *paradoxe Mitteilung* im oben dargelegten Sinne gegeben.

Drittens kann der Empfänger der Mitteilung den Rahmen der durch die paradoxe Mitteilung hergestellten Situation nicht verlassen und so seiner misslichen Lage entkommen (*Unmöglichkeit der Flucht aus der Situation*). Er kann sich nicht aus der Beziehung zurückziehen, da sie in irgendeiner Weise wichtig für ihn ist. Er muss also in irgendwie auf die paradoxe Mitteilung reagieren, kann dies aber nicht in angebrachter Weise tun, eben weil die Mitteilung paradox ist.

Schließlich könnte er versuchen, die paradoxe Kommunikation und die Beziehungsstruktur selbst zum Gegenstand der Kommunikation zu machen, also zu metakommunizieren. Der Sender der Mitteilung wird aber wahrscheinlich *leugnen*, dass der Situation überhaupt irgendeine Widersprüchlichkeit inhärent ist und die versuchte Metakommunikation als *Beweis* für die *Verrücktheit, Widersetzlichkeit oder Böswilligkeit* des Empfängers der Mitteilung darstellen. Der Sender der Mitteilung blockiert dann bewusst den Versuch der Metakommu-

233 Vgl. Bateson / Jackson / Haley / Weakland »Towards a Theory of Schizophrenia«, in *Behavioral Science* (1956): 253–56.

234 Watzlawick et al. sprechen oft von »Komplementärbeziehungen«, in welcher der Empfänger der Mitteilung die inferiore Rolle bekleidet. Den Ausdruck der Komplementärbeziehung stellen sie dem der symmetrischen Beziehung gegenüber, insofern sich die Erstgenannte durch ergänzende Ungleichheit der Interagierenden, die Letztgenannte durch ein Streben nach Gleichheit von Seiten der Interagierenden auszeichnet.

nikation von Seiten des Empfängers der Mitteilung, um ihn am Verlassen des Rahmens der Situation zu hindern. An einigen Stelle beschreiben Watzlawick et al. diese *Blockade der Metakommunikation* sogar als ein eigenständiges Merkmal der Doppelbindung.

> Obwohl also die Mitteilung logisch sinnlos ist, ist sie eine pragmatische Realität: Man kann nicht *nicht* auf sie reagieren, andererseits aber kann man sich ihr gegenüber auch nicht in einer angebrachten (nichtparadoxen) Weise verhalten, denn die Mitteilung selbst ist paradox. Diese Situation kann für den Empfänger oft noch weiter durch das mehr oder weniger ausgesprochene Verbot erschwert sein, des Widerspruchs oder der tatsächlichen Zusammenhänge gewahr zu werden. Eine in einer Doppelbindung gefangene Person läuft also Gefahr, für richtige Wahrnehmung bestraft und darüber hinaus als böswillig oder verrückt bezeichnet zu werden, wenn sie es wagen sollte, zu behaupten, daß zwischen ihren tatsächlichen Wahrnehmungen und dem, was sie wahrnehmen ›sollte‹, ein wesentlicher Unterschied besteht.[235]

235 Watzlawick et al. (2007): 196; Hervorh. im Orig. Mit dem »Verbot, sich der Widersprüchlichkeit der Situation gewahr zu werden«, meinen Watzlawick et al. beispielsweise, dass der Sender oder der »Doppelbinder« zu verstehen gibt, dass für ihn die Situation völlig logisch ist, oder dass dieser dem Empfänger der Mitteilung bewusst wichtige Anhaltspunkte zur Lösung der Situation vorenthält. So weist unter anderem die Situation der japanischen Christen, die von der japanischen Obrigkeit gezwungen werden, dem Christentum abzuschwören, um nicht getötet zu werden, die Struktur einer Doppelbindung auf. Die japanischen Christen befinden sich in Gefangenschaft und damit in einer materiellen Abhängigkeitsbeziehung zur japanischen Obrigkeit. Sie erhalten innerhalb dieser Beziehungsstruktur eine paradoxe Mitteilung. So wird von ihnen verlangt, dass sie ihren christlichen Glauben dadurch (tatsächlich) abzuschwören sollen, dass sie sich auf christliche Instanzen berufen. Die Christen können der Forderung nicht nachkommen und ihrem christlichen Glauben auf diese Weise tatsächlich abschwören. Zwar können sie den Schwur leisten, bestätigen auf diese Weise jedoch ihren christlichen Glauben. Ist die japanische Obrigkeit besonders böswillig, kann sie den Christen genau das vorwerfen und sie hinrichten lassen. Oder die Christen weigern sich von vornherein, diesen paradoxen Schwur zu leisten. Auch in diesem Fall wird ihnen die japanische Obrigkeit Widersetzlichkeit vorwerfen und sie hinrichten lassen. Im Rahmen der Situation der Aufforderung ist also keine Lösung möglich. Die Christen können die Beziehung zur japanischen Obrigkeit nicht abbrechen, sie sind Gefangene der japanischen Obrigkeit. Die einzige Lösung bestünde darin, nicht direkt auf den Inhalt der Forderung zu reagieren, sondern die paradoxe Struktur der Forderung sowie die Beziehungsstruktur zwischen den Christen und der japanischen Obrigkeit selbst zum Gegenstand der Kommunikation zu machen, d.h. zu metakommunizieren. Eine solche Metakommunikation ist nicht einfach, denn sie setzt bestimmte intellektuelle und kommunikative Fähigkeiten voraus. Die japanische Obrigkeit könnte nun aber einfach leugnen, dass der Situation der Christen überhaupt irgendeine Widersprüchlichkeit inhärent ist, und die Metakommunikation der Christen wiederum als Beweis dafür darstellen, dass die Christen versuchten, sich ihr zu widersetzen. In diesem Fall würde die japanische Obrigkeit die Christen also bewusst am Verlassen des Rahmens der Situation hindern, indem sie sich auf der Metaebene auf ihre Machtposition beruft und den Versuch, der paradoxen Situation durch Metakommunikation zu entkommen, blockiert.

Eine Doppelbindung als paradoxe Situationen unterscheidet sich demnach von einer nur widersprüchlichen Situation, wie Watzlawick et al. ein Dilemma nennen. In einer widersprüchlichen Situation muss jemand zwischen Alternativen wählen. Dies kann sehr unerfreulich sein, wie z. B. das Dilemma der Menschen am 11. September 2001, die sich in den oberen Etagen des brennenden World Trade Centers befanden, und denen nur die Wahl zwischen dem Ersticken und dem Todessprung aus dem Fenster blieb. Eine Wahl, auch wenn es nur um die Wahl des kleineren Übels geht, ist hier aber logisch möglich. In einer paradoxen Situation, wie der Doppelbindung, ist die Wahl selbst unmöglich, weder die eine, noch die andere Handlungsalternative steht offen.[236]

4.2 Die asymmetrische Beziehung zwischen dem Westen und der islamischen Welt und die »Unmöglichkeit der Flucht« aus der Beziehung

Zwischen den von den USA als »autokratisch« oder gar »extremistisch« definierten Staaten des Nahen und Mittleren Ostens, wie vor allem Iran, besteht eine auf Ungleichheit beruhende, d. h. *asymmetrische* und *hierarchische*, *Beziehung* zu Gunsten der USA, und zwar in zweifacher Hinsicht.[237] Erstens sind die USA diesen Staaten militärisch (und wirtschaftlich) überlegen und können bei Missachtung amerikanischer Interessen glaubhaft mit unilateralen und gegen Beschlüsse der internationalen Staatengemeinschaft verstoßende Sanktionen bis hin zu Militärinterventionen drohen – man denke an den Irakkrieg. Zweitens verfügen die USA aber auch innerhalb der Vereinten Nationen selbst gegenüber diesen Staaten über eine Machtposition. Im Gegensatz zu ihnen gehören die USA sowie mit Frankreich und Großbritannien zwei weitere verbündete westliche Industriestaaten zu den fünf ständigen Mitgliedern des UN-Sicherheitsrates, dem eigentlichen Machtorgan der UNO, und verfügen über ein Vetorecht, mit dem sie alle Entscheidungen des Rates zu ihren Gunsten, und Ungunsten der »extremistischen Staaten« der Region, blockieren können. Die von den USA als »autokratisch« oder »extremistisch« definierten Staaten des Nahen und Mittleren Ostens, wie vor allem Iran, können dagegen im Falle der Missachtung ihrer Interessen durch die USA und die verbündeten westlichen Industriestaaten diese

236 Da der Sender der Mitteilung aber dem Empfänger gegenüber die Paradoxie der Situation leugnet, befindet sich dieser in einer »Illusion der Alternativen«. Vgl. Watzlawick et al. (2007): 68–70, 124, 178–203, 214–16; zum Unterschied zwischen einer Paradoxie und einem (moralischen) Dilemma vgl. auch Sainsbury (2010): 75–85.

237 Der Ausdruck der »Komplementärbeziehung« ist weniger zutreffend, da die Beziehung nicht auf *sich ergänzender* Ungleichheit beruht, sondern ein Konkurrenzverhältnis besteht.

nicht unilateral, und nur sehr schwer mit Hilfe der internationalen Gemeinschaft sanktionieren. Erstens sind sie militärisch (und wirtschaftlich) unterlegen und zweitens fällt die Machtstruktur innerhalb der Vereinten Nationen zu ihren Ungunsten aus. Sie sind also in zweifacher Hinsicht in einer inferioren Rolle. Dies gilt auch für die Bevölkerung der betreffenden Staaten, die von der amerikanischen Liberalisierungsmission schließlich ebenfalls betroffen ist.[238]

In dieser Beziehungsstruktur formulieren die USA der Region gegenüber, wie gezeigt, mehrere *paradoxe Ankündigungen.*

Die politischen Führungen der Staaten der Region können den Rahmen der paradoxen Situation *nicht* dadurch verlassen, dass sie sich aus den internationalen Beziehungen *zurückziehen.* Auch die Bürger der betroffenen Staaten können der Situation *nicht »entfliehen«.*

Auf Grund der bestehenden Machtstruktur müssen die Staaten der Region in irgendeiner Weise reagieren, d.h., sie können die Ankündigung nicht einfach ignorieren, ohne über kurz oder lang mit wirtschaftlichen oder militärischen Konsequenzen rechnen zu müssen. Gleichzeitig kann niemand in der Region auf die Art und Weise reagieren, wie die USA dies wünschen. So können die weniger liberalen Menschen den Liberalismus wahrscheinlich nicht tatsächlich verinnerlichen, wenn er ihnen aufgezwungen wird, wie auch niemand in der Region mehr wirklich selbstveranlasste und freiwillige liberale Reformen durchführen kann, nachdem die USA diese Reformen als ihr zentrales sicherheitspolitisches Ziel definiert haben, das sie notfalls auch gegen den Willen der Region verfolgen.

Für den Großteil der Bevölkerung der betroffenen Staaten ist die Möglichkeit, mit der amerikanischen Regierung zu kommunizieren, und damit auch die Möglichkeit einer Metakommunikation, von vornherein begrenzt, obgleich über die Presse natürlich Kritik an der amerikanischen Politik geübt werden kann und geübt wurde. Für die Regierungen der Staaten ist diese Möglichkeit dagegen

238 Dennoch sind die internationalen Beziehungen sicherlich für jeden Staat von einer gewissen »Lebenswichtigkeit«. Auch die USA als (noch) einzige Supermacht sind letztendlich an internationaler Kooperation, auch mit den als »extremistisch« definierten Staaten, wie Iran, interessiert. Das gilt insbesondere in dem von der US-Regierung oft erwähnten Zeitalter der transnationalen Gefahren, wie dem internationalen Terrorismus, dem Drogen- und Menschenhandel, der globalen Klimaveränderung usw. Vor allem stellt die iranische Führung mit ihren »Atomwaffenambitionen« eine reelle Gefahr für Israel als Verbündeten der USA dar sowie auf Grund der Unterstützung militanter islamistischer Gruppierungen indirekt auch für amerikanische Truppen in der Region. Auch die USA müssen in irgendeiner Weise auf die iranische Politik, vor allem das Atomprogramm, reagieren. Ein völliger Rückzug aus den internationalen Beziehungen selbst ist unmöglich, obgleich natürlich diplomatische Beziehung und direkte Verhandlungen abgebrochen werden können. Eine reelle Gefahr für die USA als Staat selbst stellen die von den USA als »extremistisch« definierten Staaten, vor allem Iran, allerdings auf Grund ihrer militärischen Unterlegenheit nicht dar, und ein Angriff auf Amerikas Verbündeten Israel käme auf Grund eines wahrscheinlichen Gegenschlags durch die USA einem Selbstmord gleich.

gegeben. Sie könnten also versuchen, den Rahmen der paradoxen Handlungsankündigung dadurch zu verlassen, dass sie metakommunizieren, also die paradoxe Kommunikation und zu diesem Zwecke insbesondere die Beziehungsstruktur selbst zum Thema machen.[239]

Um die Schwierigkeit der Metakommunikation zu verdeutlichen, soll noch einmal die Struktur der amerikanischen Handlungsankündigung etwas differenzierter dargestellt, und dabei, in Anlehnung an Watzlawick et al., zwischen dem *Inhalts-* und dem *Beziehungsaspekt* einer Mitteilung unterschieden werden.

Die USA kündigen paradoxer Weise an, der Region den Liberalismus, als Ideologie der Freiheit, und marktwirtschaftliche Demokratie, als Institutionalisierung dieser Ideologie, aufzuzwingen, und damit der Region die Freiheit zu bringen, indem sie ihr Freiheit absprechen. Der erste Teil dieser Ankündigung besteht aus der Mitteilung auf der Objektebene a) »Wir werden den *Liberalismus* als die Ideologie der Freiheit und *marktwirtschaftliche Demokratie* verbreiten«. Hier wird eine Information gegeben, und zwar wird etwas über den *Inhalt*, das »*Was*«, der amerikanischen Politik gesagt. Außerdem wird das *Ziel* der amerikanischen Politik definiert: Eine bestimmte Ideologie soll verinnerlicht und eine bestimmte gesellschaftlichen Verfahrensweise begrüßt werden. Dies kann nur selbstveranlasst und freiwillig geschehen, wie die USA selbst sagen.

Dadurch, dass die USA als den handelnden Akteur aber die eigene Seite setzen und deutlich machen, dass sie zur Not auch zu militärischen Mitteln greifen, teilen sie gleichzeitig b) mit: »*Wir* werden Euch den Liberalismus als die Ideologie der Freiheit *aufzwingen*, Euch keine Freiheit gewähren, und Euch die Möglichkeit nehmen, selbstveranlasst und freiwillig zu handeln.« Hier geben die USA eine Information *über* die Information a), welche die Information a) negiert. Diese Mitteilung liegt auf der Metaebene. Im Gegensatz zur Information auf der Objektebene, geht es hier weniger um den Inhalt, das »Was«, der amerikanischen Politik (die Idee und die Verbreitung von Liberalismus und marktwirtschaftlicher Demokratie), sondern um die *Art und Weise, wie* dieses »Was« erreicht werden soll, d.h., um die amerikanische *Vorgehensweise* (*durch* die Amerikaner und damit von außen) und insbesondere die *Mittel* (notfalls *mit* militärischen Mitteln).[240] Insbesondere wird in dieser Metaankündigung auch

239 Dies ist natürlich ein zweischneidiges Unterfangen, da die iranische Führung, die sich schließlich ebenfalls in eine Paradoxie verfängt, auch ihre eigene problematische Argumentationsstruktur offen legen würde.

240 Die Hierarchisierung zwischen dem Inhalt der Mitteilung und der Zieldefinition (Objektebene) einerseits und der Beziehungsdefinition, die vor allem durch die Wahl der Mittel gegeben wird (Metaebene), andererseits ergibt sich aus mehreren Gründen. Insbesondere wird üblicher Weise *zunächst* a) ein Ziel definiert und *dann* b) die Art und Weise, wie dieses Ziel erreicht werden soll. Durch die Mitteilung b) sagt man also etwas *über* die Mitteilung a)

etwas darüber ausgesagt, wie die USA ihre *Beziehung* zu den betroffenen Staaten des Nahen und Mittleren Ostens verstehen, und zwar erstens als *asymmetrische und hierarchische* Beziehung, wobei Amerika in dieser Hierarchie weiter oben steht, *überlegen ist.* Wer sich nämlich als derjenige definiert, der eine Region »zwangsliberalisieren« kann und soll, der sieht sich offenbar als zumindest militärisch und wirtschaftlich, vielleicht auch moralisch überlegen. Zweitens wird gesagt, dass man als der Überlegene *nicht unbedingt auf Kooperation* setzt oder die Einwände anderer Staaten respektiert, sondern seine Interessen in der Region notfalls auch *gegen den Willen* der Region sowie der gesamten internationalen Gemeinschaft durchsetzen wird. Es wird deutlich, dass Amerika vor allem eine *strategische, an amerikanischen Interessen orientierte* Politik in der Region verfolgt und zur Not auch unilateral vorgeht. Die Beziehungsdefinition wird nicht explizit geäußert, sie schwingt aber in den angeführten Textstellen stets implizit mit und wird vor allem durch die de facto Politik der USA unter Bush gegeben. Die Beziehungsdefinition bestätigt die tatsächlich bestehende hierarchische Beziehungsstruktur.

Um die Paradoxien der amerikanischen Handlungsankündigungen offen zu legen, um also Metakommunikation zu betreiben, müsste argumentiert werden, dass ein Widerspruch zwischen dem, *was* erreicht werden soll, der Verinnerlichung des Liberalismus als Ideologie der Freiheit, sowie seiner freiwilligen und selbstveranlassten Institutionalisierung in einer marktwirtschaftlichen Demokratie (*Ziel*), und dem, *wie* dieses »Was« erreicht werden soll, besteht. Es müssten also insbesondere der *Zwangs*charakter des amerikanischen Liberalisierungsunternehmens thematisiert werden, der sich erstens dadurch ergibt, dass die Amerikaner *sich selbst* als den handelnden Akteur setzen, und zweitens dass sie *zu militärischen Mitteln* greifen oder sie zumindest androhen. Außerdem müsste auch die *asymmetrischen Beziehung* bzw. die Beziehungs*definition*, welche die USA selbst implizit geben, thematisiert werden. Die asymmetrische Beziehung gestattet den USA nämlich überhaupt erst ihr Vorgehen und die Wahl militärischer Mittel. Gleichzeitig bestätigen die USA durch ihr Vorgehen und die Wahl der Mittel die bestehende Beziehungs- und Machtstruktur.

Dem möglichen Versuch, den Widerspruch aufzudecken, beugen die USA jedoch vor.[241]

---

aus, *bezieht sich auf* diese und nicht umgekehrt. Außerdem bildet die Beziehungsstruktur, die einerseits die Wahl der Mittel beeinflusst, andererseits durch die Wahl der Mittel gegeben oder bestätigt wird, den *größeren Rahmen*, innerhalb dessen eine bestimmte Mitteilung mit einem konkreten Inhalt gegeben wird.

241 Zur Unterscheidung von Inhalts- und Beziehungsaspekt der Kommunikation vgl. insbesondere Watzlawick et al. (2007): 53–56, 79–91.

4.3 Die amerikanische Blockade der Metakommunikation

4.3.1 Die amerikanische Leugnung des Konflikts auf der Beziehungsebene

Die amerikanische Strategie gegen Kritik, welche die Art und Weise der Liberalisierungsmission und die Beziehungsstruktur problematisiert, und damit auch gegen mögliche Versuche, den Widerspruch zwischen dem Inhalt der amerikanischen Politik und der Vorgehensweise bei der Realisierung dieser Politik zu thematisieren, besteht aus zwei Schritten.

Der erste Schritt besteht in der *Leugnung des Zwangscharakters* der amerikanischen Liberalisierungsmission. Es wurde bereits in Punkt 3.4.1 deutlich, dass die USA alles daran setzen, zu erklären, warum sich für die Region, insbesondere für die Bevölkerung, kein Zwang ergibt und sich eine Paradoxie demnach nicht stellt. Während die USA gerade im Irak der Region gegenüber sehr deutlich gemacht haben, dass sie der Bevölkerung letztendlich keine Wahl lassen, wenn es um die sicherheitspolitischen Interessen der USA geht, behaupten sie nun aber explizit: »Freedom, by its nature, cannot be imposed – *it must be chosen.* From Beirut to *Baghdad, people are making the choice for freedom.*«[242] Und schließlich: »Brave citizens in Lebanon and *Afghanistan and Iraq have made the choice for democracy* – yet the extremists have responded by targeting them for murder. […] The people of Lebanon and Afghanistan and Iraq *have asked for our help.* And every civilized nation has a responsibility to stand with them.«[243]

Wir hatten aber gesehen, dass viele Menschen der Region, insbesondere auch die Menschen, die liberale Reformen nicht grundsätzlich ablehnen oder sogar begrüßen, nicht nur nicht die USA »um Hilfe gebeten haben«, sondern amerikanische Einmischung in die Belange ihrer Region ausdrücklich ablehnen. Wenn die USA die amerikanischen Liberalisierungsversuche im Nahen und Mittleren Osten, insbesondere auch im Irak und in Afghanistan, einfach als Wahl und Entscheidung dieser Menschen selbst und als erwünschte Hilfeleistung umdefinieren, dann *leugnen* sie ihnen gegenüber explizit den aufgezwungenen Charakter der amerikanischen Liberalisierungsmission. Man handle in ihrem Namen und auf ihren ausdrücklichen Wunsch hin.

Nun scheint gerade dieses Leugnen des Zwangscharakters der amerikanischen Liberalisierungsmission und das blinde Festhalten an der Prämisse, dass alle Menschen liberale Reformen wollen sowie der Folgerung, dass auch alle Menschen wollen, dass die Amerikaner ihnen den Liberalismus bringen, insbesondere in Bezug auf den Irak, der ja als demokratisches Vorbild und Kata-

242 Bush, 19.09.2006, Rede vor der UN-Generalversammlung, New York; Hervorh. von C. R.
243 Bush, 25.09.2007, Rede vor der UN-Generalversammlung, New York; Hervorh. von C. R.

lysator für die Demokratisierung der gesamten Region fungieren sollte, für die USA selbst negative Folgen gehabt zu haben. Wir rufen uns hier noch einmal Roys und Perthes' Analyse des Scheiterns im Irak ins Gedächtnis zurück. Beide machen schließlich die Tatsache, dass sich die USA in Bezug auf ihre Liberalisierungsmission vor allem von »ideologisch geprägtem Wunschdenken leiten ließen«[244] und sich weigerten, die tatsächlichen Gegebenheiten vor Ort anzuerkennen, als wesentlichen Faktor für das Scheitern im Irak und somit für die wenig erfolgreiche Liberalisierungsmission aus.

Doch die USA gehen in Bezug auf die Leugnung der Tatsachen hinsichtlich ihrer Liberalisierungsmission noch einen Schritt weiter. Sie behaupten nicht nur, dass sie allein auf ausdrücklichen Wunsch der einheimischen Bevölkerung dieser bei der Liberalisierung ihrer Region behilflich sind oder waren, sondern sie stellen auch die *Rollenverteilung* zwischen den USA / dem Westen und der Bevölkerung der Region in Bezug auf die Liberalisierung selbst *verzerrt* dar:

> To the people of Afghanistan: *Together, we overthrew the Taliban regime* that brought misery into your lives and harbored terrorists who brought death to the citizens of many nations. Since then, *we have watched you choose your leaders* in free elections and build a democratic government. *You* can be proud of these achievements. We respect your courage, and *your determination* to live in peace and freedom. We will continue to stand with you to defend *your democratic gains.* Today forces from more than 40 countries, including members of the NATO Alliance, are bravely serving *side-by-side with you* against the extremists who want to bring down the *free government you've established.* We'll help you defeat these enemies and build a free Afghanistan that will never again oppress you, or be a safe haven for terrorists.[245]

Hier werden nicht mehr die USA / der Westen selbst, sondern die afghanische Bevölkerung als der Hauptverantwortliche der Veränderungen der letzten Jahre in Afghanistan präsentiert, während sich die USA nur als assistierender Partner (Sturz des Regimes und Konsolidierung der Demokratie) und schließlich sogar als passiver Beobachter (Errichtung der Demokratie) beschreiben. Diese angebliche Tatsachenbeschreibung gilt den USA dann wieder als Beleg für ihre Behauptung: »Brave citizens in Lebanon and Afghanistan and Iraq have made the choice for democracy [...].«[246]

Die amerikanische Argumentation, mit der die amerikanische Politik, insbesondere auch in Afghanistan und im Irak, gerechtfertigt werden soll, stellt die USA also stets als *Fürsprecher und Verbündeten* der regionalen Bevölkerung dar. Genau als solche werden sie tatsächlich von vielen Menschen jedoch nicht empfunden. Insofern stellt sich die Situation dieser Menschen wie folgt dar.

244 Perthes »Vier Jahre nach Saddam Hussein«, in *Internationale Politik* (2007): 112.
245 Bush, 19.09.2006, Rede vor der UN-Generalversammlung, New York; Hervorh. von C. R.
246 Bush, 25.09.2007, Rede vor der UN-Generalversammlung, New York.

Offensichtlich besteht zwischen den USA und vielen Menschen der Region im Gegensatz zu den »islamischen Extremisten« und den autokratischen Regimen tatsächlich *kein inhaltlicher* Konflikt, insofern diese schließlich mehrheitlich liberale Reformen und vor allem Demokratie, zumindest grundsätzlich, befürworten. Allerdings stehen viele Menschen der Region, auch wenn sie liberale Reformen befürworten, den USA eher mit Misstrauen und teilweise sogar mit Feindseligkeit gegenüber. Sie möchten nicht, dass ihnen die als imperial empfundenen USA die Demokratie bringen, zweifeln an der Glaubwürdigkeit der Amerikaner hinsichtlich Frage, ob es den Amerikanern tatsächlich um die Demokratisierung der Region geht, und lehnen Waffengewalt als Mittel ab. Damit besteht eindeutig ein *Konflikt auf der Beziehungsebene* zwischen den im amerikanischen Sinne moderaten Menschen der Region und den USA, und genau diesen *leugnen* die USA hier ausdrücklich.

Schließlich geben die USA auch gegenüber den politischen Führungen der Region, die eine amerikafreundliche Politik verfolgen, eine explizite Beziehungsdefinition: »Working with *these partners*, we are disrupting militant conspiracies, destroying their ability to make war, and are working to give millions in a troubled region of the world a hopeful alternative to resentment and violence.«[247] Und schließlich: »We must expect higher standards from our *friends and partners* in the Middle East.«[248]

Eine Partnerschaft ist aber idealtypisch eine symmetrische, auf Kooperation beruhende Beziehung, die nicht vor allem durch die Interessen einer Partei bestimmt wird und in der nicht einer der Partner dem anderen aufdiktiert, was gemacht wird und was nicht. Eine Freundschaft, auch im diplomatischen Sinne, geht schließlich über eine rein strategische Beziehung hinaus und beruht auf gegenseitigem Respekt. Indem sich die USA als Partner und Freund einiger Führungen der Region darstellen, leugnen sie nicht nur, dass sie ihre Macht nutzen, um militärisch und wirtschaftlich unterlegenen Staaten im Nahen und Mittleren Osten westliche Modelle aufzuzwingen, sondern sie leugnen darüber hinaus auch den *hierarchischen*, *strategischen* und in erster Linie durch *amerikanische Interessen* bestimmten Charakter der Beziehung zwischen den USA und den Staaten der Region.

Zwar werden aktuell nur die Führungen der Regionen, die eine amerikafreundliche Politik verfolgen – Saudi-Arabien und Ägypten werden namentlich genannt – zu den Freunden und Partnern gezählt. Für die »extremistischen Staatsregime«, wie Iran, konstatieren die USA allerdings eine zukünftige Partner- und Freundschaft, nämlich ab dem Zeitpunkt, an dem sie ihre Politik im

247 Bush, 28.10.2005, President Discusses War on Terror, Norfolk, USA; Hervorh. von C. R.
248 Bush, 21.02.2005, President Discusses American and European Alliance in Belgium, Brüssel; Hervorh. von C. R.

amerikanischen Sinne ändern: »The day will come when the people of Iran have a government that embraces liberty and justice, and Iran joins the community of free nations. And when that good day comes, you will have no better friend than the United States of America.«[249]

All dies soll verdeutlichen: Ein Konflikt auf der Beziehungsebene bestehe zwischen den USA und dem Großteil der regionalen Bevölkerung und selbst einigen politischen Führungen den USA zufolge nicht. Die USA sprechen damit, so könnte man sagen, dem Großteil der Menschen der Region gegenüber tatsächlich das implizite Verbot aus, sich der tatsächlichen Zusammenhänge bewusst zu werden.

Tatsächlich verstärken die USA mit dieser Argumentation die Paradoxie der Situation noch. Es besteht nämlich nun nicht mehr nur ein Widerspruch zwischen Inhalt- und Beziehungsebene, zwischen dem »Was« und dem »Wie«, sondern auch auf der Beziehungsebene selbst, und zwar zwischen der *expliziten Beziehungsdefinition*, welche die USA geben, einerseits und der *impliziten Beziehungsdefinition* sowie der *faktischen Beziehung* andererseits. Die USA leugnen nämlich *explizit* die Beziehungsdefinition, die sie aber *implizit* in ihren Handlungsankündigungen und vor allem durch ihre faktische Politik geben. Implizit definieren sie, wie gezeigt, eine asymmetrische, hierarchische und strategische Beziehung, die in erster Linie durch amerikanische Interessen bestimmt wird und in der Amerika seine Interessen in der Region auch gegen den Willen der Region verfolgt. Insbesondere wird durch die de facto Politik deutlich gemacht, dass die USA nicht unbedingt die Interessen und Rechte der Staaten und Bevölkerung der Region respektieren, wenn es um die Durchsetzung amerikanischer Interessen geht, was der Iran übrigens auch stets kritisiert. (»They have no respect for the people of Iraq and disregard any dignity, rights or status for them.«[250]) Explizit definieren sie dagegen eine symmetrische Beziehung, die auf Freiwilligkeit, Kooperation und gegenseitigem Respekt beruht, und in der beidseitige Interessen gleichermaßen, vor allem aber die Wünsche des Großteils der regionalen Bevölkerung, berücksichtigt werden.

An fast allen Stellen, an denen die USA explizite Beziehungsdefinitionen formulieren, handeln sie sich neue Paradoxien ein. Vor der UN-Generalversammlung 2006 formulieren die USA beispielsweise dem iranischen Volk gegenüber folgende Beziehungsdefinitionen:

> To the people of Iran: The United States respects you; we [sic] your country. We admire your rich history, your vibrant culture, and your many contributions to civilization.

---

249 Bush, 13.01.2008, President Bush Discusses Importance of Freedom in the Middle East, Abu Dhabi.

250 Ahmadinedschad, 23.09.2008, Rede vor der UN-Generalversammlung, New York.

> You deserve an opportunity to determine your own future, an economy that rewards your intelligence and your talents, and a society that allows you to fulfill your tremendous potential. The greatest obstacle to this future is that your rulers have chosen to deny you liberty [...] We're working toward a diplomatic solution to this crisis. And as we do, we look to the day when you can live in freedom – and America and Iran can be good friends and close partners in the cause of peace.[251]

Hier werden drei Hauptaussagen gemacht, wobei stets implizit genau das Gegenteil dessen zum Ausdruck gebracht wird, was explizit gerade behauptet wird.[252] Erstens wird behauptet: »Wir, die USA, respektieren und wertschätzen Euch, die iranische Bevölkerung. Wir betrachten uns nicht, wie Euch das extremistische Regime stets eintrichtert, als überlegen, sondern wir betrachten Euch als gleichwertig.« Indem sich die USA aber dazu berufen fühlen, vor die UN-Generalversammlung zu treten, um aufzuzählen, wen sie respektieren und wertschätzen und wen nicht, und schließlich die iranische Bevölkerung darüber aufklären, was diese verdiene (»You deserve an opportunity to [...]«), implizieren sie genau das amerikanische Überlegenheitsgefühl den Iranern gegenüber, das sie explizit gerade abstreiten. Sie negieren also durch ihre Sprechhandlung genau diejenige Beziehungsdefinition, die sie eigentlich geben möchten.

Zweitens wird behauptet: »Ihr habt Großartiges in der Vergangenheit geleistet und verdient die politischen und sozioökonomischen Bedingungen, in denen ihr selbstbestimmt Eure Zukunft gestalten könnt, ihr Euer Potential ausschöpfen könnt, und Eure Leistungen anerkannt werden, damit Ihr auch in der Zukunft Großartiges vollbringen könnt. Euer Regime behindert diese Zukunft.« Die USA machen sich hier explizit für die Selbstbestimmtheit / Autonomie der iranischen Bevölkerung gegenüber ihrer Regierung stark. Indem sie nun aber meinen, die iranische Bevölkerung darüber belehren zu müssen, was diese verdient und gut für sie ist, nämlich Selbstbestimmtheit / Autonomie, und was ihr für eine bessere, selbstbestimmte und autonome, Zukunft im Wege steht, nämlich ihre Regierung, sprechen sie der iranischen Bevölkerung genau die Fähigkeit, selbst über die Zukunft zu bestimmen, bzw. die Autonomiefähigkeit ab, die sie vorgeben, zu unterstützen.

Drittens wird behauptet: »Eines Tages werden im Iran diese Bedingungen wieder vorzufinden sein und dann können Amerika und Iran endlich gute Freunde und enge Partner sein.« Hier stellen die USA der iranischen Bevölkerung eine freundschaftliche, partnerschaftliche und damit symmetrische, auf

251 Bush, 19.09.2006, Rede vor der UN-Generalversammlung, New York.

252 Dabei muss zugestanden werden, dass man die Implikationen, welche die amerikanische Argumentation enthält, wie im Folgenden dargestellt empfinden kann, aber nicht muss. Insofern hängt es letztendlich wieder von subjektiven Momenten ab, ob sich die Paradoxie stellt oder nicht!

Respekt beruhende Beziehung mit den USA in Aussicht. Dabei diktieren sie aber die Bedingungen, welche für diese vermeintlich freundschaftliche und partnerschaftliche Beziehung erfüllt sein müssen, und implizieren genau den hierarchischen, strategischen und durch amerikanische Interessen bestimmten Charakter der Beziehung, den sie eigentlich abstreiten wollen.[253]

Mit der Leugnung des Zwangscharakters der amerikanischen Liberalisierungsmission sowie der tatsächlichen Beziehungsstruktur zwischen den USA und der Region versuchen die USA ihre Politik zu legitimieren und insbesondere auf der Metaebene selbst einer (möglichen) Kritik, die den Widerspruch zwischen dem *Inhalt* der amerikanischen Politik (dem »*Was*«) und der Art und Weise, *wie* die Politik durchgesetzt wird (der *Vorgehensweise* und insbesondere den *Mitteln*), zur Sprache bringt, den Boden zu entziehen. Doch die amerikanische Strategie dagegen, das »Wie« der amerikanischen Liberalisierungspolitik und die Beziehungsstruktur zu thematisieren, besteht noch aus einem zweiten Schritt. Damit reagieren die USA insbesondere auf Kritik derjenigen Akteure, welche die USA als »islamische Extremisten« verstehen (sowie auch gegen Kritik von außerhalb der Region), insofern der amerikanischen Argumentation zufolge zwischen ihnen und den »moderaten Menschen« der Region schließlich weder

253 Kurz erwähnt werden soll, dass die USA paradoxe Beziehungsdefinitionen insbesondere auch im Zusammenhang ihrer Forderung nach bestimmten wirtschaftlichen und politischen Reformen im Gegenzug zu Finanzhilfen für Entwicklungs- und Schwellenländer geben: »Over the years, many nations have made well-intentioned efforts to promote these goals. Yet the success of these efforts must be measured by more than intentions – they must be measured by results. *My nation has placed an insistence on results at the heart of our foreign assistance programs.* We launched a new initiative called the Millennium Challenge Account, which directs our help to countries *that demonstrate their ability to produce results by governing justly, and fighting corruption, and pursuing market-based economic policies, as well as investing in their people.* Every country and institution that provides foreign assistance, including the United Nations, will be more effective by *showing faith in the people of the developing world – and insisting on performance in return for aid.* Experience also shows that to be effective, we must *adopt a model of partnership, not paternalism.* This approach is *based on our conviction that people in the developing world have the capacity to improve their own lives* – and will rise to meet high expectations if we set them.« (Bush, 23. 09. 2008, Rede vor der UN-Generalversammlung, New York; Hervorh. von C. R.) Hier wird explizit ein *partnerschaftliches* Wirtschaftsmodell propagiert und den Entwicklungs- und Schwellenländern *Mündigkeit* im Sinne der Fähigkeit, ihre Lage selbst verbessern zu können, zugesprochen, ja sogar verlangt, wenn sie die amerikanische Entwicklungshilfe in Anspruch nehmen möchten. Gleichzeitig *schreiben* die USA diesen Ländern aber *vor*, wie sie sich zu verhalten haben, um Entwicklungshilfe zu erhalten, und sprechen den Ländern damit gerade Mündigkeit als die Fähigkeit, ihre Situation selbst zu verbessern, ab. Vor allem die Tatsache, dass es hier um Forderungen im Gegenzug zur *Entwicklungshilfe* geht, diese Länder also offensichtlich auf amerikanische Finanzhilfen angewiesen sind, steht im Widerspruch zu der Idee eines partnerschaftlichen, nicht paternalistischen Verhältnisses.

ein Konflikt auf der Inhalts-, noch ein Konflikt auf der Beziehungsebene besteht. Bevor wir uns diesen zweiten Schritt in der amerikanischen Strategie ansehen, betrachten wir zunächst die Argumentation des Iran als die Verkörperung des »islamischen Extremismus« nach amerikanischer Auffassung.[254]

4.3.2 Die iranische Kritik auf der Beziehungsebene

Der Iran argumentiert sehr stark auf der *Beziehungsebene.* Er macht sowohl die amerikanische *Vorgehensweise,* d.h. den *Zwangscharakter* der amerikanischen Politik, als auch die *Asymmetrie der Beziehung,* welche den USA ihre Vorgehensweise einerseits ermöglicht und welche durch die amerikanische Vorgehensweise andererseits bestätigt wird, explizit und ausführlich zum Gegenstand der Diskussion.

Aussagen, wie die folgende finden sich an sehr vielen Stellen der iranischen Argumentation:

> Today, the physical and psychological security of peoples and nations is ever more endangered. *Unilateralism,* production and *use of weapons* of mass destruction, *intimidations, resort to the threat or use of force* and *imposition of destructive wars* on peoples for the sake of security and prosperity of few powers have indeed redoubled the historic responsibility of the United Nations to resolutely endeavor to institutionalize justice in all aspects of global interactions in the interest of human tranquility. In our view, it is impossible to achieve security, peace, stability, prosperity and progress in parts of the world at the expense of instability, militarism, discrimination, poverty and depravation in others.[255]

Schließlich äußert der Iran insbesondere im Zusammenhang der historischen Kontextualisierung der aktuellen Konflikte dem Westen gegenüber immer wieder die Vorwürfe des Imperialismus, Kolonialismus und der Hegemonialpolitik. Dem Westen, so wird argumentiert, ginge es allein um die Ausdehnung seines Macht- und Einflussbereiches. Diese Vorwürfe betreffen weniger den konkreten Inhalt der amerikanischen Politik, die Verbreitung von Liberalismus und marktwirtschaftlicher Demokratie, als die amerikanische *Vorgehensweise,* vor allem die *Mittel* der amerikanischen Politik, nämlich Gewalt und Zwang.

Wenn es um die Nahostpolitik Amerikas geht, dann überwiegt auf iranischer Seite sogar die Kritik an der amerikanischen Vorgehensweise die Kritik an dem Inhalt der amerikanischen Politik. Der Iran meldet nämlich starke Zweifel daran an, dass die US-Interventionen tatsächlich vor allem der Demokratisierung der Gesellschaften und der Terrorbekämpfung dienen sollen:

254 Zu paradoxen Beziehungsdefinitionen vgl. auch Watzlawick et al. (2007): 79–91, 103–13.
255 Ahmadinedschad, 14.09.2005, Rede auf dem UN-Weltgipfel, New York; Hervorh. von C. R.

> Iraq was attacked *under the false pretext* of uncovering weapons of mass destruction and overthrowing a dictator. The dictator is toppled and WMDs are not uncovered. A democratic government is established by the votes of the people but, after 6 years, the occupiers are still there. They insist on imposing colonial agreements on the people of Iraq by keeping them under Chapter 7 of the UN Charter. Millions of people have been killed or displaced, and the occupiers, without a sense of shame, are still seeking to solidify their position in the political geography of the region and to dominate oil resources. They have no respect for the people of Iraq and disregard any dignity, rights or status for them. The UN is not capable enough to solve the problems and to remove *aggression, occupation* and *imposition.* [...] In Afghanistan, production of narcotics has multiplied since the presence of NATO forces. Domestic conflicts continue. Terrorism is spreading. And innocent people are bombarded on a daily basis in streets, markets, schools and wedding ceremonies. The people of Afghanistan are the victims of the willingness of NATO member states *to dominate the regions* surrounding India, China, and South Asia. The Security Council cannot do anything about it because some of these NATO members also happen to be the major decision makers in the Security Council.[256]

An einigen Stellen weist der Iran auch auf den Widerspruch zwischen dem Liberalismus als der propagierten Politik / Ideologie des Gegners (dem »Was«) und der faktischen Vorgehensweise der USA im Nahen und Mittleren Osten (dem »Wie«) hin, ohne allerdings die Paradoxie der amerikanischen Handlungsankündigung zu greifen zu bekommen. So schreibt Ahmadinedschad in seinem Brief an Bush:

> Can one [...]
> Feel obliged to respect human rights,
> *Present liberalism as a civilization model,* [...]
> *But at the same time,*
> Have countries attacked;
> The lives, reputations and possessions of people destroyed and on the slight chance of the ... of a ... criminals in a village city, or convoy for example the entire village, city or convey set ablaze. Or because of the possibility of the existence of WMDs in one country, it is occupied, around one hundred thousand people killed, its water sources, agriculture and industry destroyed, close to 180,000 foreign troops put on the ground, sanctity of private homes of citizens broken, and the country pushed back perhaps fifty years. At what price?[257]

Der Iran ist diesbezüglich mit seiner Meinung auch nicht völlig alleine in der Region. Wir haben gesehen, dass auch die Menschen, die im Gegensatz zu den autokratischen Herrschern und den islamischen Extremisten im amerikanischen Sinne, den amerikanischen Wunsch nach demokratischen Reformen

256 Ahmadinedschad, 23.09.2008, Rede vor der UN-Generalversammlung, New York; Hervorh. von C. R.

257 Ahmadinedschad, Mai 2006, Brief an Bush; Hervorh. von C. R.

teilen und damit inhaltlich mit der amerikanischen Politik sympathisieren, die USA als Kolonialmacht wahrnehmen und Kritik an der amerikanischen Vorgehensweise vorbringen.

Der Iran übt auch explizit Kritik an der *Beziehungsdefinition*, die die USA durch ihre Argumentation und insbesondere durch ihre Vorgehensweise implizit geben:

> Some big powers still *behave like the victors of the World War* and *regard other states and nations*, even those that had nothing to do with the war, *as the vanquished*, and *humiliate other nations* and demand extortion *from a condescending position similar to that of the master/servant relationship* of the medieval ages. They believe that they should have *more rights* than others and also are not accountable to any international organization.[258]

Schließlich nennt der Iran, im Gegensatz zu den USA, neben dem Weltbild, das er dem Gegner zuschreibt, noch eine *zweite Wurzel* der Herausforderungen, wobei nicht nur die westliche Vorgehensweise, sondern vor allem die *Beziehungsstruktur* selbst, welche dem Westen sein Vorgehen überhaupt gestattet, problematisiert wird:

> Now the important and decisive question concerns the roots and causes of these challenges. A scientific and careful analysis shows that the *root of the present situation* lies in *two fundamental factors.* Without doubt, the *first factor* lies in the *relations arising from the consequences of the Second World War.* The victors of the war *drew the roadmap for global domination* and formulated their policies not on the basis of justice but for *ensuring the interests of the victors over the vanquished nations.* Therefore *mechanisms* arising from this approach and related policies have not been capable of finding just solutions for global problems since 60 years ago. […] Mr. President, Among all the inefficient bodies, unfortunately, the *UN Security Council ranks first.* They have created circumstances in which some powers with exclusive and the special right to veto in the Security Council act as prosecutor, judge and executioner, regardless of being a defendant or respondent. It is natural that countries that have been subjected to those powers' infringements of their rights have no hope in getting what they deserve from the Council. […] The presence of some monopolistic powers has prevented the Security Council from performing its main duty which is the maintenance of international peace and security based on justice. The credibility of the Council has been tarnished and its efficacy in defending the rights of UN member states has been undermined. Many nations have lost their confidence in the Council. Some other mechanisms, such *as the monetary and banking mechanisms*, are in the same undesirable situation and have been turned *into tools for the imposition of the wishes of some powers on other nations.* It is evident that these mechanisms are not capable of

258 Ahmadinedschad, 25.09.2007, Rede vor der UN-Generalversammlung, New York; Hervorh. von C. R.

responding to current needs and solving challenges and *establishing fair and sustainable relations.*[259]

Während die USA also allein das Weltbild, das sie dem Gegner zuschreiben, die »totalitäre Ideologie des islamischen Extremismus«, als Kern der Probleme definieren, definiert der Iran neben dem »gottlosen und materialistischen Weltbild«, das er dem Gegner zuschreibt, auch die Beziehungsstruktur in den internationalen Beziehungen, vor allem zwischen dem Westen und der islamischen Welt, als Wurzel der Probleme. Damit problematisieren die USA allein den (angeblichen) *Inhalt* der gegnerischen Politik, während der Iran sowohl den (angeblichen) *Inhalt* der gegnerischen Politik, als auch die *Beziehungsstruktur* als solche als Problem identifiziert.

Diese zweite iranische Problemdefinition steht dabei im engen Zusammenhang mit der historischen Kontextualisierung der Konflikte und der Charakterisierung der amerikanischen Politik als »imperialistisch« und »ungerecht«. Dem Iran zufolge haben die »westlichen Großmächte« nach dem Zweiten Weltkrieg ihre »imperiale und ungerechte Politik« in den Strukturen und Funktionsweisen der Organisationen zur Regulierung der internationalen Beziehungen, vor allem in der UNO und im UN-Sicherheitsrat als eigentlichem Machtorgan, *institutionalisiert,* indem sie diese so ausgerichtet hätten, dass sie nur ihren Interessen dienten. Damit habe der Westen also die Bedingungen dafür geschaffen, der Welt *dauerhaft* seinen Willen aufzuzwingen, denn die westliche und insbesondere die amerikanische Politik könne nun nicht mehr sanktioniert werden. Da die Institutionen zur Regulierung der internationalen Beziehungen selbst eine ungerechte Struktur aufwiesen, sei die Politik, die von ihnen ausginge, ungerecht, d.h., es könne keine Gerechtigkeit in den internationalen Beziehungen hergestellt werden. (Insofern spricht der Iran insbesondere im Zusammenhang mit der zweiten Wurzel der Herausforderungen von einem »Mangel an Gerechtigkeit«.)[260]

Festzuhalten bleibt also, dass der Iran sehr stark auf der Beziehungsebene argumentiert. In Bezug auf die regionale Bevölkerung, die offenbar mehrheitlich demokratischen Reformen offen gegenübersteht, gilt sogar, dass die Frage, *wie* die Region demokratisiert werden soll, und vor allem *ob die Amerikaner,* die in ihren Augen bloße Macht- und Interessenpolitik betreiben und vertrauensunwürdig bzw. unglaubwürdig sind, die Region demokratisieren sollten, die ent-

259 Ahmadinedschad, 25.09.2007, Rede vor der UN-Generalversammlung, New York; Hervorh. von C. R.

260 Allerdings gilt das »gottlose Weltbild«, das der Iran dem Westen zuschreibt, insofern als primäre und wichtigere Wurzel der Probleme, als es schließlich die mangelnde Werte- und Gerechtigkeitsorientierung des Westens begründe, welche sich in den UN-Strukturen widerspiegle.

scheidende Streitfrage ist. Diese Streitfrage betrifft ebenfalls die Beziehungsebene. Die Inhaltsebene, d.h., die Frage, ob demokratische Reformen durchgeführt werden sollten, ist nicht in diesem Maße oder sogar kaum Gegenstand des Streits und offensichtlich weniger problematisch.

Betrachten wir nun, wie die USA auf Vorwürfe, die auf der Beziehungsebene liegen, reagieren.

4.3.3 Die amerikanische Zurückweisung der Vorwürfe, welche die Beziehungsebene betreffen, auf der Inhaltsebene

Wenn es nun doch jemand wagt, Kritik zu äußern, die sich gegen den aufgezwungenen Charakter der amerikanischen Liberalisierungsmission und/oder gegen die amerikanische Vorgehensweise in der Region, d.h. gegen das »*Wie*« der amerikanischen Politik, richtet und die *Beziehungsebene* problematisiert, ziehen die USA diese Kritik einfach auf die *Inhaltsebene* und stellen sie als Kritik an der Idee und der Verbreitung von Liberalismus und Demokratie, als dem »*Was*« der amerikanischen Politik, dar.

So geben die USA ein angebliches Argument des Gegners wie folgt wieder: »Some have argued that the *democratic changes* we're seeing in the Middle East are destabilizing the region.«[261]

Wir haben jedoch gesehen, dass die iranische Führung als politischer Gegner nicht argumentiert, dass *demokratische Veränderungen* die Region destabilisieren, sondern dass *das gewaltsame bzw. aggressive Vorgehen des Westens* die Region destabilisiert. (»Today, the physical and psychological security of peoples and nations is ever more endangered. *Unilateralism*, production and *use of weapons* of mass destruction, *intimidations, resort to the threat or use of force* and *imposition of destructive wars* on peoples for the sake of security and prosperity of few powers have indeed redoubled the historic responsibility of the United Nations to resolutely endeavor to institutionalize justice in all aspects of global interactions in the interest of human tranquility. In our view, it is impossible to achieve security, peace, stability, prosperity and progress in parts of the world *at the expense of instability*, militarism, discrimination, poverty and depravation in others.«[262])

Die USA stellen also die Kritik des Gegners an der, aus gegnerischer Sicht, gewaltsamen und aggressiven Vorgehensweise der Amerikaner/des Westens einfach falsch dar, und zwar als Kritik an der Idee der Demokratisierung der Region.

---

261 Bush, 19.09.2006, Rede vor der UN-Generalversammlung, New York; Hervorh. von C. R.
262 Ahmadinedschad, 14.09.2005, Rede auf dem UN-Weltgipfel, New York; Hervorh. von C. R.

Die Strategie, Kritik, die sich gegen das »Wie« der amerikanischen Politik richtet, als Kritik an dem »Was« der amerikanischen Politik darzustellen, verfolgen die USA nicht nur in Bezug auf Argumente der islamischen Extremisten in ihrem Sinne. In einer Rede in Abu Dhabi geben die USA ein angebliches Argument ihrer Kritiker in der Region sowie in den USA selbst wie folgt wieder:

> I recognize that some people – including some in my own country – believe it is a mistake to *support democratic freedom in the Middle East.* They say that the Arab people are not ›ready‹ for democracy. Of course, that is exactly what people said about the Japanese after World War II. Some said that having an Emperor was incompatible with democracy. Some said that the Japanese religion was incompatible with democracy. Some said that advancing freedom in Japan and the Pacific was unwise, because our interests lay in supporting pro-American leaders no matter how they ruled their people [!].[263]

Der Hauptvorwurf der inländischen wie ausländischen Kritiker gegenüber der amerikanischen Nahostpolitik lautetet aber nicht, *dass* es ein Fehler sei »*demokratische Freiheit*« in der Region zu unterstützen. Wenn es Stimmen gab, denen zufolge die arabische Bevölkerung »noch nicht bereit für Demokratie sei«, waren sie sehr leise. Die Hauptkritik an der amerikanischen Politik richtete sich dagegen, *wie* die US-Regierung (angeblich) »demokratische Freiheit unterstützt«, und zwar mit *militärischen Mitteln.* Schließlich kam die Frage auf, *ob* die Bush-Regierung mit ihrer Nahostpolitik überhaupt Liberalismus und Demokratie unterstützt oder der Versuch, einer Gesellschaft Liberalismus und Demokratie *aufzuzwingen*, nicht doch zum Scheitern verurteilt sei. Vor allem wurde innerhalb der islamischen Welt kritisiert, dass die USA im Zuge ihrer Macht- und Interessenpolitik immer wieder autokratische Regime unterstützt haben, und es wurden Zweifel daran angemeldet, ob es den USA heutzutage *ernsthaft um die Demokratisierung* der Region und nicht doch eher um die Ressourcen der Region ginge. Insofern klingt der letzte Satz des Zitates recht zynisch.

Da die USA die Kritik an dem »Wie« als Kritik an dem »Was« der amerikanischen Politik darstellen, »entkräften« sie auch diese vermeintliche Kritik, indem sie »Gegenargumente« anbringen, die den Inhalt der amerikanischen Politik, also die Idee der Verbreitung von Freiheit und Demokratie, thematisieren:

> Fortunately, America rejected this advice, kept our faith in freedom, and stood with the people of Asia. The results are now in. Today the people of Japan have both a working democracy and a hereditary emperor. They have preserved their traditional religious practices while tolerating the faiths of others. They are surrounded by many democ-

263 Bush, 13.01.2008, Discusses Importance of Freedom in the Middle East, Abu Dhabi; Hervorh. von C. R.

> racies that reflect the full diversity of the region. Some of these democracies have constitutional monarchies, some have parliaments, and some have presidents. Some of these democracies have Christian majorities, some have Muslim majorities, some have Hindu or Buddhist majorities. Yet for all the differences, the free nations of Asia all derive their authority from the consent of the governed – and all know the lasting stability that only freedom can bring.This transformation would not have been possible without America's presence and perseverance over many decades.[264]

Aus dieser inhaltlichen »Widerlegung« der angeblichen Argumente der Kritiker, folgt dann für die USA, dass sie an der bisherigen Politik, vor allem in Bezug auf das »Wie«, festhalten müssen:

> And just as our commitment to Asia helped people there secure their freedom and prosperity, our commitment to the Middle East will help you achieve yours. And you can know from our record in Asia that our commitment is real, it is strong, and it is lasting.[265]

Damit »widerlegen« die USA das vermeintliche Argument ihrer Kritiker, indem sie es einfach falsch wiedergeben.

Auf der UN-Generalversammlung 2008 behaupten die USA schließlich:

> Some question whether people in certain parts of the world *actually desire freedom*. This self-serving condescension has been disproved before our eyes. From the voting booths of Afghanistan, Iraq, and Liberia, to the Orange Revolution in Ukraine and the Rose Revolution in Georgia, to the Cedar Revolution in Lebanon and the Tulip Revolution in Kyrgyzstan, we have seen people consistently make the courageous decision to demand their liberty.[266]

Kaum aber jemand stellt wohl explizit in Frage, dass sich die Völker in bestimmten Erdteilen tatsächlich *Freiheit* wünschen. Selbst die iranische Regierung, als *das* totalitäre Regime schlechthin nach amerikanischer Auffassung, äußert eine solche Behauptung an keiner Stelle.[267] Viele Menschen stellen aber in Frage, ob man einer Region (politische) Freiheit *aufoktroyieren* kann und sich eine Region von außen und mit militärischen Mitteln demokratisieren lässt. Da die USA diesen Zweifel an der Richtigkeit der amerikanischen *Vorgehensweise* (Freiheit *aufzwingen*) als Zweifel am angeblichen *Inhalt* der amerikanischen Politik (*Freiheit* ja oder nein) darstellen, »entkräften« sie diese vermeintliche Kritik an der amerikanischen Politik schließlich wieder mit einem »Gegenargument« auf der Inhaltsebene: »For all the suggestions to the contrary, the truth

264 Bush, 13.01.2008, Discusses Importance of Freedom in the Middle East, Abu Dhabi.

265 Bush, 13.01.2008, Discusses Importance of Freedom in the Middle East, Abu Dhabi.

266 Bush, 23.09.2008, Rede vor der UN-Generalversammlung, New York; Hervorh. von C. R.

267 Allerdings kommt hinzu, dass der Begriff der Freiheit durch die iranische Führung in einer anderen Bedeutung gebraucht wird als durch die amerikanische Führung. Diese Problematik wird im nächsten Kapitel näher behandelt.

is that whenever or wherever people are given the choice, they choose freedom.«[268]

Kritik an dem Zwangscharakter der Liberalisierung der Region und an der gewaltsamen Vorgehensweise, also dem »Wie« der amerikanischen Politik, sowie an der durch den Westen hergestellten asymmetrischen Beziehungsstruktur zwischen dem Westen und der islamischen Welt lassen die USA als Gegenstand der Diskussion also gar nicht erst zu. Die Beziehungsebene als Ebene eines möglichen Konflikts wird systematisch ausgeblendet. Die USA definieren sich als Freunde und Verbündete der Region, obwohl sie als solche tatsächlich gerade nicht wahrgenommen werden. Schließlich setzen sie sich mit *allen* Vorwürfen, auch denen, die sich gegen das »Wie« der amerikanischen Politik richten und die Beziehungsstruktur adressieren, auf der Inhaltsebene, als Vorwürfe gegen das »Was« der amerikanischen Politik, d.h. der Idee und der Verbreitung von Freiheit und Demokratie, auseinander. Wenn aber die USA Vorwürfe, die das »Wie« der amerikanischen Politik betreffen und auf der Beziehungsebene liegen, auf der Inhaltsebene zu widerlegen versuchen, indem sie das »Was« der amerikanischen Politik rechtfertigen, argumentieren sie systematisch an ihren Kritikern vorbei. Sie argumentieren auf einer anderen logischen Ebene als ihre Kritiker.

Diese Konfusion zwischen Inhalts- und Beziehungsebene hat nun in Bezug auf die verschiedenen Akteure, welche die USA im Kontext ihrer Liberalisierungsmission identifizieren, unterschiedliche Konsequenzen.

Betrachten wir noch einmal die Situation der Menschen im Nahen und Mittleren Osten, die liberalen Reformen offen gegenüberstehen. Zwischen ihnen und den USA besteht, so wurde konstatiert, kein Konflikt auf der Inhaltsebene, dagegen besteht zwischen vielen von ihnen und den USA sehr wohl ein Konflikt auf der Beziehungsebene. Doch dieses eigentliche Problem aus Sicht dieser Menschen der Region wird durch die USA geleugnet. Stattdessen werden Kritikpunkte, welche die Beziehungsebene betreffen, auf der Inhaltsebene entkräftet. Damit wird aber ein Konflikt dort zu lösen versucht, wo für viele Menschen der Region gar kein Konflikt besteht, während ein großer Teil des Konflikts ungelöst bleibt.

An dieser Stelle scheint auch ein wesentlicher Aspekt der Verständigungsprobleme zwischen dem Westen und der islamischen Welt im Allgemeinen zu liegen. Im Westen steht stets die Frage nach Demokratie und Menschenrechten im Zentrum der Kontroverse (Inhaltsebene). Diese Frage macht sicherlich auch einen großen Teil der Kontroverse aus. Dennoch wird ein anderer großer Teil der Kontroverse von westlicher Seite oft ausgeblendet, nämlich die, offenbar von

268 Bush, 23.09.2008, Rede vor der UN-Generalversammlung, New York.

vielen Menschen der Region als problematisch empfundene, Beziehungsstruktur zwischen dem Westen und der islamischen Welt.

In Bezug auf die islamischen Extremisten im amerikanischen Sinne, vor allem in Bezug auf die iranische Führung, stellt sich die Situation etwas anders dar. Im Gegensatz zu den »moderaten Menschen« der Region und auch den inländischen Kritikern der amerikanischen Politik unter Bush, steht für die USA in Bezug auf die islamischen Extremisten im amerikanischen Sinne fest, dass sie Freiheit und Demokratie ablehnen.

Wenn die USA in ihrer Auseinandersetzung mit der iranischen Kritik oder der Kritik anderer »islamischer Extremisten« aber die Beziehungsebene als Ebene eines Konflikts systematisch ausblenden und *jede* Kritik als Kritik auf der *Inhaltsebene* darstellen, erscheint jeder ihrer Versuche, die gewaltsame Vorgehensweise der Amerikaner zu kritisieren, einfach als Kritik an der Idee von Freiheit und Demokratie und damit nur *als weiterer Beweis der totalitären Gesinnung der »islamischen Extremisten«*. Die Kritik der islamischen Extremisten im amerikanischen Sinne wird dann einfach auf folgende Position verkürzt: »[...] these extremists want to end American and Western influence in the broader Middle East, *because we stand for democracy* and peace, and we stand in the way of their ambitions.«[269]

Insofern es den islamischen Extremisten im amerikanischen Sinne, wie vor allem der iranischen Führung, unmöglich gemacht wird, das »Wie« der amerikanischen Politik zu thematisieren, ohne dass dieser Versuch von amerikanischer Seite als weiterer Beweis für ihre Ablehnung von Demokratie und Freiheit dargestellt wird, muss auch jeder mögliche Versuch einer Metakommunikation, bei dem auf den Widerspruch zwischen dem »Wie« und dem »Was« der amerikanischen Politik und damit auf die Paradoxie des »Zwangsliberalisierungsunternehmens« hingewiesen wird, scheitern. In diesem Sinne blockieren die USA also jeden möglichen Versuch einer Metakommunikation von Seiten des politischen Gegners und hindern ihn am Verlassen des Rahmens der durch die paradoxe Mitteilung hergestellten Situation.[270]

269 Bush, 28.10.2005, President Discusses War on Terror, Norfolk, USA; Hervorh. von C. R.

270 Zur Unterscheidung und Konfundierung zwischen Inhalts- und Beziehungsebene vgl. auch Watzlawick et al. (2007): 53–56, 79–91, 103–13.

4.4 Die Veränderung der Beziehungsstruktur als Lösung zweiter Ordnung

4.4.1 UN-Reformen: Ein »Spiel ohne Ende«

Der Iran versucht noch auf eine andere Art und Weise, den Rahmen der paradoxen Situation zu verlassen. In Folge der Definition der *zweiten Wurzel* der Probleme, definiert der Iran eine *zweite längerfristige Lösung:*

> The General Assembly, as the representative of the international community, shall be considered as the most important pillar of the UN in order to, free from any pressure and threats by big powers, take required measures for the *reforming of the UN structures, and especially change the present status of the Security Council and define new structures based on justice and democracy* with the purpose of becoming responsive to the present requirements and to be able to settle existing challenges leading to the establishment of an enduring stability and security.[271]

Konkret stellt er sich die Demokratisierung des UN-Sicherheitsrates wie folgt vor:

> The composition of the Security Council must gain a logical and democratic balance. If permanent membership is accepted for some, then *an acceptable mix of representatives of all continents and major civilizations must acquire permanent seats in the Council.* I wish to underline our deep dismay that over fifty Islamic countries encompassing more than one 1.2 billion people do not have a permanent seat in the Security Council, nor does Africa with its huge capabilities and potentials, and that the vast continent of Asia with its ancient civilizations has only one permanent seat.[272]

Diese iranische Lösungsdefinition, die darauf zielt, den Rahmen der Situation durch die Veränderung des Systems der UNO zu ändern, ist eine *Lösung oder Veränderung zweiter Ordnung*, welche Watzlawicks et al. von einer *Lösung oder Veränderung erster Ordnung* unterscheiden: »die *eine* findet *innerhalb eines bestimmten Systems* statt, das selbst unverändert bleibt, während das Eintreten der *anderen* das *System selbst verändert.*«[273]

Watzlawick et al. knüpfen bei dieser Unterscheidung wiederum an die Lo-

271 Ahmadinedschad, 25.09.2007, Rede vor der UN-Generalversammlung, New York; Hervorh. von C. R.

272 Ahmadinedschad, 14.09.2005, Rede auf dem UN-Weltgipfel, New York; Hervorh. von C. R. Die erste iranische Lösungsdefinition, die Konversion der westlichen Regierungen zum Monotheismus, schließt allerdings die zweite Lösungsdefinition, die Demokratisierung des UN-Sicherheitsrates, mit ein. Würden die »westlichen Großmächte« sich erst einmal zum Monotheismus bekennen und ihre Politik nach den Lehren Gottes und damit gerechter gestalten, würden sie diese Politik auch in den internationalen Organisationen, vor allem im UN-Sicherheitsrat, *institutionalisieren.*

273 Watzlawick et al. (2005): 29; Hervorh. von C. R.

gische Typentheorie und die Sprachstufung nach Tarski an. Lösungen bzw. Veränderungen erster Ordnung betreffen nur die Elemente innerhalb eines Systems (oder einer Klasse)[274], während das System selbst unverändert bleibt. Derartige Veränderungen liegen auf der *Objektebene*. Lösungen bzw. Veränderungen zweiter Ordnung betreffen das System selbst. Es findet ein Übergang vom Element zur Klasse statt. Es geht um die Änderung der Prämissen, die für das gesamte System gelten. Derartige Veränderungen gehen über Veränderungen erster Ordnung hinaus und liegen auf einer logisch höheren Ebene als Veränderungen erster Ordnung. Es sind *Metaveränderungen*.[275]

Der Iran definiert hier nicht eine Lösung innerhalb der bestehenden Beziehungsstruktur und insbesondere innerhalb des UN-Systems, sondern er will die *bestehende Beziehungsstruktur und insbesondere das UN-System, selbst verändert sehen.*

Auch die USA thematisieren Mängel und mögliche Reformen der UNO, insbesondere auch des Menschenrechts- und sogar des Sicherheitsrates, eine UNO-Reform ist ohnehin Dauerthema der Generalversammlung. Als generelle Ziele der Reformen werden die Erhöhung der Rechenschaftspflicht, der Transparenz, der moralischen Autorität, der Effektivität, insbesondere in Bezug auf die Schaffung von Wohlstand, der Integrität usw. genannt. Konkret werden folgende Maßnahmen vorgeschlagen:

> But for this institution to become an engine of change in the 21st century, it must now change itself.The United Nations must launch a lasting revolution of reform. [...] The United States welcomes the commitment of all leaders *to establish a new Peace-Building Commission*. We are also pleased that the world's leads recognized the importance of *establishing a new Human Rights Council*. [...] The Human Rights Council must have *fewer members, less politics, and more credibility*. And it should *never – never – empower brutal dictatorships to sit in judgment of responsible democracies.*The Human Rights Council must have the moral authority to condemn all violators of human rights – even those that sit among us in this hall. [...] And to make the United Nations relevant to the challenges of today, the *purpose and performance of all UN programs must be reviewed thoroughly, consistently, and comprehensively*. Real progress on these fundamental reforms will prove that the United Nations can address greater issues of change – in particular, *reform of the Security Council*. We want this important body to reflect the world as it is in 2005 – not as it was in 1945. The United States is open to expanding the Security Council. We have long supported a *permanent seat for Japan*. And we believe that *developing countries deserve greater representation*. All of this would make for a more effective Security Council – and the Security Council must be effective.[276]

274 Die Begriffe werden hier wie bei Watzlawick et al. synonym gebraucht.
275 Vgl. Watzlawick et al. (2005): 19–47, 58–59, 85–96; Watzlawick et al. (2007): 184–90.
276 Rice, 17.09.2005, Rede vor der UN-Generalversammlung, New York; Hervorh. von C. R.

Die Reformen, welche die USA nennen, sind insofern nicht grundlegender Natur, als sie die prinzipielle Machtverteilung innerhalb der UNO und vor allem innerhalb des UN-Sicherheitsrates tangierten. Zwar stimmen die USA auch einer Erweiterung des UN-Sicherheitsrates zu. Den einzigen konkreten Vorschlag, den sie allerdings äußern, ist die Aufnahme Japans als ständiges Mitglied, und damit eines mit den USA verbündeten Staates, der nicht grundlegend vom politischen Kurs der USA abweichen würde oder den amerikanischen Interessen im Wege stünde. Die USA definieren in Bezug auf die UN-Reformen *Lösungen erster Ordnung.* Sie fordern zwar Veränderungen innerhalb des Systems der UNO, diese Veränderungen berühren aber nicht das System selbst.

Die beiden Konfliktparteien definieren in Bezug auf die UN-Reformen demnach nicht nur unterschiedliche Lösungen, sondern Lösungen, die auf unterschiedlichen logischen Ebenen liegen. Die iranischen Lösungsvorschläge liegen im Vergleich zu den Vorschlägen der USA auf einer Metaebene.

Nun stellt sich für den Iran in Bezug auf diese Metalösung jedoch ein Problem. Der Iran befindet sich in einem »*Spiel ohne Ende*«. Es geht dabei um eine Art Teufelskreis, der sich daraus ergibt, dass jemand in einem System gefangen ist, das keine Veränderung seiner selbst (als Veränderung zweiter Ordnung) aus sich selbst heraus hervorbringen kann, d.h., das keine Voraussetzung für seine eigene Veränderung enthält.[277]

Watzlawick et al. führen folgende Situation als Beispiel an. Zwei Personen entschließen sich dazu, ein Spiel zu spielen, bei dem es um die Vertauschung von Bejahung und Verneinung geht: Wenn die Beteiligten »ja« meinen, müssen sie »nein« sagen und umgekehrt. Wollen sie sagen »ich will nicht«, müssen sie sagen »ich will« usw. Nun besteht das Problem darin, dass, sobald die Spieler dieses Spiel einmal begonnen haben, es schwierig ist, es wieder zu beenden. Wenn nämlich einer von ihnen sagt »lass uns aufhören«, könnte das einmal auf der Objektebene, d.h. im Rahmen des Spiels, als »lass uns nicht aufhören, zu spielen«, oder eben auf der Metaebene, außerhalb des Rahmens des Spiels, als »lass uns aufhören, zu spielen« verstanden werden. Der Vorschlag »hören wir zu spielen auf« ist unentscheidbar, da er sowohl auf der Objektebene (als Teil des

277 Die Diagnose des »Spiels ohne Ende« lässt sich allerdings nicht nur auf die spezifische Situation der islamischen Welt in Bezug auf die Schwierigkeit der Veränderung der Machtverteilung in der UNO zu ihren Gunsten, sondern auf die doppelbindende Situation in ihrer Gesamtheit ausweiten. Watzlawick et al. definieren sehr allgemein: »Von einem System, das alle ihm möglichen internen Veränderungen (gleichgültig, wie viele es sind) durchlaufen kann, ohne eine Veränderung seiner selbst (also eine Veränderung zweiter Ordnung) zu erreichen, sagt man, daß es in einem Spiel ohne Ende gefangen ist.« (Watzlawick el al. 2005: 41.) In diesem Sinne sind insbesondere auch Interpunktionsprobleme, wie der Nahostkonflikt, »Spiele ohne Ende«.

Spieles), als auch auf der Metaebene (als Aussage über das Spiel) sinnvoll wäre, die beiden Bedeutungen sich aber widersprechen. Die Spieler haben keine Möglichkeit zu entscheiden, in welcher der Bedeutungen die Aussage des Anderen gebraucht wird. Es ist daher schwierig, das Spiel zu beenden.

Ein anderes Beispiel für ein »Spiel ohne Ende« stammt aus der Politik. Es geht um einen Staat, in welchem das Recht auf unbeschränkte parlamentarische Debatten existiert. Dieses Recht erweist sich nun als unpraktisch, verhindert es doch politische Entscheidungen durch endlose Reden der Politiker. Man will eine Verfassungsänderung herbeiführen, doch unterliegt auch dieses Verfahren dem Recht auf unbeschränkte parlamentarische Debatte, auf deren Beschränkung es gerade abzielt. Das Land ist unfähig, gelähmt und in einem »Spiel ohne Ende« gefangen.

Ein »Spiel ohne Ende« ist bestimmten Regeln unterworfen, doch es besitzt keine Metaregel für die Änderung der Regeln. In beiden Fällen ist eine Lösung, die darauf abzielt, das System selbst zu verändern, nicht innerhalb des Systems herbeiführbar, da die Regeln, die geändert werden sollen, auch auf das System als Ganzes angewendet werden müssen.[278]

Wenn der Iran, als Mitglied der UNO, das System der internationalen Beziehungen durch die Änderung der Machverhältnisse in der UNO, vor allem im UN-Sicherheitsrat, ändern möchte, dann ist er in einer Situation, die dem Gefangensein in einem »Spiel ohne Ende« ähnelt. Die UN-Struktur ist nämlich ein System, welches die Voraussetzungen für seine eigene Veränderung zwar theoretisch, kaum jedoch faktisch mitbringt.

Die UNO wurde, das expliziert der Iran ja, nach dem Zweiten Weltkrieg auf Initiative der Siegermächte des Krieges gegründet und so spiegelt die Struktur des UN-Systems die Machtverhältnisse dieser Zeit wider. Der Sicherheitsrat ist wiederum »das mit den weitreichendsten Kompetenzen ausgestattete UNO-Organ und […] das Kernstück des kollektiven Sicherheitssystems«[279]. Er ist das einzige Organ, das rechtsverbindliche Beschlüsse für alle UN-Mitgliedstaaten fassen kann. Dieses eigentliche Machtorgan setzt sich aus 15 Staaten zusammen. Die USA, Großbritannien, Frankreich, Russland (vorher die Sowjetunion) und die Volksrepublik China (vorher die Republik China) sind laut Charta ständige Mitglieder und mit einem Vetorecht ausgestattet. Die anderen zehn nichtständigen Mitglieder werden für jeweils zwei Jahre von der Generalversammlung gewählt, wobei die Wahl dem Kriterium der regionalen Ausgewogenheit des Sicherheitsrates folgt. Entscheidungen des Sicherheitsrates werden mit einer Mehrheit von neun Stimmen, *einschließlich der Stimme aller ständigen Mit-*

278 Vgl. Watzlawick et al. (2005): 20–47; Watzlawick et al. (2007): 216–20.
279 Wolf (2010): 113.

glieder, gefällt.[280] Damit kann jeder einzelne dieser fünf Staaten Entscheidungen aller anderen Mitglieder im Sicherheitsrat blockieren. Demnach ist die UN-Struktur, wie die Charta sie vorsieht und wie der Iran und viele andere Staaten kritisieren, so errichtet, dass sie vor allem westlichen Interessen sowie den Interessen Chinas und Russlands dient, wobei der Westen mit drei Repräsentanten den Letztgenannten gegenüber noch einmal bevorteilt ist.[281]

Die Struktur der UNO zu verändern, hieße also vor allem die Machtverteilung im UN-Sicherheitsrat, d.h. die Zusammensetzung und die Entscheidungsprozeduren, so wie sie in der UN-Charta festgelegt sind, zu verändern, genau wie der Iran es fordert. Die Änderung der Charta und damit der Zusammensetzung des Sicherheitsrates ist laut Charta auch möglich, faktisch aber schwierig. An einer solchen Änderung haben all diejenigen Staaten Interesse, die sich durch das UN-System benachteiligt fühlen. Insbesondere wurde dieses Interesse von Seiten islamischer, lateinamerikanischer und afrikanischer Staaten bekundet, von denen niemand über einen ständigen Sitz im Sicherheitsrat verfügt.[282] Sie allein können aber das System nicht ändern, da auch für die Veränderung der Charta und damit der Machtstrukturen im Sicherheitsrat selbst die Zustimmung der fünf ständigen Mitglieder erforderlich ist. Laut Charta treten Veränderungen der Charta nämlich erst in Kraft, wenn sie von zwei Dritteln der Mitglieder der Generalversammlung durch Wahl angenommen und von zwei Dritteln der Mitglieder der Vereinten Nationen, *inklusive aller ständigen Mitglieder des Sicherheitsrates*, ratifiziert worden sind.[283]

An einer solchen Veränderung haben allerdings gerade die fünf ständigen Mitglieder kein großes Interesse. Die UN-Mitgliedsstaaten, die ein Interesse an der Änderung des UN-Systems selbst haben, befinden sich damit in einer Art »Spiel ohne Ende«. Sie sind innerhalb der UNO bestimmten Regeln unterworfen, doch sie besitzen keine Metaregel für die Änderung der Regeln. Zwar ist eine Metaveränderung des Systems mit Kooperation der fünf ständigen Mitglieder möglich, doch die haben kein großes Interesse daran, die Regeln zu ändern. Wenn also die UN-Struktur theoretisch auch grundlegend reformierbar wäre, faktisch gestaltet sich eine solche Reform schwierig.

In dem dargelegten Sinne befindet sich also insbesondere die iranische Führung in einer *doppelbindenden Situation*. Die iranische Führung bekleidet die inferiore Position in einer asymmetrischen Beziehung, erhält paradoxe Handlungsankündigungen und kann weder den Rahmen der Situation durch Meta-

280 Vgl. Charter of the United Nations (1945): Chapter V, Article 27.
281 Vgl. Wolf (2010): 20–21, 111–14.
282 Auch die Bundesrepublik als westlicher Industriestaat strebt nach einem ständigen Sitz im Sicherheitsrat, um als drittgrößter Beitragszahler mehr politisches Gewicht zu erhalten.
283 Vgl. Charter of the United Nations (1945): Chapter XVIII, Article 108.

kommunikation verlassen, denn die USA leugnen einen Konflikt auf der Beziehungsebene und blockieren jeden Versuch, diese zu problematisieren, noch kann sie den Rahmen der Situation durch Änderung der Machtstrukturen in der UNO verlassen.

4.4.2 Der Atomstreit: Argumentation auf unterschiedlichen Ebenen

In dieser Arbeit geht es um die offizielle Kommunikationsstruktur in der Kontroverse USA – Iran. Offiziell bestreitet der Iran, dass sein Atomprogramm der Herstellung von Atomwaffen dient. Dennoch soll ein Aspekt in Bezug auf den Atomstreit nicht unerwähnt bleiben. Insbesondere stellt nämlich das iranische Atomprogramm, sollte es, wovon auszugehen ist, der Herstellung von Atomwaffen dienen, einen Versuch dar, die Machtverhältnisse in den internationalen Beziehungen zu Gunsten des Iran zu ändern und so eine *Lösung zweiter Ordnung* herbeizuführen. Insofern soll zum Abschluss dieses Kapitels noch einmal kurz auf die Argumentation im Zusammenhang des Atomstreits zurückgekommen werden.

Vor dem Hintergrund dieses Kapitels lässt sich nämlich in Bezug auf den Streit um das iranische Atomprogramm eine weitere Beobachtung machen.

Eines der Hauptargumente des Iran zur Begründung seiner Position ist das folgende:

> The Islamic Republic of Iran is a member of the IAEA and is committed to the NPT. All our nuclear activities are transparent, peaceful and under the watchful eyes of IAEA inspectors. Why then are there objections to our *legally recognized rights?* Which governments object to *these rights?* Governments that *themselves benefit from nuclear energy and the fuel cycle.* Some of them have abused nuclear technology for *non-peaceful ends* including the production of *nuclear bombs*, and some even have a bleak record of using them against humanity.[284]

Hier wird argumentiert, dass Iran als Mitglied der Internationalen Atomenergiebehörde *dasselbe Recht* auf die Anreicherung von Uran und Assistenz bei dieser Anreicherung hat wie andere Staaten, vor allem die westlichen Staaten und Israel, die selbst die »Vorzüge der Nuklearenergie genießen«. Das Hauptargument des Iran für seine Position im Atomstreit lautet also: *Gleiches Recht für alle.* Dieses Argument des »gleichen Rechts für alle« wäre selbst dann rational, wenn Iran offen zugeben würde, zum Zwecke des Machtausgleichs nach Nuklearwaffen zu streben und der Doktrin der »Balance of Power« zu folgen. Iran würde nichts fordern, was seine Gegner, vor allem die USA und Israel, nicht auch

284 Ahmadinedschad, 19.09.2006, Rede vor der UN-Generalversammlung; Hervorh. von C. R.

hätten. Mit diesem Argument wird insbesondere die *Beziehung* der Staaten zueinander thematisiert, die nämlich auf Gleichheit in Bezug auf die Rechte jedes Staates beruhen sollte, d. h., das Argument liegt auf der *Beziehungsebene*.[285]

Betrachten wir zum Vergleich noch einmal die Hauptargumente der USA für ihre Position, also gegen die Fortführung des iranischen Atomprogramms. Zwei Argumente wurden schon im Zusammenhang des Interpunktionsproblems betrachtete. Dem dritten Argument, das bislang noch nicht betrachtet wurde, kommt im Zusammenhang der ideologischen Einordnung des Konflikts eine besondere Bedeutung zu, obwohl die Argumente letztendlich stark miteinander zusammenhängen:

> The Iranians have defied international organizations in an attempt to enrich uranium – and, we believe, because they want to have a nuclear weapon. And I believe this challenge is one of the most significant challenges we face – ›we,‹ the *free world*, face. There's a lot of reasons why. One, just as an example, you really don't want a regime that funds terrorist organizations like Hezbollah to have a nuclear weapon as a part of their capacity to create the conditions, for example, of diplomatic blackmail. Secondly, the current leader of Iran has – I can't remember exactly his words, but the sum of them were that the destruction of one of our allies was important to them – that would be Israel. *Third*, it's ironic, isn't it, that any time *a democracy begins to take hold in the Middle East, extremist groups prevent that democracy from moving forward*. One such democracy is Lebanon, a wonderful little country. And yet there is a Syrian influence – Syria uses not only their own agents inside the country, but Hezbollah, to *destabilize this young democracy*. And Hezbollah is funded by *Iran*. In other words, the *Iranian regime's current posture is to destabilize young democracies*. And they're doing so in Iraq, as well. *So* our objective is to rally the world to make it clear to the current regime that if they continue their practices they will continue to be isolated.[286]

Die USA stellen also auch im Atomstreit die Tatsache, dass es sich beim Iran um einen *nicht-demokratischen* Staat handelt, der den USA zufolge allen *Demokratien* den Kampf angesagt hat, in den Vordergrund. Auf das iranische Argument der »gleichen Rechte für alle« wird von amerikanischer Seite dann auch gar nicht eingegangen, denn es steht schon fest, dass autokratische Regime, die Terror unterstützen, und zwar vor allem *um Demokratien zu schwächen*, keine gleichen Rechte genießen dürften wie »verantwortungsvolle Demokratien«, d. h., wie »die freie Welt«. Umgekehrt geht der Iran dagegen an keiner Stelle im

285 Sollte das Atomprogramm, wie im Westen vermutet wird, auch militärischen Zwecken dienen, ist tatsächlich davon auszugehen, dass die iranische Führung einerseits vor allem ihren regionalen wie internationalen Status stärken und ihren Interessen stärkeres Gehör verschaffen will – Iran will als führende regionale Macht anerkannt werden – und andererseits mögliche Militärschläge, vor allem von amerikanischer Seite aus, abschrecken will. (Vgl. Perthes 2008: 10 – 13, 107 – 103.)

286 Bush, 20.04.2007, President Bush Visits East Grand Rapids, Discusses Global War on Terror, East Grand Rapids, USA; Hervorh. von C. R.

Zusammenhang des Atomprogramms auf den Vorwurf ein, der Iran sei ein autokratischer und extremistischer Staat, der Demokratien bekämpfen möchte, und der daher kein Uran anreichern dürfe.

Während sich also der Iran bei der Begründung seiner Position vor allem auf das *gleiche Recht für alle* beruft, ist für die Begründung der amerikanischen Position insbesondere auch die Frage nach der *inhaltlichen* Ausrichtung Irans, also Irans Status als *autokratischer, nicht-demokratischer Staat* von Relevanz. Damit bewegt sich Iran bei der Begründung seiner Position *für* das Atomprogramm ausschließlich auf der *Beziehungsebene*, während die USA bei der Begründung ihrer Haltung *gegen* das iranische Atomprogramm vor allem auf der *Inhaltsebene* argumentieren. Insbesondere für den Konflikt um das iranische Atomprogramm gilt also, dass die beiden Konfliktparteien nicht auf derselben logischen Ebene und damit in gewisser Weise aneinander vorbei argumentieren.

Bislang wurde gezeigt, dass sowohl die USA als auch der Iran zunächst die aggressive Politik des jeweiligen Gegners als die Ursache der internationalen Herausforderungen definieren, und sich bei dieser Ursachendefinition das Interpunktionsproblem ergibt. Schließlich nennen beide Parteien das Weltbild, das sie dem jeweiligen Gegner zuschreiben, als den (angeblichen) Grund des Gegners für seine Aggressionen und damit die Wurzel/den Kern der Herausforderungen bzw. das eigentliche Problem, sodass sie als längerfristige oder nachhaltige Lösung die Konversion des Gegners zum eignen, konträren Weltbild definieren. Diese Lösungsdefinition ist problematisch, da sich beide Seiten in Paradoxien verstricken. Dennoch sind beide Seiten der Meinung, dass nur die Übernahme des eigenen Weltbildes zum gewünschten Verhalten auf Seiten des Gegners und zum globalen Frieden führen kann. Für keine der beiden Konfliktparteien ist das »richtige« Handeln auch ohne das »richtige« Weltbild möglich. Die USA führen schließlich aggressives Verhalten, insbesondere in Form von Terrorismus oder Förderung von Terrorismus, immer auf nicht-liberale Ideologien und nicht-demokratische Herrschaftsformen als Institutionalisierung dieser Ideologien zurück und konstatieren dann umgekehrt, dass nur die Übernahme liberaler Überzeugungen und die Institutionalisierung dieser in marktwirtschaftlichen Demokratien zu friedlichem Verhalten führt.

Und der Iran behauptet:

> Establishment of justice requires people who have achieved moderation and justice inside themselves, and have restrained their domineering attitudes and actualized their attributes of self-sacrifice and are at the service of humanity. The complete and full-scale manifestation of such characteristics *can happen only under the rule of the*

righteous and perfect human being who is obedient to God and who is promised by the divine Prophets.[287]

Allerdings besteht noch eine Möglichkeit, die erwünschte längerfristige Lösung herbeizuführen und dennoch die Paradoxie zu vermeiden: Man kann versuchen, den Gegner und auch Dritte davon zu *überzeugen*, dass das eigene Weltbild das gültige und das gegnerische Weltbild das ungültige Weltbild ist. Genau diesen Versuch unternehmen die beiden Kontrahenten. Die USA und der Iran geraten in einen explizit ausgetragenen *Paradigmenstreit.*

Im folgenden Kapitel wird es um die amerikanischen und iranischen Versuche gehen, zu *beweisen*, dass dasjenige Weltbild, das sie sich jeweils zuschreiben, gültig, und dasjenige Weltbild, das sie ihrem Gegner zuschreiben, ungültig ist, um auf diese Weise ihre Politik zu legitimieren.

287 Ahmadinedschad, 23.09.2008, Rede vor der UN-Generalversammlung, New York; Hervorh. von C. R.

5. Begründungszirkel auf Grund von weltanschaulicher Polysemie

5.1 Thomas S. Kuhns Paradigmenstreit

»Der Wettstreit zwischen Paradigmata kann nicht durch Beweise entschieden werden.«[288] Diese These formulierte Thomas S. Kuhn in *Die Struktur wissenschaftlicher Revolutionen* für die Kontroverse zwischen Vertretern konkurrierender *wissenschaftlicher* Paradigmata.[289]

Wissenschaftliche Paradigmata sind für Kuhn etwas sehr Grundlegendes, sie konstituieren *Weltbilder*, und zwar sowohl in *normativer* als auch in *kognitiver* Hinsicht. Insofern dies auch für politische Ideologien und religiöse Überzeugungen angenommen wurde, wird sich im Folgenden die Frage stellen, ob sich einige der Strukturen, die Kuhn für einen Paradigmenstreit ausmacht, auch in der Kontroverse zwischen den USA und dem Iran wiederfinden.[290] Kuhn selbst zieht schließlich eine Parallele zwischen Wissenschaft und Politik, indem er behauptet: »Wie die Wahl zwischen konkurrierenden politischen Institutionen

288 Kuhn (1976): 159. Kuhn spricht auch von »Diskussionen über Theoriewahl«, die »nicht genau in der Form logischer oder mathematischer Beweise stattfinden [können]«. (Kuhn 1976: 210.)

289 Das Buch war 1962 unter dem Titel *The Structure of Scientific Revolutions* erschienen; die Ausgabe von 1976 enthält außerdem ein Postskriptum von 1969.

290 Paul Feyerabend, der zweite Protagonist der These der Verständigungsschwierigkeiten zwischen Vertretern konkurrierender wissenschaftlicher Paradigmata bzw. Theorien, verwendet schließlich einen bewusst weiten und unscharfen Begriff von »Theorie« und expliziert: »Wenn ich von *Theorien* spreche, so meine ich auch Mythen, politische Ideen, religiöse Systeme, und ich fordere, daß eine so benannte Auffassung mindestens auf einige Aspekte alles Daseienden anwendbar sei. Die allgemeine Relativitätstheorie ist eine Theorie in diesem Sinne, ›alle Raben sind schwarz‹ ist es nicht. Es gibt gewisse Ähnlichkeiten zwischen meinem Gebrauch von ›Theorie‹ und Quines ›Ontologie‹ [...], Carnaps ›Sprachsystem‹ [...], Wittgensteins ›Sprachspiel‹ [...], Paretos ›Theorie‹ [...], Whorfs ›Metaphysik‹ [...], Kuhns ›Paradigma‹ [...] u.a. Ich ziehe diesen ›Ziehharmonika‹-Gebrauch des Ausdrucks vor, weil er Problemen, die in meiner Darstellung eng miteinander zusammenhängen, einen gemeinsamen Namen gibt.« (Feyerabend »Antwort an Kritiker. Bemerkungen zu Smart, Sellars und Putnam«, in ders. 1981: 128, Fußnote 5, zit. n. Lueken 1992: 115; Hervorh. im Orig.)

erweist sich die zwischen konkurrierenden Paradigmata als eine Wahl zwischen unvereinbaren *Lebensweisen* der Gemeinschaft.«[291]

Gerade wegen dieses grundlegenden und umfassenden Charakters des Paradigmas kann im Falle zweier konkurrierender Paradigmata ein Streit um die Gültigkeit des jeweiligen Paradigmas nach Kuhn nicht mittels Beweisen entschieden werden.

In einem Streit zwischen Befürwortern *desselben* Paradigmas bilden von beiden Parteien geteilte Prämissen die gemeinsame Basis, auf der die Kontrahenten ihre Standpunkte einander gegenüberstellen und für beide Seiten nachvollziehbare Argumente austauschen können. Insbesondere besteht zwischen den Kontrahenten Einigkeit bezüglich der Kriterien, anhand derer ihre konkurrierenden Positionen gemessen und beurteilt werden müssen. Schließlich kann einer der Kontrahenten den Gegner von der Gültigkeit seiner Position überzeugen, eben weil er sich beim Ausweis der Gültigkeit seiner Position auf Prämissen (z. B. bestimmte Normen) berufen kann, die der Gegner teilt.

Genau das geht nach Kuhn in einem Streit, bei dem es um die *Gültigkeit des jeweiligen Paradigmas selbst* geht, nicht. In einem Paradigmenstreit ist die Basis an geteilten Prämissen nicht ausreichend für einen Beweis: »*Keine Seite will alle die nichtempirischen Voraussetzungen, welche die andere für die Vertretung ihres Standpunktes braucht, zubilligen*«[292], im Gegenteil, »*[d]iese Diskussion geht um Prämissen*«[293]. In ihr stehen die *Kriterien*, anhand derer die konkurrierenden Paradigmata gemessen und beurteilt werden können, *selbst zur Disposition.*

Wenn aber die Basis an geteilten Prämissen so gering ist und die Kriterien zum Ausweis der Gültigkeit des Paradigmas selbst strittig sind, müssen nach Kuhn die Kontrahenten beim Versuch, ihr jeweiliges Paradigma als das gültige auszuweisen, in *Begründungszirkel* geraten und *aneinander vorbeireden.* Jede Seite wird sich beim Ausweis der Gültigkeit ihres Paradigmas auf Prämissen berufen und Kriterien heranziehen, die innerhalb ihres Paradigmas gelten, die der Gegner jedoch nicht anerkennt, und damit die Gültigkeit des eigenen Paradigmas stets schon voraussetzen. »*Jede Gruppe verwendet ihr eigenes Paradigma zur Verteidigung eben dieses Paradigmas*«[294], oder anders formuliert: *Bei der Verteidigung des Paradigmas fließt das Paradigma stets mit ein.* Eine derartige Argumentation wirkt auf den Gegner nicht überzeugend, sondern erscheint wie ein Überredungsversuch.

Kuhn beschreibt den Paradigmenstreit damit als einen Streit, in dem es die Kontrahenten nicht schaffen, einen Standpunkt *außerhalb* ihres jeweiligen Pa-

291 Kuhn (1976): 106; Hervorh. von C. R.
292 Kuhn (1976): 159; Hervorh. von C. R.
293 Kuhn (1976): 210; Hervorh. von C. R.
294 Kuhn (1976): 106; Hervorh. von C. R.

radigmas, also eine *neutrale* Position, einzunehmen und *paradigmenübergreifend* gültige Argumente zu formulieren. Insofern es darum geht, dass die beiden Parteien *stets aus einem Paradigma heraus* argumentieren und keine paradigmen*übergreifende* Position einnehmen können, ist in der Literatur auch von der Schwierigkeit oder Unmöglichkeit einer »*Metaposition*« oder »*Metasprache*« die Rede. Da diese Ausdrücke bereits im Zusammenhang der Paradoxien in einer etwas anderen Bedeutung verwendet wurden, wird im Folgenden einfach von einer »neutralen« oder »paradigmenübergreifenden« Position oder Sprache die Rede sein.[295]

Kuhn stellte seine These, die als *Inkommensurabilitätsthese* bekannt geworden ist, Anfang der 1960er Jahre nach der Analyse wissenschaftshistorischen Materials auf und löste in der Wissenschaftstheorie eine sehr kontrovers geführte Debatte aus. In der Wissenschaftstheorie war man bis dahin davon ausgegangen, dass es sich beim Fortschritt in der Wissenschaft um einen linearen und kumulativen Prozess handelte, der durch das Befolgen verbindlicher Regeln, Standards und Methoden vorangetrieben wurde. Im Falle konkurrierender Theorien gab es dieser Auffassung nach eindeutige Kriterien und Verfahren, mit denen man die Theorien beurteilen und eine Wahl zu Gunsten der einen und Ungunsten der anderen Theorie treffen konnte.

Kuhn meldete nun Zweifel an der Richtigkeit dieser Vorstellung von Wissenschaft an, wobei er sich ausdrücklich auf die Naturwissenschaften bezog.[296] Die Vorstellung der Wissenschaft als ein Unternehmen, bei dem das Befolgen allgemein verbindlicher Regeln und Methoden dazu führt, dass immer mehr Wissen angehäuft wird, traf nach Kuhn nur auf bestimmte historische Phasen zu, in denen ein Paradigma leitend war. Kuhn spricht diesbezüglich von der »normalen Wissenschaft«[297]. Die Analyse wissenschaftshistorischen Materials hatte jedoch ergeben, dass es in der Geschichte der Wissenschaft immer wieder zu »nichtkumulativen Entwicklungsepisoden«[298] gekommen war, in denen ein Wechsel zwischen wissenschaftlichen Paradigmata stattgefunden hatte, die nicht aufeinander aufbauten und auch nicht miteinander vereinbar waren, sondern die in allen relevanten Hinsichten so radikal verschieden waren, dass sie eben

295 Vgl. Kuhn (1976): insbesondere 104 – 22, 158 – 64, 186, 193 – 16.

296 Der zweite Protagonist der Inkommensurabilitätsthese war, wie schon erwähnt, Paul Feyerabend. (Vgl. Feyerabend 1976.)

297 In diesen Phasen ging es den Wissenschaftlern nach Kuhn allerdings keineswegs darum, *neue* Phänomene zu entdecken, sondern darum, das Paradigma zu präzisieren, auf einen größeren Bereich von Phänomenen anzuwenden oder zu artikulieren. Wenn Forscher bei ihrer Arbeit tatsächlich auf neue Phänomene stießen, die vor dem Hintergrund ihres Paradigmas nicht erklärt werden konnten, interpretierten die Wissenschaftler sie eher weg, als Veränderungen am Paradigma vorzunehmen oder es zu verwerfen.

298 Kuhn (1976): 104.

nicht anhand derselben Kriterien verglichen bzw. anhand desselben Maßstabs beurteilt werden konnten, also *inkommensurabel* waren.[299] Was innerhalb eines Paradigmas als relevant und vernünftig galt, wurde innerhalb des anderen als irrelevant und unvernünftig betrachtet. Daher konnte es nach Kuhn auch keine allgemeingültige Methodologie oder Rationalitätstheorie geben, welche Rationalität und Fortschritt in der Wissenschaft erklären und als gemeinsamer Maßstab oder Rationalitätsstandard zur Beurteilung neuer Theorien dienen konnte.

Als Beispiele für derartige Paradigmenwechsel führt Kuhn insbesondere die »Kopernikanische Revolution« (den Wechsel von der Ptolemäischen Astronomie mit ihrer geozentrischen Auffassung zur Kopernikanischen Astronomie mit ihrer heliozentrischen Auffassung) an, die »Newtonsche Revolution« bzw. den Wechsel vom essentiellen Paradigma Aristoteles' zum mechanisch-korpuskularen Paradigma, die »Chemische Revolution« (den Wechsel von der Phlogistontheorie zum Sauerstoff Lavoisiers) und die »Einsteinsche Revolution« (den Wechsel von der Newtonschen »absoluten« Mechanik zur Relativitätstheorie).

In all diesen Fällen kam nach Kuhn nicht einfach das neue Paradigma zum alten Paradigma hinzu, sondern durch das Aufkommen des neuen Paradigmas wurde das alte Paradigma verdrängt. Das neue Paradigma konnte nur akzeptiert werden, indem das alte Paradigma zurückgewiesen wurde, d. h., die Paradigmata standen in einem starken *Konkurrenzverhältnis* zueinander. Dementsprechend waren Paradigmenwechsel nach Kuhn mit heftigen Kontroversen verbunden. Es ging um einen Neuaufbau eines wissenschaftlichen Gebietes auf völlig neuen Grundlagen. Nach dem Wechsel hatte die Fachwissenschaft ihre elementarsten theoretischen und methodischen Annahmen teilweise oder vollständig geändert.[300]

299 Die Wissenschaftstheorie hatte den Ausdruck »Inkommensurabilität« aus der Mathematik auf Grund der strukturellen Ähnlichkeit mit einem im Zusammenhang der Einführung irrationaler Zahlen durch die Pythagoreer diskutierten Problems übernommen.

300 Als einen der Hauptgründe für das verzerrte Bild der Wissenschaft als kumulativer und linearer Prozess betrachtet Kuhn die Tatsache, dass die Wissenschaftler, und indirekt die Wissenschaftstheoretiker, ihr Wissenschaftsbild aus Lehrbüchern beziehen, die aus pädagogischen Gründen nach einem Paradigmenwechsel jeweils neu geschrieben werden und darauf ausgerichtet sind, die zu diesem Zeitpunkt gültigen Annahmen und Begriffe, also die Ergebnisse der vorangegangenen wissenschaftlichen Revolution, zu vermitteln. Wenn sie überhaupt auf historische Entwicklungen eingehen, dann stellen sie bestimmte Arbeiten in einer bestimmten Weise vor, sodass sie als Beitrag zum aktuellen Paradigma betrachtet werden können, d. h., sie stellen die historischen Fakten sehr selektiv und verzerrt dar. Da in den Phasen der normalen Wissenschaft eben nicht, wie auf anderen Gebieten (wie z. B. der Kunst) verschiedene Schulen miteinander konkurrieren und sich auch die Fachliteratur meist nicht an ein großes Publikum, sondern an die sehr homogene wissenschaftliche Gemeinschaft wendet, stellt niemand das eine, herrschende System an Zielen und Normen in Frage, sodass es als gegeben angesehen wird.

Die Paradigmenwechsel verliefen nach Kuhn so konfliktartig, dass Kuhn sie mit politischen Revolutionen, also gewaltsamen Umstürzen politischer Institutionen, vergleicht.

> Bei der politischen und wissenschaftlichen Entwicklung ist das Gefühl eines Nichtfunktionierens, das zu einer Krise führen kann, eine Voraussetzung für die Revolution. [...] Wenn sich die Krise dann vertieft, verschreiben sich viele dieser Menschen irgendeinem konkreten Programm für die Erneuerung der Gesellschaft in einem neuen institutionellen Rahmen. An diesem Punkt teilt sich die Gesellschaft in einander bekämpfende Lager oder Parteien, von denen die eine die alte institutionelle Konstellation zu verteidigen sucht, während die andere eine neue zu errichten trachtet. Und wenn diese Polarisierung einmal eingetreten ist, *versagt die eigentliche politische Auseinandersetzung.* Da ihre Meinung über das institutionelle System, innerhalb dessen ein politischer Wandel erreicht und bewertet werden kann, auseinander geht, da sie keinen überinstitutionellen Rahmen für die Beilegung der revolutionären Differenzen anerkennen, müssen die Parteien eines revolutionären Konfliktes letzten Endes zu den Methoden der Massenüberredung Zuflucht nehmen, die oft genug Gewalt einschließen.[301]

Betrachten wir noch etwas genauer, was Kuhn meint, wenn er behauptet, dass in den Phasen, in denen zwei konkurrierende Paradigmata koexistieren, die eigentliche Auseinandersetzung zwischen den Vertretern der jeweiligen Paradigmata versagt.

Kuhn nennt konkret *drei Gründe*, »warum den Befürwortern konkurrierender Paradigmata *eine vollkommene Gegenüberstellung der gegenseitigen Standpunkte nicht gelingen kann.* Zusammenfassend sind diese Gründe als die Inkommensurabilität der vor- und nachrevolutionären normal-wissenschaftlichen Traditionen beschrieben worden [...].«[302]

1) *Paradigmenabhängigkeit und Relativität der Normen und der Wissenschaftsdefinition*

> In erster Linie werden die Befürworter konkurrierender Paradigmata oft *nicht über die Liste der Probleme, welche jeder Paradigma-Anwärter lösen muß, übereinstimmen. Ihre Normen oder Definitionen der Wissenschaft weichen voneinander ab.* Muß eine Bewegungstheorie die Ursache der Anziehungskräfte zwischen Materieteilchen erklären, oder braucht sie einfach nur das Vorhandensein solcher Kräfte festzustellen? Newtons Dynamik wurde weithin abgelehnt, weil sie, im Gegensatz zu den Theorien von Aristoteles und Descartes, die zweite Antwort auf die Frage gab. Durch die Annahme von Newtons Theorie wurde deshalb eine Frage aus der Wissenschaft verbannt, von der die allgemeine Relativitätstheorie jedoch behaupten kann, sie habe sie gelöst.[303]

301 Kuhn (1976): 104; Hervorh. im Orig.; vgl. Kuhn (1976): insbesondere 15–25; 37–49, 97–112, 147–54, 171–221; Lueken (1992): 9–11.

302 Kuhn (1976): 159; Hervorh. von C. R.

303 Kuhn (1976): 159; Hervorh. von C. R.

Bei einem Streit zwischen Vertretern konkurrierender Ansätze *innerhalb* eines wissenschaftlichen Paradigmas kann die *Problemlösekraft* des Ansatzes als neutrales Kriterium zur Beurteilung der Ansätze und als objektiver Maßstab bei der Wahl zwischen ihnen dienen. In einem Streit zwischen Befürwortern *konkurrierender* Paradigmata geht dies nicht, denn hier ist bereits strittig, welche Probleme überhaupt als *wissenschaftliche Probleme gelten*, die eine Theorie lösen muss.

Beide Seiten werden versuchen, die Gültigkeit ihres Paradigmas mit dem Verweis darauf zu »beweisen«, dass ihr Paradigma bestimmte wissenschaftliche Probleme besser zu lösen im Stande ist als das gegnerische Paradigma, wobei diese Probleme aber nur innerhalb des eigenen Paradigmas, nicht jedoch paradigmenübergreifend als wissenschaftliche Probleme gelten. Beide Seiten setzen also bei dem Beweis der Gültigkeit ihres Paradigmas die Gültigkeit der Problemdefinition gemäß dem eigenen Paradigma und damit die Gültigkeit des eigenen Paradigmas schon voraus. Der jeweilige Gegner müsste das Paradigma schon vertreten, um den »Beweis« für das Paradigma überzeugend zu finden. Da er dies nicht tut, wirkt für ihn dieser vermeintliche Beweis wie ein Überredungsversuch.

Die Relativität der Problemdefinition zwischen Befürwortern konkurrierender Paradigmata versteht Kuhn vor allem als Folge des *Normen-gebenden Charakters* der Paradigmata und der *unterschiedlichen Wissenschaftsdefinitionen* der Befürworter konkurrierender Paradigmata. Ein Paradigma sagt seinen Vertretern, was Wissenschaft ist und damit, wie ein wissenschaftliches Problem, eine wissenschaftliche Methode und eine wissenschaftliche Lösung aussehen soll.

> Daraus ergibt sich, daß die Annahme eines neuen Paradigmas oft eine *neue Definition der entsprechenden Wissenschaft* erfordert. Manche alte Probleme können an eine *andere Wissenschaft abgegeben* oder *für völlig ›unwissenschaftlich‹ erklärt* werden. Andere wieder, die vorher nicht existierten oder völlig unbedeutend waren, können mit einem neuen Paradigma geradezu ein *Haupttypus wichtiger wissenschaftlicher Leistung* werden. Und wie sich die Probleme ändern, so ändert sich oft auch die *Norm, die eine wirklich wissenschaftliche Lösung von einer bloßen metaphysischen Spekulation, einem Wortspiel oder einer mathematischen Spielerei unterscheidet.*[304]

304 Kuhn (1976): 116; Hervorh. von C. R.

Kuhn führt hier unter anderem das Beispiel des Wechsels vom aristotelischen Paradigma, welches von einem »Wesen« materieller Körper ausging, zum Korpuskularparadigma an. Als die aristotelische Annahme vom Wesen der materiellen Körper durch ein mechanisch-korpuskulares Paradigma ersetzt wurde, begann eine Verschiebung der Definition dessen, was als wissenschaftlich galt und was nicht. Hatten Erklärungen mit Hilfe der den Körpern inhärenten Eigenschaften vorher noch als wissenschaftlich gegolten, so wurden nun alle Sinneserscheinungen ausschließlich anhand von Größe, Form, Lage und Bewegung der Elementarteilchen erklärt. Schrieb man diesen Dingen andere Eigenschaften zu, galt dies fortan als Zuflucht nehmen beim Okkulten oder Metaphysischen, jedoch nicht mehr als Wissenschaft.

Dieser Wechsel vom aristotelischen zum Korpuskularparadigma befreite die Wissenschaft des 17. Jahrhunderts von vielen Problemen, die sie vorher gehabt hatte, die sie jedoch nie hatte lösen können. Gleichzeitig kamen mit dem Wechsel zum mechanisch-korpuskularen Paradigma neue Probleme auf, welche die Wissenschaft vorher nicht gehabt hatte.

> Da neutrale Korpuskeln nur durch Kontakt aufeinander einwirken konnten, richtete die mechanisch-korpuskulare Naturanschauung die wissenschaftliche Aufmerksamkeit auf ein völlig neues Studienobjekt – die Veränderung der Teilchenbewegung durch Kollision. Descartes machte das Problem bekannt und lieferte seine erste auf Vermutungen beruhende Lösung. Huygens, Wren und Wallis entwickelten es weiter, teils dadurch, daß sie mit kollidierenden Pendelgewichten experimentierten, vor allem aber dadurch, daß sie altbekannte Eigenschaften der Bewegung auf das neue Problem übertrugen. Und Newton fügte ihre Ergebnisse in seine Bewegungsgesetze ein. [...] In diesem Fall wie auch sonst oft im siebzehnten Jahrhundert erzeugte das Korpuskularparadigma ein neues Problem und gleichzeitig auch einen großen Teil der Lösung dieses Problems.[305]

Dennoch war die Wirkung der Arbeiten Newtons, die sich einst vom mechanisch-korpuskularen Paradigma hergeleitet hatten, für die Probleme und Normen dieses Paradigmas destruktiv. Denn wie zuvor die »Falltendenz« wurde nun auch das Verständnis der Schwerkraft, als eine der Materie innewohnende Anziehung zwischen jedem Teilchenpaar, als okkulte Eigenschaft gewertet. So wurde die Suche nach einer mechanischen Erklärung der Schwerkraft für Newton und viele seiner Nachfolger zum wichtigen wissenschaftlichen Problem, solange das Korpuskularparadigma noch wirksam blieb.[306]

305 Kuhn (1976): 117.
306 Vgl. Kuhn (1976): insbesondere 55–56, 116–22, 159–60; auch Lueken (1992): 34–51.

2) *Paradigmenabhängigkeit und Relativität von Ontologie und Wahrnehmung*

Die Diagnose der Inkommensurabilität bei Kuhn umfasst allerdings nicht nur normative Aspekte.

> In einem Sinn, den ich hier nicht weiter entwickeln kann, üben die Befürworter konkurrierender Paradigmata ihre Tätigkeit in *verschiedenen Welten* aus. Die eine enthält gefesselte Körper, die langsam fallen, die andere Pendel, die ihre Bewegungen fortgesetzt wiederholen. In der einen sind Lösungen Verbindungen, in der anderen Mischungen. Die eine liegt in einem ebenen, die andere in einem gekrümmten Raum. Da sie in verschiedenen Welten arbeiten, sehen die beiden Gruppen von Wissenschaftlern *verschiedene Dinge*, wenn sie vom *gleichen Punkt* aus in die *gleiche Richtung* schauen.[307]

Bei einem Streit zwischen Vertretern konkurrierender Ansätze *innerhalb* eines wissenschaftlichen Paradigmas können die Kontrahenten beim Beweis der Gültigkeit ihrer Position auf eine beiden in *derselben Weise gegebene Wirklichkeit* verweisen und sagen »schau, so verhält es sich doch«. Sie nehmen *die Daten auf eine ähnliche Weise* wahr. Genau das geht in einem Streit zwischen Befürwortern *konkurrierender* Paradigmata nicht. Diese nehmen *die Daten auf unterschiedliche Weise* wahr. »Was ein Mensch sieht, hängt sowohl davon ab, worauf er blickt, wie davon, worauf zu sehen ihn seine visuell-begriffliche Erfahrung gelehrt hat.«[308]

Paradigmata sind nach Kuhn also nicht nur in normativer Hinsicht, sondern auch in *kognitiver* Hinsicht konstitutiv. Sie statten den Wissenschaftler mit *metaphysischen Annahmen* über die Welt aus und bestimmen, was der Wissenschaftler sieht, wenn er auf einen bestimmten Gegenstand blickt, d.h., sie *konstituieren dessen Ontologie.* Konkurrierende Paradigmata teilen den Wissenschaftlern »verschiedene Dinge über das, was es im Universum gibt, und sein Verhalten mit«[309].

Kuhn expliziert seine Thesen anhand vieler Beispiele. Aristoteles und seine Anhänger, die dem essentiellen Paradigma verhaftet waren und die annahmen, dass sich ein schwerer Körper an einem Seil aus sich heraus von einer höheren Lage in einen Zustand der natürlichen Ruhe nach unten bewegt, sahen in einem schwingenden Körper einen mit Behinderungen fallenden Stein, der nach gewisser Zeit und Mühe endlich zum Stillstand kam. Galilei sah dagegen in demselben Körper ein schwingendes Pendel, dem es gelang, dieselbe Bewegung fast ad infinitum fortzuführen. Die Wahrnehmung des Objekts als Pendel lag darin begründet, dass er geschult war, Bewegungen mit Hilfe der Impetustheorie zu analysieren, nach welcher fortlaufende Bewegungen eines schweren Körpers

307 Kuhn (1976): 161; Hervorh. von C. R.
308 Kuhn (1976): 125.
309 Kuhn (1976): 115.

auf eine Kraft zurückzuführen waren, welche der Werfer, der seine Bewegungen auslöste, in diesen hineinlegte.

Newton nahm den Raum als eben und unbeeinflusst von Materie wahr, Einstein als gekrümmt. Ptolemäus betrachtete die Erde als sich in fester Position befindend, Kopernikus als sich bewegenden Körper. Lavoisier sah Sauerstoff, wo Priestley entphlogistizierte Luft gesehen hatte und andere gar nichts sahen. Die Entdeckung des Sauerstoffs ließ Lavoisier schließlich seine Anschauung vieler anderer vertrauter Stoffe ändern. So musste er z. B. ein zusammengesetztes Erz sehen, wo Priestley noch elementare Erde gesehen hatte.

Wie das letzte Beispiel schon andeutet, umfasst die Diagnose der Relativität der Wahrnehmung nach Kuhn eigentlich zwei Aspekte. Das Paradigma bestimmt nämlich nicht nur, auf welche Weise die Wissenschaftler *dieselben Daten* wahrnehmen, sondern auch, *welche Daten* sie überhaupt wahrnehmen und was sie übersehen. Ein Wissenschaftler blickt nicht einfach suchend in die Runde, sondern er arbeitet zielgerichtet und weiß bei seinen Untersuchungen genau, was er finden will.

> Die Arbeiten und Messungen, die ein Wissenschaftler im Labor durchführt, sind nicht ›das Gegebene‹ der Erfahrung, sondern eher ›das mit Schwierigkeiten Gesammelte‹. [...] Die Wissenschaft führt nicht alle nur möglichen Labormanipulationen durch. Sie wählt vielmehr jene aus, die für das Zusammentreffen eines Paradigmas mit der von diesem Paradigma mitbestimmten unmittelbaren Erfahrung relevant sind. Deshalb verschreiben sich Wissenschaftler mit verschiedenen Paradigmata ganz verschiedenen Laboratoriumsarbeiten. Die Messungen, die das Pendel verlangt, sind nicht diejenigen, die der gehemmte Fall erfordert. Und die für die Erläuterung der Sauerstoffeigenschaften relevanten Arbeiten sind nicht immer die gleichen wie die für die Untersuchung der Eigenschaften entphlogistizierter Luft benötigten.[310]

Zwei konkurrierende Paradigmata lenken damit die Aufmerksamkeit ihrer Vertreter auf ganz unterschiedliche Dinge. Dinge, die der eine sieht, übersieht der andere.[311]

Zusammenfassend gesagt, können nach Kuhn Theorie und Faktum nicht völlig voneinander getrennt werden.

310 Kuhn (1976): 138.

311 Vgl. Kuhn (1976): insbesondere 18–19, 55, 65–77, 90–100, 115–46, 160–61, 195–96, 203–09.

Kuhn impliziert hier einen *bestätigungstheoretischen Holismus*[312], wie er zuvor schon von Pierre Duhem und später dann unabhängig auch von Willard van Orman Quine vertreten worden war, und der daher als die *Duhem-Quine These*[313] bekannt geworden ist. Auf den Letztgenannten verweist Kuhn auch ausdrücklich sowohl in seinem Vorwort zu *Die Struktur wissenschaftlicher Revolutionen* von 1962 als auch in seinem Postskriptum von 1969.

Eben weil die Theorie / das Paradigma die Wirklichkeit mitkonstituiert, lassen sich nicht einzelne Aussagen, und damit auch nicht einzelne Aussagen, die aus verschiedenen Theorien oder Paradigmata stammen, sondern nur die ganze Theorie / das ganze Paradigma mit der Wirklichkeit konfrontieren.

Duhem hatte in seinem Werk über *Ziel und Struktur physikalischer Theorien* behauptet, dass in der Physik die experimentelle Beobachtung *nicht neutral* ist, sondern *von der jeweiligen Theorie bestimmt* wird, und nicht umgekehrt eine neutrale Beobachtung die Theorie bestimmt. Dies werde schon daran deutlich, dass ein Laie bei einem physikalischen Experiment gar nichts wahrnehmen würde, außer Apparaten und Zeigereinstellungen. Ein Physiker beobachtet bei einem Experiment nicht einfach, sondern interpretiert auch immer zugleich, und diese Interpretation erfolgt gemäß seiner Theorie. Wenn der Physiker bei einem Experiment eine Beobachtung macht, die einer Hypothese widerspricht, muss das nicht heißen, dass er diese Hypothese aufgibt. Da die Interpretation der Beobachtung die Theorie und damit ein ganzes System von Aussagen voraussetzt, kann der Physiker ebenso gut jede andere Hypothese der Theorie aufgeben oder den Widerspruch mit Fehlern in den Randbedingungen (z. B. Ungenauigkeit der Messgeräte) erklären und tut dies de facto auch.[314]

Quine hatte eine ähnliche These wie Duhem nicht nur für die Physik, sondern für die gesamte Wissenschaft vertreten, die er wiederum nur als »Fortsetzung

---

312 Als *Holismus* bezeichnet man die Annahme, nach der dem Ganzen Vorrang vor den Teilen zukommt. Meist ist gemeint, dass die Teile eines Ganzen durch dieses Ganze bestimmt sind. Der Begriff »Holismus« ist vom griechischen Wort »holon« (= »das Ganze«) abgeleitet und wurde von J. C. Smuts in seinem Buch *Die holistische Welt* in die Biologie eingeführt. Smuts zufolge weisen natürliche Gegenstände und Prozesse eine Tendenz auf, Ganzheiten zu bilden (»holistisches Prinzip«). Dieses Prinzip betrachtet er nicht nur als Sichtweise auf die Wirklichkeit, sondern als reales Prinzip, nach welchem die Wirklichkeit funktioniert. Die in der Wissenschaft vorherrschende analytische Methode, in welcher Ganzheiten in ihre Teile zerlegt und auf diese reduziert werden, betrachtet dagegen die Teile als das Wirkliche oder Konkrete und das Ganze als die Abstraktion. Daher müsse die analytische Methode nach Smuts durch das holistische Prinzip ergänzt werden. (Vgl. Smuts 1938, nach Mayer 1997: 23 – 25.)

313 Vgl. Duhem (1978, Originalausgabe 1904 / 05) und Quine »Zwei Dogmen des Empirismus«, in ders. (1979, Originalausgabe 1953); der Aufsatz »Zwei Dogmen des Empirismus« war schon 1951 in der Zeitschrift *Philosophical Review* erschienen.

314 Vgl. Mayer (1997): 20 – 21.

des Alltagsdenkens«[315] versteht. In seinem Essay »Zwei Dogmen des Empirismus« beschreibt Quine die Wissenschaft als »ein von Menschen geflochtenes Netz, das nur an seinen Rändern mit der Erfahrung in Berührung steht«[316]. Im Zentrum dieses Netzes an Aussagen befinden sich nach Quine die von uns als theoretisch empfundenen Sätze der Logik und der Mathematik, am Rande des Netzes befinden sich die Aussagen, die mit der sinnlichen Erfahrung oder mit den Tatsachen in engerem Zusammenhang zu stehen scheinen. Wenn Quine jedoch von einem »Netz« spricht, möchte er herausstellen, dass alle Aussagen der Wissenschaft sowie auch der Alltagssprache eng miteinander verwoben sind und kein grundsätzlicher Unterschied zwischen Aussagen der Peripherie und Aussagen des Zentrums besteht. Die Wahrheit jeder Aussage ist nach Quine immer sowohl von der Erfahrung / den Tatsachen als auch von der Sprache und damit von der Theorie abhängig. Quine wendet sich damit vor allem gegen die seit Kant[317] übliche Unterscheidung zwischen synthetischen Sätzen, von denen behauptet wird, dass sie auf Grund empirischer Beobachtung wahr sind, und analytischen Sätzen, von denen angenommen wird, dass sie nur »aufgrund von Bedeutungen und unabhängig von Tatsachen wahr [...] [sind]«[318].Quine zeigt, dass es keine scharfe, und damit gar keine Grenze zwischen analytischen und synthetischen Aussagen gibt, sodass letztendlich auch analytische Sätze von Beobachtungen abhängig und damit kontingent und revidierbar sind.[319]

315 Quine »Zwei Dogmen des Empirismus«, in ders. (1979): 49.

316 Quine »Zwei Dogmen des Empirismus«, in ders. (1979): 47.

317 Vgl. Kant (1974): 52–55; die *Kritik der reinen Vernunft* war 1781 zum ersten Mal erschienen.

318 Quine »Zwei Dogmen des Empirismus«, in ders. (1979): 27.

319 Analytische Aussagen zerfallen in zwei Klassen:
1. *Logische Wahrheiten* oder *Tautologien*, wie »Kein unverheirateter Mann ist verheiratet«, die allein auf Grund ihrer *logischen Form* wahr sind, und die auch wahr bleiben, wenn man Uminterpretationen der in ihnen enthaltenen nicht-logischen Ausdrücke vornimmt, und
2. *Analytische Sätze*, wie »Kein Junggeselle ist verheiratet«, die auf *Grund der Bedeutung* bzw. *Bedeutungsgleichheit (Synonymie)* der Ausdrücke (hier: »Junggeselle« und »unverheiratet«) wahr sind. Bedeutung ist aber nach Quine nicht unabhängig von den Tatsachen. So könnte sich die Bedeutung des Ausdrucks »Junggeselle« im Laufe der Zeit, auf Grund von Veränderungen in der Welt, verändern. Geert Keil macht in diesem Zusammenhang darauf aufmerksam, dass der Ausdruck »Junggeselle« auch tatsächlich einem Bedeutungswandel unterworfen war und im 15. Jahrhundert für sich auf Wanderschaft befindliche junge Handwerksgesellen verwendet wurde. (Vgl. Keil 2002: 70,164.)
Quine versucht seine These, dass auch analytische Sätze nicht unabhängig von den Tatsachen und damit nicht unrevidierbar sind, zu beweisen, indem er zeigt, dass sich analytische Aussagen der zweiten Klasse (»Kein Junggeselle ist verheiratet«) nicht auf Tautologien (»Kein unverheirateter Mann ist verheiratet«) zurückführen lassen und dass man zur Erklärung analytischer Aussagen auf den Begriff der Bestätigung zurückgreifen muss. Damit hätten sie aber keine Bedeutung an sich, sondern ihre Bedeutung hinge ebenfalls von empirischen und damit kontingenten Tatsachen ab. Quine greift dabei auf einen indirekten Beweis zurück. Er schlägt Verfahren vor, mit denen analytische Sätze der zweiten Klasse in

Da alle Aussagen in dem Netz an Aussagen nach Quine eng miteinander verflochten sind, können nicht einzelne Aussagen, sondern nur das gesamte Netz an Aussagen »vor das Tribunal der sinnlichen Erfahrung treten«[320]. Wir haben aus Einfachheit und Konservatismus eine Neigung, den Status Quo des Netzes an Aussagen aufrechtzuerhalten. Wenn wir Erfahrungen machen, die

---

Tautologien umgewandelt und damit von synthetischen Aussagen unterschieden werden könnten, um dann jedes dieser Verfahren zu verwerfen.
Man könnte die analytischen Sätze in Tautologien/logisch wahre Sätze umwandeln und damit von den synthetischen Sätzen abgrenzen, indem man einen Ausdruck durch einen *synonymen*, also bedeutungsgleichen, Ausdruck ersetzt. Man könnte also den Begriff »Junggeselle« in dem Satz »Kein Junggeselle ist verheiratet« durch den Begriff des »unverheirateten Mannes« ersetzen und erhielte dann den logisch wahren Satz »Kein unverheirateter Mann ist verheiratet«. Hier werden aber, so Quine, die klärungsbedürftigen Begriffe der Bedeutung bzw. Bedeutungsgleichheit (Synonymie) und damit das Konzept der Analytizität schon vorausgesetzt. Es geht ja gerade darum herauszufinden, was es heißt, dass »Junggeselle« und »unverheirateter Mann« dieselbe Bedeutung haben.
Es könnte heißen, dass »Junggeselle« als »unverheirateter Mann« *definiert* ist. Der Vorschlag besteht also darin, analytische Aussagen durch *Definitionen* in logische Wahrheiten zu überführen. Mit diesem Argument drehte man sich aber ebenfalls im Kreis, da zwar ein Junggeselle laut Wörterbuch als ein unverheirateter Mann definiert ist, diese Definition aber daher stammt, dass ein Philologe empirisch vorgegangen ist und den Sprachgebrauch im Wörterbuch niedergeschrieben hat. Wenn er dann »Junggeselle« als »unverheirateter Mann« definiert, so tut er dies, weil seiner Meinung nach eine Synonymie-Beziehungen zwischen den beiden Ausdrücken besteht, die Ausdrücke bedeutungsgleich verwendet werden. Quine verweist darauf, dass dies zwar in künstlichen Sprachen, in denen neue Schreibweisen explizit eingeführt werden, anders sein mag, aber ein allgemeiner Begriff von Bedeutungsgleichheit gesucht wird, der nicht nur für künstliche Sprachen gilt.
Der nächste Vorschlag lautet, dass Ausdrücke dann synonym sind, wenn sie in allen Aussagen, in denen sie vorkommen *salva veritate ausgetauscht* werden können. Die Ausdrücke »unverheirateter Mann« und »Junggeselle« können aber offenbar nicht in allen Aussagen salva veritate substituiert werden, wie z. B. in dem Satz »›Junggeselle‹ hat weniger als zwölf Buchstaben.« Doch auch wenn zwei Ausdrücke in allen Aussagen einer Sprache salva veritate ausgetauscht werden könnten, muss das nicht heißen, dass sie synonym sind, sondern kann von zufälligen Tatsachen abhängen. So können die Terme »Lebewesen mit Herz« und »Lebewesen mit Nieren« in den meisten Kontexten salva veritate füreinander substituiert werden, ohne dass sie dieselbe Bedeutung haben.
Schließlich diskutiert Quine noch die Auffassung, dass die Schwierigkeit bei der Unterscheidung von analytisch und synthetisch auf die Vagheit der Umgangssprache zurückginge, und man sie durch die Einführung einer künstlichen Sprache mit expliziten *semantischen Regeln* klarer machen könnte. Quine verweist aber darauf, dass der Begriff der semantischen Regel ebenso wenig verständlich ist wie der Begriff der Definition, wenn man nicht schon den Begriff der Analytizität voraussetzt.
Analytische Sätze lassen sich also nicht auf logische Wahrheiten zurückführen. Demnach gibt es keine scharfe und damit gar keine Grenze zwischen analytischen und synthetischen Sätzen. Es können höchstens Grade von Analytizität unterschieden werden, sodass analytische und synthetische Sätze fließend ineinander übergehen. Unsere analytischen Sätze von heute, können morgen synthetische Sätze sein. Damit sind analytische Sätze nicht so unabhängig von den Tatsachen der Welt, wie man annahm. (Vgl. Quine »Zwei Dogmen des Empirismus«, in ders. 1979: 27–42; Keil 2002: 59–64.)

320 Quine »Zwei Dogmen des Empirismus«, in ders. (1979): 45.

unserem Netz an Aussagen widersprechen, sodass wir Anpassungen des Netzes an die Erfahrung, also Modifikationen und Revisionen, vornehmen müssen, werden wir eher Aussagen an der Peripherie abändern, als die Sätze im Zentrum, wie die Gesetze der Logik, revidieren. Grundsätzlich ist aber nach Quine keine Aussage vor Modifikationen oder Revisionen geschützt.

> Doch das gesamte Feld [an Aussagen] ist so sehr durch seine Randbedingungen, durch die Erfahrung unterdeterminiert, daß wir eine *breite Auswahl haben, welche Aussagen* wir angesichts einer beliebigen individuellen dem System zuwiderlaufenden Erfahrung neu bewerten wollen. Keinerlei bestimmte Erfahrungen sind mit irgendwelchen bestimmten Aussagen im Inneren des Feldes auf andere Weise verbunden als indirekt durch Erwägungen des Gleichgewichts für das Gesamtfeld. [...] *Jede beliebige Aussage kann als wahr aufrechterhalten werden*, was da auch kommen mag, wenn wir nur anderweitig in dem System ausreichend drastische Anpassungen vornehmen. Selbst eine Aussage ganz nahe der Peripherie kann angesichts gegenläufiger Erfahrung als wahr aufrechterhalten werden, indem mit Halluzination argumentiert wird oder indem gewisse Aussagen jener Art berichtigt werden, die logische Gesetze genannt werden.[321]

Quine verweist in diesem Zusammenhang auf die Aufgabe des »Satzes vom ausgeschlossenen Dritten« in der Quantenphysik.

Bei der Konfrontation mit der Erfahrung steht also immer die gesamte Theorie / das gesamte Paradigma in Frage.[322]

3) Paradigmenabhängigkeit und Relativität des Begriffssystems

Die Paradigmenabhängigkeit und Relativität von Ontologie und Wahrnehmung hängen eng mit dem dritten Aspekt von Inkommensurabilität zusammen, den Kuhn nennt:

> Zwei Personen, die *dieselbe Situation verschieden sehen*, aber dennoch *dasselbe Vokabular* bei ihrer Diskussion gebrauchen, müssen *ihre Wörter unterschiedlich verwenden*. Sie sprechen von, wie ich es genannt habe, inkommensurablen Standpunkten aus. Wie können sie *überhaupt miteinander sprechen* oder gar überzeugen?[323]

Mit dem Wechsel zu einem anderen Paradigma werden nach Kuhn nicht immer auch neue Ausdrücke eingeführt. Stattdessen wird auf die etablierten Ausdrücke

321 Quine »Zwei Dogmen des Empirismus«, in ders. (1979): 47; Hervorh. von C. R.

322 Vgl. Quine »Zwei Dogmen des Empirismus«, in ders. 1979: 42 – 50. Quine hat seine starken bestätigungsholistischen Thesen später etwas zurückgenommen und den Beobachtungssätzen eine privilegierte Stellung zugeschrieben. Die von Kuhn sowie einigen anderen Autoren vertretene These der Theoriebeladenheit der Beobachtung und Wahrnehmung und der Unmöglichkeit reiner Beobachtungssätze überhaupt bezeichnet er in seinem Aufsatz »In Praise of Observation Sentences« gar als »Überreaktion«. (Quine »In Praise of Observation Sentences«, in *Journal of Philosophy* 1993: 107, zit. n. Keil 2002: 47.) Quines Philosophie ist generell durch ein Spannungsverhältnis zwischen seinen naturalistischen Positionen und seinen holistischen Thesen gekennzeichnet. (Vgl. Keil 2002: 47 – 48, 68.)

323 Kuhn (1976): 211; Hervorh. von C. R.

zurückgegriffen, die dann auf das neue Paradigma übertragen werden und dort entsprechend dem Paradigma in einer anderen Bedeutung gebraucht werden. Ein Paradigmenwechsel geht für Kuhn mit einer »*Verschiebung des Begriffsnetzes* [...], durch welches die Wissenschaftler die Welt betrachten«[324], einher.

Kuhn vertritt damit insbesondere auch einen *semantischen Holismus*, nach dem die *Bedeutung*, in der die Wissenschaftler ihre Ausdrücke gebrauchen, nicht oder nicht vorrangig durch eine objektiv oder intersubjektiv gegebene, direkt zugängliche außersprachliche Wirklichkeit bestimmt ist, sondern *durch das Paradigma* und damit *durch die Sprache selbst* (insofern man ein Paradigma, wie seit dem »linguistic turn« üblich, als Aussagesystem versteht). Insbesondere die These von der Abhängigkeit der Bedeutung sprachlicher Ausdrücke von der jeweiligen Theorie und der Relativität der Begriffssysteme als Folge (»Meaning-Variance-These«) war in der Philosophie zuvor von Willard v. O. Quine vertreten worden. Zwischen den nonverbalen Sinnesreiz und die Bedeutung schiebt sich nach Quine immer das Ganze der Theorie.[325]

Der Aspekt der Paradigmenabhängigkeit und Relativität des Begriffssystems ist nach Meinung vieler Autoren der Kern der Inkommensurabilitätsthese. Insbesondere auf Grund der Verschiebung des Begriffsnetzes gelingt den Befürwortern konkurrierender Paradigmata nach Kuhn keine vollständige Gegenüberstellung ihrer Standpunkte:

> Daraus [aus der Verschiebung des Begriffsnetzes] ergibt sich zwangsläufig etwas, was wir ein *Mißverständnis* zwischen den konkurrierenden Schulen nennen müssen, auch wenn der Ausdruck nicht ganz zutreffend ist. Die Laien, die Einsteins allgemeine Relativitätstheorie *verspotteten*, weil der *Raum* doch nicht *›gekrümmt‹* sein könne [...], *waren nicht einfach im Unrecht oder im Irrtum.* Das waren auch die Mathematiker, Physiker und Philosophen nicht, die eine euklidische Version der Einsteinschen Theorie zu entwickeln versuchten. Was vorher als Raum bezeichnet wurde, war notwendigerweise *eben*, homogen, isotrop und unbeeinflußt durch das Vorhandensein von Materie. Wäre es das nicht gewesen, so hätte Newtons Physik nicht funktionieren können. Um den Übergang zu Einsteins Universum zu finden, mußte das gesamte begriffliche Gewebe, dessen Fäden Raum, Zeit, Materie, Kraft usw. sind, verändert und erneut über die Natur als Ganzes gebreitet werden. Nur jene, die diese Umwandlung gemeinsam durchgemacht oder nicht durchgemacht hatten, *waren in der Lage, exakt festzustellen, worüber sie sich einig oder nicht einig waren. Die Verständigung über eine revolutionäre Trennlinie hinweg ist zwangsläufig nur teilweise möglich.*[326]

324 Kuhn (1976): 115; Hervorh. von C. R.

325 Vgl. vor allem Quine (1980): 59 – 137; das Buch war 1960 unter dem Titel *Word and Object* zum ersten Mal erschienen. Quine vertritt auch in der Hinsicht einen semantischen Holismus, als er nicht das einzelne Wort, sondern den gesamten Satz als primäre semantische Einheit betrachtet, von dem das einzelne Wort abstrahiert wird. (Vgl. u. a. Quine 1980: 37 – 38.)

326 Kuhn (1976): 160; Hervorh. von C. R.

Mit der Verschiebung des Begriffsnetzes ergeben sich für die Befürworter konkurrierender Paradigmata nach Kuhn nicht nur Schwierigkeiten auf der *Begründungs*ebene, sondern auch auf der *deskriptiven* Ebene.

Wenn die Bedeutung der Ausdrücke, welche die Wissenschaftler benutzen, durch ihr Paradigma determiniert ist und nicht oder nicht vorrangig durch eine objektiv oder intersubjektiv gegebene, außersprachliche Wirklichkeit, dann werden die Befürworter konkurrierender, ja unvereinbarer Paradigmata konkurrierende, ja unvereinbare Begriffssysteme vertreten. Das heißt, sie werden in ihrem Paradigmenstreit gleichlautende Ausdrücke verwenden, sie aber mit unterschiedlichem, gegebenenfalls konträrem, semantischen Inhalt füllen. Dies hat nach Kuhn zur Folge, dass keine Partei mehr den Sprachgebrauch des Gegners vollkommen nachvollziehen kann. Die Bedeutung, in der die eine Partei ihre Ausdrücke verwendet, wirkt auf die jeweils andere Partei oft paradox, d.h. in sich widersprüchlich (*gekrümmter* vs. *ebener, von Materie unbeeinflusster* Raum), sodass die Kontrahenten beginnen, sich gegenseitig auf Grund ihres Sprachgebrauchs zu verspotten und um die »*wahre*« Bedeutung der jeweiligen Ausdrücke zu streiten. *Keine Partei kann jedoch ihr Begriffssystem als das gültige ausweisen.* Eine außersprachliche Realität als Maßstab, an dem die Begriffssysteme beurteilt werden könnten, existiert ja nicht. Kuhn bringt hier vor allem das Beispiel des Streits um die Begriffe »Raum«, »Zeit« usw. zwischen den Befürwortern der Relativitätstheorie und den Anhängern Newtons an, nennt aber insbesondere noch ein weiteres Beispiel:

> Nehmen wir als ein weiteres Beispiel jene Männer, *die Kopernikus verrückt nannten*, weil er verkündete, daß die Erde *sich bewege*. Sie waren *nicht ganz und gar im Unrecht*. Was sie unter ›Erde‹ verstanden, war unter anderem *feste Position*. Zumindest *ihre* Erde konnte sich nicht bewegen. Dementsprechend bestand Kopernikus' Neuerung nicht einfach darin, die Erde in Bewegung zu versetzen. Es war vielmehr eine völlig neue Art und Weise, die Probleme der Physik und Astronomie zu betrachten, eine Art, die notwendigerweise die Bedeutung sowohl von ›Erde‹ wie von ›Bewegung‹ veränderte. Ohne diese Veränderungen war die Vorstellung einer sich bewegenden Erde verrückt.[327]

Quine, der auf dieselben Beispiele wie Kuhn verweist, drückt dies wie folgt aus:

> Revisionen eines Begriffssystems sind nichts Seltenes. Sie finden in kleinem Ausmaß mit jedem Fortschritt der Wissenschaft statt und in größerem Maßstab mit den großen Fortschritten, wie z.B. der Kopernikanischen Revolution oder dem Übergang von Newtons Mechanik zur Relativitätstheorie Einsteins. Wir können hoffen, daß wir uns mit der Zeit sogar an die größten derartigen Änderungen gewöhnen und die neuen Lehrsätze natürlich finden werden. Es gab eine Zeit, in der die Lehre, daß die Erde um

327 Kuhn (1976): 160; Hervorh. von C. R.

die Sonne kreise, sogar von den Männern, die diese Lehre akzeptierten, die Kopernikanische *Paradoxie* genannt wurde.[328]

Wenn die Kontrahenten im Paradigmenstreit jedoch sämtliche Ausdrücke gemäß ihrem Paradigma und damit in einer unterschiedlichen Bedeutung verwenden, und sich nicht auf neutrale Formulierungen einigen können, wie können sie dann *überhaupt miteinander sprechen* und *sich verständigen?*

Mit der Relativität der Wahrnehmung und des Begriffssystems stellt sich also eine Schwierigkeit, die über die Schwierigkeit, den Gegner zu *überzeugen* und das eigene Paradigma *als das gültige* auszuweisen, hinausgeht, und zwar die Schwierigkeit, den Gegner überhaupt *zu verstehen* und sich mit ihm *zu verständigen.* Den Befürwortern konkurrierender Paradigmata gelingt nach Kuhn also insbesondere insofern keine vollständige Gegenüberstellung der Standpunkte, als sie sich nicht einmal darüber verständigen können, in welcher Hinsicht sie sich eigentlich *einig* sind und in welcher Hinsicht sie sich *widersprechen.* Dieser Aspekt der Inkommensurabilität ist offenbar besonders schwerwiegend, denn, damit überhaupt prinzipiell die Möglichkeit besteht, rational Argumente auszutauschen und gegebenenfalls den Anderen zu überzeugen, muss man sich zumindest darüber verständigen können, worin man sich genau uneinig ist, d. h., in welcher Hinsicht man sich widerspricht.

Kuhn bezeichnet die Befürworter konkurrierender Paradigmata als »Mitglieder verschiedener Sprachgemeinschaften«[329], die als Übersetzer tätig werden müssen. Dabei verweist er auf die Quinesche These der *Unbestimmtheit der Übersetzung* und damit auf das Problem, dass die Ausdrücke des Anderen immer bis zu einem gewissen Grade im Sinne der eigenen Theorie / des eigenen Paradigmas interpretiert werden, auch wenn der Andere sie vielleicht in einem anderen Sinne verwendet.

Kuhn ist allerdings bei seinen Ausführungen bezüglich der Verständigungsstörungen zwischen den Vertretern konkurrierender Paradigmata nicht eindeutig. Auf diese Unklarheiten Kuhns sowie auch auf die angesprochene These Quines, die These der Unbestimmtheit der Übersetzung, werde ich im letzten Punkt dieses Kapitels ausführlicher eingehen, in dem ich einige grundsätzliche Kritikpunkte bezüglich der Inkommensurabilitätsthese diskutieren möchte.[330]

Kuhns Thesen sind als recht radikal aufgefasst und demnach sehr kontrovers diskutiert worden. Dies lag, wie oben schon angesprochen, insbesondere daran, dass Kuhn sich mit ihnen gegen sehr verbreitete Auffassungen von Wissenschaft

328 Quine »Paradox«, in *Scientific American* (1962): 88, zit. n. Watzlawick et al. (2007): 172; Hervorh. von C. R.

329 Kuhn (1976): 213.

330 Vgl. Kuhn (1976): insbesondere 113–16, 121–22, 138, 141,159–61, 209–16.

wandte, wie sie vor allem innerhalb des *Logischen Empirismus* (Wiener Kreis) und des *Kritischen Rationalismus* (insbesondere Karl R. Popper) vertreten worden waren.

Nach empiristischer Auffassung gilt die *sinnliche Erfahrung* oder die *Wahrnehmung*, und insbesondere die *Beobachtung*, als Basis wissenschaftlicher Erkenntnis und als Kriterium und objektiver Maßstab, anhand dessen konkurrierende Theorien miteinander verglichen und beurteilt werden können. In ihrer Programmschrift »Wissenschaftliche Weltauffassung – Der Wiener Kreis« von 1929 betrachten Rudolf Carnap, Hans Hahn und Otto Neurath wissenschaftliche Erkenntnis im Gegensatz zur Metaphysik als »nur *Erfahrungs*erkenntnis, die auf dem *unmittelbar Gegebenen* beruht. Hiermit ist die Grenze für den Inhalt legitimer Wissenschaft gezogen«[331].

Dieser Auffassung liegt ein *korrespondenztheoretisches Verständnis* von Wahrheit zu Grunde, nach dem eine Aussage wahr ist, wenn sie mit der Wirklichkeit oder den Daten übereinstimmt oder, wie Ludwig Wittgenstein es formuliert, dessen Gedanken im *Tractatus logico-philosophicus* der konkrete Ausgangspunkt des Wiener Kreises waren, wenn die von ihr ausgedrückte Tatsache/der von ihr ausgedrückte Sachverhalt existiert.[332] Als Verfahren, mittels dessen man über die Wahrheit und Falschheit einer Aussage entscheiden kann, gilt demnach der Vergleich oder die Konfrontation mit der Wirklichkeit bzw. den Daten.

Allerdings hatte es schon innerhalb des Wiener Kreises selbst bald Zweifel daran gegeben, dass der Vergleich mit der außersprachlichen Wirklichkeit, dem »unmittelbar Gegebenen«, als *Kriterium* zum Ausweis der Gültigkeit einer Aussage dienen kann. Vor allem Otto Neurath kritisierte, dass man Aussagen nicht mit dem »unmittelbar Gegebenen« oder einer sprachunabhängigen Wirklichkeit vergleichen könne. Neurath ersetzte daher die Konfrontation mit der außersprachlichen Wirklichkeit als Kriterium zum Ausweis der Gültigkeit einer Aussage weitgehend durch das Kriterium der *Kohärenz* (und vor allem der *Konsistenz*) mit anderen, bereits gültigen Aussagen: »Jede neue Aussage wird mit der Gesamtheit der vorhandenen, bereits miteinander in Einklang gebrachten, Aussagen konfrontiert. *Richtig heißt eine Aussage dann, wenn man sie eingliedern kann.*«[333] Lässt sich eine Aussage demnach nicht widerspruchsfrei in das Gesamtsystem von Aussagen eingliedern, muss entweder die Aussage abgelehnt oder das System an Aussagen so abgeändert werden, dass sich die

331 Carnap/Hahn/Neurath »Wissenschaftliche Weltauffassung – der Wiener Kreis«, in Neurath (1979): 90, zit. n. Lueken (1992): 52; Hervorh. von C. R.

332 Vgl. Wittgenstein *Tractatus logico-philosophicus*, in ders. (2006): 9–85; der *Tractatus logico-philosophicus* wurde erstmals 1921 publiziert.

333 Neurath »Soziologie im Physikalismus«, in *Erkenntnis* (1931): 403; Hervorh. im Orig.

fragliche Aussage eingliedern lässt.[334] Aus der Kohärenztheorie folgt, dass sich die Frage nach der Wahrheit einer Aussage nur innerhalb des Gesamtsystems der Aussagen, also der Theorie oder des Paradigmas, beantworten lässt.[335]

Allerdings hält Neurath an dem privilegierten Status der von Carnap eingeführten *Protokoll-* oder *Beobachtungssätze*, also der Sätze, »die Ausdruck reiner unmittelbarer Erfahrung ohne irgendeinen theoretischen Zusatz sind«[336] und auf die sich die anderen Sätze logisch zurückführen lassen sollen, fest. So gilt für Neurath schließlich eine Aussage als bewährt, wenn sie »mit möglichst vielen Protokollaussagen«[337] übereinstimmt. Zwar sind für Carnap und Neurath auch die Protokollsätze revidierbar und bilden kein unerschütterliches Fundament der Wissenschaft. Die Forderung danach, dass eine Aussage mit möglichst vielen Protokoll- oder beobachtungssprachlichen Sätze übereinstimmen soll, um als bewährt angesehen zu werden, zeigt aber, dass die Konfrontation mit der außersprachlichen Wirklichkeit als zentrales Kriterium der Bewährung einer Aussage aufrecht erhalten wird – wenngleich sie nicht mehr als absolutes Kriterium gilt. Neurath selbst sieht auch in dieser Forderung seinen Empirismus begründet und bezeichnet das System der Protokollsätze als Richter, der darüber entscheidet, ob die anderen Aussagen akzeptiert werden können oder abgelehnt werden müssen, nur sei dieser Richter absetzbar.[338]

Carnap expliziert in seinem Aufsatz »Wahrheit und Bewährung« von 1936:

> Wenn wir hier Bedenken gegen die Behauptung ›Der Satz wird mit der Tatsache (oder: mit der Wirklichkeit) verglichen‹ erhoben haben, so muß man aber beachten, daß diese Bedenken sich nicht gegen den Inhalt, sondern nur gegen die Form dieser Behauptung [gemeint ist die Formulierung ›Vergleich mit der Wirklichkeit‹ anstatt ›Konfrontation mit der Beobachtung‹] richten. […] Man darf also nicht, anstatt diese Formulierung abzulehnen, ihre Negation behaupten: ›Man kann einen Satz nicht mit einer Tatsache (oder: mit der Wirklichkeit) vergleichen‹; […] Man muß sich auch hüten, wenn man die genannte Formulierung ablehnt, nicht das mit ihr vermutlich gemeinte Verfahren, nämlich die Konfrontation mit der Beobachtung, zu verwerfen oder seine Bedeutung und Notwendigkeit zu übersehen und nur die zweite Operation allein [den Vergleich der Aussagen untereinander] in den Vordergrund zu stellen. […] Würde jemand die

334 Mit der Befürwortung der *Kohärenz* als das Wahrheits*kriterium* bzw. als das Kriterium der Bewährung einer Aussage (anstatt der Konfrontation mit der Wirklichkeit) muss man allerdings nicht automatisch die *Korrespondenz* als Wahrheits*definition* (Wahrheit als Übereinstimmung mit der Wirklichkeit) ablehnen. (Vgl. Rescher »Die Kriterien der Wahrheit«, in Skirbekk 1977: 337–90.)

335 Auf Grund der relativistischen Konsequenzen seines Ansatzes wurde Otto Neurath vor allem von Moritz Schlick heftig kritisiert.

336 Hempel »Zur Wahrheitstheorie des logischen Positivismus«, in Skirbekk (1977): 98.

337 Neurath »Radikaler Physikalismus und ›Wirkliche Welt‹«, in ders (1979): 113, zit. n. Lueken (1992): 52.

338 Vgl. Hempel »Zur Wahrheitstheorie des logischen Positivismus«, in Skirbekk (1977): 96–108; Kuhn (1976): 156–57; Lueken (1992): 52–54.

> erste Operation [die Konfrontation mit der Beobachtung] wirklich ablehnen – ich glaube nicht, daß irgend jemand aus unseren Kreisen das will – so wäre seine Auffassung nicht mehr empirisch.[339]

Die Behauptung Kuhns, nach der es keine neutrale Wahrnehmung und Beobachtung und damit auch keine neutrale Beobachtungssprache gibt, sondern Wahrnehmung und Sprache selbst durch das Paradigma determiniert und damit relativ zum Paradigma sind, richtet sich insbesondere gegen diese empiristische Auffassung von Wissenschaft.

> Wenn es, wie ich schon betont habe, kein wissenschaftlich oder empirisch neutrales System der Sprache oder der Begriffe geben kann, dann muß die vorgeschlagene Konstruktion verschiedener Prüfungen und Theorien aus der einen oder anderen auf einem Paradigma beruhenden Tradition heraus geschehen. Durch diese Beschränkung wären ihr nicht alle möglichen Erfahrungen und Theorien zugänglich.[340] [...] Für den Historiker zumindest liegt nicht viel Sinn in der Feststellung, Verifikation sei die Feststellung der Übereinstimmung zwischen Tatsachen und Theorie. Alle geschichtlich bedeutsamen Theorien haben mit den Fakten übereingestimmt, aber nur bis zu einem gewissen Grade.[341]

Der Logische Empirismus und insbesondere die dort vertretene Ansicht, nach der die empirischen Wissenschaften durch das *Induktionsprinzip* charakterisiert sind, war zuvor von Karl R. Popper kritisiert worden. Nach Popper ist der »Schluß von besonderen Sätzen, die z.B. Beobachtungen, Experimente usw. beschreiben, auf allgemeine Sätze, auf Hypothesen oder Theorien«[342] logisch unzulässig.

Stattdessen stellen Wissenschaftler nach Popper Theorien auf – ein Prozess, der ein willkürliches Moment enthält –, aus denen dann auf *deduktivem* Wege Folgerungen abgeleitet werden, welche untereinander und mit anderen Sätzen hinsichtlich ihrer logischen Beziehungen verglichen werden. Dabei stellt Popper folgende Forderungen an die neue Theorie auf: Die aus ihr abgeleiteten Folgerungen sollen erstens untereinander konsistent sein, zweitens soll sichergestellt werden, dass es sich um eine empirisch-wissenschaftliche Theorie handelt, die nicht tautologisch ist. Drittens soll die Theorie mit anderen Theorien verglichen werden, um festzustellen, ob sie als wissenschaftlicher Fortschritt zu bewerten ist. Schließlich sollen die aus der Theorie deduzierten Folgerungen empirisch überprüft, d.h., im Experiment als Hypothesen getestet, werden. Da aber der Schluss von bestimmten Beobachtungssätzen auf die Theorie logisch nicht zu-

339 Carnap »Wahrheit und Bewährung«, in Skirbekk (1977): 94.
340 Kuhn (1976): 156.
341 Kuhn (1976): 158.
342 Popper »Grundprobleme der Erkenntnistheorie, Zum Problem der Methodenlehre«, in Skirbekk (1977): 109; Hervorh. weggel.

lässig ist, die Theorie als Ganze niemals empirisch *verifiziert* werden kann, sie nach Popper aber dennoch der Überprüfung anhand der Erfahrung fähig sein soll, meint Popper: »Diese Überlegung legt den Gedanken nahe, als Abgrenzungskriterium [der empirischen Wissenschaft] nicht die Verifizierbarkeit, sondern die *Falsifizierbarkeit* des Systems vorzuschlagen. [...] *Ein empirisch-wissenschaftliches System [eine Theorie] muss an der Erfahrung scheitern können.*«[343]

Können die aus der Theorie deduzierten Folgerungen verifiziert werden, so hat die Theorie den Test vorläufig bestanden. Sie kann aber zu einem späteren Zeitpunkt durch weitere Experimente stets verworfen werden. Stellen sich die Folgerungen als falsch heraus, muss die gesamte Theorie als falsifiziert gelten. Dann müssen neue Theorien aufgestellt werden, aus denen dann erneut Folgerungen abgeleitet, experimentell getestet und gegebenenfalls falsifiziert werden.

Die Wissenschaft versteht Popper damit als einen Prozess des Lernens durch Versuch und Irrtum, als *Fortschreiten von Problem zu Problem.* Insbesondere versteht Popper die Wissenschaftstheorie nicht nur als Disziplin, die beschreibt, wie Wissenschaft betrieben wird, sondern er betont die Bedeutung der Festsetzung einer *Methodologie*, nach der Wissenschaft *betrieben werden soll.*

Wenn Kuhn behauptet, dass es in der Wissenschaft zu Paradigmenwechseln gekommen ist, die von ganz unterschiedlichen Wissenschaftsdefinitionen ausgingen, und in denen sehr unterschiedliche Normen bezüglich dessen herrschten, was als wissenschaftliches Problem und als wissenschaftliche Methode gilt, sodass es eben auch keine übergeordnete Methodologie geben kann, die all diesen Paradigmata gerecht wird, wendet er sich insbesondere gegen Popper.[344]

Gegen das Falsifikationsprinzip behauptet Kuhn:

> Eine ganz andere Art, dieses Netz von Problemen anzugehen, hat Karl R. Popper entwickelt, der die Existenz irgendwelcher Verifikationsverfahren überhaupt bestreitet. Er betont dafür die Bedeutung der Falsifikation, d.h. einer Prüfung, die aufgrund des negativen Ergebnisses die Ablehnung einer etablierten Theorie erforderlich macht. [...] Ich glaube sogar, daß es letztere [falsifizierende Erfahrungen] überhaupt nicht gibt. Wie schon wiederholt hervorgehoben worden ist, löst keine Theorie jemals alle Rätsel, mit denen sie zu einem bestimmten Zeitpunkt konfrontiert ist; auch sind die bereits erzielten Lösungen oft nicht vollkommen. Im Gegenteil, gerade die Unvollständigkeit und Unvollkommenheit der jeweiligen Übereinstimmung von Daten und Theorien definieren viele der Rätsel, welche die normale Wissenschaft charakterisie-

343 Popper »Grundprobleme der Erkenntnistheorie, Zum Problem der Methodenlehre«, in Skirbekk (1977): 121; Hervorh. im Orig.

344 Vgl. Popper »Grundprobleme der Erkenntnistheorie, Zum Problem der Methodenlehre«, in Skirbekk (1977): 109–39; Kuhn (1976): 90–103, 157–58; Lueken (1992): 37–41.

> ren. Wenn jede einzelne Nichtübereinstimmung ein Grund für die Ablehnung einer Theorie wäre, müßten alle Theorien allezeit abgelehnt werden.[345]

Schließlich wurde sowohl im Logischen Empirismus als auch im Kritischen Rationalismus mit dem Modell der Erklärung und Reduktion operiert und die *Ableitbarkeit* von Theorien auseinander vorausgesetzt. Eine neue wissenschaftliche Theorie stellt einen Fortschritt im Vergleich zu einer anderen Theorie dar, wenn sie einerseits mehr erklären kann als die Vorgänger-Theorie, andererseits aber auch all das erklären kann, was die Vorgänger-Theorie erklären konnte. In einem solchen Fall ist die alte auf die neue Theorie reduzierbar. Eine solche Ableitung setzt allerdings voraus, dass die Bedeutung der Ausdrücke, die in den Theorien verwendet werden, stabil bleibt. Auf Grund der Tatsache, dass es bei dem Übergang von einem Paradigma zum konkurrierenden Paradigma zu Umdefinitionen sehr vieler Ausdrücke oder gar zu einer »Verschiebung des gesamten Begriffsnetzes« kommt, lässt sich nach Kuhn nicht sinnvoll behaupten, dass ein Paradigma aus einem konkurrierenden Paradigma abgeleitet oder auf dieses reduziert werden kann. Kuhn erläutert dies am Beispiel der Schwierigkeit der Ableitung der Newtonschen aus der relativistischen Dynamik:

> Scheinbar ist die Newtonsche Dynamik aus der Einsteinschen abgeleitet worden [...]. Und doch ist die Ableitung falsch [...]. Die N_i-Reihe ist zwar ein Spezialfall der Gesetze der relativistischen Mechanik, aber es sind nicht die Newtonschen Gesetze. Oder zumindest nicht, solange die Newtonschen Gesetze nicht in einer Weise neu interpretiert werden, die vor Einsteins Arbeit unmöglich gewesen wären. Die Variablen und Parameter, die in der Einsteinschen E_i-Reihe räumliche Lage, Zeit, Masse etc. darstellten, kommen in der N_i-Reihe immer noch vor, und dort stellen sie noch immer Einsteins Raum, Zeit und Masse dar. Aber die physikalischen Beziehungen dieser Einsteinschen Begriffe sind auf keinen Fall mit denen der Newtonschen Begriffe gleichen Namens identisch (Die Newtonsche Masse bleibt erhalten; die Einsteinsche ist verwandelbar in Energie. Nur bei niedrigen relativen Geschwindigkeiten können diese beiden in der gleichen Weise gemessen werden, und sogar dann dürfen sie nicht als gleich angesehen werden.) *Solange wir die Definitionen der Variablen in der N_i-Reihe nicht ändern, sind die abgeleiteten Aussagen nicht newtonisch. Ändern wir sie aber, so kann man rechtens nicht sagen, wir hätten die Newtonschen Gesetze abgeleitet* [...].[346]

Der wissenschaftliche oder wissenschaftstheoretische Kontext, innerhalb dessen Kuhn seine Thesen formuliert, unterscheidet sich von dem politischen Kontext der Kontroverse USA – Iran, sodass das Aufstellen einer Inkommensurabilitätsthese hier weniger radikal wäre. In der Wissenschaft herrscht ein starker Anspruch, die Wirklichkeit objektiv zu beschreiben und idealer Weise

345 Kuhn (1976): 157.
346 Kuhn (1976): 114; Hervorh. von C. R.; vgl. Kuhn (1976): 110–15; Lueken (1992): 76–79.

zur Wahrheit vorzudringen. In der Politik besteht der Anspruch auf Objektivität und Wahrheit nicht in dem Maße wie er in der Wissenschaft besteht. Zweifelsohne ist politische Kommunikation oft die Tatsachen verzerrende Kommunikation. Politische Kommunikation muss aber auch objektive und wahre Momente enthalten. In der Einleitung wurde gesagt, dass es dem Politiker darum geht, die Hörer von seiner Politik und dem die Politik motivierenden Weltbild zu überzeugen, und dass dies nicht allein mit Hilfe von propagandistischen Mitteln funktioniert. Um dieses Ziel zu erreichen, müssen die Hörer die Argumente des Politikers nachvollziehen können, sodass dessen Realitätsbeschreibung und dessen Sprache nicht völlig von denen der Adressaten abweichen können. Wenn sich der Politiker in seiner Argumentation auf eine Wirklichkeit bezöge, die nicht in einem bestimmten Rahmen intersubjektiv geteilt würde, und eine Sprache spräche, die kein Hörer verstünde, könnte niemand mehr seine Argumente nachvollziehen, geschweige denn überzeugend finden. »Vieles von dem, was Ideologien sagen, ist wahr; andernfalls wären sie unwirksam.«[347]

Insofern es gerade in der Politik idealer Weise darum geht, gesellschaftliche Probleme zu lösen, ist die Annahme, dass die Problemlösekraft einer politischen Ideologie und der entsprechenden Institutionen als objektives Kriterium der Wahl im Falle zweier konkurrierender Ideologien fungieren könnte, überhaupt nicht abwegig.

Dennoch soll insbesondere auf Grund der Tatsache, dass es meines Erachtens im Zusammenhang der Inkommensurabilitätsthese sehr viele Unklarheiten gibt, im Folgenden ausdrücklich nicht die Frage aufgeworfen werden, ob die Weltbilder, welche die USA und der Iran vertreten, inkommensurabel sind. Allerdings könnte es sein, dass sich einige der Strukturen, die Kuhn für den Streit zwischen Befürwortern wissenschaftlicher Paradigmata ausmacht, auch in der Kontroverse zwischen den USA und dem Iran wiederfinden, insofern es sich hier schließlich ebenfalls um eine Art Paradigmenstreit handelt, legt man den sehr weiten Paradigmenbegriff Kuhns zu Grunde. Im Zentrum der Untersuchung wird die Frage nach der Paradigmenabhängigkeit und Relativität der Begriffssysteme stehen. Betrachten wir also nun, wie die USA und der Iran versuchen, ihr Weltbild als das gültige auszuweisen – und warum ihnen dies nicht gelingt.

347 Eagleton (2000): 253.

5.2 Der Streit um die Vorzüge und Nachteile der beiden Paradigmata

Der erste Versuch, dasjenige Weltbild, das sich die beiden Kontrahenten jeweils selbst zuschreiben, als das gültige, und dasjenige Weltbild, das sie dem Gegner zuschreiben, als das ungültige auszuweisen, besteht darin, die Vorzüge des eigenen und insbesondere die Nachteile des gegnerischen Weltbildes aufzuzeigen. Dabei führen die Kontrahenten jeweils bestimmte positive Werte und Verfahrensweisen an, für die das eigene Weltbild, im Gegensatz zum gegnerischen Weltbild, angeblich steht.

Das, was den USA zufolge das eigene Weltbild besonders auszeichnet – soviel dürfte wohl bisher klar geworden sein –, seien die Befürwortung und Förderung von *Freiheit* (»And so our policy is [...] *based upon freedom* and *liberty.* [...] the United States of America will stay on the forefront of *spreading freedom and liberty* around the world«[348]) und *Demokratie* (»we stand for *democracy*«[349]).

Im Gegensatz dazu gelte für das gegnerische Weltbild: »This form of radicalism exploits Islam to serve a violent, political vision: the establishment [...] of a *totalitarian empire* that *denies all political and religious freedom.*«[350] Demnach lauten auch die zentralen amerikanischen Vorwürfe gegenüber der iranischen Führung, die im Gegensatz zum sunnitischen Strang ihre Ideologie ja bereits in einem Staat institutionalisiert habe: »To the people of Iran: [...] your rulers have chosen to *deny you liberty*«[351], und »Every civilized nation also has a responsibility to stand up for the people suffering under *dictatorship.* In [...] Iran, brutal regimes deny their people the fundamental rights enshrined in the Universal Declaration.«[352]

Da Amerika also für Freiheit und Demokratie stehe und der Wunsch nach Freiheit und Demokratie universell sei, sei das amerikanische Weltbild gültig. Da der Iran seinem Volk die Freiheit verweigere und für Unterdrückung und Diktatur bzw. Totalitarismus stehe, sei das iranische Weltbild abzulehnen.

Das, was dem Iran zufolge das eigene Weltbild dagegen vor dem des Gegners auszeichnet, sei – das wurde ja auch schon deutlich – ein starkes *Wertebewusstsein.* (»The Islamic culture *abounds* in *notions* and *values.*«[353])

---

348 Bush, 06.03.2008, President Bush Commemorates Fifth Anniversary of U. S. Department of Homeland Security, Washington D. C.; Hervorh. von C. R.

349 Bush, 11.11.2005, President Commemorates Veterans Day, Discusses War on Terror, Tobyhanna, USA; Hervorh. von C. R.

350 Bush, 11.11.2005, President Commemorates Veterans Day, Discusses War on Terror, Tobyhanna, USA; Hervorh. von C. R.

351 Bush, 19.09.2006, Rede vor der UN-Generalversammlung, New York; Hervorh. von C. R.

352 Bush, 25.09.2007, Rede vor der UN-Generalversammlung, New York; Hervorh. von C. R.

353 Ahmadinedschad, 07.12.2005, Rede auf dem Gipfel der OIC, Mekka; Hervorh. von C. R.

Im Gegensatz dazu sei das »gottlose Weltbild« des Westens, wie gezeigt, durch Wertelosigkeit und Materialismus geprägt. (»[...] who intend to remain out of the divine circle, to be the *absolute slaves of their materialistic and selfish desires*, who intend to expand their aggressive and domineering natures, constitute the roots of today's problems in human societies.«[354])

Der Wert, den der Iran am stärksten propagiert, und dem es dem Westen am meisten mangele, sei die *Gerechtigkeit*. Der Hauptvorwurf, den die iranische Führung dem Westen gegenüber neben dem generellen Vorwurf des Materialismus und der Ungläubigkeit (»Mangel an Spiritualität«) stets äußert, lautet demnach:

> All these problems emanate from the fact that *justice* and spirituality are missing in the way powerful governments conduct their affairs with other nations. [...]. [...] certain parties relying on their power and wealth try to impose a climate of intimidation and *injustice* over the world [...]. [...] As the President of the Islamic Republic of Iran, I assure you that my country will use everything in its power to contribute to global tranquility and peace based on the two maxims of spirituality and *justice* as well as the equal rights of all peoples and nations.[355]

Da der Iran für eine werteorientierte und vor allem gerechte Politik stehe, die westliche Politik sich auf Grund des westlichen Materialismus dagegen vor allem durch Ungerechtigkeit auszeichne – eine Tatsache, die schließlich der ganzen Welt zum Verhängnis würde –, sei das eigene Weltbild das gültige und das gegnerische Weltbild abzulehnen.

Wie reagiert nun der jeweilige Gegner auf die Kritik, er lehne Freiheit und Demokratie ab bzw. er stehe für Ungerechtigkeit, mit der insbesondere sein Weltbild als ungültig ausgewiesen werden soll? Entfacht zwischen den beiden Kontrahenten ein Streit darüber, ob Freiheit oder Gerechtigkeit überhaupt zu erstrebende Werte und Demokratie überhaupt eine wünschenswerte Herrschaftsform darstellen oder nicht? Oder geraten die Kontrahenten zumindest in einen Streit über die Priorität der jeweiligen Werte, wie man ihn oft in Diskussionen zwischen Sozialisten, welche die soziale Gerechtigkeit über die individuelle Handlungsfreiheit stellen, und Verfechtern einer liberalen Marktwirtschaft, für welche die persönliche Freiheit Vorrang vor sozialer Gerechtigkeit hat, findet?

Die Antwort auf beide Fragen lautet: Nein. Offensichtlich sind sich die beiden Konfliktparteien darüber einig, dass Freiheit und Gerechtigkeit im gleichen Maße zu erstrebende Werte und Demokratie in jedem Falle eine wünschens-

354 Ahmadinedschad, 23.09.2008, Rede vor der UN-Generalversammlung, NewYork; Hervorh. von C. R.

355 Ahmadinedschad, 17.09.2005, Rede vor der UN-Generalversammlung, New York; Hervorh. von C. R.

werte Herrschaftsform darstellen. So behauptet der Iran: »The world, humankind, *freedom* and obeisance to God, and justice, have been of *utmost importance* to humans throughout history.«[356] Allerdings bestreitet die iranische Führung, dass sie ihrem Volk die Freiheit verweigert, d. h., das iranische Volk nicht frei ist, und behauptet dagegen sogar: »As a large part of the world population, *Muslim nations* can play *a central role* [...] in *contributing* to peace and *freedom* [...].«[357] Auch den Vorwurf, bei der Islamischen Republik Iran handele es sich um eine Dikatur bzw. einen totalitären Staat, weist der Iran zurück: »The Islamic Republic of Iran is a *symbol of true democracy.*«[358] Schließlich bestreitet der Iran, dass der Westen tatsächlich, wie dieser behauptet, für Freiheit und Demokratie steht: »Even more dangerous is that certain parties relying on their power and wealth try to impose a climate of intimidation and injustice over the world make bullying, while — through their huge media resources — *portray themselves as defenders of freedom, democracy and human rights.*«[359]

In ähnlicher Weise reagieren die USA auf die iranische Kritik, sie stünden für Ungerechtigkeit, und behaupten dagegen: »The fight against the forces of extremism is the great ideological struggle of our time. And in this fight, *our nations* have a weapon more powerful than bombs or bullets. It is the desire for [...] *justice* [...].«[360] Und schließlich entgegnen die USA dem Iran: »*The day will come* when the people of Iran have a government *that embraces* [...] *justice* [...]. [...] And finally, to the people of the Middle East: We hear your *cries for justice.* [...] And as you struggle to find your voice and make your way in this world, the United States will stand with you.«[361]

Die beiden Konfliktparteien streiten also nicht darüber, *ob* Freiheit, Gerechtigkeit und Demokratie an sich wünschenswert sind oder *in welchem Maße* sie wünschenswert sind. *Dass* Freiheit, Gerechtigkeit und Demokratie absolut erstrebenswert sind, darin sind sich die beiden Kontrahenten einig. Ihr Streit betrifft die Frage, *wer von beiden tatsächlich* für Freiheit, Gerechtigkeit und Demokratie steht und *wer nicht.* Bezüglich dieser Frage scheinen sich die beiden Kontrahenten zu *widersprechen.* Um also ihr Weltbild mit dem Verweis auf Freiheit, Gerechtigkeit und Demokratie als das gültige und insbesondere das

356 Ahmadinedschad, 23. 09. 2008, Rede vor der UN-Generalversammlung, New York; Hervorh. von C. R.

357 Ahmadinedschad, 07. 12. 2005, Rede auf dem Gipfel der OIC, Mekka; Hervorh. von C. R.

358 Ahmadinedschad, 17. 09. 2005, Rede vor der UN-Generalversammlung, New York; Hervorh. von C. R.

359 Ahmadinedschad, 17. 09. 2005, Rede vor der UN-Generalversammlung, New York; Hervorh. von C. R.

360 Bush, 13. 01. 2008, Bush Discusses Importance of Freedom in the Middle East, Abu Dhabi; Hervorh. von C. R.

361 Bush, 13. 01. 2008, Bush Discusses Importance of Freedom in the Middle East, Abu Dhabi; Hervorh. von C. R.

gegnerische Weltbild als das ungültige auszuweisen, müssen die beiden Konfliktparteien also jeweils beweisen, dass sie selbst *tatsächlich* und der Gegner *tatsächlich nicht* für diese Konzepte stehen. Im Folgenden soll gezeigt werden, warum dies keinem der beiden Kontrahenten gelingt.

5.3 Zur Semantik von Begriffen

5.3.1 Zur Struktur der Auseinandersetzung

Die Struktur einer Auseinandersetzung, wie die hier untersuchte Auseinandersetzung zwischen den USA und dem Iran, sieht so aus, dass Partei A die Aussage »p« macht, während Partei B »nicht p« behauptet.

Betrachten wir noch einmal die Stellen, an denen sich die USA und der Iran zu widersprechen scheinen. Für die USA handelt es sich bei der Islamischen Republik Iran nicht um eine Demokratie, sondern um den Prototypen eines totalitären Staates (»p«), für den Iran ist die Islamische Republik Iran nicht nur kein totalitärer Staat, sondern der Inbegriff einer Demokratie (»nicht p«). Den USA zufolge verweigert die iranische Führung ihrem Volk die Freiheit, d. h., das iranische Volk sei also nicht frei (»p«). Der Iran behauptet dagegen, dass das iranische Volk frei ist, die IRI für Freiheit steht (»nicht p«). Dem Iran zufolge ist die Politik des Westens durch einen Mangel an Gerechtigkeit bzw. durch Ungerechtigkeit gekennzeichnet (»p«), während Amerika nach eigener Aussage für Gerechtigkeit steht und kämpft (»nicht p«).

Bei den dargelegten Aussagen der Form »p« handelt es sich um einige der zentralen Vorwürfe, welche die beiden Parteien dem jeweiligen Gegner gegenüber äußern, und mit denen sie insbesondere das gegnerische Weltbild disqualifizieren wollen, um auf diese Weise das eigene, als konträr verstandene Weltbild als gültig auszuweisen. Wenn die kritisierte Konfliktpartei »nicht p« behauptet, möchte sie also vor allem Kritik von sich weisen und damit dem kritisierenden Gegner widersprechen.

Allerdings müssen zwei Bedingungen dafür erfüllt sein, dass Partei A und Partei B sich widersprechen, ihnen also in diesem Sinne eine Gegenüberstellung ihrer Standpunkte gelingt, wenn Partei A »p« und Partei B »nicht p« oder »es ist nicht der Fall, dass p« behauptet. Erstens müssen beide Parteien die Aussage »p« in *derselben Bedeutung gebrauchen* und zweitens müssen sie sich mit dieser Aussage auf *dieselben Gegenstände beziehen.*

Nehmen wir in Anlehnung an Ulrich Pardey ein einfaches Beispiel: Person A behauptet »Das Wetter ist hier heute schön« (»p«), während Person B behauptet »Das Wetter ist hier heute nicht schön« (»nicht p«). Person B verneint nun die Aussage von Person A »Das Wetter ist hier heute schön« nicht mit der Aussage

»Das Wetter ist hier heute *nicht* schön«, wenn Person A sich mit der Aussage auf das Wetter in Dortmund und Person B sich auf das Wetter in Berlin bezieht. Die beiden Personen widersprechen sich nicht, wenn sie sich mit »p« auf verschiedene Orte (oder auch auf verschiedene Tage) beziehen. Unter bestimmten Umständen können beide Aussagen wahr sein. Wenn beispielsweise in Dortmund die Sonne scheint, während in Berlin zum selben Zeitpunkt ein Unwetter tobt, sind beide Aussagen wahr, solange man dem gewöhnlichen Sprachgebrauch entsprechend unter einem »schönen Wetter« ein sonniges Wetter versteht.

Nehmen wir weiter an, bei Person A handelt es sich um einen Amerikaner und bei Person B um eine Britin. Person A äußert nun den Satz »A billion is a thousand millions«[362], während Person B »A billion is *not* a thousand millions« behauptet. Beide Aussagen sind wahr, denn im amerikanischen Englisch bezeichnet man mit dem Ausdruck »billion« eine Milliarde (also tausend Millionen), im britischen Englisch dagegen tausend Milliarden.[363] Der Ausdruck »Billion« hat eine unterschiedliche Bedeutung, je nachdem, ob er im britischen oder im amerikanischen Englisch verwendet wird. Da Person A und Person B »p« in einer unterschiedlichen Bedeutung gebrauchen, widersprechen sich die beiden Personen nicht, wenn Person A »p« und Person B »nicht p« behauptet.

Allgemein formuliert gilt also: Die *Identität der Bedeutung* von »p« und die *Identität des Bezugs* von »p« stellen die notwendigen Bedingungen dafür dar, dass sich die Aussagen »p« und »nicht p« widersprechen. Wenn Person A die Aussage »p« macht und Person B »nicht p« oder »es ist nicht der Fall, dass p« behauptet, die beiden Personen den Ausdruck »p« aber in einer unterschiedlichen Bedeutung benutzen oder mit ihm auf verschiedene Gegenstände Bezug nehmen, widerspricht Person B Person A nicht.

Nun lässt sich wohl im Falle der Auseinandersetzung zwischen Person A und Person B schnell herausfinden, ob die beiden Seiten ihre Aussagen in derselben Bedeutung gebrauchen und ob sie mit ihnen auf denselben Gegenstand Bezug nehmen. Es kann aber auch kompliziertere Fälle geben, bei denen nicht feststeht, ob es sich um einen Widerspruch handelt oder nicht, da sich nicht auf den ersten Blick feststellen lässt, ob zwei Gesprächspartner über denselben Gegenstand sprechen oder nicht. So mag es sein, dass ein Gesprächspartner dem zur Diskussion stehenden Gegenstand wesentliche Merkmale abspricht oder wesensfremde Merkmale zuspricht. Auch ist es vorstellbar, dass umgekehrt die beiden Gesprächspartner Aussagen machen, mit denen sie über verschiedene Gegen-

362 Das Beispiel verwenden Wolfgang Künne bei der Diskussion der »Semantische Konzeption der Wahrheit« von Alfred Tarski sowie Paul Watzlawick in seinem Buch *Wie wirklich ist die Wirklichkeit?*

363 Mittlerweile findet man allerdings auch in Großbritannien auf Grund des amerikanischen Einflusses beide Gebrauchsweisen des Begriffs »billion« vor.

stände reden, diese Aussagen aber dennoch auf denselben Gegenstand beziehen. Dies kann zu merkwürdigen Kommunikationssituationen führen. Pardey verdeutlicht einen solchen Fall mit einem Witz:[364]

> ›Hallo, Ornstein!‹
> ›Ich heiße doch gar nicht Ornstein!‹
> ›Herr des Himmels! Wie kann sich ein Mensch nur so verändern! Die Figur ist verwandelt, die Haarfarbe, die Nase auch – und Ornstein heißen Sie auch nicht mehr!‹[365]

In Folgenden soll die Frage untersucht werden, ob sich die USA und der Iran tatsächlich widersprechen und ob ihnen insbesondere in dieser Hinsicht tatsächlich eine Gegenüberstellung ihrer Standpunkte gelingt, wenn die eine Konfliktpartei »p« und die andere Partei »nicht p« behauptet. Dabei soll zunächst von der Prämisse ausgegangen werden, dass von den zwei genannten notwendigen Bedingungen eines Widerspruchs die Bedingung der Identität des Bezugs erfüllt ist. Wenn die USA und der Iran darüber streiten, ob die IRI eine Demokratie ist und die iranische Führung für Freiheit steht, oder ob die amerikanische Politik durch Gerechtigkeit gekennzeichnet ist, dann beziehen sich beide Seiten auf dieselben Staaten, bzw. auf die Politik und die Führung derselben Staaten, nämlich auf die USA einerseits und die IRI andererseits. (Um Probleme der Bezugnahme wird es im nächsten Kapitel gehen.) Dagegen soll die zweite Bedingung, die Identität der Bedeutung, überprüft werden. Es geht also um die Frage, ob die beiden Kontrahenten die Aussage »p« in derselben Bedeutung verwenden, wenn die USA »p« behaupten und der Iran »nicht p« behauptet, und umgekehrt.

Bislang war von der Bedeutung von »p« oder »nicht p« die Rede, ohne dass zwischen der Bedeutung einzelner Wörter (z. B. »Demokratie«) und der Bedeutung der Sätze, welche durch die einzelnen Wörter konstituiert werden (z. B. »Die IRI ist eine Demokratie bzw. keine Demokratie.«), unterschieden wurde. Der Gegenstand der folgenden Untersuchung wird die Bedeutung einzelner *Wörter* sein.

Betrachten wir das semantische Verhältnis zwischen Wörtern und dem Satz, den sie konstituieren. Dem *Kompositionalitätsprinzip* zufolge ist die Bedeutung eines Satzes – in Bezug auf die semantische Bedeutung eines Satzes spricht man auch von der »Proposition« – durch die Bedeutung der einzelnen Bestandteile des Satzes, also der einzelnen Wörter, die ihn konstituieren, sowie durch die Art und Weise, wie diese miteinander verknüpft sind, determiniert.[366]

Um herauszufinden, ob sich die USA und der Iran widersprechen, wenn einer der beiden Kontrahenten »p« und der andere »nicht p« behauptet, soll im Fol-

364 Vgl. Pardey (2006): 183–84.
365 Landmann (1983): 621, zit. n. Pardey (2006): 183.
366 Vgl. u. a. Szabó (2007) »Compositionality«, in *Stanfort Encyclopedia of Philosophy.*

genden die Bedeutung der zentralen Substantive, die für ihre Aussagen »p« konstitutiv sind, untersucht werden. Betrachtet man die oben dargelegten Aussagen, so geht es hier vor allem um die Bedeutung der Wörter »Demokratie«, »Freiheit« und »Gerechtigkeit« als diejenigen Wörter, mit denen jeweils eine der beiden Konfliktparteien ihr Weltbild vor dem des Gegners auszeichnet und das Weltbild des Gegners kritisiert.

5.3.2 Bedeutung und Referenz

Insbesondere in Bezug auf einzelne Ausdrücke unterscheidet man zwischen Bedeutung und Referenz. Die meisten Ausdrücke haben unumstrittener Weise eine *Bedeutung*[367] bzw. einen *Sinn.* (Es ist umstritten, ob Eigennamen, die im nächsten Kapitel noch eine Rolle spielen werden, eine Bedeutung haben.) In der Philosophie spricht man auch von der *Intension* des Begriffs, also seinem *Inhalt.* Darüber hinaus haben viele Begriffe auch die Eigenschaft, dass man mit ihnen auf einen Gegenstand *Bezug nehmen* bzw. *referieren* kann. Die Gesamtheit aller Gegenstände, auf die man mit einem Begriff Bezug nehmen kann, nennt man die *Extension*, d.h. den *Umfang*, des Begriffs. »Die Spezifizierung eines Begriffsinhalts erfolgt über Merkmale, während der Begriffsumfang die Klasse der Gegenstände ist, auf die der Begriff zutrifft. Die Intension des Begriffs ›Kaninchen‹ sind die definierenden Merkmale von Kaninchen, die Extension von ›Kaninchen‹ sind alle Kaninchen.«[368]

Intension und Extension eines Begriffs oder Ausdrucks dürfen nicht miteinander vermengt werden, denn es kann sein, dass zwei Begriffe dieselbe Extension, nicht aber auch dieselbe Intension haben. Ein oft zitiertes Beispiel dafür sind die Ausdrücke »Lebewesen mit Herz« und »Lebewesen mit Niere«. Da alle Lebewesen, die ein Herz haben, auch (mindestens) eine Niere haben, ist die Extension der Ausdrücke gleich, während aber die Bedeutung der beiden Ausdrücke offensichtlich verschieden ist.[369]

Dennoch sind Intension und Extension eines Ausdrucks nicht voneinander unabhängige Aspekte eines Ausdrucks, sondern sie konstituieren sich gegen-

367 In Bezug auf die Bedeutung eines Ausdrucks kann man zwischen der *semantischen Bedeutung* und der *emotiven Bedeutung* unterscheiden, wobei in sprachphilosophischen Zusammenhängen mit dem Begriff der Bedeutung meist nur die semantische Bedeutung bezeichnet wird. Insofern lässt sich zwischen einem Bedeutungsbegriff im engeren Sinne, der nur die semantische Bedeutung bezeichnet, und einem Bedeutungsbegriff im weiteren Sinne, welcher sowohl die semantische als auch die emotive Bedeutung umfasst, unterscheiden. Im Folgenden wird es zunächst nur um die semantische Bedeutung gehen. Die emotive Bedeutung wird allerdings an anderer Stelle noch thematisiert werden.

368 Keil (2002): 126.

369 Vgl. Quine »Zwei Dogmen des Empirismus«, in ders. (1979): 28–29; Keil (2002): 126.

seitig. So entscheidet vor allem die Bedeutung eines Ausdrucks darüber, auf welche Gegenstände man mit dem Ausdruck Bezug nehmen kann. Beispielsweise kann man auf Grund der Bedeutung des Ausdrucks »Lebewesen mit Herz« sicherlich auf George W. Bush referieren, während man auf dessen Ranch in Texas mit dem Ausdruck nicht Bezug nehmen kann. Andererseits determiniert manchmal das Bezugsobjekt, auf welches mit einem Ausdruck referiert wird, die Bedeutung des Ausdrucks (mit). Wenn man beispielsweise ein Wirtschaftskonzept als »liberal« bezeichnet, z. B. in dem Term »liberale Marktwirtschaft«, wird der Ausdruck »liberal« offensichtlich in einer etwas anderen Bedeutung verwendet, als wenn man eine Person, beispielsweise sich selbst, als »liberalen Menschen« bezeichnet.[370] Insbesondere im Falle von abstrakten Begriffen[371] konstituiert die Wahl des Bezugsobjektes die Bedeutung des Ausdrucks wesentlich mit.

Analog kann man in Bezug auf die hier zur Diskussion stehenden Ausdrücke »Demokratie«, »Freiheit« und »Gerechtigkeit« zwischen Bedeutung und Referenz, Intension und Extension, unterscheiden, wobei die Unterscheidung im Falle des Konkretums[372] »Demokratie« eindeutiger ist als im Falle der Abstrakta »Freiheit« und »Gerechtigkeit«. So lässt sich die Bedeutung des Ausdrucks der Demokratie angeben, indem man alle relevanten Merkmale einer Demokratie angibt, z. B. freie Wahlen, Rechtsstaatlichkeit usw. Schließlich kann man die Extension des Begriffs angeben, indem man alle Staaten aufzählt, auf die man mit dem Ausdruck »Demokratie« referieren kann, wie die Bundesrepublik Deutschland, Spanien, Italien usw. Im Falle der Ausdrücke »Freiheit« und »Gerechtigkeit« hängt die Bedeutung stark davon ab, auf welchen Gegenstand man mit den Ausdrücken referiert. In der hier untersuchten Auseinandersetzung zwischen den USA und dem Iran herrscht allerdings Einigkeit darüber, dass die Ausdrücke in diesem Kontext insbesondere auch auf die Politik von Staaten oder Staaten selbst zu beziehen sind, wenngleich Uneinigkeit darüber herrscht, *auf welche* Staaten man mit ihnen Bezug nehmen kann. Insofern es also darum geht, ob man mit den Ausdrücken »Demokratie«, »Freiheit« und »Gerechtigkeit« auf die Islamische Republik Iran und auf ihre Politik bzw. auf die USA und ihre Politik *referieren* kann oder nicht, betrifft die Streitfrage zwischen den USA und dem Iran die *Extension* der Begriffe. Sollte sich jedoch zeigen, dass

370 Walther Dieckmann verwendet den Ausdruck »liberal« als Beispiel zur Illustration von Mehrdeutigkeit und macht darauf aufmerksam, dass der Ausdruck im allgemeinen Sinne von »liberal-denkend«, zur Bezeichnung einer politischen Haltung oder sogar als konkreter Eigenname einer Partei verwendet werden kann. (Vgl. Dieckmann 1975: 65–66.)

371 Ein abstrakter Begriff bezeichnet einen Gegenstand, welcher in der materiellen Wirklichkeit nicht existiert. (Vgl. Dieckmann 1975: 62.)

372 Ein konkreter Begriff bezeichnet dagegen einen Gegenstand, welcher in der materiellen Wirklichkeit existiert.

die beiden Konfliktparteien die Ausdrücke in einer unterschiedlichen Bedeutung verwenden, würde die Frage nach der Extension oder Referenz der Ausdrücke gegenstandslos. Dann könnte es nämlich sein, dass die IRI im iranischen Sinne eine Demokratie ist und für Freiheit steht, und im amerikanischen Sinne keine Demokratie ist und nicht für Freiheit steht, und die amerikanische Politik sich im iranischen Sinne durch Ungerechtigkeit, im amerikanischen Sinne durch Gerechtigkeit auszeichnet. Insbesondere könnte keine der beiden Parteien die Gültigkeit ihres Weltbilds dadurch zeigen, dass sie darauf verweist, dass das eigene Weltbild für Freiheit, Gerechtigkeit und Demokratie steht, während das gegnerische Weltbild dies eben nicht tut.

5.3.3 Lexikalische Bedeutung und aktuelle Bedeutung

In Bezug auf die Bedeutung von Ausdrücken kann zwischen der *lexikalischen* und der *aktuellen Bedeutung* eines Ausdrucks differenziert werden.

In der Sprachwissenschaft ist die auf Ferdinand de Saussure[373] zurückgehende Unterscheidung zwischen *Langue* und *Parole* üblich. Während man mit dem Begriff der Parole die Anwendung der Sprache in der Praxis, also die individuelle Gebrauchsweise bezeichnet, bezeichnet man als »Langue« die Sprache als das System von Zeichen und Regeln, so wie es sich durch den individuellen Gebrauch entwickelt hat und nun sozial geteilt wird.[374] Dieser Unterteilung von Langue und Parole entsprechen zwei Arten von Bedeutung, die nach Wilhelm Schmidt durch die dialektische Beziehung zwischen Möglichkeit und Wirklichkeit gekennzeichnet sind, und zwar die *lexikalische* und die *aktuelle Bedeutung*. Schmidt zufolge ist die aktuelle Bedeutung eines Ausdrucks in einer Rede, auf der Ebene der Parole, die Realisation der Möglichkeiten, welche die lexikalische Bedeutung auf der Ebene der Langue beinhaltet.[375] Die lexikalische Bedeutung eines Ausdrucks besteht nach Harald Weinrich aus dem »Insgesamt der von einer Sprachgemeinschaft als relevant gesetzten Merkmale eines Gegenstandes«[376]. Die lexikalische Bedeutung ist weitgespannt, vage, sozial und abstrakt. Die aktuelle Bedeutung besteht demnach aus einigen dieser von der Sprachgemeinschaft als relevant gesetzten Merkmale eines Gegenstandes. Sie wird durch den sprachlichen und außersprachlichen Kontext bestimmt und ist daher eng umgrenzt, präzise, individuell und konkret.[377]

---

373 Vgl. de Saussure (2001).

374 Nach Dieckmann ist die Grenze zwischen Langue und Parole allerdings meist nicht klar zu ziehen.

375 Vgl. Schmidt (1963): 28.

376 Weinrich (1966): 17, zit. n. Dieckmann (1975): 58

377 Vgl. Schmidt (1963) und Weinrich (1966), nach Dieckmann (1975): 8–9, 58–61.

Eine Sprachgemeinschaft kann einem Gegenstand beispielsweise mit der Verwendung eines Ausdrucks »p« die Merkmale w, x, y und z als relevant zusprechen. Sprecher A kann nun in einer konkreten Situation den Ausdruck »p« so gebrauchen, dass er dem Gegenstand die Merkmale w, x, y zuspricht, während Sprecher B den Ausdruck »p« so gebraucht, dass er ihm die Merkmale x, y, z zuspricht. Die Sprecher realisieren dann bestimmte Bedeutungskomponenten nicht oder sind sich vielleicht tatsächlich uneinig darüber, dass der Gegenstand die Merkmale w oder z aufweist, während sie sich einig darüber, dass er die Merkmale x und y aufweist. Es kann auch sein, dass sie bezüglich der als relevant betrachteten Merkmale des Gegenstandes gar keine Einigung erzielen, sondern dass A allein die Merkmale w und x als relevant betrachtet, während B nur die Merkmale y und z als relevant betrachtet. Die Kommunikation zwischen ihnen wird schwieriger werden, je weniger Einigkeit sie bezüglich der für den Gegenstand als relevant gesetzten Merkmale erzielen. Würde einer der Sprecher mit dem Ausdruck dem Gegenstand nicht mehr die Merkmale w, x, y und z, sondern nur die Merkmale r und s zusprechen, verwendete er den Ausdruck in einer persönlichen, von dem Rest der Sprachgemeinschaft abweichenden Bedeutung, sodass ihn niemand mehr verstehen könnte.

Der folgende Untersuchungsgegenstand wird die Parole sei. Es wird darum gehen, zu untersuchen, welche relevanten Merkmale die USA und der Iran jeweils den Gegenständen Demokratie, Freiheit und Gerechtigkeit zu- und absprechen, um anzugeben, in welcher (aktuellen) Bedeutung die beiden Parteien die entsprechenden Ausdrücke verwenden. Schließlich soll verglichen werden, ob die beiden Kontrahenten die Ausdrücke in derselben, einer ähnlichen oder einer völlig unterschiedlichen Bedeutung gebrauchen. Es wird nicht darum gehen, eine »wahre« Bedeutung der Ausdrücke anzugeben, indem zur Entstehung der Begriffe zurückgegangen wird oder selbst ein Urteil über die Gültigkeit der jeweiligen Begriffe gefällt wird, um dann zu schauen, ob und inwiefern die Sprecher von dieser Bedeutung abweichen, wenn sie die Ausdrücke verwenden.

5.4 Zentrale Begriffe in der Kontroverse USA – Iran

5.4.1 Der Begriff der Demokratie

5.4.1.1 Die erste Streitfrage: Handelt es sich bei der IRI um eine Demokratie?

Der Begriff der Demokratie gehört neben dem Begriff der Freiheit zu den zentralen Begriffen in der Sprache der USA. Bei dem Begriff der Demokratie handelt es sich um ein *Konkretum*, d. h., um einen Begriff, mit welchem man eine

Herrschaftsform und damit einen Gegenstand bezeichnet, der in der materiellen Wirklichkeit zu finden ist. Insofern mit dem Begriff der Demokratie eine Herrschaftsform bezeichnet wird, wird der Begriff also verwendet, um auf Staaten zu referieren.

Die USA generalisieren oft, indem sie von einigen Staaten einer Region auf alle Staaten schließen. Alle demokratischen Staaten fassen sie unter den Term der »demokratischen Welt« zusammen. Die demokratische Welt besteht den USA nach insbesondere aus den westlichen Industriestaaten, also Nordamerika und Europa, sowie einigen Staaten Asiens – Indien und Japan werden namentlich genannt. Vor allem stehe eben Amerika, wie kaum ein anderes Land, für Demokratie. Bis auf Israel fallen insbesondere die Staaten des Nahen und Mittleren Ostens den USA zufolge nicht unter den Begriff der »demokratischen Welt«. Insbesondere sei die Islamische Republik Iran keine Demokratie, sondern ein totalitärer Staat. Den Vorwurf, bei der IRI handele es sich um einen totalitären Staat, weist der Iran, wie gezeigt, zurück. Die erste Streitfrage, um die es zwischen den USA und dem Iran geht, ist also die Frage danach, ob man mit dem Begriff der Demokratie auf die Islamische Republik Iran Bezug nehmen kann oder nicht. Beide Kontrahenten nennen die Gründe für ihre Position, indem sie die Merkmale einer Demokratie angeben, welche dann, je nach Position, angeblich auf die IRI zutreffen oder nicht.

5.4.1.2 Der iranische Demokratiebegriff: Wahlen als erstes relevantes Merkmal einer Demokratie

Mit dem Begriff der Demokratie bezeichnet man eine Herrschaftsform und damit einen sehr komplexen Gegenstand, d.h. einen Gegenstand, der viele Merkmale aufweist. Dieckmann spricht daher von einem komplizierten Begriff. Kompliziert heißen Begriffe, die eine »höchst komplizierte Vielfalt von Dingen, Vorgängen und Sachverhalten zusammenfassen«[378], welche »der unmittelbaren Erfahrungswelt des Durchschnittsbürgers entrückt sind«[379]. Je komplexer ein Gegenstand ist, desto wahrscheinlicher ist es, dass verschiedene Sprecher unterschiedliche Merkmale als relevant für diesen Gegenstand setzen. Welche Merkmale nennen also der Iran und die USA als relevante Merkmale einer Demokratie?

Der Iran nennt insbesondere *zwei* relevante Merkmale einer Demokratie. Zunächst zum ersten Merkmal:

> The Islamic Republic of Iran is a symbol of *true democracy. All officials* including the Leader, President, members of the Islamic Consultative Assembly, city and village

378 Dieckmann (1975): 62.
379 Dieckmann (1975): 63.

> councils *are elected through the vote of the citizens.* The Islamic Republic of Iran has held 27 national elections in 27 years. This showcases a vibrant and dynamic society in which people widely participate in the political life.[380]

Als das *erste relevante Merkmal* einer Demokratie definiert der Iran also die *Wahl aller Amtsträger durch die Bürger.* Zwar wird auch die weitreichende politische Partizipation der Bürger als Merkmal genannt. Der Aussage nach zu urteilen ist diese »weitreichende« politische Partizipation dann aber doch im Wesentlichen auf die Teilnahme der Bürger an den Wahlen beschränkt, und die Teilnahme der Bürger an Wahlen ist in dem Merkmal der Wahl aller Amtsträger durch die Bürger enthalten. Insofern in der IRI dem Iran zufolge alle Amtsträger durch die Bürger gewählt werden und in 27 Jahren 27 Wahlen auf nationaler Ebene abgehalten wurden, handele es sich bei der IRI um eine Demokratie.[381]

5.4.1.3 Der amerikanische Demokratiebegriff: Demokratie ist mehr als das Abhalten von Wahlen (Religionsfreiheit)

Zwar bestreiten die USA nicht, dass die Wahl aller Amtsträger durch die Bürger zu den relevanten Merkmalen einer Demokratie gehört, sie bestreiten allerdings, dass man schon dann von einer Demokratie sprechen kann, *nur* weil Wahlen abgehalten werden, selbst wenn sich diese auf alle Ämter erstreckten und das gesamte Volk stets daran teilnehmen sollte:

> The work of democracy is *larger than holding a fair election*; it requires building the institutions that sustain freedom. [...] Democratic nations *uphold the rule of law, impose limits on the power of the state, treat women and minorities as full citizens.* Democratic nations *protect private property, free speech and religious expression.* Democratic nations grow in strength because they *reward and respect the creative gifts of their people.* And democratic nations contribute to peace and stability because they *seek national greatness in the achievements of their citizens, not the conquest of their neighbors.*[382]

---

380 Ahmadinedschad, 17.09.2005, Rede vor der UN-Generalversammlung, New York; Hervorh. von C. R.

381 Sicherlich kann hier die Frage gestellt werden, inwieweit die Merkmale, die der Iran als die Merkmale einer Demokratie nennt, auch tatsächlich auf die IRI zutreffen. Der Geistige Führer wird beispielsweise nicht direkt durch die Bürger, sondern durch eine Expertenversammlung gewählt. Die Expertenversammlung wiederum wird zwar direkt durch die Bürger gewählt, ihr dürfen aber nur Geistliche angehören und im Vorfeld aller Wahlen (nicht nur jener zur Expertenversammlung) wird stets ein großer Teil der Kandidaten durch den Wächterrat von der Wahl ausgeschlossen. (Vgl. Javaher-Haghighi 2008: 60–62; Perthes 2008: 33–39.) Die Frage danach, ob die Merkmale, welche die beiden Seiten nennen, auch tatsächlich auf die beiden Staaten zutreffen, ist aber nicht Gegenstand dieser Arbeit. Hier geht es um die Frage, welche Merkmale die beiden Seiten überhaupt als relevante Merkmale einer Demokratie angeben.

382 Bush, 14.09.2005, Rede auf dem UN-Weltgipfel, New York; Hervorh. von C. R.

Neben dem Abhalten von Wahlen, die noch dazu gerecht sein müssen, nennen die USA *mindestens sieben weitere wesentliche Merkmale einer Demokratie, wie Rechtsstaatlichkeit*, die *Begrenzung der Staatsmacht*, die *Behandlung von Frauen und Minderheiten als vollwertige Bürger*, den *Schutz des Privateigentums*, die *Meinungsfreiheit* und die *Religionsfreiheit*, die *Belohnung von und den Respekt gegenüber den kreativen Begabungen des Volkes* und die *Suche nach nationaler Größe in den Leistungen der Bürger* anstatt in der Eroberung anderer Staaten. Mit der Nennung des Schutzes des Privateigentums als Merkmal einer Demokratie klingt an, dass die USA unter einer Demokratie auch immer eine *marktwirtschaftlich organisierte* Demokratie verstehen. An anderen Stellen werden auch offene Märkte bzw. Freihandel als Kennzeichen einer Demokratie genannt. Da die meisten dieser Merkmale auf den Iran nicht zuträfen – insbesondere werden die Religionsfreiheit und die Belohnung der Leistungen der Bürger genannt – handele es sich bei der IRI nicht um eine Demokratie.[383]

Während der Iran also für den Gegenstand, den er mit dem Begriff der Demokratie bezeichnet, zunächst ein wesentliches Merkmal angibt, und zwar das Merkmal a (die Wahl aller Amtsträger durch die Bürger), setzen die USA neben Merkmal a auch Merkmal b (die Gerechtigkeit der Wahlen), c (Rechtsstaatlichkeit), d (Begrenzung der Staatsmacht), e (Religionsfreiheit), f (Schutz des Privateigentums) usw. als relevante Merkmale einer Demokratie. Die USA nennen also *wesentlich mehr Merkmale*, die auf einen Staat zutreffen müssen, sodass man ihn als eine Demokratie bezeichnen kann.

5.4.1.4 Der iranische Demokratiebegriff: Monotheismus als weiteres relevantes Merkmal einer Demokratie

Doch der Iran nennt noch ein weiteres relevantes Merkmal einer Demokratie. Was die chronologische Abfolge seiner Argumentation betrifft, nennt er dieses Merkmal sogar noch vor dem Merkmal der Wahl aller Amtsträger durch die Bürger: »The Islamic Republic of Iran is the manifestation of *true democracy* in the region. The discourse of the Iranian nation is focused on respect for the

383 Vgl. u. a.: »They [the violent extremists] […] hate democracy – because it fosters religious tolerance […]« (Bush, 13.01.2008, Bush Discusses Importance of Freedom in the Middle East, Abu Dhabi.) oder »To the people of Iran: […]. You deserve […] an economy that rewards your intelligence and your talents, and a society that allows you to fulfill your tremendous potential«. (Bush, 19.09.2006, Rede vor der UN-Generalversammlung, New York.)

rights of human beings and a quest for tranquility, peace, justice and development for all *through monotheism.*«[384]

Der Iran definiert also als *weiteres relevantes Merkmal* einer Demokratie den *Monotheismus*, d.h. den *Glauben an (einen) Gott.* Da insbesondere dieses Merkmal auf die IRI zutreffe, handele es sich bei der IRI um eine Demokratie.

Mit dem Monotheismus nennt der Iran nun nicht nur ein Merkmal von Demokratie, das die USA nicht nennen, sondern ein Merkmal, das sogar im Widerspruch zu einem der Merkmale steht, welche die USA als relevante Merkmale einer Demokratie definieren, und zwar der *Religionsfreiheit.* Dem Iran zufolge basiert eine Demokratie auf dem Glauben an (einen) Gott, während den USA nach zu den zentralen Kennzeichen einer Demokratie gehört, dass es jedem frei steht, zu entscheiden, woran er glaubt, und ob er überhaupt an etwas glaubt.

Es geht hier nicht darum, zu untersuchen, ob die Merkmale, die beide Seiten als relevant für eine Demokratie setzen, auf die USA unter Bush oder die IRI seit Ahmadinedschad tatsächlich zutreffen,[385] sondern darum, zu zeigen, dass beide Seiten überhaupt verschiedene Merkmale als relevant für eine Demokratie setzen, und dies ist offensichtlich der Fall. Zwar setzen sowohl die USA als auch der Iran das Abhalten von Wahlen als relevantes Merkmal einer Demokratie. Die USA setzen darüber hinaus aber noch wesentlich mehr relevante Merkmale einer Demokratie, die der Iran nicht als relevante Merkmale einer Demokratie nennt. Schließlich nennt der Iran ein weiteres Merkmal einer Demokratie, welches sogar im Widerspruch zu einem der Merkmale steht, welche die USA als relevante Merkmale einer Demokratie definieren. Während der iranische Demokratiebegriff das *Bekenntnis zu Gott* und zwar zu *genau einem Gott* beinhaltet, beinhaltet der amerikanische Demokratiebegriff gerade die *staatliche Neutralität in Glaubensfragen und die Garantie der Möglichkeit einer freien Religionsausübung* – oder eben auch der Möglichkeit, *keine Religion* zu praktizieren. Die USA und der Iran gebrauchen den Ausdruck »Demokratie« offensichtlich in einer unterschiedlichen, ja teils konträren Bedeutung.

Wenn die USA und der Iran jedoch den Begriff der Demokratie in einer unterschiedlichen Bedeutung gebrauchen, dann wird der Gegenstand der Streitfrage zwischen ihnen, nämlich ob es sich bei der IRI tatsächlich um eine Demokratie handelt oder nicht, hinfällig. Denn es könnte sein, dass die IRI eine Demokratie im iranischen Sinne ist, aber keine Demokratie im amerikanischen Sinne. Wenn einige der Merkmale, welche die USA als relevante Merkmale einer

384 Ahmadinedschad, 17.09.2005, Rede vor der UN-Generalversammlung, New York; Hervorh. von C. R.

385 Eine Darstellung des politischen Systems der Islamischen Republik Iran befindet sich, wie erwähnt, im Anhang. Die Grundlagen der politischen Systeme westlicher Staaten dürften dem westlichen Leser im Großen und Ganzen bekannt sein.

Demokratie nennen, auf die IRI nicht zutreffen, in der IRI aber tatsächlich alle Amtsträger durch das Volk gewählt werden und der nationale Diskurs der IRI auf Respekt vor den Rechten der Menschen und dem Streben nach Ruhe, Frieden, Gerechtigkeit und Entwicklung für alle mittels des Monotheismus gerichtet ist, hätten beide Konfliktparteien in ihrem Sinne Recht.[386] Die USA und der Iran widersprechen sich nicht, wenn der Iran behauptet, dass die IRI eine Demokratie ist, während die USA behaupten, dass die IRI keine Demokratie ist. Vor allem können die USA ihr Weltbild nicht dadurch als gültig und das iranische Weltbild als ungültig ausweisen, dass sie darauf verweisen, dass Amerika im Gegensatz zu seinem Gegner für Demokratie steht, wenn sie den Ausdruck »Demokratie« in einer anderen Bedeutung gebrauchen als der Gegner. Mit dieser Redeweise gelingt den Kontrahenten keine vollständige Gegenüberstellung ihrer Standpunkte.

5.4.2 Der Begriff der Freiheit

5.4.2.1 Die zweite Streitfrage: Verweigert die iranische Führung ihrem Volk die Freiheit bzw. ist das iranische Volk frei?

Bei dem Begriff der Freiheit[387] handelt es sich um ein *Abstraktum*, d. h., um einen Begriff, der einen *Wert*, und damit einen abstrakten Gegenstand bezeichnet, welcher in der materiellen Wirklichkeit nicht existiert. Im Gegensatz zu dem Begriff der Demokratie, mit dem man auf einen Gegenstand der materiellen Wirklichkeit referiert, und bei dem unstrittig ist, dass seine Bezugsgröße Staaten sind, gibt es bei dem Begriff der Freiheit mehr Spielraum hinsichtlich seiner Bezugsgröße (so kann eine Person, eine Gesellschaft, ein Staat, eine Denkweise usw. Freiheit verkörpern).

Die USA beziehen den Begriff der Freiheit in erster Linie auf Staaten bzw. die Politik von Staaten, Gesellschaften und Völker. Meist sprechen sie von »der

386 Ebenso gilt: Wenn die Merkmale, welche die USA als relevante Merkmale einer Demokratie nennen, auf die USA zutreffen, aber der nationale Diskurs der USA nicht auf Respekt vor den Rechten der Menschen und dem Streben nach Ruhe, Frieden, Gerechtigkeit und Entwicklung für alle mittels des Monotheismus gerichtet ist, hätten beide Konfliktparteien in ihrem Sinne Recht, wenn die USA behaupten, dass die USA eine Demokratie sind, während der Iran behauptet, dass die USA keine Demokratie sind.

387 Im Englischen gibt es für den deutschen Begriff der Freiheit die beiden Begriffe »liberty« und »freedom«, wobei der Begriff »liberty« eine etwas engere Bedeutung hat und insbesondere im politischen Kontext, also im Sinne der politischen Freiheit, verwendet wird. Dieser Unterschied wird durch die deutsche Übersetzung nivelliert. Die USA verwenden bei ihrer Kritik am Iran beide Begriffe und gebrauchen sie wie Synonyme (vgl. dazu die im weiteren Verlauf der Arbeit angeführten Zitate), insofern sie in diesem politischen Kontext unter dem Begriff der Freiheit immer vor allem politische Freiheit verstehen.

freien Welt«, der sie »die unfreie Welt« gegenüberstellen. Diese Einteilung der Welt in »freie« und »unfreie Welt« ist erschöpfend, obwohl nicht alle Staaten der Welt explizit einer Seite zugeordnet werden. »Die freie Welt« besteht den USA nach vor allem aus den Gesellschaften der Staaten (Nord) Amerikas, Europas und Teilen Asiens, »die unfreie Welt« aus den Völkern des Nahen und Mittleren Ostens (außer Israel). Insbesondere zähle das iranische Volk zur »unfreien Welt«. Der zweite zentrale Vorwurf, den die USA der iranischen Führung gegenüber äußern, und der eng mit dem ersten Vorwurf zusammenhängt, lautet demnach, dass die iranische Führung ihrem Volk die Freiheit verweigere, d. h., das iranische Volk nicht frei sei. Der Iran weist diesen Vorwurf, wie gezeigt, zurück. Die zweite Streitfrage besteht also in der Frage danach, ob die Politik der iranischen Führung am Wert der Freiheit orientiert ist oder nicht, ob demnach das iranische Volk frei ist oder nicht. Wieder nennen die beiden Konfliktparteien Gründe für ihre Position, indem sie Merkmale von Freiheit aufzählen, die auf die iranische Politik, je nach Position, angeblich zutreffen oder nicht.

5.4.2.2 Der amerikanische Freiheitsbegriff: Freiheit als politische Selbstbestimmtheit und Religionsfreiheit

Bei dem Begriff der Freiheit, so wurde konstatiert, handelt es sich um ein Abstraktum, also einen Begriff, mit dem man immaterielle Gegenstände bezeichnet. Im Gegensatz zu Konkreta, wie »Demokratie«, bei denen Bedeutung und Referenzobjekt klar voneinander getrennt sind, konstituiert man im Falle von Abstrakta durch die Wahl des Bezugsobjektes die Bedeutung im Wesentlichen mit: »Im Falle von Konkreta wie *Parlament* oder *Verfassung* tritt die Konzeptualisierung zum Referenzakt hinzu, im Falle von Abstrakta fallen beide sogar zusammen. Abstrakta wie *Frieden*, *Freiheit* oder *Gerechtigkeit* werden erst durch den Akt der Begriffsbildung konstituiert.«[388] Um auf die Bedeutung, in der die USA den Ausdruck »Freiheit« gebrauchen, zu schließen, ist es also wichtig, sich die Entität anzuschauen, auf welche die USA vor allem mit diesem Ausdruck referieren. Es wurde gesagt, dass die USA mit dem Ausdruck auf Staaten, deren Politik und insbesondere auf Völker und Gesellschaften referieren, die sie als »die freie Welt« bezeichnen. Dabei fällt etwas auf.

Es zeigt sich nämlich, dass die Gesellschaften, die den USA zufolge »die *freie Welt*« ausmachen, genau diejenigen Gesellschaften sind, welche die Staaten »der *demokratischen Welt*« konstituieren. »Die freie Welt« sind also den USA nach diejenigen Völker und Gesellschaften, die in einer demokratischen Staatsord-

388 Girnth (2002): 55; Hervorh. im Orig.

nung im amerikanischen Sinne leben.[389] Umgekehrt sind die Völker, die den USA zufolge »die unfreie Welt« ausmachen, genau diejenigen Völker, die im amerikanischen Sinne in nicht-demokratischen Verhältnissen leben.

Das *zentrale Kennzeichen*, das die USA stets als Merkmal »der *freien Welt«* nennen, ist demnach ihre *demokratische Ordnung*. Das *zentrale Merkmal* »der *unfreien Welt«* ist den USA nach dagegen der *Mangel an Demokratie*. Zwar nennen die USA als Merkmal »der unfreien Welt« neben dem Mangel an Demokratie auch stets die wirtschaftliche Stagnation (und damit Armut, Krankheit, schlechte Bildung). Diese gingen aber auf den Mangel an Demokratie zurück und stellten damit ein Merkmal der nicht-demokratischen Verhältnisse, d. h. ein sekundäres Merkmal »der unfreien Welt«, dar. In Freiheit zu leben heißt für die USA also in erster Linie in einer Demokratie (und damit in Wohlstand) zu leben, in Unfreiheit zu leben folglich vor allem in nicht-demokratischen Verhältnissen (und damit in Armut) zu leben. Freiheit bedeutet für die USA damit vor allem *politische Freiheit*.[390] Demnach sind die Merkmale der Freiheit, die von den USA genannt werden, vor allem die Merkmale, die als die Merkmale einer Demokratie genannt werden:

> Here in Abu Dhabi, we see clearly the outlines of this future. Beginning with the revered father of this country – Sheikh Zayed – you have succeeded in building a prosperous society out of the desert. You have *opened your doors to the world economy*. You have *encouraged women to contribute to the development of your nation – and they have occupied some of your highest ministerial posts*. You have held *historic elections* for the Federal National Council. You have shown the world a model of a Muslim state that is *tolerant toward people of other faiths*. I'm proud to stand in a nation where the people have *an opportunity to build a better future for themselves and their families*. Thank you for your warm hospitality. In my country, we speak of these developments as the *advance of freedom*. [...] *Free* [...] societies require habits of *self-government* that contribute to the *rule of law*. And *free* [...] societies ultimately depend on the emergence of an *engaged public whose citizens feel they have a real stake in their nation's future*. All these developments contribute to the bond between government and the governed, between a people and their nation. *Free* [...] societies also *create opportunities for their citizens*. This opportunity begins with economic growth. In any society, the greatest resource is not the oil in the ground or the minerals beneath the soil. It is the *skills and talents of the people*. Or as one Nobel winning economist calls this human capital.[391]

389 Diese Regionen stellen für die USA auch gleichzeitig »die moderate, friedliche und zivilisierte Welt« dar.

390 »Befreiung« oder »Verbreitung von Freiheit« heißt für die USA auch in erster Linie Demokratisierung – notfalls auch gewaltsam.

391 Bush, 13.01.2008, Bush Discusses Importance of Freedom in the Middle East, Abu Dhabi; Hervorh. von C. R.

Hier nennen die USA mindestens fünf Merkmale von Freiheit, die sie auf dem Weltgipfel 2005 (Zitat oben) auch als Merkmale von Demokratie genannt haben. Neben dem Abhalten von Wahlen, der Vollwertigkeit der Frau als Bürger bzw. der Gleichbehandlung von Frauen, dem Respekt vor der Selbstbestimmtheit und Leistungsfähigkeit der Bürger und dem Rechtsstaat nennen sie auch insbesondere wieder die *Toleranz in Glaubensfragen.* Freiheit bedeutet für die USA also insbesondere auch *Religionsfreiheit,* d. h., der amerikanische Freiheitsbegriff erstreckt sich insbesondere auch auf die Frage, zu welchem Glauben man sich bekennt, und ob man sich überhaupt zu einem Glauben bekennt. Dass Freiheit für Amerika insbesondere auch Religionsfreiheit bedeutet, macht Bush in einer Rede im »Islamic Center of Washington« 2007 sehr deutlich:

> Moments like this dedication help clarify who Americans are as a people, and what we wish for the world. We live in a time when there are questions about America and her intentions. For those who seek a true understanding of our country, they need to look no farther than here. This Muslim center sits quietly down the road from a synagogue, a Lutheran church, a Catholic parish, a Greek Orthodox chapel, a Buddhist temple – each with faithful followers who practice their deeply held beliefs and live side by side in peace. This is *what freedom offers: societies where people can live and worship as they choose* without intimidation, without suspicion, without a knock on the door from the secret police. *The freedom of religion is the very first protection offered in America's Bill of Rights. It is a precious freedom.* It is a basic compact under which people of faith agree not to impose their spiritual vision on others, and in return to practice their own beliefs as they see fit. This is the promise of our Constitution, and the calling of our conscience, and a source of our strength. The *freedom to worship is so central to America's character that we tend to take it personally when that freedom is denied to others.* Our country was a leading voice on behalf of the Jewish refusniks in the Soviet Union. Americans joined in common cause with Catholics and Protestants who prayed in secret behind an Iron Curtain. America has stood with Muslims seeking to freely practice their beliefs in places such as Burma and China.[392]

Die Bedeutung, in der die USA den Ausdruck »Freiheit« gebrauchen, überschneidet sich damit stark mit der Bedeutung, in welcher sie den Ausdruck »Demokratie« gebrauchen. An einigen Stellen verwenden die USA die Ausdrücke fast wie Synonyme und substituieren sie füreinander:

> The work of *democracy* is larger than holding a fair election; it requires building the institutions that sustain *freedom. Democracy* takes different forms in different cultures, yet all *free societies* have certain things in common.[393] → As *freedom* and justice advance in this part of the world, elections are important, but they're only a start.[394]

392 Bush, 27.06.2007, President Bush Rededicates Islamic Center of Washington, Washington D. C.; Hervorh. von C. R.

393 Bush, 14.09.2005, Rede auf dem UN-Weltgipfel, New York; Hervorh. von C. R.

394 Bush, 13.01.2008, Bush Discusses Importance of Freedom in the Middle East, Abu Dhabi; Hervorh. von C. R.

Der amerikanische Freiheitsbegriff umfasst insbesondere auch *wirtschaftliche Freiheiten.* So werden zu den Merkmalen von Freiheit und Demokratie stets der Schutz des Privateigentums und Freihandel / Öffnung des inländischen Marktes gegenüber der Weltwirtschaft gezählt: »Our agenda for *freer trade* is part of our agenda for a *freer world,* where people can live and worship and raise their children as they choose.«[395]

Die Freiheit des Menschen ist für die USA folglich *eng an die poltischen, wirtschaftlichen und damit gesellschaftlichen Verhältnisse* geknüpft.

Was heißt das für die Bedeutung des Ausdrucks »Freiheit« im amerikanischen Sinne? Der Begriff der Freiheit ist ein zweistelliges Prädikat: Jemand ist nicht einfach frei, sondern immer frei von etwas. Den USA zufolge sind die Völker Amerikas, Europas und Teilen Asiens also frei von Tyrannei und Armut. Das heißt, sie sind frei von willkürlichen Entscheidungen der Machthaber über, und von willkürlichen staatlichen Eingriffen in ihr Privatleben, d. h., sie können selbst und möglichst uneingeschränkt über den Verlauf ihrer Zukunft bestimmen. Außerdem sind sie frei von Armut, Krankheit und Illiteralität, also von materiellen Einschränkungen, welche die Handlungsfähigkeit jedes einzelnen begrenzen können. Positiv formuliert gebrauchen die USA den Freiheitsbegriff damit im Sinne der *Möglichkeit, selbstbestimmt und möglichst uneingeschränkt zu handeln.*[396]

---

395 Bush, 14.09.2005, Rede auf dem UN-Weltgipfel, New York; Hervorh. von C. R.; vgl. insbesondere auch: »Across this region, you have an abundance of human capital – in the men and women who are your citizens. By strengthening your education systems and *opening your economies,* you will unlock their potential, create vibrant and entrepreneurial societies, and usher in a new era where people have confidence that tomorrow will bring more opportunities than today. In the last few years, the nations of this region have made some great progress. The World Bank reports that economic growth is strong and it is rising. Saudi Arabia has joined the World Trade Organization. Jordan, Oman, Bahrain, and Morocco have signed free trade agreements with the United States. Your nations are attracting more foreign investment. Oil accounts for much of the economic growth here. But the nations of the Middle East are now investing in their people, and building infrastructure, and *opening the door to foreign trade and investment.* America supports you in these efforts. *We believe that trade and investment is the key to the future of hope and opportunity.* We also believe that as we demand you *open your markets* we should open ours, as well. We're encouraged by the movement toward *economic freedom* that we're seeing across the Middle East.« (Bush, 13.01.2008, Bush Discusses Importance of Freedom in the Middle East, Abu Dhabi; Hervorh. von C. R.)

396 Vgl. auch u. a.: »We know that when people *have a voice in their future,* they are less likely to blow themselves up in suicide attacks. We know that when *leaders are accountable to their people,* they are more likely to seek national greatness in the achievements of their citizens, rather than in terror and conquest. *So we must stand with democratic leaders* and moderate reformers across the broader Middle East. We must give them voice to the hopes of decent men and women who want for their children the same things we want for ours. We must seek stability through a free and just Middle East where the extremists are marginalized by

Der amerikanische Freiheitsbegriff ist semantisch sehr eng mit dem amerikanischen Demokratiebegriff verwoben. Der Wert der Freiheit, im Sinne der Möglichkeit selbstbestimmt und möglichst uneingeschränkt zu handeln, kann den USA zufolge nur in einer demokratischen Ordnung gewährleistet und gesichert werden, insofern hier das Volk über die Repräsentanten selbst über seine Zukunft bestimmt und Prinzipien, wie Gewaltenteilung und der die Bürger- und Menschenrechte sichernde Rechtsstaat, verhindern, dass der Staat willkürlich in den Handlungsspielraum des Einzelnen eingreifen kann. Der amerikanische Freiheitsbegriff umfasst daher vor allem *politische Freiheiten*, insbesondere die positiven Menschenrechte, wie *Glaubens- und Meinungsfreiheit.* Außerdem umfasst er *wirtschaftliche Freiheiten*, insofern der Staat insbesondere auch nicht in den wirtschaftlichen Handlungsspielraum des Einzelnen eingreifen soll.

Wenn für die USA der Begriff der Freiheit so eng mit dem Begriff der Demokratie verwoben ist und Freiheit vor allem politische Freiheit bedeutet, dann ist das iranische Volk ihnen zufolge vor allem deshalb unfrei, weil es ihrer Einschätzung nach in einer Diktatur lebt. Aus der amerikanischen Beurteilung der IRI als totalitärer Staat oder Diktatur folgt das Urteil, dass die iranischen Herrscher ihrem Volk die Freiheit verweigern und das iranische Volk nicht frei ist.

5.4.2.3 Der iranische Freiheitsbegriff: Freiheit als Bekenntnis zu und Gehorsam gegenüber Gott

Der Freiheitsbegriff, den der Iran verwendet, weist nun *nicht eines der Merkmale* auf, welche die USA als die Merkmale von Freiheit definieren, und die ja im Wesentlichen die Merkmale sind, die ihnen zufolge eine Demokratie (im amerikanischen Sinne) aufweist. Der Iran bestreitet dagegen sogar, dass Freiheit in dem Maße an irgendwelche politischen, wirtschaftlichen oder allgemein gesellschaftlich-materiellen und letztendlich irdischen Zustände gebunden ist, wenn er folgende Definition von »Freiheit« gibt:

> Obeisance to God: God Almighty has tied their perfection and *true freedom* of humans *to their devotion and obedience to Himself. True freedom* and *obedience to God* are in balance and in fact are *two sides of the same coin.* Obeisance to God *means confessing to monotheism* and *obeying His commands,* and *to be free from ungodly worship.* Obeisance to God means the acceptance of the absolute truth, the absolute light, and the absolute beauty.[397]

---

millions of citizens in *control of their own destinies.*« (Bush, 19.09.2006, Rede auf der UN-Generalversammlung, New York; Hervorh. von C. R.)

397 Ahmadinedschad, 23.09.2008, Rede vor der UN-Generalversammlung, New York; Hervorh. von C. R.

Der Iran nennt also den *Gehorsam gegenüber Gott*, der vor allem das *Bekenntnis zu (einem) Gott*, die *Befolgung seiner Befehle* und die *Nicht-Anbetung von Gottlosem* umfasst, als das wesentliche Merkmal von Freiheit. Indem der Iran den Gehorsam gegenüber Gott als das *einzige* relevante Merkmal der Freiheit nennt, impliziert er sogar eine Synonymie der Begriffe. Mindestens konstituieren sich Freiheit und Gehorsam gegenüber Gott dem Iran nach aber gegenseitig, denn sie verhielten sich zueinander wie zwei Seiten einer Medaille, also eines einzigen Gegenstandes. An anderen Stellen wird der Monotheismus als notwendige Voraussetzung der Freiheit definiert: »Without ethics and spirituality, attained in light of the teachings of Divine prophets, [...] *freedom* and human rights cannot be guaranteed.«[398]

In diesem Sinne gewährleiste und fördere die iranische Führung die Freiheit ihres Volkes insofern, als sie das Bekenntnis zu und den Gehorsam gegenüber Gott gewährleiste und fördere. Das iranische Volk sei dann insofern frei, als es sich zu Gott bekenne, frei von Gottlosem sei, und Gottes Befehle befolge.

Damit benutzt der Iran den Ausdruck »Freiheit« nicht nur in einer anderen Bedeutung als die USA, sondern in einer gegensätzlichen Bedeutung, und das sogar in einem dreifachen Sinne:

1. Während Freiheit im amerikanischen Sinne gerade die Möglichkeit bedeutet, *selbstbestimmt und uneingeschränkt zu handeln*, bedeutet Freiheit im iranischen Sinne dagegen *Gehorsam* (gegenüber Gott). Gehorsam gegenüber jemandem sein, heißt aber, dass jemand anderes (in diesem Fall Gott) über die eigenen Handlungen bestimmt und damit den eigenen Handlungsspielraum einschränkt.
2. Die Möglichkeit, selbstbestimmt und uneingeschränkt zu handeln, muss den USA zufolge insbesondere durch eine bestimmte politische und wirtschaftliche Ordnung gewährleistet und gesichert werden. Freiheit im amerikanischen Sinne ist demnach vor allem an bestimmte *politische und wirtschaftliche Verhältnisse* gebunden. Man könnte sagen, dass die USA einen *materialistischen* Freiheitsbegriff vertreten, was der Iran ihnen, wie noch gezeigt wird, schließlich auch vorwerfen wird! Dem Iran zufolge ist die Freiheit dagegen nicht so stark an materielle und irdische Dinge, und damit auch nicht in dem Maße an bestimmte politische und wirtschaftliche Verhältnisse gebunden, sondern vor allem an das Bekenntnis zum Monotheismus.[399]

398 Ahmadinedschad, 19.09.2006, Rede vor der UN-Generalversammlung, New York; Hervorh. von C. R.

399 Wobei einzuwenden ist, dass die Freiheit nach iranischem Verständnis so »immateriell« und unabhängig von politischen Verhältnissen auch nicht ist, insofern offenbar ein Staat das Bekenntnis zum Monotheismus und damit die Freiheit fördern kann und auch fördern soll!

Während Freiheit für die USA vor allem bedeutet, dass man frei von gesellschaftlichen und materiellen Einschränkungen ist, bedeutet Freiheit für den Iran, dass man frei von der Anbetung von Gottlosem ist. Der Iran vertritt, so könnte man sagen, im Vergleich zu den USA, einen *weniger materialistischen und metaphysischeren* Freiheitsbegriff, selbst und gerade in diesem politischen Zusammenhang.

3. Die Selbstbestimmtheit erstreckt sich für die USA insbesondere auch auf Glaubensfragen: Man selbst kann entscheiden, ob und an was man glaubt. Freiheit im amerikanischen Sinne umfasst vor allem die *Religionsfreiheit.* Für den Iran ist das Bekenntnis zu (einem) Gott, der *Monotheismus*, dagegen gerade das zentrale Merkmal und die notwendige Voraussetzung für Freiheit.

Der Iran verwendet den Ausdruck »Freiheit« damit nicht nur in einer anderen Bedeutung als die USA, sondern der iranische Freiheitsbegriff steht in einem gegensätzlichen Verhältnis zu dem amerikanischen Freiheitsbegriff.

Wenn die USA und der Iran aber den Ausdruck »Freiheit« in einer unterschiedlichen Bedeutung verwenden, dann wird ihr Streit darüber, ob die iranische Führung für Freiheit steht oder nicht, und ob das iranische Volk demnach frei ist oder nicht, hinfällig. Es könnte sein, dass beide Seiten in ihrem Sinne Recht haben, denn die USA und der Iran widersprechen sich nicht, wenn die USA behaupten, dass die iranische Führung ihrem Volk die Freiheit verweigert und das iranische Volk in Unfreiheit lebt, während der Iran behauptet, dass er die Freiheit fördert und das iranische Volk in Freiheit lebt. Wenn sich herausstellen würde, dass das iranische Volk in einer Diktatur im amerikanischen Sinne lebt, sich aber durch den Glauben an (einen) Gott und den Gehorsam gegenüber seinen Befehlen im iranischen Sinne auszeichnet, wofür die Führung »Sorge trägt«, dann hätten beide Konfliktparteien in ihrem Sinne Recht.[400]

Wieder gilt vor allem: Wenn die beiden Kontrahenten den Ausdruck »Freiheit« in einer unterschiedlichen Bedeutung gebrauchen, können die USA ihr Weltbild nicht dadurch als gültig und das iranische Weltbild als ungültig ausweisen, dass sie darauf verweisen, dass Amerika für Freiheit steht, während der Iran seinem Volk die Freiheit verweigert. Durch eine solche Redeweise gelingt den Kontrahenten keine Gegenüberstellung der Standpunkte.

400 Ebenso gilt: Wenn sich herausstellen würde, dass die USA ein (im amerikanischen Sinne) demokratischer, aber äußerst ungläubiger Staat (im iranischen Sinne) sind, dann hätten sowohl die USA in ihrem Sinne Recht, wenn sie behaupten, dass Amerika für Freiheit steht, als auch der Iran, wenn er behauptet, dass Amerika nicht für Freiheit steht.

5.4.3 Der Begriff der Gerechtigkeit

5.4.3.1 Die dritte Streitfrage: Ist die amerikanische Politik durch Gerechtigkeit gekennzeichnet?

In der Sprache des Iran gehört der Begriff der Gerechtigkeit zu den zentralen Begriffen. Während der Wert, den die USA am häufigsten propagieren, die Freiheit ist, ist der Wert, den der Iran am häufigsten propagiert, jener der Gerechtigkeit. Wie bei dem Begriff der Freiheit, handelt es sich bei dem Begriff der Gerechtigkeit um ein *Abstraktum*, d. h., um einen Begriff, der einen Gegenstand bezeichnet, welcher nicht in der materiellen Wirklichkeit existiert und normalerweise auf feststehende Bezugsobjekte angewandt wird. Der Iran wendet den Begriff der Gerechtigkeit, und vor allem den Term »Mangel an Gerechtigkeit«, insbesondere auf die Politik von Staaten an sowie auf die Struktur und Funktionsweise der internationalen Beziehungen (hier besonders auf die Institutionen zur Regulierung dieser), insofern diese auf die Politik einiger Staaten zurückgingen. Während sich die Politik der IRI im besonderen Maße durch Gerechtigkeit auszeichne, sei insbesondere die Politik der westlichen Regierungen durch einen Mangel an Gerechtigkeit gekennzeichnet. Die USA weisen diesen Vorwurf zurück. Die dritte Streitfrage, um die es zwischen den USA und dem Iran geht, ist also die Frage danach, ob die amerikanische Politik durch Gerechtigkeit oder einen Mangel an Gerechtigkeit gekennzeichnet ist. Welche Gründe nennen die Kontrahenten also für ihre Position, d. h., welche Merkmale von Gerechtigkeit nennen sie, die auf die amerikanische Politik, je nach Position, angeblich zutreffen oder nicht?

5.4.3.2 Der iranische Gerechtigkeitsbegriff: Gleichberechtigung und der Gehorsam gegenüber Gott als relevante Merkmale der Gerechtigkeit

Welche wesentlichen Merkmale spricht der Iran der Gerechtigkeit zu?

> Justice is about *equal rights*, the *correct distribution of resources* in the territories of different states, the *equality of all before the law and respect for international agreements.* Justice recognizes the *right of every one to tranquility, peace and a dignified life.* Justice *rejects intimidation and double standards.* As the eminent daughter of the Prophet of Islam has said, ›justice brings tranquility and harmony to our hearts.‹ Today, the world is longing for the establishment of such justice. If humanity heeds the call of its primordial nature with firm resolve, justice will emerge. This is what the Almighty has promised and all people of good will from all religions are waiting for. If the prevailing discourse of global relations becomes one of justice and spirituality, then durable peace will be guaranteed. [...] If some, relying on their superior military and

> economic might, attempt to expand their rights and privileges, they will be performing a great disservice to the cause of peace [...].[401]

Als einige der wesentlichen Merkmale der Gerechtigkeit nennt der Iran also gleiche Rechte, die korrekte Verteilung der Ressourcen in den Territorien der verschiedenen Staaten, die Gleichheit aller vor dem Gesetz, den Respekt vor internationalen Vereinbarungen, die Anerkennung des Rechtes eines jeden auf Ruhe, Frieden und ein würdevolles Leben, die Zurückweisung von Einschüchterung und Doppelstandards. Demnach hat Gerechtigkeit für den Iran vor allem etwas mit *Gleichverteilung* von Rechten und Ressourcen und *Gleichbehandlung* aller Staaten der internationalen Gemeinschaft zu tun. Insofern die westlichen Regierungen stets versuchten, ihre Rechte und Privilegien auf Kosten anderer Staaten auszubauen, sei ihre Politik durch Ungerechtigkeit gekennzeichnet.

Allerdings weist auch der iranische Gerechtigkeitsbegriff in diesem politischen Kontext, wie auch der iranische Freiheitsbegriff, *religiöse* und *metaphysische* Züge auf. Als weiteres Merkmal von Gerechtigkeit nennt der Iran nämlich wiederum die notwendige Verknüpfung der Gerechtigkeit mit dem *Bekenntnis zum Monotheismus*, und zwar in zweifacher Hinsicht. Zunächst erläutert der Iran:

> [...] *God* has created man for eternity and has made them a *manifestation of Himself.* Creativity, mercifulness, kindness, knowledge, wisdom, zeal, concealment of sins, splendor, *justice*, bounteousness, generosity, greatness, love, glory, dignity, forgiveness, insight, kingship and all other goodness and beauty are *attributes of God.* God has not created humans for aggression, bloodshed, rancor, selfishness and destruction. He made humans *His vicegerents on earth* and *has asked them to*, on the one hand, make earth prosper by *using their God-given potentials* [...]. *God has obligated humans* to *live divinely* and socially, for it is only through social life and interactions with others that *divine attributes may emerge.*[402]

Der Iran betrachtet also Gerechtigkeit, wie alle anderen Werte, als *Attribute Gottes.* Den Menschen definiert der Iran wiederum als die Manifestation Gottes auf Erden. Der Mensch weise die Attribute Gottes also ebenfalls latent auf. Gott habe nun den Menschen befohlen, die Attribute Gottes *auszubilden und zu aktualisieren.* Gerechtigkeit wird damit als *Befehl Gottes* verstanden: »The Almighty and Merciful God, who is the Creator of the Universe, is also its Lord and Ruler. Justice is His command.«[403]

Entscheidend ist, dass man dem Iran zufolge die göttlichen Attribute, wie

401 Ahmadinedschad, 17.09.2005, Rede vor der UN-Generalversammlung, New York; Hervorh. von C. R.

402 Ahmadinedschad, 23.09.2008, Rede vor der UN-Generalversammlung, New York; Hervorh. von C. R.

403 Ahmadinedschad, 19.09.2006, Rede vor der UN-Generalversammlung, New York.

Gerechtigkeit, nicht ausbilden kann, wenn man sich nicht zu Gott bekennt und seinen Befehlen, wie eben gerecht zu handeln, daher nicht gehorcht. Das Bekenntnis zum Monotheismus ist nach iranischem Verständnis eine notwendige und auch hinreichende *Bedingung* dafür, nach Werten, und vor allem nach dem der Gerechtigkeit, zu handeln: »Without ethics and spirituality, attained in light of the teachings of Divine prophets, *justice* [...] cannot be guaranteed.«[404] Der Iran definiert Gott als alleinige Quelle aller positiven Werte, wie vor allem der Gerechtigkeit. Demnach sei die Politik der westlichen Regierungen allein deshalb nicht an Werten, wie vor allem der Gerechtigkeit, orientiert, weil sich die westlichen Regierungen nicht (genügend) zu Gott bekennen und daher nicht dessen Befehlen gehorchen würden.

Doch dem Iran zufolge hat Gott den Menschen nicht nur befohlen, ihre göttlichen Attribute, wie Gerechtigkeit, auszubilden, sondern auch, die *Bedingungen dafür zu schaffen*, dass *alle* Menschen das Attribut der Gerechtigkeit ausbilden können, d. h., dass *alle* Menschen gerecht handeln können, und *alle* Menschen mit einem Leben voller Gerechtigkeit auszustatten. Gerechtigkeit wird auch als gleichbedeutend mit der Ausstattung der Menschen mit den Möglichkeiten zur Aktualisierung ihrer göttlichen Fähigkeiten definiert. So heißt es weiter:

> He [God] made humans His vicegerents on earth and has *asked them to* [...] *prepare the ground for the growth of divine attributes in all humans*, and to *provide all* with a *life full of* beauty, amity, freedom, *justice* and goodness; [...]. Justice: Justice is the foundation of the creation of humankind and the whole universe. *Justice* is *tantamount to* placing every phenomenon in its own place, and *providing humans with opportunities to actualize all their divine capabilities.* Without it, the order of the universe will collapse and the opportunity for perfection will fade away. Without justice, it would be impossible for human society to taste real peace, beauty, joy and happiness. Justice is the main pillar of social life and without it, social life cannot continue or grow.[405]

Insofern gerechtes Handeln bzw. ein Leben in Gerechtigkeit dem Iran zufolge nur möglich ist, wenn man sich zum Monotheismus bekennt und sich an die Befehle Gottes hält, kann der Befehl, *alle* Menschen mit der Möglichkeit zum gerechten Handeln auszustatten, nur die *Gewährleistung und Sicherstellung des Bekenntnisses zum Monotheismus* bedeuten, d. h., mit Blick auf die IRI, *staatlicher Religionszwang*. Insofern die USA einen solchen ja offen ablehnen und sich zur Religionsfreiheit bekennen, stellen sie in diesem Sinne des Wortes sicherlich keinen gerechten Staat dar.

---

404 Ahmadinedschad, 19.09.2006, Rede vor der UN-Generalversammlung, New York; Hervorh. von C. R.

405 Ahmadinedschad, 23.09.2008, Rede vor der UN-Generalversammlung, New York; Hervorh. von C. R.

5.4.3.3 Der amerikanische Gerechtigkeitsbegriff: Gerechtigkeit und Freiheit als dasselbe Ideal

Dass Gerechtigkeit etwas mit Gleichverteilung von Ressourcen und Gleichbehandlung zu tun hat, sagen auch die USA, auch wenn für sie »Schurkenstaaten«, wie die IRI, von dieser Gleichbehandlung ausgeschlossen werden dürfen.

Allerdings bestreiten die USA, dass Gerechtigkeit die Notwendigkeit des Bekenntnisses zum Monotheismus und vor allem die staatliche Gewährleistung und Sicherstellung des Bekenntnisses zum Monotheismus miteinschließt, und zwar indem sie Gerechtigkeit mit Freiheit (im amerikanischen Sinne) gleichsetzen, die den USA zufolge ja insbesondere auch die *Religionsfreiheit* und *Toleranz in Glaubensfragen* beinhaltet.

Wie den Ausdruck »Freiheit« beziehen die USA den Ausdruck »Gerechtigkeit« vor allem auf Gesellschaften und Völker sowie auch, wie der Iran, auf die Politik von Regierungen. Schließlich *identifizieren* sie eine *gerechte Gesellschaft* mit einer *freien Gesellschaft*, d.h., sie benutzen die Terme »gerechte Gesellschaft« und »freie Gesellschaft« extensionsgleich. Als Merkmale einer gerechten Gesellschaft werden genau diejenigen Merkmale genannt, die auch als Merkmale einer freien Gesellschaft genannte werden, und die ja im Wesentlichen aus den Merkmalen einer *Demokratie* bestünden. Insbesondere gehört die Toleranz gegenüber Menschen unterschiedlichen Glaubens zu diesen Merkmalen. So sagt Bush in seiner Rede in Abu Dhabi, nachdem er einige Merkmale der Demokratie aufgezählt hat, weiter:

> Here in Abu Dhabi, we see clearly the outlines of this future. [...] You have shown the world a model of a Muslim state that is *tolerant toward people of other faiths.* [...] In my country, we speak of these developments as the *advance of freedom. Others may call it the advance of justice. Yet whatever term we use, the ideal is the same.* In a free *and just* society, every person is treated with dignity. In a free *and just* society, *leaders are accountable to those they govern.* And in a free *and just* society, *individuals can rise as far as their talents and hard work will take them.* For decades, the people of this region saw their desire for liberty *and justice* denied at home and dismissed abroad in the name of stability.[406]

Wenn die USA behaupten, dass das *Ideal* von Freiheit und Gleichheit *dasselbe* ist, implizieren sie sogar eine Synonymie der beiden Begriffe.

Für die USA ist die Gerechtigkeit, wie die Freiheit, also vor allem an die politischen Bedingungen, und damit an *gesellschaftliche und materielle Verhältnisse* geknüpft. Vor allem liegt der amerikanische Gerechtigkeitsbegriff semantisch sehr nahe am amerikanischen Freiheitsbegriff.

---

406 Bush, 13.01.2008, Bush Discusses Importance of Freedom in the Middle East, Abu Dhabi; Hervorh. von C. R.

Insofern sich Amerika den USA zufolge insbesondere durch die Gewährleitung und Befürwortung von Freiheit und Demokratie auszeichnet, verstehen die USA Amerika folglich auch als einen gerechten Staat.

Zwar implizieren auch die USA, dass Gerechtigkeit etwas mit Gleichbehandlung zu tun hat. Insofern teilt der amerikanische Gerechtigkeitsbegriff auch einige relevante Merkmale mit dem iranischen Gerechtigkeitsbegriff. Wenn aber für den Iran eines der relevanten Merkmale der Gerechtigkeit der *Monotheismus* ist, insofern das Bekenntnis zum Monotheismus die notwendige Bedingung der Gerechtigkeit sei und Gerechtigkeit vor allem die Sicherstellung des Bekenntnisses zum Monotheismus beinhalte, während für die USA ein relevantes Merkmal der Gerechtigkeit gerade die *Toleranz in Glaubensfragen* ist, so benutzen die beiden Konfliktparteien den Ausdruck »Gerechtigkeit« in einer unterschiedlichen, teilweise gegensätzlichen Bedeutung.

Wieder gilt: Wenn die USA und der Iran den Ausdruck »Gerechtigkeit« in einer unterschiedlichen Bedeutung gebrauchen, wird ihr Streit darüber, ob sich die amerikanische Politik durch Gerechtigkeit oder Ungerechtigkeit auszeichnet, hinfällig. Die USA und der Iran widersprechen sich nicht, wenn die USA behaupten, dass Amerika für Gerechtigkeit steht, während der Iran behauptet, dass die Politik Amerikas durch Ungerechtigkeit gekennzeichnet ist. In ihrem Sinne können beide Parteien mit ihrer Behauptung Recht haben. Wenn sich herausstellen würde, dass sich die amerikanische Regierung im iranischen Sinne nicht an die Anweisungen Gottes hält und die Bedingungen dafür schafft, dass das amerikanische Volk seine göttlichen Attribute, wie Gerechtigkeit, ausbilden kann, die USA aber eine Demokratie im amerikanischen Sinne sind, dann hätte der Iran Recht, wenn er behauptet, dass Amerika für Ungerechtigkeit steht, und die USA hätten ebenfalls Recht, wenn sie behaupten, dass Amerika für Gerechtigkeit steht.[407]

Insbesondere kann der Iran das iranische Weltbild nicht dadurch als gültig und das amerikanische Weltbild als ungültig ausweisen, dass er darauf verweist, dass die amerikanische Politik durch einen Mangel an Gerechtigkeit gekennzeichnet ist, wenn der Iran den Ausdruck »Gerechtigkeit« in einer anderen Bedeutung verwendet als die USA. Durch diese Redeweise gelingt den Konfliktparteien keine vollständige Gegenüberstellung ihrer Standpunkte.

407 Ebenso gilt: Wenn sich herausstellte, dass sich die iranische Führung durch besondere Gläubigkeit im iranischen Sinne auszeichet und sie die Bedingungen im iranischen Sinne dafür schafft, dass auch das iranische Volk die göttlichen Attribute, wie Gerechtigkeit, ausbilden kann, es sich bei der IRI aber um eine Diktatur im amerikanischen Sinne handelt, hätten ebenfalls beide Seiten Recht.

5.5 Weltanschauliche Polysemie / Paradigmenabhängigkeit der Sprache

5.5.1 Ideologische Polysemie nach Dieckmann

In Bezug auf die Ausdrücke »Freiheit«, »Gerechtigkeit« und »Demokratie« liegt ein Fall von *weltanschaulich bedingter Polysemie*, d.h. Mehrsinnigkeit, vor. In der Literatur zur politischen Kommunikation ist nicht von »weltanschaulicher Polysemie«, sondern von »ideologischer Polysemie« die Rede. Der Term der »ideologischen Polysemie« geht auf Walther Dieckmann zurück. Da in dem untersuchten Dialog strittig ist, ob das Weltbild, das die iranische Führung vertritt, als Ideologie zu definieren ist, soll hier der Neutralität halber allgemein von »weltanschaulicher Polysemie« die Rede sein.[408]

Weltanschaulich polysem sind Ausdrücke, die den verschiedenen Weltbildern gemeinsam sind, je nach Weltbild aber eine unterschiedliche Bedeutung haben. Die Bedeutung dieser Ausdrücke wird also vor allem durch das Weltbild oder das Paradigma und weniger durch eine »jenseits des Paradigmas liegenden Wirklichkeit« determiniert.

Die Ausdrücke »Freiheit«, »Gerechtigkeit« und »Demokratie« kommen sowohl in der Sprache der USA als auch in der Sprache des Iran vor, werden in den beiden Sprachen aber einer unterschiedlichen, ja konträren Bedeutung gebraucht. Innerhalb der jeweiligen Terminologie liegen die Begriffe dagegen semantisch sehr eng beieinander. Demokratie, Freiheit und Gerechtigkeit teilen den USA zufolge viele relevante Merkmale, vor allem beinhalten sie die *Religionsfreiheit.* Die gleichlautenden Begriffe in der Terminologie des Iran teilen dagegen alle das Merkmal des *Monotheismus*, d.h. *des Bekenntnisses zu (einem) Gott*, welches der Iran als konstitutiv für die entsprechenden Gegenstände definiert. Das, was die iranischen Begriffe also insbesondere kennzeichnet und von den amerikanischen Begriffen unterscheidet, ist, dass der Iran als konstitutives Merkmal von Demokratie, Freiheit und Gerechtigkeit ein *religiöses Glaubensbekenntnis* setzt, während die USA den Begriffen dieses Merkmal als konstitutives Merkmal absprechen, indem sie die *Religionsfreiheit* als wesentliches Merkmal der drei Gegenstände definieren. Genau an diesem Punkt scheint auch der *eigentliche Widerspruch* zwischen den USA und dem Iran zu liegen. Die USA geben dem politischen Ausdruck »Demokratie« sowie den Abstrakta »Freiheit« und »Gerechtigkeit« in diesem politischen Zusammenhang, im Vergleich zum Iran, eine säkulare Bedeutung, der Iran gibt ihnen dagegen eine religiöse Bedeutung. Demnach verwenden die USA die Abstrakta in einem gesellschaftlich-

408 Vgl. Dieckmann (1975): 70–71.

materialistischen Sinne und der Iran in einem immaterielleren, metaphysischeren Sinne. Es soll also vorerst behauptet werden, dass die USA, im Vergleich zum Iran, ein *säkulares* politisches Begriffssystem vertreten, während der Iran ein *religiöses* politisches Begriffssystem vertritt.

Die USA sind bemüht, ihren Demokratiebegriff sowie ihre Begriffe von Freiheit und Gerechtigkeit in diesem politischen Kontext in der Tradition des *Liberalismus* stehend darzustellen. Der Liberalismus hat sich in Europa gerade in Auseinandersetzung mit der Kirche und dem Klerus entwickelt und säkulare Gedanken hervorgebracht. Grundwert des Liberalismus ist die individuelle Freiheit, die neben der wirtschaftlichen Freiheit (Recht auf Eigentum) insbesondere auch die Meinungs- und Glaubensfreiheit umfasst, und die durch keine staatliche, klerikale oder gar metaphysische Instanz eingeschränkt werden soll. Grundnorm ist demnach der Schutz und die Gewährleitung dieser Freiheit, insbesondere in Bezug auf die politischen, wirtschaftlichen und allgemein gesellschaftlichen Verhältnisse. Der Freiheitsbegriff des Liberalismus umfasst daher vor allem politische Freiheiten und wirtschaftliche Freiheiten und ist sehr eng mit dem Demokratiebegriff (und auch dem Begriff der Marktwirtschaft) verwoben. Der Wert der Freiheit kann nur in einer demokratischen Ordnung gewährleistet und gesichert werden, insofern hier das Volk über die Repräsentanten selbst über seine Zukunft bestimmt, und Prinzipien, wie Gewaltenteilung und der die Bürger- und Menschenrechte sichernde Rechtsstaat verhindern, dass der Staat willkürlich in den Handlungsspielraum und insbesondere in die Meinungs- und Glaubensfreiheit des Einzelnen eingreifen kann. Demnach beinhaltet der liberale Demokratiebegriff die Garantie und den Schutz der Religionsfreiheit, sie gehört zu der ersten Generation der Menschenrechte, d. h., zu den Schutz- und Abwehrrechten vor dem Staat. Die liberale Demokratie basiert auf der Trennung von Kirche / Klerus und Staat, und die Kirche muss sich dem Staat unterordnen.[409]

Der amerikanische Gerechtigkeitsbegriff steht semantisch ebenfalls – zumindest in diesem politischen Kontext – dem liberalen Freiheits- und Demokratiebegriff sehr nahe.[410]

409 Zum Liberalismus vgl. vor allem Locke (1977, Originalausgabe 1690): insbesondere 200–354 und Mill (2010, Originalausgabe 1859); vgl. auch die Ausführungen zum Liberalismus im Anhang.

410 Gleichzeitig weisen die Bushschen Begriffe von Freiheit, Gerechtigkeit und Demokratie jedoch einige Aspekte auf, die in einem Spannungsverhältnis zu den liberalen Aspekten der Begriffe stehen. Freiheit, Gerechtigkeit und Demokratie können und sollen nach Bush zur Not auch gewaltsam durchgesetzt werden. Ein Freiheitsbegriff, nach dem die Freiheit aber auch gewaltsam durchgesetzt und damit erzwungen werden kann, ist offensichtlich paradox, wie im dritten Kapitel deutlich wurde. Insofern weisen die amerikanischen Begriffe von Demokratie, Freiheit und Gerechtigkeit also vor allem *im Vergleich zu den iranischen Begriffen* eine liberale Färbung auf. Wenn hier also die Rede davon ist, dass die USA sich

Der Iran überträgt dieses politische Begriffssystem, das sich gerade im Zuge der Säkularisierung und im Kontext der Emanzipation von der Kirche und dem Klerus sowie dessen metaphysischen Lehren entwickelt hat, nun auf ein, wie es von iranischer Seite aus genannt wird, *religiös geprägtes Weltbild.* Dadurch weisen die iranischen Begriffe und die amerikanischen Begriffe gegensätzliche Merkmale auf.

Die Ausdrücke »Freiheit« und »Demokratie« zählt Dieckmann zu den »semantisch am stärksten belasteten Wörtern der Ideologiesprachen«[411]. Bei diesen Ausdrücken, wie auch bei dem Ausdruck »Gerechtigkeit«, handelt es sich um Ausdrücke, die man als »*Symbolwörter*« bezeichnen kann.

> Symbolwörter haben sie Funktion, die komplexe Wirklichkeit, [sic] vereinfachend, man könnte auch sagen verdichtend, darzustellen. In der öffentlich-politischen Kommunikation sind sie auf Grund ihrer Reduktionsleistung leicht verfügbar und besitzen eine starke emotionale Anziehungskraft auf die Adressaten. Indem sie die komplexe Wirklichkeit reduzieren, weisen sie ihr gleichzeitig eine ideologiekonforme Wertung zu. [...] Ein Symbolwort kann entweder als einzelnes Wort oder als Wortgruppe (*Recht auf Selbstbestimmung*) auftreten.[412]

Symbolwörter bilden nach Dieckmann den Kern der Ideologiesprache.[413]

Wenn bislang von der »Bedeutung« eines Ausdrucks die Rede war, so war damit die *semantische Bedeutung* des Ausdrucks, sein Sinn, gemeint. Neben der semantischen Bedeutung gehören zum Inhalt eines Ausdrucks auch *nicht-kognitive* Aspekte, wie vor allem Konnotationen, die bestimmte Gefühle, Stimmungslagen, Einstellungen usw. des Sprechers ausdrücken und bestimmte Assoziationen beim Hörer auslösen. Diese Aspekte werden auch als die »*emotive Bedeutung*« eines Ausdrucks bezeichnet. Die Ausdrücke »Freiheit«, »Gerechtigkeit« und »Demokratie« stellen emotional stark aufgeladene Ausdrücke dar.

Walther Dieckmann unterscheidet im Zusammenhang der emotiven Bedeutung von Ausdrücken vier Arten von Konnotationen bzw. Assoziationen. So gibt es ihm zufolge erstens individuelle und okkasionelle Assoziationen. Das sind Assoziationen, die ein Ausdruck bei einer bestimmten Person in einem be-

---

bemühen, in liberaler Tradition zu argumentieren, so ist dies also vor allem relativ – im Vergleich zum Iran – zu verstehen. Dass die amerikanische Politik unter Bush in verschiedener Hinsicht im Widerspruch zu dessen Lobpreisung des Wertes der Freiheit steht, zeigt insbesondere auch Peter Singer. (Vgl. Singer 2004: 83–107.)

411 Dieckmann (1975): 66.

412 Girnth (2002): 52; Hervorh. im Orig.; vgl. Girnth (2002): 50–52 und auch Toman-Banke (1996): 49 ff.

413 Dieckmann nimmt eine Unterteilung des politischen Lexikons vor und differenziert zwischen der *Fachsprache des verwalteten Sachgebietes*, der *Institutionssprache* und eben der *Ideologiesprache.* Begriffe, die »Bezeichnungen für die politische Doktrin und die Miranda [Miranda sind Begriffe, die ideologieübergreifend *positiv* konnotiert sind]« (Dieckmann 1975: 50) darstellen, zählt er zur Ideologiesprache. (Vgl. Dieckmann 1975: 50–52.)

stimmten Kontext hervorruft. Zweitens gibt es individuelle und usuelle Assoziationen, welche ein Ausdruck bei einer bestimmten Person in allen Kontexten hervorruft. Schließlich gibt es noch sozial verbindliche Assoziationen, die bei vielen oder sogar allen Mitgliedern einer Sprachgemeinschaft durch Nennen eines bestimmten Ausdrucks hervorgerufen werden. Auch bei diesen Assoziationen kann man wieder zwischen okkasionellen und usuellen Assoziationen unterscheiden, je nachdem, ob sie bei der Mehrzahl der Hörer nur in bestimmten Kontexten auftreten (soziale und okkasionelle Assoziationen) oder in allen Situationen und damit kontextunabhängig sind (soziale und usuelle Assoziationen). Bei den Ausdrücken »Freiheit«, »Gerechtigkeit« und »Demokratie« handelt es sich um Ausdrücke mit Konnotationen, welche diese vierte Art der Assoziationen, *soziale und usuelle Assoziationen*, auslösen.

Diese vierte Art der Assoziationen ist von besonderer Relevanz. Indem der Sprecher Ausdrücke verwendet, die diese Art der Assoziationen hervorrufen, bezeichnet er nicht nur etwas, sondern *bewertet das Bezeichnete auch sozial verbindlich*. Damit sollen die Emotionen, die ein Sprecher bei der Verwendung des Ausdrucks hat, auch beim Hörer ausgelöst werden, um auf diese Weise sein Verhalten zu steuern.

Bei Symbolwörtern wie »Freiheit«, »Gerechtigkeit« und »Demokratie« ist die *emotive Stellungname*, die mit ihrem Gebrauch vollzogen wird, oft die eigentliche soziale Komponente. Der emotive Gehalt der Ausdrücke ist allgemein, also ideologie- oder weltanschauungsübergreifend, anerkannt. Die semantische Bedeutung ist dagegen oft sehr individuell und variiert mit der Ideologie bzw. Weltanschauung, innerhalb derer die entsprechenden Ausdrücke gebraucht werden.[414]

Bezüglich der emotiven Bedeutung von Symbolwörtern unterscheidet man zwischen *Miranda* und *Anti-Miranda*. Als »Mirandum« bezeichnet man einen semantisch ideologie- oder weltanschaulich gebundenen Ausdruck, welcher aber ideologie- bzw. weltanschauungsübergreifend *positiv* konnotiert ist, während man als »Anti-Mirandum« einen ideologisch bzw. weltanschaulich poly-

414 Vgl. Dieckmann (1975): 75–80. Georg Klaus unterscheidet neben der *darstellenden* und *bewertenden* noch die *auffordernde / vorschreibende Komponente* eines Ausdrucks. So lässt sich mit einem Ausdruck erstens ein Sachverhalt bezeichnen (designative Komponente), zweitens bewerten (appraisive Komponente) sowie drittens ein bestimmtes Verhalten vorschreiben (preskriptive Komponente). (Vgl. Klaus 1971: 25, nach Girnth 2002: 18.) Girnth schließt sich dieser Unterscheidung an und zählt die preskriptive Komponente eines Ausdrucks, er redet vom »*deontischen Merkmal*«, wie das *evaluative Merkmal* eines Ausdrucks, zur *Konnotation* eines Wortes. Nach Girnth zeichnen sich nun ideologiegebundene Ausdrücke dadurch aus, dass sie eben nicht nur einen Gegenstand bezeichnen (denotative Merkmale aufweisen), sondern diesen Gegenstand insbesondere auch bewerten (evaluative Merkmale aufweisen) und die Hörer zu einem bestimmten Verhalten auffordern (deontische Merkmale aufweisen). (Vgl. Girnth 2002: 17–19, 50–51.)

semen Ausdruck bezeichnet, der ideologie- bzw. weltanschauungsübergreifend *negativ* konnotiert ist. Die Ausdrücke »Freiheit«, »Gerechtigkeit« und »Demokratie« gehören demnach zu den Miranda. Wichtig ist es, noch einmal zu betonen, dass die positive Konnotation der Ausdrücke ideologie- bzw. weltanschauungsübergreifend anerkannt wird. Die weltanschauliche Polysemie bezieht sich also nur auf die semantische Bedeutung der Ausdrücke.[415]

5.5.2 Kuhn und die Verschiebung des Begriffsnetzes: Ein liberales Begriffssystem gegen ein religiöses politisches Begriffssystem

Der Iran und die USA befinden sich also in einem bestimmten politischen Kontext, in dem sie ein ähnliches Vokabular benutzen, dieses aber, in Abhängigkeit zur jeweils vertretenen Ideologie oder religiösen Weltanschauung, mit unterschiedlichem semantischen Inhalt füllen. Die USA vertreten ein vergleichsweise *liberales Begriffssystem*, d.h., sie benutzen politische Begriffe oder abstrakte Begriffe in einem politischen Zusammenhang in einer – zumindest im Vergleich zum Iran – *säkularen* Bedeutung. Damit benutzen die USA die Ausdrücke »Demokratie« und »Freiheit« in der Bedeutung, die sich, sei es aus historischen oder normativen Gründen, etabliert hat. (Der amerikanische Gerechtigkeitsbegriff scheint etwas spezifischer zu sein.) Der Iran bezieht den politischen Begriff der Demokratie und die Abstrakta »Freiheit« und »Gerechtigkeit« in diesem politischen Kontext dagegen auf ein *religiöses* Weltbild, wie es von iranischer Seite aus genannt wird, d.h., der Iran vertritt ein *religiöses politisches Begriffssystem.*

Genau eine solche Situation, in welcher Begriffe, die sich im Rahmen eines wissenschaftlichen Paradigmas entwickelt haben, auf ein anderes wissenschaftliches Paradigma übertragen werden und dort entsprechend dem Paradigma in einer anderen Bedeutung gebraucht werden, beschreibt Thomas S. Kuhn im Zusammenhang des Paradigmenstreits.

> Da neue Paradigmata aus alten geboren werden, schließen sie gewöhnlich vieles vom Vokabular und der Ausrüstung ein – sowohl begrifflich wie auch verfahrensmäßig –, was vom traditionellen Paradigma vorher bereits verwendet wurde. Selten aber verwenden sie diese geborgten Elemente völlig im traditionellen Sinne. Innerhalb des neuen Paradigmas treten alte Ausdrücke, Begriffe und Experimente in ein neues Verhältnis zueinander.[416]

Diese Situation definiert Kuhn sogar als charakteristisch für Wechsel zwischen wissenschaftlichen Paradigmata, denn mit dem Wechsel zu einem neuen Para-

---

415 Vgl. Girnth (2002): 53–55.
416 Kuhn (1976): 160.

digma werden nicht immer auch neue Ausdrücke eingeführt, sondern es wird auf die etablierten Ausdrücke zurückgegriffen, die dann aber in etwas anderer Bedeutung verwendet werden. Da die Vertreter konkurrierender Paradigmata nach Kuhn dieselben Dinge auf andere Weise sehen, aber dennoch ein ähnliches Vokabular benutzen, müssen sie dieselben Ausdrücke auf verschiedene Weise gebrauchen. Sie wenden dieselben Ausdrücke auf unterschiedliche Weise auf die Natur – in unserem Fall: die soziale Wirklichkeit – an.

Die Diagnose der ideologischen oder weltanschaulichen Polysemie ist also mit der Diagnose der Paradigmenabhängigkeit der Begriffe und der »Verschiebung des Begriffsnetzes« bei Kuhn vergleichbar.[417] Kuhn konstatiert insbesondere als Folge der »Verschiebung des Begriffsnetzes«, dass den Kontrahenten *keine vollständige Gegenüberstellung ihrer Positionen* gelingt, d. h., dass sie es *nicht schaffen, ihre Paradigmata in Beziehung zueinander zu setzen.* Wenn in einem Streit um das gültige Paradigma, der verbal ausgetragen wird, die Sprache der Kontrahenten selbst wieder durch das jeweilige Paradigma determiniert wird, können die beiden Kontrahenten weder paradigmenübergreifend die Gültigkeit ihres jeweiligen Paradigmas beweisen, noch können sie überhaupt angeben, worin sie sich genau einig und uneinig sind, d. h., in welcher Hinsicht sie sich genau widersprechen.

Neben der Relativität des Begriffssystems nennt Kuhn noch zwei weitere Gründe dafür, dass den Vertretern konkurrierender wissenschaftlicher Paradigmata keine vollständige Gegenüberstellung ihrer Standpunkte gelingt, und zwar einerseits die Relativität von Wahrnehmung und Ontologie und die Relativität der Wissenschaftsdefinitionen. Bei Kuhn hängt der Aspekt der Relativität des Begriffssystems eng mit dem Aspekt der Relativität der Wahrnehmung und Ontologie zusammen. Kuhn beschreibt die »Verschiebung des Begriffsnetzes« als sprachliche Manifestierung der Relativität von Ontologie und Wahrnehmung. Die Paradigmenabhängigkeit der Bedeutung betrifft insbesondere Ausdrücke, mit denen die Kontrahenten die physikalische Welt beschreiben, wie »Raum«, »Masse« usw.[418]

In dem Konflikt USA – Iran hängt der Aspekt der Relativität des Begriffssystems sehr eng mit dem der *Relativität der Normen* und der *Politikdefinition* zusammen, da hier die weltanschauliche Polysemie Ausdrücke betrifft, mit denen Werte und daraus folgende gesellschaftliche Verfahrensweisen bezeichnet

417 Der Vergleich zwischen den USA und dem Iran einerseits und den Vertretern der genannten wissenschaftlichen Schulen andererseits soll sich, so muss betont werden, ausschließlich auf die Kommunikationssituation, bzw. mögliche Verständigungsschwierigkeiten, erstrecken und in keinem Fall eine Vergleichbarkeit der jeweiligen Begriffssysteme in normativer Hinsicht implizieren, d. h., Aussagen über die Gültigkeit des jeweiligen Begriffssystems beinhalten!

418 Vgl. Punkt 5.1.

werden, mittels derer die beiden Konfliktparteien ihr Weltbild als gültig und das gegnerische Weltbild als ungültig ausweisen wollen. Betrachten wir nun etwas genauer, inwiefern sich als Konsequenz der weltanschaulichen Polysemie der von Kuhn aufgezeigte Begründungszirkel auch in dem Dialog USA – Iran ergibt und inwiefern auch die USA und der Iran von unterschiedlichen Politikdefinitionen ausgehen. Im Folgenden wird in Bezug auf den Liberalismus einerseits und das iranische Weltbild andererseits, das je nach Standpunkt als Monotheismus / Islam oder als islamischer Extremismus betrachtet wird, in Anlehnung an Kuhn von dem amerikanischen und dem iranischen *Paradigma* die Rede sein.

5.6 Ein normativer Begründungszirkel

Bei den Ausdrücken »Gerechtigkeit«, »Freiheit« und »Demokratie« (sowie den Gegenbegriffen) handelt es sich um diejenigen Ausdrücke, mit denen die beiden Konfliktparteien die Vorzüge des jeweils eigenen Paradigmas (bzw. die Nachteile des jeweils gegnerischen Paradigmas) beschreiben und damit ihr jeweiliges Paradigma als gültig und das jeweils gegnerische Paradigma als ungültig ausweisen wollen. Da die Konfliktparteien diese Ausdrücke aber selbst in einer *paradigmenspezifischen* Bedeutung verwenden, die vom Gegner nicht anerkannt wird, geraten sie in einen *Begründungszirkel.* Denn mit der Verwendung der Ausdrücke setzen sie die Gültigkeit ihres Paradigmas mit seinem spezifischen Begriffssystem, die ja noch zum Beweis ausstand, schon voraus.

Die USA argumentieren, dass Amerika für Freiheit und Demokratie steht, der Gegner dagegen Freiheit und Demokratie ablehnt. Daher sei das eigene Paradigma, der Liberalismus, dem gegnerischen Paradigma, dem »islamischen Extremismus«, vorzuziehen. Wenn die USA nun aber die Ausdrücke »Freiheit« und »Demokratie« als die Ausdrücke, mit denen sie ihr Paradigma, den Liberalismus, als gültig erweisen wollen, in einer Bedeutung verwenden, die spezifisch für den Liberalismus ist, dann setzten sie die Gültigkeit des Liberalismus, die noch zu beweisen war, schon voraus. Genauso verhält es sich auch auf iranischer Seite. Der Iran argumentiert, dass die amerikanische Politik durch Ungerechtigkeit gekennzeichnet ist, die eigene Politik dagegen durch Gerechtigkeit, und daher das eigene Paradigma, der Monotheismus, dem amerikanischen Paradigma, dem Atheismus, vorzuziehen ist. Da der Iran aber den Ausdruck »Gerechtigkeit«, mittels dessen er sein Paradigma, den Monotheismus, als gültig ausweisen will, in einer Bedeutung verwendet, die spezifisch für sein Paradigma, den Monotheismus, ist und vom Gegner nicht anerkannt wird, setzt auch er bei dem Ausweis der Gültigkeit des Monotheismus die Gültigkeit des Monotheismus schon voraus.

Da die beiden Konfliktparteien die Ausdrücke »Demokratie«, »Freiheit« und »Gerechtigkeit« im Sinne ihres jeweiligen Paradigmas und damit in einer unterschiedlichen Bedeutung verwenden, reicht es als Argument für das eigene und gegen das gegnerische Paradigma nicht aus, dass die USA behaupten, dass Amerika für Freiheit und Demokratie steht, während der Iran Freiheit und Demokratie ablehnt, oder dass der Iran behauptet, dass die IRI für Gerechtigkeit steht und die westliche Politik durch einen Mangel an Gerechtigkeit gekennzeichnet ist. *Keiner* der Kontrahenten kann auf diese Weise *paradigmenübergreifend* die Ungültigkeit des Paradigmas des Gegners und die Gültigkeit des eigenen Paradigmas demonstrieren. Letztendlich zeigen beide Konfliktparteien nur, dass ihr eigenes Paradigma die Werte, Normen und Kriterien, die es sich selbst setzt, wie insbesondere die Gewährleistung eines religiösen Glaubensbekenntnisses (des Bekenntnisses zu einem Gott) einerseits und die Religionsfreiheit andererseits, erfüllt, während das gegnerische Paradigma dies gerade nicht tut. Es wird letztlich nur noch einmal bekräftigt, dass das gegnerische Paradigma aus Sicht des eigenen Paradigmas tatsächlich ein Problem darstellt. Aus liberaler Sicht ist ein (angeblich) totalitäres Weltbild mit entsprechenden staatlichen Institutionen ein Problem, und aus streng religiöser Sicht – insofern der Iran sein Paradigma als religiöses Glaubensbekenntnis begreift – ist ein säkulares oder sogar ein (angeblich) durch Ungläubigkeit gekennzeichnetes Weltbild mit entsprechenden staatlichen Institutionen ein Problem.

Eine ähnliche Situation schildert Kuhn für den Streit zwischen Vertretern unterschiedlicher wissenschaftlicher Paradigmata:

> Sie [die Paradigmata] sind jedoch für die Wissenschaft in noch anderer Hinsicht konstitutiv, und darauf kommt es nun an. [...] Wenn der Wissenschaftler ein Paradigma erlernt, erwirbt er sich Theorien, Methoden und Normen, gewöhnlich in einer unentwirrbaren Mischung. Wenn Paradigmata wechseln, gibt es deshalb normalerweise bezeichnende Verschiebungen der Kriterien, welche die Zulässigkeit von Problemen und den sich anbietenden Lösungen bestimmen. Diese Beobachtung bringt uns zum Ausgangspunkt dieses Abschnittes zurück, denn sie liefert uns den ersten deutlichen Hinweis darauf, warum die Wahl zwischen konkurrierenden Paradigmata regelmäßig Fragen aufwirft, die mit den Kriterien der normalen Wissenschaft nicht gelöst werden können. In dem Maße – einem ebenso bezeichnenden wie lückenhaften Maß –, in dem die Auffassungen zweier wissenschaftlicher Schulen darüber, was ein Problem und was eine Lösung ist, auseinandergehen, werden sie *zwangsläufig aneinander vorbeireden, wenn sie über die relativen Vorzüge ihrer jeweiligen Paradigmata diskutieren.* In den sich *regelmäßig ergebenden, teilweise im Kreis laufenden Argumenten wird für jedes Paradigma gezeigt, daß es mehr oder weniger den Kriterien, die es sich selbst vorschreibt, gerecht wird und einigen jener Kriterien, die ihm von seinen Gegnern zudiktiert werden, nicht völlig genügt.*[419]

419 Kuhn (1976): 121; Hervorh. von C. R.

Nach Kuhn geben Paradigmata ihren Vertretern überhaupt erst die Werte und Normen an die Hand, gemäß denen sie bestimmen, was als Problem sowie als Lösung und Lösungsmethode gilt. Demnach kann im Falle zweier konkurrierender Paradigmata die Diskussion um die Gültigkeit des Paradigmas nicht neutral, d. h. paradigmenübergreifend, dadurch ausgetragen und gegebenenfalls entschieden werden, dass sich die Kontrahenten darauf berufen, dass ihr Paradigma im Gegensatz zum gegnerischen Paradigma bestimme Werte und Normen erfüllt und bestimmte Probleme besser zu lösen im Stande ist.

Es besteht allerdings ein Unterschied zwischen dem Konflikt USA – Iran und der Situation, die Kuhn schildert. Kuhn macht im Zusammenhang der Relativität der Normen und Wissenschaftsdefinition den Aspekt der Relativität der *Problemdefinition* sehr stark, d. h., er betont stets, dass die verschiedenen, durch das jeweilige Paradigma gegebenen Normen vor allem dazu führen, dass die Wissenschaftler unterschiedliche wissenschaftliche Probleme als solche definieren. Im Falle zweier konkurrierender Paradigmata kann die Problemlösekraft aber eben nicht als Kriterium fungieren, um eines der beiden Paradigmata als das gültige auszuweisen, da auch die Problemdefinition gemäß dem jeweiligen Paradigma erfolgt und demnach zwischen den Kontrahenten strittig ist, welche Probleme überhaupt als wissenschaftliche Probleme gelten und gelöst werden müssen.

Im Falle der Kontroverse USA – Iran definieren die beiden Seiten aber nicht nur gemäß ihrem jeweiligen Paradigma unterschiedliche Probleme, auf die sie sich dann beziehen, um ihr Paradigma als gültig zu erweisen, sondern sie definieren das Paradigma, das sie ihrem Gegner zuschreiben und das sie als dem eigenen Paradigma diametral entgegengesetzt beschreiben, selbst als das Problem. Anstatt also, so könnte man es ausdrücken, beim Ausweis der Gültigkeit ihres Paradigmas den Umweg über die Problemlösekraft zu machen, nennen sie direkt die Werte, Normen und Verfahrensweisen, die ihnen zufolge für die Paradigmenwahl relevant sind.

Letztendlich ist bei Kuhn die Relativität der Problemdefinition die Folge der unterschiedlichen *Wissenschaftsdefinitionen* der Befürworter konkurrierender Paradigmata. (»Daraus ergibt sich, daß die Annahme eines neuen Paradigmas oft eine *neue Definition der entsprechenden Wissenschaft* erfordert. Manche alte Probleme können an eine *andere Wissenschaft abgegeben* oder *für völlig ›unwissenschaftlich‹ erklärt* werden. [...] Und wie sich die Probleme ändern, so ändert sich oft auch die *Norm, die eine wirklich wissenschaftliche Lösung von einer bloßen metaphysischen Spekulation, einem Wortspiel oder einer mathematischen Spielerei unterscheidet.*«[420])

420 Kuhn (1976): 116; Hervorh. von C. R.

Margherita von Brentano gibt eine Definition des Wissenschaftspluralismus, die jener der unterschiedlichen Wissenschaftsdefinitionen als Aspekt der Inkommensurabilität bei Kuhn sehr ähnlich ist:

> Es [das Wort ›Wissenschaftspluralismus‹] meint [...] nicht die selbstverständliche und als solche unproblematische Vielheit von Methoden (oder Theorien, oder Disziplinen) innerhalb der Wissenschaft. Sondern es benennt das Problem, daß Charakter, Status, Begriff und Grenzen von Wissenschaft selbst kontrovers sind, daß verschiedene Konzepte von Wissenschaft mitsamt ihren Wahrheits- und Relevanzansprüchen in Konflikt liegen, und daß dieser nichts außer sich läßt, weder Methoden, Theorien, einen Kanon von Disziplinen, noch Kriterien für deren Bewertung. Die Vielheit ist also weder eine unter einer fraglosen, jedenfalls der Kontroverse enthobenen Einheit, auf die sich, als auf selbstverständliche Kriterien von Wissenschaftlichkeit, ein Eingriff berufen könnte; noch ist sie bloße Verschiedenheit und nichts als (neutrale) Verschiedenheit.[421]

Hier besteht offenbar eine starke Parallele zu der Kontroverse USA – Iran. Die beiden Parteien gehen hier ebenfalls von einer *unterschiedlichen Politikdefinition* aus. Der wesentliche Streitpunkt zwischen den USA und dem Iran betrifft schließlich gerade die Frage, *welche Rolle die Religion in der Politik spielen muss bzw. darf.* Während im Liberalismus die Sphären Politik und Religion und die Institutionen Staat und Kirche explizit voneinander getrennt werden, findet im Islamismus eine ausdrückliche Verschmelzung der Sphären Politik und Religion, und in einer Theokratie, wie der Islamischen Republik Iran, auch der politischen und religiösen Institutionen, statt. Dieser Aspekt wird weiter unten noch deutlicher. Allerdings kann hier schon festgestellt werden, dass die Uneinigkeit ja offensichtlich gerade in Bezug darauf besteht, inwieweit die Frage der religiösen Überzeugung eines Menschen, konkret eines bestimmten Glaubensbekenntnisses, überhaupt Gegenstand der staatlichen Politik und Angelegenheit des Staates sein darf bzw. muss. Nun ist es nicht so, dass die Religion in der amerikanischen Politik *keine* Rolle spielt, im Gegenteil. Der Einfluss religiöser Gruppen auf die amerikanische Politik ist im Vergleich zu Europa sehr groß und dementsprechend spielen auch ihre Belange eine vergleichbar große Rolle. Auf das religiöse Selbstverständnis der Bush-Regierung wird weiter unten noch näher eingegangen. Dennoch handelt es sich bei den USA um einen säkularen Staat, in dem die Sphären Religion und Politik sowie politische und religiöse Institutionen grundsätzlich voneinander unterschieden werden können und die Religionsfreiheit zu den tragenden Verfassungsprinzipien gehören. In einer Theokratie, wie der Islamischen Republik Iran, in der alle staatliche Macht von Gott ausgehen soll, welcher durch einen Kleriker vertreten wird, in der ein

421 Brentano »Wissenschaftspluralismus. Zur Funktion, Genese und Kritik eines Kampfbegriffs«, in *Das Argument* (1971): 477, zit. n. Lueken (1992): 12.

bestimmtes Glaubensbekenntnis Staatsreligion ist, und in der die ganze Gesellschaft nach den Lehren dieser Religion gestaltet werden soll, ist genau dies nicht der Fall. Hier verschmelzen die beiden Sphären Politik und Religion. Insofern gilt, dass viele Fragen, die der Iran als den zentralen Gegenstand der staatlichen Politik betrachtet, im Westen als »unpolitisch«, d. h. als privat, betrachtet oder gegebenenfalls an die Theologie abgegeben werden. Die Tatsache, dass im politischen Islam bzw. im Islamismus die beiden Sphären Politik und Religion verschmolzen sind und damit die Religion nicht mehr als Privatsache, sondern als Angelegenheit des Staates gilt, ist genau das, was den Islamismus auf die USA totalitär wirken lässt, sodass sie ihn ablehnen. Die beiden Kontrahenten gehen von unterschiedlichen Definitionen dessen aus, was Politik ist.

Festzuhalten bleibt soweit Folgendes: Insofern die beiden Kontrahenten die Ausdrücke, mit denen sie das gegnerische Paradigma als ungültig und das eigene Paradigma als gültig ausweisen, in einer Bedeutung gebrauchen, die selbst wieder spezifisch für ihr Paradigma ist, schaffen sie es nicht, paradigmenübergreifend die Ungültigkeit des gegnerischen Paradigmas und die Gültigkeit des eigenen Paradigmas zu demonstrieren. Da beide Seiten im Streit um das Paradigma ihrem Paradigma verhaftet bleiben und es nicht schaffen, Argumente in einer paradigmenübergreifenden, neutralen Sprache zu formulieren, argumentieren sie im Kreis und daher aneinander vorbei. In dieser Hinsicht gelingt ihnen keine vollständige Gegenüberstellung ihrer Positionen.

5.7 Exkurs: Der normative Begründungszirkel bei der Berufung auf Autoritäten

Sowohl die USA als auch der Iran berufen sich bei dem Ausweis der Gültigkeit ihres Paradigmas und ihrer Politik und der Ungültigkeit des gegnerischen Paradigmas schließlich direkt auf eine *moralische Autorität*, mit deren normativen Forderungen sie ihr Paradigma und die daraus folgende Politik im Einklang stehend definieren, während der Gegner gegen diese Forderungen verstieße. Doch auch bei der Strategie der *Berufung auf Autoritäten* geraten beide Seiten in Begründungszirkel.

5.7.1 Die iranische Berufung auf Gott

Um die Norm des Bekenntnisses zum Monotheismus selbst zu begründen, beruft sich der Iran stets auf eine Instanz, die für ihn eine herausragende moralische Autorität genießt: *Gott.*

Ein zentrales iranisches Argument für die Gültigkeit des Monotheismus und die Ungültigkeit des »gottlosen Weltbildes« des Westens lautet, dass Gott selbst den Menschen mittels der Propheten dazu aufgefordert habe, sich zum Monotheismus zu bekennen:

> The Almighty and Merciful God, who is the Creator of the Universe, is also its *Lord* and *Ruler.* [...] He commands His creatures to enjoin one another to righteousness and virtue and not to sin and transgression. *All Divine prophets from the Prophet Adam (peace be upon him) to the Prophet Moses (peace be upon him), to the Prophet Jesus Christ (peace be upon him), to the Prophet Mohammad (peace be upon him), have all called humanity to monotheism*, justice, brotherhood, love and compassion.[422]

Sollten aber die westlichen Regierungen tatsächlich so ungläubig sein, wie der Iran behauptet, dann hat dieses Argument für sie keine Überzeugungskraft. Jemanden, der angeblich nicht an Gott glaubt, kann man nicht von der Gültigkeit des Monotheismus überzeugen, indem man darauf verweist, dass Gott durch seine Propheten die Menschen zum Glauben an (einen) Gott aufgefordert hat. Der Iran beruft sich hier auf eine Instanz, die nur innerhalb des eigenen Paradigmas, nicht aber innerhalb des angeblich gegnerischen Paradigmas moralische Autorität besitzt, ja als Instanz überhaupt existiert. Wenn die westlichen Regierungen so ungläubig sind, wie der Iran es ihnen unterstellt, dann gibt es in ihrer Welt keinen Gott, und schon gar nicht stellt dieser für sie eine moralische Autorität dar, deren normativen Forderungen man Folge leisten müsste und an der gemessen werden könnte, was gültig ist und was nicht.

Mit dieser Argumentation gerät der Iran erneut in einen *Begründungszirkel.* Bei dem Ausweis der Gültigkeit des Monotheismus und der Ungültigkeit eines »gottlosen Weltbildes«, setzt er schon Prämissen voraus, die nur Menschen anerkennen, die sich bereits zum Monotheismus bekennen, und zwar die Prämisse der Existenz und der moralischen Autorität (eines) Gottes. Derartig zirkuläre Argumente haben für den Gegner keine Überzeugungskraft, sie wirken wie Überredungsversuche.

In einen ähnlichen Zirkel gerät der Iran übrigens auch, wenn er dem angeblich atheistischen Westen die fürchterlichen Konsequenzen aufzeigt, die in dem Falle eintreten, dass der Westen an seinem »gottlosen Weltbild« festhält:

> Now I would like to address those who have shown hostility towards the Iranian nation for about five years; [...] Is it not high time for these powers to return from the path of arrogance and obedience to Satan to the path of faith in God? [...] This is the invitation of all the divine prophets from Adam to Noah, Abraham, Moses, Jesus Christ, and Mohammed (PBUH). If they accept this invitation, they will be saved and if they don't, the same calamities that befell the people of the distant past will befall them as well.

422 Ahmadinedschad, 19.09.2006, Rede vor der UN-Generalversammlung, New York; Hervorh. von C. R.

> According to the holy Quran: ›*One who does not answer the divine call should not think that he has weakened God on earth; he has no companion but God and he is clearly engulfed by darkness*‹. They have nothing of their own and cannot escape from the dominion of the rule of God and His will. In this important gathering, I have to remind them of the following words of the Almighty which has been mentioned in the Holy Quran: ›*Do they not look at the powers and governments which came before them? If the people of the past had actually possessed something, they would have kept it and would not have let you possess it now. God destroyed them because of their sins and nobody could protect them against the will of God*‹. [...] Do they not see the signs of vigilance and resistance based on monotheism, philanthropy and the justice-seeking spirit of the nations of the world? Do they not notice that we are nearing the sunset of the time of empires? I hope that this invitation will have a practical answer.[423]

Einen Atheisten wird man nicht zur Übernahme eines monotheistischen Weltbildes bewegen können, indem man ihm die Strafe Gottes bei Nicht-Konversion verdeutlicht, wie sie im »heiligen Koran« offenbart wird. Wieder gilt, dass bei dieser Androhung der Rache Gottes im Falle der Nicht-Konversion, welche die angeblich atheistischen westlichen Regierungen zur Übernahme des Monotheismus bewegen soll, schon deren Bekenntnis zum Monotheismus vorausgesetzt wird, indem von den Prämissen ausgegangen wird, dass es einen Gott gibt, der sich rächen wird, und der »heilige Koran« die Offenbarung dieses Gottes beinhaltet.

5.7.2 Die amerikanische Interpretation von UN-Dokumenten

Auch die USA berufen sich bei dem Ausweis der Gültigkeit des eigenen Paradigmas und der Ungültigkeit des Paradigmas des Gegners sowie insbesondere auch der Notwendigkeit der Verbreitung des eigenen Paradigmas und der Eindämmung des gegnerischen Paradigmas schließlich direkt auf eine Instanz von moralischer Autorität, und zwar auf die Grundsätze der *Vereinten Nationen*. Konkret verweisen sie entweder auf die *Universelle Menschenrechtserklärung* (»Every civilized nation also has a responsibility to stand up for the people suffering under dictatorship. In [...] Iran, brutal regimes deny their people the fundamental rights enshrined in the *Universal Declaration*«[424]) oder auf die *UN-Charta:* »To uphold the *Charter's* promise of peace and security in the 21st century, we must also confront the ideology of the terrorists. [...] Advancing the

423 Ahmadinedschad, 25.09.2007, Rede vor der UN-Generalversammlung, New York; Hervorh. im Orig.

424 Bush, 25.09.2007, Rede vor der UN-Generalversammlung, New York; Hervorh. von C. R.

vision of freedom serves our highest ideals, as expressed in the *U.N.'s Charter's* commitment to ›the dignity and worth of the human person.‹«[425]

Um die universelle und historisch uneingeschränkte Verbindlichkeit der Charta und der Menschenrechtserklärung zu verdeutlichen, wird meist darauf hingewiesen, dass ihre Prinzipien von den verschiedenen Nationen formuliert wurden, und behauptet, dass sich seit der Gründung der UNO 1945 gezeigt hat, dass sie immer noch Gültigkeit besitzen.[426]

Die USA geraten mit der Berufung auf die UN-Grundsätze somit zunächst nicht in den gleichen Begründungszirkel wie der Iran. Der Iran hat sich als Mitglied der UN ihren Prinzipien verpflichtet. Anders als im Falle der iranischen Berufung auf Gott gegenüber dem angeblich atheistischen Gegner, berufen sich die USA also auf eine Instanz, die auch vom Gegner offiziell als moralische Autorität anerkannt wird.

In Bezug auf die amerikanische Argumentation ergibt sich allerdings in einer anderen Hinsicht ein Begründungszirkel. Es wird nämlich deutlich, dass den USA die Grundsätze der Vereinten Nationen nicht tatsächlich als normative Quelle ihrer Politik dienen. Vielmehr interpretieren sie die angeführten Textstellen der UN-Dokumente stets so, dass sie die amerikanische Politik zu stützen scheinen, auch wenn der Wortlaut dieser zum Teil ebenso gut Interpretationen zulässt, die im Gegensatz zur amerikanischen Politik stehen. Außerdem gehen die USA bei der Auswahl der Textstellen der UN-Dokumente sehr selektiv vor. Die *Auswahl* und *Interpretation* der angeführten Textstellen erfolgt also immer bereits *im Sinne des amerikanischen Paradigmas*, das mittels dieser Textstellen als gültig ausgewiesen werden soll. Da es sehr viele Beispiele für die amerikanische Interpretation der UN-Dokumente im Sinne des amerikanischen Paradigmas gibt, sollen hier nur einige Fälle exemplarisch herausgegriffen werden.

Die amerikanische Interpretation der Präambel der UN-Charta 2005 und 2008

Die USA berufen sich bei dem Ausweis der Gültigkeit der »Vision der Freiheit« und insbesondere bei der Legitimierung der Politik der Verbreitung dieser Vision, d.h. der Militäraktionen zur Demokratisierung und wirtschaftlichen Liberalisierung anderer Weltregionen, sowohl in einer Rede auf dem UN-Weltgipfel 2005 als auch vor der UN-Generalversammlung 2008 auf die Präambel der UN-Charta.

In der Rede vor der Generalversammlung 2008 führen die USA folgende Textstellen aus der Präambel an: »Sixty-three years ago, representatives from around the world gathered in San Francisco to complete the founding of the Charter of the United Nations. [...] They agreed on a historic pledge: ›*to reaffirm*

425 Bush, 23.09.2008, Rede vor der UN-Generalversammlung, New York; Hervorh. von C. R.
426 Vgl. u.a. Rice, 17.09.2005, Rede vor der UN-Generalversammlung, New York.

faith in fundamental human rights, and unite their strength to maintain international peace and security‹.«[427]

Betrachten wir nun in einem etwas längeren Auszug aus der Rede, was die USA aus diesem Gelöbnis in der Präambel alles ableiten:

> This noble pledge has endured trying hours in the United Nations' history, and it still guides our work today. Yet the ideals of the Charter are now facing a challenge as serious as any since the U.N.'s founding – *a global movement of violent extremists.* By deliberately murdering the innocent to advance their aims, these extremists defy the fundamental principles of international order. […] They imperil the values of justice and human rights that gave birth to the United Nations – values that have fueled an unprecedented expansion of freedom across the world. *To uphold the words of the Charter in the face of this challenge, every nation in this chamber has responsibilities.* As sovereign states, we have an obligation to govern responsibly, and *solve problems before they spill across borders.* We have an obligation to prevent our territory from being used as a sanctuary for terrorism and proliferation and human trafficking and organized crime. We have an obligation to respect the rights and respond to the needs of our people. […] *Instead* of only passing resolutions decrying terrorist attacks *after they occur,* we must cooperate more closely to *keep terrorist attacks from happening in the first place. Instead of treating all forms of government as equally tolerable, we must actively challenge the conditions of tyranny and despair that allow terror and extremism to thrive.* […] With the brutal nature of the extremists increasingly clear, the coalition of nations confronting terror is growing stronger. Over the past seven years, *Afghanistan and Iraq* have been transformed from regimes that actively sponsor terror to democracies that fight terror.[428]

Die USA leiten hier also aus dem Gelöbnis, den Glauben an die fundamentalen Menschenrechte zu bestätigen und die Kräfte zu vereinen, um internationalen Frieden und Sicherheit zu erhalten, Präventivschläge zur angeblichen Demokratisierung der Region und insbesondere auch den Sturz Saddam Husseins ab.

Die von den USA angeführten Textstellen der Präambel sind sehr allgemein formuliert, sodass man sicherlich sehr viele und unterschiedliche konkrete Maßnahmen aus ihnen ableitet kann. Um aber Präventivschläge und den Sturz von Regierungen aus diesen Textstellen abzuleiten, muss man die Präambel wohl aber sehr im Sinne des amerikanischen Paradigmas lesen.[429] Genauso gut könnte man Präventivschläge, bei denen mit vielen Toten zu rechnen ist, und gewaltsame Stürze von Regierungen anderer Staaten nämlich auch als im Gegensatz zu dem Gelöbnis, internationalen Frieden und Sicherheit zu erhalten, stehend verstehen. Dem internationalen Recht zufolge sind Präventivschläge tatsächlich überhaupt nur im Falle eines unmittelbar bevorstehenden Angriffs erlaubt, was

427 Bush, 23.09.2008, Rede vor der UN-Generalversammlung, New York; Hervorh. von C. R.
428 Bush, 23.09.2008, Rede vor der UN-Generalversammlung, New York; Hervorh. von C. R.
429 Wobei sich natürlich die Frage stellt, ob sich hier das amerikanische Paradigma, wenn es Präventivkriege befürwortet, überhaupt mit dem liberalen Paradigma deckt.

in Bezug auf den Irak unter Saddam Husseins 2003 nicht der Fall war. Doch Textstellen, zu denen die amerikanische Politik unter Bush relativ klar im Widerspruch steht, werden von den USA nicht genannt. Peter Singer weist darauf hin, dass

> *Kapitel VII der Charta der Vereinten Nationen* [...] die Rolle des Sicherheitsrats bei Bedrohungen des Friedens und Aggressionshandlungen [beschreibt] und [...] [feststellt], daß die Charta das unmittelbare Recht einer Nation auf Selbstverteidigung ›im Falle eines bewaffneten Angriffs‹ nicht beeinträchtigt – woraus sich ableiten läßt, daß die Bestimmungen der Charta das mögliche ›Recht zur Selbstverteidigung‹ durchaus ›beeinträchtigen‹, wenn kein bewaffneter Angriff droht.[430]

Ganz offen verletzten die USA schließlich *Kapitel I der Charta*. So heißt es in Artikel 2, Absatz 3 und 4:

> 3. *All Members shall settle their international disputes by peaceful means* in such a manner that international peace and security, and justice, are not endangered.
>
> 4. All Members shall *refrain in their international relations from the threat or use of force against the territorial integrity or political independence of any state*, or in any other manner inconsistent with the Purposes of the United Nations.[431]

Auf dem Weltgipfel 2005 führen die USA folgende Textstelle aus der Präambel an:

> The U.N.'s founding members laid out great and honorable goals in the charter they drafted six decades ago. That document commits this organization to work to ›*save succeeding generations from the scourge of war*‹, ›*reaffirm faith in fundamental human rights*‹, and ›*promote social progress and better standards of life in larger freedom*‹. We remain committed to those noble ideals.[432]

Hier leiten die USA aus den sehr allgemein formulierten Zielen, die nachfolgenden Generationen vor der Geißel des Krieges zu bewahren, den Glaube an die fundamentalen Menschenrechte zu bestätigen und sozialen Fortschritt und bessere Lebensstandards in größerer Freiheit zu fördern, nicht nur die Notwendigkeit der Demokratisierung des Nahen und Mittleren Ostens ab, sondern insbesondere auch die Notwendigkeit des globalen Freihandels, die auch hier nicht so eindeutig aus den genannten Zielen »folgen«. Man muss bereits die amerikanische Position vertreten, um diese Interpretation der Textstellen zu teilen.

Außerdem gehen die USA bei der Auswahl der angeführten Ziele wieder sehr selektiv vor. Betrachtet man den vollständigen Text der Präambel, so wird

430 Singer (2004): 192; Hervorh. von C. R.

431 Charter of the United Nations (1945): Chapter I, Article 2; Hervorh. von C. R.; vgl. auch Singer (2004): 204 und, allgemein zur Bushs Missachtung internationaler Vereinbarungen im Zusammenhang des »War on Terror«, vor allem im Irak, vgl. Singer (2004): 168–211.

432 Bush, 14.09.2005, Rede auf dem UN-Weltgipfel, New York; Hervorh. von C. R.

deutlich, dass die amerikanische Politik nicht nur nicht aus der Präambel »folgt«, sondern teilweise eher im Gegensatz zu dieser steht:

> PREAMBLE
>
> WE THE PEOPLES OF THE UNITED NATIONS DETERMINED
> - to save succeeding generations from the scourge of war, which twice in our lifetime has brought untold sorrow to mankind, and
> - *to reaffirm faith* in fundamental human rights, in the dignity and worth of the human person, *in the equal rights of* men and women and of *nations large and small*, and
> - *to establish conditions under which justice and respect for the obligations arising from treaties and other sources of international law can be maintained, and*
> - to promote social progress and better standards of life in larger freedom,
>
> AND FOR THESE ENDS
> - to practice tolerance and live together in peace with one another as good neighbours, and
> - to unite our strength to maintain international peace and security, and
> - to ensure, by the acceptance of principles and the institution of methods, *that armed force shall not be used, save in the common interest*, and
> - to employ international machinery for the promotion of the economic and social advancement of all peoples.[433]

Die Textstellen, in denen die Bestätigung des Glaubens in gleiche Rechte für alle Nationen, die Sicherstellung des Verzichts auf die Anwendung von Waffengewalt (außer im Falle *gemeinsamer* Interessen) und die Etablierung von Bedingungen gefordert werden, unter denen Gerechtigkeit und Respekt gegenüber Verpflichtungen, die aus Verträgen und anderen Quellen internationalen Rechts hervorgehen, aufrechterhalten werden können, werden nicht genannt. Damit werden genau diejenigen Textstellen ausgelassen, mit denen die Politik der USA unter Bush, Kritikern wie unter anderem dem Iran zufolge, am offensichtlichsten nicht im Einklang steht.

Die amerikanische Interpretation der Universellen Menschenrechtserklärung 2006 und 2007

Ein weiteres Beispiele für die Interpretation von UN-Dokumenten im Sinne des amerikanischen Paradigmas durch die Bush-Regierung bietet die Rede Bushs vor der UN-Generalversammlung 2006, bei der er sich zur Legitimierung der amerikanischen Politik im Zusammenhang mit dem »Krieg gegen den Terror« auf die UN-Menschenrechtserklärung beruft.

433 Charter of the United Nations (1945): Preamble; Hervorh. von C. R.

> *The principles of this world beyond terror can be found in the very first sentence of the Universal Declaration of Human Rights.* This document declares that the ›*equal and inalienable rights of all members of the human family is the foundation of freedom and justice and peace in the world*‹. [...] Together we must support the dreams of good and decent people who are working to transform a troubled region – and by doing so, we will advance the high ideals on which this institution was founded.[434]

Hier wird explizit behauptet, dass die »Prinzipien der Welt jenseits des Terrors« im allerersten Satz der Universellen Menschenrechtserklärung zu finden sind, wobei in dieser Textstelle nur darauf verwiesen wird, dass »die gleichen und unveräußerlichen Rechte aller Mitglieder der menschlichen Familie die Basis von Freiheit und Gerechtigkeit und Frieden in der Welt seien«. Die Verbindung zum Terrorismus wird erst durch die USA hergestellt, sie ist in der Textstelle selbst nicht zu finden.

Ein letztes Beispiel soll als Beleg für die Interpretation der UN-Dokumente im Sinne des amerikanischen Paradigmas dienen. Vor der Generalversammlung 2007 führen die USA Satz 1 des Artikels 23 der UN-Menschenrechtserklärung an: »Finally, the mission of the United Nations requires liberating people from poverty and despair. Article 23 of the Universal Declaration states: ›*Everyone has the right to work, to free choice of employment, [and] to just and favorable conditions of work.*‹«[435]

Betrachten wir, was dieser Artikel den USA zufolge im 21. Jahrhundert bedeute:

> In the 21st century, this requires *ensuring that people in poor countries have the same opportunity to benefit from the global economy that citizens of wealthy countries have.* The United Nations provides vital economic assistance designed to help developing nations grow their economies and reach their potential. The United States agrees with that position; we've dramatically increased our own development assistance – and we're delivering that aid in *innovative ways.* We started the Millennium Challenge Account to reward nations that govern justly, fight corruption, invest in their people, and *promote economic freedom.* [...] In the long run, the best way to lift people out of poverty is *through trade and investment.* A nation that *is open and trading with the world* will create economic rewards that far exceed anything they could get through foreign aid. During the 1990s, developing nations that significantly *lowered tariffs* saw their per capita income grow about three times faster than other developing countries. *Open markets* ignite growth, encourage investment, increase transparency, strengthen the rule of law, and help

434 Bush, 19.09.2006, Rede vor der UN-Generalversammlung, New York; Hervorh. von C. R. Die Originaltextstelle lautet wie folgt: »Whereas recognition of the inherent dignity and of the equal and inalienable rights of all members of the human family is the foundation of freedom, justice and peace in the world, [...].« (The Universal Declaration of Human Rights 1948: Preamble.)

435 Bush, 25.09.2007, Rede vor der UN-Generalversammlung, New York; Hervorh. von C. R.

> countries help themselves. The international community now has an historic chance to open markets around the world by concluding a successful Doha Round of trade talks. A successful Doha outcome would mean *real and substantial openings in agriculture, goods, and services* – and *real and substantial reductions in trade-distorting subsidies.* [...] We recently signed *free trade agreements* with Peru, Colombia, Panama, and South Korea. These agreements embody the values of *open markets* – transparent and fair regulation, respect for private property, and resolving disputes under international law rules. These are good agreements, and they're now ready for a congressional vote, and I urge the Congress to approve them as soon as possible.[436]

Aus dem Recht auf Arbeit, auf freie Arbeitsplatzwahl und auf gerechte Arbeitsbedingungen (d.h. gerechte Entlohnung, gleiche Bezahlung bei gleicher Arbeit[437]) leiten die USA also vor allem die Sicherstellung des globalen Freihandels und konkret die Notwendigkeit der Senkung von Zöllen und der Reduktion von Subventionen ab, und interpretieren die angeführte Textstelle damit erneut sehr offensichtlich im Sinne des amerikanischen Paradigmas. Kritikern zufolge stehen diese Rechte nämlich eher im Gegensatz zu Bushs liberaler Wirtschaftspolitik.

Festzuhalten bleibt also Folgendes. Insofern sich die Islamische Republik Iran als Mitglied der UNO ebenfalls zu den Prinzipien der UNO verpflichtet hat, berufen sich die USA mit den UN-Prinzipien im Gegensatz zu ihrem Gegner bei der Verteidigung ihres Paradigmas bzw. bei der Legitimierung ihrer Politik auf eine »neutrale« Instanz, d.h., auf eine Instanz, die auch der Gegner zumindest formal als moralische Autorität anerkennen muss. Könnten die USA also zeigen, dass die von ihnen vertretene »Vision der Freiheit« und vor allem ihre Verbreitung, welche ja die Eindämmung des Paradigmas, das dem Gegner zugeschrieben wird, miteinschließt, aus den UN-Prinzipien folgen, wäre dies ein überzeugendes Argument für die Gültigkeit ihres Paradigmas und ihrer Politik und die Ungültigkeit des gegnerischen Paradigmas und der gegnerischen Politik. Die angeführten Beispiele verdeutlichen aber, dass die UN-Prinzipien den

---

436 Bush, 25.09.2007, Rede vor der UN-Generalversammlung, New York; Hervorh. von C. R.

437 Die Präzisierung der von Bush genannten Forderungen wird im weiteren Verlauf des Artikels 23 deutlicher:

»ARTICLE 23.

(1) Everyone has the right to work, to free choice of employment, to just and favourable conditions of work and to protection against unemployment.

(2) Everyone, without any discrimination, has the *right to equal pay for equal work.*

(3) Everyone who works has the right to *just and favourable remuneration* ensuring for himself and his family an existence worthy of human dignity, and supplemented, if necessary, by other means of social protection.

(4) Everyone has the right to form and to join trade unions for the protection of his interests.«

(The Universal Declaration of Human Rights 1948: Article 23; Hervorh. von C. R.)

USA nicht ernsthaft als normative Quelle und Maßstab ihrer Politik dienen, sondern umgekehrt die angeführten Textstellen der UN-Dokumente sehr selektiv ausgewählt und sehr stark im Sinne des amerikanischen Paradigmas interpretiert werden, sodass sie die amerikanische Politik in jedem Falle zu legitimieren scheinen. Anders formuliert: Die UN-Prinzipien fungieren den USA nicht wirklich als normative Quelle ihres Paradigmas, sondern ihr Paradigma bestimmt, wie die UN-Dokumente interpretiert und welche Textstellen überhaupt angeführt werden. Wenn die USA ihr Paradigma dadurch als gültig ausweisen wollen, dass sie es als im Einklang mit den UN-Prinzipien definieren, wie sie in der UN-Charta und der Universellen Menschenrechtserklärung niedergeschrieben sind, die angeführten Textstellen aber bereits *im Sinne ihres Paradigmas* auswählen und interpretieren, dann geraten auch die USA in einen *Begründungszirkel.* Bei dem Ausweis der Gültigkeit ihres Paradigmas, setzen sie die Gültigkeit ihres Paradigmas schon voraus. Die amerikanische Argumentation ist für jemanden, der das amerikanische Paradigma nicht ohnehin schon teilt, genauso wenig überzeugend, wie es die iranische Argumentation ist.

5.8 Der Kampf um Begriffe

Doch die Problematik zwischen den Vertretern konkurrierender Paradigmata umfasst bei Kuhn noch mehr, als die Schwierigkeit des Ausweises der Gültigkeit des jeweiligen Paradigmas anhand von Normen. Bei Kuhn hängt die Relativität der Sprache eng mit der Relativität der Wahrnehmung und Ontologie zusammen. Die Feststellung, dass die Bedeutung von Ausdrücken, auf die im Paradigmenstreit zurückgegriffen wird, *durch das Paradigma* determiniert wird, beinhaltet insbesondere die Feststellung, dass sie *nicht oder nicht nur durch eine außersprachliche Wirklichkeit* determiniert ist. Eine beiden Konfliktparteien auf dieselbe Weise gegebene, außersprachliche Wirklichkeit gibt es für die Vertreter konkurrierender Paradigmata in bestimmten, für ihren Streit relevanten Bereichen nicht. Was die Wissenschaftler bei ihren Untersuchungen sehen und auf welche Weise sie es sehen, ist ebenfalls zu einem großen Teil durch das Paradigma vorgegeben. Da Wissenschaftler dieselben Dinge auf unterschiedliche Weise sehen, aber die gleichen Ausdrücke verwenden, kommt es eben zu Verschiebung des Begriffsnetzes bzw. zur weltanschaulichen Polysemie, d.h., die Kontrahenten benutzen gleichlautende Ausdrücke in einer unterschiedlichen Bedeutung.

Kuhn schildert als Folge der Relativität der Begriffssysteme, dass die Kontrahenten den Sprachgebrauch des jeweiligen Gegners nicht nachvollziehen können, ihn auf Grund seiner Sprache für verrückt erklären, ihn verspotten und beginnen, sich um die Gültigkeit ihrer jeweiligen Begriffe zu streiten. Insofern die Differenzen in Bezug auf die verwendeten Begriffe die Differenzen in Bezug auf die Paradigmata widerspiegeln, verlagert sich der Paradigmenstreit auf die *Begriffsebene.*

Kuhn verdeutlicht diesen Sachverhalt insbesondere am Beispiel der Bedeutungsverschiebung zwischen den Newtonschen Begriffen »Raum, »Zeit«, »Masse« und den Begriffen gleichen Namens in der allgemeinen Relativitätstheorie. Den Anhängern Newtons erschien die Einsteinsche Rede vom »gekrümmten Raum« paradox, denn was sie unter »Raum« verstanden war eben, homogen, und unbeeinflusst von Materie. Daher begannen sie, Einstein auf Grund seiner Redeweise zu verspotten. Gleiches gilt für die Kritiker von Kopernikus' Ausdrücken, wie insbesondere seines Ausdrucks der »sich bewegenden Erde«, die unter »Erde« eine feste Position verstanden. Hier spiegeln offenbar die semantischen Differenzen die inhaltlichen Differenzen der Kontrahenten wider. Insofern die beiden Kontrahenten konkurrierende Paradigmata vertreten und das Paradigma das Begriffssystem determiniert, vertreten sie schließlich auch *konkurrierende (konträre) Begriffssysteme.*

Wenn aber die Bedeutung von sprachlichen Ausdrücken durch das Paradigma selbst determiniert ist und damit nicht oder nicht nur durch eine objektiv (oder intersubjektiv) gegebene, außersprachliche Wirklichkeit, dann beruht Bedeutung und Wahrheit auf Konventionen (*Konventionalismus*). Dann kann es nicht nur dazu kommen, dass unterschiedliche, ja konkurrierende Begriffssysteme vertreten werden, sondern im Falle konkurrierender Begriffssysteme kann auch keines als das »richtige«, »wahre« oder »gültige« ausgezeichnet werden. Eine beiden auf dieselbe Weise gegebene und jenseits der Paradigmata liegende, außersprachliche Realität als gemeinsamer Bezugspunkt und Maßstab, anhand dessen die Begriffssysteme beurteilt werden können, existiert für die Kontrahenten in den für den Paradigmenstreit relevanten Bereichen schließlich nicht.[438]

Eine ähnliche Situation stellt sich auch in der Kontroverse USA – Iran. Es wurde konstatiert, dass die USA ein vergleichsweise *liberales Begriffssystem* vertreten, d.h., politische Begriffe und Abstrakta in diesem politischen Zusammenhang in einer *säkularen* Bedeutung verwenden. Der Iran bezieht den politischen Begriff der Demokratie und die Abstrakta »Freiheit« und »Gerechtigkeit« in diesem politischen Kontext dagegen auf ein *religiöses* Weltbild, wie es von iranischer Seite aus genannt wird, d.h., der Iran vertritt ein *religiöses politisches Begriffssystem.* Aus westlich-liberaler Perspektive führt dies dazu, dass die iranischen Begriffe, vor allem die iranischen Begriffe von Freiheit und Demokratie, *paradoxe* Züge tragen, d.h. in sich widersprüchlich sind. Freiheit im politischen Kontext bedeutet nach westlich-liberaler Auffassung vor allem po-

438 Vgl. Punkt 5.1.

litische Freiheit, inklusive Religionsfreiheit, und diese Freiheit soll eben durch eine Demokratie gewährleistet und gesichert werden. Wenn der Iran in einem politischen Kontext behauptet, dass Freiheit sich nun nicht mehr auf Glaubensfragen erstreckt, sondern gerade in dem Bekenntnis zu einem Gott und dem Gehorsam gegenüber dessen Lehren besteht, und eine Demokratie Religionsfreiheit nicht nur nicht garantieren muss, sondern das Bekenntnis zu einem Gott voraussetzt, wirkt das wohl aus westlich-liberaler Perspektive paradox und/oder rückschrittlich. Aus westlich-liberaler Perspektive liegt das Urteil nahe, dass das, was der Iran unter »Freiheit« und »Demokratie«, vielleicht auch unter »Gerechtigkeit« in diesem politischen Kontext, versteht, tatsächlich nichts mehr mit diesen Gegenständen zu tun hat und dem »eigentlichen« oder dem »wahren« Sinne dieser Begriffe sogar widerspricht. Im Folgenden soll nun nicht in die Debatte um die Gültigkeit dieser Begriffe eingestiegen werden, allerdings bleibt festzuhalten, dass das Verhältnis zwischen den amerikanischen Begriffen von Freiheit, Gerechtigkeit und Demokratie und den gleichlautenden iranischen Begriffen *gegensätzlich* zu sein scheint, zumindest stehen die Begriffe in einem starken *Konkurrenzverhältnis* zueinander.

Die USA und der Iran selbst geraten auch in einen *Streit um begriffliche Konventionen*, wie Kuhn ihn für die Vertreter konkurrierender wissenschaftlicher Paradigmata beschreibt, d.h., die Bedeutung der Ausdrücke »Freiheit«, »Demokratie« und »Gerechtigkeit« wird zum Gegenstand eines *explizit ausgetragenen Begriffskonflikts.*

Der Iran greift vor allem die amerikanischen Begriffe von Freiheit und Demokratie an. In Bezug auf den amerikanischen Demokratiebegriff behauptet der Iran erstens: »Liberalism and *Western style democracy* have not been able to help realize the ideals of humanity. Those with insight can already hear the sounds of the shattering and fall of the ideology and thoughts of the *liberal democratic systems*«[439], und zweitens: »The Islamic Republic of Iran is a symbol of *true democracy*«[440]. Bezüglich des Freiheitsbegriffs konstatiert er: »God Almighty has tied their *true freedom* of humans to their devotion and obedience to Himself. […] Contention and conflict are characteristic of *materialistic freedom* and animal instinct. The essence of all divine religions and obeisance to God and *true freedom* is disassociating from oppressors […].«[441]

Der Iran identifiziert hier die amerikanischen Begriffe explizit als in der Tradition des *Liberalismus* und in der Tradition der *westlichen* Kultur stehend, wobei er offenbar den Liberalismus als exklusives Phänomen des westlichen

439 Ahmadinedschad, Mai 2006, Brief an Bush; Hervorh. von C. R.

440 Ahmadinedschad, 17.09.2005, Rede vor der UN-Generalversammlung, New York; Hervorh. von C. R.

441 Ahmadinedschad, 23.09.2008, Rede vor der UN-Generalversammlung, New York; Hervorh. von C. R.

Kulturkreises begreift. Für den amerikanischen, d.h. liberalen, Freiheitsbegriff konstatiert er, dass dieser nur eine *materialistische* Form von Freiheit bezeichnet, wobei der Materialismus, wie gezeigt, ebenfalls als Charakteristikum der westlichen Kultur ausgemacht wird. Der Iran behauptet damit, dass die amerikanischen Begriffe nur eine sehr spezielle Form von Demokratie und Freiheit bezeichnen, und zwar Demokratie und Freiheit, wie man sie im liberalen und (angeblich) materialistischen *westlichen Kulturkreis* versteht. Damit spricht der Iran den amerikanischen liberalen Begriffen von Freiheit und Demokratie eine kulturübergreifende, universelle Gültigkeit ab. Schließlich erklärt er den Liberalismus für gescheitert und stellt dem westlichen Demokratie- sowie dem materialistischen Freiheitsbegriff dann die eigenen Begriffe als die »*wahren*« Begriffe von Demokratie und Freiheit gegenüber. Damit spricht der Iran den amerikanischen Begriffen die Gültigkeit *überhaupt* ab, indem er nämlich impliziert, dass die USA sich einer *falschen* Anwendung der Ausdrücke »Freiheit« und »Demokratie« schuldig machten und es sich um eine westlich-liberale *Verzerrung* der Konzepte handele.

Die USA verteidigen schließlich ihre Begriffe. Zwar sprechen die USA in Bezug auf die amerikanischen Begriffe nicht von »wahrer Demokratie« und »wahrer Freiheit«, wohl um deutlich zu machen, dass diese Begriffe nicht relativiert werden dürfen, und dass das, was die iranische Führung und andere Extremisten im amerikanischen Sinne unter diesen Begriffen verstehen, gar nichts mehr mit Demokratie und Freiheit zu tun hat. Dagegen kämpfen die USA für die alleinige Gültigkeit ihrer Begriffe von Demokratie und Freiheit sowie auch Gerechtigkeit und gegen eine Relativierung durch »islamische Extremisten«, indem sie stets auf die *Universalität* und *kulturübergreifende Gültigkeit* ihrer Konzepte, und insbesondere auch auf ihre Vereinbarkeit mit der islamischen Kultur, hinweisen:

> Democracy takes different forms in *different cultures*, yet all free societies have *certain things in common.*[442]
>
> We're making our case through public diplomacy – stating clearly and confidently our belief in self-determination, and the rule of law, and religious freedom, and equal rights for women – *beliefs that are right and true in every land and in every culture.*[443]

Die USA und der Iran sind hier offenbar in einen Streit um begriffliche Konventionen geraten, in dem der Iran behauptet, dass diese nach Kulturkreis variieren, während die USA die Auffassung vertreten, dass es bezüglich der fraglichen Begriffe kulturübergreifende, universelle Übereinkünfte gibt.

---

442 Bush, 14.09.2005, Rede auf dem UN-Weltgipfel, New York; Hervorh. von C. R.
443 Bush, 11.11.2005, President Commemorates Veterans Day, Discusses War on Terror, Tobyhanna, USA; Hervorh. von C. R.

Der Kampf um die Gültigkeit von Begriffen ist in der Politik ein verbreitetes Phänomen:

> Sprachliches Handeln in der Politik ist oft auch metasprachliches Handeln. Die Sprache selbst wird dann zum Thema. [...] Sie [die Politiker] kritisieren den Gebrauch bestimmter Wörter, klagen die Verwendungshoheit symbolträchtiger Wörter für ihre Partei ein und sprechen dem politischen Gegner das Recht ab, über diese Wörter zu verfügen.[444]

Den »politischen Wettbewerb um die Bedeutungs- und Verwendungshoheit von Wörtern«[445] bezeichnet man in der Sprach-und-Politikforschung auch als »Begriffe-Besetzen«[446]. Josef Klein gebraucht zur Bezeichnung dieses Phänomens den Ausdruck »*Bedeutungskonkurrenz*«: »Mit Bedeutungskonkurrenz wird der politische Meinungsstreit um die ›richtige‹ Bedeutung eines Wortes in den Vordergrund gestellt und damit die semantische um eine pragmatische Betrachtungsebene erweitert.«[447] In Bezug auf den Kampf um Begriffe werden drei Typen unterschieden. Wird der Kampf, wie in diesem Falle, um die *semantische* Bedeutung der Ausdrücke geführt, während die emotive Bedeutung der Ausdrücke zwischen den beiden Konfliktparteien nicht strittig ist, spricht man von *deskriptiver Bedeutungskonkurrenz* oder *denotativer Lesartkonkurrenz.*[448]

Nach Dieckmann ist der Kampf um Begriffe insofern problematisch, als davon ausgegangen wird, dass es eine »wahre« Bedeutung bestimmter Ausdrücke gibt. Die Unterstellung einer einzig »wahren« Bedeutung von Ausdrücken könnte man als *semantischen Essentialismus* bezeichnen.[449] Andererseits scheint in einem Fall, wie der Auseinandersetzung zwischen den USA und dem Iran, der Kampf um die Begriffe aus semantischer Perspektive sowohl notwendig zu folgen,[450] als auch aus menschenrechtlicher Sicht irgendwie gerechtfertigt zu sein. Die USA und der Iran gebrauchen die zur Diskussion stehenden Ausdrücke

444 Girnth (2002): 62.

445 Girnth (2002): 47; Hervorh. weggel.

446 Der Ausdruck wurde von dem ehemaligen CDU-Generalsekretär Kurt Biedenkopf auf dem 22. Parteitag der CDU Deutschlands 1973 in Hamburg geprägt und ist als Metapher in die sprachwissenschaftliche Literatur eingegangen.

447 Girnth (2002): 52; Hervorh. weggel.

448 Vgl. Girnth (2002); 62–69; auch Klein »Wortschatz, Wortkampf, Wortfelder in der Politik«, in ders. (1989): 17. Wird der Kampf dagegen um die emotive Bedeutung der Begriffe geführt (Beispiel: »Pazifismus«) spricht Klein von »deontischer Bedeutungskonkurrenz« und Girnth von »evaluativer Lesartkonkurrenz«. Schließlich unterscheidet man noch die »Nominationskonkurrenz« bzw. »Bezeichnungskonkurrenz«, als den Kampf darum, mit welchem von alternativen Begriffen auf einen Gegenstand referiert werden kann. Um eine solche Art des »Kampfes um Begriffe« wird es im nächsten Kapitel gehen.

449 Vgl. auch Hock »Vorher-Nachher. Christlich-islamischer Dialog jenseits des 11.09.«, in Aiash / Heine (2006): 139–42.

450 Bei Girnth wird die deskriptive Bedeutungskonkurrenz dagegen auch als logische Folge der ideologischen bzw. weltanschaulichen Polysemie betrachtet.

nicht einfach in einer unterschiedlichen Bedeutung, sondern ihre Begriffe stehen in einem starken *Konkurrenzverhältnis* zueinander. Man kann nicht sowohl die amerikanischen als auch die iranischen Begriffe für gültig halten.

Kuhn betont nun immer wieder, dass es auf Grund der Relativität der Begriffssysteme bzw. der weltanschaulichen Polysemie zu einer Art Missverständnis zwischen den Kontrahenten kommt. (»Es handelt sich jedoch um mehr als nur die Inkommensurabilität von Normen. [...] Nur jene, die diese Umwandlung gemeinsam durchgemacht oder nicht durchgemacht hatten, waren in der Lage, exakt festzustellen, *worüber sie sich einig oder nicht einig waren.* Die Verständigung *über eine revolutionäre Trennlinie hinweg* ist zwangsläufig *nur teilweise möglich.*«[451])

Nach Kuhn schaffen es die Kontrahenten weder, ihr Paradigma als das gültige auszuzeichnen, noch sich überhaupt darüber zu verständigen, in welcher Hinsicht sie sich *einig sind* und in welcher Hinsicht sie sich genau *widersprechen.*

Im Gegensatz zu der von Kuhn geschilderten Situation scheinen die USA und der Iran aber doch dadurch, dass sie ihre Begriffe explizieren und rechtfertigen, sich darüber verständigen zu können, worin sich die beiden Konfliktparteien *uneinig sind,* d.h., worin sie sich *widersprechen.* Insofern scheinen sie also in dieser Hinsicht ihre Paradigmata und Begriffssysteme zueinander in Beziehung setzen zu können. Während der Iran ein (bestimmtes) *religiöses Glaubensbekenntnis* (das Bekenntnis zum Monotheismus) als konstitutives Merkmal von Demokratie, Freiheit und Gerechtigkeit definiert, zählen die USA dagegen die *Religionsfreiheit* zu den relevanten Merkmalen dieser Gegenstände. Hier scheint letztendlich der Widerspruch zu liegen. Tatsächlich gelingt ihnen aber durch diese Redeweise *keine* vollständige Gegenüberstellung ihrer Standpunkte, denn *der Religionsbegriff ist selbst umstritten.*

5.9 Der Begriff der Religion

5.9.1 Die Meta-Streitfrage: Welche Paradigmata stehen sich eigentlich im Streit um das gültige Paradigma gegenüber?

Der Kampf um die *Begriffe* von Demokratie, Freiheit und Gerechtigkeit, als diejenigen Begriffe, mit denen die beiden Parteien jeweils ihr Paradigma als das gültige auszuzeichnen versuchen, ist ein Kampf um die Gültigkeit des jeweiligen *Paradigmas.* Der Versuch, die eigenen Begriffe zu verteidigen und die des Gegners zu beseitigen, ist offensichtlich der Versuch, das eigene Paradigma zu

451 Kuhn (1976): 160; Hervorh. von C. R.

verteidigen und das des Gegners als ungültig auszuweisen. Mit dem Kampf um die Begriffe hat sich der Streit um das Paradigma also auf die Begriffsebene verschoben.

Allerdings ist in diesem Streit um das gültige Paradigma mit seinem Begriffssystem nicht klar, *welche* beiden Paradigmata und Begriffssysteme sich überhaupt im Streit gegenüber stehen und von welcher *Art* der Konflikt ist.

Darüber, dass die USA bemüht sind, die *politische Ideologie des Liberalismus* mit ihrem *säkularen politischen Begriffssystem* zu verteidigen, besteht zwischen den beiden Konfliktparteien Einigkeit. Zwar lehnt der Iran den Liberalismus explizit ab und meldet Zweifel daran an, dass sich die USA immer an die von ihnen propagierten Konzepte halten, er bestreite aber nicht, dass die USA das liberale Paradigma mit seinem Begriffssystem zu verteidigen versuchen.[452]

In Bezug auf das Paradigma, das sich der Iran zuschreibt, herrscht diese Einigkeit dagegen nicht. Der Iran beansprucht für sich, ein *religiöses Weltbild,* den Islam oder den Monotheismus, wie der Iran meist sagt, mit einem *religiösen politischen Begriffssystem* zu vertreten. Dieses Weltbild mit seinem spezifischen Begriffssystem beschreibt er als in einer kulturellen Tradition stehend, und zwar der *islamischen Kultur.* Umgekehrt beschreibt der Iran den Liberalismus mit seinem säkularen politischen Begriffssystem als Merkmal des *westlichen Kulturkreises.* Der Konflikt zwischen den USA und dem Iran wird von iranischer Seite stets als *Kulturkonflikt* beschrieben, den westlichen Regierungen auch insbesondere in Bezug auf den Streit um das gültige Weltbild mit seinem Begriffssystem *Kulturimperialismus* vorgeworfen:

> Promotion of *Western Values:* Opponents and *enemies of Islam* know full well that so long as the *culture and identity of Muslims* are protected they will not be able to reach all their goals and ambitions. For this reason, they are *targeting Islamic culture,* manners, morality and upbringing under the guise of arts, *humanist philosophy, liberalism, secularism,* nihilism, and by electronic media and satellites. They intend to take *away Islamic values* and replace them with the *values of their own choice.* If they succeed to *impose their own culture,* then they have been able to surmount the *cultural and value boundaries of Islam* and there will no longer be any need to resort to military invasion, political pressures, economic sanctions and propaganda onslaught. By *taking away Islamic culture* they will be able to take everything else. This is a daunting and formidable challenge facing the Islamic world.[453]

Dass es sich bei den Spannungen zwischen dem Iran und den USA im Allgemeinen und bei dem Streit um das gültige Paradigma mit seinem Begriffssystem im Besonderen um einen *Kultur*konflikt zwischen der *islamischen Welt* und dem »*gottlosen*« *Westen* handelt, bestreiten die USA dagegen vehement. Insbesondere

452 Vgl. vor allem Ahmadinedschad, Mai 2006, Brief an Bush.

453 Ahmadinedschad, 07.12.2005, Rede auf dem Gipfel der OIC, Mekka; Hervorh. von C. R.

behaupten sie nämlich: »The murderers and beheaders are *not the true face of Islam*; they are the face of evil.«[454] Und weiter stellen die USA fest: »Some call this evil Islamic radicalism; others, militant Jihadism; and still others, Islamo-fascism. *Whatever it's called*, this *ideology* is *very different from the religion of Islam.*«[455]

Damit sprechen die USA dem Gegner ab, überhaupt dasjenige Paradigma und Begriffssystem zu verteidigen, was dieser zu verteidigen vorgibt. Das, was der Iran also als religiöses Glaubensbekenntnis einer Kulturgemeinschaft, sprich als Islam, ausgebe, sei tatsächlich die *politische Ideologie einer extremistischen Minderheit*, die den Islam pervertiere, und etwas von der Religion des Islam völlig Verschiedenes. Insofern könne man in Bezug auf das Paradigma des Gegners auch gar nicht vom »Islam« sprechen, sondern müsse *andere Begriffe* gebrauchen, wie z. B. »Islamo-Faschismus« usw. Hier wird also der Begriff des Islam oder auch der Religionsbegriff allgemein selbst zum Gegenstand eines Begriffskonflikts. In diesem Fall sind die USA diejenigen, die dem Gegner den Missbrauch des Begriffs vorwerfen, indem sie behaupten, dass der Gegner nicht, wie dieser stets vorgibt, das »*wahre* Gesicht des Islam« verkörpert.[456]

Doch die USA gehen mit ihrer Behauptung noch einen Schritt weiter und konstatieren: »They *reject* the words of the *Bible*, the *Koran*, the *Torah*, or *any standard of conscience or morality.* [...] And the Secretary General of the Organization of the Islamic Conference recently spoke out against a suicide bombing, which he said *runs counter to the teachings of Islam.*«[457]

Damit sprechen die USA den »islamischen Extremisten«, wie Iran, erstens jede Form von *Religiosität und Moralität überhaupt* ab und behaupten zweitens, dass ihre Ideologie nicht nur etwas von der Religion des Islam Verschiedenes ist, sondern dass einige Merkmale dieser Ideologie sogar im krassen *Widerspruch* zu den Lehren des Islam stehen. Demnach würden die »islamischen Extremisten« nicht nur nicht den Islam vertreten, wie sie behaupteten, sondern es gelte sogar:

---

454 Bush, 28.08.2007, President Bush Addresses the 89th Annual National Convention of the American Legion, Reno, USA; Hervorh. von C. R.

455 Bush, 11.11.2005, President Commemorates Veterans Day, Discusses War on Terror, Tobyhanna, USA; Hervorh. von C. R.

456 Und dieses Mal ist der Iran derjenige, der impliziert, dass sein Religionsverständnis universell und damit kulturübergreifend ist: »Today there are hundreds of millions of Christians, hundreds of millions of Moslems and millions of people who follow the teachings of Moses (PBUH) [Peace Be Upon Him]. *All divine religions share and respect one word* and that is ›*monotheism*‹ or belief in a single God and no other in the world. The holy Koran stresses this *common word* and calls on an followers of divine religions and says: [3.64] Say: O followers of the Book! Come to an equitable proposition between us and you that we shall not serve any but Allah and (that) we shall not associate aught. With Him and (that) some of us shall not take others for lords besides Allah, but if they turn back, then say: Bear witness that we are Muslims. (The Family of Imran).« (Ahmadinedschad, Mai 2006, Brief an Bush; Hervorh. von C. R.)

457 Bush, 23.09.2008, Rede vor der UN-Generalversammlung, New York; Hervorh. von C. R.

»These militants are not just the enemies of America [...], they are the *enemies of Islam* and they are the *enemies of humanity.*«[458]

Auf den Vorwurf der Ungläubigkeit oder der Gottlosigkeit reagieren die USA also nicht, indem sie die Vorzüge des Atheismus aufzeigen, sodass schließlich ein Streit darüber entfacht, ob ein religiöses oder ein atheistisches Weltbild vorzuziehen ist, sondern die USA bestreiten hier die iranische Prämisse, überhaupt im Sinne eines religiösen Glaubensbekenntnisses zu argumentieren und ein religiöses Begriffssystem zu vertreten. Dass Religiosität an sich erstrebenswert ist, bestreiten die USA dagegen nicht. Bush selbst gibt sich bekannter Weise als äußerst religiös:

> And the interesting development that is taking place in the beginnings here of the 21st century is, the freedom movement is on the march. I'm not surprised, and you shouldn't be either. *I believe there is an Almighty.* I believe the *gift of that Almighty* to every man, woman and child *is freedom.* I believe that people, if given a chance, will always go to freedom – and that's what you're beginning to see.[459]

Nicht nur Ahmadinedschad, sondern auch Bush stellt seine Politik als im Einklang mit Gott, ja fast als göttliche Mission dar: »The fight against the forces of extremism is the great ideological struggle of our time. And in this fight, our nations have a weapon more powerful than bombs or bullets. It is the *desire for freedom and justice written into our hearts by Almighty God* – and no terrorist or tyrant can take that away.«[460]

Im Westen selbst gilt die Bushsche Rhetorik, vor allem im Vergleich zu europäischen Staats- und Regierungschefs, im Gegensatz zu den iranischen Behauptungen schließlich auch als äußerst religiös gefärbt und religiöse Gruppen üben auf die Politik Bushs einen recht großen Einfluss aus. Peter Singer, der die häufig auftretenden christlich-moralischen Äußerungen Bushs in seinen Reden zum Anlass genommen hat, ein Buch über die persönlichen ethischen und religiösen Ansichten Bushs und ihren Einfluss auf seine Politik zu schreiben, konstatiert: »George W. Bush ist nicht nur Amerikas Präsident, sondern auch

458 Bush, 11.11.2005, President Commemorates Veterans Day, Discusses War on Terror, Tobyhanna, USA; Hervorh. von C. R. Die USA sprechen dem Iran sowohl ab, den Islam als konkrete Religion, als auch irgendeine Religion überhaupt zu vertreten. Es wird aber im Folgenden um den Begriff der Religion und nicht um den Begriff des Islam gehen. Bei der Rechtfertigung seines Religions- bzw. Islambegriffs nennen die USA sehr allgemeine Merkmale, die nicht spezifisch den Islam, sondern, wenn überhaupt, auch jede andere Religion kennzeichnen könnten. Außerdem verteidigt der Iran in Reden vor nicht ausschließlich islamischem Publikum stets den Monotheismus im Allgemeinen und nicht den Islam im Besonderen.

459 Bush, 31.01.2008, President Bush Discusses Global War on Terror, Las Vegas; Hervorh. von C. R.

460 Bush, 13.01.2008, Bush Discusses Importance of Freedom in the Middle East, Abu Dhabi; Hervorh. von C. R.

sein prominentester Moralist. Kein anderer Präsident aus der jüngeren Vergangenheit hat so oft über gut und böse, richtig und falsch gesprochen.«[461] Einen wesentlichen Faktor für Bushs moralistisches Denken sieht Singer in den christlichen Überzeugungen Bushs.[462]

Insofern den USA zufolge der politische Gegner nicht, wie dieser behauptet, den Islam als religiöses Glaubensbekenntnis einer Kulturgemeinschaft vertritt, ja seine Ideologie sogar im Gegensatz zu islamischen und religiöses Lehren überhaupt steht, handele es sich auch nicht um einen Kulturkonflikt zwischen der islamischen Welt und dem Westen. Stattdessen handele es sich um einen »*Kampf der Ideologien*«, in dem eine Minderheit dem Rest der Welt, und insbesondere der islamischen Welt selbst, ihre Ideologie aufzuzwingen und die *universellen, kulturübergreifend gültigen* Konzepte von Demokratie, Freiheit und Gerechtigkeit im Sinne dieser Ideologie zu relativieren versuche.

Im Falle des Streits um das Paradigma zwischen den USA und dem Iran kommt damit noch eine Schwierigkeit hinzu. Es ist nicht nur umstritten, welches der beiden Paradigmata und Begriffssysteme das gültige ist (normative Ebene), sondern auch, *welche* Paradigmata mit ihren Begriffssystemen sich überhaupt im Konflikt miteinander befinden, und damit auch, von *welcher Art* der Konflikt ist (deskriptive Ebene). Insofern besteht zwischen den Kontrahenten nicht einmal Einigkeit hinsichtlich der Frage, *worin sie sich genau uneinig sind.* Sie

461 Singer (2004): 21.

462 Die tatsächliche amerikanische Politik unter Bush steht nach Singer allerdings oft eher im Gegensatz zu christlichen Lehren, wie Gewaltverzicht bzw. ein Verzicht auf Vergeltung; vgl. auch Singer (2004): 108 – 56, 215 – 18 und Silberstein (2004): 39 – 55; zum Einfluss religiöser Gruppierungen auf die amerikanische Politik vgl. vor allem Josef Braml (2005). Braml beschreibt, wie amerikanische Politiker, insbesondere die Republikaner, der Tatsache Rechnung tragen, dass die Mehrheit der amerikanischen Bevölkerung im Gegensatz zur europäischen Bevölkerung religiös ist, wobei das politische Engagement religiöser Bevölkerungsteile in den letzten dreißig Jahren zugenommen hat. Insbesondere im Süden und Mittleren Westen der USA üben einige konservative evangelikale und religiös-fundamentalistische Strömungen, die sich auch *gegen* liberale Ideen wenden, heute einen starken gesellschaftlichen und politischen Einfluss aus. Vor allem die sogenannte Christliche Rechte spielt eine wesentliche Rolle als Wählerpotential, als Wahlkampfhilfe der Republikaner im Kongress und als Basis der Bush-Administration. Dabei konzentriert man sich bei der Zusammenarbeit vor allem auf außenpolitische (und wirtschaftspolitische) Themen, um andere Wählergruppen mit kontroverseren innenpolitischen Themen, wie Abtreibung, nicht zu verprellen. Die Christliche Rechte engagiert sich hier im Bereich nationaler Sicherheit beim Kampf gegen den Terrorismus und fordert ein militärisch starkes Amerika sowie die uneingeschränkte amerikanische Unterstützung Israels. Diesbezüglich wird die »jüdisch-christliche Schicksalsgemeinschaft im Kampf gegen das Böse«, den Terrorismus, betont. Braml konstatiert, dass diese Entwicklung dazu geführt hat, dass in den USA die Distanz zwischen Religion und Politik in den letzten drei Dekaden geringer geworden ist. (Vgl. Braml 2005: insbesondere 19 – 36, 71 – 108.) Diese Befunde relativieren amerikanische Behauptungen, nach denen Amerika *der* Protagonist des liberalen Paradigmas ist.

können nicht paradigmenübergreifend angeben, *in welcher Hinsicht sie sich genau widersprechen* und *welche Art* von Konflikt sie austragen.

Will man den Konflikt zwischen den USA und dem Iran neutral darstellen, darf man streng genommen auch nicht mehr behaupten, dass sich in dem Konflikt zwischen den USA und dem Iran, ein *säkulares* politisches Begriffssystem, welches in der Tradition des Liberalismus steht, und ein Begriffssystem, in welchem politische Begriffe auf ein *religiöses* Weltbild bezogen werden, gegenüberstehen. Die Frage danach, welche paradigmatischen Standpunkte und Begriffssysteme sich im Konflikt miteinander befinden, und in welchem Punkt der eigentliche Widerspruch zwischen den USA und dem Iran besteht, muss also vorerst unbeantwortet bleiben. Außerdem kann vorerst keine Aussage darüber gemacht werden, von welcher Art der Konflikt zwischen den USA und dem Iran ist (kultureller Konflikt oder ideologischer Konflikt).

5.9.2 Ein Streit um Prämissen

Der Streit um den Religionsbegriff und darüber, ob das iranische Paradigma als eine religiöse Überzeugung mit einem entsprechenden Begriffssystem bezeichnet werden kann oder muss, ist selbst wieder ein Streit um die Gültigkeit des jeweiligen Paradigmas und Begriffssystems. Allerdings handelt es sich um einen Streit um die Prämissen, auf denen die anderen drei Begriffskonflikte/Streitfälle ausgetragen wurden und auf denen die Kontrahenten argumentieren.

Wenn die USA behaupten, dass der Iran eine *politische Ideologie* vertritt, und damit ein Paradigma und Begriffssystem, das *nicht kulturell* begründet ist, und sogar im Gegensatz zu jeder Form von Religiosität, Moral und anderen menschlichen Errungenschaften (»enemies of humanity«) steht, dann bestreiten sie die zentrale iranische Prämisse, ein *religiöses* und damit *kulturell* begründetes Weltbild mit entsprechendem Begriffssystem zu vertreten.

Der Streit darüber, wie das iranische Paradigma zu bezeichnen ist, ist insofern ein Streit um die Gültigkeit des Paradigmas, als es für die Legitimität eines Weltbildes und eines Begriffssystems einen Unterschied macht, ob man das Weltbild als ein religiöses Glaubensbekenntnis bezeichnet, das noch dazu von einem großen Kulturkreis geteilt wird, oder ob man es als politische Ideologie bezeichnet, welche nur innerhalb einer Minderheit verbreitet ist. Anders als eine Ideologie mit ihrem Begriffssystem ist ein kulturell begründetes, religiöses Weltbild mit seinem Begriffssystem durch den Westen kaum anzugreifen, ohne dass er sich dem Vorwurf des *Ethnozentrismus* oder gar des *Kulturimperialismus* ausgesetzt sieht. Und genau das ist die iranische Argumentation. Mit der Berufung auf eine kulturelle Tradition immunisiert sich der Iran gegen jede Kritik, die sich gegen sein Weltbild und Begriffssystem richtet. Zwar weist auch der Iran das »gottlose Weltbild« des Westens, das er ja ebenfalls als kulturell begründet beschreibt, auf die gleiche imperiale Weise zurück, die er dem Westen umgekehrt zum Vorwurf macht. Allerdings kommt dem Iran hier die Geschichte zu Gute. Der Iran kann sich auf historische Erfahrungen und eine »historische Schuld« des Westen berufen – Anspielungen auf das Zeitalter des europäischen Imperialismus finden sich in der iranischen Argumentation schließlich zu Genüge – und damit den Westen viel glaubwürdiger des Kulturimperialismus bezichtigen als der Westen den Iran bezichtigen könnte. Kann der Iran also zeigen, dass er tatsächlich ein kulturell begründetes Paradigma vertritt, trägt er im Streit um das gültige Paradigma und Begriffssystem *kaum noch Beweislast.*

Wenn die USA dagegen zeigen könnten, dass der Iran den Religionsbegriff missbraucht und tatsächlich gar kein kulturell begründetes, religiöse Weltbild mit seinem spezifischen Begriffssystem vertritt, sondern eine Ideologie, die sogar im Gegensatz zu allen religiösen Lehren steht, hätten sie der iranischen Argumentation den Boden entzogen. Insbesondere hätten sie einen Teilsieg im Kampf um die Ausdrücke »Demokratie«, »Freiheit« und »Gerechtigkeit« als Teil des Kampfes um das Paradigma errungen, insofern der Iran alle drei Ausdrücke unter Rückgriff auf den Religionsbegriff definiert und rechtfertigt. Der Gegner wäre als unglaubwürdig und unaufrichtig disqualifiziert.

Der Ausdruck »Ideologie« ist zudem stark negativ konnotiert und impliziert, dass jemand meint, die Wahrheit zu kennen, diese aber tatsächlich verzerrt darstellt. Aus diesem Grund definieren die USA den Konflikt mit dem Iran und anderen »islamische Extremisten« zwar stets als »Kampf der Ideologien«, referieren dann aber bei der Identifizierung der Ideologien, die sich im Kampf gegenüberstehen, nur auf den »islamischen Extremismus« mit dem Ausdruck »Ideologie«, während sie auf das eigene Paradigma meist mit dem Ausdruck »Vision (der Freiheit)« referieren. Wenn die USA konstatieren, dass der Iran kein kulturell begründetes, religiöse Weltbild, sondern eine Ideologie vertritt, wollen sie dem gegnerischen Paradigma und dessen Begriffssystem also vor allem Legitimität absprechen. Dieser verzerre und missbrauche dann letztendlich die Ausdrücke »Demokratie«, »Freiheit« und »Gerechtigkeit« im Sinne seiner Ideologie, sodass man die liberalen Begriffe und das liberale Paradigma kaum noch als gültig ausweisen muss. Man trägt dann, so die Argumentation, *kaum noch Beweislast.*

Gleichzeitig müssen die USA die iranische Prämisse, ein kulturell begründetes, religiöses Glaubensbekenntnis zu vertreten, bestreiten, um nämlich ihre zentrale Prämisse der *universellen und kulturübergreifenden* Gültigkeit des Liberalismus und der liberalen Begriffe von Demokratie, Freiheit und Gerechtigkeit aufrecht erhalten zu können. Genau diese Prämisse bestreitet ja umgekehrt der Iran mit seiner Behauptung, *dass* er ein religiöses Paradigma und

Begriffssystem vertritt, das für einen großen Kulturkreis gilt. Wenn der Iran zeigen könnte, dass er tatsächlich ein religiöses Weltbild und Begriffssystem vertritt, das von der islamischen Welt geteilt wird, und die Ausdrücke »Demokratie«, »Freiheit« und »Gerechtigkeit« damit nicht nur im Sinne einer Ideologie verzerrt und missbraucht, hätte er die amerikanische Prämisse der universellen und kulturübergreifenden Gültigkeit des Liberalismus und der liberalen Begriffe von Demokratie, Freiheit und Gerechtigkeit Lügen gestraft, und gezeigt, dass es sich hier doch um spezifisch *westliche* Konzepte handelt. Damit hätte der Iran der amerikanischen Argumentation den Boden entzogen. Die USA müssten ihre Konzepte von Demokratie, Freiheit und Gerechtigkeit zumindest überdenken, vielleicht sogar relativieren. Außerdem greifen die USA ebenfalls bei der Verteidigung ihrer Begriffe von Demokratie, Freiheit und Gerechtigkeit und damit ihres Weltbildes auf den Begriff der Religion zurück, und zwar indem sie die Religionsfreiheit als konstitutives Merkmal dieser Gegenstände setzen. Könnte der Iran seinen Religionsbegriff als den gültigen auszeichnen, würde der amerikanische Begriff der Religionsfreiheit sinnentleert, denn Freiheit bestünde dann in dem religiösen Bekenntnis zu einem Gott und könnte nicht mehr die Freiheit bedeuten, zu wählen, zu welcher Religion man sich bekennt, und ob man sich überhaupt zu einer Religion bekennt.

Der Streit um den Religionsbegriff ist also ein Streit um das Fundament, auf dem die anderen Begriffskonflikte ausgetragen wurden. Alle anderen Begriffs- und Paradigmenkonflikte wurden unter Rückgriff auf diesen Begriff ausgetragen und der Iran hat sein Paradigma und seine Begriffe mittels dieses Begriffs sogar definiert. Da dieser Begriff offenbar ebenfalls umstritten ist, gelingt den beiden Konfliktparteien keine vollständige Gegenüberstellung ihrer Standpunkte, wenn der Iran für ein religiöses Glaubensbekenntnis als relevantes Merkmal von Demokratie, Freiheit und Gerechtigkeit eintritt, während die USA zu Gunsten der Religionsfreiheit in Bezug auf diese Konzepte argumentieren. Um begrifflich festzumachen, welche paradigmatischen Standpunkte und Begriffssysteme sich im Konflikt miteinander befinden und worin der eigentliche Widerspruch zwischen den USA und dem Iran besteht, um also eine vollständige Gegenüberstellung der Positionen zu erzielen, müsste zumindest unstrittig sein, welches Paradigma der Iran genau vertritt. Dies wäre wohl auch die Voraussetzung dafür, dass überhaupt paradigmenübergreifende Argumente angeführt werden können und so die Diskussion um die Gültigkeit des Paradigmas und Begriffssystems überhaupt rational ausgetragen und gegebenenfalls einer Lösung zugänglich gemacht werden kann. Können also die USA zeigen, dass der Gegner den Religionsbegriff missbraucht und tatsächlich gar keine religiöse Überzeugung und kein religiöses Begriffssystem vertritt, oder kann der Iran das Gegenteil beweisen?

5.9.3 Ein semantisch-deskriptiver Begründungszirkel

5.9.3.1 Der amerikanische Religionsbegriff

Welche charakteristischen Merkmale sprechen die USA dem Weltbild des Gegners zu, die dieses Weltbild von einem religiösen Weltbild unterscheiden, ja die Rede von einer Religion, dem Islam, sogar verbieten?

Zur Begründung ihrer These, dass es sich bei dem Weltbild des Gegners nicht um ein religiöses Weltbild handelt, nennen die USA stets die *drei Merkmale* des Weltbildes der »islamischen Extremisten«, die wir schon im dritten Kapitel kennengelernt haben:

> Whatever it's called, this ideology is very different from the religion of Islam. This form of radicalism exploits Islam to serve a *violent, political vision: the establishment*, by terrorism, subversion and insurgency, of *a totalitarian empire* that *denies all political and religious freedom.* These extremists distort the idea of jihad into a call for *terrorist murder* against Christians and Hindus and Jews – and against Muslims, themselves, who do not share their radical vision.[463]

Dieselben Merkmale nennen die USA beispielsweise auch in einer Rede circa zwei Jahre später:

> Today your aspirations are threatened by violent extremists who *murder* the innocent *in pursuit of power.* These extremists have hijacked the noble religion of Islam, and *seek to impose their totalitarian ideology on millions.* They *hate freedom and they hate democracy – because it fosters religious tolerance and allows people to chart their own future.*[464]

Die »islamischen Extremisten« verfolgten also erstens vor allem *machtpolitische Ziele*, und zwar letztendlich die Errichtung eines Imperiums. Zweitens zeichnete sich das Weltbild der »islamischen Extremisten« durch ihren *Totalitarismus* aus: Sie *hassten politische Freiheit* und *religiöse Freiheit / Toleranz* und demnach *Demokratie.* Insofern handele es sich bei dem Imperium, das sie errichten wollten, um ein *totalitäres* Imperium, in dem alle *politischen und religiösen Freiheiten verweigert* würden und in dem alle Menschen gemäß ihrer hasserfüllten Ideologie leben müssten. Insofern sei schließlich der iranischen Führung als Verkörperung des schiitischen Stranges des Islamismus mit der Errichtung der Islamischen Republik Iran schon etwas gelungen, was al-Qaida als Verkörperung des sunnitischen Stranges noch nicht gelungen sei. Drittens griffen sie als Mittel zum Erreichen ihres Ziels zu *Gewalt*, was, wie die USA an anderer Stelle

463 Bush, 11.11.2005, President Commemorates Veterans Day, Discusses War on Terror, Tobyhanna, USA; Hervorh. von C. R.

464 Bush, 13.01.2008 Bush, President Bush Discusses Importance of Freedom in the Middle East, Abu Dhabi; Hervorh. von C. R..

sagen, ihre Verachtung von Menschenleben und Menschenwürde deutlich mache.

Insbesondere stünde die Gewaltbereitschaft, vor allem wenn sie sich in Form von Selbstmordattentaten äußert, im Widerspruch zu den Lehren des Islam wie auch jeder anderen Religion:

> When unsuspecting Muslims breaking their Ramadan fast are targeted for death, or 25 Iraqi children are killed in a bombing, or Iraqi teachers are executed at their school, this is murder, pure and simple – the *total rejection* of justice and honor and *morality and religion.* [...] And we have seen this kind of shameless cruelty before – in the heartless zealotry that led to the gulags, the Cultural Revolution, and the killing fields.[465]

Die USA nennen hier weder Merkmale einer *politischen Ideologie* allgemein im Gegensatz zu einer anderen Art von Weltbild, wie einer Religion, noch die Merkmale einer spezifischen ideologischen Strömung, wie dem *Islamismus*, sondern Merkmale einer *totalitären* Ideologie. So nennen sie auch dieselben drei Merkmale als gemeinsame Merkmale der »Ideologie des islamischen Extremismus« und des Kommunismus:

> Like the ideology of communism, our new enemy teaches that *innocent individuals can be sacrificed to serve a political vision.* And this explains their *cold-blooded contempt for human life.* [...] Like the ideology of communism, our new enemy pursues *totalitarian aims.* Its leaders pretend to be an aggrieved party, representing the powerless against imperial enemies. In truth, they have *endless ambitions of imperial domination* – and they wish to make everyone powerless, except themselves. Under their rule, they have banned books, and desecrated historical monuments, and brutalized women. They seek to end dissent in every form, to control every aspect of life, to rule the soul itself. While promising a future of justice and holiness, the terrorists are preparing a future of oppression and misery. Like the ideology of communism, our new enemy is *dismissive of free peoples – claiming that men and women who live in liberty are weak and decadent.*[466]

Diese Merkmale werden dann entweder dem Islam als konkreter Religion oder einer religiösen Überzeugung allgemein gegenübergestellt.

Wenn die USA aber als die zentralen Merkmale, die das Weltbild des Gegners charakterisierten und es von einem religiösen Weltbild unterschieden, die in erster Linie machtpolitischen Ambitionen, die Verachtung von Menschenleben und Menschenwürde, die sich in der Gewaltbereitschaft äußere, und vor allem

465 Bush, 11.11.2005, President Commemorates Veterans Day, Discusses War on Terror, Tobyhanna, USA; Hervorh. von C. R.; vgl. auch: »And the Secretary General of the Organization of the Islamic Conference recently spoke out against a *suicide bombing*, which he said *runs counter to the teachings of Islam.*« (Bush, 23.09.2009, Rede vor der UN-Generalversammlung, New York; Hervorh. von C. R.)

466 Bush, 11.11.2005, President Commemorates Veterans Day, Discusses War on Terror, Tobyhanna, USA; Hervorh. von C. R.

die *Ablehnung von (politischer) Freiheit* und *Demokratie*, den *Totalitarismus*, nennen, dann geraten sie erneut in einen *Begründungszirkel.* Die USA wollen die Ungültigkeit des iranischen Paradigmas und der iranischen Begriffe von Freiheit, Demokratie und Gerechtigkeit, die dieser unter Rückgriff auf den Religionsbegriff definiert, dadurch beweisen, dass sie zeigen, dass der Gegner gar kein religiöses Weltbild vertritt und den Religionsbegriff ebenfalls missbraucht. Um aber zu zeigen, dass der Gegner den Begriff der Religion in einer »falschen« Bedeutung gebraucht und selbst kein religiöses Weltbild und Begriffssystem vertritt, und um damit indirekt die universelle Gültigkeit des liberalen Paradigmas und Begriffssystems zu beweisen, greifen die USA wieder auf ihre umstrittenen Begriffe von Freiheit und Demokratie (bzw. Totalitarismus) zurück und setzen voraus, dass ihre liberalen Begriffe von Freiheit und Demokratie gültig sind. Beim Ausweis der Gültigkeit des liberalen Paradigmas mit seinem Begriffssystem wird also abermals die Gültigkeit des Liberalismus und des liberalen Begriffssystems vorausgesetzt. Damit können die USA nicht *paradigmenübergreifend* zeigen, dass der Iran den Religionsbegriff missbraucht und tatsächlich kein religiöses Weltbild und Begriffssystem vertritt.

Positiv formuliert gehören den USA zufolge zu den zentralen Merkmalen eines religiösen Weltbildes also erstens die Achtung der Menschenwürde und des menschlichen Lebens und somit auch Friedfertigkeit.[467] Zweitens zeichne sich ein religiöses Weltbild dadurch aus, dass es nicht vor allem machtpolitischen Zwecken diene. Der Ausdruck »vor allem« muss hier betont werden, insofern die USA wohl weder bestreiten, dass eine Religionsgemeinschaft auch politische Ziele verfolgt, noch dass sie auch politische Ziele verfolgen darf. Drittens zeichne sich ein religiöses Weltbild durch die Vereinbarkeit mit und die Zustimmung zu *politischen Freiheiten (im liberalen Sinne)* und einer *demokratischen Herrschaftsform (im liberalen Sinne)* aus. Das Bekenntnis zu einer religiösen Überzeugung einerseits und ein säkulares Herrschaftssystem, in dem Religionsfreiheit politisch garantiert ist, schließen sich den USA zufolge nicht aus. Der Religionsbegriff, den die USA zu Grunde legen, wenn sie den gegnerischen Missbrauch des Religionsbegriffs und dessen Ungläubigkeit sowie indirekt die Gültigkeit des Liberalismus beweisen wollen, steht *ebenfalls in der Tradition des Liberalismus.*

467 In diesem Zusammenhang ist es interessant darauf hinzuweisen, dass häufige Kirchgänger in den USA den Irakkrieg der USA eher befürworteten als weniger religiöse Amerikaner, und dass sieben von zehn der evangelikalen Amerikaner das Konzept präventiver Kriegsführung befürworten! (Vgl. Braml 2005: 118 – 19.) Diese Befunde sprechen nicht dafür, dass sich religiöse Menschen *in den USA* tatsächlich durch Friedfertigkeit auszeichnen.

5.9.3.2 Der iranische Religionsbegriff

Betrachten wir, welche Merkmale der Iran als relevante Merkmale eines religiösen Weltbildes nennt. Der Iran reagiert auf den Vorwurf der USA, er missbrauche den Religionsbegriff und vertrete gar kein religiöses Weltbild, nicht, indem er seinen Religionsbegriff explizit verteidigt, sondern er setzt seinen Religionsbegriff weiterhin dogmatisch als den gültigen voraus. Dennoch lässt sich aus den Merkmalen, die der Iran als die zentralen Charakteristika des »gottlosen Weltbildes« des Westens nennt, darauf schließen, welche Merkmale er als relevante Merkmale eines religiösen Weltbildes und damit des eigenen Weltbildes versteht.

Als das Charakteristikum des westlichen Weltbildes, das im Gegensatz zu einem monotheistischen Weltbild stünde, wird stets der *Materialismus* und damit Konsumstreben und Profitgier genannt. Der westliche Materialismus begründe schließlich auch die *ungerechte* Politik der westlichen Regierungen. Allgemein kann also festgehalten werden, dass der Iran eine generelle *Werteorientierung* im Gegensatz zu einem Handeln, das allein an der Verfolgung materieller Ziele ausgerichtet ist, als zentrales Merkmal eines religiösen Weltbildes definiert.[468] Da der Iran den Materialismus als Grundlage der Ungerechtigkeit erachtet, zählt er vor allem eine *gerechte* Politik zu den Merkmalen einer an religiösen Lehren ausgerichteten Politik.

Auch *Respekt vor dem Leben* und *Friedfertigkeit* zählt der Iran zu den religiös begründeten Werten und nennt sie, wie die USA, als Merkmale eines religiösen Weltbildes. Vor allem in Bezug auf das iranische Atomprogramm beruft sich der Iran auf die Friedfertigkeit des Islam: »The Islamic Republic of Iran reiterates its previously and repeatedly declared position that in accordance with our religious principles, pursuit of nuclear weapons is prohibited.«[469]

In einem Interview erklärt Ahmadinedschad, dass man unter anderem auf Grund der Friedfertigkeit als Merkmal einer religiösen Überzeugung, Bush nicht als religiös bezeichnen könne.

---

468 Die USA äußern sich weder zu dem Vorwurf der Gier oder des Konsumismus, noch nehmen sie ausdrücklich zu der Frage Stellung, ob für sie eine Ausrichtung des Handelns an der Verfolgung materieller Güter in einem so krassen Gegensatz zum Glauben steht, wie der Iran dies formuliert. Allerdings implizieren die USA, dass sie zwischen einem gewissen Materialismus und Konsumismus einerseits und dem Bekenntnis zu einer religiösen Überzeugung andererseits keinen krassen Widerspruch sehen, insofern sie die freie Marktwirtschaft und internationalen Freihandel propagieren, sich Bush aber dennoch als sehr religiösen Menschen präsentiert. Andererseits ist auch die iranische Führung der Marktwirtschaft und dem Freihandel gegenüber aufgeschlossen und bemüht sich, Privatisierungsmaßnahmen voranzutreiben. (Vgl. Perthes 2008: 42–43.)

469 Ahmadinedschad, 17.09.2005, Rede vor der UN-Generalversammlung, New York.

AHMADEINEJAD: Well, is Mr. Bush a religious man?

PELLEY: Very much so. As you are.

AHMADEINEJAD: What religion, please tell me, tells you as a follower of that religion to occupy another country and kill its people? Please tell me. Does Christianity tell its followers to do that? Judaism, for that matter? Islam, for that matter? What prophet tells you to send 160,000 troops to another country, kill men, women, and children? You just can't wear your religion on your sleeve or just go to church. You should be truthfully religious. Religion tells us all that you should respect the property, the life of different people. Respect human rights. Love your fellow man. And once you hear that a person has been killed, you should be saddened. You shouldn't sit in a room, a dark room, and hatch plots. And because of your plots, many thousands of people are killed. Having said that, we respect the American people. And because of our respect for the American people, we respectfully talk with President Bush. We have a respectful tone. But having said that, I don't think that that is a good definition of religion. Religion is love for your fellow man, brotherhood, telling the truth.[470]

In dem Interview nennt Ahmadinedschad noch weitere religiös begründete Werte, wie Respekt vor dem Eigentum und Leben, Liebe zu den Mitmenschen, Brüderlichkeit und Ehrlichkeit.

An anderer Stelle erklärt der Iran allerdings: »The Islamic culture abounds in notions and values *such as [...] jihad* against oppression, occupation and usurpation and defending the oppressed.«[471] Außerdem ruft er stets, wie im Zusammenhang des Interpunktionsproblems gezeigt, die palästinensische Nation dazu auf, im Namen des Islam weiter zu kämpfen.

Insofern kann man aus den Reden nicht wirklich erschließen, ob der Iran tatsächlich die Friedfertigkeit als Merkmal einer Religion definiert oder nicht. Es scheint, als sei Gewalt gerechtfertigt, wenn es um den Kampf gegen Unterdrückung, also um Verteidigung ginge. Demnach stellte sich also in Bezug auf dieses Merkmal das Interpunktionsproblem.[472]

Aufschlussreich für das iranische Religionsverständnis sind vor allem die Merkmale, die der Iran im Zusammenhang seiner Schilderung des angeblichen Kulturkampfes als typische Merkmale der westlichen, atheistischen Kultur betrachtet, und die er als im Gegensatz zur islamischen Kultur stehend definiert. Hier nennt der Iran *humanistische* Philosophien, die den Menschen ins Zentrum der Betrachtung rücken und Ideen wie Toleranz und Gewissensfreiheit betonen, sowie den *Liberalismus* und den *Säkularismus*, d.h. die Verweltlichung der Gesellschaft, Trennung von Kirche und Staat, als Merkmale der westlichen, atheistischen Kultur und als Gegenkonzepte zum Islam und zur islamischen

470 Ahmadinedschad, 20.09. 2007, Interview mit Scott Pelley, CBS, Teheran.

471 Ahmadinedschad, 07.12.2005, Rede auf dem Gipfel der OIC, Mekka; Hervorh. von C. R.

472 Prinzipiell werden im Islam militärische Handlungen gegen »Ungläubige«, Apostaten, Rebellen und Banditen als legitim betrachtet. (Vgl. Lewis 2003: 51–67.)

Kultur. (»*Opponents and enemies of Islam* know full well that so long as the culture and identity of Muslims are protected they will not be able to reach all their goals and ambitions. For this reason, they are *targeting Islamic culture*, manners, morality and upbringing under the guise of arts, *humanist philosophy*, *liberalism*, *secularism*, nihilism, and by electronic media and satellites. They intend to take *away Islamic values* and replace them with the *values of their own choice*.«[473]) Damit klingt schon an, dass der Iran insbesondere die westliche politisch-gesellschaftliche Ordnung und deren ideelle/ideengeschichtliche Grundlagen als Merkmale des Atheismus des Westens auffasst.

Dies wird noch deutlicher in dem Brief, den Ahmadinedschad Bush schreibt, und in dem er den Liberalismus und seine Institutionalisierung in einer liberalen demokratischen Ordnung explizit als *Gegenkonzepte* zu Gott und seinen Lehren bzw. zum Monotheismus definiert:

> *Liberalism* and *Western style democracy* have not been able to help realize the ideals of humanity. Today these two concepts have failed. Those with insight can already hear the sounds of the shattering and fall of the ideology and thoughts of the *liberal democratic systems*. We increasingly see that people around the world are flocking towards a main focal point – that is the *Almighty God*. Undoubtedly through *faith in God* and *the teachings of the prophets*, the people will conquer their problems. My question for you is: ›Do you not want to join them?‹ Mr President, Whether we like it or not, the world is gravitating towards faith in the Almighty and justice and the will of God will prevail over all things.[474]

Als die Merkmale des »gottlosen Weltbildes« des Westens werden also neben der mangelnden Orientierung an Werten im Allgemeinen (Materialismus) und an Gerechtigkeit im Besonderen vor allem die *säkulare politische Ordnung* der westlichen Staaten, die »*western style democracy*«, genannt. Insofern der Liberalismus die ideologische Grundlage des modernen westlich-säkularen Demokratieverständnisses (Religionsfreiheit) und der Marktwirtschaft ist, und demnach natürlich auch einen gewissen Materialismus umfasst, *setzt der Iran den Liberalismus mit Ungläubigkeit gleich*.

Es lassen sich nun die Merkmale zusammenfassen, die der Iran offensichtlich als relevante Merkmale eines religiösen Weltbildes versteht. Dies sind eine *Werteorientierung* im Allgemeinen und eine Orientierung an *Gerechtigkeit* im Besonderen und vor allem ihre *Manifestierung in einer bestimmten politischen Ordnung*, die der Iran als die »*wahre Demokratie*« bezeichnet, und die er der »liberalen Demokratie« oder der »Demokratie nach westlichem Stil« gegenüberstellt. Dem Iran zufolge ist Gott alleiniger Herrscher und hat den Menschen befohlen, ihm und nur ihm zu gehorchen. Das Bekenntnis zum Monotheismus

473 Ahmadinedschad, 07.12.2005; Rede auf dem Gipfel der OIC, Mekka; Hervorh. von C. R.
474 Ahmadinedschad, Mai 2006, Brief an Bush; Hervorh. von C. R.

und die Befolgung der Lehren Gottes müssen dem Iran zufolge vor allem staatlich sichergestellt werden. Die enge Verquickung zwischen Religion und Politik wurde im Laufe der Argumentation sehr deutlich. Politik und Religion werden nicht als getrennte Sphären betrachtet, der Staat kann und soll in das Privatleben hineinreichen und Fragen der Religionsausübung werden als öffentliche Angelegenheiten betrachtet. Der Iran plädiert für eine, dem westlichen Sprachgebrauch folgend, Theokratie – der Iran selbst spricht schließlich von der »wahren Demokratie« – und einen Religionszwang. Auch der iranische Religionsbegriff steht in der *Tradition des iranischen Paradigmas*, das man entweder mit den USA als »*totalitäre Ideologie des islamischen Extremismus*« oder mit dem Iran als *spezifische Auslegung des Islam* und damit als *Religion* bezeichnen kann.[475] Damit hat der Iran sein Paradigma und seine Begriffe von Demokratie, Freiheit und Gerechtigkeit unter Rückgriff auf einen Religionsbegriff definiert und als gültig ausgewiesen, der selbst wieder paradigmenspezifisch ist und damit die Gültigkeit seines Paradigmas und Begriffssystems immer schon vorausgesetzt. Genauso wenig wie die USA kann der Iran zeigen, dass sein Religionsbegriff gültig ist und er tatsächlich ein religiöses Weltbild vertritt, denn auch er greift bei der Explikation seines Religionsbegriffs an keiner Stelle auf paradigmenübergreifend anerkannte Begriffe zurück, sondern auf Begriffe, die ebenfalls strittig sind, und zwar auf die iranischen Begriffe von Gerechtigkeit und Demokratie. Zwar spezifiziert der Iran, anders als die USA, welchen Demokratiebegriff er gebraucht, wenn er die Merkmale des »gottlosen Weltbildes« des Westens aufzählt, und zwar den »liberalen Demokratiebegriff« oder den Begriff der »Demokratie nach westlichem Stil«. Aber schon durch die Spezifizierung »liberale Demokratie« und »Demokratie nach westlichem Stil« setzt er die Gültigkeit des amerikanischen Demokratiebegriffs als eingeschränkt, die des iranischen »wahren« Demokratiebegriffs dagegen als uneingeschränkt voraus. Die Gültigkeit des iranischen Demokratiebegriffs stand aber noch zum Beweis aus. Weder die USA noch der Iran können somit ihren Religionsbegriff paradigmenübergreifend als gültig ausweisen, und damit zeigen, dass der Iran tatsächlich ein religiöses Weltbild vertritt bzw. tatsächlich kein religiöses Weltbild, sondern eine totalitäre Ideologie vertritt. Letztendlich zeigen beide Seiten wieder

475 Wie bei den drei anderen Ausdrücken handelt es sich bei dem Ausdruck »Religion« um einen Ausdruck, der emotional stark aufgeladen ist. Anders als die Ausdrücke »Freiheit«, »Gerechtigkeit« und »Demokratie« handelt es sich bei den Ausdrücken »Glaube«, »Monotheismus« und »Religion« allerdings nicht um Ausdrücke, die sozial geteilte und usuelle Assoziationen auslösen, sondern um Ausdrücke, die individuelle und usuelle Assoziationen auslösen. Während sie für tief gläubige Menschen wohl grundsätzlich positiv konnotiert sind, sind sie für Atheisten negativ konnotiert. Zwischen Bush und Ahmadinedschad, die beide stets bemüht sind, sich als äußerst religiös zu präsentieren, erfüllen allerdings auch diese Ausdrücke die Funktion von Miranda.

nur, dass das eigene Paradigma die von ihm selbst diktierten Kriterien erfüllt und das gegnerische Paradigma dies eben nicht tut.

5.9.4 Folgen der weltanschaulichen Polysemie des Religionsbegriffs

Man könnte einwenden, dass die USA und der Iran zwar unterschiedliche Ausdrücke gebrauchen – das, was der Iran als »Islam« und damit als »Religion« bezeichnet, nennen die USA die »totalitäre Ideologie des islamischen Extremismus« –, sie sich doch aber *in der Sache* relativ einig sind. Die Wahl des Ausdrucks hat aber, wie schon erwähnt, Folgen für die Gültigkeit des iranischen Paradigmas und Begriffssystems und damit auch für den Argumentationsverlauf. Die beiden Konfliktparteien *argumentieren auf unterschiedlichen Prämissen.*

Nur weil die USA davon ausgehen, dass die iranische Führung die »*Ideologie* des islamischen Extremismus« vertritt und demnach die Begriffe von Demokratie, Freiheit und Gerechtigkeit im Sinne ihrer Ideologie verzerrt, können sie behaupten, dass der *Liberalismus* und die *liberalen* Begriffe von Demokratie, Freiheit und Gerechtigkeit *kulturübergreifend* gültig sind. Dies ist eine der zentralen *amerikanischen Prämissen.* Insbesondere wurde nun deutlich, dass die USA nicht nur behaupten, dass der Iran eine Ideologie vertritt, sondern dass er eine *totalitäre* Ideologie vertritt. Wenn man das Paradigma der iranischen Führung nicht nur als irgendeine Ideologie, sondern als eine totalitäre Ideologie definiert, muss man das eigene, konkurrierende Paradigma gar nicht mehr als gültig ausweisen, d. h., man trägt im Streit um das gültige Paradigma gar keine Beweislast mehr. Die iranischen Begriffe von Demokratie, Freiheit und Gerechtigkeit können einfach als Missbrauch deklariert werden, sodass man sich nicht mehr ernsthaft mit ihnen auseinandersetzen muss. Ausgehend von der Prämisse der universellen Gültigkeit des Liberalismus mit seinem Begriffssystem ist dann der Kampf für den Liberalismus ein *Kampf für die Menschenrechte* und der Kampf um die liberalen Begriffe von Demokratie, Freiheit und Gerechtigkeit die Verteidigung universeller Konzepte gegen *Relativierungsversuche* durch »totalitäre« Herrscher und / oder Terroristen. Dieser Kampf ist nicht nur erlaubt, sondern sogar geboten.[476]

---

476 Wenn man der iranischen Führung dagegen zugestehen würde, eine Form des Islam als *religiöse Überzeugung* und damit ein Begriffssystem zu vertreten, dass kulturell verwurzelt ist und gegebenenfalls in einem Kulturkreis mehr oder weniger verbreitet ist, dann könnten die iranischen Begriffe von Demokratie, Freiheit und Gerechtigkeit nicht mehr so einfach als Missbrauch deklariert werden. Man kann dann nicht mehr behaupten, dass der Liberalismus mit seinem spezifischen Begriffssystem, der schließlich in einem starken Spannungsverhältnis zu dem iranischen Paradigma mit dessen Begriffssystem steht, kultur-

Die USA verteidigen den Liberalismus und dessen Begriffssystem aber nicht nur verbal, sondern gehen ja noch einen Schritt weiter: Da der Wunsch nach Freiheit und Demokratie im liberalen Sinne universell sei, sei es nicht nur legitim, sondern notwendig, dass der Westen der Region Freiheit und Demokratie im liberalen Sinne bringe. Die Liberalisierung des Nahen und Mittleren Ostens wird dann eben vor allem als ein solcher *Kampf für die Menschenrechte* definiert. Diese Argumentation dient den USA vor allem dazu, sich vor dem Vorwurf zu schützen, sie verfolgten mit ihrer Politik bezüglich des Nahen und Mittleren Ostens nur nationale Interessen, und dies um jeden Preis, d. h., auf Kosten der Region.

Diesen »Kampf für die Menschenrechte« definiert aber der Iran als jemand, der die kulturübergreifende Gültigkeit des Liberalismus und der liberalen Begriffe von Demokratie, Freiheit und Gerechtigkeit bestreitet, indem er behauptet, dass sein konkurrierendes Paradigma und Begriffssystem jenes der *islamischen Religions- und Kulturgemeinschaft* repräsentiert, als *Kulturimperialismus.* Der Westen zwinge der islamischen Welt dessen Konzepte auf. Insofern der Iran den westlichen Liberalismus mit dem Atheismus gleichsetzt, konzentriert er seine Kritik nun auf die vermeintliche *Ungläubigkeit* des Westens und propagiert die Vorzüge des *Monotheismus.*

Umgekehrt wirkt diese Argumentation aber auf jemanden, der den Liberalismus nicht mit dem Atheismus gleichsetzt, insofern er die Frage nach der religiösen Gesinnung nicht als staatlich-politische Angelegenheit betrachtet, nicht überzeugend und erscheint nur als weiterer Beweis der *totalitären Gesinnung* des Gegners. Da aus amerikanischer Sicht der Liberalismus kulturübergreifend gültig ist und der Gegner gar nicht als Repräsentant der islamischen Glaubens- und Kulturgemeinschaft anerkannt wird, geht auch der Vorwurf des Kulturimperialismus aus amerikanischer Perspektive an der Sache vorbei und erscheint nur als hilflose Rechtfertigung des Gegners für seine Politik.

Damit ergibt sich folgende Situation, die ja nicht untypisch für den Dialog zwischen Menschen, die westlich-liberale Ideen vertreten, und Menschen, die islamistische Ideen vertreten, ist: Jeder westliche Schritt im Kampf für die Menschenrechte ist für Islamisten ein weiteres Beispiel des Eurozentrismus oder sogar des westlichen Kulturimperialismus. Und jeder Versuch von Islamisten,

---

übergreifend gültig ist. Dann müsste man sich entweder dem iranischen Paradigma gegenüber tolerant zeigen und die liberalen Begriffe von Demokratie, Freiheit und Gerechtigkeit *relativieren*, oder man wäre dennoch der Meinung, dass der Liberalismus und die liberalen Konzepten von Demokratie, Freiheit und Gerechtigkeit die besseren Konzepte sind und sich diese Konzepte durchsetzen müssen, und impliziert damit die Überlegenheit der westlichen Kultur, sodass man sich mit dem Vorwurf des *Eurozentrismus* auseinandersetzen müsste. In dem Streit um das Paradigma und die Begriffe würden dann beide Seiten dieselbe Beweislast tragen.

ihr religiöses Weltbild und Begriffssystem zu verteidigen, stellt sich aus westlich-liberaler Perspektive als weiterer Rechtfertigungsversuch ihrer totalitären Ansichten dar.

Und noch etwas zeigt sich bei der Argumentation der USA. Ausgehend von der Prämisse, dass es sich bei dem Gegner um ein *totalitäres* Regime handelt, wird dieses von den USA als seriöser Gesprächspartner gar nicht ernst genommen. Es werden nämlich *alle* gegnerischen Argumente, auch wenn diese gar nicht so abwegig sind – man denke an den Vorwurf der Doppelmoral und Zweifel an den amerikanischen Demokratisierungsabsichten –, grundsätzlich als absurd abgetan, indem sie einfach immer wieder als weiterer Beweis für die totalitäre Gesinnung des Gegners dargestellt werden. Dies ist ja bereits im Zusammenhang der amerikanischen Konfusion zwischen Inhalts- und Beziehungsebene deutlich geworden. Hier differenzieren die USA offensichtlich nicht zwischen *Genese und Geltung*, denn nur weil ein Argument von einem Vertreter eines, aus amerikanischer Sicht, totalitären Regimes stammt, muss es nicht automatisch absurd sein und von vornherein nur der Rechtfertigung seiner totalitären Gesinnung dienen. Der Iran verfährt allerdings ganz ähnlich, indem er sich nämlich mit den Argumenten des Westens und vor allem der Kritik am iranischen Paradigma und Begriffssystem auch nicht ernsthaft auseinandersetzt, sondern sie pauschal mit dem Vorwurf des Kulturimperialismus zurückweist. Nur weil ein bestimmtes Argument vom Westen geäußert wird und dieser natürlich während einer Epoche eine imperiale Politik verkörperte, folgt daraus nicht, dass dieses Argument nur der Rechtfertigung einer imperialen Politik dient oder Ausdruck imperialer Bestrebungen und daher von vornherein abzulehnen ist.

Mit dem Wissen um die weltanschauliche Polysemie ist es aufschlussreich, noch einmal auf ein vermeintliches Argument zurückzukommen, das die USA dem Iran zuschreiben, und das im Zusammenhang der Konfusion zwischen Inhalts- und Beziehungsebene behandelt wurde:

> Some question whether people in certain parts of the world *actually desire freedom.* This self-serving condescension has been disproved before our eyes. From the voting booths of Afghanistan, Iraq, and Liberia, to the Orange Revolution in Ukraine and the Rose Revolution in Georgia, to the Cedar Revolution in Lebanon and the Tulip Revolution in Kyrgyzstan, we have seen people consistently make the courageous decision to demand their liberty. *For all the suggestions to the contrary, the truth is that whenever or wherever people are given the choice, they choose freedom.*[477]

477 Bush, 23.09.2008, Rede vor der UN-Generalversammlung, New York; Hervorh. von C. R.

Hier geben die USA das angebliche Argument des Gegners wieder, nach dem dieser in Frage stellt, dass die Völker bestimmter Weltregionen sich tatsächlich *Freiheit* wünschen. Wir hatten festgestellt, dass der Iran als politischer Gegner dieses Argument an keiner Stelle äußert, die USA die iranische Führung also falsch wiedergeben. Jetzt wissen wir, warum der Iran das Argument *so*, d.h. *in dieser Formulierung*, nicht äußert, und zwar weil er den Ausdruck »Freiheit« in einer anderen Bedeutung gebraucht. Der Iran bestreitet schließlich gar nicht, dass der Wunsch nach Freiheit (und auch nach Demokratie) universell ist, wie die USA behaupten, er bestreitet jedoch, dass der Wunsch nach Freiheit (und Demokratie) *im Sinne des Liberalismus* universell ist. Die USA erfinden damit nicht einfach ein Argument, das sie fälschlicher Weise dem Gegner zuschreiben, aber sie geben das Argument des Gegners verkürzt wieder. Obwohl sich die USA der Polysemie bewusst sind, stellen sie hier die Position des Gegners *absichtlich* nicht vollständig dar und, da sie die tatsächliche Position des Gegners nicht zu greifen bekommen, argumentieren wissentlich am Gegner vorbei.

Um das Vorgehen der USA deutlich zu machen, betrachten wir kurz das klassische Argumentationsschema der USA zur Legitimierung ihrer Nahostpolitik:

I. Prämisse:	Wenn der Wunsch nach Freiheit universell ist und der liberale Begriff von Freiheit gilt, dann muss Amerika die islamische Welt politisch und wirtschaftlich liberalisieren.
II. Prämisse:	Der Wunsch nach Freiheit ist universell, d.h., die Anhänger aller Kulturen, insbesondere auch die islamische Welt, wünschen sich Freiheit.
III. Prämisse:	Der Liberalismus und der liberale Begriff von Freiheit gelten.
Konklusion:	Amerika muss die islamische Welt politisch und wirtschaftlich liberalisieren.

Angeblich würde der Gegner, nach der Aussage der USA zu urteilen, Prämisse II in Frage stellen, obwohl dieser die Prämisse nicht nur nicht in Frage stellt, sondern ausdrücklich teilt. Die Prämisse III, die der Gegner dagegen tatsächlich bestreitet, wird unerwähnt gelassen. Damit wird nur diejenige Prämisse überhaupt zur Disposition gestellt, die intuitiv einleuchtet und nicht nur nicht vom Gegner, sondern auch von Dritten nicht bestritten wird, da sie kaum widerlegbar ist. Dies gilt für die Prämisse III offensichtlich nicht. Natürlich ist der Liberalismus eng mit der europäischen Geschichte verbunden und dessen kulturübergreifende Gültigkeit konnte nicht gezeigt werden – genauso wenig konnte allerdings das Gegenteil bewiesen werden. Würden die USA dadurch, dass sie das Argument des Gegners ungekürzt wiedergäben, die Prämisse III zur Disposition stellen, machten sie sich angreifbar. Sie müssten tatsächlich erst die Gültigkeit des Liberalismus beweisen, was ihnen offensichtlich nicht möglich ist.

Dadurch, dass sie nur die Prämisse II, die kaum zu widerlegen sein dürfte, zur Disposition stellen, und sich ja scheinbar mit Einwänden gegen ihre Politik auseinandersetzen, die tatsächlich strittige Prämisse III aber unerwähnt lassen, gehen sie der Kritik aus dem Weg. Insbesondere disqualifizieren sie den Gegner, der nach amerikanischer Darstellung keine vernünftigen Argumente für seine Position anbringen kann, sondern kaum widerlegbare Prämissen bestreitet und im Umkehrschluss selbst von absurden Prämissen ausgeht.

Dass die Prämisse der universellen Gültigkeit des Liberalismus so unproblematisch nicht ist, erkennen die USA also selbst. Diese Prämisse wird meist nicht explizit gemacht, ja sie wird oft sogar bewusst verdunkelt, und zwar auch dadurch, dass die USA nicht offen von der »Ideologie des Liberalismus« und der »Liberalisierung der Region«, sondern von der »Vision der Freiheit« und der »Verbreitung der Vision der Freiheit« sprechen. Während der Term der »Vision der Freiheit« eine *kulturübergreifende* Gültigkeit des amerikanischen Paradigmas impliziert – kein vernünftiger Mensch bestreitet ernsthaft, dass der Wunsch nach Freiheit universell ist –, gilt dies für den Ausdruck »Liberalismus« nicht, denn dieser steht im engen Zusammenhang der *europäischen* Geschichte. Obwohl natürlich objektiv aus der Tatsache, dass sich der Liberalismus im Rahmen der europäischen Geschichte entwickelt hat, nicht folgt, dass er nicht auch in anderen Kulturen gültig sein kann (Differenz zwischen Genese und Geltung), steht seine universelle Gültigkeit aber noch zum Beweis aus. Mit ihrer Redeweise schützen sich die USA also vor Kritik, die auf die Notwendigkeit einer tatsächlichen Rechtfertigung ihres Paradigmas und Begriffssystems hinauslaufen würde. Wenn jemand nämlich bestreitet, dass die »Vision der Freiheit« nicht kulturübergreifend gültig ist, können die USA wieder die oben dargestellte Argumentation anbringen.

Damit wird klar, dass das zentrale amerikanische Argument zur Legitimierung der amerikanischen Nahostpolitik auf einem (beabsichtigten!) *Fehlschluss* beruht. Da die USA in ihrer Argumentation die umstrittene Prämisse der universellen Gültigkeit des Liberalismus (Prämisse III) nicht zur Disposition stellen, schließen sie explizit allein von der Prämisse I und II auf die Notwendigkeit der Liberalisierung der islamischen Welt:

I. Prämisse:	Wenn der Wunsch nach Freiheit universell ist und der liberale Begriff von Freiheit gilt, dann muss Amerika die islamischen Welt politisch und wirtschaftlich liberalisieren.
II. Prämisse:	Der Wunsch nach Freiheit ist universell, d. h., die Anhänger aller Kulturen, insbesondere auch die islamische Welt, wünschen sich Freiheit.
III. Prämisse:	~~Der Liberalismus und der liberale Begriffe von Freiheit gelten.~~
Konklusion:	Amerika muss die islamische Welt politisch und wirtschaftlich liberalisieren.

Der Schluss ist nicht gültig.

Im Umkehrschluss folgt dann, nach amerikanischer Darstellung: Der Gegner teilt die Konklusion nicht, da er Prämisse II bestreitet (was nicht richtig ist, denn er bestreitet Prämisse III). Da Prämisse II aber als gültig erwiesen werden konnte, bleibt auch die Konklusion gültig, d. h., die amerikanische Nahostpolitik ist scheinbar legitimiert.

Diese Beispiele verdeutlichen, dass es also auch Stellen in der amerikanischen Argumentation gibt, in denen die USA ihre Position oder die des Gegners absichtlich, aus strategischen Gründen, nicht vollständig darstellen, d.h., *die konkurrierenden Positionen bewusst nicht vollständig in Beziehung zueinander setzen.*

5.10 Inkommensurabilität? Zur Möglichkeit einer paradigmenübergreifend gültigen Sprache

5.10.1 Zusammenfallen von deskriptiven und normativen Aussagen, semantische Verflochtenheit und begriffliche Diskontinuität

Führen wir uns die Struktur die Paradigmenstreits zwischen den USA und dem Iran noch einmal zusammengefasst vor Augen. Um die Ungültigkeit des gegnerischen Paradigmas und die Gültigkeit des eigenen Paradigmas zu beweisen, greifen sowohl die USA als auch der Iran stets auf Begriffe zurück, die selbst wieder paradigmenspezifisch sind, und setzen damit die Gültigkeit ihres Paradigmas und dessen Begriffssystem immer schon voraus. Keine der beiden Seiten schafft es, den Rahmen ihres Paradigmas zu verlassen und im Streit um das gültige Paradigma Argumente zu liefern, die in einer *paradigmenübergreifend gültigen Sprache* formuliert sind. Es ergibt sich jene zirkulär verlaufende Diskussion, die Kuhn beschreibt:

> Wie die Wahl zwischen konkurrierenden politischen Institutionen erweist sich die zwischen konkurrierenden Paradigmata als eine Wahl zwischen unvereinbaren Lebensweisen der Gemeinschaft. Da sie diesen Charakter hat, kann die Wahl nicht nur von den Bewertungsverfahren, die für die normale Wissenschaft charakteristisch sind, bestimmt werden – und wird es auch nicht –, denn jene Verfahren hängen zum Teil von einem bestimmten Paradigma ab, und dieses Paradigma ist strittig. Wenn *Paradigmata in eine Diskussion über die Wahl von Paradigmata eingehen* – und sie müssen es ja –, dann ist ihre Rolle notwendigerweise *zirkulär.* Jede Gruppe *verwendet ihr eigenes Paradigma zur Verteidigung eben dieses Paradigmas.* Der sich ergebende Zirkel macht die Argumente natürlich nicht falsch oder auch nur unwirksam. [...] Und doch, [...] dieses *im Kreis gehende Argument* hat nur den Status eines *Überredungsversuches.* Es kann nicht logisch oder auch nur probabilistisch zwingend gemacht werden für jene,

> die sich weigern, in diesen Kreis einzutreten. Die den beiden Parteien in der Diskussion über ihre Paradigmata *gemeinsamen Prämissen und Werte sind dafür nicht ausreichend.* Wie bei politischen Revolutionen gibt es auch bei der Wahl eines Paradigmas keine höhere Norm als die Billigung durch die jeweilige Gemeinschaft.[478]

Obwohl das amerikanische und iranische Paradigma offensichtlich in einem starken Konkurrenzverhältnis zueinander stehen, schaffen es die USA und der Iran nicht, in einer *paradigmenneutralen Sprache* anzugeben, *worin genau dieses Konkurrenzverhältnis besteht.* Alle Begriffe, mit denen die USA und der Iran ihr Paradigma und das des Gegners beschreiben, und insbesondere der Religionsbegriff als Begriff, mit dem der Iran sein Paradigma darüber hinaus auch *benennt*, sind strittig. Keine der Konfliktparteien kann paradigmenübergreifend die Gültigkeit ihrer Begriffe zeigen, denn bei der Explikation und Rechtfertigung eines umstrittenen Begriffs, greifen sie stets auf andere, ebenfalls umstrittenen Begriffe zurück. Daher gelingt es den Konfliktparteien nicht nur nicht, paradigmenübergreifend zu zeigen, dass ihr Paradigma und Begriffssystem gültig sind, sondern ihnen gelingt auch keine beiden Seiten akzeptable Darstellung der sich gegenüberstehenden Positionen und der Art des Konflikts. (Kulturkonflikt zwischen der islamischen Welt und dem atheistischen Westen oder »Kampf der Ideologien« zwischen Liberalismus und Totalitarismus). Insbesondere in dieser Hinsicht gelingt den Kontrahenten keine paradigmenübergreifende Gegenüberstellung ihrer jeweiligen Standpunkte bzw. schaffen sie es nicht, ihre Paradigmata *zueinander in Beziehung zu setzen.*

Eine solche paradigmenübergreifende Gegenüberstellung der Positionen wäre aber die Bedingung dafür, überhaupt paradigmenübergreifend gültige Argumente für und gegen das jeweilige Paradigma anführen zu können. Kein Argument, das die iranische Führung je für ein religiöses und gegen ein atheistisches Weltbild anbringt, kann auf die USA überzeugend wirken, denn im Gegensatz zum Iran setzen sie den Liberalismus nicht mit dem Atheismus gleich und verstehen sich daher weder als atheistisch, noch betrachten sie die Frage nach der Religiosität überhaupt (in dem Maße) als staatliche Angelegenheit und Gegenstand ihrer politischen Debatte. Jedes iranische Argument für die vermeintliche Religiosität und gegen den vermeintlichen Atheismus erscheint aus amerikanischer Sicht dagegen wie ein weiterer Beweis der totalitären Gesinnung der iranischen Führung. Umgekehrt wirkt jedes Argument, das die USA in ihrem Kampf für die Menschenrechte zur Verteidigung und Verbreitung des vermeintlich kulturübergreifenden Liberalismus (vor allem Religionsfreiheit) anbringen, aus iranischer Sicht als weiterer Beweis für den Eurozentrismus und westlichen Kulturimperialismus, insofern der Iran sich als Repräsentant des

478 Kuhn (1976): 106; Hervorh. von C. R.

islamischen Kulturkreises versteht und die Prämisse der kulturübergreifenden Gültigkeit des Liberalismus bestreitet.

> Die Befürworter konkurrierender Paradigma bewegen sich immer in gewissem Grade *auf verschiedenen Ebenen.* Keine Seite will alle die nichtempirischen Voraussetzungen, welche die andere für die Vertretung ihres Standpunktes braucht, zubilligen. Wie Proust und Berthollet bei ihrem Streit über die Zusammensetzung chemischer Verbindungen, müssen sie *teilweise aneinander vorbeireden.* Wenn auch jeder hoffen mag, den anderen dazu zu bringen, die betreffende Wissenschaft und ihre Probleme mit seinen Augen zu sehen, *so kann doch keiner hoffen, seinen Standpunkt als den richtigen zu beweisen.*[479]

Doch dass *die USA* und *der Iran* im Kontext der hier untersuchten Reden ihrer paradigmenspezifischen Sprache verhaftet bleiben und es nicht schaffen, eine Position außerhalb ihres Paradigmas einzunehmen, wenn sie das eigene Begriffssystem und Paradigma und das des Gegners sowie die Dichotomie zwischen ihnen beschreiben, heißt noch *nicht*, dass es *gar keine neutrale Sprache* gibt. Die USA und der Iran als Teilnehmer der Kontroverse treten mit *Geltungsansprüchen* auf. Indem die USA und der Iran *beschreiben*, *behaupten* sie und *bewerten* sie auch immer, d. h., die Sprache hat hier nie nur deskriptive Funktion. Die *Explikation* ihrer Begriffe von Freiheit, Gerechtigkeit und Demokratie dient ihnen in erster Linie zur *Rechtfertigung* der Begriffe. Der Streit darum, *wie* das iranische Paradigma zu *bezeichnen* ist (ob als »Islam« / »Religion« oder als »Islamo-Faschismus« / »Ideologie«), ist ein Streit darum, *ob* das iranische Paradigma *gültig* ist. Deskriptive und normative Aussagen fallen hier zusammen. Bemühten sich die Konfliktparteien um eine neutrale Definition ihrer Begriffe oder um eine neutrale Darstellung ihrer Differenzen, hieße dies schon, Zugeständnisse an den Gegner zu machen und bedeutete automatisch eine Relativierung ihrer Begriffe und ihres Paradigmas.

Hier besteht ein Unterschied zu der Situation eines unbeteiligten Dritten, eines Beobachters, der die Kontroverse beschreibt. Im Gegensatz zu den Beteiligten des Konflikts kann der unbeteiligte Beobachter den Sprachgebrauch der Teilnehmer der Kontroverse beschreiben, ohne dass mit dem Gebrauch der Sprache auch Geltungsansprüche ausgedrückt werden. Gleichwohl gibt es Momente, in denen auch der unbeteiligte Beobachter bei seinem Sprachgebrauch an die Grenzen der Neutralität stößt, zum Beispiel dann, wenn er behauptet, dass sich im Begriffskonflikt zwischen den USA und dem Iran ein säkulares und ein religiöses politisches Begriffssystem gegenüberstehen, insofern die USA vehement bestreiten, dass das iranische Paradigma überhaupt etwas mit Religion zu tun hat. Umgekehrt ergreift man fast Partei für die amerikanische Sichtweise, wenn man die paradigmenbedingte Relativität der Begriffssysteme, wie in der

479 Kuhn (1976): 159; Hervorh. von C. R.

Literatur zur politischen Sprache üblich, als »ideologische Polysemie« bezeichnet, eben weil der Iran so stark darauf besteht, dass man es bei seinem Paradigma und Begriffssystem in erster Linie mit einem kulturellen Welbild und Begriffssystem zu tun hat. Auch in der Einleitung dieser Arbeit wurde eher dem amerikanischen Sprachgebrauch entsprochen, wenn davon die Rede war, dass es sich bei der Kontroverse USA – Iran um eine Kontroverse handelt, die innerhalb einer durch ideologische Differenzen gekennzeichneten Beziehung ausgetragen wird.

Schließlich haben die Schwierigkeiten hinsichtlich einer neutralen, paradigmenübergreifend gültigen Sprache, insbesondere für die Teilnehmer der Kontroverse selbst, auch etwas mit der *semantischen Verflochtenheit* ihrer Begriffe und dem *konträren Verhältnis* der Begriffssysteme zueinander zu tun.

Es wurde schon konstatiert, dass innerhalb der beiden weltanschaulichen Terminologien die jeweiligen Begriffe von Freiheit, Demokratie und Gerechtigkeit semantisch sehr nahe beieinander liegen, d.h., sie teilen viele relevante Merkmale, während sich die gleichlautenden Ausdrücke zwischen den weltanschaulichen Terminologien, also beispielsweise der amerikanische und der iranische Demokratiebegriff, konträr zueinander verhalten. Obwohl nun nicht mehr neutral behauptet werden kann, dass sich ein säkulares politisches Begriffssystem und ein religiöses politisches Begriffssystem gegenüber stehen. Ebenso könnte man sagen, dass sich ein liberal-demokratisches und ein totalitäres Begriffssystem gegenüberstehen. Das Gesagte kann nun auch für den Religionsbegriff konstatiert werden.

Für die jeweiligen Begriffe von Demokratie, Freiheit, Gerechtigkeit und Religion innerhalb eines Paradigmas gilt, dass sich ein Begriff x der Sprache S_A nur unter Rückgriff auf (mindestens) einen der anderen Begriffe y der Sprache S_A definieren lässt. Würde eine der beiden Konfliktparteien versuchen, den Begriff x der Sprache S_A ohne Rückgriff auf (mindestens) einen der anderen zentralen Begriffe y der Sprache S_A zu definieren, müsste er relevante Merkmale, die er für den jeweiligen Gegenstand, insbesondere in Abgrenzung zum konträren Begriffssystem des Gegners, setzt, auslassen. Würde der Iran die Begriffe von Demokratie, Freiheit und Gerechtigkeit beispielsweise ohne den Begriff der Religion oder des Monotheismus definieren, wären diese Gegenstände nicht mehr das, was sie dem Iran zufolge sind. Definierte er zum Beispiel die Demokratie ohne das Merkmal des religiösen Bekenntnisses, definierte er eben die »western style democracy«, nicht mehr den Gegenstand, den er unter dem Begriff der Demokratie versteht.

Die enge semantische Verflochtenheit der Begriffe der amerikanischen Sprache einerseits und der iranischen Sprache andererseits wurde hier anhand der vier zentralen Begriffe dargelegt. Sie erstreckt sich aber auch auf viele andere

Begriffe, wie beispielsweise »Frieden«, »Armut«, »Gewalt« usw. So ist für die USA beispielsweise die Voraussetzung für Frieden Demokratie, und Frieden gehört zu den Merkmalen einer Demokratie. Gewalt (und auch Armut) sind nach amerikanischem Verständnis dagegen Folge und Kennzeichen von nicht-demokratischer Herrschaft (Autokratie oder »gescheiterten Staaten«). Nach iranischer Auffassung ist Frieden dagegen nur im Rahmen des Monotheismus möglich, Gewalt (und Armut) ginge auf die Politik der »westlichen Großmächte« zurück, die eben durch Ungläubigkeit gekennzeichnet sei usw.

Die semantische Verflochtenheit der Ausdrücke innerhalb einer Sprache wird sich auch noch in Bezug auf eine andere Art von Ausdrücken, nämlich singuläre Termini, zeigen. Um diese Ausdrücke wird es im nächsten Kapitel gehen.

Für beide Parteien besteht also die Schwierigkeit, einen der genannten Begriffe x ihrer Sprache S_A, ohne Rückgriff auf (mindestens) einen anderen der Begriffe y der eigenen Sprache S_A zu definieren. Insbesondere lassen sich die dargestellten Begriffe der eigenen Sprache S_A nicht durch einen der gleichlautenden Begriffe y der gegnerischen Sprache S_B definieren. So können die USA beispielsweise ihren Freiheitsbegriff, den sie ja unter Rückgriff auf den liberalen Demokratiebegriff definieren, nicht unter Rückgriff auf den iranischen Begriff der Demokratie definieren, ohne der Freiheit als relevantes Merkmal das Bekenntnis zu einem Gott zusprechen zu müssen. Sobald die USA versuchten, die Freiheit mit Hilfe des iranischen Demokratiebegriffs zu definieren, definierten sie den iranischen Freiheitbegriff, nicht mehr den amerikanischen. Dementsprechend kann der Iran seinen Freiheitsbegriff auch nicht unter Rückgriff auf den amerikanischen Demokratiebegriff definieren, da er sonst eben den amerikanischen Freiheitsbegriff definierte, nicht mehr den iranischen, usw. Der Schwierigkeit, den Begriff x der Sprache S_A ohne Rückgriff auf (mindestens) einen anderen Begriff y der Sprache S_A zu definieren, entspricht damit die Unmöglichkeit, den Begriff x der Sprache S_A durch den Begriff y der gegnerischen Sprache S_B zu definieren. Versuchte eine Konfliktpartei einen zentralen Begriff x der eigenen Sprache S_A mittels eines der zentralen Begriffe y der Sprache S_B des Gegners zu definieren, müsste er den Begriff x im Sinne des Gegners behaupten, und nicht mehr im eigenen Sinne. Es scheint also, als zwinge die Verwendung *eines* dieser Begriffe der Sprache S_B die Akteure dazu, auch *alle anderen* Begriffe der Sprache S_B zu behaupten.

Auf Grund der Tatsache, dass bei dem Übergang von einem Paradigma zum konkurrierenden Paradigma Umdefinitionen sehr vieler Ausdrücke oder gar des gesamten »Begriffsnetzes« vorgenommen werden müssen, lässt sich nach Kuhn nicht sinnvoll behaupten, dass ein Paradigma, z.B. die Newtonsche Mechanik, aus einem konkurrierenden Paradigma, z.B. aus der Relativitätstheorie, abgeleitet oder auf dieses reduziert werden kann. (»Solange wir die Definitionen der Variablen in der N_i-Reihe nicht ändern, sind die abgeleiteten Aussagen nicht newtonisch. *Ändern* wir sie aber, so kann man rechtens *nicht* sagen, wir hätten die Newtonschen Gesetze *abgeleitet* [...].«[480])

Watzlawick et al. schildern übrigens ein ähnliches Verhältnis zwischen der Freudschen Psychoanalyse, als monadischer und linearer Theorie, und der Kommunikationstheorie als Systemtheorie, und reden diesbezüglich von »begrifflicher Diskontinuität«:

> Die Psychoanalyse wurzelt im wissenschaftlichen Weltbild ihrer Gründungszeit. Sie postuliert, daß Verhalten weitgehend durch ein hypothetisches Zusammenspiel intrapsychischer Kräfte bedingt ist; diese Kräfte folgen denselben Gesetzen der Erhaltung und Umwandlung von Energie wie in der Physik [...]. In diesem Sinn blieb die *klassische Psychoanalyse* primär eine Theorie *intrapsychischer Energetik*. Selbst dort, wo ein Zusammenspiel mit den Gegebenheiten der Außenwelt augenfällig war, wurde diese Wechselwirkung als sekundär betrachtet [...]. Im wesentlichen blieb die wechselseitige Abhängigkeit des Individuums und seiner Umwelt ein eher vernachlässigtes Gebiet der Psychoanalyse, und gerade auf diesem Gebiet ist es unerläßlich, den Begriff *des Informationsaustausches*, also der Kommunikation, zu berücksichtigen. Zwischen dem psychodynamischen (psychoanalytischen) Denkmodell und jeder begrifflichen Formulierung der Wechselbeziehung zwischen Organismus und Umwelt besteht ein *grundsätzlicher Unterschied* [...]. [...] Dieser Unterschied zwischen *Energie* und *Information* trennt die *Freudsche Psychodynamik* von der *Kommunikationstheorie* als Erklärung menschlichen Verhaltens. Wie man sieht, *läßt sich die eine nicht in die andere einbauen noch die andere von der einen ableiten.* Sie stehen zueinander in einer Beziehung *begrifflicher Diskontinuität.*[481]

Insbesondere die Rede davon, dass zwei konkurrierende Paradigmata nicht auseinander abgeleitet werden können, hat dazu geführt, dass behauptet wurde, dass konkurrierende Paradigmata *gar nicht* zueinander in Beziehung gesetzt werden könnten. Inkommensurabilität ist diesem Verständnis nach *Beziehungslosigkeit.* Dieses Verständnis impliziert vor allem Paul K. Feyerabend, für den das *deduktive Getrenntsein* von Sätzen und Begriffen das zentrale Merkmal von Inkommensurabilität ist und der behauptet, »daß sich die Begriffe von zwei Theorien nicht zueinander in Beziehung setzen lassen«[482] und »daß die Verwendung auch nur *eines* Satzes oder *eines* Begriffes der einen Theorie die Verwendung *aller* Sätze und aller Begriffe der anderen Theorie unmöglich macht«[483].

Kuhn beschreibt Inkommensurabilität jedoch zunächst nicht als völlige Beziehungslosigkeit zweier Paradigmata und Begriffssysteme. Im Gegenteil konstatiert er stets eine starke Konkurrenz*beziehung* zwischen den Paradigmata und gibt Beispiele für sich im Konflikt befindende Begriffssysteme, die in einer *kon-*

480 Kuhn (1976): 114; Hervorh. von C. R.
481 Watzlawick et al. (2007): 29; Hervorh. von C. R.
482 Feyerabend (1978): 179, zit. n. Lueken (1992): 27.
483 Feyerabend (1978): 180, zit. n. Lueken (1992): 27; Hervorh. im Orig.

trären Beziehung zueinander stehen, wie unter anderem das Newtonsche und das Einsteinsche Begriffssystem oder das Ptolemäische und das Kopernikanische Begriffssystem (z. B. gekrümmter vs. ebener Raum, sich bewegende Erde vs. Erde in fester Position). Auch in dem Paradigmenstreit zwischen den USA und dem Iran stehen sich zwei *konträre* Paradigmata und Begriffssysteme gegenüber. Es stellt sich nur das Problem, dass die Teilnehmer der Kontroverse sich nicht auf eine paradigmenneutrale Formulierung ihrer Gegensätze einigen können, weil sie, indem sie die Paradigmata beschreiben oder benennen auch immer versuchen, sie als gültig oder ungültig auszuweisen. Für den außenstehenden Beobachter stellt sich dann bei der Beschreibung des Konflikts das Problem, dass er sich für eine der zwei gegensätzlichen Beschreibungen entscheiden muss und damit Partei ergreift. Schließlich könnte er noch komplizierte Formulierungen in Kauf nehmen. So könnte er sich insofern relativ neutral auszudrücken, als er von dem »Konflikt« spricht, »den die USA als Kampf der Ideologien zwischen dem Liberalismus und dem Totalitarismus mit den entsprechenden Begriffssystemen, und der Iran als Kulturkampf zwischen der islamischen Welt und dem gottlosen Westen mit den entsprechenden Begriffssystemen definiert«. Diese Sprechweise wäre allerdings nicht sehr leserfreundlich.

Für Kuhn hat die Schwierigkeit der Einnahme einer paradigmenübergreifenden Position bzw. die Unmöglichkeit einer paradigmenneutralen Sprache allerdings nicht nur damit zu tun, dass in einem Paradigmenstreit normative und deskriptive Aussagen vermengt sind. Dabei impliziert Kuhn auch, dass für ihn Inkommensurabilität in gewisser Hinsicht Beziehungs*losigkeit* bedeutet. Dies macht er bei seinen Ausführungen im Zusammenhang des dritten Aspekts von Inkommensurabilität, der Relativität der Wahrnehmung und Ontologie, deutlich. Insbesondere im Zusammenhang dieses Aspekts geht auch die Beschreibung der Situation zwischen konkurrierenden wissenschaftlichen Paradigmata durch Kuhn über die hier aufgezeigte Situation des Paradigmenstreit zwischen den USA und dem Iran hinaus.

5.10.2 Verständigungs- und Übersetzungsschwierigkeiten auf Grund der Unhintergehbarkeit des Paradigmas

5.10.2.1 Die Unhintergehbarkeit des Paradigmas bei Kuhn

Für Kuhn hat die Tatsache, dass die Befürworter konkurrierender Paradigmata es nicht schaffen, ihre Paradigmata in Beziehung zueinander zu setzen und in einer paradigmenneutralen Sprache anzugeben, worin sie sich uneinig sind, vor allem damit zu tun, dass sie sich nicht auf eine neutrale Wahrnehmung stützen können.

> Solche Probleme [gemeint sind Verständigungsprobleme] sind, obgleich sie zuerst in der Kommunikation deutlich werden, nicht bloß sprachlicher Natur und können *nicht* einfach dadurch gelöst werden, *daß man für problematische Ausdrücke Definitionen angibt.* Da die Wörter, bei denen sich die Schwierigkeiten häufen, teilweise in der direkten Anwendung auf Musterbeispiele gelernt wurden, können die an der Kommunikationsstörung Beteiligten nicht sagen: ›Ich gebrauche das Wort ›Element‹ (oder ›Mischung‹ oder ›Planet‹ oder ›freie Bewegung‹) so, wie die folgenden Kriterien angeben.‹ Sie können nicht bei einer neutralen Sprache Zuflucht nehmen, die beide in gleicher Weise verwenden und die für die Formulierung beider Theorien oder auch nur ihrer empirischen Folgerungen brauchbar wäre. Ein Teil des Unterschiedes *geht der Anwendung der Sprachen voraus*, in denen er sich dennoch zeigt.[484]

Kuhn wendet sich explizit dagegen, die Unterschiede in der Beobachtungssprache der Befürworter konkurrierender Paradigmata auf »nur« unterschiedliche Interpretationen an sich stabiler Daten, d. h. einer beiden Wissenschaftlern an sich gegebenen Wirklichkeit, zurückzuführen, sodass zumindest theoretisch für die Kontrahenten die Möglichkeit eines Zugangs zu einer beiden auf dieselbe Weise gegebenen Wirklichkeit und damit einer neutralen Beobachtungssprache bestünde.

> Was während einer wissenschaftlichen Revolution geschieht, kann nicht vollständig auf eine neue Interpretation einzelner und stabiler Daten zurückgeführt werden. Zunächst einmal *sind die Daten nicht eindeutig stabil.* Ein Pendel ist kein fallender Stein, und Sauerstoff ist keine entphlogistizierte Luft. Folglich sind die von Wissenschaftlern gesammelten Daten über diese unterschiedlichen Objekte an sich schon verschieden [...]. [...] Keine dieser Bemerkungen soll andeuten, daß Wissenschaftler nicht etwa typischerweise Beobachtungen und Daten interpretieren. Im Gegenteil, Galilei interpretierte Beobachtungen über das Pendel, Aristoteles Beobachtungen über fallende Steine [...]. *Aber jede einzelne dieser Interpretationen setzte ein Paradigma voraus.* Sie waren ein Teil der normalen Wissenschaft, eines Unternehmens, das [...] danach strebt, ein bereits vorhandenes Paradigma zu verfeinern, zu erweitern und zu artikulieren. [...] Bei jedem [dieser Beispiele] wußte der Wissenschaftler dank einem anerkannten Paradigma, was ein Datum war, welche Apparate verwendet werden konnten, um es aufzuspüren, und welche Begriffe für seine Interpretation relevant waren.[485]

Für Kuhn ist ein Paradigma für bestimmte, im Paradigmenstreit relevante Ausschnitte der Wirklichkeit etwas *Unhintergehbares.* Wissenschaftler können nach Kuhn »beim Anblick eines schwingenden Steins *keine Erfahrung haben* [...], *die im Prinzip elementarer ist* als das Sehen eines Pendels. Die Alternative ist *nicht* ein hypothetisches ›feststehendes‹ Sehen, sondern ein Sehen durch ein

484 Kuhn (1976): 212; Hervorh. von C. R.
485 Kuhn (1976): 133; Hervorh. von C. R.

anderes Paradigma, eines, das aus dem schwingenden Stein etwas anderes macht.«[486] Eine Interpretation ist dagegen

> ein *willentlicher Vorgang*, in dem wir *zwischen Alternativen wählen*, wie wir es bei der Wahrnehmung selbst nicht tun.[487] [...] Wogegen ich mich in diesem Buch wende, ist der erst seit Descartes traditionelle Versuch, die Wahrnehmung als einen Interpretationsvorgang zu analysieren, als eine unbewußte Version dessen, was wir *nach* der Wahrnehmung tun.[488]

Kuhn führt in diesem Zusammenhang immer wieder Beispiele aus der Gestalt- und Wahrnehmungspsychologie an. Einerseits verweist er auf Experimente, in denen Menschen Brillen mit Umkehrlinsen aufgesetzt wurden, und die zeigen, dass »zwei Menschen mit unterschiedlichen Netzhauteindrücken das gleiche sehen können«[489]. Andererseits, und diese Situation gleicht nach Kuhn der Situation zwischen Vertretern konkurrierender Paradigmata, verweist er auf Vexier- bzw. Kippbilder, wie das Enten-Kaninchen, um zu zeigen, »daß zwei Menschen mit den gleichen Netzhauteindrücken ganz verschiedene Dinge sehen können«[490].

Einige Menschen sehen in diesem Bild ein Kaninchen, andere Menschen sehen in diesem Bild eine Ente, obwohl sie dieselben Reize haben.[491]

Kuhn knüpft hier an die Gedanken Ludwig Wittgensteins an, der in den *Philosophischen Untersuchungen* von 1953 ebenfalls unter anderem das Enten-Kaninchen als Beispiel für seine These anführt, dass der Akt des Wahrnehmens oder Sehens und der Akt des Interpretierens nicht klar voneinander zu trennen sind, d.h., man nicht erst etwas neutral wahrnimmt und anschließend eine bewusste und willentliche Interpretation der Wahrnehmung, im Sinne seiner theoretischen Vorannahmen, vornimmt.

486 Kuhn (1976): 140; Hervorh. von C. R.
487 Kuhn (1976): 206; Hervorh. von C. R.
488 Kuhn (1976): 207; Hervorh. von C. R.
489 Kuhn (1976): 138.
490 Kuhn (1976): 138.
491 Die Darstellung des Enten-Kaninchens findet sich bei Wittgenstein *Philosophische Untersuchungen*, in ders. (2006): 520; die Figur ist folgender Internetseite entnommen: http//philo.at/wiki/index.php/Datei:DuckRabbit.png.

> Aber wir können auch die Illustration einmal als das eine, einmal als das andere Ding *sehen.* – Wir deuten sie also, und *sehen* sie, wie wir sie *deuten.* Da möchte man vielleicht antworten: Die Beschreibung der unmittelbaren Erfahrung, des Seherlebnisses, mittels einer Deutung ist eine indirekte Beschreibung. [...] Aber wenn es das hieße, dann müßte ich's wissen. Ich müßte mich auf das Erlebnis direkt, und nicht nur indirekt beziehen können.[492] [...] Ich konnte also den H-E-Kopf [Hasen-Enten-Kopf] von vornherein einfach als Bildhasen sehen. D.h.: Gefragt, ›Was ist das?‹, oder ›Was siehst du da?‹, hätte ich geantwortet: ›Einen Bildhasen‹. Hätte man mich weiter gefragt, was das sei, so hätte ich zur Erklärung auf allerlei Hasenbilder, vielleicht auf wirkliche Hasen gezeigt, von dem Leben dieser Tiere geredet, oder sie nachgemacht. Ich hätte auf die Frage ›Was siehst du da?‹ nicht geantwortet: ›Ich sehe das jetzt als Bildhasen.‹ Ich hätte einfach die Wahrnehmung beschrieben; [...] Dennoch hätte ein Anderer von mir sagen können: ›Er sieht die Figur als Bild-H.‹[493]

Im Gegensatz zu den Menschen, die, sobald sie einmal sowohl das Kaninchen als auch die Ente in dem Bild gesehen haben, zwischen diesen beiden Sichtweisen wechseln können, konstatiert Kuhn für die Vertreter konkurrierender Paradigmata jedoch: »Da sie in verschiedenen Welten arbeiten, sehen die beiden Gruppen von Wissenschaftlern verschiedene Dinge, wenn sie vom gleichen Punkt aus in die gleiche Richtung schauen. Das heißt aber wiederum nicht, *daß sie alles sehen können, was sie wollen.*«[494] In dem Maß, in dem ein Paradigma bestimmt, was der Wissenschaftler wahrnimmt und auf welche Weise er es wahrnimmt, grenzt es auch dessen Sichtweise ein. Gewisse Dinge kann er nach der Übernahme eines Paradigmas nur auf eine bestimmte Weise oder eben gar nicht mehr wahrnehmen, d.h., er *kann keine alternative oder Meta-Sichtweise* mehr einnehmen, *selbst wenn er wollte.* Der Wissenschaftler kann *den Rahmen seines Paradigmas nicht verlassen*, er kann schließlich »nichts heranziehen, was jenseits dessen läge, was er mit den Augen und seinen Apparaturen zu erfassen vermag«[495]. Demnach hat er nach Kuhn auch keinen Zugang zur Welt des Wissenschaftlers, der ein konkurrierendes Paradigma vertritt, d.h., er kann nicht die Sichtweise seines Kontrahenten einnehmen, geschweige denn zwischen den beiden Paradigmata hin und her wechseln. In diesem Sinne versteht Kuhn zwei konkurrierende Paradigmata als *gegeneinander abgeschlossene Entitäten.*[496]

Wenn nun Paradigmata so unhintergehbar sind, dass die Wissenschaftler in bestimmten Bereichen gar nicht mehr aus dem Rahmen ihres Paradigmas heraustreten können, und weder direkten Zugang zu einer jenseits des Paradigmas liegenden Wirklichkeit an sich, noch zur Wirklichkeit des Vertreters eines

492 Wittgenstein *Philosophische Untersuchungen*, in ders. (2006): 519; Hervorh. im Orig.
493 Wittgenstein *Philosophische Untersuchungen*, in ders. (2006): 520.
494 Kuhn (1976): 161, Hervorh. von C. R.
495 Kuhn (1976): 126.
496 Vgl. Kuhn (1976): insbesondere 65–78, 98–99, 123–46, 160–61, 203–16.

konkurrierenden Paradigmas haben, können sie sich auch *kaum noch verstehen und verständigen, selbst wenn sie es wollten.* Im dem Maße, in dem den Wissenschaftlern der Zugang zu der Wirklichkeit des Kontrahenten verschlossen bleibt, bleibt ihnen auch der Zugang zu dessen Sprache verschlossen. Die Möglichkeit einer paradigmenübergreifenden Sprache ist für die Vertreter konkurrierender Paradigmata nach Kuhn also insbesondere auf Grund des *unhintergehbaren und undurchdringlichen Charakters des Paradigmas* nicht oder nur begrenzt gegeben.

> Beide betrachten sie die Welt, und was sie anschauen, hat sich nicht verändert. Aber in manchen Bereichen sehen sie verschiedene Dinge, und sie sehen sie in unterschiedlichen Beziehungen zueinander. Darum kann ein Gesetz, das einer Gruppe von Wissenschaftlern nicht einmal demonstriert werden kann, einer anderen gelegentlich intuitiv als evident erscheinen. Gleichermaßen muß darum die eine oder die andere Gruppe, *ehe beide hoffen können, sich zu verständigen, die Umwandlung erleben, die wir Paradigmawechsel genannt haben.*[497]

Nach Kuhn muss man also das Paradigma des Gegners erst selbst vertreten, um ihn korrekt verstehen und sich mit ihm verständigen zu können.

Kuhn scheint hier Verständnisprobleme im *kognitiven oder intellektuellen* Sinne und entsprechende Verständigungsprobleme zu meinen, impliziert aber an einigen Stellen seiner Argumentation auch, dass die Kontrahenten im Paradigmenstreit Verständnis- und Verständigungsprobleme im *semantischen* Sinne haben, etwa wenn er behauptet: »Zwei Personen, die *dieselbe Situation* verschieden sehen, aber dennoch *dasselbe Vokabular* bei ihrer Diskussion gebrauchen, müssen *ihre Wörter unterschiedlich verwenden.* [...] Wie können sie *überhaupt miteinander sprechen* oder gar überzeugen?«[498] Schließlich beschreibt Kuhn die Befürworter konkurrierender Paradigmata in seinem Postskriptum als »Mitglieder verschiedener *Sprachgemeinschaften*«[499], die sich nicht mehr richtig verstehen können und als Übersetzer tätig werden müssen. In diesem Zusammenhang verweist Kuhn ausdrücklich auf *Übersetzungsprobleme*, die Willard van Orman Quine in *Wort und Gegenstand* schildert.[500]

497 Kuhn (1976): 161; Hervorh. von C. R.
498 Kuhn (1976): 211; Hervorh. von C. R.
499 Kuhn (1976): 213; Hervorh. von C. R.
500 Vgl. Kuhn (1976): 213, Fußnote 17.

5.10.2.2 Die Unbestimmtheit der Übersetzung bei Quine

Ähnlich wie Kuhn vertritt Quine hier die These, dass die Bedeutung, in der jemand einen Ausdruck verwendet, nicht nur von den äußeren Reizen, die durch die physikalischen Objekte der Welt ausgelöst werden, sondern auch von der Theorie oder dem Weltbild, die bzw. das er vertritt, determiniert wird.

> Zwei Menschen könnten unter allen möglichen Reizeinflüssen auf ihre Sinne in all ihren Dispositionen zu verbalem Verhalten genau übereinstimmen, und dennoch könnten die jeweiligen *Bedeutungen* oder Ideen, die durch ihre *identisch ausgelösten* und *identisch lautenden Äußerungen* ausgedrückt würden, in einem weiten Bereich von Fällen *radikal auseinandergehen.*[501]

Aus dieser Feststellung folgt für Quine das »*Prinzip der Unbestimmtheit der Übersetzung*«[502]. Quine geht zur Erläuterung von einem Gedankenexperiment, dem Gedankenexperiment der »*radikalen Übersetzung*«, aus, in dem ein Feldforscher die Äußerung einer bis dahin noch unübersetzten Eingeborenensprache übersetzen muss. Die Eingeborenen benutzen in Verbindung mit der Beobachtung eines Kaninchens stets den Ausdruck »Gavagai«. Der Feldforscher stellt die Hypothese auf, dass dieser Ausdruck so viel heißen muss wie »Kaninchen«. Er überprüft seine Hypothese, indem er, immer wenn ein Kaninchen auftaucht, »Gavagai?« fragt. Stimmt der Eingeborene stets zu, wird der Feldforscher dies als Verifikation seiner These verstehen. Nun beschreibt Quine verschiedene Schwierigkeiten, auf die der Forscher bei seiner Übersetzung stoßen kann, und die seine Übersetzung ungenau werden lassen. So könnte der Eingeborene die Frage »Gavagai?« des Forschers beispielsweise bereits bejahen, obwohl in der Ferne ein Gegenstand zu sehen ist, der von dem Forscher noch nicht als Kaninchen identifiziert werden kann. Das geschulte Auge des Eingeborenen könnte nämlich eine Kaninchenfliege sehen, von der er weiß, dass sie immer dann auftritt, wenn ein Kaninchen in der Nähe ist, die der Feldforscher jedoch nicht wahrnehmen kann. Um die Zustimmung des Eingeborenen zur Frage »Gavagai?« richtig zu deuten und den Ausdruck auf den richtigen Gegenstand zu beziehen, müsste der Feldforscher über Zusatzinformationen verfügen. Durch den Reiz allein ist die Bedeutung eines Ausdrucks also nicht hinreichend bestimmt – Quine spricht von »unterbestimmt«.

> Wenn er [der Feldforscher] ›Gavagai‹ trotz der oben vorgestellten Diskrepanzen der Reizbedeutung als ›Kaninchen‹ übersetzt, so tut er dies deshalb, weil die Reizbedeutungen in überwältigendem Maße übereinzustimmen scheinen und weil es das beste zu sein scheint, die Diskrepanzen, die er findet, wegzuerklären [...]. [...] Über einige [Diskrepanzen], wie die mit der Kaninchenfliege, geht er als Auswirkungen uniden-

501 Quine (1980): 59; Hervorh. von C. R.
502 Quine (1980): 61; Hervorh. von C. R.

> tifizierter Störungen hinweg, falls er sie nicht zu häufig antrifft. Bei diesem letzteren, recht weitgehenden Verfahren läßt er sich offenkundig stark von seiner natürlichen Erwartung leiten, daß jedes Volk im Kaninchenland *irgendeinen* kürzeren Ausdruck hat, der sich auf die Dauer am besten einfach als ›Kaninchen‹ übersetzen läßt.[503]

In die Übersetzung werden also immer auch theoretische Annahmen des Übersetzenden, in diesem Fall des Feldforschers, miteinfließen.

Doch auch wenn der Forscher durch Zeigen feststellen kann, dass der Eingeborene mit »Gavagai« tatsächlich das Kaninchen meint, ist die Bedeutung des Ausdrucks »Gavagai« immer noch nicht eindeutig. Es könnte sich bei dem Eingeborenen um einen Angehörigen einer (z. B. animistischen) Kultur handeln, deren Denkweise und Begriffssystem stark von der europäischen Kultur abweicht, und der Ausdruck könnte ebenso gut »Kaninchenteil«, »Kaninchenstadium«, »Verschmelzung von Kaninchen« oder »Manifestation der Kaninchenheit« bedeuten. Diese Bedeutungsunterschiede gehen allein durch Ostension, also durch das Zeigen auf einen Gegenstand, verloren. Vielleicht versteht der Forscher nie, in welcher Bedeutung der Eigeborene den Ausdruck tatsächlich verwendet (These der *Unerforschbarkeit der Referenz*). Wenn er »Gavagai« dennoch mit »Kaninchen« übersetzt, so interpretiert er den Ausdruck des Eingeborenen im Sinne seines westlichen Weltbildes, obwohl der Eingeborene selbst den Ausdruck vielleicht anders verwendet.

Es wäre demnach möglich, dass von einem zweiten Feldforscher, der auf Grund seiner theoretischen, d. h. kulturell oder paradigmenbedingten, Vorannahmen die Ausdrücke des Eingeborenen ganz anders interpretiert, ein anderes Übersetzungshandbuch erstellt wird. Es könnten also trotz gleicher Beobachtungen verschiedene Übersetzungshandbücher für eine Sprache erstellt werden, die vielleicht sogar unverträglich miteinander sind. Da die empirischen Beobachtungen immer eine Vielfalt von Interpretationen zulassen und Grundlage für ganz unterschiedliche ontologische Annahmen sein können (These der *ontologischen Relativität*), wird es bei Übersetzungen immer zu Ungenauigkeiten und Missverständnissen kommen, und die Frage nach der Bedeutung eines Satzes oder eines Ausdrucks ist nur *im Kontext der Sprache*, der Theorie usw. *selbst* sinnvoll.[504]

Quine schildert also ein Szenario, in dem der Feldforscher keine Möglichkeit hat, seine Begriffe vollständig zu dem des Eingeborenen in Beziehung zu setzen, da er keinen Zugang zur Weltsicht des Eingeborenen hat. Er versteht den Eingeborenen in dem Sinne nicht, dass er nicht weiß, in *welcher Bedeutung* der Eingeborene genau seine Ausdrücke verwendet und hat zunächst auch *keine Möglichkeit*, es herauszufinden. Daher interpretiert er die Ausdrücke des Ein-

503 Quine (1980): 81; Hervorh. im Orig.
504 Vgl. Quine (1980): 59 – 147; Mayer (1997): 137 – 45.

geborenen im Sinne seines kulturellen Weltbildes, d. h., er legt die ihm gewohnte oder als wünschenswert betrachtete Bedeutung in den Ausdruck des Eingeborenen hinein, obwohl dieser den Ausdruck in einer anderen Bedeutung zu verwenden beabsichtigt hat. Vielleicht wird er sich der Bedeutungsunterschiede auch nie bewusst.

Richtig verstehen wird der Forscher die Sprache des Eingeborenen erst, wenn er nicht mehr übersetzen muss, sondern wenn er viele Jahre bei dem Eingeborenen gelebt und seine Denk- und Redeweise internalisiert hat. In diesem Sinne muss man das Paradigma des Anderen also erst übernehmen, um ihn korrekt zu verstehen.

Kuhns Ausführungen hinsichtlich der Verständnis- und Verständigungsschwierigkeiten der Vertreter konkurrierender Paradigmata sind nicht sehr klar – was nicht zuletzt an der in der analytischen Philosophie üblichen Vermengung zwischen Sprache und Theorie liegt.[505] Mit dem Verweis auf Quines These der »Unbestimmtheit der Übersetzung« und dem Vergleich der Kontrahenten im Paradigmenstreit mit Mitgliedern unterschiedlicher Sprachgemeinschaften, impliziert Kuhn jedoch eine pathologische Kommunikationssituation, in der die beiden Konfliktparteien nicht wissen, in welcher Bedeutung genau der jeweilige Gegner die gleichlautenden Ausdrücke verwendet, und sie daher fälschlicher Weise im Sinne ihres Paradigmas interpretieren.[506]

Schließlich macht auch Kuhn selbst auf den Unterschied zwischen dem Übersetzen einer Fremdsprache und dem Internalisieren dieser Sprache aufmerksam und betont, dass, auch wenn durch Übersetzungen die Verständigungs- und Verständnisschwierigkeiten in semantischer oder intellektueller Hinsicht behoben werden konnten, das noch nicht heißen muss, dass man den Anderen in dem Sinne versteht, dass man sich in ihn *hineinfühlen* kann:

> Damit gewinnt ein zweiter Aspekt der Übersetzung, der Historikern und Linguisten längst bekannt ist, entscheidende Bedeutung. Übersetzt man eine Theorie oder eine Weltanschauung in die eigene Sprache, dann macht man sie sich noch nicht zu eigen.

505 Natürlich besteht ein Unterschied zwischen Theorie und Sprache und es können verschiedene Theorien in derselben Sprache formuliert werden sowie auch dieselbe Theorie in unterschiedlichen Sprachen formuliert werden kann. (Zu diesem Kritikpunkt vgl. auch Lauener 1982: 116, nach Mayer 1997: 153–54.) Verena Mayer macht allerdings darauf aufmerksam, dass an das Erlernen einer Sprache auch das Erlernen von Wahrheitsbedingungen und Theorien über die Wirklichkeit geknüpft ist. Sie weist darauf hin, dass beispielsweise eine Theorie, wie der Behaviorismus, in einer animistischen Kultur- und Sprachgemeinschaft nur schwer zu formulieren ist. (Vgl. Mayer 1997: 154.) Vielleicht ist es ähnlich schwierig, eine politische Ideologie wie den Islamismus in einer nicht-islamischen Kulturgemeinschaft zu vertreten. (Zum konstitutiven Verhältnis von Sprache – hier: Muttersprache – und Theorie vgl. insbesondere auch Whorf 1963.)

506 Zu dieser Art von pathologischer Argumentation vgl. auch Dieckmann (1975): 66–69.

> Dazu muß man einheimisch werden, entdecken, daß man in einer Sprache, die früher fremd war, denkt und arbeitet und nicht nur aus ihr übersetzt. Diesen Übergang kann der einzelne aber nicht willentlich vollziehen oder unterlassen, aus wie guten Gründen er es auch wünschen mag. Statt dessen stellt er irgendwann einmal, während er übersetzen lernt, fest, daß der Übergang stattgefunden hat, daß er ohne vorherigen Entschluß in die neue Sprache übergegangen ist. Oder er sieht sich wie viele, die in mittleren Jahren zum erstenmal der Relativitäts- oder Quantentheorie gegenüberstanden, von dem neuen Standpunkt völlig überzeugt und ist dennoch unfähig, ihn zu internalisieren und in der entsprechenden Welt sich heimisch zu fühlen. Intellektuell hat diese Person ihre Wahl getroffen, aber die Konversion, die notwendig wäre, um die Wahl wirksam zu machen, gelingt ihr nicht.[507]

Kuhn differenziert also zwischen einem Verständnis oder Unverständnis im *empathischen* Sinne und einem Verständnis oder Unverständnis im *intellektuellen oder kognitiven* Sinne. Auch wenn man nach Übersetzungsarbeiten den Anderen intellektuell versteht, seine Position sogar überzeugend findet, kann sie einem dennoch fremd vorkommen. Für die Kontrahenten im Paradigmenstreit heißt das, dass die Befürworter konkurrierender Paradigmata nach Kuhn, sollten sie ihre Verständigungsschwierigkeiten einigermaßen beheben können, sich noch nicht in dem Sinne verstehen müssen, dass sie sich in den Anderen hineinversetzen oder hineinfühlen können. Die Denkweise des jeweils Anderen kann ihnen fremd bleiben, sie stoßen an die Grenze ihrer Empathiefähigkeit.

5.10.3 Unterschiede zwischen dem Kuhnschen Paradigmenstreit und der Kontroverse USA – Iran

Im Gegensatz zu der von Kuhn beschriebenen Situation, in der Naturwissenschaftler die *physikalische* Wirklichkeit unterschiedlich wahrnehmen und deren Begriffskonflikte sich auf Begriffe beziehen, mit denen die Wissenschaftler die physikalische Wirklichkeit beschreiben, geht es bei den vier hier diskutierten Begriffen um Begriffe, mit denen die *soziale Wirklichkeit* beschrieben wird. (Beim Interpunktionsproblem und auch bei dem Problem, das im nächsten Kapitel behandelt wird, geht es dagegen eher um eine unterschiedliche Beschreibung der physikalischen Wirklichkeit.) Die politische oder allgemein gesellschaftliche Realität ist im Gegensatz zur physikalischen Wirklichkeit unumstrittener Weise vor allem sprachlich vermittelte Wirklichkeit und keine außersprachliche »Wirklichkeit an sich«. In der Politik konstituiert die Sprache zum großen Teil die Wirklichkeit. Untersuchungen zur politischen Sprache

507 Kuhn (1976): 215.

setzen, im Gegensatz zur philosophischen Literatur, die Abhängigkeit unserer Begriffe von dem »Insgesamt unserer Sprache«, also unserem Weltbild, voraus:

> In der Sprache-und-Politik-Forschung herrscht Einigkeit darüber, dass politische Sprache in einem konstruktivistischen Sinne realitätskonstituierenden Charakter besitzt. Die gesellschaftliche Wirklichkeit wird vor allem über eine ›symbolische Sinnwelt‹ und weniger über direkte Erfahrung wahrgenommen. Dies wird besonders an Abstrakta wie *Freiheit* oder *Gerechtigkeit* deutlich, die allein durch ideologisch gebrochene Begriffsbildung kommunikativ verfügbar werden.[508]

Gerade weil die politische oder allgemein gesellschaftliche Realität vor allem sprachlich vermittelte Wirklichkeit und keine außersprachliche Wirklichkeit an sich ist, haben die holistischen Thesen Kuhns (sowie Quines) mit ihren relativistischen Konsequenzen für diesen hier untersuchten politischen und durch starke weltanschauliche Differenzen geprägten Zusammenhang einen gewissen Erklärungswert. Es ist allerdings strittig, in welchem Ausmaß das Paradigma Wahrnehmung und Bedeutung (mit)bestimmt.[509]

Grundsätzlich besteht in der Politik allerdings auch nicht, zumindest nicht in dem Maße, der Anspruch, die Wirklichkeit neutral zu beschreiben, eine neutrale Sprache zu wählen, wie er in der Wissenschaft herrscht, sondern es geht darum, den Hörer im Sinne der eigenen Ideologie zu beeinflussen. Dies wäre dann ein willentlich herbeigeführter Akt, bei dem bewusst alternative Beschreibungen und Sprechweisen ausgeschlossen werden. In diesem Fall ist die Rede davon, dass die Kontrahenten eine *Interpretation* der Wirklichkeit im Sinne der eigenen Ideologie geben, angebracht.

Die Frage, ob die USA unter Bush und der Iran seit Ahmadinedschad die gesellschaftliche Wirklichkeit tatsächlich so stark durch die Brille ihres Paradigmas wahrnehmen, wie sie behaupten, oder sie vor allem eine am Hörer orientierte Interpretation dieser geben, muss im Rahmen dieser Arbeit letztendlich offen gelassen werden. Gerade bei Hardlinern, wie Bush und Ahmadinedschad, kann aber auch nicht ausgeschlossen werden, dass die Art und Weise, wie sie die (gesellschaftliche) Wirklichkeit wahrnehmen, sehr stark durch ihr jeweiliges Paradigma mitbestimmt ist, ihnen eine alternative oder Meta-Sichtweise auf einige Dinge teilweise nicht möglich ist. In diesem Fall wären die sich hier im Konflikt miteinander befindenden Paradigmata jedoch nicht so unhintergehbar und gegeneinander abgeschlossen, dass sich die Konfliktparteien im semantischen oder intellektuellen Sinne nicht verstehen könnten, wie Kuhn dies schildert.[510]

---

508 Girnth (2002): 5; Hervorh. im Orig.

509 Vgl. Dieckmann (1975): 12.

510 Es ist stark davon auszugehen, dass politische Ideologien, religiöse Weltbilder und vor allem wissenschaftliche Paradigmata nicht so unhintergehbar sind wie Muttersprachen,

Für die Kontroverse USA – Iran können nämlich *keine* Verständnisschwierigkeiten der beiden Konfliktparteien im *kognitiven* und im *intellektuellen* Sinne konstatiert werden. Insbesondere ergeben sich *keine* Verständnis- oder Verständigungsschwierigkeiten im *semantischen* Sinne. Beide Konfliktparteien machen deutlich, dass sie sich der Differenzen der Bedeutungen, in der sie und der Gegner die Ausdrücke gebrauchen, bewusst sind und die Bedeutung, in welcher der Gegner die Ausdrücke verwendet, auch richtig verstehen. Die Bedeutung, in welcher die beiden Seiten die Ausdrücke gebrauchen, wird unter anderem dadurch klar, dass die Ausdrücke in einem bestimmten sprachlichen und außersprachlichen Kontext stehen. Die Reden stehen in bestimmten politischen Zusammenhängen, vor allem stehen die Redner offiziell für bestimmte Ansichten. Innerhalb der Reden wird vor allem durch die Gegensatz- und Trabantenbegriffe deutlich, wie ein Ausdruck zu verstehen ist.[511] Vor allem aber geben beide Seiten, wie oben gezeigt, explizite Definitionen ihrer zentralen Ausdrücke an und präzisieren damit ihren Sprachgebrauch. Da ihnen die Explikationen insbesondere der Rechtfertigung ihrer Begriffe dienen, sind diese Definitionen aber eben nicht neutral oder paradigmenübergreifend, dennoch

alleine schon auf Grund der Tatsache, dass man sie nicht von Geburt an, sondern im Laufe seines Lebens übernimmt und man in seinem Umfeld mit Alternativen konfrontiert wird. (Ausnahmen bilden wohl Ideologien bzw. religiöse Weltbilder, die Kindern, z. B. in totalitären Staaten, von Geburt an »eingetrichtert« werden.) Menschen, die keine Fremdsprache sprechen, können dagegen nur in ihrer Muttersprache denken. Insofern ist dieser sehr gebräuchliche Vergleich zwischen Menschen, die unterschiedliche Paradigmata vertreten, und Menschen unterschiedlicher Muttersprache etwas irreführend, wie ich meine.

511 In dieser Hinsicht kommt das *Kontextprinzip* zum Tragen, das ebenfalls im semantischen Holismus besonders betont wird. Demnach ist die Bedeutung von Ausdrücken durch das »Ganze« der Sprache insofern gegeben, dass erst der sprachliche Kontext die Bedeutung von Ausdrücken oder einzelnen Begriffen hinreichend determiniert. Die These, dass ein Ausdruck nur im Satzzusammenhang einen Sinn hat, hatte insbesondere Gottlob Frege vertreten. (Vgl. Frege 1986: § 62.) Allerdings wird von Vertretern holistischer Thesen häufig die Gültigkeit des *Kompositionalitätsprinzips*, nach dem die Bedeutung der Sätze einer Sprache durch die Begriffe, die den Satz konstituieren, bestimmt wird, bestritten. Ich denke allerdings, dass hier ein Wechselverhältnis besteht. Die üblichen Argumente gegen die zu einseitige Betonung des Kontextprinzips sind unter anderem die folgenden: Wie ist die Bedeutung des »Ganzen der Sprache« bestimmt, wenn nicht durch seine Teile, also die einzelnen Begriffe? Wenn das Kompositionalitätsprinzip nicht gilt, wie kann es dann sein, dass wir mit einem begrenzten Repertoire an Wörtern eine unbegrenzte Anzahl von Sätzen einer Sprache bilden können? Sicherlich ist es müßig darüber zu diskutieren, ob das Wort oder der Satz den Vorrang hat. Wort und Satz konstituieren sich gegenseitig. Dem Kontextprinzip kommt allerdings in Bezug auf Abstrakta (oder auch in Bezug auf homonyme Begriffe wie »Bank«) eine besondere Bedeutung zu. Wenn in dem Konflikt zwischen den USA und dem Iran die Rede davon sein kann, dass man die Bedeutung der amerikanischen und der iranischen Begriffe *nur im Rahmen des jeweiligen Paradigmas verstehen kann*, dann kann damit nur gemeint sein, dass der sprachlich-paradigmatische Kontext die oft vage Bedeutung eines Begriffs wie Freiheit erst präzisiert. Es bedeutet aber nicht, dass man das Paradigma selbst vertreten muss, um die (paradigmenspezifische) Bedeutung der Begriffe zu erfassen.

aber für den jeweiligen Kontrahenten und auch außenstehende Dritte *verständlich.* Man muss nicht erst die Ansichten der USA oder des Iran vertreten, um die jeweilige Partei verstehen zu können – sowohl im semantischen als auch im intellektuellen Sinne.

Die von Kuhn zuletzt beschriebene Form von Unverständnis, und zwar das Gefühl, dass man an die Grenze seiner Empathiefähigkeit stößt und die Denkweise des Anderen einem völlig fremd ist, kann in dem Paradigmenstreit zwischen den USA und dem Iran dagegen recht deutlich beobachtet werden. Wenn die Konfliktparteien behaupten, dass das, was der jeweilige Gegner unter »Demokratie«, »Freiheit«, »Gerechtigkeit« und »Religion« versteht, mit den wirklichen Gegenständen nichts mehr zu tun hat, zeigt das ja ein völliges Unverständnis der Ansichten des Gegners. Hier, so denke, ich, kann man als westlich-liberale Autorin wohl nur den Standpunkt der USA nachempfinden. Aus Sicht eines Vertreters des westlichen Liberalismus ist das Verständnis, das der Iran von Demokratie, Freiheit, Gerechtigkeit und Religion / Politik hat, oder die Position eines Islamisten allgemein nur sehr schwer nachvollziehbar, ja wirkt paradox und totalitär. Man fühlt sich genötigt, die westlich-liberale Lebensweise und vor allem die westlich-liberalen Begriffe von Demokratie, Freiheit usw. zu verteidigen.

Diese Form von Unverständnis für Vertreter konkurrierender Weltbilder zu konstatieren, ist jedoch relativ trivial. Ein Unverständnis in dem Sinne, dass man die Ansichten des Anderen gar nicht nachvollziehen kann und sie als völlig absurd empfindet, ist ja gerade Auslöser und Essenz eines Streits zwischen Vertretern sehr unterschiedlicher Positionen. Ansatzweise findet sich diese Form von Unverständnis auch in »innerparadigmatischen« Streitigkeiten, wie wohl jeder bestätigen kann, der schon einmal in einer Beziehungskrise steckte.

Diese Form von Unverständnis im empathischen Sinne, die ja gerade Auslöser und Kern eines Streits zwischen Vertretern unterschiedlicher Positionen ist, setzt allerdings ein gewisses Verständnis im semantischen und intellektuellen Sinne voraus. Würde man den Anderen im semantischen oder intellektuellen Sinne gar nicht verstehen, wüsste man nicht, ob dessen Begriffe oder Ansichten einem völlig fremd oder ähnlich sind, oder ob sie gar mit den eigenen Begriffen und Ansichten konkurrieren. Man könnte sich erst gar nicht mit ihm streiten.

An dieser Stelle tritt eine Inkonsistenz hinsichtlich der Inkommensurabilitätsthese zu Tage, und zwar das Spannungsverhältnis zwischen der Diagnose der Konkurrenz*beziehung* der Paradigmata und der entsprechenden Begriffssysteme, die zum Paradigmen*streit* führt, einerseits und der Diagnose der Schwierigkeit, die Paradigmata und Begriffssysteme *in Beziehung* zueinander zu setzen und den Anderen im intellektuellen oder semantischen Sinne zu *verstehen.* Wenn Partei A und Partei B ihre Paradigmata mit den entsprechenden Begriffssystemen als sehr unterschiedlich und sogar konkurrierend empfinden und daher einen Paradigmenstreit beginnen, der sich schließlich vor allem auf der Begriffsebene abspielt, so setzt das schon ein Minimum an Verständnis sowohl im semantischen als auch im intellektuellen Sinne gegenüber dem jeweils Anderen voraus. Wenn ich die Begriffe und Ansichten des Anderen gar nicht verstehe, kann ich sie auch nicht als verschieden im Vergleich zu den Meinen oder als konkurrierend empfinden und streiten. Wenn ich sie als verschieden oder konkurrierend *im Vergleich* zu den Meinen verstehe, verstehe ich sie und vergleiche ich sie offensichtlich miteinander, setze sie *in Beziehung* zueinander.

Ähnliche Einwände gegen die Inkommensurabilitätsthese wurden von verschiedenen Autoren formuliert. Donald Davidson konstatiert beispielsweise, dass die Rede von *verschiedenen* Überzeugungssystemen nur dann sinnvoll ist, »if there is a common co-ordinate system on which to plot them; yet the existence of a common system belies the claim of dramatic incomparability«[512]. Wenn die Einnahme einer Metaposition, von der aus wir verschiedene Systeme miteinander vergleichen können, gar nicht möglich ist, wie können wir dann wissen, dass es verschiedene Systeme gibt und dass sie inkommensurabel sind?

> Radikal verschiedene Theorien, Sprachen, Paradigmata im Sinne Kuhns und Feyerabends müßten so gegeneinander abgeschlossen sein, daß sie ineinander nicht übersetzbar sind. Wenn aber die Systeme total unübersetzbar sind, dann ist neben dem Zugang zum common system ›Welt‹ auch der Zugang zu den ins eigene System unübersetzbaren Systemen verschlossen. Wir können dann gar nicht wissen, ob es sich überhaupt um ein solches System (eine Theorie, eine Sprache, ein Paradigma) handelt oder um etwas ganz anderes. Es gibt nach Davidson keine Position, von der aus sich andere ›points of view‹ als von unserem radikal verschieden beurteilen lassen.[513]

Wolfgang Künne trägt einen ähnlichen Einwand vor:

> Wenn wir aber die *Sprache* des anderen *nicht verstehen*, so können wir auch sein *Weltbild nicht identifizieren*. [...] Um das Weltbild des anderen als mit dem meinen unvergleichbar bezeichnen zu können, muß ich es ja wohl erst einmal identifizieren. Das aber kann ich gar nicht, wenn ich nicht einen elementaren Konsensus zwischen ihm und mir unterstelle.[514]

An dieser Stelle ist die Kuhnsche Inkommensurabilitätsthese also nicht konsistent. Kuhn schildert schließlich einen Streit, in dem die Befürworter zweier Paradigmata ihre Paradigmata und Begriffe als verschieden und sogar konkurrierend empfinden und deshalb in einen Streit um die Gültigkeit des jeweiligen

512 Davidson »On the Very Idea of a Conceptual Scheme«, in ders. (1984): 184, zit. n. Lueken (1992): 125. An anderer Stelle weist Davidson darauf hin, dass »Meinungsverschiedenheit ebenso wie Meinungsgleichheit nur vor dem Hintergrund massiver Übereinstimmung verständlich sind«. (Davidson »Radikale Interpretation«, in ders. 1990: 199)

513 Lueken (1992): 125.

514 Künne »Verstehen und Sinn. Eine sprachanalytische Betrachtung« in *Allgemeine Zeitschrift für Philosophie* (1981): 16; Hervorh. von C. R.

Paradigmas und der entsprechenden Begriffe geraten. In der von Kuhn geschilderten Situation zwischen den Vertretern der Einsteinschen Relativitätstheorie und der Newtonschen Mechanik verstehen die Kontrahenten ganz offensichtlich, in welcher Bedeutung der Gegner die Begriffe verwendet, sie erklären sich schließlich auf Grund der, aus ihrer Sicht, absurden oder paradoxen Begriffsverwendung gegenseitig für verrückt. Hier ähnelt ja die Struktur des Paradigmenstreits, die Kuhn beschreibt, der Struktur der Auseinandersetzung zwischen den USA und dem Iran sehr stark. An anderer Stelle schreibt Kuhn auch: »Derjenige, der ein Paradigma voraussetzt, wenn er es verteidigt, kann trotzdem eine klare Darstellung davon geben, wie die wissenschaftliche Praxis für jene aussehen wird, welche die neue Naturanschauung annehmen. Diese Darstellung kann sehr überzeugend sein, oft sogar zwingend.«[515] Ein Minimum an Verständnis setzt Kuhn also bei seiner Schilderung des Paradigmen- und Begriffsstreits selbst voraus. Im Gegensatz zu den Teilnehmern der Kontroverse ist es nach Kuhn offenbar auch möglich, dass ein außenstehender Dritter, in diesem Falle er selbst, eine Metaposition bekleidet und die beiden Kontrahenten versteht, sodass er die Struktur dieses Streits beschreiben und damit die Positionen, die sich im Konflikt miteinander befinden, zueinander in Beziehung setzen kann. Die Prämisse, dass sich ein Paradigmenstreit durch einen außenstehenden Beobachter beschreiben und die beiden konkurrierenden Positionen zueinander in Beziehung setzen lassen, liegt schließlich auch dieser Arbeit zu Grunde. Die Schwierigkeit, die Paradigmata in irgendeiner Weise zueinander in Beziehung zu setzen und die Differenzen in einer neutralen Sprache darzustellen, ist also auch für Kuhn vor allem ein Teilnehmerproblem, das eher damit zu tun hat, dass die im Streit involvierten Parteien mit dem Gebrauch der Sprache Geltungsansprüche ausdrücken und deskriptive und normative Aussagen vermengen, als damit, dass ihre Paradigmata völlig gegeneinander abgeschlossen sind.[516]

Schließlich behauptet Kuhn auch nicht, dass den Teilnehmern der Kontroverse *gar keine* Gegenüberstellung ihrer Standpunkte gelingen kann, sondern dass ihnen »eine *vollkommene* Gegenüberstellung der gegenseitigen Standpunkte nicht gelingen kann«[517]. Die Möglichkeit einer *partiellen* Gegenüberstellung der Standpunkte besteht für die Befürworter konkurrierender Paradigmata nach Kuhn also.

Sowohl einige Redeweisen als auch einige Beispiele, die Kuhn anführt, decken sich demnach nicht mit der Diagnose der Inkommensurabilität, als der Unmöglichkeit, zwei konkurrierende Paradigmata miteinander in Beziehung zu

515 Kuhn (1976): 106.
516 Vgl. auch Lueken (1992): insbesondere 128 – 36.
517 Kuhn (1976): 159; Hervorh. von C. R.

setzen. Wahrscheinlich hat Kuhn einfach den Ausdruck »Inkommensurabilität« für die Situation zwischen Vertretern konkurrierender Paradigmata, die er schildert, schlecht gewählt.

5.10.4 Die Bedeutung der Problemlösekraft im Paradigmenstreit

Die Kritikpunkte betreffen jedoch nicht nur die semantische oder deskriptive Ebene, also die Diagnose der Verständnis- und Verständigungsschwierigkeiten, sondern auch die normative Ebene, und zwar die Diagnose, dass es keinen Maßstab gibt, anhand dessen ein Paradigma als das gültige ausgezeichnet werden kann. Wenn zwei Paradigmata miteinander konkurrieren, müssen sie *auf irgendeinem bestimmten Gebiet, in irgendeiner Hinsicht miteinander konkurrieren.* Mit dieser Hinsicht hat man aber bereits einen *Maßstab*, anhand dessen man die zwei Paradigmata beurteilen kann und es offensichtlich auch tut.

Einen solchen Maßstab gibt es in der Kontroverse zwischen dem Liberalismus und Islamismus auch und zwar die *Problemlösekraft.* Sowohl der Liberalismus als auch der politische Islam, der Islamismus, beanspruchen schließlich die Lösung der gesellschaftlichen Probleme zu sein oder bereitzuhalten. Dies wird auch in der Kontroverse USA – Iran sehr deutlich und hier ist die Kontroverse zwischen den sonst eher extremen Vertretern beider Seiten, den USA unter Bush und dem Iran seit Ahmadinedschad, doch recht repräsentativ. Ihr Konflikt betrifft die Frage, was als *Lösung* der Probleme gilt, nämlich der Liberalismus einerseits und der Islam / Islamismus andererseits, *nicht* aber schon, *welche Probleme* es zu lösen gilt. Die beiden Konfliktparteien sind sich ja zunächst darin einig, dass Gewalt und Armut sowie Bildungsmangel, Krankheit usw. die Probleme darstellen, die es zu lösen gilt – wobei sie dann in einem zweiten Schritt allerdings direkt den jeweiligen Gegner und dessen Weltbild als die Ursache dieser Probleme identifizieren.

Argumentativ kommt, zumindest in der hier untersuchten Kontroverse, die Problemlösekraft als Maßstab der Paradigmata damit nicht zum Tragen. Gleichzeitig wird auch sehr deutlich, dass der Paradigmenstreit nicht mit dem Verweis auf die Daten oder Fakten entschieden werden kann, politische Ideologien und insbesondere religiöse Weltbilder kaum oder gar nicht durch die Konfrontation mit der Wirklichkeit falsifiziert werden können.

Im Westen selbst wird als »Beweis« dafür, dass der Liberalismus (Demokratie und Marktwirtschaft) die gesellschaftlichen Probleme besser löst als die Ideologien der Region des Nahen und Mittleren Ostens, gerne auf die wirtschaftlichen Daten und die vielen gewalttätigen Konflikte innerhalb der Grenzen der islamischen Welt verwiesen. Man denke beispielsweise an das Theorem des demokratischen Friedens in der Argumentation der USA. Aus westlicher Sicht sprechen die Daten, insbesondere wirtschaftliche Daten, beim Vergleich islamische Welt – westliche Industrienationen ganz offensichtlich für sich.

Dabei sind allerdings zwei Dinge zu beachten: Zunächst gerät man mit dem Verweis auf manche wirtschaftliche Daten zum Beweis der Gültigkeit des liberalen Paradigmas, insbesondere in wirtschaftlicher Hinsicht, in den von Kuhn geschilderten Begründungszirkel. Hier stellt sich nämlich genau das Problem, dass viele Indikatoren, mittels derer die schlechte Lage der islamischen Welt demonstriert wird, wie die Wachstumsrate, das Bruttosozialprodukt usw., bereits die Gültigkeit des marktwirtschaftlichen Paradigmas voraussetzen, indem sie nämlich annehmen, dass eine Wirtschaft beständig wachsen und viel produziert werden soll. Viele wirtschaftliche Daten können also nur als Maßstab innerhalb des marktwirtschaftlichen Paradigmas fungieren, nicht aber als Maßstab beim Ausweis des marktwirtschaftlichen Paradigmas selbst.

Doch die Kontroverse USA – Iran macht deutlich, dass auch, wenn man auf Fakten, wie hungernde Menschen, zerstörte Häuser, schlechte medizinische Versorgung usw. verweist, die Überlegenheit des liberalen Paradigmas gegenüber Vertretern eines konkurrierenden Paradigmas noch nicht bewiesen hat. Die iranische Führung, als Repräsentant des konkurrierenden Paradigmas, bestreitet schließlich die schlechte wirtschaftliche Lage und das Vorherrschen gewalttätiger Konflikte in der Region des Nahen und Mittleren Ostens gar nicht, behauptet aber, dass die Probleme extern, durch den Westen und sein »gottloses Weltbild«, verursacht sind.

Auch der im Westen wohl als recht überzeugend betrachtete Hinweis auf die historische Tatsache, dass dem Westen die mit der Aufklärung einhergehende Säkularisierung der Gesellschaften einen großen Entwicklungsschub versetzt und ihn aus dem dunklen Mittelalter hinauskatapultiert hat, während die islamische Kultur, die der westlichen Kultur bis dahin in vielerlei Hinsicht überlegen war, in ihrer Entwicklung stehen blieb, wird im Paradigmenstreit nichts nützen. Ende des 15. Jahrhunderts hatten die Europäer mit der Eroberung und Kolonialisierung anderer Länder begonnen, die dem Iran zufolge schließlich für die miserable Lage der islamischen Welt sowie auch anderer Weltregionen verantwortlich sind.

Dennoch, so denke ich, wird die Problemlösekraft als Maßstab zum Ausweis der Gültigkeit des jeweiligen Paradigmas *in der Praxis* zum Tragen kommen und zwar *inner*gesellschaftlich. Es wird sich dasjenige Paradigma als gültig erweisen, das sich innerhalb der betroffenen Gesellschaften *praktisch bewährt.* Wenn eine Gesellschaft das Gefühl hat, dass das herrschende Paradigma die gesellschaftlichen Probleme, insbesondere wirtschaftlicher Art, nicht mehr löst oder gar Probleme schafft, wendet sie sich von ihm ab. Kuhn selbst weist übrigens auf diesen Sachverhalt hin:

> Ein Aspekt der Parallelität sollte bereits offensichtlich sein. Politische Revolutionen werden durch ein wachsendes, doch oft auf einen Teil der politischen Gemeinschaft beschränktes Gefühl eingeleitet, daß die existierenden Institutionen aufgehört haben, den Problemen, die eine teilweise von ihnen selbst geschaffene Umwelt stellt, gerecht zu werden. Ganz ähnlich werden die wissenschaftlichen Revolutionen durch ein wachsendes, doch ebenfalls oft auf eine kleine Untergruppe der wissenschaftlichen Gemeinschaft beschränktes Gefühl eingeleitet, daß ein existierendes Paradigma aufgehört hat, bei der Erforschung eines Aspekts der Natur, zu welchem das Paradigma selbst den Weg gewiesen hatte, in adäquater Weise zu funktionieren.[518]

Kuhn spricht hier von der »*Krise*«, in die das alte Paradigma geraten ist, und in einer solchen »Krise« steckt das iranische Paradigma wohl auch. Die massenhaften Proteste der eigenen Bevölkerung gegen die iranische Führung lassen die Aussagen der iranischen Führung, nach denen sie mit ihren Begriffen von Demokratie, Freiheit, Gerechtigkeit und Religion ein kulturell anerkanntes Begriffssystem vertritt, als nicht besonders glaubwürdig erscheinen.

Kuhn weist hier allerdings darauf hin, dass die Krise erst als eine solche wahrgenommen wird, wenn das Paradigma *über einen gewissen Zeitraum hinweg* nicht in der Lage ist, bestimmte Probleme zu lösen, und wenn ein *alternatives Paradigma* als Gegenkandidat existiert, von dem erwartet wird, dass es die Probleme, die das alte Paradigma in die Krise geführt haben, *zu lösen im Stande ist.* Die Tatsache, dass ein Paradigma bestimmte Probleme nicht lösen kann, führt also nach Kuhn *per se* nicht zur Ablehnung des Paradigmas. Die Unfähigkeit, eine Lösung zu finden, wird zunächst in der mangelnden Kompetenz des Wissenschaftlers, der ein Paradigma vertritt, gesucht, nicht im Paradigma selbst:

> Wenn sie auch beginnen mögen, den Glauben zu verlieren und an Alternativen zu denken, so verwerfen sie doch nicht das Paradigma, das sie in die Krise hineingeführt hat. Das heißt also, sie behandeln die Anomalien nicht als Gegenbeispiele, obwohl Anomalien im Vokabular der Wissenschaftstheorie genau das sind. [...]. [W]enn eine wissenschaftliche Theorie einmal den Status eines Paradigmas erlangt hat, wird sie nur dann für ungültig erklärt, wenn ein anderer Kandidat vorhanden ist, der ihren Platz

518 Kuhn (1976): 104.

einnehmen kann. [...] Die Entscheidung, ein Paradigma abzulehnen, ist immer gleichzeitig auch die Entscheidung, ein anderes anzunehmen [...].[519]

Watzlawick et al. verdeutlichen dieses Phänomen anhand der Diskussionen zwischen den chinesischen und den sowjetischen Kommunisten (ihr Text stammt, wie gesagt, von 1974):

> Der Gedanke, daß der Fehler bei den Prämissen selbst liegen könnte, ist unerträglich und daher undenkbar, denn die Prämissen sind die Wahrheit, sie sind die Wirklichkeit. Daß zum Beispiel ein halbes Jahrhundert nach der Russischen Revolution die ideale, klassenlose Gesellschaft in der Sowjetunion noch nicht erreicht ist, bedeutet für den überzeugen Maoisten nur, daß dort die reine Lehre in unreine Hände gefallen ist und nicht, daß etwa der Marxissmus-Leninismus selbst der kritischen Überprüfung bedürfe.[520]

Aber hatte Kuhn nicht betont, dass die Problemlösekraft eines Paradigmas gerade *nicht* als das Kriterium bei der Paradigmenwahl fungieren kann, da die Vertreter konkurrierender Paradigmata bereits verschiedene Probleme als solche definieren? Hierzu merkt Kuhn an:

> In Paradigmadiskussionen geht es aber nicht eigentlich um relative Problemlösungsfähigkeit, auch wenn sie sich aus gutem Grund gewöhnlich um diesen Begriff drehen. Vielmehr handelt es sich darum, welches Paradigma zukünftig die Forschung bei Problemen leiten soll, von denen viele durch keinen der Konkurrenten bisher vollständig gelöst werden konnten. Eine Entscheidung zwischen verschiedenen Möglichkeiten für die Ausübung der Wissenschaft ist erforderlich, und unter den gegebenen Umständen muß diese Entscheidung *weniger auf vergangene Leistungen als auf zukünftige Aussichten gegründet werden.* Derjenige, der ein neues Paradigma in einem frühen Stadium annimmt, muß das oft *entgegen den durch Problemlösungen gelieferten Beweisen tun.* Das heißt, *er muß den Glauben haben, daß das neue Paradigma mit den vielen großen Problemen, mit denen es konfrontiert ist, fertig werden kann, wobei er nur weiß, daß das alte Paradigma bei einigen versagt hat.* Eine Entscheidung dieser Art kann nur aufgrund eines *Glaubens* getroffen werden. Das ist einer der Gründe, warum eine vorangegangene Krise sich als so wichtig erweist. Wissenschaftler, die niemals eine erlebt haben, werden selten auf den harten Beweis der Problemlösung verzichten [...].[521]

Allerdings behauptet Kuhn hier nur, dass die Problemlösekraft des neuen Paradigmas (noch) nicht als Beweis für die Gültigkeit des neuen Paradigmas

---

519 Kuhn (1976): 90.

520 Watzlawick et al. (2005): 76.

521 Kuhn (1976): 168; Hervorh. von C. R. An anderer Stelle schreibt Kuhn: »Paradigmata erlangen ihren Status, weil sie bei der Lösung einiger Probleme, welche ein Kreis von Fachleuten als brennend erkannt hat, erfolgreicher sind als die mit ihnen konkurrierenden. Erfolgreicher sein heißt jedoch nicht, bei einem einzelnen Problem völlig erfolgreich oder bei einer größeren Anzahl bemerkenswert erfolgreich sein. Der Erfolg eines Paradigmas [...] ist am Anfang weitgehend eine Verheißung von Erfolg [...].« (Kuhn 1976: 37.)

fungieren kann – und sie es vielleicht auch in Zukunft nie tut –, sondern dass die Wahl zu Gunsten des neuen Paradigmas auf Grund des *Glaubens* getroffen wird, dass das neue Paradigma die Probleme, die das alte Paradigma nicht zu lösen im Stande ist, lösen kann. Damit gesteht Kuhn aber dennoch zu, dass es einige Probleme gibt, die innerhalb des alten Paradigmas als nicht lösbare Probleme angesehen werden und die das neue Paradigma zu lösen verspricht. Also besteht zwischen den Befürwortern konkurrierender Paradigmata doch eine *partielle* Übereinstimmung bezüglich der »Liste der Probleme, welche jeder Paradigmen-Anwärter lösen muß«[522]. Auch an dieser Stelle argumentiert Kuhn also nicht konsistent.

Kuhn macht schließlich auf einige Aspekte aufmerksam, die, so denke ich, sehr gut auf die Paradigmenwahl im politischen Kontext übertragen werden können, ja hier eigentlich schon zum Gemeinplatz gehören. So handelt es sich bei den Menschen, die ein neues Paradigma erfinden und zuerst übernehmen, oft um Menschen, die noch sehr jung oder auf dem entsprechenden Gebiet noch recht neu sind. Diese versuchen schließlich, Anhänger zu gewinnen. Es gibt aber nach Kuhn keinen *zwingenden Beweis*, der die Befürworter des alten Paradigmas zur Übernahme des neuen Paradigmas veranlassen müsste, und bei der Paradigmenwahl spielen viele Gründe, die nicht direkt etwas mit der Sache zu tun haben, wie die Persönlichkeit, das Charisma oder die Nationalität des Neuerers, eine wichtige Rolle spielt. »Es gibt aber kein einziges Argument, das alle überzeugen könnte oder müßte. Was geschieht, ist eine *wachsende Verlagerung* der fachwissenschaftlichen Bindungen und *nicht die Bekehrung* einer ganzen Gruppe.«[523] In diesem Zusammenhang weist Kuhn schließlich auf einen uns schon bekannten Sachverhalt hin: »Die Übertragung der Bindung von einem Paradigma auf ein anderes ist eine Konversion, die *nicht erzwungen werden kann.*«[524] Viele Anhänger des alten Paradigmas werden nach Kuhn auch nie »bekehrt«. Kuhn zitiert an dieser Stelle Max Planck, der hier einen Gedanken formuliert, der uns ebenfalls schon bekannt sein sollte: »Eine neue wissenschaftliche Wahrheit pflegt sich nicht in der Weise durchzusetzen, daß ihre Gegner überzeugt werden und sich als belehrt erklären, sondern vielmehr dadurch, daß *die Gegner allmählich aussterben* und daß die *heranwachsende Generation von vornherein* mit der Wahrheit vertraut gemacht ist.«[525]

522 Kuhn (1976): 159.
523 Kuhn (1976): 169; Hervorh. von C. R.
524 Kuhn (1976): 162; Hervorh. von C. R.; vgl. Kuhn (1976): 79–106, 155–70.
525 Planck (1928): 22, zit. n. Kuhn (1976): 162; Hervorh. von C. R.

6. Die koreferentielle Verwendung unterschiedlicher Ausdrücke und ihre Folgen

6.1 Referenz, Prädikation und Nomination

6.1.1 Referenz und Prädikation

Zu Beginn des vergangenen Kapitels wurden zwei Bedingungen dafür genannt, dass Partei A und Partei B sich widersprechen, wenn Partei A »p« und Partei B »nicht p« oder »es ist nicht der Fall, dass p« behauptet. Erstens müssen beide Parteien die Aussage »p« in derselben Bedeutung gebrauchen und zweitens müssen sie sich mit dieser Aussage auf dieselben Gegenstände beziehen.

Es wurde gezeigt, dass den USA und dem Iran hinsichtlich ihrer zentralen Streitpunkte keine vollkommene Gegenüberstellung ihrer Standpunkte gelingt, da sie »p« stets in einer unterschiedlichen Bedeutung gebrauchen. Zwar explizieren sie jeweils die Bedeutung, in der sie die von der Mehrdeutigkeit betroffenen Ausdrücke verwenden, bei der Explikation der polysemen Ausdrücke greifen sie aber stets auf andere polyseme Ausdrücke zurück.

Bislang wurde vorausgesetzt, dass sich die beide Kontrahenten hinsichtlich ihrer Streitfragen auf *dieselben Gegenstände* beziehen, d. h., wenn die USA und der Iran beispielsweise darüber streiten, ob die Islamische Republik Iran eine Demokratie ist oder nicht, sie beide auf denselben Staat, nämlich die Islamische Republik Iran, Bezug nehmen. In diesem Kapitel wird es unter anderen darum gehen, zu untersuchen, ob die USA und der Iran sich tatsächlich immer auf denselben Gegenstand beziehen, wenn die USA »p« und der Iran »nicht p« behaupten und umgekehrt. Mit der »radikalen Übersetzung« hatte Quine, der ja mit Kuhn die These von der Paradigmen- bzw. Theorieabhängigkeit und Relativität der Sprache vertritt, allerdings im Gegensatz zu Kuhn auf die Paradigmenabhängigkeit der Bedeutung im *extensionalen* Sinne hinweist, schon ein mögliches Szenario aufgezeigt, bei dem Unklarheit bezüglich der Referenz besteht. Wenn nun, so könnte man das Szenario weiter ausführen, der Feldforscher »Gavagai ist p« behauptet und mit »Gavagai« auf ein Kaninchen Bezug nimmt, während der Eingeborene »Gavagai ist *nicht* p« behauptet, aber auf einen abgetrennten Kaninchenteil referiert, widersprechen sich die beiden Akteure nicht.

Dieses Kapitel wird zeigen, dass es auch in politischen Zusammenhängen Grenzfälle gibt, in denen nicht klar ist, ob die beiden Kontrahenten sich auf denselben Gegenstand beziehen und sich demnach widersprechen, wenn eine Konfliktpartei »p« und die andere Konfliktpartei »nicht p« behauptet.

Im vergangenen Kapitel ging es also um Probleme bezüglich der *Bedeutung* von Ausdrücken, und konkret, um das Problem der *Mehrdeutigkeit*. Im Folgenden wird es dagegen um Probleme der *Referenz* und um einen Begriffskonflikt gehen, der sich daraus ergibt, dass die USA und der Iran mit verschiedenen Ausdrücken auf den (vermeintlich) selben Gegenstand referieren, d. h., unterschiedliche Ausdrücke (vermeintlich) *koreferentiell* verwenden. Während es im vergangenen Kapitel also um einen Ausdruck ging, mit welchem die USA und der Iran verschiedene Gegenstände bezeichnen, wird es nun um (vermeintlich) einen Gegenstand gehen, auf den die USA und der Iran mit verschiedenen Ausdrücken Bezug nehmen. Da es im Folgenden um Probleme der Bezugnahme geht, werden vor allem *singuläre Termini* eine Rolle spielen.

Um die Struktur einiger Aussagen in der Kontroverse USA – Iran deutlicher zu machen, betrachten wir zunächst eine beliebige Aussage der Form »*S* ist p«:

(R) »*Rom* ist eine große Stadt.«

In diesem Satz wird zunächst mit Hilfe des Eigennamens »Rom« auf einen Gegenstand, in diesem Fall auf eine Stadt, Bezug genommen, d. h., es wird der Sprechakt der *Referenz* vollzogen. Die Bezugnahme dient dazu, den Gegenstand, über den gesprochen werden soll, zu *identifizieren*. Indem man dem Eigennamen »Rom« das Prädikat »ist eine große Stadt« zuordnet, also den Sprechakt der *Prädikation* vollzieht, sagt man schließlich etwas über diesen Gegenstand aus, spricht ihm ein bestimmtes *Merkmal* bzw. ein bestimmtes *Attribut* zu, und zwar eine große Stadt zu sein.[526]

Als Referenzterme fungieren in natürlichen Sprachen vor allem *singuläre Termini*, also Ausdrücke, mit denen man sich auf einen einzelnen Gegenstand bezieht. Dabei kann es sich auch um einen komplexen Gegenstand handeln, beispielsweise um einen kollektiven Akteur, der wie ein einzelner Gegenstand behandelt wird. Innerhalb der singulären Termini unterscheidet man *Eigennamen*, wie »Rom«, *indexikalische Ausdrücke*, also grammatische Pronomen, wie »sie«, »es«, »dies« usw., und *bestimmte Kennzeichnungen*, wie »die Hauptstadt

526 Referenz und Prädikation sind *propositionale* Sprechakte im Gegensatz zu *illokutionären* Sprechakten, wie behaupten, versprechen, fordern usw.

Italiens« oder »die ewige Stadt«. Allerdings können auch *generelle Termini*, also Ausdrücke, mit denen man sich auf »jedes aus einer Vielzahl von Dingen«[527] beziehen kann, in einer Aussage eine referentielle Funktion übernehmen. So fungiert beispielsweise der Ausdruck »die Stadt« in der Aussage »Die Stadt ist groß« als Referenzterm. Grammatisch betrachtet bestehen bestimmte Kennzeichnungen und generelle Termini, die auf diese Weise gebraucht werden, aus »Ausdrücke[n], die mit dem bestimmten Artikel beginnen, gefolgt von einem näher bestimmten oder unbestimmten Substantiv im Singular«[528].

Bestimmte Kennzeichnungen und generelle Termini müssen nicht als Referenzausdrücke verwendet werden, sondern können offensichtlich auch als Prädikat oder Teil des Prädikats fungieren. In dem Satz »Rom ist die Hauptstadt Italiens« übernimmt der Ausdruck »die Hauptstadt Italiens« eine prädikative Funktion. Ob Eigennamen (sowie indexikalische Ausdrücke) zur Attribuierung verwendet werden können oder ihrem Wesen nach Referenzausdrücke sind, ist dagegen umstritten, worauf im Verlauf dieses Kapitels noch näher eingegangen wird.[529]

Auf einen Gegenstand kann offenbar mit unterschiedlichen singulären Termini referiert werden, d.h., verschiedene singuläre Termini können *koreferentiell* gebraucht werden. So lässt sich auf die Stadt Rom eben mit ihrem Eigennamen »Rom« oder mit den Kennzeichnungen »die Hauptstadt Italiens«, »die Stadt der sieben Hügel«, »die ewige Stadt«, »die Stadt, die Romulus gegründet haben soll« usw. referieren. Für den Wahrheitswert der in einer Aussage ausgedrückten Proposition spielt es in den meisten Fällen keine Rolle, mit *welchem* singulären Terminus man auf einen Gegenstand referiert. Wenn die Proposition, die durch den folgenden Satz ausgedrückt wird, wahr ist:

(P_1) »Rom ist eine große Stadt«,

und man mit dem Eigennamen »Rom« sowie mit der Kennzeichnung »die ewige Stadt« auf denselben Gegenstand referiert, also gilt

(P_2) Rom $=$ die ewige Stadt,

527 Wolf »Einleitung«, in dies. (1993): 9. So lässt sich mit dem Ausdruck »(die) Stadt«, je nach Kontext, nicht nur auf Rom, sondern auch auf Berlin, Madrid, usw. Bezug nehmen.

528 Strawson »Über Referenz«, in Wolf (1993): 94. Ein Satz kann auch mehr als einen Referenzausdruck enthalten, der Referenzausdruck muss also nicht das grammatische Subjekt des Satzes sein.

529 Vgl. Strawson »Über Referenz«, in Wolf (1993): 94–95; zu den Sprechakten der Referenz und der Prädikation vgl. Searle (1983): 38–54; zur Unterscheidung von singulären und generellen Termini vgl. u.a. Mill »Von Namen«, in Wolf (1993): 46–48.

dann ist auch die Proposition, die durch den folgenden Satz ausgedrückt wird, wahr:

(K) »Die ewige Stadt ist eine große Stadt«.

Die Wahl unterschiedlicher Referenzausdrücke zur Bezeichnung desselben Gegenstandes durch die Sprecher hat manchmal rhetorische Gründe. Vielleicht möchte man in zwei aufeinander folgenden Sätzen nicht zweimal denselben Terminus verwenden und ersetzt so den Eigennamen aus dem ersten Satz durch ein Pronomen oder eine Kennzeichnung im zweiten Satz.

Angenommen, zwei Personen streiten sich darüber, ob Rom eine große Stadt ist oder nicht. Person A äußert also den Satz

(R) »Rom ist eine große Stadt«.

Person B kann Person A nun auf drei verschiedene Arten widersprechen. Sie könnte sagen

1) »Rom ist *keine* große Stadt«,

oder

2) »Es ist *nicht* der Fall, dass Rom eine große Stadt ist«,

oder

3) »Rom ist eine *kleine* Stadt«.

In den ersten beiden Fällen formuliert Person B eine direkte Verneinung. Während sie allerdings im ersten Fall (»S ist *nicht* p«) nur den Prädikatsterm verneint, verneint sie im zweiten Fall (»Es ist *nicht* der Fall, dass S p ist«) den gesamten Satz. Schließlich kann sie Person A auch widersprechen, indem sie das Prädikat in Satz (R) indirekt dadurch verneint, dass sie der Stadt Rom ein gegensätzliches Prädikat zuschreibt, wobei diese Negation der Prädikatsverneinung 1) entspricht (»S ist q, und $q \rightarrow$ *nicht* p«).

Die Voraussetzung dafür, dass Person B Person A auf eine der zwei bzw. drei Arten widerspricht, ist die *Identität des Referenzobjektes*, d. h., die beiden Dialogpartner müssen sich in ihren Aussagen auf dieselbe Stadt, nämlich die Stadt Rom, beziehen. Allerdings könnte Person B in allen drei Sätzen den Eigennamen »Rom« durch koreferentielle Ausdrücke, wie beispielsweise die bestimmte Kennzeichnung »die ewige Stadt«, ersetzen und behaupten

1) »Die ewige Stadt ist *keine* große Stadt«,

oder

2) »Es ist *nicht* der Fall, dass die ewige Stadt eine große Stadt ist«,

oder

3) »Die ewige Stadt ist eine *kleine* Stadt«.

Sie würde mit diesen Behauptungen Person A immer noch widersprechen. Damit sich die beiden Dialogpartner verständigen können, ist es jedoch wichtig, dass Person A weiß, dass »die ewige Stadt« die Stadt Rom ist.[530]

Betrachten wir eine amerikanische Aussage, welche die dargestellte logische Struktur »*S* ist p« aufweist:

(A_1) »*The U.N.'s founding members* laid out great and honorable goals in the charter they drafted six decades ago.«[531]

In diesem Satz vollziehen die USA offenbar zunächst einen Referenzakt und identifizieren mittels der bestimmten Kennzeichnung »the U.N.'s founding members« die UN-Gründungsmitglieder als das Subjekt, über das gesprochen werden soll. Schließlich prädizieren sie über die UN-Gründungsmitglieder und behaupten von ihnen, dass sie bedeutende und ehrenwerte Ziele in der Charta, die sie vor sechs Jahrzehnten abfassten, aufgestellt haben.

Wenn der Iran, als der politische Gegner der USA, den USA bezüglich dieses Satzes widersprechen wollte, müsste er sich einer der zwei Arten der Negation, »S ist nicht p« bzw. »S ist q, und q $\rightarrow$ nicht p« oder »Es ist nicht das Fall, dass S p ist«, bedienen und behaupten

(Nicht-A_{1a}) »The U.N.'s founding members *did not* lay out great and honorable goals in the charter they drafted six decades ago«[532],

oder

530 Zu Substituierbarkeit von (koreferentiellen) Termini vgl. Frege »Über Sinn und Bedeutung«, in Frege (2002): 29–46; zu den Möglichkeiten der Negation vgl. auch das *Aristotelische Urteilsquadrat*, z. B. nach Tugendhat / Wolf (1993): 66–78.

531 Bush, 14.09.2005, Rede auf dem UN-Weltgipfel, New York; Hervorh. von C. R.

532 Anstatt ausdrücklich »nicht p« zu behaupten, könnte der Iran den USA, wie gesagt, auch dadurch widersprechen, dass er den UN-Gründungsmitgliedern ein Prädikat zuspricht, dass sich gegensätzlich zu dem Prädikat verhält, das die USA den UN-Gründungsmitgliedern zusprechen.

(Nicht-A_{1b}) »*It is not the case that*, the U.N.'s founding members laid out great and honorable goals in the charter they drafted six decades ago«.

Wichtig ist, dass der Iran, möchte er den USA hinsichtlich der Aussage über die UN-Gründungsmitglieder widersprechen, auf dasselbe Subjekt Bezug nimmt, nämlich die UN-Gründungsmitglieder.

Nun widerspricht der Iran den USA bezüglich *dieser* Aussage nicht. Für die meisten Aussagen, bezüglich derer sich die USA und der Iran *tatsächlich* widersprechen, gilt dagegen, dass sie die oben diskutierte Struktur gerade *nicht* aufweisen.

Betrachten wir einen solchen Fall. Die USA behaupten beispielsweise:

(A_2) »So *the free world* is working together to help the Iraqi people to establish a new nation that can govern itself, sustain itself, and defend itself.«[533]

Wir hatten bereits gesehen, dass der Iran bestreitet, dass »die freie Welt«, also insbesondere die Amerikaner und ihre westlichen Verbündeten, im Irak tatsächlich »zusammen daran arbeiten, dem irakischen Volk dabei zu helfen, eine neue Nation zu errichten, die sich selbst regieren, unterhalten und verteidigen kann«. Im Gegenteil hielte der Westen die freie und souveräne Nation Irak besetzt, um dem irakischen Volk seinen Willen aufzuzwingen und um die irakischen Ressourcen zu plündern. Der Westen sei also der Aggressor, dem es eben nicht um die Autonomie, Autarkie und Selbstverteidigungsmöglichkeit des Irak ginge und der auch nicht mehr Herr der Lage im Irak sei.

Bei den iranischen Erwiderungen auf die amerikanische Tatsachenbeschreibung handelt es sich allerdings weder um Aussagen, in denen einfach das Prädikat der amerikanischen Aussage negiert oder »*der freien Welt*« ein gegensätzliches Prädikat zugeschrieben wird, noch um Satznegationen der Form »Es ist nicht der Fall, dass *die freie Welt*...«. Stattdessen spricht der Iran in Bezug auf die westlichen Verbündeten gar nicht mehr von »*der freien Welt*«, benutzt also bereits *andere Referenzausdrücke* und behauptet beispielsweise:

(I_1) »*The occupiers* are incapable of establishing security in Iraq.«[534]

Zwischen den USA und dem Iran besteht also bereits Uneinigkeit bezüglich der Frage, mit *welchem Ausdruck* auf das Subjekt, über das gesprochen werden soll,

533 Bush, 14.09.2005, Rede auf dem UN-Weltgipfel, New York; Hervorh. von C. R.

534 Ahmadinedschad, 19.09.2006, Rede vor der UN-Generalversammlung, New York; Hervorh. von C. R.

in diesem Fall die westlichen Verbündeten, *referiert* werden kann. Während die USA auf die westlichen Verbündeten mit dem Ausdruck »*die freie Welt*« referieren, bezieht sich der Iran auf sie mit dem Ausdruck »*die Besatzer*«. Dementsprechend negiert der Iran die Aussage der USA der Form »*S* ist p« nicht einfach dadurch, dass er behauptet »*S* ist nicht p« bzw. »*S* ist q, und q $\rightarrow$ nicht p« oder »Es ist nicht der Fall, dass *S* p ist«, sondern er behauptet »*R* ist q, und q $\rightarrow$ nicht p«.

Nun hatten wir anhand des Beispiels des Satzes (R) »Rom ist eine große Stadt« gesehen, dass es in vielen Fällen nicht von Bedeutung ist, mit welchem Referenzausdruck man auf einen Gegenstand referiert, und dass sich der Wahrheitswert der Aussage (R) nicht ändert, wenn man den Eigennamen »Rom« durch andere Referenzausdrücke ersetzt. Im Fall der Aussage (A_2) *muss* der Iran allerdings den Referenzausdruck, den die USA zur Bezugnahme auf die westlichen Verbündeten verwenden, durch einen anderen Referenzausdruck ersetzen, will er den USA widersprechen. Der Iran kann offenbar nicht behaupten »*The free world* is incapable of establishing security in Iraq«, ohne seine Position zumindest teilweise aufgeben zu müssen.

6.1.2 Nomination

Wenn die USA von »*der freien Welt*« behaupten, dass diese zusammen daran arbeitet, dem irakischen Volk dabei zu helfen, eine Nation zu errichten, die sich selbst regieren, unterhalten und verteidigen kann, dann sprechen sie sich und ihren Verbündeten nicht erst im Prädikatsausdruck, sondern bereits *beim Referenzakt*, durch die Wahl der Kennzeichnung »the free world« zur Bezugnahme auf die westlichen Verbündeten, *bestimmte Eigenschaften* zu, und zwar für Freiheit und Demokratie zu stehen. Da der Iran genau das bestreitet, kann er auf die westlichen Verbündeten nicht mit der Kennzeichnung »die freie Welt« referieren, sondern muss mit *anderen* Ausdrücken auf sie Bezug nehmen.

Umgekehrt gibt es dann auch viele Beispiele für iranische Aussagen über die USA und die anderen westlichen Staaten, sowohl im Zusammenhang des Irakkrieges als auch in anderen thematischen Zusammenhängen, bei denen der Iran mit Ausdrücken auf die USA oder den gesamten Westen referiert, mit denen die USA selbst nicht auf sich und die anderen westlichen Staaten referieren. So behauptet der Iran beispielsweise

(I_2) »*A bullying power* allows itself the right to set up a missile system, makes the life of the peoples of a continent bitter, and lays the ground for arms race«[535],

oder

(I_3) »*Some big powers* still behave like the victors of the World War and regard other states and nations, even those that had nothing to do with the war, as the vanquished, and humiliate other nations and demand extortion from a condescending position similar to that of the master / servant relationship of the medieval ages«[536].

Die Struktur dieser iranischen Aussagen entspricht dabei offenbar der Struktur der oben angeführten amerikanischen Aussage (A_2). Der Iran spricht schon *beim Referenzakt*, durch die Wahl der Ausdrücke »eine Tyrannenmacht« und »einige Großmächte«, mit denen er sich auf die USA bzw. einige westliche Staaten bezieht, diesen bestimmte Merkmale zu, und zwar einerseits eine gewaltsame, repressive Politik zu verfolgen und andererseits für Imperialismus und Kolonialismus zu stehen.

Die Ausdrücke »die freie Welt« einerseits und »eine Tyrannenmacht« oder »einige Großmächte« andererseits dienen den USA und dem Iran hier offenbar *nicht nur als Referenzausdrücke* zur Identifizierung der USA und weiterer westlicher Staaten, sondern erfüllen gleichzeitig *auch eine attributive* oder *prädikative Funktion*, die in den oben diskutierten Aussagen (R) und (A_1) allein der eigentliche Prädikatsausdruck übernommen hatte. Durch die Wahl *unterschiedlicher Ausdrücke zur Bezugnahme* auf die USA und die anderen westlichen Staaten sprechen die beiden Konfliktparteien diesen *verschiedene Merkmale* zu.

> Die elementare Funktion der Referenz besteht in der Identifikation der Referenzobjekte, der außersprachlichen Gegenstände. Der Referenzakt ist dann geglückt, wenn der Adressat weiß, wovon der Politiker redet.[537] [...] Den in der Politik Agierenden geht es aber um mehr als nur darum, die kommunikative Bestimmtheit von Referenzobjekten zu sichern. Um ihre Intentionen und Interessen durchzusetzen, müssen sie Position beziehen und Einstellungen und Bewertungen gegenüber dem politischen Gegner und politischen Sachverhalten zum Ausdruck bringen. [...] [Der Politiker] geht also *über das nur Referieren hinaus* und *bewertet gleichzeitig das in Rede stehende Referenzobjekt.* Man bezeichnet diese *stellungsbeziehende, wertende Form der Referenz* als *Nomination* und die zu diesem Zwecke verwendeten Wörter als *Nominationsaus-*

535 Ahmadinedschad, 25.09.2007, Rede vor der UN-Generalversammlung, New York; Hervorh. von C. R.

536 Ahmadinedschad, 25.09.2007, Rede vor der UN-Generalversammlung, New York; Hervorh. von C. R.

537 Girnth (2002): 55.

> *drücke*. Die Nomination weist über die kommunikative Bestimmtheit von Referenzobjekten hinaus, indem sie die Einstellung des Politikers zum bezeichneten Referenzobjekt zum Ausdruck bringt. [...] Der Nominationsakt ist eine sprachliche Handlung, genauer eine lexikalische Teilhandlung, die *Referenz und Wertung miteinander verknüpft.*[538]

Nomination ist demnach bewertende Bezugnahme auf einen Gegenstand oder Sachverhalt, wobei die Bewertung sowohl *kognitive* als auch *emotive* Aspekte beinhalten kann.

Die Bewertung und Attribuierung des Gegenstandes oder Sachverhaltes erfolgt dabei *im Sinne des eigenen Weltbildes oder Paradigmas.* Die Nomination hat die Funktion, den eigenen Standpunkt deutlich zu machen und ihn von dem Standpunkt des Gegners abzugrenzen. Schließlich sollen die kognitiven Einstellungen und Emotionen, die ein Sprecher bei der Verwendung des Ausdrucks hat, auch beim Hörer ausgelöst werden, um auf diese Weise sein Verhalten zu steuern. Der Hörer, der die Einstellung des Sprechers nicht teilt, soll dazu bewegt werden, die Einstellung des Sprechers zu übernehmen, während der Hörer, der die Einstellung des Sprechers bereits teilt, in dieser bestärkt werden soll. Insofern die Nomination der Einstellungspolarisierung, -modifizierung und -affirmation dient, finden sich Nominationsausdrücke vor allem in persuasiv-informativen sowie in integrativen Texten, wie sie die hier untersuchten Reden darstellen.

Der *koreferentielle* Gebrauch unterschiedlicher Nominationsausdrücke durch zwei politische Parteien wird als *Nominationskonkurrenz* oder *Bezeichnungskonkurrenz* bezeichnet. Die Nominationskonkurrenz stellt eine weitere Form eines Kampfes um Begriffe dar, wie er uns schon im letzten Kapitel in Form der Bedeutungskonkurrenz begegnet ist. Im Gegensatz zur Bedeutungskonkurrenz, bei der es um *einen* Ausdruck ging, der, je nach Paradigma, durch die beiden Akteure in einer *unterschiedlichen semantischen Bedeutung* gebraucht wurde, benutzen die Akteure im Fall der Nominationskonkurrenz, je nach Paradigma, *unterschiedliche* Ausdrücke zur *Bezugnahme auf einen Gegenstand.* Nominationsausdrücke sind also insofern paradigmenabhängig, als das Paradigma bestimmt, *mit welchem* Ausdruck die Sprecher auf einen Gegenstand oder Sachverhalt Bezug nehmen.

Mit der Wahl der Ausdrücke »die freie Welt« einerseits und »die Besatzer«, »einige Großmächte« und »eine Tyrannenmacht« andererseits zur Bezugnahme auf die USA bzw. die westlichen Staaten, sprechen die USA und der Iran den USA bzw. den westlichen Staaten unterschiedliche deskriptive Eigenschaften zu. Außerdem bringen sie auch eine unterschiedliche emotive Stellungnahme den westlichen Verbündeten gegenüber zum Ausdruck, insofern der Term »die freie

538 Girnth (2002): 56; Hervorh. von C. R.

Welt« positiv konnotiert ist und die iranischen Nominationsausdrücke negativ konnotiert sind.

Girnth kritisiert in diesem Zusammenhang das in der Literatur zur politischen Sprache zum Beispiel von Walther Dieckmann verwendete Konzept der *synonymischen Unterscheidung*, bei dem davon ausgegangen wird, dass durch den koreferentiellen Gebrauch verschiedener Ausdrücke *nur* eine unterschiedliche emotive Stellungnahme gegeben wird, während dem betreffenden Gegenstand jedoch nicht auch unterschiedliche deskriptive Merkmale zugeschrieben werden. Dieckmann führt als Beispiele unter anderem das Wortpaar »Verteidigungsminister« – »Kriegsminister« an.[539]

Natürlich kann es vorkommen, dass mit der koreferentiellen Verwendung verschiedener Ausdrücke »nur« emotive Differenzen ausgedrückt werden. In den meisten Fällen dient aber die Wahl verschiedener Ausdrücke zur Bezugnahme auf einen Gegenstand in politischen Kontroversen *auch* dazu, dem Gegenstand unterschiedliche deskriptive Merkmale zuzusprechen und damit unterschiedliche kognitive Einstellungen zum Ausdruck zu bringen. Das Konzept der synonymischen Unterscheidung eignet sich nach Girnth daher nicht, um »die in der Politik häufigen Fälle semantischer Divergenz bei gleichzeitiger referentieller Identität«[540] zu erklären.[541]

Allerdings soll im Laufe dieses Kapitels unter anderem die These der semantischen Divergenz bei gleichzeitiger *referentieller Identität* problematisiert werden. Wird im Falle der Nominationskonkurrenz durch die Wahl unterschiedlicher Ausdrücke zur Bezugnahme auf einen Gegenstand tatsächlich »nur« eine unterschiedliche Attribuierung vorgenommen oder gibt es vielleicht Grenzfälle, in denen man nicht mehr behaupten kann, dass die beiden Konfliktparteien noch von *genau demselben* Gegenstand reden? In einem solchen Fall würden sich die beiden Konfliktparteien nicht mehr widersprechen, wenn die eine Konfliktpartei »S ist p« und die andere Konfliktpartei »R ist nicht p« oder »Es ist nicht der Fall, dass R p ist« behauptet.

Um diese Frage zu beantworten, müssen wir uns die verschiedenen Fälle von Nominationskonkurrenz und die verschiedenen Nominationsausdrücke der USA einerseits und des Iran andererseits näher ansehen. Allerdings kann an dieser Stelle bereits festgehalten werden, dass die Negation von Aussagen, in denen Nominationsausdrücke verwendet werden, von vornherein etwas komplizierter ist als die Negation von Aussagen der zu Beginn dieses Kapitels diskutierten Art. Es macht einen pragmatischen Unterschied, ob die Attribuierung bereits beim Referenzakt, also durch Nomination, oder erst im Prädikatsaus-

539 Vgl. Dieckmann (1975): 79.

540 Herrgen (2000): 198, zit. n. Girnth (2002): 64.

541 Vgl. Girnth (2002): 55–64.

druck erfolgt. Erfolgt sie im Prädikatsausdruck, *behaupteten* die USA beispielsweise *explizit* »Die westlichen Verbündeten stehen für Freiheit und Demokratie«, machten sie die Tatsache, dass die westlichen Verbündeten für Freiheit und Demokratie stehen, der Diskussion zugänglich, stellten sie zur Disposition. Dadurch, dass die USA in der Aussage (A_2) bereits beim Referenzakt, durch die Wahl des Ausdrucks »die freie Welt«, eine Attribuierung der westlichen Verbündeten vornehmen, denen sie anschließend ein Prädikat zusprechen, *setzen* sie in ihrer Aussage (A_2) die Tatsache, dass die westlichen Verbündeten für Freiheit und Demokratie stehen, *voraus*,[542] ohne dass sie sie zur Disposition stellten und damit verhandelbar machten. Dies macht es dem politischen Gegner von vornherein etwas schwieriger, die Proposition, die in der Aussage (A_2) gemacht wird, zu negieren. Er muss sowohl das Prädikat negieren oder dem zur Rede stehenden Gegenstand ein gegensätzliches Prädikat zusprechen, als auch den Referenzausdruck ändern. Dabei ist die Tatsache, dass der Gegner durch die Wahl eines bestimmten Ausdrucks zur Bezugnahme auf einen Gegenstand auch eine Attribuierung des Gegenstandes in paradigmenspezifischer Absicht vornimmt, nicht immer so offensichtlich wie in den oben diskutierten Aussagen. Dies wird im Laufe dieses Kapitels noch deutlicher.

Dennoch stehen die Informationen, die beim Referenzakt durch die Wahl eines bestimmten Nominationsausdrucks über das Referenzobjekt, in diesem Falle über die westlichen Staaten, gegeben werden, immer in einem engen Zusammenhang mit den Informationen, die über das Referenzobjekt im weiteren Verlauf der Aussage mittels des eigentlichen Prädikatausdrucks gegeben werden. Sie bestätigen oder bestärken sich nämlich gegenseitig und geben ein konsistentes Bild des in Frage stehenden Subjekts oder Objekts, hier der westlichen Staaten. So hilft »*die freie Welt*« beim Aufbau eines autarken Iraks, aber »*die Großmächte*« verhalten sich immer noch wie die Sieger des Weltkrieges und betrachten andere als Besiegte, demütigen sie usw.

Die Charakterisierung eines Ausdrucks als Nominationsausdruck ist im *funktionalen* Sinne zu verstehen, d.h., ob ein Ausdruck Nominationsausdruck ist, hängt von der Funktion ab, die er in einem Satz übernimmt. Daher können verschiedene Arten von Ausdrücken als Nominationsausdrücke fungieren. Meist handelt es sich um Ausdrücke, mit denen die politischen Akteure auf

542 Wenn hier von einer »Voraussetzung« die Rede ist, ist damit nur gemeint, dass die USA hier die Tatsache, dass sie für Freiheit und Demokratie stehen, *nicht zur Debatte stellen*, und *nicht*, dass sie es als *völlig unkontrovers voraussetzen*, dass ihnen diese Merkmale zukommen. Sie wissen schließlich, dass der Gegner diesbezüglich einen anderen Standpunkt einnimmt. Zu den zwei Arten von Voraussetzungen oder Implikationen vgl. auch Punkt 6.3.1.3.

Wirklichkeitsausschnitte Bezug nehmen, die besonders relevant sind und von denen die Hörer erwarten, dass die Politiker auf sie Bezug nehmen.

Girnth nimmt eine Einteilung der Nominationsausdrücke nach *Nominationssektoren*, die »für das politische Sprachhandeln zentralen Wirklichkeitsausschnitte [repräsentieren]«[543], vor und unterscheidet folgende Nominationssektoren:

- Nominationssektor 1: Nominationen politischer Gruppen und Personen (z. B. »Bürger«, »Christdemokrat« usw.),
- Nominationssektor 2: Nominationen politisch relevanter Aktivitäten und Handlungszusammenhänge (z. B. »Misswirtschaft«, »Reform«, »Zick-Zack-Kurs« usw.),
- Nominationssektor 3: Nomination politisch relevanter Einstellungen (z. B. »Scham«, »Wissen« usw.),
- Nominationssektor 4: Nominationen politisch relevanter Intentionen und Interessen (z. B. »Ideologie«, »Freiheit«, »Menschenrechte« usw.)[544],
- Nominationssektor 5: Nominationen politisch relevanter Systeme und Institutionen / Nomination von Formen und Verfahrensweisen politischer Herrschaft (»Gewaltenteilung«, »Wahlen« usw.),
- Nominationssektor 6: Nominationen politisch relevanter Ereignisse und Sachverhalte (»Finanzskandal«, »Lügensumpf«).

Für den Konflikt USA – Iran und vielleicht auch für andere internationale Konflikte, in denen es schließlich nicht selten um divergierende Territorialansprüche geht, ist es sinnvoll, noch den Nominationssektor *Politisch relevante Orte bzw. Territorien* hinzuzufügen.

Je nachdem, ob es um die Eigengruppe oder Fremdgruppe, bzw. um die Aktivitäten, Einstellungen, Intentionen, Interessen, politischen Systeme usw. der

543 Girnth (2002): 59.

544 Die Nominationsausdrücke dieses vierten Sektors differenziert Girnth noch weiter in
a) Nominationen objektivierter Intentionen und Interessen in abstrakter Form, d. h., »diejenigen Nominationsausdrücke, mit denen man für die jeweilige Gruppe objektiv gültige Interessen und Intentionen bezeichnen kann, die die normative Basis für Bewertungen der Gruppe bilden und sich über einen langen historischen Zeitraum hinweg etabliert haben. Für die Eigengruppe sind dies beispielsweise Nominationsausdrücke wie *Moral*, *Normen*, *Prinzipien* oder *Werte*, für die Fremdgruppe Nominationsausdrücke wie *Ideologie* oder *Weltanschauung*« (Girnth 2002: 60; Hervorh. im Orig.),
b) Nominationen politisch relevanter Intentionen und Interessen in konkreter Form, d. h., »Nominationsausdrücke wie *Frieden*, *Freiheit*, *Menschenrechte* oder *Solidarität*. Es handelt sich also um konkrete Ausprägungen von Normen, Werten und Prinzipien« (Ebd.),
c) Nominationen objektivierter Intentionen und Interessen in scheinbar subjektiver Form, d. h., »Nominationsausdrücke wie *Aufgabe*, *Pflicht* oder *Verantwortung* beziehen sich auf das einzelne Individuum und verlagern die gruppenspezifischen Intentionen und Interessen in den einzelnen als Mitglied der Gruppe«. (Ebd.)

Eigengruppe oder der Fremdgruppe geht, erfolgt die Nomination mit positiv oder negativ wertenden Ausdrücken. Demnach eignen sich als Nominationsausdrücke insbesondere stark affektbeladene Ausdrücke.[545]

In Bezug auf alle Nominationsausdrücke eines Sprechers lässt sich vom *Nominationsparadigma* sprechen. Das Nominationsparadigma spiegelt die politisch-weltanschaulichen Einstellungen des Sprechers wider.

Im Folgenden wird, abweichend von Girnth, zunächst eine Unterteilung der Nominationsausdrücke nach *singulären* und *generellen* Termini, oder genauer, nach Fällen von Nominationskonkurrenz, in denen nur generelle Termini vorkommen, und Fällen, in denen mindestens eine der beiden Konfliktparteien auch einen singulären Terminus als Nominationsausdruck verwendet, unterschieden. Dies hat zwei Gründe.

Der erste Grund betrifft die Konsequenzen der Nominationskonkurrenz. Sie hat nämlich in Fällen, in denen generelle Termini als Nominationsausdrücke verwendet werden, oft Konsequenzen für die Bedeutung der betroffenen Ausdrücke. Die Frage, ob die beiden Konfliktparteien tatsächlich immer auf genau denselben Gegenstand referieren, wenn sie sich auf (scheinbar) einen Gegenstand mit verschiedenen Nominationsausdrücken beziehen, stellt sich dagegen vor allem hinsichtlich der Fälle von Nominationskonkurrenz, in denen die beiden Konfliktparteien unterschiedliche singuläre Termini (vermeintlich) koreferentiell verwenden.

Der zweite Grund liegt in dem kontroversen Status singulärer Termini, und vor allem von Eigennamen, in der Philosophie. Für diese ist nämlich äußerst strittig, ob sie überhaupt eine semantische Bedeutung haben, die nicht ihr Referenzobjekt ist, und damit, ob sie überhaupt attributive bzw. prädikative Funktionen übernehmen können.

Betrachten wir aber zunächst einige Fälle, in denen die Nominationskonkurrenz zwischen den USA und dem Iran generelle Termini betrifft, und ihre Konsequenzen.

6.2 Nominationskonkurrenz und Nominationsparadigmata in der Kontoverse USA – Iran: Generelle Termini

In einigen wenigen Fällen hängt die Nominationskonkurrenz mit der *weltanschaulichen Polysemie* zusammen, d.h., die weltanschaulich polysemen Ausdrücke fungieren als Nominationsausdrücke. Die USA beziehen dann ihren Begriff x_{USA} (z.B. »Freiheit«) auf den Gegenstand r und der Iran bezieht seinen

545 Vgl. Girnth (2002): 55–64.

Begriff x_{Iran} (»Freiheit«) auf den Gegenstand s und nicht auf r. Es geht aber vor allem darum, dass in der Sprache des Iran für den Gegenstand r ein Alternativbegriff y existiert, der nicht identisch mit dem Begriff x_{USA} ist, und umgekehrt. Der Alternativbegriff kann dabei ebenfalls von der weltanschaulichen Polysemie betroffen sein, muss es aber nicht. Manchmal existieren auch mehrere Alternativbegriffe. Betrachten wir einige Beispiele, die uns im Laufe der Darstellung der Argumentation in den vergangenen Kapiteln schon begegnet sind:

- *Die amerikanische / westliche Politik im Nahen und Mittleren Osten:* Während die USA in Bezug auf die amerikanische / westliche Politik allgemein und insbesondere im Nahen und Mittleren Osten zusammenfassend vor allem von »der Verbreitung von Freiheit / der Vision der Freiheit«[546] oder von »den demokratischen Veränderungen«[547] sprechen, bezieht sich der Iran auf die amerikanische / westliche Politik im Allgemeinen sowie im Nahen und Mittleren Osten im Besonderen mit Ausdrücken wie »Besatzung«[548], »Unterdrückung«[549], »tyrannischer Politik«[550], »Aggressionen«[551] oder »Terrorismus«[552].
- *Das Weltbild der amerikanischen / westlichen Regierung(en):* Das amerikanische / westliche Weltbild wird vom Iran als »(Ideologie des) Liberalismus«[553]

546 Vgl. u. a.: »And when Iraqis complete their journey, their success will inspire others to claim their freedom, the Middle East will grow in peace and hope and liberty, and all of us will live in a safer world. The *advance of freedom* and security is the calling of our time.« (Bush 14.09.2005, Rede auf dem UN-Weltgipfel, New York; Hervorh. von C. R.)

547 Vgl. u. a.: »Some have argued that the *democratic changes* we're seeing in the Middle East are destabilizing the region.« (Bush 19.09.2006, Rede vor der UN-Generalversammlung, New York; Hervorh. von C. R.)

548 Vgl. u. a.: »*Occupation* of countries, including Iraq, has continued for the last three years.« (Ahmadinedschad, 19.09.2008, Rede vor der UN-Generalversammlung, New York; Hervorh. von C. R.)

549 Vgl. u. a.: »[...] pressures exerted by some powers seeking to trample the rights of other nations, *oppression* imposed on the majority of the global community, especially on the people of Iraq, Palestine, Lebanon, Africa, Latin America, and Asia [...]. [...] A universal resistance against the acquisitiveness, *aggression* and selfishness of the bullying powers is being formed.« (Ahmadinedschad, 23.09.2008, Rede vor der UN-Generalversammlung, New York; Hervorh. von C. R.)

550 Vgl. u. a.: »If Christ were on earth today, undoubtedly He would fight against the *tyrannical policies* of prevailing global economic and political systems, as He did in His lifetime.« (Ahmadinedschad, 24.12.2008, TV-Weihnachtsansprache, Teheran; Hervorh. von C. R.)

551 Vgl. u. a.: »Iraq was attacked under the false pretext of uncovering weapons of mass destruction and overthrowing a dictator. [...] The UN is not capable enough to solve the problems and to remove *aggression, occupation* and *imposition.*« (Ahmadinedschad, 23.09.2008, Rede vor der UN-Generalversammlung, New York; Hervorh. von C. R.)

552 Vgl. u. a.: »*Terrorism* and WMDs are two major threats before the international community. [...] Today, the most serious challenge is that the culprits are arrogating to themselves the role of the prosecutor.« (Ahmadinedschad, 17.09.2005, Rede vor der UN-Generalversammlung, New York; Hervorh. von C. R.)

553 Vgl. u. a.: »*Liberalism* and Western style democracy have not been able to help realize the ideals of humanity. Today these two concepts have failed. Those with insight can already

bezeichnet, während die USA meist von einer »Vision der Freiheit«[554] sprechen.

- *Das Weltbild der iranischen Regierung:* Während sich die USA auf das Weltbild der iranischen Führung sowie auf das Weltbild anderer, aus amerikanischer Perspektive, »islamischer Extremisten« insbesondere mit Ausdrücken wie »totalitäre Ideologie«[555], »dunkle Vision«[556], »(islamischer) Radikalismus / Extremismus«[557] usw. beziehen, referiert der Iran auf das eigene Weltbild mit Begriffen wie »Religion«[558] oder »Islam«[559].

Die Nominationskonkurrenz betrifft aber auch Ausdrücke, die nicht weltanschaulich polysem sind bzw. Ausdrücke, die keine weltanschaulich polysemen Ausdrücke enthalten. Bei einigen Sätzen spielt der Begriff des Terrorismus eine wichtige Rolle, sodass die Nominationskonkurrenz im Zusammenhang mit dem *Interpunktionsproblem* steht:

---

hear the sounds of the shattering and fall of the *ideology* and thoughts of the liberal democratic systems.« (Ahmadinedschad, Mai 2006, Brief an Bush; Hervorh. von C. R.)

554 Vgl. u. a.: »Advancing *the vision of freedom* serves our highest ideals, as expressed in the U.N.'s Charter's commitment to ›the dignity and worth of the human person.‹ Advancing this vision also serves our security interests. History shows that when citizens have a voice in choosing their own leaders, they are less likely to search for meaning in radical ideologies.« (Bush, 23.09.2008, Rede vor der UN-Generalversammlung, New York; Hervorh. von C. R.)

555 Vgl. u. a.: »These extremists have hijacked the noble religion of Islam, and seek to impose their *totalitarian ideology* on millions. [...] They hate your government because it does not share their *dark vision.*« (Bush, 13.01.2008, Discusses Importance of Freedom in the Middle East, Abu Dhabi; Hervorh. von C. R.)

556 Ebd.

557 Vgl. u. a.: »*Islamic radicalism* is more like a loose network with military branches than an army under a single command. Yet these operatives, fighting on scattered battlefields, share a similar *ideology* [...]. [...] We're facing a *radical ideology* with inalterable objectives [...]. [...] The *murderous ideology of the Islamic radicals* is the great challenge of our new century. [...] Many people of the Muslim faith are proving their commitment at great personal risk. Everywhere we have engaged the fight against *extremism*, Muslim allies have stood up and joined the fight, becoming partners in a vital cause. Afghan troops are in combat against Taliban remnants.« (Bush, 28.10.2005, President Discusses War on Terror, Norfolk, USA; Hervorh. von C. R.)

558 Der Iran scheint das Weltbild al-Qaidas dagegen nicht als Religion des Islam zu verstehen. Vgl. u. a.: »Strengthening deviant cults and preparing new groups under the name of Islam: In recent decades new cults have been given a boost. Their very presence is an affront to Muslims and presents a warped and twisted picture of *our religion.* These groups present a brutal, inflexible and irrational picture of *Islam* and commit grave crimes. What we used to see in Afghanistan yesterday, we see them today in Iraq. These deviations and emergence of these cults are also among the problems of the *Islamic world.*« (Ahmadinedschad, 07.12.2005, Rede auf dem Gipfel der OIC, Mekka; Hervorh. von C. R.)

559 Ebd.

- *Die palästinensische Politik im israelisch-palästinensischen Konflikt:* Auf die Politik der palästinensischen Seite im israelisch-palästinensischen Konflikt referieren die USA meist verallgemeinernd mit dem Ausdruck »Terrorismus«[560], während der Iran vom »Widerstand«[561] oder »Kampf«[562] gegen Terror und Besatzung spricht.
- *Die israelische und westliche Politik im israelisch-palästinensischen Konflikt:* Auf die israelische Politik im israelisch-palästinensischen Konflikt nimmt der Iran mit den Ausdrücken »Besatzung«[563] und »(Staats-)Terrorismus«[564] Bezug, die westliche Politik in diesem Konflikt fasst er entweder auch unter diesen Ausdrücken zusammen, oder er spricht von »Unterstützung von Besatzung und (Staats-) Terrorismus«[565]. Die USA vermeiden es dagegen, sich direkt mit einem bestimmten Ausdruck auf die israelische oder die eigene Politik hinsichtlich des israelisch-palästinensischen Konflikts zu beziehen und die israelische Politik explizit als »Kampf gegen den Terrorismus« zu bezeichnen. Allerdings stellen sie die Politik Israels und die amerikanische Unterstützung dieser Politik immer in den Kontext des Kampfes gegen den Terror und bezeichnen schließlich explizit die Politik der palästinensischen Seite, und damit des politischen Gegners Israels, als Terrorismus. Amerikanische Beschreibungen der israelischen und amerikanischen Politik bezüglich des israelisch-palästinensischen Konflikts lauten dann, wie wir schon im Zusammenhang des Interpunktionsproblems sahen, wie folgt:

> To the people of Israel: You know that peace and reconciliation with your neighbors is the best path to long-term security. [...] The United States will always stand with Israel

560 Vgl. u. a.: »The Palestinian people have suffered from decades of corruption and violence and the daily humiliation of occupation. Israeli citizens have endured brutal *acts of terrorism* and constant fear of attack since the birth of their nation. [...] And the world has sent a clear message to the leaders of Hamas: [...] Abandon *terror* [...].« (Bush, 19.09.2006, Rede vor der UN-Generalversammlung, New York; Hervorh. von C. R.)

561 Vgl. u. a.: »The Islamic Republic of Iran, while fully respecting the *resistance* of the oppressed people of Palestine and expressing its all-out support for it [...].« (Ahmadinedschad, 23.09.2008, Rede vor der UN-Generalversammlung, New York; Hervorh. von C. R.)

562 Vgl. u. a.: »I hope the Palestinian people will remain alert and aware in the same way that they have continued their *struggle* in the past ten years.« (Ahmadinedschad, 26.10.2005, Rede auf der Konferenz »Welt ohne Zionismus«, Teheran; Hervorh. von C. R.)

563 Vgl. u. a.: »In Palestine, a durable peace will be possible through justice, an end to discrimination and the *occupation* of Palestinian land [...].« (Ahmadinedschad, 17.09.2005, UN-Generalversammlung, New York; Hervorh. von C. R.)

564 Vgl. u. a.: »At the same time, the occupier, which does not abide by any principles and *terror* is part of its pronounced and routine policy enjoys the support of the previously mentioned governments. Let me be blunter. *State terrorism* is being supported by those who claim to fight terrorism.« (Ahmadinedschad, 17.09.2005, Rede vor der UN-Generalversammlung, New York; Hervorh. von C. R.)

565 Ebd.

in the face of terrorism. And we will support you as you *work to ensure the security of your people* – and bring peace and reconciliation to the Holy Land.[566]

- *Das iranische Atomprogramm:* Die USA beziehen sich auf das iranischen Atomprogramm vor allem mit dem Ausdruck der »Atomwaffenambitionen«[567] oder »(dem Streben nach) Atom- oder Massenvernichtungswaffen«[568], die in den Händen eines »gesetzlosen Regimes, das Terror unterstützt«, nur Unheil anrichten könnten. Der Iran spricht in Bezug auf das iranische Atomprogramm von der »(Technologie zur) friedlichen Atomenergie«[569], »friedlichen nuklearen Aktivitäten«[570] oder dem »Zugang zu Wissenschaft und Technologie« bzw. »wissenschaftlichem und technologischem Fortschritt«[571].
- *Die amerikanische/westliche Blockadehaltung hinsichtlich des iranischen Atomprogramms:* Die USA bezeichnen die westliche und vor allem amerikanische Blockadehaltung hinsichtlich des iranischen Atomprogramms als »Kampf gegen den Terrorismus«[572], der Iran bezieht sich auf die amerikani-

566 Bush, 13.01.2008, Discusses Importance of Freedom in the Middle East, Abu Dhabi; Hervorh. von C. R.

567 Vgl. u. a.: »To the people of Iran: [...] The greatest obstacle to this future is that your rulers have chosen to deny you liberty and to use your nation's resources to fund terrorism, and fuel extremism, and pursue *nuclear weapons.* The United Nations has passed a clear resolution requiring that the regime in Tehran meet its international obligations. Iran must abandon its *nuclear weapons ambitions.*« (Bush, 19.09.2006, UN-Generalversammlung, New York; Hervorh. von C. R.)

568 Vgl. u. a.: »We must send a clear message to the *rulers of outlaw regimes that sponsor terror* and pursue *weapons of mass murder:* You will not be allowed to threaten the peace and stability of the world.« (Bush, 14.09.2005, Rede auf dem UN-Weltgipfel, New York; Hervorh. von C. R.)

569 Vgl. u. a.: »Ironically, those who have actually used nuclear weapons, [...] in clear breech of the NPT, are trying to prevent other countries from acquiring *the technology to produce peaceful nuclear energy.*« (Ahmadinedschad, 17.09.2005, Rede vor der UN-Generalversammlung, New York; Hervorh. von C. R.)

570 Vgl. u. a.: »With regard to Iran's peaceful nuclear program [...] a few bullying powers have sought to put hurdles in the way of the *peaceful nuclear activities* of the Iranian nation [...].« (Ahmadinedschad, 23.09.2008, Rede vor der UN-Generalversammlung; Hervorh. von C. R.)

571 Vgl. u. a.: »How can one talk about human rights and at the same time blatantly deny many the inalienable right to have access to *science and technology with applications in medicine, industry and energy* and through force and intimidation hinder *their progress and development?* [...] We must not, at the beginning of the 21^{St} century, revert to the logic of the dark ages and once again try to deny societies access *to scientific and technological advances.*« (Ahmadinedschad, 17.09.2005, Rede vor der UN-Generalversammlung, New York; Hervorh. von C. R.)

572 Vgl. u. a.: »With the brutal nature of the extremists increasingly clear, the coalition of nations confronting terror is growing stronger. Over the past seven years, Afghanistan and Iraq have been transformed from regimes that actively sponsor terror to democracies that fight terror. Libya has renounced its support for terror and its pursuit of nuclear weapons. Nations like Saudi Arabia and Pakistan are actively pursuing the terrorists. A few nations –

sche Blockadehaltung sowie die Blockadehaltung einiger westlicher Regierungen hinsichtlich des iranischen Atomprogramms insbesondere mit dem Ausdruck »Aufzwingen eines Apartheit-Regimes« oder einer »nuklearen Apartheit«[573] (insofern einige westliche Industriestaaten selbst über die Technologie zur Herstellung von Atomenergie verfügen).

Die Verwendung genereller Termini als Nominationsausdrücke hat Auswirkungen auf die *Bedeutung* der Ausdrücke. Dies trifft insbesondere auf die weltanschaulich polysemen Ausdrücke zu, denn die Diagnose der weltanschaulichen Polysemie hängt eng mit der Rolle der betroffenen Ausdrücke als Nominationsausdrücke zusammen.

Bei den weltanschaulich polysemen Ausdrücken handelt es sich um Ausdrücke, mit denen die USA und der Iran auf zentrale Wirklichkeitsausschnitte Bezug nehmen, insofern sie mittels dieser Ausdrücke ihr jeweiliges Paradigma auszeichnen, bzw. mit den Gegensatzbegriffen das Paradigma des Gegners kritisieren. Schließlich konstituieren sie mittels dieser Ausdrücke ihr bipolares Weltbild, welches sich eben aus der Dichotomie zwischen dem eigenen und dem gegnerischen Weltbild ergibt. In dieses dichotome Weltbild werden dann alle anderen Konflikte und Probleme eingeordnet. Die Ausdrücke »Demokratie« und »Freiheit« sowie ihre Gegensatzbegriffe und aus ihnen abgeleitete und zusammengesetzte Ausdrücke, wie »Verbreitung von Freiheit«, »demokratische Veränderungen« usw., sind demnach besonders charakteristisch für die Sprache der USA, die Ausdrücke »Religion« und »Gerechtigkeit« sowie ihre Gegensatzbegriffe und aus ihnen abgeleitete oder mit ihnen semantisch verwandte Begriffe, wie »Glaube«, sind besonders kennzeichnend für die Sprache des Iran. Sie kommen allerdings auch in der Sprache des jeweiligen Gegners vor, vor allem

regimes like Syria and Iran – continue to sponsor terror. […] As the 21st century unfolds, some may be tempted to assume that the threat has receded. This would be comforting; it would be wrong. The terrorists believe time is on their side, so they made waiting out civilized nations part of their strategy. We must not allow them to succeed. The nations of this body must stand united in *the fight against terror.* We must continue working to deny the terrorists refuge anywhere in the world, including ungoverned spaces. We must remain vigilant against proliferation – by fully implementing the terms of Security Council Resolution 1540, and enforcing sanctions against North Korea and Iran. We must not relent until our people are safe from this threat to civilization.« (Bush, 23.09.2008, Rede vor der UN-Generalversammlung, New York; Hervorh. von C. R.)

573 Vgl. u. a.: »Here, I would like to briefly talk about the approach and initiative of the Islamic Republic of Iran on the nuclear issue. Nuclear weapons and their proliferation, and attempts to impose *an apartheid regime* on access to peaceful nuclear energy, are two major threats, challenging international tranquility and peace. […] Some powerful states practice a discriminatory approach against access of NPT members to material, equipment, and peaceful nuclear technology, and by doing so, intend to impose a *nuclear apartheid.*« (Ahmadinedschad, 17.09.2005, Rede vor der UN-Generalversammlung, New York; Hervorh. von C. R.)

dort, wo die beiden Konfliktparteien sich mit der Position des Gegners auseinandersetzen.

Vor allem aber sind diese Ausdrücke affektiv stark aufgeladen (Miranda und Antimiranda) und eignen sich besonders für eine emotiv bewertende Bezugnahme. Die emotive Bedeutung ist bei diesen Ausdrücken paradigmenübergreifend anerkannt und sie bestimmt vor allem, auf welche Objekte mit den Ausdrücken referiert wird. Dabei ist jeder der Akteure bemüht, die positiv konnotierten Ausdrücke zur Bezugnahme auf die eigene Politik, das eigene Weltbild usw. zu verwenden, die negativen Gegensatzbegriffe auf die Politik, das Weltbild usw. des Gegners. Wenn aber beide Seiten dieselben Ausdrücke zur Bezugnahme auf die jeweils eigene Politik, das eigene Weltbild usw. verwenden, die zum Teil sehr andere Merkmale aufweisen als die des Gegners, dann müssen sie die Ausdrücke in semantischer Hinsicht in weltanschaulich spezifischer Weise »(um)definieren«. Umgekehrt gilt natürlich auch, dass, wenn einmal die semantische Bedeutung dieser Ausdrücke fixiert ist, sie wiederum mit darüber entscheidet, auf welche Objekte mit den Ausdrücken referiert wird und welche deskriptiven Merkmale den Objekten durch die Bezugnahme zugesprochen werden.

Für einige der übrigen generellen Termini, die als Nominationsausdrücke verwendet werden, gilt dagegen, dass ihre Verwendung als Nominationsausdrücke zwar nicht dazu führt, dass sie im spezifisch weltanschaulichen Sinne definiert werden und daher weltanschaulich polysem sind, dass aber ihre (inflationäre) Verwendung als Nominationsausdrücke zu einer starken *Erweiterung ihrer Bedeutung* führt. Zu den wichtigsten dieser Ausdrücke gehört im Zusammenhang des Dialogs USA – Iran der Ausdruck »*Terrorismus*« sowie die aus ihm abgeleiteten oder mit seiner Hilfe zusammengesetzten Ausdrücke wie »Kampf/Widerstand gegen Terrorismus« oder »Unterstützung von (Staats) Terrorismus«. Diese Ausdrücke kommen ebenfalls, wenn auch in unterschiedlicher Quantität, sowohl in der Sprache der USA als auch in der Sprache des Iran vor.[574]

Auch bei dem Terrorismusbegriff handelt es sich um einen Begriff, der stark affektbeladen ist – er ist stark negativ konnotiert – und mit welchem, insbesondere für die USA und spätestens seit dem 11. September 2001, auf einen zentralen Wirklichkeitsausschnitt Bezug genommen wird.

In Bezug auf diesen Begriff stellte sich, wie gesagt, das Interpunktionsproblem: Beide Konfliktparteien definieren den jeweiligen Gegner, also denjenigen, der in Opposition zum eigenen Weltbild steht, als denjenigen, der Terror verübt, während sie die eigene Partei als denjenigen definieren, der reagiert, den Terror

574 Andere Nominationsausdrücke diesen Typs sind beispielsweise »Besatzung«, »Tyrannei« usw.

bekämpft und Widerstand leistet. Die USA subsummieren daher unter den Ausdrücken »Terrorismus« und »Unterstützung von Terrorismus« vor allem die Handlungen und Aktivitäten von – im amerikanischen Sinne – totalitären oder extremistischen politischen Gruppierungen und Staatsregimen, der Iran die der – in seinem Sinne – ungläubigen Imperialisten. Unter dem Ausdruck »Kampf/Widerstand gegen den Terrorismus« fassen die USA dagegen insbesondere die Aktivitäten und Handlungen der – in ihrem Sinne – freien und demokratischen Welt zusammen, während der Iran unter diesem Ausdruck die Aktivitäten und Handlungen der – in der iranischen Sprache – muslimischen Glaubensgemeinschaft, vor allem auch des palästinensischen Volkes zusammenfasst. Für diese Ausdrücke scheint zu gelten, dass weniger die semantische Bedeutung der Ausdrücke determiniert, auf welche Handlungen und Aktivitäten mit diesen Ausdrücke referiert wird, als vielmehr, wer das Subjekt dieser Handlungen ist, und vor allem welches Weltbild dieses Subjekt vertritt.

Außerdem dienen die Ausdrücke »(Unterstützung von) Terrorismus« und »Kampf/Widerstand gegen Terrorismus« wie auch die weltanschaulich polysemen Ausdrücke zur Vereinfachung der komplexen Wirklichkeit. So werden *sämtliche* Handlungen und Aktivitäten des Gegners undifferenziert unter den Ausdruck »(Unterstützung von) Terrorismus« zusammengefasst. Vor allem assoziieren die USA immer wieder das iranische Atomprogramm mit diesem Ausdruck. So diene es schließlich der Herstellung von Atomwaffen, die wiederum terroristischen Zwecken zu Gute kommen könnten. Der Iran assoziiert immer wieder den westlichen Interventionismus im Nahen und Mittleren Osten, und damit Ausdrücke wie »Besatzung« und »Plünderung« mit dem Ausdruck »Terrorismus«. Dagegen werden *sämtliche* Handlungen und Aktivitäten der eigenen Seite unter den Ausdruck des »Kampfes/Widerstandes gegen Terrorismus« zusammengefasst, selbst wenn sie Folter, Mord, Anschläge und Angriffskriege umfassen.

Demnach werden die Ausdrücke »Terrorismus« oder »Unterstützung von Terrorismus« durch beide Konfliktparteien in einem sehr weiten Sinne zur Bezeichnung fast jeder Art gewaltsamer Politik oder Unterstützung von gewaltsamer Politik verwendet, solange es eben um die Politik des *politischen Gegners*, also desjenigen geht, dessen Weltbild als in Opposition zum eigenen Weltbild definiert wird. Der Ausdruck »Kampf/Widerstand gegen Terrorismus« wird in einem ebenso weiten Sinne für jede Art von Opposition zu gewaltsamer Politik verwendet, solange es eben um die *eigene Politik* oder die Politik von Akteuren geht, die auf der eigenen Seite stehen.

In Bezug auf den Terrorismusbegriff führt der inflationäre Gebrauch des Ausdrucks »Terrorismus« zur Bezugnahme auf sehr viele Sachverhalte durch beide Seiten, also seine *extensionale Ausweitung*, damit zu einer *Erweiterung der Intension*, d.h. der Bedeutung des Begriffs.

Noam Chomsky, der allerdings von einem essentiellen Begriffsverständnis ausgeht, differenziert diesbezüglich zwischen der »propagandistischen« und der »wörtlichen Bedeutung«:

> Ich verstehe den Begriff ›Terrorismus‹ so, wie ihn die offiziellen US-Dokumente definieren, nämlich als ›kalkulierte Anwendung oder Androhung von Gewalt, um Ziele zu erreichen, die ihrem Wesen nach politisch, religiös oder ideologisch sind. Das geschieht durch Einschüchterung, Zwang oder die Verbreitung von Furcht.‹ [...] Aber neben dieser wörtlichen Bedeutung gibt es noch eine propagandistische, die unglücklicher Weise die Norm ist: Hier wird der Begriff ›Terrorismus‹ benutzt, um terroristische Handlungen zu bezeichnen, die von Feinden gegen uns oder unsere Verbündeten begangen werden. Diese propagandistische Bedeutung ist nahezu universell. Dieser ›Terrorismus‹ wird von allen verurteilt. Auch die Nationalsozialisten wandten sich gegen ihn und lancierten ›gegen-terroristische‹ Angriffe, um die Partisanen abzuwehren. Die Vereinigten Staaten verfuhren nach dem Zweiten Weltkrieg kaum anders, als sie in vielen Ländern ›Gegen-Terrorismus‹ (*counter-terrorism*) betrieben.[575]

Ähnlich verhält es sich nach Chomsky übrigens mit dem Begriff der »internationalen (Staaten-) Gemeinschaft«, der für den Westen nur diejenigen Staaten einschließt, welche die Politik der westlichen Staaten unterstützen.[576] Chomsky konzentriert sich bei seiner Darstellung allerdings sehr auf die Kritik an der Begriffsverwendung durch den Westen. Dies ist etwas einseitig, denn zumindest für die Kontroverse mit dem Iran konnte gezeigt werden, dass *beide* Konfliktparteien verschiedene Ausdrücke in einer sehr paradigmenspezifischen Weise gebrauchen und nicht nur die USA.

6.3 Nominationskonkurrenz und Nominationsparadigmata in der Kontoverse USA – Iran: Singuläre Termini

6.3.1 Exkurs: Eigennamen

6.3.1.1 Die Kontroverse um die Bedeutung von Eigennamen

Für *generelle Termini*, wie beispielsweise »Terrorismus« oder »Stadt«, ist es offensichtlich, dass sie auch oder vor allem eine attributive Funktion übernehmen. Indem man sich mit ihnen auf einen bestimmten Gegenstand oder Sachverhalt bezieht, schreibt man dem Gegenstand oder Sachverhalt bestimmte Merkmale zu. Welche Merkmale man ihm zuspricht, hängt von der *Bedeutung* ab, in welcher man den Ausdruck gebraucht.

Bestimmte Kennzeichnungen dienen in vielen Kontexten vor allem als Refe-

575 Chomsky (2002): 63; Hervorh. im Orig.
576 Vgl. Chomsky (2002): 10–15, 38–39, 54–56, 63–65.

renzausdrücke zur Identifizierung von Gegenständen. Es ist jedoch klar, dass man einem Subjekt oder Objekt, auf das man sich mittels einer bestimmten Kennzeichnung, wie »die freie Welt« oder »die Hauptstadt Italiens«, bezieht, auch bestimmte Merkmale zuschreibt, und dass bestimmte Kennzeichnungen Teil des Prädikats sein können. Welche Merkmale man dem jeweiligen Gegenstand mittels einer bestimmten Kennzeichnung zuschreibt, hängt von der Bedeutung der einzelnen Ausdrücke sowie ihrer Anordnung ab. Als singuläre Termini fungieren bestimmte Kennzeichnungen gar, indem sie ein Attribut des Gegenstandes nennen, das nur oder vor allem dem Gegenstand zukommt, auf den man sich mit ihnen bezieht.

Für *Eigennamen* ist dagegen strittig, ob sie überhaupt eine attributive Funktion übernehmen können oder nicht ihrem Wesen nach Referenzausdrücke sind. Referiert man beispielsweise mit dem Eigennamen »Rom« auf einen bestimmten Gegenstand, so scheint man diesen Gegenstand nur zu identifizieren, ohne ihm darüber hinaus noch Merkmale zuzusprechen. Dies sah jedenfalls John Stuart Mill so: »Wenn wir von irgend einem Dinge seinen Eigennamen aussagen, wenn wir auf einen Mann hinweisend sagen: dies ist Müller oder Meyer, oder auf eine Stadt hinweisend, das ist Köln, so teilen wir dem Hörer, hierdurch allein, *keine Kenntnis über diese Gegenstände mit, außer daß jenes ihre Namen sind.*«[577] Mill ging daher davon aus, dass Eigennamen *keine Bedeutung* im Sinne eines deskriptiven Gehalts haben:

> Eigennamen sind *nicht mitbezeichnend*: sie bezeichnen die Individuen, die man mit ihnen benennt, *ohne irgend welche Attribute als jenen Individuen anhaftend anzuzeigen oder in sich zu schließen.* Wenn wir einem Kinde den Namen Paul oder einem Hunde den Namen Cäsar geben, so sind diese Namen einfache Zeichen, die uns in den Stand setzen sollen, jene Individuen zu einem Gegenstande der Rede zu machen. Man kann allerdings sagen, daß wir einen Grund gehabt haben müssen, ihnen diese Namen im Vorzug vor irgend welchen anderen zu geben, und das ist wahr, aber der Name ist, einmal erteilt, von jenem Grunde unabhängig geworden. [...] Eigennamen haften den Sachen selbst an und sind nicht abhängig von dem Fortbestehen irgendeines Attributes der Sache.[578]

Die Gegenposition, und zwar die These, dass Eigennamen *eine (deskriptive) Bedeutung haben*, vertrat insbesondere Gottlob Frege.[579] Anlass zu dieser Be-

577 Mill »Von Namen«, in Wolf (1993): 57; Hervorh. von C. R.

578 Mill »Von Namen«, in Wolf (1993): 53; Hervorh. von C. R. Mills These schränkt die im letzten Kapitel eingeführten Unterscheidungen von Bedeutung und Referenz, Intension und Extension von Begriffen also für Eigennamen ein.

579 Der Ausdruck »Bedeutung« wird hier, wie bisher, im heute allgemein üblichen Sinn, und nicht im Fregeschen Sinne gebraucht. Frege unterscheidet zwischen »Sinn« und »Bedeutung« eines Ausdrucks, versteht aber unter der »Bedeutung« des Ausdrucks dessen Bezugsobjekt, während er für die Bedeutung eines Ausdrucks (im heutigen Sprachgebrauch) den Ausdruck »Sinn« reserviert.

hauptung geben Frege Identitätsaussagen, wie »Der Morgenstern ist der Abendstern«, in denen mit zwei unterschiedlichen Eigennamen auf denselben Gegenstand referiert wird, die aber trotzdem im Gegensatz zu Aussagen, wie »Der Morgenstern ist der Morgenstern«, informativ sind. Der informative Gehalt der Aussage ergibt sich nach Frege daraus, dass die Eigennamen »Morgenstern« und »Abendstern« unterschiedliche *Gegebenheitsweisen des Gegenstandes* zum Ausdruck bringen.

> Es liegt nun nahe, mit einem Zeichen (Namen, Wortverbindung, Schriftzeichen) außer dem Bezeichneten, was die *Bedeutung* des Zeichens heißen möge [also dem Referenzobjekt], noch das verbunden zu denken, was ich den *Sinn* des Zeichens nennen möchte, worin die *Art des Gegebenseins enthalten ist.* [...] Es würde die *Bedeutung* [also das Bezugsobjekt] von ›Abendstern‹ und ›Morgenstern‹ *dieselbe* sein, aber *nicht der Sinn.*[580]

Der Sinn eines Eigennamens lässt sich nach Frege durch *bestimmte Kennzeichnungen* angeben. So lässt sich der Sinn des Eigennamens »Aristoteles« beispielsweise durch Kennzeichnungen, wie »der Philosoph aus Stagira«, »der Schüler Platons«, »der Lehrer Alexanders des Großen«, angeben.[581]

Frege selbst weist jedoch schon auf die Schwierigkeit hin, die sich mit seiner These ergibt:

> Bei einem eigentlichen Eigennamen wie ›Aristoteles‹ können freilich die Meinungen über den Sinn auseinandergehen. Man könnte z. B. als solchen annehmen: der Schüler Platos und Lehrer Alexanders des Großen. Wer dies tut, wird mit dem Satze ›Aristoteles war aus Stagira gebürtig‹ einen anderen Sinn verbinden als einer, der als Sinn dieses Namens annähme: der aus Stagira gebürtige Lehrer Alexanders des Großen.[582]

Wenn man die Art und Weise, in der ein Gegenstand einem Sprecher gegeben ist, als Sinn eines Eigennamens oder als Teil des Sinns des Eigennamens anerkennt, ist der Sinn eines Eigennamens offenbar sehr *subjektiv* und *kontingent.*

Im 20. Jahrhundert wurde daher die These, dass Eigennamen, wie »Aristoteles«, eine deskriptive Bedeutung haben, die sich mit bestimmten Kennzeichnungen, wie »der Schüler Platons«, »derjenige, der sich um 360 vor unserer

---

580 Frege »Über Sinn und Bedeutung«, in Frege (2002): 24; Hervorh. von C. R.

581 Diese These wird als die *Beschreibungstheorie der Eigennamen* bezeichnet. Sie wurde in verschiedener Weise modifiziert. Ludwig Wittgenstein und John Searle betonen zum Beispiel, dass Eigennamen nicht für einzelne Kennzeichnungen, sondern für ein Bündel von Kennzeichnungen stehen (*Bündeltheorie der Eigennamen*). Andere Philosophen, wie Arthur W. Burks, geben bestimmten Kennzeichnungen Priorität vor anderen Kennzeichnungen. Eine Art Beschreibungstheorie wurde auch von Bertrand Russell vertreten, auf den im nächsten Punkt ausführlich eingegangen wird. (Vgl. Wolf »Einleitung«, in dies. 1993: 12–15.)

582 Frege »Über Sinn und Bedeutung«, in Frege (2002): 24, Fußnote 2; vgl. Frege »Über Sinn und Bedeutung«, in Frege (2002): insbesondere 23–29.

Zeitrechnung in Athen aufhielt« usw., wiedergeben lässt, insbesondere durch Saul A. Kripke mit dem Hinweis auf den kontingenten Charakter derartiger Beschreibungen zurückgewiesen. So wäre Aristoteles auch dann der Träger des Eigennamens, wenn er nicht in Athen gelebt hätte oder nicht der Schüler Platons gewesen wäre, d.h., wenn sein Leben einen anderen Lauf genommen hätte, und er bliebe auch Träger des Namens, wenn sich eines Tages herausstellen würde, dass er tatsächlich nie nach Athen gegangen und in Stagira geblieben ist. Außerdem können wir nach Kripke Eigennamen auch dann verwenden, wenn wir seinen Träger nicht kennen oder ihn nicht eindeutig beschreiben können.

Kripke schließt sich damit der These Mills, dass wir uns mit Eigennamen direkt auf Gegenstände beziehen, ohne sie in irgendeiner Weise »mitzubezeichnen«, an. Er vergleicht die Namensgebung mit einer Art Taufe. Um einem Gegenstand einen Namen zuzuordnen, müssen wir in der Taufsituation den Gegenstand zunächst durch indexikalische Ausdrücke oder bestimmte Kennzeichnungen identifizieren, wobei die Kennzeichnungen jedoch ihre Relevanz verlieren, sobald der Gegenstand benannt wurde. Die Sprecher, die den Gegenstand getauft haben, geben an andere Mitglieder der Sprachgemeinschaft weiter, auf welchen Gegenstand mit dem Namen referiert werden kann, sodass sich eine kausale Kommunikationskette zwischen ihnen aufbaut. Aus diesem Grund können wir auch heute noch von Aristoteles sprechen.[583]

Wenn die These Mills und Kripkes korrekt ist und wir uns mit Eigennamen immer direkt auf Gegenstände beziehen, ohne dabei irgendetwas über diese Gegenstände auszusagen, könnten Eigennamen auch nicht als Nominationsausdrücke verwendet werden oder in Fällen von Nominationskonkurrenz eine Rolle spielen. Bevor wir uns allgemein Fälle von Nominationskonkurrenz in der Kontroverse USA – Iran ansehen, in denen singuläre Termini unterschiedlicher Art eine Rolle spielen, und die Frage diskutieren, ob die beiden Konfliktparteien in allen Fällen tatsächlich immer auf denselben Gegenstand referieren, soll zunächst ein Blick auf die Verwendungsweisen einiger Eigennamen in der Kontroverse USA – Iran geworfen werden.

6.3.1.2 Die attributive Verwendung des Eigennamens »Israel« in dem Dialog USA – Iran und die Kennzeichnungstheorie Russells

Betrachten wir folgende amerikanische Aussage:

> To the people of Lebanon: Last year, you inspired the world when you came out into the streets to demand your independence from Syrian dominance. You drove Syrian forces

583 Vgl. Kripke (1981); auch Wolf »Einleitung«, in dies. (1993): 23–26.

from your country and you reestablished democracy. Since then, you have been tested by the fighting that began with Hezbollah's unprovoked attacks on *Israel.*[584]

In dem letzten Satz dieser Textpassage verwenden die USA den Eigennamen »*Israel*«, wobei sie sich mit diesem Namen generell sowohl auf das *Territorium* beziehen, das den Staat Israel konstituiert,[585] als auch auf den *Staat als Institution* und *als politischen Akteur*, also vor allem auf die israelische Regierung als *den* Repräsentanten des Staates.[586] In dem angeführten Satz fungiert der Name, wie der indexikalische Ausdruck »you« für das libanesische Volk und der Eigenname »Hizbullah«, als Referenzausdruck, auch wenn Israel hier nicht Subjekt des Satzes und der handelnde Akteur ist.

Betrachtet man zunächst nur den Satz, in dem der Eigenname »Israel« verwendet wird (»Since then, you have been tested by the fighting that began with Hezbollah's unprovoked attacks on *Israel.*«), so scheinen die USA mit der Verwendung des Eigennamens nicht irgendetwas über einen Gegenstand auszusagen. Der Eigenname »Israel« scheint hier eine *ausschließlich* referentielle Funktion zu erfüllen.

Dieser Eindruck ändert sich, nimmt man den größeren Kontext hinzu. Etwas weiter im Text äußern die USA nämlich folgende Aussagen: »And the world has sent a clear message to the leaders of Hamas: Serve the interests of the Palestinian people. Abandon terror, *recognize Israel's right to exist*, honor agreements, and work for peace.«[587] Hier fordern die USA die Führer der Hamas auf, das Existenzrecht Israels anzuerkennen. Diese Aufforderung äußern die USA in anderen Reden auch gegenüber anderen politischen Akteuren, die Israel als Staat nicht anerkennen und Israels Existenzrecht in Frage stellen, insbesondere auch gegenüber dem Iran. Die USA geben also zu verstehen, dass sie sich – wie könnte es auch anders sein – der Tatsache bewusst sind, dass die *Existenz eines Staates Israel*, oder etwas westlicher formuliert, das Existenz*recht* des Staates Israel, im internationalen politischen Kontext *umstritten* ist.

Wenn die USA jedoch um den umstrittenen Charakter des Staates Israel *in einem bestimmten Kontext* wissen, dennoch in diesem Kontext den Eigennamen

584 Bush, 19.06.2006, Rede vor der UN-Generalversammlung, New York; Hervorh. von C. R.

585 Vgl. u.a.: »Terrorism fed by anger and despair has come to Tunisia, to Indonesia, to Kenya, to Tanzania, to Morocco, to *Israel*, to Saudi Arabia, to the United States, to Turkey, to Spain, to Russia, to Egypt, to Iraq, and the United Kingdom.« (Bush, 14.09.2005, Rede auf dem UN-Weltgipfel, New York; Hervorh. von C. R.)

586 Vgl. u.a.: »Yet the American people are disappointed by the failures of the Human Rights Council. This body has been silent on repression by regimes from Havana to Caracas to Pyongyang and Tehran – while focusing its criticism excessively on *Israel.*« (Bush, 25.09. 2007, Rede vor der UN-Generalversammlung, New York; Hervorh. von C. R.) Auf die israelische Regierung referieren die USA manchmal auch mit Begriffen, wie »die israelische Führung« u.ä.

587 Bush, 19.06.2006, Rede vor der UN-Generalversammlung, New York; Hervorh. von C. R.

»Israel« ohne jede Einschränkung benutzen, um auf den Staat – sei es im Sinne des politisch-staatlichen Akteurs oder des staatlichen Territoriums – zu referieren, machen sie nicht *durch den Gebrauch des Eigennamens* in diesem Kontext deutlich, dass sie selbst Israel als Staat und die israelische Regierung als Repräsentanten dieses Staates *anerkennen*?

Dieser Eindruck verstärkt sich, wenn man als Kontext auch die Sprache des Iran als eines derjenigen Akteure in Betracht zieht, die Israel nicht als Staat und die israelische Regierung nicht als Repräsentanten eines Staates anerkennen. Der Iran verwendet den Eigennamen »Israel« nämlich *bewusst nicht.* Wenn der Iran auf den Staat Israel oder, der iranischen Position zufolge, auf die Entität, die den USA zufolge den Staat Israel konstituiert, referiert, verwendet er alternative Begriffe. Der Iran spricht vom »*palästinensischen Land*« oder dem »*(besetzten) Palästina*« in Bezug auf das umstrittene Territorium und vom »*(zionistischen) Besatzer-Regime*«, »*den Besatzern*« usw. in Bezug auf den politischen Akteur, der nach iranischer Ansicht eben einen Teil Palästinas besetzt hält:

> Ironically, those who have actually used nuclear weapons […] and have armed *the Zionist occupation regime* with WMDs, are not only refusing to remedy their past deed […]. People around the world are fully aware of what is happening in the *occupied Palestine.* […] In *Palestine*, a durable peace will be possible through justice, an end to discrimination and the occupation of *Palestinian land* […].[588]

Offensichtlich wird also mit der Verwendung des Eigennamens »Israel« in Bezug auf einen bestimmten politisch-staatlichen Akteur und ein Territorium *in diesem spezifischen Kontext der Kontroverse USA – Iran* sowie auch durch die bewusste Vermeidung der Verwendung des Eigennamens etwas über diese Gegenstände, konkret über die Existenz und Legitimität des Staates und seiner Repräsentanten sowie die rechtmäßigen Besitzverhältnisse hinsichtlich eines bestimmten Territoriums, zum Ausdruck gebracht. In diesem Sinne erfüllt der Eigenname hier auch eine *attributive* Funktion.

Bertrand Russell betont bei seiner Analyse von Eigennamen und bestimmten Kennzeichnungen einen Aspekt ihrer Verwendung, der offenbar für die Verwendungsweise des Eigennamens »Israel« im Dialog USA – Iran wesentlich ist.

Russell stellt fest:

> Die *Namen, die wir gewöhnlich verwenden* (wie ›Sokrates‹), sind in Wirklichkeit *Abkürzungen für Beschreibungen*; und nicht nur das: auch das, was sie beschreiben, sind *nicht Einzeldinge*, sondern komplizierte Systeme von Klassen oder Reihen. Ein *Name im engen logischen Sinn*, wonach er *ein Wort ist, dessen Bedeutung ein Einzelding ist*, kann nur auf ein Einzelding angewendet werden, *mit dem der Sprecher bekannt ist*, weil

588 Ahmadinedschad, 17.09.2005, Rede vor der UN-Generalversammlung, New York; Hervorh. von C. R.

> man nicht etwas benennen kann, mit dem man nicht bekannt ist. Sie erinnern sich: als Adam den Tieren Namen gab, traten sie eines nach dem anderen vor ihn hin, und er wurde mit ihnen bekannt und gab ihnen Namen. Wir sind nicht mit Sokrates bekannt und können ihn daher nicht benennen. Wenn wir das Wort ›Sokrates‹ verwenden, verwenden wir *in Wirklichkeit eine Beschreibung.* Man könnte unseren Gedanken durch Ausdrücke wie ›der Lehrer Platons‹ oder ›der Philosoph, der den Schierlingsbecher trank‹ [...] wiedergeben, aber wir verwenden den Namen sicher *nicht als einen Namen im eigentlichen Sinn des Wortes.*[589]

Russell geht also davon aus, dass die Bedeutung eines Eigennamens sein Bezugsobjekt und damit ein »Einzelding« ist. Ausgehend von dieser Prämisse behauptet er aber, dass wir gewöhnlich Eigennamen im *grammatischen* Sinne, wie »Sokrates«, *nicht* als Eigennamen im *logischen* Sinne, also als Referenzausdrücke und als singuläre Termini verwenden, sondern als *Beschreibungen*, die sich durch bestimmte Kennzeichnungen wiedergeben lassen. Damit vertritt Russell eine ähnliche These wie Frege, der die Bedeutung von Eigennamen ebenfalls mittels Kennzeichnungen angeben möchte. Im Gegensatz zu Russell unterscheidet Frege aber zwischen der Bedeutung eines Ausdrucks (dem Sinn) einerseits und der Referenz und damit dem Gegenstand, auf den man sich mit einem Ausdruck bezieht, andererseits und bestreitet nicht, dass grammatische Eigennamen gewöhnlich als logische Eigennamen, also als Referenzausdrücke, verwendet werden.

Weil die Bedeutung eines (logischen) Eigennamens nach Russell sein Bezugsobjekt ist, können wir nach Russell nur Ausdrücke als (logische) Eigennamen benutzen, mit denen wir uns direkt auf einen Gegenstand beziehen, der uns bekannt ist und von dem feststeht, dass er tatsächlich existiert. Die einzigen Ausdrücke, die nach Russell demnach tatsächlich als Eigennamen im logischen Sinne in Frage kommen, sind indexikalische Ausdrücke, wie »dies« und »jenes«. (Grammatische) Eigennamen gebrauchen wir dagegen oft, ohne dass wir mit dem entsprechenden Gegenstand bekannt sind und ohne dass überhaupt feststeht, dass der Eigenname tatsächlich auf etwas referiert. So »kennen« wir beispielsweise Sokrates nur mittels Beschreibungen.[590]

Russell geht es mit seiner Theorie vor allem darum, zwei Probleme zu lösen, und zwar erstens das *Problem negativer Existenzsätze* und zweitens das Problem *leerer Kennzeichnungen* in prädikativen Aussagen.

Nur weil wir Eigennamen, verstanden als abgekürzte Kennzeichnungen, auch gebrauchen können, ohne dass das Bezugsobjekt tatsächlich existiert, lässt sich in Aussagen, in denen Eigennamen bzw. Kennzeichnungen gebraucht werden,

589 Russell »Die Philosophie des logischen Atomismus«, in Wolf (1993): 69; Hervorh. von C. R.

590 An anderer Stelle wird allerdings deutlich, dass Russell doch die Meinung zu vertreten scheint, dass in der natürlichen Sprache grammatische Eigennamen manchmal als logische Eigennamen gebraucht werden.

überhaupt sinnvoll die *Frage nach der Existenz ihrer Bezugsobjekte stellen* und vor allem lässt sich die *Existenz der Bezugsobjekte negieren.* Um dies zu verdeutlichen diskutiert Russell die (negative) Existenzaussage »Romulus hat (nicht) existiert«. Wenn die Bedeutung des Eigennamens »Romulus« sein Bezugsobjekt wäre, also Romulus persönlich, dann könnte man nur Aussagen über Romulus treffen, wenn dieser Eigenname tatsächlich auf etwas referierte, d. h., wenn Romulus tatsächlich existierte. Dann wäre aber eine Aussage über die *Existenz* von Romulus sinnlos, denn die Frage nach der Existenz würde sich nicht stellen. Insbesondere könnten keine *negativen* Existenzaussagen, wie »Romulus hat nicht existiert«, behauptet werden, ohne paradoxerweise von etwas, das offensichtlich existiert, zu behaupten, dass es nicht existiert. Die Aussage ist aber offensichtlich nicht sinnlos. Der grammatische Eigenname »Romulus« kann also, so Russell, kein Eigenname im logischen Sinne, d. h. kein Referenzausdruck, sein, sodass seine Bedeutung sein Bezugsgegenstand, also Romulus selbst, ist. Er kann nicht als konstitutiver Bestandteil des Satzes aufgefasst werden, sondern muss sich vollständig in Beschreibungen auflösen lassen. Der Name »Romulus« in der Aussage »Romulus hat nicht existiert« lässt sich dann als all diejenigen Eigenschaften verstehen, die Livius Romulus zugeschreibt, wie »die Person, die Remus getötet hat«, »die Person, die Rom gegründet hat« usw., und die sich in der Aussagefunktion »x hat diese und jene Eigenschaften« zusammenfassen lassen.

> Hiermit haben wir eine Aussagenfunktion, und wenn man behauptet, Romulus habe nicht existiert, so besagt das schlicht und einfach, jene Aussagenfunktion sei niemals wahr und in dem Sinne unmöglich, daß es keinen Wert von x gibt, der die Funktion wahr macht. [...] Damit haben wir aber noch keine *vollständige* Erklärung dieser Art von Existenz bzw. Nichtexistenz, denn es gibt noch eine andere Weise, in der ein gekennzeichnetes Individuum nicht existieren kann. Dabei handelt es sich um den Fall, in dem eine Kennzeichnung auf *mehr als eine* Person zutrifft. So kann man zum Beispiel nicht von ›*dem* Einwohner von Frankfurt‹ sprechen, aber nicht deshalb, weil Frankfurt keinen Einwohner hat, sondern weil es so viele gibt. Man sieht also, daß der Satz ›Romulus hat existiert‹ bzw. ›Romulus hat nicht existiert‹ *tatsächlich eine Aussagenfunktion ins Spiel bringt, denn der Name ›Romulus‹ ist nicht wirklich ein Name, sondern so etwas wie eine abgekürzte Kennzeichnung.* Der Name steht für eine Person, die dieses und jenes getan hat, die Remus getötet und Rom gegründet hat usw. Er ist eine Kurzform dieser Kennzeichnung, und wenn man will, ist er eine Abkürzung für ›die Person, die ›Romulus‹ hieß‹.[591]

Verwenden wir die Kennzeichnung oder einen Eigennamen als abgekürzte Kennzeichnung schließlich in einer *prädikativen* Aussage, so gilt nach Russell:

591 Russell »Die Philosophie des logischen Atomismus«, in Wolf (1993): 79; Hervorh. von C. R.

> Sage ich, der Verfasser von *Waverley* sei stolz oder ein Dichter oder ein Schotte gewesen [...], *so bildet* [...] *[die] Existenzaussage stets einen Teil dieses Satzes.* In diesem Sinne *implizieren* alle diese Sätze über den Verfasser von *Waverley*, daß der Verfasser von *Waverley existiert.* Also *impliziert* jede Aussage, in der eine Kennzeichnung primär[592] vorkommt, daß der gekennzeichnete Gegenstand *existiert.*[593]

In einem Satz, wie »Der Verfasser von Waverley ist stolz«, sagt man nach Russell also nicht nur vom Verfasser von Waverley, dass er stolz ist, sondern impliziert mit der Verwendung der Kennzeichnung »der Verfasser von Waverley« auch, dass es einen Verfasser von Waverley *überhaupt gibt* sowie dass es *nur einen* Verfasser von Waverley gibt. Man impliziert also auch die *Existenz-* und *Einzigartigkeit* des Verfassers von Waverley.

Demnach sind nach Russell zwei bzw. drei Negationen dieses Satzes möglich. So kann man einerseits behaupten »Der Verfasser ist von Waverley *ist nicht stolz«* oder man kann behaupten *»Es gibt keinen* (oder *nicht genau einen*) Verfasser von Waverley«, d.h., man kann seine Existenz (oder Einzigartigkeit) negieren.[594]

Die Unterscheidung dieser Negationsmöglichkeiten kommt insbesondere in Sätzen zum Tragen, in denen *leere Kennzeichnungen*, also bestimmte Kennzeichnungen vorkommen, mit denen auf nichts referiert wird. Russell diskutiert in diesem Zusammenhang den Satz

(K) »Der gegenwärtige König von Frankreich ist kahl«.

Bei diesem Satz handelt es sich nach Russell um einen sinnvollen Satz, der demnach entweder wahr oder falsch ist. Wahr ist der offenbar nicht, denn wenn man sich alle kahlen Menschen dieser Welt anschaut, wird man den König von Frankreich unter ihnen nicht finden. Also ist er falsch. Wenn er aber falsch ist, muss seine Negation wahr sein. Betrachtet man allerdings, wie das nach Russell herkömmlicherweise der Fall ist, nur den Satz (Nicht-K) »Der gegenwärtige König von Frankreich ist *nicht* kahl«, also die Prädikatsverneinung, als Negation von (K), so kommt man zu dem paradoxen Ergebnis, dass weder (K) noch seine Negation (Nicht-K) wahr ist.

---

592 Mit der »primären« Verwendungsweise einer Kennzeichnung meint Russell, dass die Kennzeichnung nicht in einem Satz vorkommt, der Teil eines umfassenderen Satzes ist, wie »Ich glaube, dass der Verfasser von Waverley stolz war«. Um derartige Sätze, d.h. um propositionale Einstellungszuschreibungen, wird es in Punkt 6.4.1 gehen.

593 Russell »Die Philosophie des logischen Atomismus« in Wolf (1993): 89; Hervorh. von C. R.

594 Da nach Russell bestimmte Kennzeichnungen mehrere Behauptungen enthalten, mit denen einem Gegenstand Merkmale zugeschrieben werden, und sich vollständig in ganze Sätze auflösen lassen, betrachtet Russell sie nicht als singuläre Termini, mit denen auf »Einzeldinge« referiert wird.

Der Punkt ist hier offensichtlich der, dass die Kennzeichnung »der gegenwärtige König von Frankreich« auf keinen Gegenstand referiert, d. h., es keinen gegenwärtigen König von Frankreich gibt. Für die Negation ist demnach die Existenzimplikation, die der Satz enthält, also die Implikation, dass es gegenwärtig überhaupt einen König (und nur einen König) von Frankreich gibt, von Bedeutung. Um den Satz (K) negieren zu können, muss man also diese Implikation deutlich machen und den Satz »Der gegenwärtige König von Frankreich ist kahl« wie folgt analysieren:

(K_E) »*Es gibt* gegenwärtig einen König von Frankreich, und zwar *genau einen* König von Frankreich, und der König von Frankreich *ist kahl*«.

Nun sieht man, dass man den Satz (K) auf zwei bzw. drei Weisen negieren kann, d. h., dass man jeden der drei Teilsätze negieren kann. Man kann das Prädikat negieren und behaupten »Der gegenwärtige König von Frankreich ist *nicht* kahl« oder man kann die Existenz (oder Einzigartigkeit) eines solchen Königs negieren und behaupten »*Es gibt gegenwärtig keinen* (oder nicht genau einen) König von Frankreich«. Offensichtlich ist hier diese zweite Negation relevant, der Satz (K) »Der gegenwärtige König von Frankreich ist kahl« auf Grund des in ihm enthaltenen Teilsatzes »Es gibt einen König von Frankreich« falsch.[595]

Der Gebrauch des Eigennamens »Israel« durch die USA lässt sich demnach mit Russell wie folgt analysieren: Wenn die USA den Eigennamen »Israel« verwenden, dann ist dies eine Abkürzung für Kennzeichnungen wie »der israelische Staat, welcher durch eine Regierung repräsentiert und durch ein bestimmtes Territorium konstituiert wird«, »der Staat der Juden im Nahen Osten« usw. Insbesondere implizieren die USA durch die Verwendung des Eigennamens »Israel«, dass es einen (und nur einen) Staat Israel *gibt*, welcher durch eine Regierung repräsentiert wird, und dass ein bestimmtes Territorium das Hoheitsgebiet dieses Staates konstituiert. Die USA implizieren also mit der Verwendung des Eigennamens »Israel« die *Existenz* des bzw. eines Staates Israel. Während nach Russell mit der Verwendung einer bestimmten Kennzeichnung allerdings insbesondere eine Existenzimplikation im *ontologischen* Sinne gemacht wird, umfasst die Existenzimplikation, die die USA in diesem Kontext machen, nicht nur die Existenz im ontologischen Sinne, sondern insbesondere auch im *juristischen* Sinne: *Es gibt* einen *Staat* Israel und nicht nur ein Regime, das palästinensisches Land besetzt hält, und dieser Staat besitzt ein *Recht* auf Existenz.

595 Vgl. »Die Philosophie des logischen Atomismus«, in Wolf (1993): 68–93; vgl. auch Russell »Knowledge by Acquaintance and Knowledge by Description«, in Salmon / Soames (1988): 16–32.

Der Iran bestreitet dagegen die Existenz und das Existenzrecht des bzw. eines Staates Israel. Genau aus diesem Grund vermeidet der Iran die Verwendung des Eigennamens »Israel« in diesem spezifischen Kontext der Kontroverse mit den USA. Zwar gesteht der Iran zu, dass sich auf einem bestimmten Territorium ein Regime und ein Volk befinden, die von sich und dem Territorium als »Staat Israel« sprechen. Es handele sich aber um *palästinensisches Territorium*, das von einem *Regime*, den »Zionisten«, *besetzt* gehalten werde. Einen israelischen *Staat* erkennt der Iran *nicht* an.

Wenn die USA nun einen Satz behaupten, in dem sie Israel ein bestimmtes Prädikat zusprechen, darf der Iran, will er den USA kontradiktorisch widersprechen, demnach auch mit Russell nicht (nur) das Prädikat negieren, sondern er muss die Existenzbehauptung, die in diesem Satz impliziert wird, negieren. Praktisch »löst« der Iran dieses Problem der Negation meist, indem er zur Bezugnahme auf Israel (stark wertende) Alternativausdrücke verwendet, die deutlich machen, dass er Israel nicht als Staat anerkennt, wie eben »Besatzer-Regime«. Diesen Ausdrücken ordnet er schließlich Prädikate zu, die im Gegensatz zu den Prädikaten stehen, welche die USA dem Namen »Israel« zuordnen.

Dieser Gebrauch eines Eigennamens, wie er hier hinsichtlich des Eigennamens »Israel« diskutiert wird, ist übrigens kein Spezifikum der Kontroverse USA – Iran. Beispielsweise wurde es in der Bundesrepublik Deutschland lange Zeit vermieden, von der »DDR« zu sprechen, um zum Ausdruck zu bringen, dass man die DDR nicht als souveränen Staat anerkannte. Wenn man auf die DDR referierte, dann tat man dies zunächst mit Ausdrücken, wie »die sowjetische Besatzungszone«, nicht aber mit dem Eigennamen. Später ging man teilweise dazu über, von der »›DDR‹« zu sprechen, also den Eigennamen in Anführungszeichen zu setzen. Während die CDU dieser Redeweise länger verhaftet blieb, ging man in der SPD schließlich eher dazu über, den Eigennamen ohne Anführungszeichen zu gebrauchen, weil die beiden Parteien bezüglich des Status der DDR und bezüglich des Ziels einer baldigen Wiedervereinigung unterschiedliche Auffassungen vertraten. Auch im Kontext des geteilten Deutschlands wurde also mit der Verwendung des Eigennamens zur Bezugnahme auf die DDR eine Existenzimplikation im Russellschen Sinne gemacht, eben weil der völkerrechtliche Status der DDR umstritten war.[596]

596 Gerade weil die BRD die DDR nicht als eigenen Staat anerkannte, nannte man schließlich auch die diplomatischen Vertretungen, die die beiden Staaten 1974 in Bonn und Ost-Berlin etablierten, »Ständige Vertretungen« und nicht »Botschaften«, obwohl sie genau als solche fungierten.

6.3.1.3 Die referentielle Verwendung von Eigennamen und Strawsons Kritik an Russell

Russell geht von der Prämisse aus, dass Ausdrücke *ihrem Wesen* nach *entweder* attributive Ausdrücke *oder* Referenzausdrücke sind. Da in der natürlichen Sprache Eigennamen oft gebraucht werden, ohne dass der Sprecher mit dem Bezugsobjekt bekannt ist, und fraglich ist, ob ein solches überhaupt existiert, können für ihn gewöhnliche Eigennamen *keine Referenzausdrücke* sein. Hier unterscheidet sich Russell von Frege, der Eigennamen sowohl eine Bedeutung als auch ein mögliches Bezugsobjekt zugesteht.

Das Russellsche Begriffsverständnis ist hier auch mit Blick auf den Namen »Israel« nicht plausibel. Erstens ist es insofern nicht plausibel, als der Eigenname »Israel« in der Kontroverse USA – Iran *nicht nur* und auch *nicht vor allem* eine *attributive* Funktion übernimmt, sondern den USA natürlich *auch* und *vor allem* als *Referenz*ausdruck dient. Zweitens stellt die Art und Weise, in welcher der Eigenname »Israel« in dem *spezifischen Kontext* der Kontroverse USA – Iran verwendet wird, eher einen Ausnahmefall des Gebrauchs eines Eigennamens als die Regel dar – daher ist er hier schließlich von Interesse. In den allermeisten Kontexten dienen Eigennamen dagegen *ausschließlich* als Referenzausdrücke, zur Identifizierung von Gegenständen. Das gilt wohl auch für den Namen »Israel«. Unterhalten sich Präsident Bush und Premierminister Olmert, als zwei Personen, die Israel als Staat anerkennen, über die Einwohnerzahl Israels, werden sie den Eigennamen wahrscheinlich exklusiv als Referenzausdruck verwenden. Zwar implizieren sie, indem sie den Eigennamen »Israel« gebrauchen, immer auch die Existenz oder das Existenzrecht des Staates, es wäre aber im Zusammenhang eines Gesprächs zwischen Dialogpartnern, von denen niemand die rechtmäßige Existenz dieses Staates bestreitet, im wahrsten Sinne des Wortes *nicht von Bedeutung*. (Da die Existenzimplikation, die mit der Verwendung des Eigennamens »Israel« gemacht wird, in einem Dialog mit jemandem, der den Eigennamen bewusst nicht verwendet, um seine politische Einstellung auszudrücken, allerdings von Bedeutung ist, können die USA den Eigennamen »Israel« in dem Dialog mit dem Iran dagegen nie *nur* als Referenzausdruck verwenden, selbst wenn sie dies beabsichtigten!)

Umgekehrt ist es auch möglich, dass jemand, der Israel als Staat nicht anerkennt, dennoch den Eigennamen »Israel« zur Referenz auf die, aus seiner Sicht, politische Entität auf palästinensischem Territorium referiert. Vielleicht tut er dies der Einfachheit halber, da es ihm eher darum geht, seinen Zuhörern, die diese politische Entität unter dem Eigennamen »Israel« kennen, schnell zu vermitteln, von welchem Gegenstand die Rede sein soll, als seine politischen Einstellungen auszudrücken. Er kann aber auch aus diplomatischen Gründen den Eigennamen benutzen, obwohl er den Staat Israel als illegitim betrachtet.

Nicht jeder Sprecher sucht schließlich so stark die Konfrontation wie der Iran seit Ahmadinedschad dies bekanntermaßen tut.

Es bleibt also festzuhalten, dass es stark *kontextabhängig* ist, ob der Eigenname »Israel« unter anderem auch attributiv verwendet wird, wobei die attributive Verwendung dieses Eigennamens keinesfalls den Regelfall darstellt. Die herausragende Bedeutung des sprachlichen wie außersprachlichen Kontextes wurde auch dadurch deutlich, dass der Name »Israel« in dem Satz »Since then, you have been tested by the fighting that began with Hezbollah's unprovoked attacks on Israel« zunächst nur als Referenzausdruck erschien. Dass er auch eine attributive Funktion erfüllt, wurde erst deutlich, nachdem der sprachliche Kontext, zunächst der weitere Verlauf der Rede der USA, vor allem aber die Sprache des politischen Gegners Iran, in Betracht gezogen wurde, der die Verwendung des Namens bewusst vermeidet.

Eigennamen sowie sprachliche Ausdrücke allgemein sind damit *nicht ihrem Wesen nach*, d. h. *an sich*, Referenzausdrücke oder Prädikate, sondern sie werden als solche *gebraucht.* Wie ein Ausdruck gebraucht wird, wird oft erst deutlich, wenn man den sprachlichen und außersprachlichen *Kontext* einbezieht.

Einen ähnlichen Kritikpunkt hat vor allem Peter F. Strawson in seiner bekannten Kritik an Russell vorgebracht:

> Russell glaubte, daß *Referieren* oder Nennen – wenn es überhaupt dazu kommt – dasselbe ist wie *Bedeutung*, und das war die Quelle seines Fehlers. Er [...] verwechselte *Ausdrücke* mit ihrem *Gebrauch in einem bestimmten Zusammenhang* und verwechselte deshalb Bedeutung mit Nennen oder Referieren. Wenn ich über mein Taschentuch spreche, kann ich vielleicht den Gegenstand, auf den ich referiere, aus meiner Tasche hervorholen, aber ich kann nicht die Bedeutung des Ausdrucks ›mein Taschentuch‹ aus der Tasche hervorziehen. Wenn es überhaupt Ausdrücke gibt, die einen eindeutig referierenden Gebrauch haben und wirklich das sind, was sie zu sein scheinen – nämlich logische Subjekte –, und nicht etwas ganz anderes unter täuschender Oberfläche, dann muß ihre Bedeutung nach Russells Ansicht der bestimmte Gegenstand sein, auf den sie durch ihren Gebrauch referieren; und zu dieser Ansicht kam Russell, weil er Bedeutung mit Nennen verwechselte. Daher kommt auch der ärgerliche Mythos der logischen Eigennamen.[597]

Strawson macht schließlich einen Gegenvorschlag, was mit der »Bedeutung« eines Eigennamens gemeint sein kann:

> Doch wenn mich jemand nach der Bedeutung des Ausdrucks ›dies‹ fragt (›dies‹ war einmal Russells bevorzugter Anwärter auf den Status des logischen Eigennamens),

597 Strawson »Über Referenz«, in Wolf (1993): 104; Hervorh. von C. R. Auch Searle kritisiert, dass Referenz ein Sprechakt ist, der von Menschen mit Hilfe von Wörtern vollzogen wird und nicht von Wörtern selbst. (Vgl. Searle 1983: 44–48.)

> dann gebe ich ihm nicht den Gegenstand, auf den ich gerade durch den Gebrauch dieses Ausdrucks referiert habe, und füge gleichzeitig hinzu, daß sich die Bedeutung des Wortes bei jedem Gebrauch ändert. Ebensowenig gebe ich ihm alle Gegenstände, auf die mit dem Gebrauch des Wortes jemals referiert wurde oder referiert werden könnte. Vielmehr erkläre und veranschauliche ich *die Konventionen, die den Gebrauch des Ausdrucks bestimmen*, und genau das heißt, *die Bedeutung des Ausdrucks angeben.* [...] Personen gebrauchen Ausdrücke, um auf bestimmte Dinge zu referieren, aber die Bedeutung eines Ausdrucks ist nicht die Menge der Dinge oder das einzelne Ding, auf die zu referieren der Ausdruck vielleicht tatsächlich gebraucht wurde.[598]

Strawson kritisiert schließlich insbesondere Russells Analyse von Aussagen, die »leere Kennzeichnungen« enthalten, wie (K) »Der gegenwärtige König von Frankreich ist kahl«, die nach Russell *falsch* ist, weil die Kennzeichnung »der gegenwärtige König von Frankreich« auf nichts referiert, d.h., die Existenzaussage, welche durch die Verwendung der Kennzeichnung impliziert wird, falsch ist. Wenn man Ausdrücke, wie Eigennamen und bestimmte Kennzeichnungen, jedoch nicht länger mit ihrem Gebrauch identifiziert, dann wird nach Strawson klar, dass man die bestimmte Kennzeichnung »der gegenwärtige König von Frankreich« auf unterschiedliche Weise gebrauchen kann, je nachdem, in welchem Kontext man sie äußert, d.h., ob man sie beispielsweise im 17. Jahrhundert oder Ende des 20./Anfang des 21. Jahrhunderts äußert. Wenn ein Sprecher den Satz (K) im 17. Jahrhundert äußerte, als Frankreich noch eine Monarchie war, dann wurde die Kennzeichnung »der gegenwärtige König von Frankreich« offensichtlich gebraucht, um tatsächlich auf jemanden zu referieren. Wenn ein Sprecher den Satz (K) unter der Herrschaft von Ludwig XIV. äußerte, ein anderer Sprecher unter der Herrschaft von Ludwig XV., dann sprachen die beiden Sprecher offenbar mittels desselben Ausdrucks (»der gegenwärtige König von Frankreich«) über verschiedene Personen. Je nachdem, wann die Aussage geäußert und auf welchen König mit der Kennzeichnung referiert wurde, drückte die Aussage (K) verschiedene Propositionen aus, bei denen es sich unter Umständen sogar um *wahre* Propositionen gehandelt haben mag.

Da man die Kennzeichnung »der gegenwärtige König von Frankreich« heutzutage offenbar nicht mehr gebrauchen kann, um auf jemanden zu referieren, stellt sich für Strawson im Gegensatz zu Russell die Frage nach der Wahrheit oder Falschheit der Aussage »Der gegenwärtige König von Frankreich ist kahl« erst gar nicht. Der Satz ist also nach Strawson nicht falsch, wie Russell behauptet. Demnach ist nach Strawson die Russellsche Analyse der Aussage (K), nach welcher die Aussage eigentlich drei Teilaussagen und insbesondere auch eine Existenzaussage enthält, die eben falsch ist und daher gemäß der Aussa-

598 Strawson »Über Referenz«, in Wolf (1993): 104; Hervorh. von C. R.

gelogik die gesamte Aussage falsch macht, inadäquat. Wenn jemand den Satz »Der gegenwärtige König von Frankreich ist kahl« heutzutage ernsthaft und nicht zum Beispiel metaphorisch äußerte, dann wäre dies nach Strawson höchstens

> ein Anhaltspunkt dafür [...], daß er *glaubt*, es gäbe einen König von Frankreich. Es wäre nicht einfach genauso ein Anhaltspunkt für seine Überzeugung, wie das Greifen nach dem Regenmantel darauf hindeutet, daß man glaubt, es regne. Es wäre auch kein Anhaltspunkt für seine Überzeugung, wie die Äußerung ›es regnet‹ darauf schließen läßt, daß man glaubt, es regne. Das ließe sich vielleicht so formulieren, daß die Aussage ›Der König von Frankreich ist weise [bzw. kahl]‹ *impliziert* – in einem bestimmten Sinne von ›Implizieren‹ –, daß es einen König von Frankreich gibt. Doch dies ist *ein sehr spezieller und merkwürdiger Sinn von ›implizieren‹*, der gewiß *nicht äquivalent mit ›logisch implizieren‹* ist. Das wird deutlich, wenn wir auf diese Aussage (ganz richtig) antworten: ›Es gibt keinen König von Frankreich‹, womit wir gewiß *nicht* sagen, daß wir der Aussage, der König von Frankreich sei weise [bzw. kahl], *kontradiktorisch widersprechen.* Wir sagen gewiß nicht, die Aussage sei falsch, sondern geben vielmehr einen Grund dafür an, daß sich die Frage nach ihrer Wahrheit oder Falschheit einfach nicht ergibt.[599] [...] Wenn jemand einen solchen Ausdruck gebraucht, dann *behauptet* er weder eine bestimmte Existenzaussage, noch wird eine solche Aussage durch das, was er sagt, *logisch impliziert.*[600]

Ich denke, dass Strawsons Einwände in Bezug auf eine bestimmte Situation, von der Strawson und Russell auch auszugehen scheinen, plausibel sind. Ich meine die Situation, in der jemand von »dem gegenwärtigen König von Frankreich« spricht und von diesem behauptet, dass er kahl, weise u. ä. ist, weil er nicht weiß, dass Frankreich keine Monarchie mehr ist. In diesem Kontext verwendet der Sprecher die bestimmte Kennzeichnung »der gegenwärtige König von Frankreich« jedoch, wie ich meine, ausschließlich als Referenzausdruck.

Strawsons Einwand, dass jemand mit der Verwendungsweise einer bestimmten Kennzeichnung oder eines Eigennamens nur in einem sehr schwachen Sinne eine Existenzaussage impliziert, trifft die Russellsche Analyse bezüglich der Situation der Kontroverse USA – Iran dagegen nicht. Hier wird durch die Verwendung des Eigennamens »Israel« in einem etwas stärkeren Sinne eine Existenzimplikation gemacht und in diesem Sinne übernimmt der Eigenname auch eine attributive Funktion, denn sonst würde der Iran die Verwendung dieses Namens nicht meiden.

Zunächst ist anzumerken, dass die Rede von einer »Existenz*behauptung*« sowohl in Bezug auf die Situation des politisch nicht informierten Sprechers, als auch in Bezug auf die Kontroverse USA – Iran irreführend ist. Eine Behauptung

599 Strawson »Über Referenz«, in Wolf (1993): 107; Hervorh. im Orig.

600 Strawson »Über Referenz«, in Wolf (1993): 109; Hervorh. im Orig.; vgl. Strawson »Über Referenz«, in Wolf (1993): 95 – 114.

ist etwas, das man *explizit* macht. Indem man etwas behauptet, macht man es der Diskussion zugänglich damit eventuell verhandelbar. Weder der politisch uninformierte Sprecher noch die USA stellen in den untersuchten Sätzen eine solche explizite Existenzbehauptung auf und darin besteht gerade die Schwierigkeit der Sätze, insbesondere der Möglichkeit ihrer Negation. Allerdings meint Russell, dass der Sprecher, der den Satz (K) äußert, in dem Sinne die Existenz eines Königs von Frankreich *behauptet*, dass, wenn man den Satz (K) in seine logischen Teile zerlegte, wie Russell dies vorschlägt, und damit die impliziten Voraussetzungen *explizit machte*, der Sprecher jedem der drei Teilsätze, 1. Es gibt einen König von Frankreich, 2. es gibt genau einen König von Frankreich und 3. dieser König ist kahl, zustimmen würde. Hier besteht ein Unterschied zwischen der Situation des politisch uninformierten Sprechers und der Situation der USA.

Der politisch uninformierte Sprecher, der den Satz »Der gegenwärtige König von Frankreich ist kahl« äußert, *setzt* die Tatsache, dass es gegenwärtig einen König von Frankreich gibt, als gegeben und völlig unkontrovers *voraus*. Und ebendies wird durch seine Redeweise deutlich. Damit geht er offensichtlich von einer falschen Voraussetzung aus, sodass sich die Frage nach der Wahrheit nicht stellt. Von einer Implikation kann nur in einem schwachen Sinne gesprochen werden, und zwar in dem Sinne, dass durch seine Redeweise seine *impliziten Voraussetzungen deutlich werden*, die sich schließlich als falsch erweisen. Würde ein Hörer ihn darauf hinweisen, dass Frankreich tatsächlich gar keine Monarchie mehr ist, würde er einsehen müssen, dass er nicht richtig über die politischen Verhältnisse in Frankreich informiert war, Nicolas Sarkozy nur Staatspräsident ist. Er würde dann wohl *keine Geltung* für seine Redeweise mehr beanspruchen und auch selbst nicht länger von »dem gegenwärtigen König von Frankreich« sprechen. Mit Russell könnte man sagen, dass er der Aussage »es gibt einen (und nur einen) König von Frankreich«, würde sie explizit verhandelt werden, nicht länger zustimmte. In diesem Sinne *behauptet er nicht* die Existenz eines gegenwärtigen Königs von Frankreich.

Wenn die USA vor der UN-Generalversammlung sprechen, in der verschiedene muslimische Staaten sitzen, die Israel bekanntermaßen als Staat nicht anerkennen, dann wissen sie, dass sie die Existenz des Staates Israel in ihrem Hörerkreis gerade *nicht* als gegebenes und unkontroverses Faktum *voraussetzen* können. Gerade weil die USA um den umstrittenen Status dieses Staates innerhalb ihres Hörerkreises *wissen*, implizieren sie mit der Verwendung des Namens »Israel« in einem stärkeren Sinne die Existenz des Staates Israel. Durch ihre Redeweise werden nicht nur ihre impliziten Voraussetzungen deutlich, die sie als unkontrovers erachten, sondern die USA *deuten durch ihre Redeweise ihre Ansichten zu einem kontroversen Thema, bei dem sich die Frage nach der Wahrheit aus iranischer Sicht durchaus stellt, an* und *beanspruchen Geltung* für ihre Redeweise. Sie würden der Aussage »es gibt einen (und nur einen) Staat Israel«, würde sie explizit verhandelt, ohne Zögern zustimmen. In diesem Sinne liegt die Art der Implikation, die die USA durch ihre Verwendungsweise des Eigennamens »Israel« machen, sehr nahe an einer *Behauptung*. An manchen Stellen – wie insbesondere in der angeführten Textstelle gegenüber der Hamas – *behaupten* sie die Existenz Israels und das Existenzrecht Israels schließlich auch explizit.

Die USA implizieren also innerhalb dieses spezifischen Hörerkreises, innerhalb dessen die Existenz des Staates Israel umstritten ist, und vor allem im Dialog mit dem Iran, der den Namen bewusst meidet, durch die Verwendungsweise des Namens »Israel« die Existenz dieses Staates in einem stärkeren, Russellschen Sinne. Insofern wird der Eigenname in diesem spezifischen Kontext eben nicht ausschließlich als Referenzausdruck verwendet. Der politisch uninformierte Sprecher impliziert die Existenz des Königs von Frankreich in einem schwächeren, Strawsonschen Sinne. Er verwendet die Kennzeichnung »der gegenwärtige König von Frankreich« ausschließlich referentiell.

In Bezug auf den politisch uninformierten Sprecher ist demnach auch Strawsons Ansicht, nach der wir dem Sprecher nicht kontradiktorisch widersprechen, wenn wir sagen »Es gibt gegenwärtig keinen König von Frankreich« plausibel. Ich würde in dieser Situation sogar gar nicht mehr von einem »Widerspruch« reden. Wir klären ihn durch diese Redeweise vielmehr auf, weisen ihn auf ein Faktum hin. Sicherlich widersprechen wir ihm aber nicht in einer Weise, wie sich zwei Menschen, die in Bezug auf einen kontroversen Gegenstand gegensätzliche Ansichten vertreten, widersprechen. Anders verhält es sich in Bezug auf die Situation USA – Iran. Der Iran vertritt im Vergleich zu den USA nicht nur bezüglich der Politik des Staates Israel, sondern bereits bezüglich der Existenz eines solchen Staates bzw. des rechtlichen Status Israels gegensätzliche Ansichten. Wenn die USA ein Subjekt-Prädikat-Satz mittels des Eigennamens »Israel« bilden, darf der Iran nicht nur das Prädikat negieren, sondern er muss sogar behaupten »Es gibt keinen Staat Israel«, d.h., er darf den Eigennamen streng genommen nicht benutzen, um den USA kontradiktorisch zu widersprechen.

Strawsons Betonung der Notwendigkeit der Unterscheidung von Ausdruck und Gebrauch, Prädikation und Referenz, Bedeutung und Gegenstand und der Hinweis darauf, dass man denselben Ausdruck in verschiedenen Zusammenhängen auf unterschiedliche Weise gebrauchen kann, ist zweifelsohne zuzustimmen. Doch gerade wenn man auf der Unterscheidung von Ausdruck und Gebrauch beharrt, und betont, dass man dieselben Ausdrücke auf sehr verschiedene Weise gebrauchen kann, darf man für seine Analyse der Verwendung bestimmter Ausdrücke in *bestimmten* Kontexten nicht beanspruchen, dass diese

Analyse für *den* Gebrauch einer bestimmten Kennzeichnung/eines Eigennamens *schlechthin* gilt und eine andere Analyse *schlechthin* unangemessen ist.

Strawsons Einwände gegenüber Russell sind für Situationen, in denen singuläre Termini ausschließlich referentiell gebraucht werden, wie die Situation des politisch unaufgeklärten Sprechers, völlig gerechtfertigt. Ich denke, dass Strawsons Analyse der Verwendung von bestimmten Kennzeichnungen für dieses Anwendungsfälle, die wohl auch die Regel darstellen, plausibler ist als Russells. Wenn eine bestimmte Kennzeichnung oder ein Eigenname allein referentiell verwendet werden, wird die Existenz des betreffenden Gegenstandes in einem eher schwachen Sinne impliziert. Strawson übersieht jedoch, dass es Kontexte gibt, in denen der Gebrauch einer bestimmten Kennzeichnung oder eines Eigennamens, der wie eine abgekürzte Kennzeichnung gebraucht wird, mit einer starken Existenzimplikation, im Sinne einer Andeutung, verbunden sein kann und Eigennamen damit in gewisser Weise attributiv verwendet werden können.

Die Tatsache, dass Strawson einem (möglichen) attributiven Gebrauch von Eigennamen keine Rechnung trägt, wird insbesondere in Bezug auf seine Position hinsichtlich der Bedeutung von Eigennamen deutlich. Strawson fasst zunächst, wie gesagt, sinnvoller Weise den Bedeutungsbegriff etwas weiter als nur im Sinne einer *deskriptiven* Bedeutung und definiert als die Bedeutung eines Ausdrucks die *allgemeinen Regeln und Konventionen seines Gebrauchs.* Damit vertritt er die heute in der Semantik übliche Auffassung, nach der die Bedeutung eines Ausdrucks als die Funktion oder Verwendungsweise des Ausdrucks in Sätzen, als seinen Beitrag zu den Wahrheitsbedingungen der Sätze, betrachtet wird. In diesem allgemeineren Sinne haben Eigennamen wohl unumstrittener Weise eine Bedeutung. Ein Eigenname, wie »Sokrates«, bedeutet dann »mindestens alles das, was das Wort ›Eigenname‹ bedeutet«[601].

Schließlich unterscheidet Strawson jedoch Referenzregeln von den Regeln der Attribution und definiert als die Bedeutung eines Eigennamens *allein* die Regeln seines *referentiellen* Gebrauchs.[602]

> Der bloße Name hat *keine deskriptive Bedeutung* (außer der, die er vielleicht als Ergebnis eines besonderen Gebrauchs als Name erlangt).[603] [...] Unkenntnis des Namens einer Person ist nicht Unkenntnis der Sprache. Darum sprechen wir auch nicht von der Bedeutung der Eigennamen. (Es reicht aber *nicht* aus, zu sagen, sie hätten *keine Bedeutung.*)[604]

601 Zink »Die Bedeutung von Eigennamen«, in Wolf (1993): 155; vgl. Wolf »Einleitung«, in dies. (1993): 31–41.

602 Vgl. Strawson »Über Referenz«, in Wolf (1993): insbesondere 104–06, 112–26.

603 Strawson »Über Referenz«, in Wolf (1993): 118; Hervorh. von C. R.

604 Strawson »Über Referenz«, in Wolf (1993): 119; Hervorh. von C. R. Strawson differenziert allerdings zwischen der (attributiven) Verwendung eines Ausdrucks *in einem bestimmten*

Ursula Wolf schließt sich in der Einleitung ihres Herausgeber-Bandes *Eigennamen* der Strawsonschen Position weitgehend an und bringt ein recht starkes Argument dagegen an, von einer »deskriptiven Bedeutung« eines Eigennamens zu sprechen: Wenn jemand den Satz »Peter war gestern hier« äußert, fragt der Hörer nicht »Was *bedeutet* ›Peter‹?«. »Bedeutungsfragen mit Bezug auf Eigennamen treten nur dort auf, wo jemand ein weniger geläufiges Wort nicht als Eigenname erkennt; aber die Antwort auf diese Frage ist dann gerade, daß das Wort ein Eigenname ist, also die Angabe des Ausdruckstyps.«[605]

Wolf macht in Anlehnung an Strawson noch auf einen wichtigen Aspekt aufmerksam:

> Allerdings wissen wir bei denjenigen Eigennamen, die uns geläufig sind, nicht nur, daß sie Namen sind, sondern wir wissen auch, mit welchen *sortalen Prädikaten* sie verknüpft sind, das heißt, für welche Art von Dingen sie Namen sind, zum Beispiel, daß ›Maria‹ ein weiblicher Personenname, ›Rom‹ ein Städtename ist usw. Vielleicht sollte man also mit Reinhardt[606] [...] sagen, daß man eine Aussage, die einen Eigennamen enthält, nur dann versteht, wenn man das in der Verwendungssituation relevante sortale Prädikat kennt, unter das der Träger des Namens fällt.[607]

Es ist sicherlich richtig, dass es in Bezug auf die Fälle, in denen Eigennamen *ausschließlich* als *Referenz*ausdrücke verwendet werden – und das ist sicherlich der Regelfall –, tatsächlich völlig kontraintuitiv ist, mit Frege von einer »deskriptiven Bedeutung« eines Eigennamens, wie »Peter«, zu sprechen, wie man von der Bedeutung eines Gattungsnamens, etwa »Mensch«, spricht. Insbesondere ist auch der Verweis auf die Kenntnis des sortalen Prädikates, mit dem der Eigenname verknüpft ist, auch für Anwendungsfälle, wie der des Eigennamens »Israel« in der Kontroverse USA – Iran, von Bedeutung. Gerade weil »Israel« bekannter Weise als der Eigenname eines *Staates* gebraucht wird, verwendet der Iran den Eigennamen nicht. Um die spezifische Verwendung des Eigennamens »Israel« in der Kontroverse USA – Iran zu verstehen, reicht es aber dennoch nicht, zu wissen, dass »Israel« ein *Eigenname* eines *Staates* ist, sondern man muss auch über die *politischen Verhältnisse* informiert sein.

Es ist, meines Erachtens, nicht sinnvoll, die Bedeutung eines Ausdrucks als seine Funktion oder Verwendungsweise zu verstehen, die sich durch die Regeln

Zusammenhang und zwischen Regeln *der allgemeinen Verwendung des Ausdrucks*, die er dann als die »Bedeutung« des Ausdrucks versteht. Es macht aber keinen Sinn, als die Bedeutung eines Ausdrucks seine allgemeinen Verwendungsregeln zu betrachten und wissentlich bestimmte Verwendungsweisen des Ausdrucks zu ignorieren. Die allgemeine Verwendungsweise eines Ausdrucks ist schließlich eine Abstraktion der konkreten Verwendungsweisen.

605 Wolf »Einleitung«, in dies. (1993): 32.

606 Vgl. Reinhardt »What Reference Can't Be«, in *Philosophia* (1979).

607 Wolf »Einleitung«, in dies. (1993): 32; Hervorh. von C. R.; vgl. Wolf »Einleitung«, in dies. (1993): 31 – 41.

seines Gebrauchs angeben lässt, dann aber die Bedeutung von Eigennamen *allein* durch *Referenz*regeln angeben zu wollen, d.h., für Eigennamen *grundsätzlich* zu bestreiten, dass sie nicht auch *attributiv* und damit *in einer (deskriptive) Bedeutung gebraucht* werden können. Ich möchte das Gesagte anhand der Verwendung eines weiteren Eigennamens in der Kontroverse USA – Iran, des arabischen Eigennamens für die Stadt Jerusalem »al-Quds« oder »al-Quds al-Sharif« – beide Namen sind gebräuchlich – verdeutlichen.

6.3.1.4 Die Verwendung der Eigennamen »al-Quds« und »Jerusalem«

Gerade in Bezug auf den Namen »al-Quds (al-Sharif)« kann man sich gut vorstellen, dass jemand, der die arabische Sprache nicht oder nicht gut genug spricht, als Reaktion auf einen Satz, in dem ein arabischer Sprecher den Namen gebraucht, nach der *Bedeutung* des Wortes fragen könnte, eben weil er den Eigennamen nicht als solchen erkennt. Würde er dagegen wissen, dass es sich um einen Eigennamen handelt, würde er wohl tatsächlich nicht nach der *Bedeutung* des Namens fragen. Er würde deshalb nicht nach der *Bedeutung* fragen, gerade weil er davon ausgeht, dass ein Eigenname in den meisten Fällen ausschließlich als *Referenz*ausdruck und damit *ohne eine bestimmte Bedeutung im deskriptiven Sinne* verwendet wird.

Wenn der arabische Sprecher den Eigennamen »al-Quds (al-Sharif)« einfach als Referenzausdruck verwendet hat, würde er auf die Frage nach der *Bedeutung* des Ausdrucks wahrscheinlich, genauso wie Wolf dies erläutert, antworten, dass es sich hierbei um einen *Eigennamen* handelt. Damit meint er dann, dass sich die Frage nach der Bedeutung nicht stellt, er den Namen gerade *nicht in einer bestimmten Bedeutung gebraucht hat.*[608] Wahrscheinlich würde der arabische Sprecher auch das *sortale Prädikat* nennen, mit dem der Name verknüpft ist, und erklären, dass es sich hierbei um den Namen einer *Stadt* handelt. Wenn der arabische Sprecher weiß, dass der Eigenname »al-Quds« in vielen Sprachen mit »Jerusalem« übersetzt wird, wird er wahrscheinlich antworten, dass es sich bei »al-Quds« um den Namen derjenigen Stadt handelt, die im Deutschen, im Englischen usw. »Jerusalem« genannt wird. Vielleicht wird er auch verkürzt sagen: »Al-Quds ist Jerusalem«. Dabei handelt es sich dann offensichtlich um einen informativen Identitätssatz im Fregeschen Sinne, ähnlich dem Satz »Der Morgenstern ist der Abendstern«. In diesem metasprachlichen Satz werden aber

608 Der Name »al-Quds (al-Sharif)« hat allerdings auch eine wörtliche Bedeutung, »die (ehrwürdige) Heilige«, diese ist aber, ähnlich wie vielleicht die Bedeutung des Ausdrucks »Ruhrpott«, nicht relevant, solange der Sprecher den Ausdruck alleine als Referenzausdruck verwendet.

nicht Bedeutungsfragen geklärt, sondern Referenzfragen, d.h., es wird jemandem erklärt, dass zwei Eigennamen auf denselben Gegenstand referieren.

Damit der deutsche, englische usw. Hörer die Verwendung des Ausdrucks »al-Quds (al-Sharif)« versteht, ist die Information des arabischen Sprechers, dass es sich bei dem Ausdruck um einen *Eigennamen* und um den Eigennamen einer *Stadt* handelt, völlig ausreichend – aber nur solange der arabische Sprecher den Ausdruck *ausschließlich* als Referenzausdruck verwendet.

Mit der Information, dass es sich bei dem Ausdruck »al-Quds (al-Sharif)« um einen Eigennamen bzw. den Eigennamen einer Stadt handelt, hat der Hörer nämlich *noch nicht den Gebrauch des Namens »al-Quds (al-Sharif)« in der Kontroverse USA – Iran* verstanden, in welcher der Iran den Namen eben *nicht nur* als Referenzausdruck, sondern als Nominationsausdruck, verwendet.

Der Iran verwendet zur Bezugnahme auf die Stadt Jerusalem ausschließlich den arabischen Namen für diese Stadt, *»al-Quds (al-Sharif)«*: »In Palestine, a durable peace will be possible through [...] the establishment of a democratic Palestinian state with *Al-Quds Al-Sharif* as its capital.«[609] Damit will er zum Ausdruck bringen, dass nach iranischer Auffassung die Stadt alleine den *Palästinensern gehört* und *illegitimer Weise von den Israelis beansprucht wird* bzw. *Teile von ihr besetzt gehalten werden.* Der Iran nimmt also durch die Verwendung des Eigennamens »al-Quds (al-Sharif)« zur Bezugnahme auf die Stadt in gewisser Weise eine Attribuierung des Bezugsgegenstandes vor. Interessant ist, dass schon die *Wahl der Sprache*, im Sinne einer natürlichen Sprache und nicht im philosophischen Sinne einer Sprache, zur Bezugnahme auf die Stadt ausreicht, um eine bestimmte kognitive, politische Einstellung bezüglich dieser Stadt zum Ausdruck zu bringen.[610] (Der Name »al-Quds« wird auch im Persischen verwendet, wobei er offenbar auf Grund der politischen Kontroverse um diese Stadt und der Tatsache, dass mit der Wahl des Namens von iranischer Seite aus eine politische Stellungnahme verbunden ist, gerade nicht übersetzt wird. In den UN-Reden einiger anderer islamischer Staaten bzw. arabischer Muttersprachler *wird* der Eigenname dagegen mit »Jerusalem« *übersetzt.*[611])

Die USA machen die Stadt Jerusalem in den untersuchten Reden während des für diese Arbeit eigentlich relevanten Zeitraums dagegen nicht zum Gegenstand der Rede. In der Rede vor der UN-Generalversammlung 2004, also eigentlich vor

---

609 Ahmadinedschad, 17.09.2005, Rede vor der UN-Generalversammlung, New York; Hervorh. von C. R.; vgl. auch: »The establishment of the occupying regime of *Qods* was a major move by the world oppressor against the Islamic world.« (Ahmadinedschad, 26.10.2005, Rede auf der Konferenz »Welt ohne Zionismus«, Teheran; Hervorh. von C. R.)

610 Dieser Gebrauch eines Eigennamens spricht gegen die Fregesche These von der völligen Sprachunabhängigkeit des Sinns, wie Frege sie in seinem Essay »Der Gedanke« vertritt.

611 Vgl. zum Beispiel die Rede des palästinensischen Präsidenten Mahmud Abbas vor der UN-Generalversammlung am 21.09.2006.

dem für diese Arbeit relevanten Zeitraum, beziehen sich die USA dagegen ausdrücklich mit dem Eigennamen »*Jerusalem*« auf die Stadt: »Members of the United Nations: The Russian children did nothing to deserve such awful suffering, and fright, and death. The people of Madrid, and *Jerusalem*, and Istanbul, and Baghdad have done nothing to deserve sudden and random murder.«[612]

Wenn die USA sich auf eine bestimmte Stadt mit dem Eigennamen »Jerusalem« beziehen, während der Iran mit dem Eigennamen »al-Quds (al-Sharif)« auf diese Stadt referiert, bringen die beiden Sprecher offensichtlich in diesem spezifischen Kontext unterschiedliche Ansichten bezüglich des Status dieser Stadt, konkret bezüglich der palästinensischen und israelischen Besitzansprüche, zum Ausdruck.

Beispiele für Fälle, in denen durch die Wahl eines bestimmten Eigennamens in einer bestimmten Sprache bestimmte Besitzansprüche oder eine Stellungnahme zu Besitzansprüchen Dritter zum Ausdruck gebracht werden, und damit für Nominationskonkurrenz, in denen durch die Verwendung verschiedener Eigennamen divergierende Besitzansprüche auf eine Stadt oder ein Territorium deutlich werden, finden sich auch in vielen anderen Zusammenhängen. Hier sollen nur kurz zwei erwähnt werden. So machte es beispielsweise lange Zeit einen Unterschied, ob man sich mit dem deutschen Namen »Breslau« und mit dem polnischen Namen »Wroclaw« auf die entsprechende Stadt bezog, oder ob man mit dem deutschen Namen »Königsberg« oder mit dem russischen Namen »Kaliningrad« auf die Stadt referierte, eben weil durch die Wahl des Namens unterschiedliche Besitzansprüche zum Ausdruck gebracht wurden. Anhand dieser Beispiele wird auch deutlich, dass diese attributive Verwendungsweise der Eigennamen historischem Wandel unterworfen ist. Während in der Zeit nach dem Zweiten Weltkrieg ein Deutscher, der im Dialog mit einem Polen mit dem deutschen Namen »Breslau« auf die Stadt referierte, bei dem polnischen Gesprächspartner wohl Befürchtungen auslöste, die Deutschen könnten immer noch Besitzansprüche an der Stadt anmelden, ist es spätestens seit der offiziellen deutschen Anerkennung der Oder-Neiße-Grenze als deutsch-polnische Grenze wohl nicht mehr von Bedeutung, mit welchem Namen man als Deutscher auf die Stadt referiert.

Um diese spezifische Verwendung von Eigennamen zu verstehen, reicht es also nicht, zu wissen, dass »al-Quds (al-Sharif)«, »Königsberg« usw. Eigennamen sind, und gegebenenfalls das sortale Prädikat zu kennen, mit dem diese Namen verknüpft sind, also zu wissen, dass es sich um Städtenamen handelt. Der Hörer muss zum vollständigen Verständnis der Verwendung der Namen über

612 Bush, 21.09.2004, Rede vor der UN-Generalversammlung, New York; Hervorh. von C. R.

Zusatzinformationen verfügen. Zum vollständigen Verständnis der Verwendung des Eigennamens »al-Quds (al-Sharif)« durch den Iran muss man um den umstrittenen Status der Stadt und die iranische Einstellung bezüglich des rechtmäßigen Status dieser Stadt wissen. Derartige Informationen lassen sich dann durch Beschreibungen mittels bestimmter Kennzeichnungen angeben. Diesen spezifischen Gebrauch des Eigennamens »al-Quds (al-Sharif)« kann man also *nicht nur* mittels Referenzregeln angeben, weil der Name hier *nicht nur* als Referenzausdruck, d.h. völlig ohne irgendeine deskriptive Bedeutung, gebraucht wird.

Um diesen Sachverhalt noch klarer zu machen, möchte ich noch ein Beispiel anführen, in dem ein Eigenname *ausschließlich* attributiv verwendet wird.

In meisten Kontexten, in denen der Name »Aristoteles« gebraucht wird, würde man nicht von der »Bedeutung« des Namens sprechen, vorausgesetzt man weiß, dass es sich um einen Eigennamen handelt. Es gibt aber Kontexte, in denen diese Redeweise so unpassend nicht ist, nämlich beispielsweise dann, wenn jemand einen Satz äußert, wie »Er ist wirklich ein Aristoteles«.[613] Hier scheint die Frage nach der Bedeutung von »Aristoteles« oder zumindest die Frage danach, was es bedeutet, »ein Aristoteles zu sein«, sinnvoll. Damit man den Gebrauch des Namens »Aristoteles« in diesem Satz versteht, muss man mehr wissen, als dass »Aristoteles« ein Eigenname ist, der mit dem sortalen Prädikat »Mann« oder »Mensch« verknüpft ist. Man muss einige Eigenschaften dieses Mannes kennen, Aristoteles *beschreiben* können, also z.B. wissen, dass Aristoteles ein berühmter Philosoph, weise usw. war. Dementsprechend wird ein Sprecher auf die Frage nach der Bedeutung des Ausdrucks wohl auch nicht einfach antworten, dass Aristoteles der Eigenname eines Mannes ist und sich die Frage nach der Bedeutung nicht stellt, sondern er wird näher erklären, welche Eigenschaften oder Merkmale mit diesem Mann verbunden sind, d.h., *in welcher Bedeutung er diesen Namen in diesem Satz gebraucht hat.* Dazu muss er auf Beschreibungen mittels Kennzeichnungen im Fregeschen und Russellschen Sinne zurückgreifen.

Gerade wenn man die Bedeutung eines Eigennamens durch seine Funktion oder seinen Gebrauch bestimmen möchte, sollte man nachdrücklich auf die Unterscheidung des referentiellen Gebrauchs und des attributiven Gebrauchs des Eigennamens hinweisen. Je nachdem, ob der Eigenname nur referentiell oder

613 Diese Art der Verwendung eines Eigennamens diskutiert unter anderem auch Tyler Burge anhand des Beispiels »George Wallace ist ein Napoleon«. (Vgl. Burge »Referenz und Eigennamen«, in Wolf 1993: 258.)

auch attributiv gebraucht wird, muss man nämlich verschiedene Dinge wissen, um den Gebrauch des Eigennamens zu verstehen.

In der Kontroverse USA – Iran werden die Eigennamen »Israel« (zur Bezugnahme auf einen Staat, sowohl im Sinne der Institution und des politischen Akteurs als auch im Sinne eines Territoriums) sowie »al-Quds (al-Sharif)« und »Jerusalem« (zur Bezugnahme auf eine Stadt) als *Nominationsausdrücke* verwendet. Sie dienen nicht nur als Referenzausdrücke, zur Identifizierung des jeweiligen Bezugsobjekts, sondern auch dazu, eine Stellungnahme im Sinne des eigenen Paradigmas in Bezug auf den betreffenden Gegenstand auszudrücken. Durch die Wahl unterschiedlicher Eigennamen, bzw. die Verwendung des Eigennamens durch eine Partei und die Vermeidung des Namens sowie die Substitution des Namens durch alternative Ausdrücke durch die andere Partei, bringen die beiden Dialogpartner unterschiedliche kognitive Einstellungen bezüglich des jeweiligen Gegenstandes zum Ausdruck (*Nominationskonkurrenz*).

Diese Verwendung von Eigennamen spricht gegen die Millsche und Kripkesche These, nach der wir uns mit Eigennamen *immer* direkt auf Gegenstände beziehen, ohne dem Hörer dabei etwas über diese Gegenstände mitzuteilen, und ebenso gegen die Strawsonsche These, dass sich die Bedeutung von Eigennamen in Konventionen ihres referentiellen Gebrauchs *erschöpft*. Folgt daraus, dass Freges These, nach der Eigennamen eine deskriptive Bedeutung haben, korrekt ist?

6.3.1.5 Zur Frage der Semantik von Eigennamen

Alle hier vorgestellten Autoren haben einige Aspekte bezüglich der Verwendung von Eigennamen erfasst, andere jedoch übersehen. Strawson macht auf die wichtige Unterscheidung von Ausdruck und Gebrauch, Referenzakt und Prädikation aufmerksam. Grundsätzlich gilt für Ausdrücke, dass sie nicht ihrem Wesen nach Referenzausdrücke oder Prädikate sind, sondern als solche gebraucht werden. Er führt diesen Gedanken aber nicht konsequent zu Ende, denn letztendlich identifiziert er Eigennamen doch mit Referenzausdrücken. Eigennamen stellen sicherlich – wie Abstrakta am anderen Ende der Skala – Grenzfälle dar. Eigennamen haben zunächst per definitionem keinen deskriptiven Gehalt und werden in der Grammatik und im alltäglichen Sprachgebrauch Gattungsnamen gegenübergestellt. Sie können aber, wie Russell richtig gesehen hat, in bestimmten Zusammenhängen attributiv gebraucht werden, fungieren dann eben nicht nur oder nicht ausschließlich als Referenzausdrücke oder als »logische Eigennamen«. Russell erhebt aber diesen eher seltenen Gebrauch von Eigennamen zum Regelfall und wird der referentiellen Funktion, die Eigennamen hauptsächlich übernehmen, nicht gerecht. In den Fällen, in denen Eigennamen allerdings attributiv gebraucht werden, werden sie offensichtlich in einer bestimmten Bedeutung, im Sinne einer deskriptiven Bedeutung, gebraucht. Auf den Sachverhalt, dass man bei der Klärung der Verwendung von Eigennamen nicht völlig ohne den Begriff einer deskriptiven Bedeutung auskommt, hat Frege hingewiesen, ohne dabei im Gegensatz zu Russell die Referenzfunktion von Eigennamen zu vernachlässigen. Allerdings differenziert Frege, wie ich meine, nicht stark genug zwischen Eigennamen und Gattungsname, wenn er davon redet, dass Eigennamen (wie Gattungsnamen) einen Sinn, also eine deskriptive Bedeutung, haben. Alle Autoren, die die Gegenposition zu Russell und Frege eingenommen haben, haben dagegen erkannt, dass wir Eigennamen meist ausschließlich als Referenzausdrücke verwenden und es daher in den meisten Kontexten nicht sinnvoll ist, von einer »Bedeutung« eines Eigennamens, im Sinne einer deskriptiven Bedeutung, zu reden, wie man von der Bedeutung des Gattungsnamens »Mensch« u. ä. redet. Sie haben aber der Tatsache, dass Eigennamen auch attributiv verwendet werden können, keine oder nicht genügend Rechnung getragen.

Vielleicht lösen sich einige der Schwierigkeiten bezüglich der Semantik von Eigennamen auf, wenn man die Differenzierung zwischen Ausdruck und Gebrauch konsequent anwendet und die Prämisse, dass Eigennamen *entweder in allen Kontexten* eine deskriptive Bedeutung »haben« *oder in allen Kontexten* keine deskriptive Bedeutung »haben«, die alle behandelten Autoren letztendlich doch implizit zu Grunde zu legen scheinen, aufgibt.

Sprachliche Ausdrücke werden durch Menschen zu bestimmten Zwecken, insbesondere zur Referenz und zur Prädikation / Attribuierung, *gebraucht*. Wie ein Ausdruck gebraucht wird, ist durch Konventionen festgelegt. Zur Prädikation werden in der Regel Gattungsnamen verwendet, bei denen es Konventionen bezüglich ihres deskriptiven Gehalts gibt und die in diesem Sinne eine Bedeutung »haben«. Gattungsnamen können aber auch referentiell verwendet werden. Wenn sie referentiell verwendet werden (z. B. »Die Stadt ist groß«), dann ist ihr deskriptiver Gehalt nicht oder nur von geringer Bedeutung, d. h., für den Referenzakt können ebenso koreferentielle Ausdrücke verwendet werden.

Ein Eigenname wird im Regelfall *ausschließlich* als *Referenz*ausdruck und damit *in gar keiner Bedeutung gebraucht*. Er kann aber in bestimmten Kontexten offenbar *auch attributiv*, und *damit in einer bestimmten Bedeutung*, gebraucht werden. Diese Bedeutung, in der ein Eigenname gebraucht wird, ist dann das Ergebnis historischer, politischer usw. und damit kontingenter Umstände. Das spricht jedoch nicht dagegen, dass er heute in dieser Bedeutung gebraucht wird. Die Frage der Genese eines Ausdrucks spielt schließlich auch in Bezug auf Gattungsnamen für die Geltung des Ausdrucks meist keine Rolle. Bei der Angabe der Bedeutung, in der ein Eigenname in einem bestimmten Kontext gebraucht wird, müssen wir auf Beschreibungen oder Kennzeichnungen im Fregeschen

Sinne zurückgreifen. In seltenen Fällen ist hier die Russellsche Existenzimplikation von Bedeutung. Dies sind insbesondere Fälle, in denen Existenzfragen kontrovers sind.

Krikpe hat den historischen und kontingenten Charakter der Bedeutung von Eigennamen als Argument dagegen angeführt, dass Eigennamen eine Bedeutung »haben«. Die Bedeutung von »Aristoteles« könne sich nicht durch Kennzeichnungen, wie »der berühmte Philosoph aus Stagira«, »der Schüler Platons«, »derjenige, der sich um 360 vor unserer Zeitrechnung in Athen aufhielt« usw., wiedergeben lassen, da wir auch dann auf die Person Aristoteles mit ihrem Eigennamen »Aristoteles« referieren würden, wenn Aristoteles nicht in Athen gelebt hätte oder nicht der Schüler Platons gewesen wäre, d. h., wenn sein Leben einen anderen Lauf genommen hätte. Würde sich eines Tages durch weitere Forschung all das, was wir über Aristoteles wissen, als falsch herausstellen, würden wir dennoch auf den Menschen mit dem Namen »Aristoteles« referieren. Es besteht also kein notwendiger Zusammenhang zwischen bestimmten Kennzeichnungen, wie »der berühmte Philosoph aus Stagira« usw., und dem Eigennamen »Aristoteles«, und darum kann nach Kripke beispielsweise die Beschreibung »der berühmte Philosoph aus Stagira« nicht die Bedeutung oder Teil der Bedeutung des Namens »Aristoteles« sein.

Kripkes Einwand ist aus zwei Gründen zurückzuweisen.

1.) Für Kripke muss offenbar, damit etwas als Bedeutung eines Ausdrucks gelten kann, ein notwendiger Zusammenhang zwischen diesem Etwas und dem Ausdruck bestehen. Dieses Verständnis von Bedeutung ist aber auch mit Hinblick auf Gattungsnamen überhaupt nicht sinnvoll. Die Bedeutung, in der ein Gattungsname gebraucht werden kann, ist durch Konventionen, also *menschliche* Übereinkünfte, festgelegt ist. Gerade weil der Gebrauch eines Gattungsnamens auf menschlichen Übereinkünften beruht, ist die Bedeutung eines Gattungsnamens, oder allgemein eines Ausdrucks, einerseits nichts Willkürliches, andererseits aber auch nichts notwendig mit dem Ausdruck Verbundenes, sondern sie ist wandelbar und kann strittig sein. Wir haben im letzen Kapitel gesehen, dass verschiedene Sprecher denselben Ausdruck in einer unterschiedlichen Bedeutung gebrauchen können und es gibt Phänomene wie Bedeutungswandel, der den Sprachgebrauch ganzer Gesellschaften betrifft, oder Homonymie[614]. Bedeutung ist also nicht etwas, was einem sprachlichen Ausdruck auf immer und ewig angeheftet ist und ihm immer und in allen Kontexten zukommt, sondern Menschen gebrauchen sprachliche Ausdrücke in einer bestimmten Bedeutung.

Natürlich werden Ausdrücke nicht völlig willkürlich gebraucht, sondern es

614 Ein Ausdruck, wie »Bank«, kann durch denselben Sprecher in unterschiedlichen Bedeutungen, die nicht miteinander verbunden sind, gebraucht werden.

gibt eben Konventionen. Die gibt es aber auch, wenn ein Eigenname in einem bestimmten Kontext attributiv, und damit in einer bestimmten Bedeutung, gebraucht wird.

Betrachten wir dazu einen Einwand Freges, der sich schließlich selbst mit dem scheinbar subjektiven Charakter der Bedeutung von Eigennamen auseinandersetzt, ohne deshalb jedoch seine These aufzugeben, dass auch Eigennamen eine deskriptive Bedeutung haben. In seinem Aufsatz »Der Gedanke« diskutiert Frege den Satz »Dr. Gustav Lauben ist verwundet worden«. Er weist darauf hin, dass, wenn die Person Herbert Garner über die Person Dr. Gustav Lauben beispielsweise ausschließlich weiß, dass sie am 13.09.1875 in N. N. geboren wurde, während die Person Leo Peter nicht weiß, dass die Person Dr. Gustav Lauben am 13.09.1875 in N. N. geboren wurde, die beiden Männer Unterschiedliches mit dem Eigennamen »Dr. Gustav Lauben« verbinden werden. Die Bedeutung eines Eigennamens ist also von subjektiven Faktoren abhängig.[615]

Zu diesem Satz ist aber Folgendes zu sagen. Zwar mag es sein, dass die Erwähnung des Namens »Dr. Gustav Lauben« bei Herbert Garner andere *Assoziationen* hervorruft, als bei Leo Peter, da Herbert Garner von Dr. Gustav Lauben ausschließlich weiß, dass er am 13.09.1875 in N. N. geboren wurde, während Leo Peter vielleicht nur weiß, wo Dr. Gustav Lauben jetzt wohnt. Etwas Ähnliches scheint Frege zu meinen, wenn er davon redet, dass ein Subjekt/Objekt einer Person in unterschiedlichen Weisen gegeben sein kann. In dem Satz »Dr. Gustav Lauben ist verwundet worden« machen diese Assoziationen oder Gegebenheitsweisen aber nicht die Bedeutung des Eigennamens aus, weil der Name hier nur als Referenzausdruck und nicht in irgendeiner Bedeutung, also attributiv, gebraucht wird.

Es ist auch sehr unwahrscheinlich, dass eine der beiden Personen, zumindest in einem Gespräch untereinander, den Eigennamen »Dr. Gustav Lauben« attributiv verwenden würde, wie etwa der Eigenname »Aristoteles« in dem Satz »Er ist ein Aristoteles« verwendet wird. Bei einer solchen Verwendung gebraucht man den Namen nämlich im Sinne sehr charakteristischer, hervorstechender Merkmale der betreffenden Person. Weder Leo Peter noch Herbert Garner verfügen aber über die Kenntnis charakteristischer Eigenschaften von Dr. Gustav Lauben – sie kennen ja nur die Geburtsdaten bzw. den Wohnort des Mannes. Ihre Kenntnis reicht also für eine attributive Verwendung des Eigennamens gar nicht aus.

Vor allem aber verwendet ein Sprecher einen Eigennamen wohl attributiv, wenn er voraussetzen kann, dass dem Hörer die betreffende Person, Stadt usw. mit ihren Merkmalen bekannt ist. Das können Leo Peter und Herbert Garner offenbar nicht. Aus diesem Grund werden insbesondere Eigennamen bekannter

615 Vgl. Frege »Der Gedanke«, in Wolf (1993): 66–67.

Menschen, Orte usw. in einem solchen ausschließlich attributiven Sinne verwendet, wie »Aristoteles«, »Israel« oder »al-Quds«. Wenn jemand den Satz »Er ist ein Aristoteles« äußert, dann tut er dies, gerade weil Aristoteles keine zufällige Bekanntschaft des Sprechers ist und nur er oder vielleicht noch einige andere Menschen bestimmte Merkmale mit dem Namen verbinden, sondern weil es sich bei Aristoteles um eine Berühmtheit handelt, mit der alle oder die meisten Hörer dieselben Merkmale verbinden.

Strawson führt als Argument für seine These, dass ein Name keine deskriptive Bedeutung hat, an, dass die Unkenntnis des Namens einer Person nicht Unkenntnis der Sprache ist, ein Argument, dass schon mit Blick auf den Namen »al-Quds (al-Sharif)« und die Tatsache, dass auch Eigennamen *übersetzt* werden können, nicht plausibel ist. Nun kommt gegen das Strawsonsche Argument in Bezug auf Eigennamen, wie »Aristoteles«, aber vor allem Russells Gedanke zum Tragen, dass nämlich heutzutage niemand Aristoteles als Person kennt, so wie Leo Kirch Dr. Gustav Lauben kennt, sondern dass wir alle Aristoteles nur als Beschreibungen aus Büchern kennen – und kennen sollten. Unkenntnis des Namens »Aristoteles« ist nicht einfach, wie Unkenntnis des Namens »Dr. Gustav Lauben«, Unkenntnis einer Person oder Unkenntnis eines Namens bei Kenntnis der Person, sondern eine Bildungslücke, ein Mangel an Faktenwissen, das innerhalb einer Sprachgemeinschaft, zumindest innerhalb der westlichen Sprachgemeinschaft, als intersubjektiv bekannt vorausgesetzt wird. Genau aus diesem Grund kann der Eigenname »Aristoteles« in einer deskriptiven Bedeutung, wie in dem Satz »Er ist ein Aristoteles«, verwendet werden.

Zwar sind hier kontingente historische Umstände die Ursache dafür, dass wir den Eigennamen »Aristoteles« heute in einer ganz bestimmten Bedeutung gebrauchen können, darum ist die Bedeutung, in der wir den Ausdruck heute gebrauchen können, aber nicht subjektiv oder willkürlich. Es ist richtig, dass es sehr stark vom Kontext abhängt, *ob* ein Eigenname attributiv und damit in einer bestimmten Bedeutung verwendet wird. Wird er aber in einer bestimmten Bedeutung gebraucht, ist diese Bedeutung nicht subjektiver als die Bedeutung, in der Gattungsnamen gewöhnlich gebraucht werden.

2.) Kripke konfundiert die Sprechakte der Referenz und der Prädikation. Kripke hat natürlich Recht, wenn er sagt, dass wir auch weiterhin auf die Person Aristoteles mit dem Eigennamen »Aristoteles« *referieren* würden, wenn sich alles das, was wir über Aristoteles wissen, z. B. dass es sich bei Aristoteles um einen großen Philosophen handelte, als falsch herausstellte. Dies lässt aber noch keine Rückschlüsse auf die mögliche *Bedeutung* des Eigennamens zu. Bedeutungsfragen stellen sich vor allem beim Sprechakt der *Prädikation*, nicht aber unbedingt beim *Referenzakt* – womit nicht gesagt werden soll, dass man nicht mit demselben Ausdruck beide Sprechakte vollziehen kann. So hat Keith S. Donnellan beispielsweise anhand bestimmter Kennzeichnungen gezeigt, dass der Referenzakt auch dann glücken kann, wenn die Beschreibung, die in der Kennzeichnung gegeben wird, auf die Person, auf die man mit der Kennzeichnung referieren möchte, gar nicht zutrifft. Wenn ein Sprecher auf einer Party mit der Kennzeichnung »der Mann, der einen Martini trinkt« auf eine Person referiert, die tatsächlich gar keinen Martini, sondern Wasser in ihrem Glas hat, kann trotzdem der Referenzakt glücken und der Hörer wissen, wer gemeint ist. Ob der Mann dort drüben tatsächlich Martini oder Wasser in seinem Glas hat, ist irrelevant, wenn der Sprecher die Kennzeichnung »der Mann, der einen Martini trinkt« ausschließlich dazu verwendet, die Person, über die gesprochen werden soll, eindeutig zu identifizieren. Relevant wird die Beschreibung, wenn die Kennzeichnung nicht nur referentiell, sondern, je nach Kontext, (auch) attributiv verwendet wird, wenn beispielsweise der Sprecher die Kennzeichnung auf dem Jahrestreffen des lokalen Abstinenzler-Vereins verwendet. Für die prädikative oder attributive Verwendung eines Ausdrucks ist der deskriptive Gehalt eines Ausdrucks wesentlich, nicht aber wenn der Ausdruck (nur) referentiell verwendet wird. Darum kann man auf den Mann mit dem vermeintlichen Martini-Glas mit ganz unterschiedlichen Ausdrücken referieren, unter anderem auch mit seinem Eigennamen, der dann in gar keiner Bedeutung verwendet wird.[616]

In Bezug auf den Eigennamen »Aristoteles« bedeutet dies, dass wir auch dann noch auf die Person Aristoteles mit ihrem Eigennamen »Aristoteles« *referieren* werden, wenn sich herausstellt, dass Aristoteles nicht der große Philosoph war, für den man ihn hielt, weil wir den Ausdruck eben allein als *Referenzausdruck* und gar nicht in einer bestimmten Bedeutung gebrauchen, wie zum Beispiel in der Bedeutung von »ein großer Philosoph«. Diese Feststellung spricht jedoch nicht dagegen, dass wir den Namen »Aristoteles« auch attributiv und damit auch in einer bestimmten *Bedeutung*, wie »ein großer Philosoph«, verwenden und beispielsweise sagen können »Er ist ein richtiger Aristoteles«. Und in der Tat würde eine solche attributive Verwendung des Eigennamens »Aristoteles« von neuen Erkenntnissen über das Leben des Aristoteles beeinflusst werden. Wenn sich allgemein anerkannter Weise herausstellte, dass Aristoteles gar nicht der große Philosoph war, für den man ihn hielt, würden wir den Eigennamen »Aristoteles« *nicht mehr* in der *Bedeutung* von »ein großer Philosoph« gebrauchen, wie z. B. in dem Satz »Er ist ein richtiger Aristoteles«.[617]

616 Vgl. Donnellan »Referenz und Kennzeichnungen«, in Wolf (1993): insbesondere 184 – 207.

617 Einen ähnlichen Einwand bringt Jerrold J. Katz gegen Kripke vor. (Vgl. Katz »Logic and Language: An Examination of Recent Criticisms of Intensionalism«, in *Minnesota Studies in the Philosophy of Science* (1975): insbesondere Abschnitt 5.1 und 5.2.) Kripke versucht in »Sprecher-Referenz und semantische Referenz« den Einwand zu entkräften, was ihm meiner Ansicht nach aber nicht gelingt. (Vgl. Kripke »Sprecher-Referenz und semantische Referenz«, in Wolf 1993: 220 – 51.)

6.3.2 Singuläre Termini als Nominationsausdrücke

Im Kontext der Kontroverse zwischen den USA und dem Iran werden die Eigennamen »Israel« und »al-Quds« also nicht ausschließlich referentiell gebraucht. Indem sich die jeweilige Konfliktpartei mit dem jeweiligen Eigennamen auf den betreffenden Gegenstand bezieht, bringt sie auch gleichzeitig eine Attribuierung oder Bewertung des jeweiligen Gegenstandes zum Ausdruck, wobei diese im Sinne des jeweiligen Paradigmas erfolgt. Aus diesem Grund bezieht sich die jeweils gegnerische Konfliktpartei mit anderen singulären Termini auf den entsprechenden Gegenstand, wie beispielsweise »(zionistisches) Besatzer-Regime« oder »(besetztes) palästinensisches Land« – je nachdem, ob der politische Akteur oder das Territorium gemeint ist – oder »Jerusalem«.

Ein weiteres Beispiel dafür, wie singuläre Termini als Nominationsausdrücke verwendet werden, hatten wir zu Beginn dieses Kapitels betrachtet. Auf die westlichen Industriestaaten beziehen sich die USA unter anderem mit dem Terminus »die freie Welt« oder auch mit Ausdrücken wie »die freien Nationen (der Welt)«[618], die »demokratische Welt«[619] usw., während der Iran sich auf die westlichen Industrienationen mit Ausdrücken wie »die Großmächte«, »eine Tyrannenmacht« oder auch »die Ungläubigen« und ähnliche Ausdrücke[620] bezieht.

Weil die beiden Konfliktparteien in Bezug auf diese Fälle offensichtlich durch die Wahl unterschiedlicher singulärer Termini zur Bezugnahme auf einen Gegenstand ihre unterschiedlichen Einstellungen bezüglich des Gegenstandes zum Ausdruck bringen, wurde hier in Anlehnung an Girnth von »Nominationskonkurrenz« gesprochen. Girnth spricht von »Nominationskonkurrenz« für Fälle, in denen »die politischen Akteure *auf ein und dasselbe Referenzobjekt* [...] Bezug nehmen«, um »über die Konkurrenz auf der Ausdruckebene hinaus das Referenzobjekt semantisch in parteispezifischer Absicht zu qualifizieren«[621].

Referieren aber die USA und der Iran tatsächlich in allen Fällen von Nominationskonkurrenz auf *ein und dasselbe* bzw. *genau dasselbe* Subjekt oder Objekt? Beispielsweise stellt sich die Frage, ob nicht durch die Wahl verschiedener

618 Vgl. u. a.: »And *the world's free nations* are determined to stop the terrorists and their allies from acquiring the terrible weapons that would allow them to kill on a scale equal to their hatred.« (Bush, 14.09.2005, Rede auf dem UN-Weltgipfel, New York; Hervorh. von C. R.)

619 Vgl. u. a.: »Through the new U.N. Democracy Fund, the democratic members of the U.N. will work to help others who want to join *the democratic world.*« (Bush, 14.09.2005, Rede auf dem UN-Weltgipfel, New York; Hervorh. von C. R.)

620 Vgl. u. a.: »Many are sowing the seeds of defeat and despair in this all-out war between the Islamic world and *the Infidel Front*, hoping to dishearten the Islamic world.« (Ahmadinedschad, 26.10.2005, Rede auf der Konferenz »Welt ohne Zionismus«, Teheran; Hervorh. von C. R.)

621 Girnth (2002): 64; Hervorh. von C. R.

singulärer Termini zur Bezugnahme auf einen Gegenstand, dieser Gegenstand so unterschiedlich *qualifiziert* werden kann, dass die Rede von »ein und demselben Gegenstand« nicht mehr angemessen scheint.

Israel und »das zionistische Besatzer-Regime« / Palästina

Diese Frage stellt sich sicherlich, wenn die USA in Bezug auf den *Staat* Israel, im Sinne des völkerrechtlichen Subjekts, und verkürzt auf die Regierung, als den Repräsentanten dieses *Staates*, mit dem Eigennamen »Israel« referieren, während der Iran vom »(zionistischen) Besatzer-Regime« spricht. Der Iran will durch die Vermeidung des Eigennamens »Israel« und die Wahl alternativer Ausdrücke beim Referenzakt schließlich zum Ausdruck bringen, dass er, völker*rechtlich* betrachtet, auf eine *andere Art von Gegenstand* referiert als die USA es mit dem Eigennamen »Israel« tun. Der Iran erkennt eben »nur« ein »zionistisches *Besatzer-Regime*« an, das den Status eines *Staates* bzw. einer Regierung als eines *staatlichen Akteurs* gerade *nicht* besitzt.

Bezüglich der Frage, ob zwei Konfliktparteien, die einem Gegenstand einen unterschiedlichen rechtlichen Status zugestehen und ihn damit sehr unterschiedlich qualifizieren, überhaupt noch von ein und demselben Gegenstand reden, kann man sicherlich unterschiedlicher Meinung sein und die Frage soll hier auch gar nicht beantwortet werden. Es bleibt aber festzuhalten, dass die Rede von »ein und demselben Gegenstand« so unproblematisch nicht ist. Unter rein *quantitativen* Gesichtspunkten ist die Rede davon, dass sich die USA mit dem Eigennamen »Israel« und der Iran mit der Kennzeichnung »das zionistische Besatzer-Regime« auf ein und denselben Gegenstand beziehen, allerdings gerechtfertigt. Die USA und der Iran gebrauchen nämlich ihre jeweiligen Begriffe *extensionsgleich*, d.h., die USA bezeichnen mit dem Namen »Israel« genau das raum-zeitliche Gebilde, das der Iran mit dem Ausdruck »das zionistische Besatzer-Regime« bezeichnet.[622]

Etwas komplizierter ist die Situation in Bezug auf das Territorium, das den israelischen Staat konstituiert. Während die USA diesbezüglich ebenfalls von

622 Allerdings beschreibt der Iran das »Besatzer-Regime« an einigen Stellen nicht als *eigenständigen* (nicht-staatlichen) Akteur, sondern als Militärbasis des Westens im Nahen Osten und unterscheidet damit nicht strikt zwischen Israel und der israelischen Politik einerseits und den westlichen Staaten mit ihrer Politik andererseits. Wenn die USA Aussagen über Israel treffen und der Iran Aussagen über das »Besatzer-Regime« macht, treffen sich die beiden Konfliktparteien streng genommen bei ihrer Argumentation nicht mehr völlig, eben weil sie nicht mehr von genau denselben Akteuren reden. Die USA reden nur von Israel, der Iran macht bei Aussagen über das »Besatzer-Regime« auch immer Aussagen über die westlichen Staaten. Die Abweichung bezüglich der Extension der Begriffe ist allerdings in dem Zusammenhang des im Folgenden thematisierten Begriffskonflikts nicht von Bedeutung, weil der Iran selbst diese Vermengung zwischen der israelischen und der westlichen Politik nicht konsequent durchhält.

»Israel« sprechen, redet der Iran von »Palästina«, manchmal vom »besetzten Palästina« oder dem »palästinensischen Land«. Insofern die beiden Konfliktparteien den zur Frage stehenden Gegenstand wiederum unterschiedlich qualifizieren, und zwar einerseits als palästinensisches Land und andererseits als israelisches Staatsgebiet, klingt die Rede davon, dass die beiden Konfliktparteien auf »ein und denselben« Gegenstand referieren, wohl ebenfalls etwas befremdlich. Allerdings kommt nun hinzu, dass die beiden Konfliktparteien ihre Begriffe, also »Israel« einerseits« und »Palästina« oder »palästinensisches Land« andererseits, auch *nicht extensionsgleich* verwenden.

Die USA bezeichnen mit ihrem Ausdruck »Israel« nur einen Teil desjenigen Territoriums, das der Iran mit dem Ausdruck »Palästina« oder »palästinensisches Land« bezeichnet, d.h., die USA differenzieren innerhalb des Territoriums, das der Iran zusammenfassend als »*Palästina*« oder »palästinensisches Land« bezeichnet, zwischen *israelischem* Staatsgebiet und den *palästinensischen* Autonomiegebieten: »We seek peace between *Israel* and *Palestine* for its own sake. We also know that a free and peaceful *Palestine* can add to the momentum of reform throughout the broader Middle East.«[623]

Die Ausdrücke »Palästina«, »palästinensisches Land« oder »palästinensische Territorien« existieren damit ebenfalls in der amerikanischen Sprache, sind aber, wie auch der Ausdruck »Israel«, nicht so umfassend wie die Ausdrücke »Palästina« oder »palästinensisches Land« in der iranischen Sprache.

In der iranischen Sprache umfassen die Ausdrücke nämlich insbesondere auch das Territorium, das in der amerikanischen Sprache das Staatsgebiet Israels konstituiert, und damit nach amerikanischer Auffassung gerade nicht mehr als »palästinensisches Land« oder als »Palästina« definiert ist: »In *Palestine*, a durable peace will be possible through justice, an end to discrimination and the occupation of *Palestinian land* [...].«[624]

Zwar fassen auch die USA an einigen Stellen die israelischen und die palästinensischen Gebiete unter dem vergleichsweise neutralen Namen »das Heilige Land«[625] zusammen. Grundsätzlich differenzieren sie aber zwischen dem is-

623 Bush, 21.02.2005, President Discusses American and European Alliance in Belgium, Brüssel; Hervorh. von C. R.; vgl. auch »We must stand united in our support of other young democracies, from the people of Lebanon struggling to maintain their hard-won independence, to the people of the *Palestinian Territories*, who deserve a free and peaceful state of their own.« (Bush, 23.09.2008, Rede vor der UN-Generalversammlung, New York; Hervorh. von C. R.)

624 Ahmadinedschad, 17.09.2005, Rede vor der UN-Generalversammlung, New York; Hervorh. von C. R.; vgl. auch: »People around the world are fully aware of what is happening in the *occupied Palestine*.« (Ahmadinedschad, 17.09.2005, UN-Generalversammlung, New York; Hervorh. von C. R.)

625 Vgl. u.a.: »After many false starts, and dashed hopes, and stolen lives, a settlement of the conflict between Israelis and Palestinians is now within reach. America and Europe have

raelischen und dem palästinensischen Territorium, d. h., in der amerikanischen Sprache gibt es grundsätzlich singuläre Termini für *zwei unterscheidbare Entitäten.* Der Iran differenziert nicht. In der iranischen Sprache gibt es nur singuläre Termini für *eine Entität*, Palästina oder das besetzte Palästina. (Auch mit dem Ausdruck »*besetztes* Palästina« bezieht sich der Iran nicht nur auf die israelischen Gebiete, sondern auch auf die palästinensischen Gebiete.)

In diesem Fall determiniert das jeweilige amerikanische und iranische Paradigma also nicht nur, mit welchem Ausdruck die beiden Konfliktparteien auf »ein und denselben Gegenstand« referieren (»Israel« vs. »Palästina«), sondern es determiniert auch, *auf welche Gegenstände* die beiden Konfliktparteien überhaupt einzeln referieren und damit, *welche Gegenstände sie unterscheiden* (Israel + Palästina = das Heilige Land vs. Palästina). In diesem Sinne übernimmt das jeweilige Paradigma im Kontext der Kontroverse USA – Iran eine *Ontologie-konstituierende Funktion.*

Die Hamas und das palästinensische Volk

In Bezug auf das umstrittene Territorium im israelisch-palästinensischen Konflikt spielt die Tatsache, dass die USA hier stärker differenzieren als der Iran, keine wesentliche Rolle für den Argumentationsverlauf der Konfliktparteien. Von größerem Interesse sind dagegen die Referenzausdrücke, die die USA und der Iran zur Bezugnahme auf den relevanten Akteur auf palästinensischer Seite im israelisch-palästinensischen Konflikt wählen.

Die USA reden bezüglich des auf palästinensischer Seite in den Konflikt involvierten Akteurs von »*der (palästinensischen) Hamas*« (manchmal konkreter von »der Führung der Hamas«), der Iran von »*dem palästinensischen Volk*« oder »*den Palästinensern*«, wobei diese Termini insbesondere *auch die palästinensische Hamas* umfassen.

Zwar existieren auch in der amerikanischen Sprache die Kennzeichnungen »das palästinensische Volk« oder »die Palästinenser«. Doch auch für diese Begriffe gilt, dass sie nicht extensionsgleich mit den iranischen Ausdrücken »das palästinensische Volk« oder »die Palästinenser« gebraucht werden. Die amerikanischen Begriffe umfassen nämlich *nicht die palästinensische Hamas.* Die USA *differenzieren* explizit zwischen dem palästinensischen Volk und der palästinensischen Hamas und bezichtigen ausdrücklich *nur* die palästinensische Hamas und nicht das palästinensische Volk des Terrorismus. Um das Gesagte zu veranschaulichen, wollen wir uns noch einmal die Rede Bushs auf der UN-Generalversammlung 2006 in Erinnerung rufen:

---

made a moral commitment: We will not stand by as another generation in *the Holy Land* grows up in an atmosphere of violence and hopelessness.« (Bush, 21.02.2005, President Discusses American and European Alliance in Belgium, Brüssel; Hervorh. von C. R.)

> The world must also stand up for peace in the Holy Land. [...] *The Palestinian people* have suffered from decades of corruption and violence and the daily humiliation of occupation. Israeli citizens have endured brutal acts of terrorism and constant fear of attack since the birth of their nation. [...] Earlier this year, *the Palestinian people* voted in a free election. *The leaders of Hamas* campaigned on a platform of ending corruption and improving the lives of *the Palestinian people*, and they prevailed. The world is waiting to see whether *the Hamas government* will follow through on its promises, or pursue an extremist agenda. And the world has sent a clear message to *the leaders of Hamas:* Serve the interests of *the Palestinian people. Abandon terror* [...] and work for peace.[626]

In der iranischen Sprache gibt es dagegen keine entsprechenden Termini, mit denen ausschließlich auf die palästinensische Hamas referiert wird. Die palästinensische Hamas als von der Zivilbevölkerung eindeutig unterscheidbarer Akteur existiert in der öffentlichen Sprache des Iran im Kontext der Kontroverse mit den USA nicht.[627] Demnach nennt der Iran als den im israelisch-palästinensischen Konflikt involvierten Akteur stets das *gesamte* palästinensische Volk, *die* Palästinenser:

> Today, they want to involve *Palestinians* with mischief and trick them into fighting with one another over political positions so that they would drop the issue of Palestine. [...] I hope *the Palestinian people* will remain alert and aware in the same way that they have continued their struggle in the past ten years.[628]

Auch in Bezug auf die palästinensische Seite im israelisch-palästinensischen Konflikt determiniert also das jeweilige Paradigma, auf welche Akteure überhaupt einzeln referiert wird, d. h. zwischen welchen Akteuren differenziert wird, und übernimmt eine Ontologie-konstituierende Funktion. Die iranische Sprache kennt nur *einen* kollektiven Akteur – das palästinensische Volk, die Palästinenser oder auch die palästinensische Nation oder das Volk Palästinas –, der auch die palästinensische Hamas umfasst. Die amerikanische Sprache unterscheidet *zwei* kollektive Akteure und zwar das palästinensische Volk einerseits und die palästinensische Hamas andererseits.

Wenn aber die USA auf den handelnden Akteur der palästinensischen Seite im israelisch-palästinensischen Konflikt mit dem Ausdruck »*die palästinensische Hamas*« referieren und der Iran mit dem Ausdruck »*das palästinensische Volk*«, der *auch die palästinensische Hamas* umfasst, dann schreiben die beiden

626 Bush 19.09.2006, UN-Generalversammlung, New York; Hervorh. von C. R.

627 Die Einschränkung »in der *öffentlichen* Sprache des Iran im Kontext der *Kontroverse mit den USA*« ist von Bedeutung, da der Iran in anderen Kontexten und im nicht-öffentlichen Sprachgebrauch den Eigennamen »Hamas« oder andere Termini zur Bezugnahme auf die palästinensische Hamas natürlich gebrauchen kann und wohl auch gebrauchen wird.

628 Ahmadinedschad, 26.10.2005, Rede auf der Konferenz »Welt ohne Zionismus«, Teheran; Hervorh. von C. R.

Konfliktparteien durch die Wahl des jeweiligen Referenzausdrucks dem Bezugsobjekt nicht nur verschiedene Merkmale zu. *Sie referieren gar nicht mehr auf genau denselben Akteur.* Die USA referieren, so könnte man sagen, auf eine *Teilmenge* (die palästinensische Hamas) des kollektiven Akteurs, auf den der Iran in diesem Zusammenhang referiert (das palästinensische Volk, das die Hamas beinhaltet). Damit ergibt sich die Schwierigkeit, dass sich die USA und der Iran im Zusammenhang ihrer Schilderung des israelisch-palästinensischen Konflikts an keiner Stelle tatsächlich widersprechen, weil sie unterschiedliche Akteure im Zusammenhang dieses Konflikts setzen. Darauf wird im nächsten Punkt noch ausführlicher eingegangen.

Trifft für diesen Fall, in dem sich die USA auf den relevanten palästinensischen Akteur im Zusammenhang des israelisch-palästinensischen Konflikts mit dem Ausdruck »die palästinensische Hamas« beziehen, der Iran dagegen mit der Kennzeichnung »das palästinensischen Volk«, das unter anderem die palästinensische Hamas umfasst, überhaupt die Diagnose der Nominationskonkurrenz noch zu? Ich denke, schon.

Beide Seiten referieren schließlich mit ihren jeweiligen Ausdrücken entweder ausschließlich oder unter anderem auch auf die palästinensische Hamas und damit auf denselben Akteur, d.h., sie gebrauchen ihre jeweiligen Ausdrücke *partiell koreferentiell.* Mit ihren jeweiligen Ausdrücken zur Bezugnahme auf die palästinensische Seite im israelisch-palästinensischen Konflikt bringen sie schließlich ihre politische Einstellung im Sinne ihres Paradigmas zum Ausdruck. Die Wahl des singulären Terminus zur Bezugnahme auf die palästinensische Seite im israelisch-palästinensischen Konflikt steht nämlich in sehr engem Zusammenhang mit den Prädikaten, die der palästinensischen Seite in diesem Konflikt jeweils zugeschrieben werden. Den USA zufolge *verübt* die palästinensische Seite den Terror. Dem Iran zufolge *erleidet* die palästinensische Seite den Terror und muss Widerstand gegen Besatzung und Terror leisten. Je nachdem, welches Prädikat die USA und der Iran der palästinensischen Seite im israelisch-palästinensischen Konflikt zuschreiben, also Terror zu verüben oder Terror zu erleiden bzw. Widerstand gegen Terror zu leisten, müssen sie auch gewissermaßen unterschiedliche verantwortliche Akteure setzen: *Terror verübt* die *palästinensische Hamas*, aber *Terror erleidet* und *Widerstand leistet* das *palästinensische Volk.* Die USA können nicht behaupten, dass *das gesamte palästinensische Volk* im Sinne der Zivilbevölkerung Terror verübt, das entspräche offensichtlich nicht der Wahrheit. Genauso wenig kann der Iran jedoch behaupten, dass *die palästinensische Hamas* Terror erleidet, denn dies wäre wesentlich weniger glaubwürdig, als zu behaupten, dass das palästinensische Volk Terror erleidet. Im Gegensatz zur palästinensischen Zivilbevölkerung tritt die Hamas bewaffnet auf, ruft zum Kampf gegen »die ungläubigen Zionisten« auf und steht international in der Kritik. Würde der Iran die palästinensische Hamas als Akteur ins Spiel bringen, wären seine Aussagen über den israelisch-palästinensischen Konflikt, in denen er *allein* der israelischen Seite die Schuld zuspricht, wesentlich unglaubwürdiger. Um Täter- und Opferrolle klar zu machen, gibt es in der iranischen Sprache in Bezug auf den israelisch-palästinensischen Konflikt also nur »das zionistische Besatzer-Regime« auf der einen Seite und das palästinensische Volk auf der anderen Seite, nicht jedoch die palästinensische Hamas. In der amerikanischen Sprache, in der die palästinensische Seite im israelisch-palästinensischen Konflikt den Terror verübt, spielt der Ausdruck »die palästinensische Hamas« dagegen eine wichtige Rolle. Wer also *genau* als der jeweils handelnde Akteur auf palästinensischer Seite im israelisch-palästinensischen Konflikt gesetzt wird, hängt mit der Frage zusammen, ob die palästinensische Seite als Aggressor oder Opfer / reagierende Partei definiert wird, und ist damit Folge des Interpunktionsproblems.[629]

Dass die USA hier neben der Hamas überhaupt das palästinensische Volk als von der palästinensischen Hamas strikt unterscheidbaren relevanten Akteur setzen, hat einen weiteren Grund. Der Ausdruck »Volk«, konkret der Ausdruck »das palästinensische Volk«, dient dem Iran nämlich auch dazu, die Interessen einer Gruppe, und zwar der palästinensischen Hamas, deren Interessen bezüglich Israel größtenteils den iranischen Interessen entsprechen, als Interessen einer großen Gesamtheit, nämlich des gesamten palästinensischen Volkes, darzustellen, um auf diese Weise die Politik der palästinensischen Hamas und die iranische Unterstützung dieser Politik zu legitimieren.[630] Umgekehrt wollen die USA durch die strikte Differenzierung der beiden Akteure, der palästinensischen Hamas einerseits und dem palästinensischen Volk andererseits, zum Ausdruck bringen, dass es sich bei den Interessen der Hamas um spezifische Interessen einer kleinen, im amerikanischen Sinne extremistischen Gruppe handelt, die sich gerade nicht mit den Interessen des Großteils der palästinensischen Bevölkerung decken, diesen vielleicht sogar entgegenstehen.

Das Phänomen, dass eine Konfliktpartei auf die eigene Seite mit dem Ausdruck »Volk« referiert, während die andere Konfliktpartei strikt zwischen dem politischen Gegner als politischer Führung oder zumindest als politisch Verantwortlichem und dessen Volk unterscheidet, findet sich daher auch in anderen Zusammenhängen.

629 Die Diagnose, dass vor allem der Prädikatsterm die Wahl des singulären Terminus determiniert, stellt übrigens die logische Abfolge zwischen Referenzakt und Prädikation, die in der Philosophie oft unterstellt wird und die auch oben als »Standard« präsentiert wurde, dass nämlich *zunächst* der Gegenstand, über den gesprochen werden soll, identifiziert wird und ihm *anschließend* ein Prädikat zugeordnet wird, weiter in Frage.

630 Zu der Funktion des Wortes »Volk« vgl. auch Girnth (2002): 23; Girnth bezieht sich seinerseits auf Horst Grünert (vgl. Grünert 1974: 222 ff).

Die iranische Führung und das iranische Volk / die iranische Nation

Insbesondere in Bezug auf den verantwortlichen iranischen Akteur im Zusammenhang des Konfliktes um das iranische Atomprogramm spricht der Iran oft von »*dem iranischen Volk*« oder auch von »*der iranischen Nation*«, wobei diese Termini wieder insbesondere auch die *politische Führung des Iran miteinschließen:*

> With regard to Iran's peaceful nuclear program [...] a few bullying powers have sought to put hurdles in the way of the peaceful nuclear activities of *the Iranian nation* by exerting political and economic pressures against Iran, and also through threatening and pressuring the IAEA. [...] Indeed, they are not against weapons, but they oppose other nations progress, and tend to monopolize technologies and to use those monopolies in order to impose their will on other nations. But it is very natural that *the great Iranian people*, with their trust in God, and with determination and steadfastness and with the support of its friends, will resist the bullying and has defended and will continue to defend its rights.[631]

Die USA reden in Bezug auf den verantwortlichen iranischen Akteur im Zusammenhang des Atomstreits dagegen nur von »*den iranischen Herrschern / Machthabern*«, auf die sie oft auch mit stark wertenden Begriffen referieren (»das Regime in Teheran«[632],»Führer gesetzloser Regime, die Terror unterstützen und nach Massenvernichtungswaffen streben«[633], »Alliierte der Terroristen«[634] usw.), und denen sie *das iranische Volk ausdrücklich gegenüberstellen:* »To *the people of Iran:* [...] The greatest obstacle to this future is that *your rulers* have chosen to deny you liberty and to use your nation's resources to fund terrorism, and fuel extremism, and pursue nuclear weapons.«[635]

Auch für Ausdrücke, wie »das iranische Volk« oder »die iranische Nation«, gilt also, dass sie in der amerikanischen und der iranischen Sprache *nicht extensionsgleich* verwendet werden. Der amerikanische Begriff des iranischen Volkes / der iranischen Nation umfasst ausdrücklich nicht die politische Führung des Iran, die gleichlautenden Begriffe in der iranischen Sprache umfassen

---

631 Ahmadinedschad, 23.09.2008, Rede auf dem UN-Weltgipfel, New York; Hervorh. von C. R.

632 Vgl. u. a.: »The United Nations has passed a clear resolution requiring that *the regime in Tehran* meet its international obligations.« (Bush, 19.09.2006, UN-Generalversammlung, New York; Hervorh. von C. R.)

633 Vgl. u. a.: »We must send a clear message to the *rulers of outlaw regimes that sponsor terror and pursue weapons of mass murder:* You will not be allowed to threaten the peace and stability of the world.« (Bush, 14.09.2005, Rede auf dem UN-Weltgipfel, New York; Hervorh. von C. R.)

634 Vgl. u. a.: »And the world's free nations are determined to stop *the terrorists and their allies* from acquiring the terrible weapons that would allow them to kill on a scale equal to their hatred. [...] The terrorists must know that wherever they go, they cannot escape justice.« (Bush, 14.09.2005, Rede auf dem UN-Weltgipfel, New York; Hervorh. von C. R.)

635 Bush, 19.09.2006, Rede vor der UN-Generalversammlung, New York; Hervorh. von C. R.

dagegen insbesondere auch die politische Führung des Iran. Singuläre Termini, mit denen nur die politische Führung des Iran, nicht aber auch das iranische Volk bezeichnet wird, gibt es in der iranischen Sprache, im Rahmen der Kontroverse USA – Iran und insbesondere im Zusammenhang des iranischen Atomprogramms, nicht.

Damit konstituieren die beiden Konfliktparteien in ihrer Kontroverse auch im Zusammenhang des Atomstreits wiederum unterschiedliche Ontologien. In der iranischen Sprache existiert im Zusammenhang des Atomstreits auf iranischer Seite nur *ein* kollektiver Akteur, das iranische Volk bzw. die iranische Nation, in der amerikanischen Sprache existieren dagegen *zwei* voneinander unterscheidbare kollektive Akteure, das iranische Volk und die iranische Führung.

Durch seinen Sprachgebrauch will der Iran offenbar vor allem zum Ausdruck bringen, dass Einigkeit und Geschlossenheit zwischen Volk und Führung besteht, und insbesondere, dass das Volk das iranische Atomprogramm mitträgt. Wenn die USA der iranischen Führung das iranische Volk oder die iranische Nation gegenüberstellen, wollen sie deutlich zu machen, dass eine Kluft zwischen den Interessen der iranischen Führung und den Interessen des iranischen Volkes besteht, nur die iranische Führung, nicht das iranische Volk der amerikanische Gegner im Atomstreit ist.

Die Frage, wen genau die beiden Konfliktparteien als handelnden Akteur auf iranischer Seite im Atomstreit identifizieren, steht außerdem wieder im engen Zusammenhang mit der Frage, wie sie das iranische Atomprogramm jeweils bewerten, ob als »friedliche nukleare Aktivitäten für den wissenschaftlichen und technologischen Fortschritt« oder als »Atomwaffenambitionen«. Wenn die USA behaupten möchten, dass es sich bei dem Atomprogramm um den Versuch der Herstellung von *Atomwaffen* handelt, sollten sie *nur die iranische Führung*, die international ohnehin in der Kritik steht, als verantwortlichen Akteur identifizieren. Eine Aussage, nach der die gesamte iranische Zivilbevölkerung »Atomwaffenambitionen« hat und gewaltsam den Frieden dieser Welt stören möchte, ist wenig glaubhaft. Um zu verdeutlichen, dass die iranische Führung eindeutig der Aggressor im Atomstreit ist und wie groß die Gefahr ist, die von dieser Führung ausgeht, referieren die USA schließlich mit stark negativ konnotierten Ausdrücken auf die iranische Führung.

Wenn der Iran dagegen behaupten möchte, dass es sich bei dem iranischen Atomprogramm um *friedliche nukleare Aktivitäten* für den wissenschaftlichen und technologischen Fortschritt handelt, und der Iran im Atomstreit einmal mehr Opfer der »imperialen Politik« des Westen geworden ist, ist es glaubhafter, *das iranische Volk*, das im Gegensatz zur iranischen Regierung nicht schon international in der Kritik steht, als relevanten Akteur zu setzen. Zwar umfasst der Terminus »das iranische Volk« oder auch »die iranische Nation« in der iranischen Sprache auch die in der Kritik stehende iranische Führung. Dass *auch* die iranische Führung Interesse an dem Atomprogramm hat, kann der Iran schließlich nicht leugnen. Der Iran vermeidet aber durch die Verwendung zusammenfassender Termini die iranische Führung als von der Zivilbevölkerung eindeutig unterscheidbaren und eigenständig handelnden Akteur im Kontext des Atomstreits zu konstituieren, der eben einzeln viel angreifbarer als die gesamte Nation ist.

Da die USA jedoch in Bezug auf die iranische Seite im Atomstreit mit Ausdrücken wie »die iranischen Machthaber« wieder nur auf eine Teilmenge des kollektiven Akteurs referieren, auf den der Iran mit seinen Ausdrücken »die iranische Nation« oder »das iranisches Volk« referiert, gelingt den Konfliktparteien auch im Zusammenhang des Atomstreits keine vollständige Gegenüberstellung ihrer Standpunkte, wie im nächsten Punkt noch deutlich wird.

Weitere Beispiele

Das Phänomen, dass die USA explizit und strikt zwischen der politischen Elite bzw. der politischen Führung einerseits und dem Volk andererseits differenzieren, während der Iran die politische Führung bzw. Elite nicht als vom Volk unterscheidbaren Akteur setzt, findet sich übrigens in Bezug auf alle politischen Gruppierungen und Führungen, die die USA als »extremistisch« definieren. So kennt die amerikanische Sprache in der Kontroverse USA – Iran beispielsweise sowohl *die libanesische Hizbullah* als auch *das libanesische Volk:* »To *the people of Lebanon:* [...] You drove Syrian forces from your country and you reestablished democracy. Since then, you have been tested by the fighting that began with *Hezbollah's unprovoked attacks* on Israel.«[636] Die iranische Sprache kennt in dem Kontext der Kontroverse mit den USA dagegen *nur das libanesische Volk* bzw. *die Libanesen.* Der Eigenname »Hizbullah« wird nicht verwendet:

> For thirty-three long days, *the Lebanese* lived under the barrage of fire and bombs and close to 1.5 million of them were displaced; meanwhile some members of the Security Council practically chose a path that provided ample opportunity for the aggressor [Israel] to achieve its objectives militarily. We witnessed that the Security Council of the United Nations was practically incapacitated by certain powers to even call for a ceasefire. The Security Council sat idly by for so many days, witnessing *the cruel scenes of atrocities against the Lebanese* while tragedies such as Qana were persistently repeated.[637]

An sehr vielen Stellen subsummiert der Iran auch alle genannten Akteure unter die Ausdrücke »*die islamische Welt*«, »*die Muslime*« oder »*die Ummah*«,[638]

636 Bush, 19.09.2006, UN-Generalversammlung, New York; Hervorh. von C. R.

637 Ahmadinedschad, 19.09.2006, Rede vor der UN-Generalversammlung, New York; Hervorh. von C. R.

638 Vgl. u.a.: »The establishment of the occupying regime of Qods was a major move by the

während die USA auch hier zwischen den politischen Eliten und dem Volk, als dessen Verbündete sich die USA stets geben, differenzieren.

Nur in den Fällen »extremistischer« Gruppierungen oder Führungen nach amerikanischer Definition, die auch der Iran als politischen Gegner betrachtet, differenzieren sowohl die USA als auch der Iran zwischen Volk und politischer Führung/politischen Eliten. So kennt sowohl die amerikanische als auch die iranische Sprache Saddam Hussein *und* das irakische Volk, die Taliban *und* das afghanische Volk. Interessanter Weise erwähnt der Iran al-Qaida dagegen nicht namentlich.

In Bezug auf die Verwendung singulärer Termini lässt sich also Folgendes festhalten. Singuläre Termini werden in der Kontroverse USA – Iran häufig nicht ausschließlich als Referenzausdrücke benutzt, sondern auch, um den in Frage stehenden Gegenstand schon beim Referenzakt im Sinne des eigenen Paradigmas zu qualifizieren. Die beiden Konfliktparteien referieren dann auf denselben Gegenstand mit unterschiedlichen Ausdrücken, wobei das Paradigma bestimmt, mit welchem Ausdruck sie auf den Gegenstand referieren. Infolgedessen gibt es im Kontext der Kontroverse USA – Iran einige singuläre Termini, die *nur in einer Sprache*, d.h. *nur innerhalb eines Paradigmas*, verwendet werden. Singuläre Termini, die nur in der iranischen Sprache, nicht aber in der amerikanischen Sprache gebraucht werden, sind unter anderem die Ausdrücke »die Großmächte« für die westlichen Staaten, »das zionistische Besatzer-Regime« für die israelische Regierung, »das besetzte Palästina« für das israelische und palästinensische Territorium und »al-Quds (al-Sharif)« für die Stadt Jerusalem. Singuläre Termini, die nur in der amerikanischen Sprache gebraucht werden, nicht aber in der iranischen Sprache, sind unter anderem »die freie/die demokratische Welt« für die westlichen Staaten, »Israel« für den israelischen Staat, sein Territorium und die israelische Regierung und »Jerusalem« für die Stadt Jerusalem.

Schließlich gibt es noch singuläre Termini, die nur in der amerikanischen Sprache verwendet werden, die aber *keine direkte Entsprechung* in der iranischen Sprache haben, wie »die (palästinensische) Hamas«, »die iranischen Machthaber« und »die (libanesische) Hizbullah«. Diese Termini haben deshalb keine direkte Entsprechung in der iranischen Sprache, weil der Iran die betreffenden Akteure unter einen größeren kollektiven Akteur zusammenfasst, und zwar unter »das palästinensische Volk«/»die palästinensische Nation«/»die Palästinenser«, »das iranisches Volk«/»die iranische Nation« und »das libane-

world oppressor against *the Islamic world.* The situation has changed in this historical struggle. Sometimes *the Muslims* have won and moved forward and the world oppressor was forced to withdraw.« (Ahmadinedschad, 26.10.2005, Rede auf der Konferenz »Welt ohne Zionismus«, Teheran; Hervorh. von C. R.)

sisches Volk« / »die Libanesen« usw. Diese Ausdrücke existieren *auch* in der amerikanischen Sprache, werden hier aber *nicht extensionsgleich* gebraucht. Sie umfassen nicht die jeweilige politische Führung oder politische Elite, d. h., die USA differenzieren strikt zwischen politischer Führung / politischen Eliten und dem Volk. Das Paradigma bestimmt hier also auch, auf welche Gegenstände einzeln referiert wird und welche Gegenstände unter einen umfassenderen Terminus zusammengefasst werden und beeinflusst damit die Extension der verwendeten singulären Termini (wie z. B. »Palästina« oder »das palästinensische, iranische usw. Volk«). In diesem Sinne wurde von der Ontologie-konstituierenden Funktion des Paradigmas gesprochen.

Zur Verdeutlichung des Ontologie-konstituierenden Charakters der Paradigmata:

Das amerikanische Paradigma	Das iranische Paradigma
Der Staat Israel	Es gibt einen solchen Staat nicht, sondern nur ein zionistisches Besatzer-Regime
Palästina + Israel (= das Heilige Land)	Palästina (von dem ein Teil besetzt wird)
Das palästinensische Volk + die palästinensische Hamas	Das palästinensische Volk
Das iranische Volk + das iranische Regime	Das iranische Volk / die iranische Nation
Das libanesische Volk + die libanesische Hizbullah	Die Libanesen

Betrachten wir nun die Folgen der Nominationskonkurrenz.

6.4 Verständigungsschwierigkeiten als Folge der Nominationskonkurrenz

6.4.1 Die Substitution von Nominationsausdrücken in intensionalen Kontexten

Die Tatsache, dass die USA und der Iran oft mit unterschiedlichen Ausdrücken auf einen in ihrer Kontroverse relevanten Gegenstand oder Sachverhalt referieren, hat Folgen für ihre Verständigungsmöglichkeiten, insbesondere dort, wo eine der beiden Konfliktparteien sich direkt mit der (vermeintlichen) Position des jeweiligen Gegners auseinandersetzt, die Position des Gegners zum Teil wiedergibt, um sie schließlich zu kritisieren.

Ein Beispiel dafür hatten wir schon im Zusammenhang der amerikanischen

Vermengung von Inhalts- und Beziehungsebene betrachtet, es dort allerdings nicht mit der Nominationskonkurrenz in Verbindung gebracht.

Die USA geben in der im Folgenden angeführten Textstelle ein angebliches Argument des Gegners gegen die amerikanische Politik im Nahen und Mittleren Osten wieder:

(A_3) »Some *have argued* that *the democratic changes* we're seeing in the Middle East are destabilizing the region.«[639]

Das amerikanische Gegenargument lautet schließlich: »This argument rests on a false assumption, that the Middle East was stable to begin with.«[640]

Es wurde schon angemerkt, dass die USA an dieser Stelle das Argument des Gegners nicht korrekt wiedergeben. Dieser argumentiert nämlich nicht, dass *die demokratischen Veränderungen*, die wir im Nahen und Mittleren Osten sehen, die Region destabilisieren, sondern dass die Besatzung, die Aggressionen, die Plünderungen usw., kurz: *die aggressive Politik*, des Westens die Region destabilisiert. (»*Occupation* of countries, including Iraq, has continued for the last three years. Not a day goes by without hundreds of people getting killed in cold blood. The occupiers are incapable of establishing security in Iraq.«[641] / »Iraq was attacked under the false pretext of uncovering weapons of mass destruction and overthrowing a dictator. [...] The UN is not capable enough to solve the problems and to *remove aggression, occupation and imposition.*«[642])

Die USA erfinden hier allerdings nicht einfach ein Argument des politischen Gegners. Wie wir zu Beginn dieses Kapitels feststellten, dient der Ausdruck »die demokratischen Veränderungen« den USA als Nominationsausdruck zur bewertenden, Stellung beziehenden Bezugnahme auf die amerikanische Politik in der Region. Der politische Gegner referiert dagegen auf die amerikanische Politik in der Region mit anderen Ausdrücken, wie z. B. »die Besatzung«, »die Aggression« / »der militärische Angriff« usw. Bei der Darstellung der gegnerischen Position ersetzen die USA also den Nominationsausdruck, den der Gegner in Bezug auf den in Frage stehenden Gegenstand oder Sachverhalt verwendet, durch den Nominationsausdruck, den sie selbst in Bezug auf den Gegenstand oder Sachverhalt, also *koreferentiell*, verwenden.

Der Iran verfährt an den Stellen, an denen er sich direkt mit der (vermeintlichen) Position der USA auseinandersetzt, genauso. Sehr viele Beispiele hierfür

639 Bush, 19.09.2006, Rede vor der UN-Generalversammlung, New York; Hervorh. von C. R.
640 Bush, 19.09.2006, Rede vor der UN-Generalversammlung, New York.
641 Ahmadinedschad, 19.09.2006, Rede vor der UN-Generalversammlung, New York; Hervorh. von C. R.
642 Ahmadinedschad, 23.09.2008, Rede vor der UN-Generalversammlung, New York; Hervorh. von C. R.

finden sich im Zusammenhang des Konflikts um das iranische Atomprogramm. Hier soll nur eine Aussage exemplarisch diskutiert werden:

(I_4) »With regard to Iran's peaceful nuclear program [...] a few bullying powers *have sought* to put hurdles in the way of *the peaceful nuclear activities* of *the Iranian nation* by exerting political and economic pressures against Iran, and also through threatening and pressuring the IAEA.«[643]

Hier behauptet der Iran, dass einige Großmächte, d.h. insbesondere die USA, versucht haben, *den friedlichen nuklearen Aktivitäten* der *iranischen Nation* Hürden in den Weg zu legen. Die USA versuchen aber nach eigenen Angaben nicht, *den friedlichen nuklearen Aktivitäten* der *iranischen Nation* Hürden in den Weg zu legen, sondern *den Atomwaffenambitionen* der *iranischen Herrscher* / des *Regimes in Teheran.* (»To the people of Iran: [...] The greatest obstacle to this future is that *your rulers* have chosen to deny you liberty and to use your nation's resources to fund terrorism, and fuel extremism, and pursue *nuclear weapons.* The United Nations has passed a clear resolution requiring that *the regime in Tehran* meet its international obligations. Iran must abandon its *nuclear weapons ambitions.*«[644])

Auch hier werden bei der Darstellung der amerikanischen Position die Nominationsausdrücke, die die USA selbst zur Bezugnahme auf bestimmte Gegenstände verwenden, durch die Ausdrücke ersetzt, die der Iran zur Bezugnahme auf die entsprechenden Gegenstände verwendet.

Viele Beispiele dafür, wie der Iran bei der Darstellung der Position des Gegners dessen Nominationsausdrücke durch die eigenen, koreferentiell verwendeten Ausdrücke ersetzt, finden sich insbesondere auch im Zusammenhang des israelisch-palästinensischen Konflikts.

Betrachten wir noch einmal einen bereits im Zusammenhang des Interpunktionsproblems angeführten Auszug aus einer iranischen Rede vor der UN-Generalversammlung 2005, in dem der Iran seine Position bezüglich des israelisch-palästinensischen Konflikts sehr deutlich macht:

> People around the world *are fully aware* of what is happening in *the occupied Palestine.* Women and children are being murdered and adolescents taken prisoner. Houses are being demolished and farms burnt down. Yet, when *the people of Palestine* resist these conditions, they are *accused* of terrorism. At the same time, *the occupier,* which does not abide by any principles and *terror* is part of its *pronounced* and routine policy

643 Ahmadinedschad, 23.09.2008, Rede vor der UN-Generalversammlung, New York; Hervorh. von C. R.

644 Bush, 19.09.2006, Rede vor der UN-Generalversammlung, New York; Hervorh. von C. R.

enjoys the support of the previously mentioned governments. Let me be blunter. *State terrorism* is being *supported* by those who claim to fight terrorism.[645]

Der Iran konstatiert hier in Bezug auf die USA und einige weitere westliche Regierungen, dass sie *den Besatzer* bei dessen *Staatsterrorismus* unterstützen. Die USA selbst bezeichnen aber die israelische Regierung nicht als »den Besatzer« und die israelische Politik nicht als »Staatsterrorismus«. Nach eigenen Aussagen unterstützen die USA *Israel* oder *das israelische Volk* im *Angesicht des Terrors.* (»To *the people of Israel:* [...] The United States will always stand with *Israel* in *the face of terrorism.* And we will *support you as you work to ensure the security* of your people – and *bring peace and reconciliation to the Holy Land.*«[646])

Auch die Position Israels sowie eines unbeteiligten Dritten stellt der Iran übrigens in den der iranischen Sprache eigentümlichen Begrifflichkeiten dar.

Einerseits behauptet der Iran, dass *Terror* Teil der (öffentlich) verkündeten / erklärten Politik »der Besatzer« ist, dass Israel also *Terror* als Teil seiner Politik verkündet. Israel bezeichnet seine eigene Politik aber sicherlich nicht als »*Terror*« und verkündet daher nicht *Terror* als Teil seiner Politik, sondern höchstens den *Kampf gegen Terror.*

Andererseits behauptet der Iran, dass sich die Menschen auf der ganzen Welt vollkommen bewusst darüber sind, was im *besetzten Palästina* geschieht. Nicht alle Menschen dieser Welt würden aber auf das israelische und palästinensische Territorium mit dem Ausdruck »*besetztes Palästina*« referieren und sind sich demnach auch nicht vollkommen bewusst darüber, was im *besetzen Palästina* passiert, sondern vielmehr darüber, was in den *palästinensischen Autonomiegebieten* oder in *Israel* passiert.

Es wurde zu Beginn dieses Kapitels darauf hingewiesen, dass man in den meisten Kontexten Ausdrücke, die koreferentiell verwendet werden, wie »Rom« und »die ewige Stadt«, salva veritate füreinander substituieren kann. Man kann also sowohl von Rom als auch von der ewigen Stadt behaupten, dass sie eine große Stadt ist, ohne dass dies etwas am Wahrheitswert dieser Aussage ändern würde. Bei der Diskussion des Nominationskonzeptes wurde allerdings darauf aufmerksam gemacht, dass es für die Fälle, in denen Ausdrücke nicht nur referentiell, sondern *auch attributiv,* also als Nominationsausdrücke, gebraucht werden, nicht völlig indifferent ist, welchen Ausdruck man zur Bezugnahme auf einen Gegenstand benutzt. Für diese Fälle wurde gezeigt, dass sie USA und der Iran, wollen sie ihrem jeweiligen Gegner widersprechen, nicht nur dem in Frage stehenden

645 Ahmadinedschad, 17.09.2005, Rede vor der UN-Generalversammlung, New York; Hervorh. von C. R.

646 Bush, 13.01.2008, Discusses Importance of Freedom in the Middle East, Abu Dhabi; Hervorh. von C. R.

Gegenstand ein gegensätzliches Prädikat zusprechen dürfen, sondern teilweise auch den Nominationsausdruck des Gegner ersetzen müssen.

Nun gilt der umgekehrte Fall. Bei den hier angeführten Aussagen handelt es sich um Aussagen, in denen die (angebliche) Position des Gegners oder einer dritten Person wiedergegeben wird, d. h. um *indirekte Rede* oder Aussagen, in denen dem Gegner / Dritten bestimmte *kognitive Einstellungen* einer *Proposition oder einem Sachverhalt* gegenüber zugeschrieben werden. In derartigen Aussagen, also in *intensionalen Kontexten*, ist das Prinzip der »Substituierbarkeit koreferentieller Ausdrücke salva veritate« selbst für ausschließlich referentiell verwendete Termini eingeschränkt, worauf insbesondere Russell und Frege aufmerksam gemacht haben.[647]

In Bezug auf solche Sätze gilt nicht:

(P_1) George W. Bush versucht, nach *Rom* zu gelangen.
(P_2) Rom = die ewige Stadt.
(K) George W. Bush versucht, in *die ewige Stadt* zu gelangen.

Es könnte nämlich sein, dass George W. Bush nicht weiß, dass die Stadt Rom auch als »die ewige Stadt« bezeichnet wird. Dann wird George W. Bush zwar, aus seiner Sicht, versuchen, nach Rom zu gelangen, nicht aber in die ewige Stadt. In Sätzen, in denen propositionale Einstellungen zugeschrieben werden, und in indirekter Rede gilt das Prinzip der Substituierbarkeit koreferentieller singulärer Termini salva veritate also nicht, zumindest, wenn der Satz, wie hier, *de dicto*$_1$, als Aussage über die spezifische Glaubenswelt desjenigen, dem eine bestimmte propositionale Einstellung oder Rede *zugeschrieben wird*, wie in diesem Fall George W. Bush, interpretiert wird. Liest man die Aussage dagegen als Aussage, die die Sicht des Sprechers, also desjenigen, der einer anderen Person eine propositionale Einstellung und / oder eine bestimmte Rede *zuschreibt*, auf diese Welt wiedergibt, gilt der Schluss. Diese Interpretationweise könnte man als *de dicto*$_2$ bezeichnen. Der Schluss gilt insbesondere auch, wenn man die Aussage *de re* liest, wenn man also unterstellt, dass über die Dinge »der *Wirklichkeit*« geredet wird und nicht über die Dinge, die nur die Glaubenswelt einer Person bevölkern – sei es nun desjenigen, dem eine bestimmte propositionale Einstellung oder Rede zugeschrieben wird, oder desjenigen, der die propositionale Einstellungszuschreibung vornimmt bzw. die indirekte Rede formuliert. Gewöhnlich wird auch die Interpretation *de re* der Interpretation *de dicto*$_1$ gegenübergestellt. Von

647 Vgl. Frege »Über Sinn und Bedeutung«, in ders. (2002): 29 – 46; Russell »Die Philosophie des logischen Atomismus«, in Wolf (1993): 80 – 93; Russell »Knowledge by Acquaintance and Knowledge by Description«, in Salmon / Soames (1988): 16 – 32; auch Salmon / Soames »Introduction«, in dies. (1988): 1 – 11.

einer Interpretation einer Aussage *de re* kann aber in Bezug auf die Aussagen in der Kontroverse USA – Iran nicht gesprochen werden, da die beiden Konfliktparteien Referenzausdrücke verwenden, mit denen sie die eigene Sicht auf die Dinge der Welt zum Ausdruck bringen, und eben nicht unterstellt werden kann, dass sie über die Dinge der Wirklichkeit, wie sie objektiv sind, reden.

Um die hier angeführten Aussagen der USA und des Iran richtig zu verstehen, muss man sie demnach *de dicto*$_2$, als die spezifische Sichtweise des jeweiligen Sprechers interpretieren. Die USA und der Iran implizieren jedoch, dass die Aussagen *de dicto*$_1$, als Diktum des politischen Gegners zu verstehen sind, insofern sie die (vermeintliche) Position des Gegners darstellen, um sie in einem zweiten Schritt zu kritisieren, und sich damit von der Position des Gegners *distanzieren.* Indem sie nun aber bei der Darstellung des angeblichen Diktums des Gegners dessen Nominationsausdrücke durch die eigenen, koreferentiell verwendeten Nominationsausdrücke ersetzen – man könnte auch sagen: indem sie dem Gegner ihre eigenen Nominationsausdrücke *in den Mund legen* –, geben sie die Position, also die Einstellungen oder die Rede, des Gegners *verzerrt* wieder. Meist geben sie die gegnerische Position in einer Art und Weise wieder, die sie als unhaltbar und direkt verwerfenswert erscheinen lässt, sodass sie die eigene Position anschließend gar nicht mehr als die bessere begründen müssen. Das Argument, das die USA dem politischen Gegner zuschreiben, nach welchem *demokratische Veränderungen* eine Region destabilisieren, ist so lächerlich, dass es kaum noch durch das eigentliche Gegenargument, das dann folgt – die Region sei schon vor Eintreffen der westlichen Truppen instabil gewesen –, entkräftet werden muss. Demokratische Veränderungen sind positiv und destabilisieren keine Region! Wer argumentiert, dass demokratische Veränderungen eine Region destabilisieren, der muss ein besonders schlimmer totalitärer Herrscher oder eben verrückt sein.

Wer dagegen versucht, *friedlichen nuklearen Aktivitäten* einer Nation, die ihrem *wissenschaftlichen und technologischen Fortschritt* dienen, Hürden in den Weg zu legen, der hat nicht das Wohl der internationalen Gemeinschaft im Sinn, sondern allein seinen Machtausbau. Und wer den *Staatsterrorismus* eines *Besatzers* unterstützt, dessen Kampf gegen Terror ist eine Farce. Wenn dieser Jemand der eigenen Führung dann vorwirft, man unterstütze Terror, muss man diesen Vorwurf gar nicht mehr entkräften.

Wollten die USA und der Iran die Position des Gegners korrekt darstellen, dürften sie gerade nicht den Nominationsausdruck, den der Gegner bei der Darstellung seine Position verwendet, durch den Nominationsausdruck ersetzen, den sie koreferentiell verwenden.

6.4.2 Argumentation auf unterschiedlichen Ebenen als Folge der Nominationskonkurrenz

In einigen Fällen hat nun die verzerrte Darstellung der Position des Gegners noch eine schwerwiegendere Konsequenz. Das sind insbesondere die Fälle, in denen die Konfliktparteien unterschiedliche Akteure setzen und nicht einfach nur die angebliche Position des Gegners wiedergeben, sondern dem Gegner auch direkt widersprechen oder ihn kritisieren wollen. Betrachten wir beispielsweise folgende iranische Aussagen aus der oben zitierten Textstelle:

(I_5) »People around the world are fully aware of what is happening in the occupied Palestine. Women and children are being murdered and adolescents taken prisoner. Houses are being demolished and farms burnt down. Yet, when *the people of Palestine* resist these conditions, *they are accused of terrorism*. At the same time, the occupier, which does not abide by any principles and terror is part of its pronounced and routine policy enjoys the support of the previously mentioned governments.«[648]

Der Iran stellt hier einerseits scheinbar die Position des Gegners dar, indem er behauptet, dass der Gegner *das palästinensische Volk* des Terrorismus beschuldigt. Die USA beschuldigen aber, wie wir schon sahen, nicht *das palästinensische Volk*, sondern *die palästinensische Hamas* des Terrorismus. Im Gegensatz zum Iran differenzieren die USA schließlich zwischen dem palästinensischen Volk und der palästinensischen Hamas. Dieser Differenzierung, die in der amerikanischen Sprache vorgenommen wird, trägt der Iran bei der Wiedergabe der amerikanischen Position keine Rechnung. Er ersetzt einfach den Referenzausdruck, den der Gegner selbst bei der Darstellung seiner Position verwendet, durch den Ausdruck, den der Iran zwar partiell koreferentiell, unter anderem auch zur Bezugnahme auf die palästinensische Hamas, aber nicht extensionsgleich, also ausschließlich zur Bezugnahme auf die palästinensische Hamas, verwendet.

Der Iran will hier aber nicht nur einfach die Position des Gegners darstellen, sondern ihr auch *widersprechen*. Der Iran behauptet schließlich, dass das palästinensische Volk *fälschlicher Weise* des Terrorismus beschuldigt wird, obwohl es sich nur gegen die Besatzung und den Terror »der Besatzer« wehrt, das »Besatzer-Regime« also der eigentliche Aggressor ist.

Dieser Widerspruch gelingt aber offenbar nicht, eben weil die USA *gar nicht das palästinensische Volk*, sondern ausdrücklich nur *die palästinensische Hamas*

648 Ahmadinedschad, 17.09.2005, Rede vor der UN-Generalversammlung, New York; Hervorh. von C. R.

des Terrorismus beschuldigen. Zwar umfasst der Term »das palästinensische Volk« in der iranischen Sprache auch die palästinensische Hamas, nicht aber in der amerikanischen Sprache. Hier stellt sich also eine Situation, in der die USA ihre Position »p« *in ihrer Sprache* S_A *formulieren*, aber vom politischen Gegner *in dessen Sprache* S_B *kritisiert werden.*

Iranische Position	Die iranische Position würde im Widerspruch zu der amerikanischen Position stehen, wenn...	Aber die amerikanische Position lautet:
»People around the world are fully aware of what is happening in the occupied Palestine. Women and children are being murdered and adolescents taken prisoner. Houses are being demolished and farms burnt down. Yet, when *the people of Palestine* resist these conditions, *they are accused of terrorism.*«[649]	...die USA vom *palästinensischen Volk* behaupteten, dass es Terror verübt.	→ »And the world has sent a clear message to *the leaders of Hamas:* Serve the interests of *the Palestinian people. Abandon terror,* recognize Israel's right to exist, honor agreements, and work for peace.«[650]

Aus amerikanischer Sicht trifft der Iran in seiner Argumentation die amerikanische Position nicht, sondern bringt bezüglich des israelisch-palästinensischen Konflikts einen Akteur mit ins Spiel, der für die kämpferischen Auseinandersetzungen von den USA gar nicht verantwortlich gemacht wird. Um den USA aus amerikanischer Sicht zu widersprechen, müsste der Iran behaupten, dass *die palästinensische Hamas* fälschlicher Weise des Terrorismus bezichtigt wird, obwohl sie sich nur gegen den Terrorismus Israels wehrt. Dies wird der Iran allerdings solange nicht tun können, wie in seiner Sprache keine singulären Termini existieren, mit denen ausschließlich auf die palästinensische Hamas referiert wird. Damit gelingt den beiden Kontrahenten keine vollständige Gegenüberstellung ihrer Standpunkte.

Man kann sogar behaupten, dass den USA und dem Iran im Zusammenhang dieses Konflikts *an keiner Stelle* ein vollständiger Widerspruch gelingt, weil sie in Bezug auf die palästinensische Seite im israelisch-palästinensischen Konflikt *grundsätzlich* nicht auf genau denselben Akteur referieren, d. h. unterschiedliche Akteure setzen. Der Iran redet in Bezug auf die palästinensische Seite in diesem Konflikt ausschließlich von dem palästinensischen Volk, der palästinensischen Nation usw. Die USA behaupten dagegen immer von der palästi-

649 Ahmadinedschad, 17.09.2005, Rede vor der UN-Generalversammlung, New York; Hervorh. von C. R.

650 Bush, 19.09.2006, UN-Generalversammlung, New York; Hervorh. von C. R.

nensischen Hamas, dass sie Terror gegen Israel verübt, niemals von dem palästinensischen Volk, von der palästinensischen Nation usw. Solange der Iran die Hamas nicht als einzelnen, von dem Rest der palästinensischen Bevölkerung unterscheidbaren Akteur in seine Sprache »einführen« will, können sich die beiden Konfliktparteien auch nicht widersprechen.

Die Situation im Zusammenhang des Atomkonflikts ist ähnlich. Der Iran äußert hier oft Aussagen wie die folgende:

(I_6) »Some powerful states practice a discriminatory approach against access of NPT members to material, equipment, and peaceful nuclear technology, and by doing so, intend to impose a nuclear apartheid. [...] The Islamic Republic of Iran is presenting in good faith its proposal for constructive interaction and a just dialogue. <u>However, if some try to impose their will on *the Iranian people* through resort to a language of force and threat with Iran, we will reconsider our entire approach to *the nuclear issue.*</u>«[651]

Der Iran argumentiert hier, dass er seinen Ansatz im Atomstreit überdenken wird, wenn der politische Gegner, insbesondere Amerika, – man könnte hinzufügen: *weiterhin* – versuchte, *dem iranischen Volk* unter Rückgriff auf eine Sprache der Gewalt und der Drohung, seinen Willen aufzuzwingen. Das Antezedens des Konditionalsatzes (»if some try to impose their will on *the Iranian people* ...«) ist hier nicht als iranischer Entwurf eines kontrafaktischen Szenarios zu verstehen, sondern die USA übten Ende 2005 bereits *de facto* Druck auf den Iran aus, um diesen dazu zu bewegen, sein Atomprogramm zu stoppen. Der Iran möchte mit seiner Aussage also aufzeigen, wie der Iran reagieren wird, wenn der Westen *auch weiterhin* Druck ausübt.

Nun bestreiten die USA weder, dass sie den Stopp des iranischen Atomprogramms und damit ihren Willen durchsetzen möchten, noch dass sie dazu auch Druck ausüben. Schließlich sprechen sie ganz offen Drohungen gegen Iran aus. Dennoch argumentiert der Iran, aus amerikanischer Perspektive, an den USA vorbei, wenn er die iranische Reaktion für den Fall aufzeigt, dass die USA (auch weiterhin) versuchten, *dem iranischen Volk* unter Rückgriff auf eine Sprache der Gewalt und der Drohung, ihren Willen aufzuzwingen. Die USA definieren ausdrücklich *die iranische Machthaber* und *nicht das iranische Volk* als ihren Gegner im Atomkonflikt, dem gegenüber sie ihre Politik durchsetzen möchten und dem gegenüber sie zu diesem Zweck auch auf eine »Sprache der Gewalt oder der Drohungen« zurückgreifen. Dem iranischen Volk gegenüber definieren sie sich

651 Ahmadinedschad, 17.09.2005, Rede vor der UN Generalversammlung, New York; Hervorh. von C. R.

dagegen ausdrücklich als Verbündete. Auch hier gilt also, dass Partei A ihre Position »p« in der Sprache S_A formuliert hatte, sie nun aber durch den Gegner in dessen Sprache S_B kritisiert wird. Der Iran ersetzt bei der Darstellung dessen, was die USA (möglichweise) versuchen, unzulässiger Weise den singulären Terminus, mit dem die USA auf den relevanten Akteur im Atomstreit referieren, »die iranischen Herrscher«, durch den singulären Terminus, den der Iran zwar (partiell) koreferentiell, aber nicht extensionsgleich verwendet, »das iranische Volk«. Dadurch stellt der Iran nicht nur die gegnerische Position verzerrt dar, sondern argumentiert auch am Gegner vorbei.

Iranische Position	Die iranische Argumentation würde die amerikanische Position treffen, wenn…	Aber die amerikanische Position lautet:
»However, if some try to impose their will on *the Iranian people* through resort to a language of force and threat with Iran, we will reconsider our entire approach to *the nuclear issue.*«[652]	…die USA versuchten, *dem iranischen Volk* gegenüber ihren Willen im Atomstreit unter Rückgriff auf eine Sprache der Gewalt und der Drohung durchzusetzen.	→ »To *the people of Iran:* […] The greatest obstacle to this future is that *your rulers* have chosen to deny you liberty and to use your nation's resources to fund terrorism, and fuel extremism, and *pursue nuclear weapons.* The United Nations has passed a clear resolution requiring that *the regime in Tehran* meet its international obligations. Iran must abandon its nuclear weapons ambitions.«[653] → »We must send a clear message to *the rulers of outlaw regimes* that sponsor terror and *pursue weapons of mass murder:* You will not be allowed to threaten the peace and stability of the world.«[654]

Die Schwierigkeit, eine vollständige Gegenüberstellung der Positionen zu erreichen, zieht sich auch hier wieder durch den gesamten Atomstreit. Die USA differenzieren *grundsätzlich* zwischen dem iranischen Volk und den iranischen Machthabern und behaupten ausdrücklich nur von *den iranischen Machthabern*,

652 Ahmadinedschad, 17.09.2005, Rede vor der UN Generalversammlung, New York; Hervorh. von C. R.
653 Bush, 19.09.2006, Rede vor der UN-Generalversammlung, New York; Hervorh. von C. R.
654 Bush, 14.09.2005, Rede auf dem UN-Weltgipfel, New York; Hervorh. von C. R.

dass diese versuchen, Massenvernichtungswaffen herzustellen, die sie an Terroristen weitergeben könnten, und dass sie eine Gefährdung für »die freie Welt« darstellen. Daher müsse »die freie Welt« etwas gegen *die iranischen Machthaber* unternehmen. Um den USA zu widersprechen, müsste die iranische Führung behaupten, dass sie, *die iranische Führung* – mit einem negativ wertenden Terminus, wie »die iranischen Machthaber«, wird die iranische Führung wohl kaum auf sich selbst referieren – nicht nach Atomwaffen strebt und keine Gefährdung für den Westen darstellt, sondern im Gegenteil einmal mehr Opfer der diskriminierenden westlichen Politik ist. Einen solchen Widerspruch findet man in der Kontroverse aber an keiner Stelle, weil die iranische Führung ausschließlich von *dem iranischen Volk*, *der iranischen Nation*, manchmal auch *dem Iran*, behauptet, ein Atomprogramm zum wissenschaftlichen und technologischen Fortschritt durchführen zu wollen, wobei der Westen es illegitimer Weise behindert. Zwar umfassen diese Begriffe auch die iranische Führung. Aber singuläre Termini, mit denen nur auf die iranische Führung referiert wird, gibt es in der iranischen Sprache nicht. Wieder gilt, dass der Iran und die USA sich erst dann tatsächlich widersprechen könnten, wenn der Iran die iranische Führung als einzelnen, vom iranischen Volk unterscheidbaren Akteur setzen würde.

6.5 Zur Möglichkeit der Übersetzung einzelner Ausdrücke in die Sprache des Gegners und in eine neutrale Sprache

Im vergangenen Punkt wurde gezeigt, dass die beiden Konfliktparteien in den Aussagen, in denen sie die Position des Gegners darstellen, die Nominationsausdrücke, die der Gegner bei der Formulierung seiner Position verwendet, durch die eigenen, koreferentiell verwendeten Nominationsausdrücke ersetzen, damit die Position des Gegners verzerrt darstellen und teilweise an ihm vorbei argumentieren. Zum Abschluss dieses Kapitels soll der Frage nachgegangen werden, ob sich derartige Verzerrungen bei der Auseinandersetzung mit der gegnerischen Position und ihre Folgen für den Argumentationsverlauf überhaupt vermeiden lassen, und zwar dadurch, dass die jeweilige Konfliktpartei bei der Auseinandersetzung mit der gegnerischen Position den verzerrenden Nominationsausdruck durch den Ausdruck »zurückersetzt«, den der Gegner selbst für den Gegenstand oder Sachverhalt verwendet. Es geht also um die Frage der Möglichkeit der *Übersetzung einzelner Ausdrücke* der amerikanischen Sprache in die iranische Sprache – gemeint ist auch hier die paradigmenspezifische Sprache und nicht das Englische oder Persische – und umgekehrt. Diese Frage wird schließlich in eine weitere Frage münden, und zwar in die Frage nach der Möglichkeit der Übersetzung der beiden Sprachen in eine *neutrale dritte Sprache.*

6.5.1 Zur Möglichkeit der Übersetzung einzelner Ausdrücke in die Sprache des Gegners

Betrachten wir zunächst die oben diskutierte iranische Wiedergabe der amerikanischen Position im Atomkonflikt. Der Teil der Aussage, in dem die propositionale Einstellung des Gegners wiedergegeben wird, ist im Folgenden unterstrichen.

(I_4) »A few bullying powers have sought <u>to put hurdles in the way of *the peaceful nuclear activities* of *the Iranian nation* by exerting political and economic pressures against Iran, and also through threatening and pressuring the IAEA.</u>«

Der erste Ausdruck, der zur Verzerrung der Position des Gegners führt, ist jener der »*friedlichen nuklearen Aktivitäten*«. Um die Position der USA unverzerrt wiederzugeben, müsste der Iran also insbesondere den iranischen Ausdruck zur Bezugnahme auf das iranische Atomprogramm (»*peaceful nuclear activities*«) gegen den Ausdruck austauschen, den die USA selbst benutzen, um auf das iranische Atomprogramm zu referieren (»*nuclear weapons ambitions*«).

Doch die Übersetzung ist noch nicht abgeschlossen. Die USA differenzieren schließlich im Gegensatz zum Iran im Zusammenhang des Atomprogramms zwischen der politischen Führung und dem Volk und nennen als verantwortlichen Akteur in Bezug auf das Atomprogramm nur *die iranischen Machthaber* bzw. *das Regime in Teheran* und nicht *die gesamte iranische Nation.*

Um die Position der USA unverzerrt wiederzugeben, müsste der Iran also behaupten:

(I_4*) »A few bullying powers have sought <u>to put hurdles in the way of *the nuclear weapons ambitions of the regime in Tehran* by exerting political and economic pressures against Iran, and also through threatening and pressuring the IAEA.</u>«

Einen solchen Satz könnte der Iran offensichtlich nicht behaupten. Würde man (I_4*) *de dicto*$_2$ oder *de re* lesen, wäre die Aussage ein »Schuldeingeständnis« im Sinne der USA. Die iranische Führung würde zugeben, dass das iranische Atomprogramm eben doch zur Herstellung von Massenvernichtungswaffen dient und nicht dem gesamten Volk, sondern nur der Regierung zu Gute kommt. Außerdem würde die iranische Führung, indem sie auf sich selbst mit dem Ausdruck »das Regime in Teheran« Bezug nimmt, ihre Illegitimität und Gewaltherrschaft implizieren. Der Iran müsste also deutlich machen, dass die propositionale Einstellungszuschreibung *de dicto*$_1$ verstanden werden muss. Zwar würde die iranische Führung dieser Interpretation nach nicht mehr behaupten, dass das iranische Atomprogramm zur Herstellung von Massenvernichtungswaffen dient, sie würde es aber immer noch zur Debatte stellen. Damit würde sie sich eine zusätzliche Beweislast aufbürden, denn sie müsste dann zunächst zeigen, dass es sich eben nicht um ein Atomprogramm zur Herstellung von Massenvernichtungswaffen handelt, und dass das Atomprogramm im Namen der gesamten Bevölkerung durchgeführt wird, bevor sie mit ihrer Argumentation fortfahren kann. Ebenso müsste sie zeigen, dass es sich bei ihrer Führung nicht um eine illegitime Gewaltherrschaft handelt.

Doch es fällt noch etwas auf. *Innerhalb* des Satzteils, in welchem der Iran dem Gegner eine propositionale Einstellung zuschreibt, wurden nun alle Nominationsausdrücke übersetzt. Betrachtet man aber den gesamten Satz, also auch die Satzteile *außerhalb* der zugeschriebenen propositionalen Einstellung, sowie den weiteren sprachlichen Kontext, so sieht man, dass der Satz in sich wie auch der gesamte Abschnitt inkonsistent würde:

> With regard to *Iran's peaceful nuclear program*, despite the inalienable right of all nations including the Iranian nation, in producing nuclear fuel *for peaceful purposes*, and despite such facts as the transparency of all Iranian activities and our country's full cooperation with the inspectors of the IAEA and the Agency's repeated confirmation of the fact *that Iran's activities are peaceful*, a *few bullying powers* have sought to put hurdles in the way of the [...] [*nuclear weapons ambitions*, C. R.] of the [...] [*regime in Tehran*, C. R.] by exerting political and economic pressures against Iran, and also through threatening and pressuring the IAEA. These are the same powers that *produce new generations of lethal nuclear arms and possess stockpiles of nuclear weapons* that no international organization is monitoring; and, the tragedies of Hiroshima and Nagasaki were perpetrated by one of them. Indeed, they are not against weapons, but they oppose other nations progress, and tend to monopolize technologies and to use those monopolies in order to impose their will on other nations. But it is very natural that the great Iranian people, with their trust in God, and with determination and steadfastness and with the support of its friends, will resist *the bullying* and has defended and will continue to defend its rights. The Iranian nation is for dialogue. But it has not accepted and will not accept illegal demands. The time has come for the IAEA to present a clear report to the international community on its monitoring of the *disarmament of these nuclear powers and their nuclear activities, and for a disarmament committee to be established by independent states to monitor the disarmament of these nuclear powers.*[655]

Um Konsistenz herzustellen, müssten also auch andere Ausdrücke des Satzes, die *nicht innerhalb* der propositionalen Einstellung stehen, die der Iran den USA zuschreibt, sowie auch des weiteren sprachlichen Kontextes substituiert oder umformuliert werden (vor allem die hervorgehobenen Ausdrücke), oder dürften einfach gar nicht mehr behauptet werden. Zunächst betrifft dies natürlich die

655 Ahmadinedschad, 23.09.2008, Rede vor der UN-Generalversammlung, New York; Hervorhebungen und Einfügungen von C. R.

anderen Textstellen, an denen behauptet wird, dass das iranische Atomprogramm friedlichen, zivilen Zwecken dient, und an denen der Iran sich gegen den Besitz, die Verbreitung und die Anwendung von Atomwaffen, vor allem auf westlicher Seite, ausspricht. Insbesondere müssten aber auch *singuläre Termini*, die zur Bezugnahme auf involvierte Akteure gebraucht werden, *übersetzt* werden. Denn warum sollten Staaten, die versuchen, Atomwaffenambitionen eines illegitimen Gewaltregimes zu behindern, die also gute Absichten verfolgen, als »*Tyrannenmächte*« bezeichnet werden? Die Rede von »*der freien oder demokratischen Welt*«, wie die USA dies tun, wäre dem ausgedrückten Sachverhalt viel angemessener:

(I_4**) »*The free world* (statt: A few bullying powers) have sought to put hurdles in the way of *the nuclear weapons ambitions* of *the regime in Tehran* by exerting political and economic pressures against Iran, and also through threatening and pressuring the IAEA.«[656]

Eine Aussage wie (I_4**) wäre eine Aussage der amerikanischen Sprache, die der Iran nicht behaupten könnte, ohne seine Position aufgeben zu müssen.

Die Substitution eines Ausdrucks oder zweier Ausdrücke innerhalb der propositionalen Einstellungszuschreibung ist also gar nicht möglich, sondern die Substitution einzelner Ausdrücke zwänge immer zur Substitution und Umformulierung vieler weiterer Ausdrücke auch außerhalb der propositionalen Einstellungszuschreibung und insbesondere auch singulärer Termini. Letztendlich müsste die eigene Position gesamtheitlich aufgegeben werden.

Die Möglichkeit, die Verzerrung der Position des Gegners dadurch zu vermeiden, dass der Nominationsausdruck, den der Gegner zur Bezugnahme auf den in Frage stehenden Gegenstand verwendet, für den eigenen, koreferentiell verwendeten Nominationsausdruck ersetzt wird, ist also nicht gegeben.

Betrachten wir bezüglich der Substitutionsmöglichkeiten von einzelnen Nominationsausdrücken innerhalb der propositionalen Einstellungszuschreibungen auch noch einmal die oben diskutierte amerikanische Aussage:

(A_3) »Some have argued that *the democratic changes* we're seeing in the Middle East are destabilizing the region.«

656 Dann müsste der letzte Satzteil (»and also through threatening and pressuring the IAEA«) ebenfalls umformuliert oder gestrichen werden, denn die Internationale Atomenergiebehörde müsste nicht unter Druck gesetzt und bedroht werden, um ein illegitimes Gewaltregime bei seinen Atomwaffenambitionen zu behindern.

Der Ausdruck, der zur Verzerrung der Position des Gegners führt, ist jener der »*demokratischen Veränderungen*«. Um die Position des Gegners unverzerrt wiederzugeben, müssten die USA also insbesondere ihren Ausdruck zur Bezugnahme auf die amerikanische Politik im Nahen Osten (»*democratic changes*«) gegen einen der Ausdrücke austauschen, den der Gegner selbst benutzt, um auf die westliche und vor allem amerikanische Politik in der Region zu referieren (z. B. »*aggressions*«), und behaupten:

(USA_3*) »Some have argued that *the aggressions* we're seeing in the Middle East are destabilizing the region.«

Für die Aussage (USA_3*) gilt offensichtlich das gleiche wie für die Aussage (I_4*). Würde man eine Aussage, in der die USA auf ihre eigene Politik mit dem Term »die Aggressionen« referieren, *de dicto*$_2$ oder *de re* lesen, wäre sie ein »Schuldeingeständnis«. Die USA müssten also deutlich machen, dass der Teil der Aussage, in dem das Argument des Gegners wiedergegeben wird, *de dicto*$_1$, als Aussage allein über die Glaubenswelt des politischen Gegners, zu verstehen ist. Aber selbst wenn die USA deutlich machten, dass es sich um ein Diktum des Gegners handelt, würden sie von sich aus die Frage zur Debatte stellen, ob man die Politik der USA im Nahen Osten als »Aggressionen« bezeichnen könnte. Sie würden sich zusätzliche Beweislast aufbürden und müssten zunächst ihre Politik rechtfertigen, bevor sie in ihrem Sinne weiterargumentieren könnten.

Außerdem passte sich auch in diesem Fall der substituierte Ausdruck *innerhalb* der propositionalen Einstellung, die die USA dem Gegner zuschreiben, nicht konsistent in den sprachlichen Kontext *außerhalb* der propositionalen Einstellungszuschreibung ein:

> Some of *the changes* in the Middle East have been dramatic, and we see the results in this chamber. Five years ago, Afghanistan was ruled by *the brutal Taliban regime*, and its seat in this body was contested. Now this seat is held by *the freely elected government of Afghanistan*, which is represented today by President Karzai. Five years ago, Iraq's seat in this body was held by *a dictator who killed his citizens, invaded his neighbors, and showed his contempt for the world by defying more than a dozen U.N. Security Council resolutions*. Now Iraq's seat is held by *a democratic government that embodies the aspirations of the Iraq people*, who's represented today by President Talabani. With *these changes*, more than 50 million people have been given a voice in this chamber for the first time in decades. Some of *the changes* in the Middle East are happening gradually, but they are real. [...] Every nation that travels the road to freedom moves at a different pace, and the democracies they build will reflect their own culture and traditions. But the destination is the same: *A free society* where people live at peace with each other and at peace with the world. Some have argued that the [...] [*aggressions*, C.

R.] we're seeing in the Middle East are destabilizing the region. This argument rests on a false assumption, that the Middle East was stable to begin with.[657]

Aus Gründen der Konsistenz zöge die Substitution des Nominationsausdrucks in der Aussage über die propositionale Einstellung des Gegners also auch die Substitution vieler anderer Ausdrücke außerhalb der propositionalen Einstellungszuschreibung nach sich. Dies würde aber bedeuten, die eigene Position aufzugeben und die des Gegners zu übernehmen.

Auch hier gilt also, dass es nicht möglich ist, die Position des Gegners dadurch unverzerrt wiederzugeben, dass der eigene Nominationsausdruck innerhalb der Aussage, in welcher dem Gegner eine bestimmte propositionale Einstellung zugeschrieben wird, durch den koreferentiellen Nominationsausdruck des Gegners substituiert wird.

Die Schwierigkeiten bei der Übersetzung einzelner Ausdrücke der iranischen Sprache in die amerikanische Sprache und umgekehrt ergeben sich wiederum daraus, dass die Ausdrücke einer Sprache in einem sehr engen Verhältnis untereinander und in einem konträren Verhältnis zu den Ausdrücken der gegnerischen Sprache stehen. Die Ausdrücke einer Sprache S_A konstituieren ein in sich konsistentes Weltbild. Wenn nun ein Ausdruck dieser Sprache durch einen Ausdruck ersetzt wird, der sich konträr zu dem substituierten Ausdruck verhält, d. h., den Gegenstand oder Sachverhalt, auf den Bezug genommen wird, auf konträre Weise bewertet, führt dies zu Inkonsistenzen. Um Konsistenz herzustellen, erzwingt die Übersetzung eines Ausdrucks x aus der Sprache S_A in die Sprache S_B des Gegners also auch die Übersetzung vieler anderer Ausdrücke, also w, y und z, der Sprache S_A in die Sprache S_B.

Insbesondere müssen auch *singuläre Termini übersetzt* werden. Da im Kontext des Dialogs USA – Iran viele singuläre Termini als Nominationsausdrücke, und damit sowohl zur Identifizierung eines Gegenstandes als auch zur Merkmalszuschreibung verwendet werden, müssen sie mit den Prädikatsausdrücken kongruent sein, sodass die Aussagen in sich konsistent sind:

Die demokratische und freie Welt verbreitet *die Vision der Freiheit* und führt *demokratische Veränderungen* herbei, nicht *die westlichen Großmächte* oder *Tyrannenmächte.* Umgekehrt gilt dann, dass *die westlichen Großmächte* oder *Tyrannenmächte*, die Länder anderer Völker *besetzen* und die Völker *unterdrücken*, sie *tyrannisieren* usw., und nicht *die demokratische und freie Welt.* Wenn der Iran die Politik einiger westlicher Industrienationen im Nahen Osten als Besatzung, Unterdrückung, Tyrannei usw. beschreibt, dann sind diese Nationen konsistenter Weise als »die westlichen Großmächte«, »die Tyrannen-

657 Bush, 19. 09. 2006, Rede vor der UN-Generalversammlung, New York, Hervorhebungen und Einfügung von C. R.

mächte« usw. zu bezeichnen, nicht als »die freie und demokratische Welt«. Bewertet man, wie die USA, die Politik einiger westlicher Industriestaaten in der Region dagegen als Demokratisierung und Befreiung, sind diese Nationen konsistenter Weise als »die demokratische Welt« oder »die freie Welt« zu bezeichnen, nicht als »die Tyrannen- oder Großmächte«. Eine Übersetzung des Ausdrucks, mit dem auf die Politik der westlichen Industrienationen Bezug genommen wird, erfordert auch eine Übersetzung des Ausdrucks, mit dem auf die westlichen Industrienationen Bezug genommen wird. Insbesondere verbietet sie die Verwendung der singulären Termini des Gegners, insofern er mit Hilfe dieser den westlichen Industrienationen konträre Eigenschaften zuschreibt.

Schließlich müssen auch weitere Ausdrücke, sowohl singuläre als auch generelle Termini, außerhalb des Satzes und in anderen thematischen Kontexten übersetzt werden, denn *die freie und demokratische Welt* legt nicht *friedlichen* nuklearen Aktivitäten für den technologischen und wissenschaftlichen Fortschritt Hürden in den Weg, sondern *Atomwaffen*ambitionen. Ebenso wenig legen *Tyrannen*mächte *Atomwaffen*ambitionen, sondern *friedlichen* nuklearen Aktivitäten Hürden in den Weg usw.

Die Wahl eines bestimmten Ausdrucks zur (bewertenden) Bezugnahme auf das iranische Atomprogramm zieht nun ihrerseits wieder die Wahl bestimmter singulärer Termini zur bewertenden Bezugnahme der für das Atomprogramm verantwortlichen Akteure nach sich und verbietet gleichzeitig die Verwendung bestimmter anderer Ausdrücke, wie insbesondere der des Gegners. Wenn der Iran den zivilen Nutzen sowie die Legitimität des Atomprogramms behaupten möchte, muss er auch behaupten, dass das iranische Atomprogramm im Namen der gesamten *iranischen Nation* durchgeführt wird und nicht nur im Namen der Führung, die ohnehin internationaler Kritik ausgesetzt ist. Insbesondere kann er die eigene Führung nicht als »Führer eines gesetzlosen Regimes, das Terror unterstützt« bezeichnen. Umgekehrt müssen die USA, die behaupten möchten, dass das iranische Atomprogramm militärischen, gegebenenfalls sogar terroristischen Zwecken dient, behaupten, dass die umstrittene *Regierung* der handelnde Akteur in Bezug auf das Atomprogramm ist. Die gesamte Bevölkerung verfolgt sicherlich keine militärischen und terroristischen Ziele usw.

Diese Verflochtenheit der Begriffe einer Sprache zeigt sich auch, wie schon angesprochen, im Zusammenhang des israelisch-palästinensischen Konflikts. Auch hier stehen die Ausdrücke, mit denen auf die israelische Seite im israelisch-palästinensischen Konflikt Bezug genommen wird, im engen Zusammenhang mit den Ausdrücken, die in der jeweiligen Sprache das Prädikat konstituieren. Auch hier gilt: Will man die Position einer der beiden Konfliktparteien in die Sprache der jeweils anderen Konfliktpartei übersetzen, muss man nicht nur die Prädikatsterme ändern, d.h., die Täter- und Opferrolle unterschiedlich verteilen, sondern auch die singulären Termini. Ordnet man bei der Übersetzung von einer Sprache in die andere der israelischen Regierung ein anderes Prädikat zu, muss man auch den Ausdruck übersetzen, mit dem man auf die Regierung (bewertend) Bezug nimmt. Man kann nicht sagen, dass in der amerikanischen Sprache *Israel* Terror *bekämpft*, während in der iranischen Sprache *Israel* Terror *verübt*, sondern man muss sagen, dass in der iranischen Sprache *das Besatzer-Regime* Terror *verübt*. Ebenso wenig kann man davon sprechen, dass in der amerikanischen Sprache *die palästinensische Hamas* den Terror *verübt*, während in der iranischen Sprache *die palästinensische Hamas* Terror *erleidet*, sondern man muss sagen, dass *das palästinensische Volk* Terror *erleidet*.

Die Übersetzung einzelner Termini einer Sprache S_A in die Sprache S_B und umgekehrt ist also nicht möglich, sondern letztendlich muss die gesamte Sprache übersetzt werden.

6.5.2 Zur Möglichkeit der Übersetzung der Ausdrücke in eine neutrale Sprache

Es ist auf Grund der engen Verflochtenheit der Begriffe einer Sprache und dem konträren Verhältnis der Sprachen also nicht möglich, die Position des Gegners dadurch unverzerrt wiederzugeben, dass der eigene Nominationsausdruck innerhalb der Aussage, in welcher dem Gegner eine bestimmte propositionale Einstellung zugeschrieben wird, durch den koreferentiellen Nominationsausdruck des Gegners ersetzt wird. Es besteht allerdings eine andere Möglichkeit: Die beiden Akteure könnten in der Aussage, in welcher sie dem Gegner eine bestimmte propositionale Einstellung zuschreiben, den dessen Position verzerrenden Nominationsausdruck durch einen *neutralen* Ausdruck ersetzen, der den Gegenstand weder im eigenen Sinne noch im Sinne des Gegners, und damit konträr bewertet.

So könnten die USA beispielsweise den umstrittenen Nominationsausdruck der »demokratischen Veränderungen« durch einen neutralen Ausdruck ersetzen, mit welchem die westliche Politik weder im amerikanischen Sinne noch im iranischen Sinne bewertet wird, wie zum Beispiel durch den Ausdruck »die amerikanische/westliche Politik« und behaupten:

(USA_3**) »Some have argued that *the American policy* in the Middle East are destabilizing the region.«

Mit dieser Aussage würden die USA weder die Position des Gegners verzerren noch die eigene Position aufgeben. In Aussagen außerhalb der propositionalen Einstellungszuschreibung könnten sie ihre stark wertenden Nominationsausdrücke beibehalten, da sie sich nicht mehr konträr zu dem ersetzten Ausdruck verhielten.

Ebenso könnte der Iran den umstrittenen Nominationsausdruck der »friedlichen nuklearen Aktivitäten« zur Bezugnahme auf das iranische Atomprogramm durch den neutralen Ausdruck »das iranische Atomprogramm« oder einfach »die nuklearen Aktivitäten« ersetzen, mit dem dieses Programm weder im iranischen noch im amerikanischen Sinne bewertet wird, und behaupten:

($Iran_4$***) »A few bullying powers have sought to put hurdles in the way of *the nuclear activities* of the Iranian nation by exerting political and economic pressures against Iran, and also through threatening and pressuring the IAEA.«

Was geschieht aber mit dem singulären Terminus »the Iranian nation«? Dieser Ausdruck ist nicht neutral, sondern im Zusammenhang des Atomstreits charakteristisch für die iranische Sprache. Zur Bezugnahme auf die iranische Seite im Atomstreit gibt es auch *gar keinen neutralen singulären Terminus*, weil die beiden Konfliktparteien hier unterschiedliche verantwortliche Akteure setzen.

Damit wird deutlich, dass die Übersetzung der Ausdrücke der amerikanischen oder iranischen Sprache in neutrale Termini nicht immer möglich ist. Die Schwierigkeit ergibt sich weniger dort, wo die beiden Konfliktparteien bestimmten Akteuren unterschiedliche Prädikate zusprechen, sondern vor allem dort, wo *singuläre Termini* übersetzt werden müssen, und vor allem, wo die Konfliktparteien *unterschiedliche Ontologien* konstituieren und/oder *Eigennamen* von der Nominationskonkurrenz betroffen sind.

Das Problem wird vor allem im Zusammenhang der Schilderung des israelisch-palästinensischen Konflikts deutlich. Die Positionen sind die folgenden:

	Singulärer Terminus	Prädikat	Singulärer Terminus
USA:	*Israel*	erleidet den Terror	*der palästinensischen Hamas*
Iran:	*Das zionistische Besatzer-Regime*	verübt Terror gegen	*die palästinensische Bevölkerung*

Alle singulären Termini, welche die Konfliktparteien bei ihrer Darstellung dieses Konflikts verwenden, sind paradigmenspezifisch, d.h., der jeweilige Gegner verwendet sie, zumindest in diesem Zusammenhang/in dieser spezifischen Weise, nicht.

In Bezug auf die palästinensische Seite in diesem Konflikt stellt sich das gleiche Problem wie in Bezug auf die iranische Seite im Atomstreit und die libanesische Seite in dem Konflikt zwischen Israel und der libanesischen Hizbullah 2006. Es gibt hier keinen neutralen singulären Terminus, weil die USA und der Iran nicht genau dieselben Akteure als relevante Akteure setzen.

In Bezug auf die israelische Seite in dem Konflikt referieren die beiden Konfliktparteien zwar in extensionaler Hinsicht auf denselben Akteur. Aber mit welchem neutralen singulären Terminus könnte man sich hier auf diesen Akteur beziehen? Die vermeintlich neutralste Form der Referenz ist die Bezugnahme auf einen Akteur mittels seines Eigennamens. In diesem spezifischen Kontext ist der Eigenname »Israel« aber nicht neutral, sondern spezifisch für die amerikanische Sprache. Genauso wenig gibt es in Bezug auf die Kontroverse USA – Iran neutrale singuläre Termini zur Bezugnahme auf das Territorium, um das es im Nahostkonflikt geht, also Israel / Palästina, oder auch zur Bezugnahme auf die Stadt Jerusalem / al-Quds al-Sharif.

Dieses Problem betrifft allerdings weniger die an der Kontroverse beteiligten Akteure, die ja gar nicht den Anspruch haben, sich möglichst neutral und diplomatisch auszudrücken, sondern den unbeteiligten Dritten, der versucht, die Kontroverse USA – Iran möglichst neutral darzustellen. Auch wenn man eigene Schuldzuweisungen vermeidet, muss man doch, um die Positionen der USA und des Iran in Bezug auf die von ihnen thematisierten Konflikte wiedergeben zu können, sagen, wer durch die jeweilige Partei als Aggressor und als reagierender Akteur definiert wird. Und hier ist es eben schwierig, einen neutralen singulären Terminus zur Bezugnahme zu finden.

Natürlich kann man möglichst neutral von der »palästinensischen Seite« und der »israelischen Seite« im israelisch-palästinensischen Konflikt oder vom dem »iranischen« Atomprogramm sprechen, wie es auch an vielen Stellen dieser Arbeit gemacht wurde. Diese Redeweise verdunkelt aber nur die tatsächliche Referenz. Letztendlich muss man, wenn man von den Konflikten sprechen möchte, auch angeben können, welche Parteien genau in den Streit involviert sind. Außerdem ist auch die Rede von »der *israelischen* Seite« bereits nicht mehr völlig neutral, denn der Iran würde wohl eher von der »zionistischen Seite« reden.

Eine weitere Möglichkeit einer neutralen Darstellung bestünde darin, sehr umständliche Formulierungen in Kauf zu nehmen und beispielsweise von dem Akteur zu sprechen, »der von den USA als ›Israel‹ und vom Iran als ›zionistisches Besatzer-Regime‹ definiert wird«, oder konsequent alle singulären Termini, also auch viele Eigennamen, in Anführungszeichen zu setzen. Eine solche Schreibweise ist aber sehr ermüdend für den Leser und in Bezug auf die Schreibweise des Eigennamens »Israel« in Anführungszeichen stellt sich sicherlich auch die Frage, inwieweit man überhaupt neutral bleiben und dem iranischen Sprachgebrauch entgegenkommen sollte. Auf diese Schreibweise wurde also bewusst verzichtet.

Rückblickend ist damit aber klar, dass die Darstellung der Kontroverse USA – Iran vor allem mit Blick auf die Verwendung singulärer Termini nicht immer völlig neutral und paradigmenübergreifend war. So wurden in dieser Arbeit oft die Ausdrücke »Israel«, »die (palästinensische) Hamas«, »Jerusalem«, »die (libanesische) Hizbullah« und auch »al-Qaida« ohne Anführungszeichen verwendet, also gebraucht und nicht erwähnt, und bei diesen Namen handelt sich sich um Spezifika der amerikanischen Sprache.

Im letzten Kapitel wurde bereits deutlich, dass auch in Bezug auf generelle Termini diese Arbeit nicht immer in einer neutralen Sprache verfasst wurde. Mit der Rede vom »Liberalismus« als der Ideologie der USA folgt man eher dem iranischen Sprachgebrauch, insofern die USA von »der Vision der Freiheit« sprechen. Umgekehrt kommt man mit der Rede von der amerikanischen oder iranischen »Ideologie« der amerikanischen Position näher, da der Iran das iranische Weltbild als religiöses und kulturell begründetes Weltbild und die Streitpunkte mit den USA als Kulturkampf charakterisiert.

7. Resümee und Ausblick

Dem Iran und den USA gelingt ein rationaler Streit nicht. Die Kontroverse zwischen den USA und dem Iran ist durch verschiedene Arten von Begriffskonflikten gekennzeichnet. Insofern konnten verschiedene Ansätze aus der analytischen Philosophie, bei denen es um Probleme geht, die ihrem Wesen nach semantischer oder logischer Natur sind, auf diese politische Kontroverse angewendet und fruchtbar gemacht werden. Umgekehrt konnten durch die Anwendung der theoretischen Konzepte in diesem praxisnahen Zusammenhang einige Ungenauigkeiten und Inkonsistenzen im Hinblick auf diese Konzepte aufgedeckt werden. Dies gilt insbesondere für die Darstellung der Paradoxien bei Watzlawick et al., das Inkommensurabilitätsproblem und verschiedene Positionen, die im Zusammenhang der Kontroverse um die Semantik von Eigennamen vertreten werden.

Für die logisch-semantisch bedingten Verständigungsstörungen spielen die unterschiedlichen weltanschaulichen Hintergründe offenbar eine wichtige Rolle. Dies gilt auch in den Zusammenhängen, in denen es eigentlich vor allem um politische, weniger um ideologisch-kulturelle Streitpunkte geht.

Im Folgenden soll kurz zusammengefasst werden, welche Arten von Begriffskonflikten die Kontroverse USA – Iran charakterisieren, wobei sich insbesondere auf die argumentativen *Ursachen* der jeweiligen Begriffskonflikte und die *Möglichkeiten ihrer Vermeidung* sowie die *Lösung der Streitpunkte* konzentriert werden soll. Schließlich soll ein Blick auf die Argumentation Barack Obamas geworfen werden, der ausdrücklich einen Paradigmenwechsel im Dialog mit der islamischen Welt angekündigt hat, um zu sehen, ob dessen Argumentationsweise dazu führt, dass die Kontroverse mit dem Iran rationaler geführt werden kann.

7.1 Resümee und Lösungsvorschläge

Auffällig an der Kontroverse ist vor allem, dass die beiden Konfliktparteien in Bezug auf die verschiedenen Streitpunkte zwar inhaltlich konträre Positionen vertreten, dass sich die *Form ihrer Argumentation aber stark gleicht.*[658]

A. Polarisierung und Vereinfachung: Einteilung der Welt in die Guten und die Bösen → Interpunktionsproblem und Begriffskonflikte durch koreferentielle Verwendung von Nominationsausdrücken

Zunächst wurde deutlich, dass die beiden Konfliktparteien zwar dieselben Probleme als solche definieren. Sie kommen aber zu unterschiedlichen Resultaten bezüglich der Definition des Aggressors in den genannten Konflikten und der Ursache der Probleme, weil sie die Abfolge der Ereignisse im Zusammenhang der gewaltsamen Auseinandersetzungen unterschiedlich *interpunktieren*, und zwar so, dass die jeweils gegnerische Seite der *Aggressor* und damit auch Verursacher der schlechten wirtschaftlichen Situation der Region des Nahen und Mittleren Ostens ist, während die jeweils eigene Seite nur auf dessen Aggressionen *reagiert.* Jede Reaktion ist aber aus Sicht des Gegenübers ein (weiterer) Akt der Aggression, der zu einer (weiteren) Reaktion durch dessen Seite »zwingt«. Da beide Seiten der eigentlich kreisförmigen Interaktion eine lineare Struktur zu Grunde legen und nicht in Rechnung stellen, dass ihre Handlungen die Handlungen der Gegenseite genauso bedingen, wie die Handlungen der Gegenseite die Handlungen der eigenen Seite bedingen, ergibt sich ein *Teufelskreis.* Wenn beide Seiten dann als Lösung der Konflikte den Gegner dazu auffordern, seine Aggressionen zu unterlassen, während sie aber deutlich machen, dass sie selbst an ihrer Politik festhalten werden, formulieren sie eine *Fehllösung* der Logik »*mehr desselben*«. Aus Sicht des Gegners B ist die Politik von Partei A ja gerade das Problem, das eben seine Reaktion bedingt. Wenn Partei A nun deutlich macht, dass sie an ihrer Politik festhalten wird, wird Partei B weiter reagieren, sodass diese vermeintliche Lösung tatsächlich auch für Partei A selbst keine Lösung darstellt. Die Konflikte eskalieren weiter.

Auch in Bezug auf das Interpunktionsproblem lässt sich in Anlehnung an Watzlawick et al. mit den Begriffen der Veränderung oder Lösung erster und zweiter Ordnung operieren. Insofern die Konflikte andauern und sich die Gesamtsituation nicht verändert, ist eine gewaltsame Reaktion auf die vermeintlichen Aggressionen des Gegners eine *Lösung erster Ordnung*, d.h. eine Veränderung der Elemente eines Systems, ohne dass sich das System selbst ändert. Gesucht ist in diesem Fall jedoch eine *Lösung zweiter Ordnung*, eine Verände-

658 Zu den Parallelen zwischen dem Iran seit Ahmadinedschad und den USA unter Bush vgl. auch Javaher-Haghighi (2008): 135.

rung des Systems oder des Gesamtzustandes. Das bedeutet vor allem, dass der Teufelskreis von Gewalt und Gegengewalt durchbrochen werden muss, indem eine Seite *aufhört, zu reagieren.* In Bezug auf eine Lösung zweiter Ordnung, also insbesondere in Bezug auf die Durchbrechung des Teufelskreises, stellt sich jedoch, wie wir sahen, das *Gefangenendilemma* als Vertrauensproblem.[659]

Ein wichtiger Aspekt für die Logik der Kontroverse zwischen den USA und dem Iran ist die *Eindeutigkeit*, mit der beide Seiten *Täter* und *Opfer* definieren. Diese Eindeutigkeit der Täter- und Opferdefinition kommt insbesondere durch die Wahl der stark wertenden und paradigmenspezifischen Ausdrücke zur Bezugnahme auf die in den Konflikten involvierten Akteure zum Ausdruck (*Nominationsausdrücke* und *Nominationskonkurrenz*).

Die Eindeutigkeit hängt eng damit zusammen, dass *keine* Konfliktpartei die Sicht- und Redeweise des Gegners tatsächlich *ernst nimmt* und bei der Formulierung der eigenen Politik *in Rechnung stellt.* Die verschiedenen Interpunktionen der Ereignisse durch die Teilnehmer der Interaktion führen offensichtlich zu verschiedenen, paradigmenspezifischen Beschreibungen der Wirklichkeit und vor allem zu konträren Definitionen des Täters / Aggressors und des Opfers, das sich nun gegen die vermeintlichen Aggressionen des Gegners zu Wehr setzt. Nimmt man *beide* Wirklichkeitsbeschreibungen ernst, so ist die kreisförmige Logik der Interaktion offensichtlich: Die Gewaltakte von Partei A bedingen die Gewaltakte von Partei B, die Gewaltakte von Partei B bedingen die Gewaltakte von Partei A und immer so weiter. Sowohl die USA als auch der Iran blenden aber die gegnerische Realitätsbeschreibung, insbesondere die gegnerische Definition von Täter und Opfer, bei der Formulierung ihrer Politik völlig aus. Wenn der Gegner seine Sichtweise schildert und »Beweise« für seine Sichtweise anführt, tun sie dies einfach als einen seiner Versuche dafür ab, seine Aggressionen zu rechtfertigen. Dem Gegner werden Unglaubwürdigkeit, Böswilligkeit und / oder Irrationalität unterstellt. Dass sich die Wirklichkeit für den Gegner tatsächlich so darstellen könnte, wie er behauptet, wird nicht in Erwägung gezogen. Damit schaffen es die beiden Parteien auch nicht, in Distanz zu ihrer Sichtweise zu treten, eine »Vogelperspektive« auf die Kontroverse einzunehmen und in Bezug auf die Formulierung ihrer Politik den kreisförmigen

659 Watzlawick et al. wenden die Begriffe der Veränderung oder Lösung erster und zweiter Ordnung übrigens auch auf die paradoxe Kommunikation an. Während sich aber beim Interpunktionsproblem die Schwierigkeit daraus ergibt, dass eine Lösung erster Ordnung dort versucht wird, wo eine Lösung zweiter Ordnung angebracht wäre, ergibt sich im Falle der paradoxen Kommunikation die Schwierigkeit daraus, dass »eine Lösung zweiter Ordnung dort versucht [wird], wo eine solche erster Ordnung angebracht wäre (zum Beispiel, wenn von jemandem eine Änderung seiner ›Haltung‹ statt nur seines Verhaltens gefordert wird); *eine Lösung wird also auf der falschen Abstraktionsstufe angestrebt und führt zu Paradoxien*«. (Watzlawick et al. 2005: 59; Hervorh. im Orig.)

Charakter der Konflikte in Rechnung zu stellen. Stattdessen behandeln sie die Kontroverse weiterhin als lineare Interaktion, in der nur die gegnerischen Gewaltakte die Gewaltakte der eigenen Seite bedingen, nicht aber ihre Gewaltakte die Gewaltakte des Gegners.

Dass die Rede- und Sichtweise des Gegners bei der Beschreibung der Situation nicht in Rechnung gestellt wird, ja sogar verdrängt wird, wird auch dadurch deutlich, dass die beiden Konfliktparteien auch dann ihren paradigmenspezifischen Sprachgebrauch, ihre Nominationsausdrücke, beibehalten, wenn sie die vermeintlichen Positionen des Gegners wiedergeben, um sie zu kritisieren. Partei A *formuliert* ihre Position »p« in ihrer *Sprache* S_A, wird aber durch den Gegner in dessen *Sprache* S_B *kritisiert*. Eine ernsthafte Auseinandersetzung mit der Position des Gegners findet nicht statt. Dies führt dazu, dass sich die beiden Konfliktparteien vor allem im Zusammenhang des Atomstreits und des israelisch-palästinensischen Konflikts in ihrer Argumentation gar nicht treffen, stets »ein Stück weit« aneinander vorbeireden.

Um einerseits den Begriffskonflikt, der sich im Zusammenhang der koreferentiellen Verwendung von Nominationsausdrücken und der Substitution von Nominationsausdrücken in intensionalen Kontexten stellt, und andererseits das Interpunktionsproblem zu vermeiden sowie im Zusammenhang des Interpunktionsproblems eine Lösung zweiter Ordnung zu erzielen, müssten beide Seiten den Gegner mit seiner Rede- und Sichtweise zunächst einmal *ernst nehmen*, ihm ein Minimum an *Glaubwürdigkeit zugestehen*. Dann würde ihre Beschreibung der Wirklichkeit nämlich differenzierter ausfallen, d.h., Täter- und Opferdefinitionen wären nicht mehr so eindeutig. Es könnte sein, dass sich intensionale Kontexte von vornherein nicht mehr oder weniger ergeben, da die propositionalen Einstellungszuschreibungen und die indirekte Rede in der Kontroverse USA – Iran gerade zur Verzerrung und Disqualifizierung der gegnerischen Position dienen. Insbesondere wäre die kreisförmige Logik der Konflikte besser erkennbar und damit die Tatsache, dass jede gewaltsame Reaktion auf die vermeintlichen Aggressionen des Gegners nicht nur dem Gegner schadet, sondern insbesondere auch der eigenen Seite, weil der Konflikt immer weiter gehen wird. Die Einsicht, dass längerfristig die eigenen Interessen durch eine Politik des gewaltsamen »Kampfes gegen den Terror« oder des »Widerstandes« nicht durchzusetzen sind, wäre wohl ein wesentlicher Schritt zur Durchbrechung des Teufelskreises.

Watzlawick et al. betonen, dass es für Lösungen zweiter Ordnung in Bezug auf Interpunktionskonflikte oft hilfreich ist, *nicht* nach den vermeintlichen *Ursachen* zu forschen und das Problem dann »an der Wurzel« lösen zu wollen. Es sollte also gerade nicht darauf beharrt werden, dass der Gegner als vermeintlicher Verursacher des Konflikts, seine Aggressionen unterlässt, bevor man selbst gegebenenfalls Konzessionen an ihn macht. Bezüglich der Ursachen, d.h., insbesondere bezüglich der Frage, wer der Aggressor ist, kann erstens keine Einigung erzielt werden, zweitens sind sie für die Logik der Konflikte auch irrelevant, denn die Konflikte entwickeln eine Eigendynamik. Anstatt sich die Frage nach dem »Warum« zu stellen, sollten sich die beiden Konfliktparteien stärker auf die Frage nach dem »*Wie*«, nach der *Logik* der Konflikte, konzentrieren, um eben diese Logik zu durchbrechen und eine Lösung zweiter Ordnung, die das System als solches verändert, herbeizuführen.

Da sich in Bezug auf die Durchbrechung des Teufelskreises von Gewalt und Gegengewalt das Gefangenendilemma als Vertrauensproblem stellt, müsste wohl insbesondere an der *Verbesserung des Vertrauensverhältnisses* gearbeitet werden und vor allem dem Gegner demonstriert werden, *dass man selbst vertrauenswürdig ist.* Wahrscheinlich wäre es daher sinnvoller, erste kleine Konzessionen an den Gegner zu machen als die Beendigung der gewaltsamen Handlungen des Gegners als Bedingung dafür zu fordern, selbst über Eingeständnisse nachzudenken und in Verhandlungen einzutreten, oder gar deutlich zu machen, dass man selbst seine gewaltsame Reaktion zunächst nicht unterlassen will.

Erfolgreiche Lösungsversuche zweiter Ordnung richten sich meist *gegen* die bislang gescheiterten Lösungsversuche erster Ordnung und sind oft selbst *paradox*, d. h., sie scheinen der tatsächlichen Lösung zu widersprechen, das Problem noch zu verschärfen, und erscheinen auf den ersten Blick daher als irrational. Ein Lösungsversuch zweiter Ordnung könnte beispielsweise sein, dass man trotz des Problems des Vertrauens (Gefangenendilemma) den Gegner nicht mehr bekämpft, ihm vielleicht sogar scheinbar in Bezug auf seine Position entgegenkommt.

Eine solche Lösung beträfe wahrscheinlich zunächst den Sprachgebrauch. So wäre es wahrscheinlich förderlich, in Bezug auf die Handlungen des Gegners nicht mehr vom »Terrorismus« und in Bezug auf die eigenen Handlungen nicht mehr vom »Kampf« oder »Widerstand gegen Terrorismus« zu reden und stark wertende singuläre Termini in Bezug auf die relevanten Akteure auf beiden Seiten zu vermeiden, da man auf diese Weise stets aufs Neue Schuldzuweisungen vornimmt. Es wäre effektiver, soweit dies möglich ist, *neutrale Termini* zu wählen. Wenn beide Seiten neutrale Referenzausdrücke verwendeten, würde sich auch der Begriffskonflikt, der sich daraus ergibt, dass die beiden Parteien paradigmenspezifische Nominationsausdrücke koreferentiell verwenden, nicht mehr ergeben.

Im Zusammenhang der koreferentiellen Verwendung von Nominationsausdrücken habe ich gezeigt, dass in der Kontroverse USA – Iran selbst Eigennamen, als scheinbar neutrale Referenzausdrücke, auch attributiv, und zwar im Sinne des jeweiligen Paradigmas verwendet werden. Außerdem konstituieren die USA und der Iran mittels singulärer Termini teilweise unterschiedliche Ontologien. In diesen Fällen ist es wohl nicht möglich, neutrale Termini zu finden, sondern eine der beiden Parteien müsste die Bereitschaft zeigen, die Sprache des Gegners gewissermaßen zu übernehmen, d.h., der Iran müsste beispielsweise Ausdrücke, wie »Israel« oder »die palästinensische Hamas«, in seine Sprache einführen oder die USA Ausdrücke, wie »al-Quds«.

Watzlawick et al. diskutieren allerdings im Zusammenhang ihrer paradoxen Lösungen auch »extremere« Beispiele, in denen ein außenstehender Dritter, in ihren Beispielen der Therapeut, seinem Patienten das »*Symptom verschreibt*«, also beispielsweise einem Schlaflosen eine Therapie verschreibt, nach dem dieser versuchen soll, gar nicht mehr zu schlafen.

Als die Merkmale erfolgreicher Lösungen zweiter Ordnung fassen Watzlawick et al. zusammen:

1. Lösungen zweiter Ordnung werden auf Lösungen erster Ordnung angewandt, wo diese nicht nur keine Lösung herbeiführen, sondern selbst das zu lösende Problem sind.
2. Während Lösungen erster Ordnung sich meist auf ›gesunden Menschenverstand‹ gründen (zum Beispiel auf das ›mehr desselben‹-Rezept), scheinen Lösungen zweiter Ordnung häufig absurd, unerwartet und vernunftswidrig; sie sind ihrem Wesen nach überraschend und paradox.
3. Daß Lösungen zweiter Ordnung sich auf problemerzeugende Pseudolösungen beziehen, bedeutet ferner, daß damit die zu lösenden Probleme *jetzt* und *hier* angegangen werden. Was dabei verändert wird, sind die Wirkungen und nicht die vermeintlichen Ursachen der betreffenden Situation; die entscheidende Frage ist daher *was?* und nicht *warum?*
4. Lösungen zweiter Ordnung heben die zu lösende Situation aus dem paradoxen, selbstrückbezüglichen Teufelskreis heraus, in den sie die bisherigen Lösungsversuche geführt haben, und stellen sie in einen neuen, weiteren Rahmen [...].[660]

B. Subsummierung verschiedener Konflikte unter einen großen Konflikt → Vermengung unterschiedlicher Akteure

In Bezug auf das Interpunktionsproblem fällt auf, dass es sich bei allen Konflikten, die die USA und der Iran als solche nennen, um Auseinandersetzungen handelt, bei denen sich einerseits *westliche Staaten* oder mit Israel ein enger westlicher – und, wie die USA betonen, demokratischer – Verbündeter und andererseits Akteure der *islamischen Welt* gegenüberstehen. Beide Seiten definieren schließlich auch alle genannten Konflikte nur als Teile eines *größeren ideologischen bzw. kulturellen Konflikts*, und zwar des »battle of ideas« zwischen »der freien und demokratischen Welt« und »den islamischen Extremisten« einerseits und eines Kulturkampfes zwischen »den ungläubigen westlichen Imperialmächten« und »der islamischen Kultur- und Glaubensgemeinschaft« an-

660 Watzlawick et al. (2005): 105; Hervorh. im Orig.; vgl. Watzlawick et al. (2005): insbesondere 22–59, 69, 99–134.

dererseits. Diese Kämpfe verstehen beide Seiten wiederum als historische und universelle Konflikte, in denen sich die gesamte Welt auf eine der beiden Seiten positionieren müsste. Während der Iran hier stets die westliche Kolonial- und Imperialgeschichte anführt, definieren die USA den »islamischen Extremismus« als islamische und aktuelle Version der totalitären Ideologien des 20. Jahrhunderts, also des sowjetischen Kommunismus und des deutschen Nationalsozialismus. Damit *vermengen* die beiden Konfliktparteien Konflikte, bei denen es um *verschiedene Streitpunkte* geht, und in denen sich *unterschiedliche Akteure* gegenüberstehen, zu einem einzigen großen Konflikt und *ideologisieren* sie stark. Diese diffuse Täter- und Opferdefinition sowie die Tatsache, dass zwischen den beiden Konfliktparteien nicht immer klar ist, welche Ereignisse von besonderer Relevanz für *ihren* Konflikt sind, ja welche Ereignisse überhaupt noch *Teil* ihres Konflikts sind, führt dazu, dass sich das Interpunktionsproblem mit seinem Teufelskreiseffekt noch verschärft. Außerdem führt die Vermengung ganz unterschiedlicher Akteure und Streitgegenstände dazu, dass zum Teil *Konflikte dort versucht werden zu lösen, wo sie nicht zu lösen sind*, und zum Teil *Konflikte, die eigentlich lösbar sind, zu nicht lösbaren Konflikten gemacht werden.*

Gerade in Bezug auf den Kampf gegen al-Qaida führt die Vermengung unterschiedlicher Akteure zusammen mit dem monokausalen Charakter der amerikanischen Erklärung für »*den* islamischen Extremismus« dazu, dass Probleme dort gelöst werden sollen, wo sie nicht zu lösen sind. So dürfte es zwar grundsätzlich sehr vernünftig sein, Menschen im Nahen und Mittleren Osten durch politische und wirtschaftliche Reformen eine Perspektive zu geben und auf diese Weise einer Zuwendung zu radikalen Ideologien und Gewalttaten vorzubeugen. Bei der zweiten Generation von al-Qaida handelt es sich aber weder vorranging um Menschen, die im Nahen und Mittleren Osten leben noch um Menschen ohne Perspektive, zumindest im Hinblick auf ihren sozioökonomischen Status. Al-Qaida lässt sich demnach (nur) mit diesen Mitteln nicht bekämpfen. Mit dem Krieg im Irak und dem Sturz Saddam Husseins als angeblichem Unterstützer und Alliierten der Terroristen haben sich die USA dagegen viele zusätzliche Probleme geschaffen.

Vor allem erschweren die USA dadurch, dass sie den Iran als einen der beiden Hauptgegner in ihrem »War on Terror« definieren, der ursprünglich gegen al-Qaida geführt wurde, die Lösung der Streitpunkte mit Iran. Die Verbindung, die die USA zwischen der iranischen Führung und al-Qaida sehen, ist eine Ideologie, die angeblich beide Akteure teilen. Dies ist insofern nicht sehr plausibel, als es sich bei al-Qaida nicht nur um einen politischen Gegner des Westens, sondern auf Grund ideologischer Differenzen auch um einen Gegner des Iran handelt. Der Kampf gegen al-Qaida liegt eigentlich im Interesse beider Staaten und wäre eher *ein Ansatzpunkt für Kooperation.*

Insbesondere macht die Identifizierung al-Qaidas, die Terror zum *Selbstzweck* oder zumindest zum Zwecke der Verbreitung von Angst und Schrecken verüben, mit der iranischen Führung die USA blind für die Motive der iranischen Führung, die auch oder sogar vor allem im Hinblick auf die iranischen Positionen eine Rolle spielen könnten. Für die iranische Position im Atomstreit dürften nämlich auch und vor allem *sicherheits-* und *machtpolitische* Erwägungen eine wichtige Rolle spielen. Diesen Motiven tragen die USA bei der Formulierung ihrer Politik keine Rechnung. Wenn sie so deutlich machen, dass sie in ihrem Kampf gegen den *transnationalen* Terrorismus auch *Regierungen*, wie Iran, notfalls stürzen, wird es dem Iran umso mehr ein Anliegen sein, Atommacht zu werden und amerikanische Militärschläge abschrecken zu können.

Auch die durch den Iran unterstützte palästinensische Hamas, die regional operiert, verübt, im Gegensatz zu al-Qaida, Terror vor allem als *Mittel* zu einem bestimmten *Zweck*, und zwar der (Zurück)Gewinnung eines bestimmten Territoriums und einer nationalen Identität. Um also die Gewalttaten der Hamas zu bekämpfen, müsste dieser Zweck im Auge behalten werden, d.h., es müssen insbesondere für beide Seiten annehmbare Vorschläge bezüglich der *Territorial*frage unterbreitet werden. Diesen Zweck haben die USA nicht immer vor Augen, wenn sie Gewalttaten der palästinensischen Hamas einfach mit den Gewalttaten al-Qaidas identifizieren, insofern es sich bei beiden Seiten um »militante Islamisten« handele.

Es ist völlig unvernünftig, einen Konflikt, bei dem es vor allem um ein Territorium und nationale Identität geht, oder einen Konflikt zwischen Staaten, bei dem machtpolitische Erwägungen eine große Rolle spielen dürften, mit *denselben* Mitteln lösen zu wollen, mit denen ein nicht-staatlicher Akteur bekämpft werden soll, der durch Terroranschläge Angst verbreiten und die westliche Lebensweise angreifen will. Vor allem gilt aber: Während man mit einem Akteur, der Terror als Selbstzweck verübt, in dem Sinne, dass er Angst verbreiten und die westlich-liberale Lebensweise angreifen will, wahrscheinlich nicht durch Verhandlungen zu einer annehmbaren Lösung kommen kann, sind Konflikte, in denen Akteure Terror zu bestimmten Zwecken verüben oder unterstützen, zumindest theoretisch *verhandelbar* und in diesem Sinne *lösbar*. Wenn die USA den Iran oder auch die vom Iran unterstützten politischen Gruppierungen/Parteien, wie z.B. die palästinensische Hamas, einfach mit al-Qaida identifizieren und als Akteure darstellen, die Terror zum Selbstzweck verüben und mit denen man nicht verhandeln kann, berauben sie sich möglicher Weise selbst einer Lösung.

Um die verschiedenen Konflikte und Probleme überhaupt einer Lösung zugänglich zu machen und das Interpunktionsproblem zu entschärfen, müssten diese Konflikte also erst einmal *unterschieden* werden. Es müsste genau differenziert werden, wer die Streitparteien sind, was sie für Motive haben und was der Streitgegenstand ist. Dazu müsste wohl, wie Roy es formuliert, »[i]n jedem Fall [...] das Konzept eines weltweiten Krieges gegen den Terrorismus aufgegeben werden«[661]. Ebenso erscheint es sinnvoll, auf eine historische Kontextualisierung aktueller Konflikte zu verzichten.

C. *Ideologisierung der Konflikte → Ein durch Begründungszirkel in Folge von sprachlicher Relativität gekennzeichneter Paradigmenstreit*

Indem die USA und der Iran die unterschiedlichen Konflikte in einen größeren Rahmen einordnen, und zwar einerseits als Schlachten im »Kampf der Ideologien« der »demokratischen« gegen die »islamistische und totalitäre Welt« und andererseits als Teile eines Kulturkonflikts zwischen »dem Westen« und »dem Islam« *ideologisieren* sie die unterschiedlichen Konflikte sehr stark. Schließlich definieren sie explizit das Weltbild des jeweiligen Gegners als den Grund für dessen aggressive Politik und damit als das eigentliche Problem, das es zu bekämpfen gilt, und infolgedessen auch die Übernahme des eigenen Weltbildes als die einzig längerfristige Lösung. Es ergibt sich also ein expliziter *Paradigmenstreit.*

Damit erschweren die Konfliktparteien die Lösung der Konflikte noch einmal, denn über divergierende Interessen und Territorialansprüche kann argumentativ verhandelt werden, nicht aber über divergierende Weltbilder. Wir haben gesehen, dass es bei einem Paradigmenstreit *keine ausreichende Argumentationsbasis* gibt, es um die grundlegenden Prämissen als Argumentationsbasis jeder Partei selbst geht, und diese sind weder argumentativ begründbar noch falsifizier- oder verhandelbar. Es steht, so könnte man sagen, Prinzip gegen Prinzip.[662] Versuche, das eigene Weltbild gegenüber dem Vertreter eines konträren Weltbildes als gültig auszuzeichnen, scheitern an *Begründungszirkeln*, die, zumindest in der Kontroverse USA – Iran stark mit der *Paradigmenabhängigkeit und Relativität der Sprache* zusammenhängen, insofern der Paradigmenstreit hier auf einer metasprachlichen Ebene ausgetragen wird. Die Paradigmenabhängigkeit und Relativität der Sprache sind wahrscheinlich auch nicht zu vermeiden. Sie sind schließlich Ausdruck der ideologischen bzw. kulturellen Positionen und Differenzen der Konfliktparteien.

Zwar gibt es Vorschläge, wie zwei Parteien, die konkurrierende Weltbilder vertreten, sich möglicherweise verständigen können.[663] Ich vertrete hier jedoch eine eher pessimistische Sicht. Alle Ansätze setzen die *Bereitschaft und die Fähigkeit* der in den Streit involvierten Akteure voraus, *in eine kritische Distanz zu*

661 Roy (2008): 158. Vgl. hierzu auch Roy (2008): insbesondere 58–67, 156–58.
662 Vgl. auch Schleichert (2008): 14.
663 Vgl. u.a. Habermas (1995); Kamlah/Lorenzen (1967); Lueken (1992).

ihrem Weltbild zu treten, dieses zur Disposition zu stellen oder doch zumindest *die weltanschaulichen Differenzen vorübergehend in den Hintergrund zu stellen* und pragmatische Lösungen in Betracht zu ziehen. Ob zwei Menschen, und in diesem Fall zwei staatliche Repräsentanten, die so stark ihrem jeweiligem Weltbild verhaftet sind wie Bush und Ahmadinedschad, dies schaffen, ist sehr zweifelhaft. Dabei spielt es auch keine Rolle, ob das Weltbild eine Ideologie oder eine Religion ist. Im Gegenteil, Menschen, die sehr stark in ihrer Ideologie oder Religion aufgehen, und es nicht schaffen, in eine kritische Distanz zu ihrem eigenen Weltbild zu treten, sind sich oft sehr ähnlich.

Sicherlich stellt sich hier die Frage, inwieweit es sich überhaupt bei den einzelnen Streitpunkten, der Menschenrechtslage im Iran, dem iranischen Atomprogramm, dem Nahostkonflikt und den westlichen Interventionen im Rahmen des »War on Terror« tatsächlich um Ausdrücke ideologischer und / oder kultureller Differenzen handelt.

In Bezug auf die gegensätzlichen Auffassungen, die der Iran und die USA bezüglich der Frage nach der angemessenen Staatsform und -ideologie vertreten – oder aus westlicher Perspektive formuliert: in Bezug auf die Menschenrechtslage im Iran –, um die es im explizit ausgetragenen Paradigmenstreit vor allem geht, handelt es sich offenbar um einen ideologischen oder, je nach Auffassung, kulturellen Streitpunkt, der argumentativ nicht beigelegt werden kann. Die iranischen Begriffe von Demokratie und Freiheit sind mit dem westlich-liberalen Verständnis von Demokratie und Menschenrechten, insbesondere den »Freiheitsrechten« (vor allem der Religionsfreiheit), nicht vereinbar. Umgekehrt ist der westlich-liberale Religionsbegriff offenbar nicht mit dem iranischen Religionsbegriff vereinbar. Gleichzeitig konnten aber weder die liberal-westlichen noch die iranisch-islamischen Begriffe von Freiheit, Gerechtigkeit, Demokratie und Religion als gültig ausgewiesen werden.

Hubert Schleichert, der die Meinung vertritt, dass ein argumentativer Kampf zwischen verschiedenen Ideologien oder Religionen grundsätzlich unmöglich ist, verweist darauf, dass manchmal *interne Kritik* und *subversives Argumentieren* den Gegner dazu veranlassen können, sein Weltbild kritisch zu reflektieren. »Bei einer ›internen‹ Kritik stellt sich der Kritiker mit seinem Gegner auf denselben Boden, d. h., er akzeptiert, soweit das nur irgend geht, dieselben Prinzipien, insbesondere dieselben heiligen Texte. [...] Er bestreitet nur, daß gewisse spezielle Dogmen oder Gebote tatsächlich aus den heiligen Texten folgen.«[664] Der Kritiker greift also nicht die gesamte Dogmatik des politischen Gegners an, sondern bemüht sich, die grundlegenden Prämissen anzuerkennen, dem Gegner aber kleinere Fehler bei der Ableitung von Aussagen aus den Prämissen oder Fehlinterpretationen nachzuweisen. Interne Kritik kann auch aus

664 Schleichert (2008): 93.

der Auswahl bestimmter Textstellen der vom Gegner als Autorität anerkannten Schriften bestehen, die sich eher konträr zu einigen Aspekten des gegnerischen Weltbildes verhalten. Man versucht dem Gegner Inkonsistenzen nachzuweisen. So wäre es für den Iran, auch mit Blick auf »dritte Staaten« innerhalb der UN-Generalversammlung, wohl effektiver, auf die Widersprüche zwischen der amerikanischen Politik und den UN-Grundsätzen aufmerksam zu machen, als auf den Koran und die Rache Gottes zu verweisen.

Generell geht es bei der internen Kritik also darum, im Rahmen des gegnerischen Weltbildes selbst zu argumentieren, dieses nicht grundsätzlich für ungültig zu erklären. Die interne Kritik ist aber nicht immer wirksam. Insbesondere kann es hier leicht zu einem Streit um die »richtige« Interpretation von Schriften kommen.

Ähnliches gilt für das subversive Argumentieren. Der subversive Kritiker – bei Schleichert ist es vor allem der Aufklärer –

> behauptet in der subversiven Argumentation nicht, irgend etwas zu beweisen oder zu widerlegen. Ganz bescheiden will er nur informieren, *ad oculus* demonstrieren, andere Denkmöglichkeiten vorführen. Er will nur zeigen, was die betreffende Ideologie alles beinhaltet. Darin liegt ein erheblicher Vorteil. Bei der internen Kritik muß die zur Kritik stehende Ideologie zunächst lauthals akzeptiert werden; bei externer Kritik wird die gegnerische Ideologie von vorneherein negiert; während für das subversive Vorgehen kein vorangehendes Glaubens- und Unglaubensbekenntnis notwendig ist. Beim subversiven Argumentieren gegen ein Gedankensystem werden Argumente vorgetragen, die für die individuelle Hinwendung oder Abwendung zu bzw. von diesem System wirksam sein können, die aber im Sinne der Logik nicht konklusiv, logisch zwingend sind. Konklusive Argumente gibt es an dieser Stelle nicht. [...] Es [das subversive Argumentieren] legt nahe, daß die Dinge vielleicht auch anders sein oder anders gesehen werden können, es hebt die Verengung des Blickes auf. Es schärft den Blick für die Folgen einer Ideologie, es lehrt, Ideologien von außen zu betrachten [...], und vor allem, es nennt Unmenschlichkeiten beim Namen, statt sie mit einem religiösen oder ideologischen Schleier zu überdecken. Aber es erhebt nicht den Anspruch, eine Ideologie oder Religion zu widerlegen.[665]

Beim subversiven Argumentieren führt man also dem Gegner alle Aspekte und Konsequenzen seines Weltbildes »schonungslos« und »unverblümt« vor Augen und macht implizite Voraussetzungen, die der Gegner manchmal selbst verbergen möchte, explizit. Man negiert aber weder die Gültigkeit des gegnerischen Weltbildes von vornherein, wie bei der externen Kritik, noch muss man das gegnerische Weltbild – zumindest scheinbar und zum Teil – als gültig anerkennen, wie bei der internen Kritik.

Subversives Argumentieren kann den Gegner dazu bewegen, sein Weltbild kritisch zu reflektieren, muss es aber nicht. Der Erfolg hängt von der Festigkeit

665 Schleichert (2008): 115; Hervorh. im Orig.

der gegnerischen Überzeugungen ab. Letztendlich gibt es kein Argument, das logisch zwingend ist und den Gegner von der Ungültigkeit seines Weltbildes überzeugen muss.[666]

In Bezug auf den Islam, wie ihn die iranische Führung interpretiert, kommt sicherlich erschwerend hinzu, dass sich die iranische Führung hier auf eine kulturelle Tradition beruft und jede Kritik an ihrem Weltbild als »europäischen Kulturimperialismus« zurückweisen kann.

Die Frage, inwieweit es sich bei der iranischen Interpretation des Islam bzw. beim Islamismus und auch beim Liberalismus um kulturelle Erscheinungen handelt, ist auch tatsächlich nicht eindeutig zu beantworten. Einerseits sollte man zwischen Ideologie und Kultur unterscheiden, denn dieselben Ideologien, wie beispielsweise der Sozialismus, können in unterschiedlichen Kulturkreisen vertreten werden. Außerdem ist weder der westliche noch der islamische Kulturkreis homogen. Innerhalb westlicher Gesellschaften konkurrieren unterschiedliche politische Ideologien, neben dem Liberalismus insbesondere auch der Sozialismus und der Konservatismus, und es gibt natürlich auch Liberale in islamischen Gesellschaften. Die Proteste auf Seiten der iranischen Bevölkerung lassen sicherlich ebenfalls Zweifel daran aufkommen, ob es sich bei der iranischen Interpretation des Islam tatsächlich um ein kulturelles Phänomen handelt – wobei die Proteste sich wohl vor allem gegen Gewaltherrschaft und weniger gegen die konkrete Ideologie bzw. das konkrete Religionsverständnis der Herrscher richten.

Andererseits hat sich der Liberalismus in Europa und den USA, als »europäische Tochtergesellschaft«[667], entwickelt und die westlichen Gesellschaften nachhaltig geprägt. Auch ein heute als »Konservativer« Bezeichneter wird in den meisten Fällen Gedanken wie die erste Generation der Menschenrechte, die »Freiheitsrechte«, und Prinzipien wie Gewaltenteilung, also ursprünglich liberale Gedanken und Prinzipien, teilen. Der Islamismus hat sich nicht nur in islamischen Gesellschaften entwickelt, sondern ist, wie schon der Name sagt, sehr eng mit der Religion des Islam und dem islamischen Kulturkreis verbunden, auch wenn natürlich nicht alle Muslime Islamisten sind. Die Islamisten im Iran sind schließlich mit breiter Unterstützung des iranischen Volkes an die Macht gekommen und in den arabischen Ländern sitzen Islamisten in der Opposition.

Dennoch ist zu betonen, dass sich der Liberalismus mit seinem säkularen Staatsverständnis und der Betonung der Menschenrechte, wie vor allem der Religionsfreiheit, zwar innerhalb westlicher Gesellschaften entwickelt hat, Sä-

666 Vgl. Schleichert (2008): 9 – 16, 63 – 119.

667 Tibi »Die Entromantisierung Europas. Zehn Thesen zur Überwindung des Eurozentrismus ohne Selbstaufgabe«, in Brocker / Nau (1997): 269.

kularismus und Menschenrechte aber auch hier erkämpft wurden und nicht in der christlich-abendländischen Kultur »angelegt« waren.[668] Im westlichen Kulturkreis hat die christliche Religion und der Klerus lange Zeit ähnlich starken Einfluss auf den Staat und die Politik ausgeübt – mit »totalitären« Konsequenzen – wie derzeit der Islam in der islamischen Welt.

Es wurde argumentiert, dass sich die Gültigkeit eines Weltbildes, in diesem Fall des Liberalismus oder der iranischen Interpretation des Islam, nicht argumentativ, wahrscheinlich aber in der Praxis entscheiden wird, und zwar innergesellschaftlich und nicht zwischenstaatlich. Wenn Völker dauerhaft unzufrieden mit den politischen und wirtschaftlichen Zuständen ihres Staates sind, die herrschende Ideologie und Religion die gesellschaftlichen Probleme nicht lösen kann, werden sie über kurz oder lang einen Paradigmenwechsel fordern.

Inwieweit handelt es sich aber in Bezug auf die anderen Streitpunkte, die in der Kontroverse USA – Iran eine Rolle spielen, um ideologisch-kulturelle Streitpunkte? Es wurde gesagt, dass beim Atomstreit zumindest *auch* und wahrscheinlich sogar *vor allem* sicherheits- und machtpolitische Erwägungen eine Rolle spielen. Damit würde es sich auch oder vor allem um einen *Interessenkonflikt* handeln. Dieser wäre, zumindest theoretisch, verhandelbar. Andererseits wurde darauf verwiesen, dass in einigen Fällen das Weltbild die Interessen überhaupt erst bestimmt, und insofern könnte es sich eben auch bei Interessenkonflikten letztendlich doch um weltanschauliche Konflikte handeln. Die beiden Konfliktparteien selbst unterstellen ja dem jeweiligen Gegner, dass dessen Ideologie bzw. dessen kulturelles Weltbild seine Politik motiviert.

Sicherlich enthält diese Sichtweise auch wahre Aspekte. So behaupten die USA beispielsweise Proliferation von Atomwaffen zu bekämpfen, die unter anderem für terroristische Zwecke benutzt werden könnten. Gleichzeitig haben sie jedoch mit Israel als Atommacht wesentlich weniger Probleme als mit dem islamistischen Iran als potentieller Atommacht und definieren, wie der Iran schließlich auch, insbesondere diejenigen Gewalttaten als »Terrorismus«, die durch Akteure begangen werden, die ein im Gegensatz zum eigenen Weltbild stehendes Weltbild vertreten.

Ähnliches kann auch in Bezug auf den palästinensisch-israelischen Konflikt und die iranische Rolle in diesem Konflikt konstatiert werden. In Bezug auf den Nahostkonflikt wurde gesagt, dass es sich vor allem um einen Konflikt um ein

668 Vgl. hierzu Bielefeldt »Menschenrechte – universaler Normkonsens oder eurozentrischer Kulturimperialismus?«, in Brocker / Nau (1997): 256–61. Bielefeld argumentiert für die Universalität der Menschenrechte, indem er darauf verweist, dass die Menschenrechte weder mit traditionellen westlichen Werten noch mit dem europäischen Modernisierungsprojekt gleichgesetzt werden dürfen, und dass ihre Durchsetzung zwar Aufklärung voraussetzt, diese aber unterschiedliche Formen annehmen kann.

Territorium handelt und die palästinensische Hamas Gewalt als Mittel zum Zweck in ihrem »Freiheitskampf« gegen Besatzung und Unterdrückung einsetzt. Andererseits spielt aber auf palästinensischer Seite in diesem Kampf um ein Territorium der Islam eine wichtige Rolle, vor allem bei der Rekrutierung von Selbstmordattentätern bzw. »Märtyrern«. Die Tatsache, dass bestimmte Interpretationen des Islam in einigen Fällen Gewalt, insbesondere auch gegen jüdische und westliche Akteure, motiviert, ist nicht von der Hand zu weisen. Anfang des 21. Jahrhunderts werden auch ganz offensichtlich mehr Gewalttaten im Namen des Islam verübt, als im Namen einer anderen Religion.

Festzuhalten bleibt damit Folgendes: Letztendlich können sicherlich Anhaltspunkte für die Sichtweise, dass bei den unterschiedlichen Streitpunkten *auch* ideologische oder kulturelle Faktoren eine Rolle spielen, gefunden werden. Diese Sichtweise ist aber keine notwendige, denn genauso gut lassen sich Anhaltspunkte dafür finden, dass es sich hierbei vor allem um Interessenkonflikte handelt, bei denen ideologische Erwägungen oder kulturelle Differenzen keine große Rolle spielen. Beispielsweise definieren sich die USA als enger Verbündeter Saudi-Arabiens, eines Staates, bei dem es sich nach der amerikanischen Definition um einen Modellfall der Institutionalisierung des »islamischen Extremismus« handeln müsste. Und Iran versteht sich bekanntermaßen besser mit dem sozialistischen Venezuela als mit den meisten Staaten innerhalb der islamischen Welt.

Wie auch immer es sich »in der Realität« verhalten mag, für die Beilegung der Streitpunkte wäre es wohl förderlich, wenn die beiden Konfliktparteien sie *nicht zu stark ideologisierten*, weil sie sie sonst wahrscheinlich unlösbar machen. Über Weltbilder lässt sich nicht rational streiten und nicht verhandeln. Islamisten, die so stark ihrem Weltbild verhaftet sind, wie einige zentrale Akteure innerhalb der iranischen Führung, kann man nicht mit Argumenten von der Gültigkeit des Liberalismus überzeugen, genauso wenig wie diese die (staatlichen) Vertreter des westlich-liberalen Weltbildes von der Gültigkeit der iranischen Interpretation des Islam überzeugen können.

Im Hinblick auf die Kontroverse USA – Iran wäre es wahrscheinlich sinnvoll, wenn die beiden Konfliktparteien ihre Forderung nach Übernahme des eigenen Weltbildes aufgeben und sich mit einem *Interessenausgleich trotz ideologischer Differenzen* zufrieden geben würden. Ein Interessenausgleich könnte wiederum wohl nur erzielt werden kann, wenn die weltanschaulichen Differenzen bei Verhandlungen *in den Hintergrund* treten würden. Wenn der Iran das Gefühl hat, dass die westlichen Positionen in Bezug auf die verschiedenen Streitpunkte ideologisch motiviert sind, die westliche Politik gar der Verbreitung des Liberalismus dient, könnte es sein, dass er von seinen Positionen im Hinblick auf die verschiedenen Streitpunkte nicht abrücken wird. Dies gilt umgekehrt für die westlichen Staaten wohl auch.

In Bezug auf die Beilegung des Atomstreits und auch des Streits um die Unterstützung unterschiedlicher Seiten im Nahostkonflikt, käme es also wahrscheinlich darauf an, diese Streitpunkte aus ihrer ideologischen Einbettung zu heben und sie als *rein politische Konflikte zu behandeln*, in denen es um macht- und sicherheitspolitische Interessen, Territorialansprüche usw. geht. Die Bedeutung der *Ent-Ideologisierung* des Atomstreits für eine friedliche Beilegung desselben betont z. B. auch Volker Perthes:

> Eine verhandelte Lösung des Nuklearkonflikts mit Iran wird von drei Variablen abhängen: erstens einem internationalen Konsens darüber, dass Iran oder andere Staaten, die heute nicht zum Nuklearclub gehören, keine Atomwaffen erwerben dürfen; zweitens von der Fähigkeit und Bereitschaft der USA und Europas, Iran und anderen gegenüber deutlich zu machen, dass es bei dem Konflikt mit Teheran um nukleare Weiterverbreitung, nicht um den Charakter oder die ideologische Ausrichtung des iranischen Regimes geht; und drittens von innenpolitischen Entwicklungen in Iran.[669]

Um eine Ent-Ideologisierung bemühen sich die USA unter Bush gerade nicht. Stattdessen gehen sie schließlich sogar noch einen Schritt weiter und wollen die gesamte Welt im Sinne ihres Weltbildes mit Gewalt missionieren.

D. Gewaltsame Missionierungsversuche → Paradoxien

Aus der Definition des gegnerischen Weltbildes als eigentlichen Grund für dessen aggressive Politik und damit als Ursache der Probleme folgt sowohl für die USA als auch für den Iran, dass die einzige längerfristige Lösung die *Konversion* des Gegners zum eigenen, konträren Weltbild bzw. *die Missionierung der gesamten Welt im Sinne des eigenen Weltbildes* ist. (Vielleicht spielt dafür, dass beide Seiten es nicht bei einem Interessenausgleich belassen wollen, sondern gleich die Übernahme des eigenen Weltbildes fordern, die Tatsache eine Rolle, dass sowohl Ahmadinedschad als auch Bush sich als denjenigen verstehen, der im Auftrag Gottes und damit einer höheren Macht handelt.) Da es offensichtlich utopisch ist, den Gegner durch Argumente von der Gültigkeit des eigenen Weltbildes zu überzeugen und ihn zur Übernahme dieses Weltbildes zu bewegen, setzen beide Seiten letztendlich auf *Gewalt*, d.h., beide Seiten machen deutlich, dass sie ihre Missionierungen notfalls auch militärisch durchführen werden oder würden.[670] Der iranischen Führung fehlen jedoch im internationalen Umfeld, anders als im nationalen Umfeld, die Mittel zur gewaltsamen Durchsetzung ihres Weltbildes.

669 Perthes (2008): 17.

670 An dem missionarischen Eifer der USA und der Bereitschaft, die Missionierungen auch gewaltsam vorzunehmen, wird auch deutlich, dass der Liberalismus, den Bush vertritt, eigentlich »sehr wenig liberal ist«. Grundgedanken des Liberalismus sind nämlich, wie Bush selbst sagt, eigentlich Glaubens- und Überzeugungsfreiheit und Toleranz gegenüber verschiedenen Glaubens- und Überzeugungssystemen.

Für die iranischen und amerikanischen Versuche, der gegnerischen Seite oder auch Dritten das eigene Weltbild gewaltsam aufzuzwingen, wurden Strukturen ausgemacht, die jenen der *Paradoxien* in formalen Zusammenhängen ähneln und die Watzlawick et al. schon für das Gebiet der zwischen*menschlichen* Kommunikation konstatierten. Insbesondere wurden *paradoxe Forderungen* und *Ankündigungen* der Art »*Sei spontan!*«, bei denen der Inhalt der Mitteilung im Widerspruch zu dem Sprechakt steht, und *paradoxe Beziehungsdefinitionen* nachgewiesen. Für den Iran wurde schließlich eine *doppelbindende* Situation als pragmatische Paradoxie im engeren Sinne konstatiert, insofern der Iran sich auf Grund der militärischen Unterlegenheit und des Status der USA als Vetomacht im Weltsicherheitsrat den USA gegenüber in einer inferioren Position befindet, paradoxe Mitteilungen erhält und der Situation auch nicht durch eine Veränderung der Machtverhältnisse oder Metakommunikation »entfliehen« kann.

Die paradoxen Strukturen der Interaktion haben schließlich praktische Konsequenzen: So scheinen die USA mit ihrer Missionierungspolitik liberale Reformen »von innen heraus« eher aufgehalten, autokratische Regime, wie Iran, gestärkt und antiamerikanische Einstellungen oder sogar die Zuwendung zu islamistischen Ideologien eher gefördert zu haben. Zentral für diese Fehllösung der USA war offenbar der amerikanische Fehlschluss von der Prämisse des *universellen und kulturübergreifenden Wunsches nach Freiheit und Demokratie* im Sinne des Liberalismus darauf, dass *die USA* der Region des Nahen und Mittleren Ostens Freiheit und Demokratie bringen sollen.

In diesem Zusammenhang wurde deutlich, dass ein ganz wesentlicher Faktor für die Schwierigkeiten des Dialoges mit der islamischen Welt oft nicht in inhaltlichen Differenzen, sondern in dem *gestörten Vertrauensverhältnis* besteht. Ein wesentlicher Teil des Problems liegt also in der *Beziehungsstruktur*. Die muslimische Welt bringt schließlich immer wieder zum Ausdruck, wie demütigend und frustrierend sie die westlichen Interventionen der letzten Jahrzehnte in ihre Belange empfindet. Die Argumente und Wirklichkeitsbeschreibungen der islamischen Welt im Allgemeinen und der iranischen Führung im Besonderen werden aber von den USA nicht sehr ernst genommen und bei der Wahl der amerikanischen Politik nicht genügend in Rechnung gestellt. Dies wurde auch im Zusammenhang der *Konfusion zwischen der Inhalts- und der Beziehungsebene* deutlich. Die USA blenden die Beziehungsebene als Ebene eines möglichen Konflikts völlig aus. Sie *leugnen* die tatsächlichen Verhältnisse einfach und setzen sich mit allen Vorwürfen, welche die *Beziehungsebene* problematisieren, auf der *Inhaltsebene* auseinander, indem sie Kritik an dem gewaltsamen Vorgehen der USA, an der Beziehungsstruktur, die den Amerikanern dieses Vorgehen ermöglicht, und der Beziehungsdefinition, die die USA implizit durch ihre Politik geben, als Kritik an der Idee des Liberalismus oder marktwirtschaftlicher Demokratie behandeln. Damit versuchen sie einen Konflikt zu lösen, der für viele Menschen der Region, nämlich alle Menschen, die liberale Ideen teilen, gar nicht besteht, während der Konflikt auf der Beziehungsebene ungelöst bleibt, ja noch intensiviert wird. Denn, anstatt Versuche zu unternehmen, ein Vertrauensverhältnis herzustellen, bestätigen die USA mit ihren Interventionen und dem Versuch, ihr Weltbild auch der muslimischen Welt aufzuzwingen, alle Vorurteile. Hier wären eine militärische Zurückhaltung und eine Bemühung um (Wieder)Herstellung des Vertrauensverhältnisses wahrscheinlich sinnvoller.

Die Diskussion der paradoxen Wirkungen der amerikanischen »Zwangsliberalisierungsmission« legt die Feststellung nahe, dass demokratische Reformen und eine Verbesserung der wirtschaftlichen Verhältnisse der Region sicherlich ganz wesentliche Schritte im Kampf gegen Frustration und Hoffnungslosigkeit sind, dass diese Reformen aber wohl nur erfolgreich sein können, wenn sie *freiwillig erfolgen* und eine eventuelle westliche Unterstützung der Reformen *tatsächlich gewünscht* ist. Wenn der westliche Interventionismus und die westliche Bevormundung der Region ein wesentlicher Faktor für die Ablehnung westlicher Werte und Lebensweisen von Teilen der muslimischen Welt und ihre Rückbesinnung auf den Islam gewesen ist, könnte es sein, dass sich der vermeintliche Kulturkonflikt, der schließlich auch von westlicher Seite konstatiert wurde,[671] und auch das Problem des islamistisch motivierten Terrorismus gegen den Westen (sowie seine Unterstützung) längerfristig auflösen, sobald der Westen ernsthafte Bemühungen zeigt, seine Politik zu ändern.

7.2 Ausblick

Die USA haben mit dem Amtsantritt Barack Obamas explizit einen Paradigmenwechsel in Bezug auf den Dialog mit der islamischen Welt angekündigt. Es stellt sich also die Frage, ob die Kontroverse USA – Iran seit dem Amtsantritt Obamas auch rationaler verläuft, die Begriffskonflikte, die die Kontroverse USA – Iran unter Bush kennzeichnen, vermindert und gar vermieden werden.

Es wurden einige Merkmale genannt, die sowohl die iranische Argumentation als auch die Argumentation der USA aufweist und die wesentlich zu den Begriffskonflikten in der Kontroverse USA – Iran beitragen (a. Polarisierung und Vereinfachung der komplexen Wirklichkeit, b. die Vermengung unterschiedlicher Akteure und Konflikte, c. die Ideologisierung der unterschiedlichen Streitpunkte, und d. die Definition gewaltsamer Missionierungen als längerfristige Lösung). Es stellt sich also insbesondere die Frage, ob auch die Argumentation der USA unter Obama diese Merkmale aufweist, oder ob diesbezüg-

671 Vgl. Huntington (2006).

lich tatsächlich ein Paradigmenwechsel auf der argumentativen Ebene vollzogen wurde.

Die Antwort ist eindeutig: Die Regierung Obamas versucht sich in Bezug auf ihre Argumentation von der Vorgänger-Regierung abzugrenzen und die die Kontroverse zwischen den USA (unter Bush) und dem Iran kennzeichnenden Begriffskonflikte zu vermeiden. Viele der in Punkt 7.1 aufgezeigten Lösungsvorschläge werden in der amerikanischen Argumentation der Obama-Regierung berücksichtigt.[672]

A1. Differenzierte Beschreibung der Wirklichkeit: Entschärfung des Interpunktionsproblems

Die USA unter Obama definieren ebenfalls das iranische Atomprogramm und den Nahostkonflikt als internationale Herausforderungen. Als besonders große Herausforderung der USA wird neben der Wirtschaftskrise der transnationale Terrorismus genannt, wie ihn al-Qaida verkörpert. Die Kämpfe im Irak und in Afghanistan im Rahmen des amerikanischen »War on Terror« spielen eine weniger große Rolle in der amerikanischen Argumentation unter Obama als in der amerikanischen Argumentation unter Bush. Es wird aber ein Abzug der Kampftruppen aus dem Irak angekündigt – und auch durchgeführt. Der Konflikt zwischen der libanesischen Hizbullah und der israelischen Regierung 2006 wird kaum noch thematisiert.

Die amerikanische Beschreibung der Wirklichkeit im Zusammenhang des Atomstreits und des Nahostkonflikts unter Obama ist wesentlich *komplexer* als jene unter Bush. Es wird nicht mehr polarisiert und Täter- und Opferdefinitionen fallen *nicht mehr so eindeutig* aus.

Dies ist sehr offensichtlich in Bezug auf den israelisch-palästinensischen Konflikt:

> I will also continue to seek a just and lasting peace between Israel, Palestine, and the Arab world. Yesterday, I had a constructive meeting with Prime Minister Netanyahu and President Abbas. We have made some progress. Palestinians have strengthened their efforts on security. Israelis have facilitated greater freedom of movement for the Palestinians. As a result of these efforts by both sides, the economy in the West Bank has begun to grow. But more progress is needed. We continue to call on Palestinians to end *incitement* against Israel, and we continue to emphasize that *America does not accept the legitimacy of continued Israeli settlements.* The time has come to re-launch negotiations – *without preconditions* – that address the permanent-status issues: security for Israelis *and Palestinians*; borders, refugees and Jerusalem. The goal is clear: two states living side by side in peace and security – a Jewish State of Israel, with true

672 Ich beziehe mich hier auf die Reden, die durch die USA in den vergangenen zwei Jahren zu den genannten Themen gehalten wurden und die insbesondere auf der Homepage des Weißen Hauses zu finden sind.

> security for all Israelis; and a viable, independent Palestinian state with contiguous territory *that ends the occupation that began in 1967*, and realizes the potential of the *Palestinian people*. As we pursue this goal, we will also pursue peace between Israel and Lebanon, Israel and Syria, and a broader peace between Israel and its many neighbors. In pursuit of that goal, we will develop regional initiatives with multilateral participation, alongside bilateral negotiations.[673]

Die Aktionen der palästinensischen Seite werden in fast allen Reden nicht mehr als »Terrorismus« bezeichnet und damit als »Aggression« definiert, die Handlungen der israelischen Seite nicht mehr als »Kampf gegen den Terror« und damit als »Reaktion«, eine eindeutige Zuschreibung von Aggressor- und Opferrolle wird gerade vermieden. Manchmal sprechen die USA nun sogar vom »Widerstand« der Palästinenser und plädieren selbst dafür, den Konflikt aus einer »Vogelperspektive« zu betrachten:

> *But if we see this conflict only from one side or the other, then we will be blind to the truth:* The only resolution is *for the aspirations of both sides* to be met through two states, where Israelis and Palestinians each live in peace and security. [...] Palestinians must abandon violence. *Resistance* through violence and killing is wrong and *it does not succeed.* For centuries, black people in America suffered the lash of the whip as slaves and the humiliation of segregation. But *it was not violence* that won full and equal rights. [....] At the same time, Israelis must acknowledge that just as Israel's right to exist cannot be denied, *neither can Palestine's.* The United States does not accept the legitimacy of continued Israeli settlements.[674]

Auffällig ist auch, dass im Zusammenhang des Nahostkonflikts, bis auf wenige Ausnahmen, fast gar nicht mehr von »der palästinensischen Hamas«, sondern von »den Palästinensern« und »dem palästinensischen Volk« die Rede ist. Damit stellt sich nicht mehr das Problem, dass die USA und der Iran in Bezug auf den israelisch-palästinensischen Konflikt grundsätzlich unterschiedliche Akteure setzen und daher aneinander vorbeireden.

Auch in Bezug auf die Lösungsdefinition wird der Konflikt nicht mehr als linearer Konflikt behandelt und die Politik Israels als eine in jedem Fall gerechtfertigte Reaktion verstanden, die man unterstützen muss. Beide Seiten werden nun in die Pflicht genommen und dazu aufgefordert, die Rechte der Gegenseite zu respektieren. Vor allem wird die Beendigung des »Terrors« der Palästinenser nicht mehr als Bedingung dafür betrachtet, überhaupt erst mit Verhandlungen zu beginnen. Die USA weisen sogar selbst darauf hin, dass die Logik von Gewalt und Gegengewalt durchbrochen werden muss, d.h., dass es sich bei gewaltsamen Reaktionen auf vermeintliche Aggressionen um Fehllösungen handelt, die insbesondere auch der reagierenden Seite selbst schaden.

673 Obama, 23.09.2009, Rede vor der UN-Generalversammlung, New York; Hervorh. von C. R.
674 Obama, 04.06.2009, Remarks by the President on a New Beginning, Kairo; Hervorh, von C. R.

Dies kommt nicht nur in der angeführten Kairoer Rede, sondern in unterschiedlichen Reden zum Ausdruck:

> I am not naïve. I know this will be difficult. But all of us must decide whether we are serious about peace, or whether we only lend it lip-service. To *break the old patterns – to break the cycle of insecurity and despair* – all of us must say publicly what we would acknowledge in private. The United States does Israel no favors when we fail to couple an unwavering commitment to its security with an insistence that Israel respect the legitimate claims and rights of the Palestinians. And nations within this body do the Palestinians no favors when they choose vitriolic attacks over a constructive willingness to recognize Israel's legitimacy, and its right to exist in peace and security. We must remember that the greatest price of this conflict is not paid by us. It is paid by the Israeli girl in Sderot who closes her eyes in fear that a rocket will take her life in the night. It is paid by the Palestinian boy in Gaza who has no clean water and no country to call his own. These are God's children. And after all of the politics and all of the posturing, this is about the right of every human being to live with dignity and security. That is a lesson embedded in the three great faiths that call one small slice of Earth the Holy Land. And that is why – even though there will be setbacks, and false starts, and tough days – I will not waiver in my pursuit of peace.[675]

Die USA unter Obama konzentrieren sich bei ihrer Lösungsdefinition also tatsächlich auf das »Wie«, die Logik des Konflikts, anstatt nach den Ursachen zu fragen und das Problem »an der Wurzel« lösen zu wollen.

Auch der Konflikt um das iranische Atomprogramm wird differenzierter dargestellt. Iran wird nicht mehr als »der Terror unterstützende Aggressor« beschrieben, der nun auch noch Atomwaffen bauen will, um mit ihnen weiter terroristische Ziele zu verfolgen und insbesondere Israel zu vernichten. Stark wertende Referenzausdrücke, die die iranische Führung gar in Verbindung mit dem islamistischen Terrorismus bringen, werden vermieden. Es wird sogar der Fall in Erwägung gezogen, dass Iran tatsächlich nur an nuklearer Energie zu zivilen Zwecken interessiert sein könnte und versichert:

> We unequivocally *support the rights of states* that are in compliance with the treaty *to access nuclear technology and energy for peaceful purposes.* [...] And the United States wants to help expand the ability of all states to utilize peaceful nuclear energy. Over the past decade, we've provided nearly $200 million to support the IAEA's Technical Cooperation Fund. We are the largest contributor to that effort. And it has helped more than 100 countries develop or expand the peaceful use of nuclear energy. Today, the President has asked me to announce that the United States will make an additional commitment of $50 million over the next five years for a new IAEA Peaceful Uses Initiative.[676]

675 Obama, 23.09.2009, Rede vor der UN-Generalversammlung, New York; Hervorh. von C. R.
676 Clinton, 03.05.2010, The 2010 Review Conference of the Parties to the Treaty on the Non-Proliferation of Nuclear weapons (NPT), New York; Hervorh. von C. R.

Außerdem gehen die USA nun an vielen Stellen auf die iranischen Argumente für das iranische Atomprogramm ein, die auf der Beziehungsebene liegen:

> I understand those who protest that *some countries have weapons that others do not. No single nation* should pick and choose which nation holds nuclear weapons. And that's why I strongly reaffirmed America's commitment to seek a world in which no nations hold nuclear weapons.[677]

> I indicated to him the view of our administration, that Iran is a country of extraordinary history and extraordinary potential, that *we want them to be a full-fledged member of the international community* and be in a position to provide opportunities and prosperity for their people, but that the way to achieve those goals is not through the pursuit of a nuclear weapon.[678]

Allerdings verweisen die USA darauf, dass Iran gegen internationale Vereinbarungen verstößt und fordern einen Kurswechsel und Sanktionen, drohen aber nicht mehr damit, die iranische Regierung zu stürzen, was aus iranischer Sicht ein weiterer Anreiz zur Fortführung des Atomprogramms sein dürfte:

> As part of our efforts on non-proliferation, I offered the Islamic Republic of Iran an extended hand last year, and underscored that it has both rights and responsibilities as a member of the international community. I also said – in this hall– that Iran must be held accountable if it failed to meet those responsibilities. That is what we have done. Iran is the only party to the NPT that cannot demonstrate the peaceful intentions of its nuclear program, and those actions have consequences. Through UN Security Council Resolution 1929, we made it clear that international law is not an empty promise. Now let me be clear once more: the United States and the international community seek a resolution to our differences with Iran, and the door remains open to diplomacy should Iran choose to walk through it. But the Iranian government must demonstrate a clear and credible commitment and confirm to the world the peaceful intent of its nuclear program.[679]

Im Gegensatz dazu verweisen die USA darauf, welche Konzessionen sie selbst machen werden, um ein atomares Wettrüsten zu verhindern. Insbesondere kündigen sie an, selbst abzurüsten und auch Israel zur Abrüstung zu bewegen, und definieren als letztes Ziel eine Welt ganz ohne Atomwaffen. Damit bemühen sich die USA also tatsächlich Anreize dafür zu setzen, Iran von möglichen Plänen, Atommacht zu werden, abzubringen. Vor allem kündigen sie an:

> Our Nuclear Posture Review ruled out the development of new U.S. nuclear weapons and new missions and capabilities for our existing weapons. It also stated *we will not use nuclear weapons against non-nuclear-weapons states that are parties to the NPT and*

677 Obama, 04.06.2009, Remarks by the President on a New Beginning, Kairo; Hervorh. von C. R.
678 Obama, 18.05.2009, Remarks by President Obama and Prime Minister Netanyahu of Israel, Washington D. C.; Hervorh. von C. R.
679 Obama, 23.09.2009, Rede vor der UN-Generalversammlung, New York.

> *in compliance with their nuclear nonproliferation obligations.* We have made a commitment to ratify the Comprehensive Test Ban Treaty, and we are ready – past ready – to start multilateral negotiations on a verifiable Fissile Material Cutoff Treaty.[680]

Insgesamt nimmt die US-Regierung unter Obama die Wirklichkeit also wesentlich *differenzierter* wahr als die Bush-Administration, stempelt die Realitätsbeschreibung des politischen Gegners nicht gleich als bloßen Rechtfertigungsversuch für dessen Aggressionen ab, sondern nimmt sie ernst, stellt sie bei der Formulierung ihrer Politik in Rechnung und geht aktiv auf die Argumentation der Gegenseite ein. Damit bemühen sich die USA aktiv, das Interpunktionsproblem zu vermeiden.

A2. Vermeidung von stark wertenden Referenzausdrücken und propositionalen Einstellungszuschreibungen / indirekter Rede

Dass die USA unter Obama die Wirklichkeit etwas komplexer wahrnehmen und insbesondere auch die Wirklichkeitsbeschreibung des politischen Gegners ernst nehmen, zeigt sich auch daran, dass sich der Begriffskonflikt nicht mehr stellt, der sich daraus ergab, dass die Konfliktparteien bei der Kritik an der Position des Gegners die Nominationsausdrücke, die der Gegner bei der Darstellung seiner Position verwendet, durch ihre eigenen, koreferentiell verwendeten Ausdrücke ersetzen. Erstens *vermeiden* die USA unter Obama es von vornherein, mit *wertenden Ausdrücken* auf den Gegner, dessen Politik usw. Bezug zu nehmen. In Bezug auf den israelisch-palästinensischen Konflikt wird auch, wie gesagt, kaum noch »die palästinensische Hamas« als Akteur gesetzt, sondern es werden meist »die Palästinenser« oder »das palästinensische Volk« als Akteur gesetzt, sodass die USA und der Iran hier nun auch eine Gegenüberstellung ihrer Standpunkte erzielen. Zweitens *vermeiden* die USA Aussagen, in denen dem Gegner eine bestimmte Position zugeschrieben wird, d. h. *propositionale Einstellungszuschreibungen* und *indirekte Rede*. In der Kontroverse zwischen dem Iran und den USA unter Bush hatten diese Aussagen, wie wir sahen, schließlich vor allem die Funktion, die Position des Gegners lächerlich zu machen. Sie stellten keine tatsächliche Auseinandersetzung mit der gegnerischen Position dar.

B. Differenzierung zwischen Konflikten, Akteuren und Motiven

Als größte Herausforderung der USA wird der transnationale Terrorismus genannt, wie ihn al-Qaida und *nur al-Qaida* verkörpert. Es werden weder ideologische Gemeinsamkeiten noch sonst irgendwelche Verbindungen zwischen al-Qaida und anderen militanten islamistischen Gruppierungen oder autokrati-

680 Clinton, 03.05.2010, The 2010 Review Conference of the Parties to the Treaty on the Non-Proliferation of Nuclear weapons (NPT), New York; Hervorh. von C. R.

schen Herrschern, wie insbesondere der iranischen Führung, behauptet. Die iranische Führung wird auch gar nicht mehr, neben al-Qaida, als Amerikas Hauptgegner definiert. Die palästinensische Hamas und die libanesische Hizbullah werden nicht mehr als »Terror-Organisationen« bezeichnet, ja spielen in der Argumentation kaum noch eine Rolle. Auch die iranische Unterstützung der Hamas und der Hizbullah sind kaum noch Thema. Der Iran wird aus der Behandlung des israelisch-palästinensischen Konflikts fast vollständig herausgehalten. Eine historische Kontextualisierung wird ebenfalls nicht vorgenommen und von einem »globalen Krieg gegen den Terror« ist keine Rede mehr. Damit findet auch *keine Vermengung* unterschiedlicher Konflikte, Akteure und Streitgegenstände mehr statt. Diese Differenzierung hat schließlich als Folge, dass *unterschiedliche Lösungen* für *unterschiedliche Probleme* formuliert werden.

Da der Iran als staatlicher Akteur nicht mehr mit dem Terrornetzwerk al-Qaida identifiziert wird, das Terror um seiner selbst willen verübt, werden bei der Formulierung der amerikanischen Position bezüglich des Atomkonflikts auch macht- und sicherheitspolitische Erwägungen, die wohl auch oder vor allem in Bezug auf die iranische Position im Atomstreit eine Rolle spielen, in Rechnung gestellt. Wenn tatsächlich alle anderen Atommächte abrüsteten und vor allem im Nahen und Mittleren Osten eine atomwaffenfreie Zone errichtet würde, dann wäre es vielleicht auch für den Iran vorstellbar, weiterhin ohne Atomwaffen zu leben.

Auch die Gewalt, die von palästinensischer Seite ausgeht, wird nun nicht mehr als Gewalt zum Selbstzweck behandelt, sondern die USA stellen die Tatsache, dass es sich hierbei um ein Mittel im Kampf um ein bestimmtes Territorium handelt, in Rechnung. Dies machen sie vor allem dadurch deutlich, dass sie Verhandlungen zwischen den Palästinensern und den Israelis ohne Vorbedingungen fordern. Hier wird offensichtlich der Tatsache Rechnung getragen, dass die Palästinenser nicht ihre Mittel ändern und Gewalt unterlassen werden, solange ihnen kein annehmbarer Lösungsvorschlag bezüglich der Territorialfrage unterbreitet wird.

Im Gegensatz zum Iran und der palästinensischen Hamas wird al-Qaida als Akteur behandelt, der Terror zum Selbstzweck verübt und mit dem man daher nicht verhandeln kann und will. Allerdings definieren die USA den Kampf gegen al-Qaida als gemeinsames Ziel *aller* Staaten, also auch des Iran, und damit als einen *Ansatzpunkt für Kooperation:*

> We have set a clear and focused goal: to work with *all* members of this body to disrupt, dismantle, and defeat al Qaeda and its extremist allies – a network that has killed thousands of people *of many faiths and nations*, and that plotted to blow up this very building. […] That effort must begin with an unshakeable determination that the murder of innocent men, women and children will never be tolerated. On this, there can

be no dispute. The violent extremists who promote conflict by distorting faith have discredited and isolated themselves. They offer nothing but hatred and destruction. In confronting them, America will *forge lasting partnerships* to target terrorists, share intelligence, coordinate law enforcement, and protect our people. [...] And we will pursue positive engagement that *builds bridges among faiths*, and *new partnerships* for opportunity.[681]

C. *Betonung gemeinsamer Interessen anstatt ideologischer Differenzen und Vermeidung eines Paradigmenstreits*

Vor allem *ideologisieren* die USA unter Obama die unterschiedlichen Streitpunkte *nicht mehr.* Von der »Ideologie« des Iran oder auch anderer Akteure ist nicht mehr die Rede,[682] geschweige denn von einem »Kampf der Ideologien«. Insbesondere definieren die USA nicht mehr die Übernahme des Liberalismus und die Gestaltung der Welt im liberalen Sinne als die einzige längerfristige Lösung.

Zwar sprechen sich die USA unter Obama für Demokratie und Menschenrechte und für ihre Verbreitung aus, wobei sie ebenfalls vom Theorem des demokratischen Friedens ausgehen:

> These principles cannot be afterthoughts – democracy and human rights are essential to achieving each of the goals that I have discussed today. Because governments of the people and by the people are more likely to act in the broader interests of their own people, rather than the narrow interest of those in power.[683]

Als besonders wesentliche Menschenrechte werden ebenfalls Meinungs- und Religionsfreiheit, sowie Rassen- und Geschlechtergleichheit genannt. Sie *vermeiden* aber einen explizit ausgetragenen *Paradigmenstreit*, der in einen Kampf um Begriffe mündet. Damit spielen auch paradigmenspezifische Definitionen von zentralen Ausdrücken und Begründungszirkel keine Rolle mehr in der amerikanischen Argumentation.

An einer Stelle bringen die USA allerdings ein Argument für Demokratie und Menschenrechte an, bei dem sie das Problem der Letztbegründung sehr geschickt dadurch umgehen, dass sie dem Gegner klar machen, dass aus den Argumenten, die dieser stets gegen den Westen ins Feld führt, selbst die Gültigkeit der Demokratie im liberalen Sinne folgt: »For just as no nation should be forced to accept the tyranny of another nation, no individual should be forced to accept the tyranny of their own government.«[684] Dieses Argument bietet ein Beispiel für die diskutierte *interne Kritik.*

---

681 Obama, 23.09.2009, Rede vor der UN-Generalversammlung, New York; Hervorh. von C. R.
682 An sehr wenigen Stellen erwähnen die USA sehr allgemein »extremistische« oder »radikale« Ideologien, ohne aber näher auf sie einzugehen.
683 Obama, 23.09.2009, Rede vor der UN-Generalversammlung, New York.
684 Obama, 23.09.2009, Rede vor der UN-Generalversammlung, New York.

Die Vermeidung des Paradigmenstreits, der ohnehin durch Begründungszirkel charakterisiert und nicht zu entscheiden wäre, hat zur Folge, dass alle weiteren Streitpunkte als *verhandelbare und lösbare Interessenkonflikte* behandelt werden. So konzentrieren sich die USA auf das tatsächlich »Machbare« und betonen die *Gemeinsamkeiten* anstatt der Differenzen. Im Gegensatz zu den USA unter Bush können den USA unter Obama zufolge Staaten bzw. politische Akteure, die *unterschiedliche Weltbilder* vertreten, *dieselben Interessen* haben und *dieselben Ziele* verfolgen. Diesen Punkt machen die USA immer wieder stark und hier sehen sie den Ansatzpunkt für Kooperation:

> Like all of you, my responsibility is to act in the interest of my nation and my people, and I will never apologize for defending those interests. But it is my deeply held belief that in the year 2009 – more than at any point in human history – *the interests of nations and peoples are shared.* [...] In this hall, we come from many places, but we share a common future. No longer do we have the luxury of indulging our differences to the exclusion of the work that we must do together. I have carried this message from London to Ankara; from Port of Spain to Moscow; from Accra to Cairo; and it's what I will speak about today. Because the time has come for the world to move in a new direction. We must embrace a new era of engagement based on *mutual interests and mutual respect*, and our work must begin now.[685]

Gleichzeitig wird der politische Gegner »mit ins Boot« geholt und betont:

> Those who used to chastise America for acting alone in the world cannot now stand by and wait for America to solve the world's problems alone. We have sought – in word and deed – a new era of engagement with the world. Now is the time for all of us to take our share of responsibility for a global response to global challenges.[...] After all, it is easy to walk up to this podium and to point fingers and stoke division. Nothing is easier than blaming others for our troubles, and absolving ourselves of responsibility for our choices and our actions. Anyone can do that. Responsibility and leadership in the 21st century demand more. In an era when our destiny is shared, power is no longer a zero sum game. [...] Together, we must build new coalitions that bridge old divides – coalitions of different faiths and creeds; of north and south, east and west; black, white, and brown. The choice is ours.[686]

Insbesondere wird der Atomstreit nicht mehr als Teil des westlichen Kampfes gegen »islamische Extremisten« definiert, die nun nach Massenvernichtungswaffen streben, und damit ideologisiert. Die USA betonen nun dagegen immer wieder, dass sie *Proliferation* bekämpfen wollen und *nicht* etwa den »*islamischen Extremismus*«. Im Gegenteil wird behauptet:

> When President Obama came into office, he recognized that the greatest potential danger facing the United States comes from *a terrorist group* like al-Qaida obtaining a

685 Obama, 23.09.2009, Rede vor der UN-Generalversammlung, New York; Hervorh. von C. R.
686 Obama, 23.09.2009, Rede vor der UN-Generalversammlung, New York.

crude nuclear device, not from a *global nuclear war.* And we know that the threats of the 21st century *cannot be addressed with a massive nuclear stockpile.* So we are taking irreversible, transparent, verifiable steps to reduce the number of the nuclear weapons in our arsenal.[687]

D. *Keine Paradoxien durch gewaltsame Missionierungsversuche und Zurückgewinnung des Vertrauen*

In der amerikanischen Argumentation unter Obama finden sich weder paradoxe Ankündigungen oder Aufforderungen noch paradoxe Beziehungsdefinitionen.

Obwohl sich die USA explizit für Demokratie und Menschenrechte aussprechen und betonen, dass sie nicht mehr so selektiv bei der Unterstützung von Demokratisierungsprozessen sein werden, machen sie klar, dass sie nicht beabsichtigen, Demokratie von außen aufzuzwingen.

Im Kampf gegen al-Qaida, der Bush ja zur Begründung seiner »Zwangsliberalisierungsmission« diente, soll auf *militärische Interventionen weitgehend verzichtet* werden:

As for our common security, America is waging *a more effective fight against Al Qaida,* while *winding down the war in Iraq.* Since I took office, the United States has removed nearly 100,000 troops from Iraq. We have done so responsibly, as Iraqis have transitioned to lead responsibility for the security of their country. We are now focused on building a lasting partnership with the Iraqi people, while keeping our commitment to remove the rest of our troops by the end of next year. While drawing down in Iraq, we have refocused on defeating Al Qaida and denying ist affiliates a safe-haven. In Afghanistan, the United States and our allies are pursuing a strategy to break the Taliban's momentum and build the capacity of Afghanistan's government and Security Forces, so that *a transition to Afghan responsibility can begin next July.* And from South Asia to the Horn of Africa, we are moving toward a more targeted approach – one that *strengthens our partners, and dismantles terrorist networks without deploying large American armies.*[688]

Die USA weisen nun sogar selbst darauf hin, dass der Einsatz von Gewalt im Kampf gegen den Terrorismus – hier geht es insbesondere um Folter als Methode bei Verhören – den Terrorismus paradoxer Weise wohl eher fördert: »And I categorically reject the assertion that these are the most effective means of interrogation. […] What's more, they undermine the rule of law. They alienate us in the world. They serve as a recruitment tool for terrorists, and increase the will of our enemies to fight us, while decreasing the will of others to work with America.«[689]

687 Clinton, 03.05.2010, The 2010 Review Conference of the Parties to the Treaty on the Non-Proliferation of Nuclear weapons (NPT), New York; Hervorh. von C. R.

688 Obama, 23.09.2010, Rede vor der UN-Generalversammlung, New York; Hervorh. von C. R.

689 Obama, 21.05.2009, Remarks by the President on National Security, Washington D. C.

Neben dem *Gewaltverzicht* unternehmen die USA auch sonst sehr viel, um das gestörte *Vertrauensverhältnis* zwischen der islamischen Welt und dem Westen *(wieder) herzustellen.* So gehen sie immer wieder auf Befürchtungen und Vorwürfe ein, die von islamischer Seite in Bezug auf die amerikanische Politik geäußert wurden, z. B. den Vorwurf der imperialen Absichten, der gewaltsamen Machtpolitik usw., um sie zu zerstreuen.

> We meet at a time of great tension between the United States and Muslims around the world – tension rooted in historical forces that go beyond any current policy debate. The relationship between Islam and the West includes centuries of coexistence and cooperation, but also conflict and religious wars. More recently, tension has been *fed by colonialism that denied rights and opportunities to many Muslims*, and a Cold War in which Muslim-majority countries were too often treated as proxies *without regard to their own aspirations.* Moreover, the sweeping change brought by modernity and globalization led many Muslims to view the West as hostile to the traditions of Islam. Violent extremists have exploited these tensions in a small but potent minority of Muslims. […] And this cycle of suspicion and discord must end. I've come here to Cairo to seek a new beginning between the United States and Muslims around the world, one *based on mutual interest and mutual respect*, and one based upon the truth that America and Islam are not exclusive and need not be in competition. […] So America will defend itself, *respectful of the sovereignty of nations and the rule of law.* And we will do so *in partnership with Muslim communities* which are also threatened. […] I know – I know there has been controversy about the promotion of democracy in recent years, and much of this controversy is connected to the war in Iraq. So let me be clear: No system of government *can or should be imposed by one nation by any other.*[690]

690 Obama, 04.06.2009, Remarks by the President on a New Beginning, Kairo; Hervorh. von C. R.; vgl. auch: »So for those who question the character and cause of my nation, I ask you to look at the concrete actions that we have taken in just nine months. On my first day in office, I prohibited – without exception or equivocation – the use of torture by the United States of America. I ordered the prison at Guantanamo Bay closed, and we are doing the hard work of forging a framework *to combat extremism within the rule of law.* Every nation must know: America will *live its values*, and we will *lead by example.* […] In Iraq, we are responsibly ending a war. We have removed American combat brigades from Iraqi cities, and set a deadline of next August to remove all of our combat brigades from Iraqi territory. And I have made clear that we will help Iraqis transition to *full responsibility for their future*, and keep our commitment to remove all American troops by the end of 2011. I have outlined a comprehensive agenda to seek the goal of a world without nuclear weapons. In Moscow, the United States and Russia announced that we would pursue *substantial reductions in our strategic warheads and launchers.* At the Conference on Disarmament, we agreed on a work plan to negotiate an end to the production of fissile materials for nuclear weapons. […] Each country will pursue a path rooted in the culture of its people, and – in the past – *America has too often been selective in ist promotion of democracy.* But that does not weaken our commitment, it only *reinforces it.*« (Obama, 23.09.2009, Rede vor der UN-Generalversammlung, New York; Hervorh. von C. R.)

Mit diesen Worten tragen die USA der Tatsache Rechnung, dass ein wesentlicher Teil der Verständigungsschwierigkeiten nicht auf der Inhaltsebene, sondern auf der *Beziehungsebene* liegen und hier gelöst werden müssen. Insbesondere wird in der amerikanischen Argumentation nicht mehr das Überlegenheitsgefühl impliziert, das Bush, trotz expliziter Beteuerung des Gegenteils, sehr oft implizit zum Ausdruck gebracht hat.

In Bezug auf den Regierungswechsel in den USA kann also konstatiert werden, dass die USA sich seit der Amtsübernahme Barack Obamas augenfällig bemühen, Begriffskonflikte zu vermeiden. Dies geschieht vor allem dadurch, dass Obama gerade keinen ideologischen Kampf beschreibt, in dem allein sein Weltbild Gültigkeit besitzt, sondern sich auf gemeinsame Interessen trotz unterschiedlicher Weltbilder konzentriert.

Im Iran hat es in dem Untersuchungszeitraum dagegen keinen Machtwechsel gegeben. Dennoch besteht theoretisch die Möglichkeit, dass ein Paradigmenwechsel auf der amerikanischen Seite auch einen Paradigmenwechsel auf iranischer Seite nach sich zieht, sodass die Kontroverse als Ganze rationaler verläuft, einige Streitpunkte sogar beigelegt werden können. Dem ist aber leider nicht so. Die iranische Rhetorik hat sich seit der Amtsübernahme Obamas überhaupt nicht verändert. Stattdessen hält der Iran unnachgiebig an seiner Position fest. Insbesondere beschreibt der Iran weiterhin einen Kulturkonflikt, in dem der Westen dem Islam den Kampf angesagt hat. Dem amerikanischen Paradigmenwechsel begegnet der Iran mit Misstrauen, d.h., er beschuldigt die USA unter dem Deckmantel eines rhetorischen Paradigmenwechselns an der traditionellen Politik de facto festzuhalten.[691]

Daher muss die etwas ernüchternde Bilanz gezogen werden, dass die Kontroverse USA – Iran wohl erst dann rationaler verlaufen wird oder sogar gelöst werden kann, wenn auch im Iran jemand an der Macht ist, der, wie Obama, weniger fest und unkritisch an der alleinigen Gültigkeit seines Weltbildes festhält und es schafft, die weltanschaulichen Differenzen in den Hintergrund zu stellen und pragmatische Lösungen zu suchen. Ahmadinedschad selbst kann bei den nächsten Wahlen nach zweimaliger Amtszeit, wie es auch bei George W. Bush der Fall war, nicht mehr als Kandidat antreten. Es besteht aber eine realistische Möglichkeit, dass dann, wie es in den USA geschehen ist, auch im Iran jemand an die Macht kommt, der einen Paradigmenwechsel in Bezug auf den Dialog mit der westlichen Welt einleitet. Neben der gesellschaftlichen Unzu-

691 Vgl. u. a. Ahmadinedschad, 23.09.2009, Rede vor der UN-Generalversammlung, New York; Ahmadinedschad, 03.05.2010, The 2010 Review Conference of the Parties to the Treaty on the Non-Proliferation of Nuclear weapons (NPT), New York; Ahmadinedschad, 23.09.2010, Rede vor der UN-Generalversammlung, New York.

friedenheit könnten zwei Faktoren eine Rolle spielen. Ein Faktor könnte der Paradigmenwechsel in der amerikanischen Politik seit Obama sein, denn der iranischen Führung kommt ihr Feindbild abhanden, das seit der Islamischen Revolution ein wesentlicher Faktor bei der Legitimierung des iranischen Weltbildes ist. Schließlich könnten aber, wie es wohl auch bei George W. Bushs der Fall war, die islamischen Hardliner wie Ahmadinedschad selbst zum wesentlichen Faktor für einen Paradigmenwechsel werden, schenkt man den Worten Friedrich Nietzsches Glauben: »In jeder Partei ist einer, der durch sein gar zu gläubiges Aussprechen der Parteigrundsätze die übrigen zum Abfall reizt.«[692]

692 Nietzsche (2006): 221, Satz 298; *Menschliches Allzumenschliches* ist erstmals 1878 erschienen.

8. Anhang: Kontextualisierung der Kontroverse – Die liberale Tradition der USA und die iranische Interpretation des Islam

In diesem Anhang soll in Bezug auf den Liberalismus vor allem die ideengeschichtliche Entwicklung kurz nachgezeichnet werden. Auf eine Darstellung des aktuellen politischen Systems der USA als der Institutionalisierung liberaler Gedanken wird verzichtet, insofern davon auszugehen ist, dass dem westlichen Leser die politischen Institutionen liberaler Demokratien weitgehend bekannt sind. Hinsichtlich des Islamismus wird dagegen auf eine ideengeschichtliche Darstellung zu Gunsten einer realgeschichtlichen Darstellung der Entstehung der IRI und vor allem zu Gunsten der Darstellung der konkreten politischen Strukturen der IRI verzichtet. Diese dürften dem westlichen Lesen erstens nicht besonders vertraut sein. Zweitens sind die iranische Interpretation des (politischen) Islam und die konkrete Institutionalisierung der iranischen Auslegung des Islam in den politischen Strukturen der Islamischen Republik sehr spezifisch für die IRI.

8.1 Die liberale Tradition der USA

Um das Selbstverständnis der USA zu verstehen, muss man einen Blick auf die amerikanische Geschichte werfen. Die USA sind aus dem Unabhängigkeitskrieg der englischen Kolonien in Nordamerika mit dem Mutterland (1775 – 1783) hervorgegangen, bei dem liberale Ideen, wie sie vor allem in England selbst formuliert worden waren, eine wichtige Rolle spielten. Umgekehrt haben die Entwicklungen auf dem amerikanischen Kontinent Einfluss auf die weitere politische Entwicklung in Europa genommen und zur Verbreitung der liberalen Gesellschaftstheorie geführt, die heute eine der ideologischen Grundlagen der europäischen Demokratien ist.

Die Entwicklung liberaler Ideen ist vor allem mit den Namen John Locke (1632 – 1704) und John Stuart Mill (1806 – 1873) verbunden. Locke knüpft seinerseits kritisch an die Gedanken Thomas Hobbes (1588 – 1679) an, dessen

Thesen als der neuzeitliche Ausgangspunkt für die Entwicklung des westlichen Staats- und Politikverständnisses gelten können.

Hobbes versteht den Menschen als egoistisches Wesen, das seinen begrenzten Lebensraum mit anderen Menschen teilen muss und dessen beherrschendes Ziel die Selbsterhaltung ist. Da der Mensch zur Durchsetzung seines Ziels notfalls zur Gewalt greift, herrscht im Naturzustand, ohne staatlich-rechtliche Ordnung, ein Krieg aller gegen alle. Gleichzeitig ist der Mensch nach Hobbes ein *zur rationalen Erkenntnis fähiges Wesen*, das erkennt, dass die Aufrechterhaltung eines solchen Naturzustandes dauerhaft nicht in seinem (Sicherheits-) Interesse liegen kann, und das daher in einem Sozialvertrag sein Recht auf Gewaltanwendung zur Selbsterhaltung aufgibt und eine staatlich-rechtliche Ordnung herstellt, die für jeden Sicherheit gewährleistet. Da sich nicht immer jeder Mensch an Vereinbarungen hält, muss diese Vereinbarung durch eine mit hinreichender Macht ausgestattete Instanz überwacht und notfalls auch erzwungen werden. Diese Instanz ist der Souverän. (Unter diesen Souverän hat sich nach Hobbes insbesondere auch die Kirche unterzuordnen.)

Mit der Etablierung einer solchen gesellschaftlichen Ordnung schafft sich der Mensch sein *eigenes, künstliches Recht*, das *keine natürliche oder göttliche Basis* mehr aufweist, und das dem *pragmatischen Zweck der Wahrung der Interessen des Individuums*, d.h. der Herstellung von Sicherheit und Frieden, dient. Mit Hobbes setzt damit eine Abkehr von kollektivistischen Gemeinwohlkonzeptionen ein, nach denen der Staat losgelöst von den Interessen des Individuums moralische Ziele, wie die Verwirklichung von Tugend (Platon und Aristoteles) oder einer göttlicher Ordnung (z.B. Thomas von Aquin), verfolgt. Mit der Verwerfung der Vorstellung eines göttlichen Rechts und der Auffassung eines bürgerlichen Rechts vertritt Hobbes einen rechtspositivistischen Standpunkt und übt im 17. und 18. Jahrhundert einen beträchtlichen Einfluss aus.[693]

Locke knüpft nun an die Gedanken Hobbes' an, betrachtet aber im Gegensatz zu Hobbes nicht mehr die Herstellung und Gewährleistung von Sicherheit, sondern den *Schutz der Freiheit* und *des Eigentums* als primäres Ziel staatlicher Ordnung. Für Locke sind die Freiheit des Individuums, insbesondere im Sinne der *wirtschaftlichen* und der *weltanschaulichen* Freiheit, und damit auch die *religiöse Toleranz* die zentralen Werte.

Locke geht davon aus, dass die Menschen schon im Naturzustand gewisse Rechte und Pflichten haben, die durch die Errichtung einer staatlichen Ordnung nicht aufgehoben werden können, sondern nur auf repräsentative Organe übertragen werden, welche im Namen der Bürger handeln. Insbesondere haben

693 Die Theorie des Sozialkontrakts stammte bereits aus der Antike, Hobbes hat ihr aber zu neuer Geltung verholfen. Vgl. Hobbes (2010, Originalausgabe 1651); Lehner/Widmaier (2002): 22–23; Röd (2000): 36–41.

die Menschen im Naturzustand ein Recht auf Eigentum. Zwar gehört die Erde nach Locke ursprünglich allen Menschen, sie kann aber durch Bearbeitung angeeignet werden. Indem der Mensch bei ihrer Bearbeitung seine menschliche Arbeitskraft mit dem Rohstoff verbindet und das Produkt etwas dem Menschen Eigenes enthält, geht es in sein Eigentum über. Während Locke zunächst für eine Beschränkung der Aneignung auf den Bedarf des Arbeitenden und seiner Familie zum Lebensunterhalt eintritt, erklärt er nachträglich diese Beschränkung mit dem Übergang zur Geldwirtschaft für hinfällig.

Insofern der Staat die individuelle Freiheit und das Eigentum sichern soll, darf die staatliche Herrschaft nicht, wie bei Hobbes, absolut sein, sondern bedarf einer Beschränkung. So soll die staatliche Macht erstens an die Zustimmung der Beherrschten gebunden sein (*Prinzip der Volkssouveränität*): Die Beherrschten sollen ein Parlament als Repräsentativorgan wählen, welches *in ihrem Namen* Gesetze erlässt, an die sich auch alle staatlichen Institutionen zu halten haben. Zweitens soll die politische Macht durch *Gewaltenteilung* begrenzt werden. Handeln die politischen Organe nicht repräsentativ im Namen der Bürger und im Sinne des Gemeinwohls oder setzen sie sich über das Prinzip der Gewaltenteilung hinweg, kann das Volk die an die politischen Organe delegierte Gewalt zurückfordern und diese Organe wieder absetzen.[694]

Mit der Einsicht, dass es sich bei dem Menschen um ein *vernunftbegabtes* Wesen handelt, das *sich selbst eine staatliche Ordnung gibt*, die die *Interessen des Individuums* sichert und vor allem dem Schutze seiner *Freiheit* dient, sowie mit der Forderung nach *religiöser Toleranz* war der Weg für die Aufklärung in Europa bereitet. Teilweise wird Locke selbst schon zu den Aufklärern gezählt.

Die Gedanken John Lockes haben erheblichen Einfluss auf die Unabhängigkeitserklärung der englischen Kolonien von ihrem Mutterland von 1776 gehabt und wurden schließlich in die im Wesentlichen bis heute gültige amerikanische Verfassung von 1787, die immer noch eine starke Unterstützung in der amerikanischen Gesellschaft erfährt, aufgenommen. Gerade auf Grund der Erfahrung der Siedler mit der als ungerecht empfundenen staatlichen Macht in Europa – die europäischen Herrscher hatten sich als Herrscher von Gottes Gnaden verstanden – bestand das oberste Ziel der amerikanischen Verfassung in der *Sicherung der Freiheit durch die Begrenzung der Staatsmacht*, was sich in den politischen Strukturen der amerikanischen Demokratie widerspiegelt. Die Exekutive und die Legislative sind nicht, wie in den meisten europäischen Demokratien, miteinander verschränkt (Gewaltenverschränkung), sondern tatsächlich vonein-

694 Vgl. Locke (1977, Originalausgabe 1690): insbesondere 200–354 und Locke (1996, Originalausgabe 1689); Lehner/Widmaier (2002): 23; Röd (2000): 60–62, 66–68.

ander getrennt (Gewaltenteilung).[695] Vor allem stellte die Gründung der amerikanischen Nation auch eine Abkehr vom Staatskirchentum Europas dar.[696]

Die *liberalen Abwehrrechte*, welche die *Grundfreiheiten* des Individuums gegenüber der staatlichen Macht schützen sollen, und die man heute als die »erste Generation« der Menschenrechte bezeichnet (insbesondere das Recht auf Leben, das Recht auf Religions- und Meinungsfreiheit und das Recht auf Eigentum), wurden schließlich explizit im einem Grundrechtskatalog der Bürger, der »Bill of Rights«, von 1789 ausformuliert und der amerikanischen Verfassung hinzugefügt.[697]

> Mit einer geschriebenen republikanisch-demokratischen Verfassung, die ein gewaltenteilendes Regierungssystem festschrieb und [...] als für die damalige Zeit fortschrittlich bezeichnet werden muß; mit der verfassungsrechtlichen Absicherung der Volkssouveränität und des Föderalismus und mit der nachträglichen Festschreibung eines Grundrechtskataloges [der unter anderem die Garantie der Meinungs-, Presse- und Religionsfreiheit und eines ordentlichen Gerichtverfahrens enthält] brachte die amerikanische Unabhängigkeitsbewegung wesentliche Anstöße für die spätere Entwicklung der westlichen Demokratien [...].[698]

Im 19. Jahrhundert verschaffte schließlich John Stuart Mill »der Individualkonzeption des Liberalismus den ideologischen Durchbruch«[699]. Mill war Verfechter des *Utilitarismus* und stellte das *Individuum mit seinem Streben nach Glück* in den Mittelpunkt. Eine Handlung gilt nach Mill, verkürzt gesagt, dann als gut, wenn sie das individuelle Glück fördert, wobei Mill nach höheren und niederen Formen der Befriedigung differenziert und auch Fragen der Gerechtigkeit in Rechnung stellt. Die Freiheit ist für Mill die zentrale Bedingung für die Entfaltung und das Glück des Individuums. In die Freiheit des Einzelnen darf der Staat nur eingreifen, wenn das Handeln des Einzelnen die Interessen der Anderen bedroht und es die soziale Ordnung gefährdet. Mill tritt also für das Modell eines *Minimalstaates* ein, nach dem die Funktion des Staates auf die Sicherung

695 Vgl. Hübner (2007): 10–17, 164–70.

696 Vgl. Braml (2005): 31; wobei Braml darauf verweist, dass die ersten amerikanischen Siedler sich gleichzeitig als eine von Gott auserwählte Nation empfanden.

697 Vgl. Berg-Schlosser »Menschenrechte und Demokratie – universelle Kategorien oder eurozentrische Betrachtungsweise?«, in Brocker / Nau (1997): 292–94. Die liberalen Ideen John Lockes durchdringen heute auch die Programme internationaler Institutionen, wie z. B. der Weltbank. (Vgl. Roy 2008: 43.)

698 Hübner (2007): 17. Was die politische Kultur der USA angeht, so konstatiert Hübner: »Der ›american creed‹ – das politische Glaubensbekenntnis zu Freiheit, Gleichheit, Fortschritt, Individualismus und Demokratie – ist sicherlich eine in ihrer Bedeutung kaum zu überschätzende Stütze des amerikanischen Systems und auch des amerikanischen Patriotismus. [...] Die Amerikaner mögen sich über die Interpretation ihrer Grundwerte streiten, über die Grundwerte selbst herrscht im wesentlichen Einigkeit.« (Hübner 2007: 169)

699 Lehner / Widmaier (2002): 24

der sozialen Ordnung limitiert bleibt. Gegen eine darüber hinausgehende staatliche Regulierung individuellen oder kollektiven Handelns spricht er sich entschieden aus. Insbesondere spricht er sich gegen die Beschränkung der *Meinungsfreiheit* aus.[700]

»Das von Locke und Mill postulierte Prinzip individueller Freiheit ist das zentrale Prinzip liberaler Staatstheorien. [...] Die liberale Gesellschaftstheorie hat die Entwicklung der westlichen Demokratien und ihre staatstheoretische Rechtfertigung stark beeinflusst.«[701]

8.2 Die iranische Interpretation des Islam

Der Islam, dessen zentrales Element der *Monotheismus*, d. h. der Glaube an einen einzigen Gott ist, wurde vom *Propheten Muhammad* (ca. 570–632) auf der Arabischen Halbinsel gestiftet. Muhammad wurde zugleich zum religiösen und politischen Führer der frühen islamischen Gemeinschaft, der Ummah. Die frühe

700 Vgl. Mill (2006, Originalausgabe, 1863) und (2010, Originalausgabe 1859); Lehner / Widmaier (2002): 24.

701 Lehner / Widmaier (2002): 24; Hervorh. weggel. Später haben, vor allem in Europa, der *Konservatismus* auf der einen Seite und der *Sozialismus und Marxismus* auf der anderen Seite, die sich in kritischer Auseinandersetzung zum Liberalismus entwickelt haben, liberale Ideen ergänzt und auch relativiert. Auch sie zählen heute zu den ideologischen Grundlagen westlicher, vor allem europäischer, Demokratien.
Der Konservatismus, der vor allem von Edmund Burke als Kritik an den Ideen der Aufklärung und der Französischen Revolution formuliert wurde, betrachtet die Traditionsgebundenheit staatlicher Ordnung als notwendig und tritt vor allem für eine über bloßen Utilitarismus hinausgehende sittliche Basis gesellschaftlicher Ordnung ein. Der Staat wird von Konservativen vor allem als »System einer autoritativen Zuweisung von Werten« (Lehner / Widmaier 2002: 25) verstanden.
Der Sozialismus entwickelte sich als kritische Gegenrichtung zur liberal-kapitalistischen Ideologie der industrialisierten Gesellschaft und betont, dass die auf Individualismus und Utilitarismus basierende Gesellschaftsordnung zur Machtakkumulation, sozioökonomischer Ungleichheit und Ausbeutung der Arbeiterschaft führt, was Karl Marx stark betonte. Im Sozialismus wird der Staat vor allem als (Um-)Verteilungssystem verstanden. (Vgl. Lehner / Widmaier 2002: 24–27.) In diesem Zusammenhang ist schließlich die »zweite Generation« der Menschenrechte formuliert worden, also die Sozialrechte (das Recht auf ökonomische und soziale Existenzsicherung, das Recht auf Chancengleichheit usw.), um die liberalen Abwehrrechte, die Freiheitsrechte, zu ergänzen. Der »zweiten Generation« der Menschenrechte wurde vor allem in den europäischen Wohlfahrtsstaaten und in den sozialistischen Staaten Osteuropas – hier auf Kosten der Freiheitsrechte – Rechnung getragen. Schließlich wurde noch eine »dritte Generation« von Menschenrechten formuliert, die sich im Gegensatz zu den anderen Generationen auf kollektive Güter bezieht (das Recht auf Frieden, auf Entwicklung, auf Umwelt, auf kulturelle Identität usw.). (Vgl. Berg-Schlosser »Menschenrechte und Demokratie – universelle Kategorien oder eurozentrische Betrachtungsweise?«, in Brocker / Nau 1997: 292–94.)

islamische Gemeinschaft bildete also sowohl eine politisch-weltliche als auch eine religiöse Gemeinschaft.

Der Islam beansprucht die ursprüngliche Offenbarung Gottes zu sein. So habe, dem Islam zufolge, Gott seine Offenbarung den Menschen mehrmals durch verschiedene Propheten verkünden lassen. Den Juden wurde sie durch den Propheten Moses und den Christen durch den Propheten Jesus, der im Islam nicht als Gottes Sohn gilt, verkündet. Doch sowohl das Judentum als auch das Christentum seien im Laufe der Zeit von der ursprünglichen Offenbarung abgekommen und lebten nun eine entstellte Form der Offenbarung aus. Muhammad sei der letzte der Propheten gewesen, durch welchen Gott seine Offenbarung verkünden ließ – der Islam ist die jüngste der drei monotheistischen Weltreligionen – und es sei seine Aufgabe gewesen, den Menschen die ursprüngliche, unverfälschte Offenbarung zu verkünden.[702]

Schon zwei Jahre nach dem Tod Muhammads 623 begannen die muslimischen Araber ihre Eroberungszüge, um den Islam zu verbreiten. Noch im 7. Jahrhundert eroberten sie den Iran bzw. das persische Reich und begannen, das Land zu islamisieren. Unter der Herrschaft der Safawiden (1501 – 1722), die den Anspruch erhoben, vom Propheten Muhammad abzustammen und die damit sowohl als weltlich als auch als religiös legitimiert angesehen wurden, begann schließlich die religiöse Prägung des Iran als *schiitisches* Land. Die Safawiden führten den *Zwölfer-Schiismus* als Staatsreligion ein und brachten damit die Schia an die Macht. Der Schiismus, konkret der Zwölfer-Schiismus, wurde zum identitäts- und einheitsstiftenden Element im Vielvölkerstaat Iran.[703]

Mit der Errichtung der *Islamischen Republik Iran* (1979) in Folge der *Isla-*

702 Da Juden und Christen als im Besitz der göttlichen Offenbarung angesehen wurden – selbst wenn diese als unvollständig und überholt galt – und heilige Bücher hatten, wurden sie nicht mit Heiden auf eine Stufe gestellt und mussten unter islamischer Herrschaft nicht, wie die Heiden, zwischen dem Übertritt zum Islam und dem Tod wählen.

703 Die Spaltung zwischen Sunniten und Schiiten ist entlang der Frage entstanden, wer der legitime Nachfolger des Propheten Muhammad hinsichtlich der religiösen und politischen Führung der islamischen Gemeinschaft war. Dieser starb 623 ohne noch lebende Söhne und Erben zu hinterlassen. Die Schiiten vertraten die Ansicht, dass Ali, der Cousin und Schwiegersohn von Muhammad der einzig legitime Nachfolger (Kalif) sei und erkannten die drei Kalifen, die von der frühislamischen Gemeinschaft zunächst vor Ali zum Kalifen gewählt worden waren, im Gegensatz zu den Sunniten, nicht an. Den Schiiten zufolge haben sich die Sunniten dadurch versündigt, dass sie Alis Kalifat nicht direkt unterstützten und damit gegen Gottes Willen verstießen. Die größte Gruppe innerhalb der Schiiten sind die Zwölfer-Schiiten. Für sie gelten nur Alis elf Nachfahren aus seiner Ehe mit der Prophetentochter Fatima als legitime Nachfolger. (Mit Ali selbst sind es also zwölf Nachfolger Muhammads.) Die Zwölfer-Schiiten werden auch Imamiten genannt (Imam = arabisch für Führer, Leiter). Als der elfte Imam starb, hinterließ er, der allgemeinen Überlieferung zufolge, keine männlichen Nachfahren. Die Zwölfer-Schiiten bestreiten diese Version und glauben, dass sich der zwölfte Imam irgendwo versteckt hält und irgendwann wieder auftauchen wird. Vgl. Gronke (2006): 9 – 38, 65 – 82.

mischen Revolution gegen das westlich orientierte Schah-Regime (1977–79) wurde die Interpretation des Islam, konkret des Zwölfer-Schiismus, wie sie der Revolutionsführer *Ayatollah Ruhollah Khomeini* vornahm, zur *Staatsideologie* erklärt und in den politisch-staatlichen Strukturen des Landes *institutionalisiert.* Die Machtergreifung der Islamisten im Iran trug schließlich zum Aufstieg islamischer Kräfte in der gesamten Region bei.

Die Revolution hatte von Anfang an eine *antiwestliche* und vor allem *antiamerikanische* sowie – unter dem Eindruck der mit westlicher Unterstützung erfolgten Staatsgründung Israels und der darauf folgenden Konflikte zwischen Israel und den arabischen, islamisch geprägten Staaten – auch eine *antiisraelische* Stoßrichtung, sodass antiisraelische und antiwestliche bzw. antiamerikanische Gedanken Teil der Staatsideologie geworden sind.[704] Der amerikanische Geheimdienst CIA hatte 1953 maßgeblich an dem Staatsstreich gegen den beliebten iranischen Ministerpräsidenten Mosaddegh mitgewirkt, der versucht hatte, die Anglo-Iranian Oil Company, die viele Iraner als Instrument britischer Einflussnahme im Land wahrnahmen, zu verstaatlichen. Schließlich hatten die USA im Zuge ihrer Versuche, Iran im Kampf gegen den Kommunismus in die westliche Allianz einzubinden, das despotisch geführte Regime des Schahs unterstützt, das einerseits mit seiner westlichen Politik viele tief gläubige Iraner brüskierte, andererseits mit seinen Repressionen aber auch westlich-orientierte Iraner verschreckte, und sich nun 1979 im Zuge der Islamischen Revolution auflöste.

> Da die Möglichkeit politischer Mitbestimmung und der freien Äußerung regimekritischer Ansichten gänzlich fehlte, blieb die religiöse Opposition der einzige Weg, um Widerstand gegen die autokratische Herrschaft des Schahs zu artikulieren. Der schiitischen Geistlichkeit fiel damit wiederum ihre traditionelle Rolle zu, die Bevölkerung Irans gegen unislamische Einflüsse und eine despotische Regierung zu verteidigen.[705]

---

704 Für islamistische Strömungen im Allgemeinen gilt, dass sich frühe Bewegungen schon im 19. und 20. Jahrhundert als *antikolonialer* Widerstand gebildet hatten. Insbesondere mit den Kriegen zwischen dem sich jüdisch-religiös definierenden Israel und den arabischen Staaten wurde der Islamismus dann zur Massenbewegung. Während sich islamistische Bewegungen während des Kalten Krieges als »dritter« Weg zwischen dem Sozialismus und dem Kapitalismus verstanden, konzentriert sich die Kritik von islamistischer Seite nach dem Zusammenbruch des sozialistischen »Ostblocks« auf die Kritik an westlichen Modellen. (Vgl. Rosiny »›Der Islam ist die Lösung‹ – Zum Verhältnis von Ideologie und Religion im Islamismus«, in Feichtinger / Wentker 2008: 70.)

705 Gronke (2006): 104. Die schiitischen Geistlichen hatten bereits im 19. Jahrhundert eine gewisse Macht bei sich akkumulieren können. Sie besaßen Autorität, da die damaligen Herrscher, die Kadscharan, allein weltlich legitimiert waren, sie waren finanziell relativ unabhängig vom Staat und ihnen kam schließlich die Rolle der Hüter der Belange der iranischen Bevölkerung gegen westliche Einmischung einerseits und die Modernisierungsversuche der Herrscher andererseits zu. Der Einfluss wuchs noch einmal vorüber-

Wegbereiter der Revolutionsideologie waren insbesondere Dschlal al-e Ahmad (1923 – 1969) und Ali Schari'ati (1933 – 1977). Kern der Gedanken al-e Ahmads war die Kritik an der blinden *Nachahmung der westlichen Lebensweise* und die *Rückbesinnung auf die eigenen kulturellen Werte und insbesondere auf die Religion*. Schari'ati knüpfte an die Gedanken al-e Ahmads an und betonte die kämpferischen und dynamischen Aspekte des Islams. Den »wahren« Islam sah er in der muslimischen Urgemeinschaft zur Zeit des Propheten Muhammads verwirklicht. Symbolfigur und treibende Kraft der Revolution war der Ayatollah Ruhollah Khomeini.[706]

Das Staatsverständnis, das der Islamischen Republik Iran zu Grunde liegt, die sich schließlich in Abgrenzung zu westlichen Ideen entwickelt hat, steht damit in einem gewissen Spannungsverhältnis zum westlich-liberalen Staatsverständnis, wie es insbesondere den USA zu Grunde liegt. Die fünf Grundprinzipien des Zwölfer-Schiismus, der offiziellen Staatsreligion (1. der Monotheismus, 2. der Glaube an die Offenbarung Gottes durch die Propheten und insbesondere durch Muhammad, 3. der Glaube an die Auferstehung, 4. der Glaube an die Gerechtigkeit Gottes, 5. der Glaube an die Imame als die Vertreter Muhammads), sind in der iranischen Verfassung festgeschrieben und werden als für alle Bürger verbindlich angesehen.[707]

Laut Verfassung handelt es sich bei der Islamischen Republik Iran um eine *Theokratie, in welcher Gott der alleinige Herrscher ist.* Bis der zwölfte Imam wieder auftaucht, soll die politische Herrschaft stellvertretend von einem *Geistlichen* ausgeübt werden. Dieses von Khomeini erfundene Prinzip der »*Herrschaft des Rechtsgelehrten*« (velayat-e faqih), das sich im traditionellen Islam nicht findet, ist zentral für die Islamische Republik Iran. »Es institutionalisiert die Kontrolle der Regierung und aller wesentlichen staatlichen oder halbstaatlichen Institutionen durch den Geistigen (oder Obersten) Führer, um damit, wie es heißt, den Staat, seine Gesetze und Aktivitäten Gottes Willen zu unterwerfen.«[708] Khomeini bekleidete bis zu seinem Tod 1989 dieses Amt, sein Nachfolger wurde Ayatollah Ali Khamenei. Der Geistige Führer besitzt die stärkste Position. Er wird auf Lebenszeit durch eine Expertenversammlung gewählt, die sich aus Klerikern zusammensetzt, welche alle acht Jahre durch das Volk gewählt werden.

Khomeini hat die IRI allerdings auch als Republik konstituiert, die neben

---

gehend als 1907 eine Kommission von fünf Geistlichen errichtet wurde, die alle Gesetze auf ihre Vereinbarkeit mit der Scharia prüfen sollte.

706 Vgl. Gronke (2006): 83 – 119. Im Iran hatte es allerdings schon im 19. Jahrhundert, in Folge des immer stärker werdenden Einflusses des Westens auf Iran, Diskussionen über die Verwestlichung (unter anderem die Übernahme eines säkularen Staatsverständnisses) und die Rückbesinnung auf traditionelle Werte gegeben.

707 Vgl. Javaher-Haghighi (2008): 59 – 61.

708 Perthes (2008): 33.

theokratischen auch »moderne« Institutionen und Verfahren, wie regelmäßige Wahlen, kennt. Die wichtigsten republikanischen Institutionen sind das Parlament, das vor allem legislative Funktion besitzt, und der Staatspräsident, der mit Zustimmung des Parlaments das Kabinett ernennt und gemeinsam mit diesem die exekutive Funktion erfüllt. Der Staatspräsident ernennt die Mitglieder des Nationalen Sicherheitsrates. Da er für die Kommunikation nach »außen« zuständig ist, ist er der Akteur, der im internationalen Kontext besonders wahrnehmbar ist. Er kann mit einer Zweidrittelmehrheit durch das Parlament und Zustimmung des Geistigen Führers abgesetzt werden. Außerdem finden Wahlen von kommunalen Räten statt.

Den republikanischen Institutionen sind jedoch die theokratischen Institutionen gewissermaßen übergeordnet. Nachdem das Parlament einen Beschluss gefasst hat, muss er vom Wächterrat – sechs seiner Mitglieder sind Kleriker und werden vom Geistigen Führer ernannt, die übrigen sechs werden durch das Parlament gewählt – auf seine Übereinstimmung mit islamischen Vorschriften und der Verfassung überprüft werden. Der Wächterrat fungiert sozusagen als Verfassungsgericht.[709] Außerdem überwacht er die Wahlen und beurteilt die Kandidaten für die Expertenversammlung, die Präsidentenwahl und das Parlament. Er kann die Kandidaten auch von den Wahlen ausschließen und tut dies de facto auch oft. (So hatte er beispielsweise zur Präsidentschaftswahl 2005 nur acht Kandidaten zugelassen, der Sieg Ahmadinedschads gegen Rafsandschani in der dann folgenden Stichwahl war jedoch ein echter Sieg.) Der Geistige Führer kann schließlich Entscheidungen des Parlaments und der Regierung aufheben. Außerdem ernennt und kontrolliert er die Spitzen des Sicherheitsapparates, der Justiz, der staatlichen Medien und der religiösen Stiftungen.[710]

Die politische Führung hat sich bemüht, die iranische Kultur in allen Bereichen zu islamisieren: »Das Strafrecht wurde gemäß dem islamischen Religionsgesetz, der Scharia,[711] gehandhabt, das Tragen des Schleiers für Frauen

709 In einem Konfliktfall zwischen Parlament und Wächterrat vermittelt der Feststellungsrat, dessen Mitglieder vom Geistigen Führer ernannt werden.

710 Von Bedeutung für das politische System des Iran sind insbesondere noch die Pasdaran bzw. Revolutionswächter, eine paramilitärische Organisation, die zudem große wirtschaftliche Macht hat.

711 Die Scharia ist eine Sammlung von Vorschriften und Geboten aus dem 7.–10. Jahrhundert, die nach muslimischer Auffassung von Gott stammen, und, insofern im Islam nicht zwischen religiösem und weltlichem Lebensbereich unterschieden wird, religiöse, gesellschaftliche und rechtliche Aspekte umfassen. Die Vorschriften und Gebote stammen aus drei Quellen: Dem Koran, den Überlieferungen über Muhammad und seine Gefährten, also dem »hadith«, und den Auslegungen frühislamischer Juristen und Theologen (bis zum 10. Jahrhundert). Die Scharia behandelt insbesondere auch ehe- und familienrechtliche sowie strafrechtliche Fragen. Sie enthält Passagen, welche die Frau eindeutig als dem Mann unterlegen definieren, ihren Handlungs- und Entscheidungsspielraum einschränken und sie rechtlich gegenüber dem Mann benachteiligen. Beispielsweise kann nur die Zeugen-

wieder zur Pflicht gemacht, Alkohol verboten; Schulbücher wurden in islamischem Sinne umgeschrieben, Kochbücher unter Berücksichtigung der koranischen Speisevorschriften umgearbeitet.«[712]

Die Idee, dass die Herrschaft von Gott und stellvertretend von einem Geistlichen ausgeht, der Religionszwang und die staatlich-religiöse Durchdringung aller Lebensbereiche stehen also im Gegensatz zur liberalen Idee der Herrschaft des Volkes über sich selbst und des Schutzes der Freiheit, insbesondere auch der Religionsfreiheit, durch demokratische Strukturen. Obwohl das iranische System nicht demokratisch ist, unterscheidet es sich dennoch durch seine republikanischen Elemente von den in der Region gängigen Autokratien. Die Wahlbeteiligung ist im regionalen Vergleich recht hoch, was unter anderem darauf hinweist, dass die Institutionen eine gewisse Legitimität für sich beanspruchen können und die Wahlen bei der Bevölkerung ernst genommen werden. Die Wahlergebnisse sind auch nicht immer vorhersehbar. Die Regierung ist den Bürgern gegenüber also in einem gewissen Maße verantwortlich.[713]

---

aussage von zwei Frauen die eines Mannes aufwiegen, der Mann kann sich im Gegensatz zur Frau ohne Nennen von Gründen mit der Formel »Ich verstoße Dich« scheiden, wobei die Kinder bei einer Scheidung immer dem Mann zugesprochen werden usw. Im Bereich des Strafrechtes fordert sie unter anderem die Todesstrafe für Ehebruch und Abfall vom Islam (zum Teil durch Steinigung) und Amputationsstrafen bei schwerem Diebstahl. Unter anderem im Falle von Mord und Totschlag legitimiert sie eine Wiedervergeltung durch die Angehörigen der Opfer. Insofern die Scharia als Gesetz Gottes betrachtet wird, gilt sie allgemein nicht als hinterfragbar und reformierbar, wohl aber als interpretierbar. (Vgl. Schirrmacher 2007: 10–24, 39–60, 68.)

712 Gronke (2006): 112.

713 Vgl. Perthes (2008): 22–23, 27–28, 33–39, 49. Angaben über die öffentliche Meinung sind nach Perthes nur schwer zu machen. Die Bevölkerung scheint sich aber vor allem über die wirtschaftliche Lage Irans Gedanken zu machen, während sie an der Konfrontation mit Israel und der iranischen Unterstützung der Palästinenser und der libanesischen Hizbullah weniger Interesse hat. »Es gibt zweifellos Sympathie mit den Palästinensern, gleichzeitig aber ein weit verbreitetes Gefühl, das Wohlergehen und die Interessen des eigenen Landes sollten Priorität haben.« (Perthes 2008: 39.)

9. Literaturverzeichnis

Abbas, Mahmud, 21. September 2006: *Rede vor der 61sten Sitzung der UN-Generalversammlung.* New York. Im Internet unter: http://www.un.org/webcast/ga/61/pdfs/palestine-e.pdf. Letzte Recherche am: 01.03.2010.

Ahmadinedschad, Mahmud, 14. September 2005: *Rede auf dem UN-Weltgipfel.* New York. Im Internet unter: http://www.un.org/webcast/summit2005/statements/iran050914eng.pdf. Letzte Recherche am: 04.10.2010.

Ahmadinedschad, Mahmud, 17. September 2005: *Rede vor der 60sten Sitzung der UN-Generalversammlung.* New York. Im Internet unter: http://www.un.org/webcast/ga/60/statements/iran050917eng.pdf. Letzte Recherche am: 14.01.2010.

Ahmadinedschad, Mahmud, 26. Oktober 2005: *Rede auf der Konferenz »Welt ohne Zionismus«.* Teheran. Im Internet unter: http://www.iranfocus.com/modules/news/article.php?storyid=4164; http://www.nytimes.com/2005/10/30/weekinreview/30iran.html?pagewanted=1&_r=3&ei=5070&en=26f07fc5b7543417&ex=1161230400; http: //www.memri.org/report/en/0/0/0/0/0/0/1510.htm. Letzte Recherche am: 21.07.2010.

Ahmadinedschad, Mahmud, 07. Dezember 2005: *Rede auf dem Gipfel der OIC.* Mekka. Im Internet unter: http://www.islamicsummit.org.sa/en/9 – 6.aspx. Letzte Recherche am: 14.01.2010.

Ahmadinedschad, Mahmud, Mai 2006: *Brief an George W. Bush.* Im Internet unter: http://news.bbc.co.uk/2/shared/bsp/hi/pdfs/09_05_06ahmadinejadletter.pdf. Letzte Recherche am: 14.01.2010.

Ahmadinedschad, Mahmud, 19. September 2006: *Rede vor der 61sten Sitzung der UN-Generalversammlung.* New York. Im Internet unter: http://www.un.org/webcast/ga/61/pdfs/iran-e.pdf. Letzte Recherche am: 14.01.2010.

Ahmadinedschad, Mahmud, 20. September 2007: *Interview mit Scott Pelley (CBS).* Teheran. Im Internet unter: http://www.cbsnews.com/stories/2007/09/21/60minutes/main3286690.shtml?source=related_story. Letzte Recherche am: 14.01.2010.

Ahmadinedschad, Mahmud, 25. September 2007: *Rede vor der 62sten Sitzung der UN-Generalversammlung.* New York. Im Internet unter: http://www.un.org/webcast/ga/62/2007/pdfs/iran-eng.pdf. Letzte Recherche am: 14.01.2010.

Ahmadinedschad, Mahmud, 23. September 2008: *Rede vor der 63sten Sitzung der UN-Generalversammlung.* New York. Im Internet unter: http://www.un.org/ga/63/generaldebate/pdf/iran_en.pdf. Letzte Recherche am: 14.01.2010.

Ahmadinedschad, Mahmud, 24. Dezember 2008: *TV-Weihnachtsansprache, ausgestrahlt auf Channel 4.*Teheran. Im Internet unter: http://www.channel4.com/programmes/alternative-christmas-message/articles/translation-of-the-alternative-christmas-message. Letzte Recherche am: 27.12.2008.

Ahmadinedschad, Mahmud, 23. September 2009: *Rede vor der 64sten Sitzung der UN-Generalversammlung.* New York. Im Internet unter: http://www.un.org/en/ga/64/generaldebate/pdf/IR_en.pdf. Letzte Recherche am: 03.03.2011.

Ahmadinedschad, Mahmud, 03. Mai 2010: *The 2010 Review Conference of the Parties to the Treaty on the Non-Proliferation of Nuclear weapons (NPT).* New York. Im Internet unter: http://www.un.org/en/conf/npt/2010/statements/pdf/iran_en.pdf. Letzte Recherche am: 08.03.2011.

Ahmadinedschad, Mahmud, 23. September 2010: *Rede vor der 65sten Sitzung der UN-Generalversammlung.* New York. Im Internet unter: http://www.un.org/en/ga/65/meetings/generaldebate/Portals/1/statements/634208557381562500IR_en.pdf. Letzte Recherche am: 03.03.2011.

Bush, Geoge W., 29. Januar 2002: *State of the Union Address.* Washington D. C. Im Internet unter: http://www.whitehouse.gov/news/releases/2002/01/20020129 – 11.html. Letzte Recherche am: 12.12.2008.

Bush, Geoge W., 21. September 2004: *Rede vor der 59sten Sitzung der UN-Generalversammlung.* New York. Im Internet unter: http://www.un.org/webcast/ga/59/statements/usaeng040921.pdf. Letzte Recherche am: 14.01.2010.

Bush, George W., 21. Februar 2005: *President Discusses American and European Alliance in Belgium.* Brüssel. Im Internet unter: http://www.whitehouse.gov/news/releases/2005/02/20050221.html. Letzte Recherche am: 01.10.2008.

Bush, George W., 14. September 2005: *Rede auf dem UN-Weltgipfel.* New York. Im Internet unter: http://www.whitehouse.gov/news/releases/2005/09/20050914.html. Letzte Recherche am: 01.10.2008.

Bush, George W., 28. Oktober 2005: *President Discusses War on Terror.* Norfolk, USA. Im Internet unter: http://www.whitehouse.gov/news/releases/2005/10/20051028 – 1.html. Letzte Recherche am: 01.10.2008.

Bush, George W., 11. November 2005: *President Commemorates Veterans Day, Discusses War on Terror.* Tobyhanna, USA. Im Internet unter: http://www.whitehouse.gov/news/releases/2005/11/20051111 – 1.html. Letzte Recherche am: 01.10.2008.

Bush, George W., 05. September 2006: *President Bush Discusses Global War on Terror.* Washington D. C. Im Internet unter: http://www.whitehouse.gov/news/releases/2006/09/20060905 – 4.html. Letzte Recherche am: 01.10.2008.

Bush, George W., 19. September 2006: *Rede vor der 61sten Sitzung der UN-Generalversammlung.* New York. Im Internet unter: http://www.un.org/webcast/ga/61/pdfs/usa-e.pdf. Letzte Recherche am: 14.01.2010.

Bush, George W., 20. April 2007: *President Bush Visits East Grand Rapids, Discusses Global War on Terror.* East Grand Rapids, USA. Im Internet unter: http://www.whitehouse.gov/news/releases/2007/04/20070420 – 6.htm. Letzte Recherche am: 01.10.2008.

Bush, George W., 27. Juni 2007: *President Bush Rededicates Islamic Center of Washington.* Washington D. C. Im Internet unter: http://www.whitehouse.gov/news/releases/2007/06/20070627 – 2.html. Letzte Recherche am: 01.10.2008.

Bush, George W., 28. August 2007: *President Bush Addresses the 89th Annual National Convention of the American Legion.* Reno, USA. Im Internet unter: http://www.whitehouse.gov/news/releases/2007/08/20070828 - 2.html. Letzte Recherche am: 01.10.2008.

Bush, George W., 25. September 2007: *Rede vor der 62sten Sitzung der UN-Generalversammlung.* New York. Im Internet unter: http://www.un.org/webcast/ga/62/2007/pdfs/usa-eng.pdf. Letzte Recherche am: 14.01.2010.

Bush, George W., 01. November 2007: *President Bush Discusses Global War on Terror.* Washington D. C. Im Internet unter: http://www.whitehouse.gov/news/releases/2007/11/20071101 - 4.html. Letzte Recherche am: 01.10.2008.

Bush, George W., 13. Januar 2008: *President Bush Discusses Importance of Freedom in the Middle East.* Abu Dhabi. Im Internet unter: http://www.whitehouse.gov/news/releases/2008/01/20080113 - 1.html. Letzte Recherche am: 01.10.2008.

Bush, George W., 31. Januar 2008: *President Bush Discusses Global War on Terror in Las Vegas, Nevada.* Las Vegas. Im Internet unter: http://www.whitehouse.gov/news/releases/2008/01/20080131 - 2.html. Letzte Recherche am: 01.10.2008.

Bush, George W., 06. März 2008: *President Bush Commemorates Fifth Anniversary of U. S. Department of Homeland Security.* Washington D. C. Im Internet unter: http://www.whitehouse.gov/news/releases/2008/03/20080306 - 4.html. Letzte Recherche am: 01.10.2008.

Bush, George W., 23. September 2008: *Rede vor der 63sten Sitzung der UN-Generalversammlung.* New York. Im Internet unter: http://www.un.org/en/ga/63/generaldebate/pdf/usa_en.pdf. Letzte Recherche am: 14.01.2010.

Clinton, Hillary, 03. Mai 2010: *The 2010 Review Conference of the Parties to the Treaty on the Non-Proliferation of Nuclear weapons (NPT).* New York. Im Internet unter: http://www.un.org/en/conf/npt/2010/statements/pdf/usa_en.pdf. Letzte Recherche am: 08.03.2011.

Obama, Barack, 18. Mai 2009: *Remarks by President Obama and Prime Minister Netanyahu of Israel.* Washington D. C. Im Internet unter: http://www.whitehouse.gov/the-press-office/remarks-president-obama-and-israeli-prime-minister-netanyahu-press-availability. Letzte Recherche am: 10.03.2011.

Obama, Barack, 21. Mai 2009: *Remarks by the President on National Security.* Washington D. C. Im Internet unter: http://www.whitehouse.gov/the-press-office/remarks-president-national-security-5-21-09. Letzte Recherche am: 07.03.2011.

Obama, Barack, 04. Juni 2009: *Remarks by the President on a New Beginning.* Kairo. Im Internet unter: http://www.whitehouse.gov/the-press-office/remarks-president-cairo-university-6-04-09. Letzte Recherche am: 10.03.2011.

Obama, Barack, 23. September 2009: *Rede vor der 64sten Sitzung der UN-Generalversammlung.* New York. Im Internet unter: http://www.un.org/en/ga/64/generaldebate/pdf/US_en.pdf. Letzte Recherche am: 08.03.2011.

Obama, Barack, 23. September 2010: *Rede vor der 65sten Sitzung der UN-Generalversammlung.* New York. Im Internet unter: http://www.un.org/en/ga/65/meetings/generaldebate/Portals/1/statements/634209239344218750US_en.pdf. Letzte Recherche am: 08.03.2011.

Rice, Condoleezza, 17. September 2005: *Rede vor der 60sten Sitzung der UN-Generalversammlung.* New York. Im Internet unter: http://www.un.org/webcast/ga/60/statements/usa050917eng.pdf. Letzte Recherche am: 08. 07. 2009.

Amirpur, Katajun: »Der ›Schurkenstaat‹ Iran und die Greater Middle East Initiative«. In: *ORIENT,* 46 (2005), Nr. 2, S. 251 – 71.

Amirpur, Katajun: »Der iranische Schlüsselsatz«. In: *Süddeutsche Zeitung* vom 15./16. März 2008 und auf *Sueddeutsche.de.* Im Internet unter: http://www.sueddeutsche.de/kultur/umstrittenes-zitat-von-ahmadinedschad-der-iranische-schluesselsatz-1.287333. Letzte Recherche am: 20. 07. 2010.

Austin, John L. (2002): *Zur Theorie der Sprechakte (How to do things with Words).* Stuttgart: Reclam.

Bateson, Gregory, Don D. Jackson, Jay Haley und John Weakland: »Towards a Theory of Schizophrenia«. In: *Behavioral Science,* 1 (1956), Nr. 4, S. 251 – 64.

Bateson, Gregory und Don D. Jackson: »Some Varieties of Pathogenic Organization«. In: David McK. Rioch (Hg.) (1964): *Disorders of Communication,* 42, Research Publications. Association for Research in Nervous and Mental Disease, S. 270 – 83.

Berg-Schlosser, Dirk: »Menschenrechte und Demokratie – universelle Kategorien oder eurozentrische Betrachtungsweise?«. In: Manfred Brocker und Heino Heinrich Nau (Hg.) (1997): *Ethnozentrismus. Möglichkeiten und Grenzen des interkulturellen Dialogs.* Darmstadt: Wissenschaftliche Buchgesellschaft, S. 289 – 306.

Bielefeldt, Heiner: »Menschenrechte – universaler Normkonsens oder eurozentrischer Kulturimperialismus?«. In: Manfred Brocker und Heino Heinrich Nau (Hg.) (1997): *Ethnozentrismus. Möglichkeiten und Grenzen des interkulturellen Dialogs.* Darmstadt: Wissenschaftliche Buchgesellschaft, S. 256 – 68.

Borovskoy, Daniil: »Russland als problematischer Kommunikationspartner des Westens? Die Selbstdarstellung des russischen Staates in Reden von Präsident Putin 2000 – 2006«. In: Jens Tenscher und Henrike Viehrig (Hg.) (2007): *Politische Kommunikation in internationalen Beziehungen.* Berlin: LIT, S. 167 – 90.

Braml, Josef (2005): *Amerika, Gott und die Welt.* Berlin: Matthes & Seitz.

Braun, Edmund und Hans Radermacher (1978): *Wissenschaftstheoretisches Lexikon.* Graz / Wien / Köln: Styria.

Brentano, Margherita von: »Wissenschaftspluralismus. Zur Funktion, Genese und Kritik eines Kampfbegriffs«. In: *Das Argument,* 66 (1971), S. 476 – 93.

Burge, Tyler: »Referenz und Eigennamen«. In: Ursula Wolf (Hg.) (1993): *Eigennamen. Dokumentation einer Kontroverse.* Frankfurt am Main: Suhrkamp, S. 252 – 73.

Cantor, Georg: »Beiträge zur Begründung der transfiniten Mengenlehre, 1. Artikel.« In: *Mathematische Annalen,* 46 (1895), S. 481 – 512.

Carnap, Rudolf, Hans Hahn und Otto Neurath (1929): »Wissenschaftliche Weltauffassung – der Wiener Kreis«. In: Otto Neurath (1979): *Wissenschaftliche Weltauffassung, Sozialismus und Logischer Empirismus.* Herausgegeben von Rainer Hegselmann. Frankfurt am Main: Suhrkamp, S. 81 – 101.

Carnap, Rudolf (1936): »Wahrheit und Bewährung«. In: Gunnar Skirbekk (Hg.) (1977): *Wahrheitstheorien. Eine Auswahl aus den Diskussionen über Wahrheit im 20. Jahrhundert.* Frankfurt am Main: Suhrkamp, S. 89 – 95.

Charter of the United Nations (1945): »Preamble«. Im Internet unter: http://www.un.org/en/documents/charter/preamble.shtml. Letzte Recherche am: 07.08.2009.

Charter of the United Nations (1945): »Chapter I, Article 2«. Im Internet unter: http://www.un.org/en/documents/charter/chapter1.shtml. Letzte Recherche am: 17.02.2011.

Charter of the United Nations (1945): »Chapter V, Article 27«. Im Internet unter: http://www.un.org/en/documents/charter/chapter5.shtml. Letzte Recherche am: 24.09.2010.

Charter of the United Nations (1945): »Chapter XVIII, Article 108«. Im Internet unter: http://www.un.org/en/documents/charter/chapter18.shtml. Letzte Recherche am: 24.09.2010.

Chomsky, Noam (2002): *The Attack. Hintergründe und Folgen.* Hamburg / Wien: Europa Verlag.

Czempiel, Ernst-Otto (1986): *Friedensstrategien. Systemwandel durch Internationale Organisation, Demokratisierung und Wirtschaft.* Paderborn: Schöningh.

Czempiel, Ernst-Otto: »Kants Theorem. Oder: Warum sind die Demokratien (noch immer) nicht friedlich?« In: *Zeitschrift für Internationale Beziehungen,* 3 (1996), Nr. 1, S. 79 – 101.

Davidson, Donald (1973): »Radikale Interpretation«. In: Ders. (1990): *Wahrheit und Interpretation.* Frankfurt am Main: Suhrkamp, S. 183 – 203.

Davidson, Donald (1974): »On the Very Idea of a Conceptual Scheme«. In: Ders. (1984): *Inquiries into Truth and Interpretation.* Oxford: Oxford University Press, S. 183 – 98.

Dekmejian, Hrair R. (1985): *Islam in Revolution. Fundamentalism in the Arab World.* New York: Syracuse Univerity Press.

Dieckmann, Walther (1975): *Sprache in der Politik. Einführung in die Pragmatik und Semantik der politischen Sprache.* Heidelberg: Carl Winter Universitätsverlag.

Donnellan, Keith S.: »Referenz und Kennzeichnungen«. In: Ursula Wolf (Hg.) (1993): *Eigennamen. Dokumentation einer Kontroverse.* Frankfurt am Main: Suhrkamp, S. 179 – 207.

Duhem, Pierre (1978): *Ziel und Struktur physikalischer Theorien.* Hamburg: Meiner.

Eagleton, Terry (2000) *Ideologie. Eine Einführung.* Stuttgart / Weimar: Metzler.

Entman, Robert M. (2004): *Projections of Power. Framing News, Public Opinion, and U.S. Foreign Policy.* Chicago: The University of Chicago Press.

Europäisches Parlament: *Beschluss vom 10. März 2005.* Im Internet unter: http://europa.eu/rapid/pressReleasesAction.do?reference=DN/05/107&format=HTML&aged=1&language=DE&guiLanguage=en. Letzte Recherche am: 28.09.2010.

Feyerabend, Paul K. (1965): »Antwort an Kritiker. Bemerkungen zu Smart, Sellars und Putnam«. In: Ders. (1981): *Probleme des Empirismus. Schriften zur Theorie der Erklärung, der Quantentheorie und der Wissenschaftsgeschichte. Ausgewählte Schriften, Bd II.* Braunschweig/Wiesbaden: Vieweg, S. 126 – 59.

Feyerabend, Paul K. (1976): *Wider den Methodenzwang. Skizze einer anarchistischen Erkenntnistheorie.* Frankfurt am Main: Suhrkamp.

Feyerabend, Paul K. (1978): *Der wissenschaftstheoretische Realismus und die Autorität der Wissenschaften. Ausgewählte Schriften, Bd I.* Braunschweig/Wiesbaden: Vieweg.

Frege, Gottlob (1986): *Grundlagen der Arithmetik.* Hamburg: Meiner.

Frege, Gottlob: »Über Sinn und Bedeutung.« In: Ders. (2002): *Funktion – Begriff – Bedeutung.* Herausgegeben von Mark Textor. Göttingen: Vandenhoeck & Ruprecht, S. 23 – 46.

Frege, Gottlob: »Der Gedanke«. In: Ursula Wolf (Hg.) (1993): *Eigennamen. Dokumentation einer Kontroverse.* Frankfurt am Main: Suhrkamp, S. 66 – 67.

Girnth, Heiko (2002): *Sprache und Sprachverwendung in der Politik. Eine Einführung in die linguistische Analyse öffentlich-politischer Kommunikation.* Tübingen: Niemeyer.

Goffmann, Erving (1961): *Asylums. Essays on the Social Situations of Mental Patients and Other Inmantes.* New York: Anchor Books.

Gronke, Monika (2006): *Geschichte Irans. Von der Islamisierung bis zur Gegenwart.* München: Beck.

Grünert, Horst (1974): *Sprache und Politik. Untersuchungen zum Sprachgebrauch der ›Paulskirche‹.* Berlin / New York: Walter de Gruyter.

Habermas, Jürgen (1995): *Theorie des kommunikativen Handelns.* Frankfurt am Main: Suhrkamp.

Hasenclever, Andreas: »Liberale Ansätze zum ›demokratischen Frieden‹«. In: Siegfried Schieder und Manuela Spindler (Hg.) (2006): *Theorien der Internationalen Beziehungen.* Opladen / Farmington Hills: Budrich, S. 213 – 41.

Hempel, Carl G. (1935): »Zur Wahrheitstheorie des logischen Positivismus«. In: Gunnar Skirbekk (Hg.) (1977): *Wahrheitstheorien. Eine Auswahl aus den Diskussionen über Wahrheit im 20. Jahrhundert.* Frankfurt am Main: Suhrkamp, S. 96 – 108.

Herrgen, Joachim (2000): *Die Sprache der Mainzer Republik (1792 / 93). Historisch-semantische Untersuchungen zur politischen Kommunikation.* Tübingen: Niemeyer.

Hobbes, Thomas (2010): *Leviathan.* Stuttgart: Reclam.

Hock, Klaus: »Vorher-Nachher. Christlich-islamischer Dialog jenseits des 11.09.«. In: Haitham Aiash und Peter Heine (Hg.) (2006): *Vom 11. September zum 20. März. Der Dialog mit dem Islam als Herausforderung an die westliche Welt.* Berlin: Verlag für Integration und Wissenschaft, S. 130 – 63.

Hübner, Emil (2007): *Das politische System der USA. Eine Einführung.* München: Beck.

Huntington, Samuel P. (2006): *Der Kampf der Kulturen. Die Neugestaltung der Weltpolitik im 21. Jahrhundert.* Hamburg: Spiegel-Verlag.

Javaher-Haghighi, Peyman (2008): *Iran, Mythos und Realität. Staat und Gesellschaft jenseits von westlichen Sensationsberichten.* Münster: Unrast

Joad, C. E. M. (1939): *Why War?* Harmondsworth: Penguin Special.

Kamlah, Wilhelm und Paul Lorenzen (1967): *Logische Propädeutik. Vorschule des vernünftigen Redens.* Mannheim / Wien / Zürich: B.I. Wissenschaftsverlag.

Kamrava, Mehran (2005): *The Modern Middle East. A Political History since the First World War.* Berkeley / Los Angeles / London: University of California Press.

Kant, Immanuel (1974): *Kritik der reinen Vernunft, Bd I.* Herausgegeben von Wilhelm Weischedel. Frankfurt am Main: Suhrkamp.

Kant, Immanuel: »Zum ewigen Frieden. Ein philosophischer Entwurf«. In: Ders. (1977): *Schriften zur Anthropologie, Geschichtsphilosophie, Politik und Pädagogik I.* Herausgegeben von Wilhelm Weischedel. Frankfurt am Main: Suhrkamp, S. 191 – 251.

Kant, Immanuel (1977): *Die Metaphysik der Sitten.* Herausgegeben von Wilhelm Weischedel. Frankfurt am Main: Suhrkamp.

Katz, Jerrold J: »Logic and Language: An Examination of Recent Criticisms of Intensionalisms«. In: *Minnesota Studies in the Philosophy of Science,* 7 (1975), S. 36 – 130.

Keil, Geert (2002): *Quine zur Einführung.* Hamburg: Junius.

Keohane, Robert O. (1984): *After Hegemony: Cooperation and Discord in the World Political Economie.* Princeton: Princeton University Press.

Klaus, Georg (1971): *Sprache in der Politik.* Berlin: Deutscher Verlag der Wissenschaften.

Klein, Josef: »Wortschatz, Wortkampf, Wortfelder in der Politik«. In: Ders. (Hg.) (1989): *Politische Semantik. Bedeutungsanalytische und sprachkritische Beiträge zur politischen Sprachverwendung.* Opladen: Westdeutscher Verlag, S. 3 – 50.

Kripke, Saul A. (1981): *Name und Notwendigkeit.* Frankfurt am Main: Suhrkamp.

Kripke, Saul A.: »Sprecher-Referenz und semantische Referenz«. In: Ursula Wolf (Hg.) (1993): *Eigennamen. Dokumentation einer Kontroverse.* Frankfurt am Main: Suhrkamp, S. 208 – 51.

Künne, Wolfgang: »Verstehen und Sinn. Eine sprachanalytische Betrachtung.« In: *Allgemeine Zeitschrift für Philosophie*, 6 (1981), S. 1 – 16.

Künne, Wolfgang: »Wahrheit«. In: Ekkehard Martens und Herbert Schnädelbach (Hg.) (1998): *Philosophie. Ein Grundkurs, Bd. I.* Reinbeck bei Hamburg: Rowohlt, S. 116 – 71.

Kuhn, Thomas S. (1976): *Die Struktur wissenschaftlicher Revolutionen.* Frankfurt am Main: Suhrkamp.

Kutz, Magnus-Sebastian: »Öffentlichkeitsarbeit im Kosovo- und Irakkrieg. Strukturen, Strategien und rhetorische Muster.« In: Jens Tenscher und Henrike Viehrig (Hg.) (2007): *Politische Kommunikation in internationalen Beziehungen.* Berlin: LIT, S. 143 – 64.

Landmann, Salcia (Hg.) (1983): *Der jüdische Witz.* Olten und Freiburg im Breisgau: Walter.

Lauener, Henri (1982): *Willard Van Orman Quine.* München: Beck.

Lauth, Hans-Joachim: »Regimetypen: Totalitarismus – Autoritarismus – Demokratie«. In: Ders. (Hg.) (2002): *Vergleichende Regierungslehre. Eine Einführung.* Wiesbaden: Westdeutscher Verlag, S. 105 – 30.

Lehner, Franz und Ulrich Widmaier (2002): *Vergleichende Regierungslehre.* Opladen: Leske + Budrich.

Lewis, Bernhard (2003): *Die Wut der arabischen Welt. Warum der jahrhundertelange Konflikt zwischen dem Islam und dem Westen weiter eskaliert.* Frankfurt/New York: Campus.

Linz, Juan J. (2000): *Totalitäre und autoritäre Regime.* Berlin: Debatte Wissenschaftsverlag.

Locke, John: *Zwei Abhandlungen über die Regierung.* Herausgegeben und eingeleitet von Walter Euchner (1977). Frankfurt am Main: Suhrkamp.

Locke, John (1996): *Ein Brief über Toleranz.* Eingeleitet von Julius Ebbinghaus. Hamburg: Meiner.

Lueken, Geert-Lueke (1992): *Inkommensurabilität als Problem rationalen Argumentierens.* Stuttgart: Frommann-Holzboog.

Mayer, Verena (1997): *Semantischer Holismus. Eine Einführung.* Berlin: Akademie Verlag.

Mill, John Stuart: »Von Namen«. In: Ursula Wolf (Hg.) (1993): *Eigennamen. Dokumentation einer Kontroverse.* Frankfurt am Main: Suhrkamp, S. 43 – 62.

Mill, John Stuart (2006): *Der Utilitarismus.* Herausgegeben von Dieter Birnbacher. Stuttgart: Reclam.

Mill, John Stuart (2010): *Über die Freiheit.* Herausgegeben von Bernd Gräfrath. Stuttgart: Reclam.

Müller, Harald: »The Antinomy of Democratic Peace«. In: *International Politics*, 41 (2004), Nr. 4, S. 494 – 520.

Müller, Jochen: » ›Wen von uns quält nicht der Schmerz.‹ Innerarabische Diskussion um gesellschaftliche Veränderungen.« In: MEMRI (The Middle East Media Research Institute): *Aus arabischen Medien. Gesellschaftskritische Stimmen im Nahen und Mittleren Osten* (2005), S. 3 – 6.

Neurath, Otto: »Soziologie im Physikalismus«. In: *Erkenntnis*, 2 (1931), S. 393 – 431.

Neurath, Otto (1934): »Radikaler Physikalismus und ›Wirkliche Welt‹«. In: Ders. (1979): *Wissenschaftliche Weltauffassung, Sozialismus und Logischer Empirismus.* Herausgegeben von Rainer Hegselmann. Frankfurt am Main: Suhrkamp, S. 102 – 19.

Nietzsche, Friedrich (2006): *Menschliches, Allzumenschliches. Ein Buch für freie Geister.* Köln: Anaconda.

Pardey, Ulrich (2006): *Begriffskonflikte in Sprache, Logik, Metaphysik.* Paderborn: Mentis.

Perthes, Volker: »Vier Jahre nach Saddam Hussein. War das Scheitern des Irak-Krieges vorhersehbar? Eine retrospektive Analyse der wissenschaftlichen Prognosen zum Irak – und ein Ausblick«. In: *Internationale Politik*, 62 (2007), S. 112 – 20. Im Internet unter: http://www.swp-berlin.org/common/get_document.php?asset_id=3916. Letzte Recherche am: 12. 08. 2010.

Perthes, Volker (2008): *Iran – Eine politische Herausforderung.* Frankfurt am Main: Suhrkamp.

Planck, Max: (1928): *Wissenschaftliche Selbstbiographie.* Leipzig: Johann Ambrosius Barth.

Popper, Karl R. (1934): »Grundprobleme der Erkenntnislogik, Zum Problem der Methodenlehre«. In: Gunnar Skirbekk (Hg.) (1977): *Wahrheitstheorien. Eine Auswahl aus den Diskussionen über Wahrheit im 20. Jahrhundert.* Frankfurt am Main: Suhrkamp, S. 109 – 39.

Posch, Walter: »Islam und Revolution in Iran oder Schiismus als Politik«. In: Walter Feichtinger und Sibylle Wentker (Hg.) (2008): *Islam, Islamismus und islamischer Extremismus. Eine Einführung.* Wien / Köln / Weimar: Böhlau, S. 99 – 121.

Posch, Walter: »Al-Qaida: Versuch einer Annäherung«. In: Walter Feichtinger und Sibylle Wentker (Hg.) (2008): *Islam, Islamismus und islamischer Extremismus. Eine Einführung.* Wien / Köln / Weimar: Böhlau, S. 161 – 79.

Putnam, Robert D.: »Diplomacy and Domestic Politics. The Logic of Two-Level-Games.« In: *International Organization*, 42 (1988), Nr. 3, S. 427 – 60.

Quine, Willard van Orman (1953): »Zwei Dogmen des Empirismus«. In: Ders. (1979): *Von einem logischen Standpunkt. Neun logisch-philosophische Essays.* Frankfurt am Main / Berlin / Wien: Ullstein, S. 27 – 50.

Quine, Willard van Orman: »Paradox«. In: *Scientific American*, 206 (1962), Nr. 4, S. 84 – 95.

Quine, Willard van Orman (1980): *Wort und Gegenstand.* Stuttgart: Reclam.

Quine, Willard van Orman: »In Praise of Observation Sentences«. In: *Journal of Philosophy*, 90 (1993), Nr. 3, S. 107 – 16.

Reichenbach, Hans (1947): *Elements of Symbolic Logic.* New York: Macmillan.

Reinhardt, Lloyd: »What Reference Can't Be«. In: *Philosophia*, 9 (1979), Nr. 1, S. 21 – 38.

Rescher, Nicholas (1973): »Die Kriterien der Wahrheit«. In: Gunnar Skirbekk (Hg.) (1977):

Wahrheitstheorien. Eine Auswahl aus den Diskussionen über Wahrheit im 20. Jahrhundert. Frankfurt am Main: Suhrkamp, S. 337 – 90.

Rheinwald, Rosemarie (1988): *Semantische Paradoxien. Typentheorie und ideale Sprache. Studien zur Sprachphilosophie Bertrand Russells.* Berlin / New York: Walter de Gruyter.

Röd, Wolfgang (2000): *Der Weg der Philosophie. 17. bis 20. Jahrhundert (Bd II).* München: Beck.

Rosiny, Stephan: » ›Der Islam ist die Lösung‹ – Zum Verhältnis von Ideologie und Religion im Islamismus«. In Walter Feichtinger und Sibylle Wentker (Hg.) (2008): *Islam, Islamismus und islamischer Extremismus. Eine Einführung.* Wien / Köln / Weimar: Böhlau, S. 61 – 76.

Roy, Olivier (2008): *Der falsche Krieg. Islamisten, Terroristen und die Irrtümer des Westens.* München: Siedler.

Rudolf, Peter: »Die ›Strategie der Freiheit‹ im Nahen und Mittleren Osten. Rhetorik und Realität amerikanischer Politik«. In: *SWP-Aktuell*, 53 (2003), S. 1 – 8. Im Internet unter: http://www.swp-berlin.org/common/get_document.php?asset_id=684. Letzte Recherche am: 13.08.2010.

Rudolf, Peter: » ›Das kann langfristig segenreich sein‹ «. Interview mit der *TAZ* vom 30. Mai 2006. Im Internet unter: http://www.taz.de/1/archiv/archiv/?dig=2006/05/30/a0162. Letzte Recherche am: 13.08.2010.

Russell, Bertrand und Alfred N. Whitehead (1910 – 13): *Principia Mathematica.* Cambridge: Cambridge University Press.

Russell, Bertrand: »Knowledge by Acquaintance and Knowledge by Description«. In: Nathan Salmon und Scott Soames (Hg.) (1988): *Propositions and Attitudes.* Oxford: Oxford University Press, S. 16 – 32.

Russell, Bertrand: »Die Philosophie des logischen Atomismus«. In: Ursula Wolf (Hg.) (1993): *Eigennamen. Dokumentation einer Kontroverse.* Frankfurt am Main: Suhrkamp, S. 68 – 93.

Russett, Bruce M. und John R. Oneal (2001): *Triangulating Peace: Democracy, Interdependence, and International Organizations.* New York: Norton.

Ryle, Gilbert (1970): *Begriffskonflikte.* Göttingen: Vandenhoeck & Ruprecht.

Sainsbury, R. M. (2010): *Paradoxien.* Stuttgart: Reclam.

Salmon, Nathan und Scott Soames: »Introduction«. In: Dies. (Hg.) (1988): *Propositions and Attitudes.* Oxford: Oxford University Press, S. 1 – 15.

Sansom, G. B: (1950): *The Western World and Japan. A Study in the Interaction of European and Asiatic Cultures.* New York: Alfred E. Knopf.

Saussure, Ferdinand de (2001): *Grundfragen der allgemeinen Sprachwissenschaft.* Herausgegeben von Charles Bally und Albert Sechehaye. Berlin / New York: Walter De Gruyter.

Schirrmacher, Christine (2007): *Die Scharia. Recht und Gesetz im Islam.* Holzgerlingen: Hänssler.

Schleichert, Hubert (2008): *Wie man mit Fundamentalisten diskutiert, ohne den Verstand zu verlieren. Anleitung zum subversiven Denken.* München: Beck.

Schmidt, Wilhelm (1963): *Lexikalische und aktuelle Bedeutung. Ein Beitrag zur Theorie der Wortbedeutung.* Berlin: Akademie Verlag.

Schulze, Reinhard (2003): *Geschichte der Islamischen Welt im 20. Jahrhundert.* München: Beck.

Searle, John R. (1983): *Sprechakte. Ein sprachphilosophischer Essay.* Frankfurt am Main: Suhrkamp.

Silberstein, Sandra (2004): *War of Words. Language, Politics and 9/11.* London: Routledge.

Singer, Peter (2004): *Der Präsident des Guten und Bösen. Die Ethik George W. Bushs.* Erlangen: Harald Fischer.

Smuts, Jan Christiaan (1938): *Die holistische Welt.* Berlin: Metzner.

Stiglechner, Clemens: »Die palästinensische Hamas«. In: Walter Feichtinger und Sibylle Wentker (Hg.) (2008): *Islam, Islamismus und islamischer Extremismus. Eine Einführung.* Wien / Köln / Weimar: Böhlau, S. 123 – 41.

Strawson, Peter F.: »Über Referenz«. In: Ursula Wolf (Hg.) (1993): *Eigennamen. Dokumentation einer Kontroverse.* Frankfurt am Main: Suhrkamp, S. 94 – 126.

Szabó, Zoltán (2007): »Compositionality«. In: *Stanford Encyclopedia of Philosophy.* Im Internet unter: http://plato.stanford.edu/entries/compositionality/. Letzte Recherche am: 14.01.2010.

Tarski, Alfred (1944) »Die semantische Konzeption der Wahrheit und die Grundlagen der Semantik«. In: Gunnar Skirbekk (Hg.) (1977): *Wahrheitstheorien. Eine Auswahl aus den Diskussionen über Wahrheit im 20. Jahrhundert.* Frankfurt am Main: Suhrkamp, S. 140 – 88.

Tibi, Bassam: »Die Entromantisierung Europas. Zehn Thesen zur Überwindung des Eurozentrismus ohne Selbstaufgabe«. In: Manfred Brocker und Heino Heinrich Nau (Hg.) (1997): *Ethnozentrismus. Möglichkeiten und Grenzen des interkulturellen Dialogs.* Darmstadt: Wissenschaftliche Buchgesellschaft, S. 269 – 88.

Toman-Banke, Monika (1996): *Die Wahlslogans der Bundestagswahlen 1949 – 1994.* Wiesbaden: Deutscher Universitätsverlag.

Tugendhat, Ernst und Ursula Wolf (1993): *Logisch-semantische Propädeutik.* Stuttgart: Reclam.

Universal Declaration of Human Rights (1948): »Preamble«. Im Internet unter: http://www.un.org/en/documents/udhr/index.shtml#ap. Letzte Recherche am: 07.08.2009.

Universal Declaration of Human Rights (1948): »Article 23«. Im Internet unter: http://www.un.org/en/documents/udhr/index.shtml#a23. Letzte Recherche am: 23.11.2010.

Vogt, Ulrich: »Die Demokratisierungsdebatte«. In: Sigrid Faath (Hg.) (2004): *Politische und gesellschaftliche Debatten in Nordafrika, Nah- und Mittelost.* Hamburg: Deutsches Orient-Institut Hamburg, S. 273 – 94.

Watzlawick, Paul, John H. Weakland und Richard Fisch (2005): *Lösungen. Zur Theorie und Praxis menschlichen Wandels.* Bern / Göttingen / Toronto / Seattle: Hans Huber.

Watzlawick, Paul, Janet H. Beavin und Don D. Jackson (2007): *Menschliche Kommunikation. Formen. Störungen, Paradoxien.* Bern / Göttingen / Toronto / Seattle: Hans Huber.

Watzlawick, Paul (2010): *Wie wirklich ist die Wirklichkeit? Wahn, Täuschung, Verstehen.* München: Piper.

Weinrich, Harald (1966): *Linguistik der Lüge.* Heidelberg: Lambert Schneider.

Wentker, Sibylle: »Grundfragen des Islam«. In: Walter Feichtinger und Sibylle Wentker (Hg.) (2008): *Islam, Islamismus und islamischer Extremismus. Eine Einführung.* Wien / Köln / Weimar: Böhlau, S. 17 – 31.

Wentker, Sibylle: »Fundamentalismus und Islamismus – Definition und Abgrenzung«. In:

Walter Feichtinger und Sibylle Wentker (Hg.) (2008): *Islam, Islamismus und islamischer Extremismus. Eine Einführung.* Wien / Köln / Weimar: Böhlau, S. 33 – 44.

Wentker, Sibylle: »Historische Entwicklung des Islamismus«. In: Walter Feichtinger und Sibylle Wentker (Hg.) (2008): *Islam, Islamismus und islamischer Extremismus. Eine Einführung.* Wien / Köln / Weimar: Böhlau, S. 45 – 59.

Wentker, Sibylle: »Die libanesische Hizbullah«. In: Walter Feichtinger und Sibylle Wentker (Hg.) (2008): *Islam, Islamismus und islamischer Extremismus. Eine Einführung.* Wien / Köln / Weimar: Böhlau, S. 143 – 59.

Whorf, Benjamin Lee (1963): *Sprache, Denken Wirklichkeit. Beiträge zur Metalinguistik und Sprachphilosophie.* Reinbek: Rowohlt.

Wittgenstein, Ludwig: *Tractatus logico-philosophicus.* In: Ders. (2006): *Tractatus logico-philosophicus. Werkausgabe Bd. I. Tractatus logico-philosophicus, Tagebücher 1914 – 1916, Philosophische Untersuchungen.* Frankfurt am Main: Suhrkamp, S. 9 – 85.

Wittgenstein, Ludwig: *Philosophische Untersuchungen.* In: Ders. (2006): *Tractatus logico-philosophicus. Werkausgabe Bd. I. Tractatus logico-philosophicus, Tagebücher 1914 – 1916, Philosophische Untersuchungen.* Frankfurt am Main: Suhrkamp, S. 237 – 580.

Wolf, Klaus Dieter (2010): *Die UNO. Geschichte, Aufgaben, Perspektiven.* München: Beck.

Wolf, Ursula: »Einleitung«. In: Dies. (Hg.) (1993): *Eigennamen. Dokumentation einer Kontroverse.* Frankfurt am Main: Suhrkamp, S. 9 – 41.

Zink, Sidney: »Die Bedeutung von Eigennamen«. In: Ursula Wolf (Hg.) (1993): *Eigennamen. Dokumentation einer Kontroverse.* Frankfurt am Main: Suhrkamp, S. 151 – 78.